山崎敏夫 著

現代経営学の再構築
―― 企業経営の本質把握 ――

東京 森山書店 発行

は　し　が　き

　本書は，経営学研究の課題，対象，方法をめぐる問題を考察するとともに，現代企業経営の基本的問題，今日的問題を考察するなかで，経営学研究の今日的なあり方を探求したものである。

　21世紀という新しい時代を迎えた今日，多くの新しい経営現象の出現がみられるとともに，これまでの企業経営やそのシステムの見直し，新しい時代のあり方をめぐるさまざまな議論がおこってきた。そうしたなかで，経営学研究をめぐる学会状況をみても，トピック的な問題を考察する研究が多くなり，新しい現象の評価にさいして「21世紀的」な先端的現象，ビジネスモデルなどというような問題のされ方が多くみられ，歴史の大きな流れのなかでのその位置づけを問題にしない研究が多い。また特定の産業なり領域でみられる新しい現象をその産業・領域の特性や位置づけなしに単純に一般化する傾向や，各現象をたんに個別企業レベルの問題としてのみ考察しそれがいかなる社会経済的意義をもつものであるかという点を問題にしない研究が多い。近年とくに，諸現象の関連性を十分にふまえずに個別部分的な経営問題・現象それ自体のみを考察対象とするピースワーク的研究がきわめて多くなってきているほか，アメリカ的経営学の影響が一層強くなってきている状況のもとで，企業経営の効率的展開のメカニズムや方法の解明に重点をおく事例研究的な分析が多くなっている傾向にある。こうした状況のなかで，企業経営の本質把握を試みる研究が一層少なくなってきている。

　こうした点に関連していえば，わが国の経営学研究におけるひとつの流れを形成してきたいわゆる「批判的経営学」の立場からの研究は，本来，企業経営の諸問題・現象を現代経済社会の解明という観点から取り上げ，その法則性を明らかにせんとするものであったが，旧ソ連東欧社会主義圏の崩壊を大きな契

機として退潮傾向が続いている。そうしたなかで，本来この研究の流れに特徴的であった資本主義の経済法則をふまえた，また資本主義経済の歴史的変化をふまえた企業経営の考察という分析方法，視角からの研究がきわめて少なくなっている傾向にある。またそこでは，これまでの「批判的経営学」の研究においてどこに分析上の優位性があったのか，また現在でもありうるのかといった点や，研究方法の有効性・妥当性についても十分な検討がなされてきたとはいえず，企業経営の今日的問題・現象を分析する上での独自の研究方法の再構築がすすめられてきたとはいえない。そうしたなかで，現代資本主義の諸特徴・変化やそれとの関連において各経営現象の発生を根本的に規定している諸要因，企業経営の各問題・現象の社会経済的意義を問題にしない個別的事例的研究が多くなってきている。

　しかし，今日的な状況をみると，ことに1990年代以降の資本主義の変容という大きな社会経済的変化のもとで現代の企業経営は一層複雑かつ多様なあらわれをみており，その本質把握がますます必要かつ重要となってきているといえる。そこでは，企業経営の今日的展開，新しい現象の解明，その本質把握のための方法，問題設定，分析対象を明らかにすることが求められている。それにもかかわらず，今日の経営学研究をめぐる学会状況をみても，また「批判的経営学」の研究状況をみても，分析の座標軸が混迷している状況にあり，経営学における分析の新たな座標軸が問われているといえる。

　かかる研究状況をふまえて，本書は企業経営の本質把握のための座標軸の確立を試みている。本書では，経営学とは経済活動の行為主体である企業の行動メカニズム（行動と構造）の面から経済現象の本質的解明をはかるものであるという立場から考察を行っている。すなわち，資本主義経済の動態のなかで，各国資本主義の構造分析のうえに立って企業経営問題・現象を考察し，経営現象の発生を根本的に規定している諸要因，各経営現象の基本的特徴・性格，その企業経営上の意義だけでなく社会経済的意義の解明をとおして，現代経済社会のしくみや構造，そのあり方などの解明を試みている。そこでは，企業経営の諸問題・現象をたんに個別企業の観点からだけでなく産業，国民経済の変化

とのかかわりのなかで考察し，資本主義の歴史的発展段階による差異，各国にみられる差異や産業による差異をふまえて分析し，企業の経営活動を中核とする経済過程の分析をとおして企業経営の本質把握（科学的認識）を試みている。

　このような本書の研究は，日本において独自的な発展をとげてきた「批判的経営学」研究を客観認識科学（「科学的経営学」）として新展開をはかり，再構築することを意図したものでもある。現代資本主義の複雑化，そのもとでの企業経営の問題の深化，一層の複雑化のもとで，企業経営の問題・現象の考察，その本質把握をとおして現代経済社会の解明をはかるという課題については，企業経営の効率的展開のメカニズムや方法の解明に力点をおくアメリカ的経営学では十分に分析・把握・解明しえない部分も多い。資本主義の歴史的動態のなかで，また資本主義のそれぞれの発展段階に固有の特徴的規定性とはなにかという点をふまえて企業経営を考察し，把握するという本書の研究は，アメリカ的経営学が世界的なスタンダードとなっている，また一層なりつつあるなかで，それとは異なる独自的な現代経営学の展開をはかるものである。そのことによって，社会科学としての経営学研究の今日的なあり方そのものを問うことを意図している。

　このように，本書は経営学研究のあり方，方法に対する筆者の基本的な立場・見解を示したものでもあるが，そのような研究に取り組むようになった経緯について述べるとともに，多くの先生方に感謝を申し上げたい。

　筆者が経営学の分野において学問研究の世界に足を踏み入れたのは今から20年前の1985年4月のことであり，同志社大学において今は亡き前川恭一先生の御指導のもと第1次大戦後のドイツ合理化運動の研究を始めたときであった。このテーマに関して前川先生には厳しくもじつに懇切丁寧でかつ密度の濃い指導をして頂いた。先生は「批判的経営学」，なかでも企業経済学説の立場から現代企業の研究をすすめてこられたが，私にとっては，自分の研究が先生の研究のフレームワーク，方法論を受け継いだかたちで十分に展開できているという確信をもてない時間が長く過ぎた。しかも1920年代のドイツの合理化運動と

いう自分の研究テーマ自体が経営学においてよりもむしろ経済史や経営史の領域において問題にされることが多いだけでなく，研究上読む機会の多い文献や資料（史料）もこれらの分野のものが多数を占めていたということもあり，自分の研究が果たして経営学研究であるのか，どのような意味において固有の経営学研究たりうるのかといった問題につねに逡巡してきた。もちろん学位論文となった最初の単著である『ドイツ企業管理史研究』（森山書店，1997年），その後の『ヴァイマル期ドイツ合理化運動の展開』（森山書店，2001年）や『ナチス期ドイツ合理化運動の展開』（森山書店，2001年）においても経営学研究にかかわるいくつかの基本的な問題を考察しており，今回出版の本書の研究方法の基本的な部分については一部ではすでに展開されてはいるが，「批判的経営学」の立場からの研究として経営学研究を再構築するようなものとして取り組まれたわけでは必ずしもなかった。とはいえ，恩師から学んだ「批判的経営学」の研究のもつ意義については私なりの一定の認識はもっており，経営学研究として今日的にいかに展開していくかを重要な課題として重く受けとめてきた。

　このような問題意識は，上述したような今日の企業経営をめぐる問題，新しい経営現象の出現，また現在の経営学研究をめぐる学会状況などのもとで一層高まり，本書の執筆を研究の最重要課題のひとつとせざるをえない状況を生み出してきた。ことに「批判的経営学」の立場からの研究の多くがますますその独自性を失いつつあるなかで，このままでは恩師をはじめこの研究の流れに位置する多くの先達から受け継いだ学問的遺産をわれわれの世代で受け継いでいくことができなくなるのではないか，という危機感を抱かざるをえない状況になってきた。そうしたなかで，私と同じような問題意識をもつ奈良産業大学の守屋貴司先生をお誘いして2002年8月に「科学的経営学研究会」をスタートさせ，これまでの約2年半の期間に2回の研究合宿を含め23回におよぶ研究会を行ってきた。当初から今まで2人だけの研究会であったが，毎回朝10時頃から夜の7時頃まで研究会を行い，その後の懇親の場でもときには夜10時頃まで密度の濃い議論を重ねてきた。この研究会のなかで2003年8月に本書の出版の計画をたて，課題の設定，対象，研究方法の問題，また現代企業経営の重要な主

要問題,今日的問題について厳しい議論を行ってきた。そのなかで解明することのできた重要な問題や今日的問題も多く,現代資本主義や今日の企業経営,その本質把握の重要性,研究方法,経営学研究のあり方などに関して共通認識を深めるとともに,問題意識の共有をはかってきた。その意味でも,本書は「科学的経営学研究会」における共同研究の成果といえる。本書の出版を提起し,奨めて下さったのも守屋先生であり,本書の章,節,項等の構成,研究課題の設定,方法論をめぐる問題や各章における個々の論点に関してなどじつに多くの貴重な御教示を賜った。先生との研究会なしには本書の刊行はありえなかったであろう。厚く御礼申し上げたい。

また筆者が勤務する立命館大学の同僚であり出身大学の先輩でもある仲田正機先生,渡辺 峻先生からこれまでに頂いた御教示や励ましには計り知れないものがある。仲田先生には大学院時代から私の研究の視野を広げて頂き,つねに研究の道しるべのように導いて頂いた。渡辺先生からは2003年度に同じ時間帯で担当していた講義の前後の時間に経営学研究のあり方などをめぐって議論を行うなかで多くの貴重な御教示を頂くことができた。さらに筆者が大学・大学院時代をとおして学んだ同志社大学の諸先生,とくに中村宏治先生,太田進一先生,岡本博公先生,上田 慧先生,鈴木良始先生に感謝申し上げたい。先生方には研究室を訪ねさせて頂いたさいに御専門の角度から多くの御教示を賜るとともに,温かい励ましを頂いている。また林 昭先生,夏目啓二先生からは学会や京都で開催の管理論研究会などをとおして多くを学ばせて頂いている。

本書の刊行によって多くの先生方の学恩に報いるとともに,恩師前川先生から受け継いだ経営学を今日的に発展させた私なりの経営学が展開できたのではないかと自負するところもあるが,本書が経営学研究になんらかの問題提起をなしうるとすればこれにまさる喜びはない。

また本書の出版にさいして森山書店の菅田直文社長には格別の御高配を賜った。感謝を申し上げたい。なお本書の刊行にあたり立命館大学より研究助成(学術図書出版助成)を受けることができた。記して感謝の意を表したい。

最後に私事になるが，家族に対しても感謝の気持を述べておきたい。研究者の道を歩む過程でつねに私を支えてくれた両親に心から感謝したい。両親が高齢になっていくにつれあと何回このように研究成果を著書として贈ることができるのか，いつも身の引き締まる思いでいる。また私がつねに全力で研究に打ち込み，自分の信じる研究者としての生き方を貫徹することのできる家庭環境を与えてくれた妻直美に感謝したい。学問を語ることがなによりも生きる最大の糧のひとつである私を彼女は温かく見守り，研究生活を大事にしてくれた。同居の義母による家庭や子育ての面での支援もより良い研究の環境を与えてくれた。さらに本書の執筆過程でつねに私の心を豊かにし，力を与えてくれたわが子智孝にも思いを述べておきたい。2001年に出版した2冊の前著の「はしがき」に書いたときにはまだ2歳6ヵ月であった子がこの春小学校の入学式を迎えるまでに成長した。子どもの保育園の休みの日にも私が研究のために大学に行くことをわかりながらも「今日，お父さんお仕事？」と聞く子どもに何度も接するなかで，その時間の重さをつねに思いながら研究をすすめてきた。研究が当初の目標値よりどれだけすすんだとしても決して速度を緩めることなく前進することが研究者にとって当然のことであり，また社会的な責任であると確信しながらもいつも心痛む思いであった。この子が成長していく上で，またいつか1人の人間として自立した人生を歩むようになったときに道しるべになれるような生き方を研究者としてこれからも真摯に続けていきたいと願っている。

　　2005年4月　　　　20年を経た研究の新しい飛躍に向けて

　　　　　　　　　　　　　　　　　　　　　　　　　　　山　崎　敏　夫

目　　次

序章　「科学的経営学」の新展開 …………………………………… *1*
　　　──「批判的経営学」研究の再構築にむけて──

　第1節　本書の研究課題 ……………………………………………… *1*
　　1　今日の社会経済的変化と経営学研究の状況 ………………… *1*
　　2　「批判的経営学」研究の問題点と「科学的経営学」の新展開 ……… *3*
　　　──その学問的性格をめぐって──
　第2節　本書の構成と内容 …………………………………………… *10*

第1部　経営学研究の課題・対象・方法をめぐる諸問題

第1章　経営学研究の基本的問題と方向性 ……………………………… *19*
　第1節　社会科学と経営学──経営学の課題とはなにか── ……… *19*
　第2節　資本主義発展と企業経営の問題 …………………………… *24*
　　1　経営現象の「歴史的特殊性」の問題 ………………………… *24*
　　2　企業経営問題の歴史的な国際比較と一般的傾向 …………… *25*
　　3　歴史的時期区分の問題 ………………………………………… *26*
　　　(1)　資本蓄積条件からみた時期区分 …………………………… *26*
　　　(2)　企業経営の現象面からみた時期区分 ……………………… *27*
　第3節　IT革命のもつ可能性と影響 ………………………………… *29*
　第4節　経済のグローバリゼーションと企業経営のグローバル化の展開
　　　………………………………………………………………………… *31*

第2章　経営学研究の対象をめぐる諸問題 ……………………………… *37*
　第1節　経営学研究の対象領域の広がりについて ………………… *37*
　　1　新しい企業経営の諸問題・諸現象の出現にかかわる対象領域の問題 …… *38*
　　　(1)　経営のグローバル化の進展と情報技術の発展にともなう対象領域 …… *38*

（2）企業に対する社会性・公共性の要求の高まりにともなう対象領域 …… 45
　　（3）第3次産業の拡大にかかわる対象領域 …………………………………… 46
　2　経営学研究の多様な広がりのもとでの対象領域の問題 ………………… 47
　3　認識科学としての経営学と実践応用科学としての経営学 ……………… 48
　4　認識科学と政策科学をめぐる問題 ………………………………………… 49
　5　心理学や社会学などの隣接科学の領域・方法にかかわる問題 ………… 49
第2節　認識科学としての経営学の問題領域 ………………………………………… 50
　1　企業の基本的活動にかかわる問題領域 …………………………………… 50
　2　経営のグローバル化の進展にともなう問題領域 ………………………… 52
　3　情報技術の発展のもとでの企業経営にかかわる問題領域 ……………… 53
　4　企業の社会性・公共性にかかわる問題領域 ……………………………… 55
　　（1）企業倫理に関する問題 …………………………………………………… 55
　　（2）環境保全型経営に関する問題 …………………………………………… 56
　　（3）コーポレート・ガバナンスに関する問題 ……………………………… 57
　　（4）NPOに関する問題 ……………………………………………………… 58
　5　流通業・サービス産業などの非工業企業にかかわる問題領域 ………… 60
　6　独占の今日的展開・問題について ………………………………………… 63
　7　組織論で扱われている問題領域について ………………………………… 67
　8　組織行動論的研究の位置づけの問題について …………………………… 67
　　（1）「組織への労働の統合」の問題をめぐって ……………………………… 67
　　（2）管理・組織に関する学説の理論形成の背景と理論の性格の解明を
　　　　めぐる問題 ………………………………………………………………… 69
第3節　「科学的経営学」における認識科学的研究の実践応用科学
　　　　としての意義
　　　　　　――MBA教育とも関連して―― ……………………………………… 71
第4節　経営学における政策科学的研究をめぐる問題 ……………………………… 75
　1　政策科学的研究が求められる背景 ………………………………………… 75
　2　経営学における政策科学的研究の課題と方法について ………………… 75
　3　企業経営問題に関する政策科学的研究の領域の位置づけをめぐって … 77
第5節　心理学や社会学の領域・方法の位置づけをめぐる問題 …………………… 78

1　心理学的研究の摂取をめぐる問題 …………………………………… *79*
　　2　社会学的研究の摂取をめぐる問題 …………………………………… *80*

第3章　経営学研究の方法をめぐる諸問題 ……………………………… *89*
第1節　従来の「批判的経営学」の基本的方法と「科学的経営学」の方法
　　　………………………………………………………………………… *89*
第2節　経営現象の「全般的一般性」・「個別的特殊性」の解明とその視点
　　　………………………………………………………………………… *91*
第3節　資本主義経済と企業経営との関連 …………………………… *92*
　　1　資本主義経済と企業経営との相互作用 ………………………………… *92*
　　2　主要各国の資本主義発展と企業経営の問題 ………………………… *94*
　　3　歴史的発展段階に固有の特徴的規定性をふまえた企業経営の考察 ……… *95*
第4節　産業と企業経営，資本主義経済との関連 …………………… *96*
第5節　経営問題の比較分析とその方法 ……………………………… *97*
　　1　歴史的比較とその方法 ……………………………………………… *97*
　　2　産業別比較とその方法 ……………………………………………… *98*
　　　(1)　基本的比較視点 ………………………………………………… *98*
　　　(2)　産業特性からみた産業の諸類型とその比較の視点 ……………… *98*
　　　(3)　資本蓄積条件の産業別比較の視点 …………………………… *101*
　　3　国際比較とその方法 ………………………………………………… *103*
第6節　新しい経営現象の分析視角と把握の方法 …………………… *105*
第7節　歴史的分析をふまえた今日的問題の解明とその分析視角 ……… *106*
第8節　事例研究とその方法をめぐる問題 …………………………… *107*

第2部　現代企業経営の基本的問題

第4章　企業経営の歴史的展開 …………………………………………… *115*
　　　――時期別にみた主要問題とその特徴――

第1節　独占形成期の企業経営の主要問題とその特徴 ……………… *116*

1　第1次企業集中運動と独占の形成……………………………………………116
　　2　近代的労働管理システムの生成……………………………………………120
　　3　近代企業の生成と管理機構の変革…………………………………………122
　　4　産業電化のはじまりとその意義・限界……………………………………124
　第2節　第1次大戦後から第2次大戦終結までの企業経営の主要問題と
　　　　　その特徴………………………………………………………………127
　　1　第2次企業集中運動と産業再編成…………………………………………128
　　2　主要各国における近代的労働管理システムの普及………………………133
　　3　フォード・システムと大量生産体制のはじまり…………………………134
　　4　多角化の先駆的展開と事業部制組織の形成………………………………136
　　5　労働手段の個別駆動方式への転換とその意義……………………………139
　第3節　第2次大戦後の高度成長期の企業経営の主要問題とその特徴…141
　　1　主要各国における大量生産方式の本格的展開と大量生産体制の確立……141
　　2　オートメーション技術の導入………………………………………………142
　　3　管理技術の発展とその利用の拡大…………………………………………144
　　4　第3次企業集中運動と巨大企業の一層の拡大……………………………147
　　5　多角化の本格的展開と事業部制組織の普及………………………………149
　　6　大企業の多国籍化の本格的展開……………………………………………157
　第4節　1970年代から80年代末の企業経営の主要問題とその特徴………159
　　1　減量経営の推進………………………………………………………………159
　　2　多品種多仕様大量生産システムの展開……………………………………160
　　3　第4次企業集中運動とM＆A＆D …………………………………………161
　第5節　1990年代以降の企業経営の主要問題とその特徴…………………165
　　1　経営のグローバル化の展開…………………………………………………165
　　2　情報技術を駆使した企業経営の展開………………………………………166
　　3　IT産業におけるネットワーク企業の出現　………………………………167
　　4　リストラクチュアリング的合理化の本格的展開…………………………168
　　5　企業結合の今日的展開………………………………………………………169
　第6節　20世紀の企業とその基本的特徴 …………………………………170

第5章　企業経営システムのアメリカモデルの特徴と意義 …………183

第1節　アメリカ型企業経営システムとその特徴 ……………………183
  1　部門管理システムとその特徴………………………………………184
    (1)　テイラー・システムとその特徴………………………………184
    (2)　フォード・システムとその特徴………………………………186
  2　全般管理システムとその特徴………………………………………191
    (1)　集権的職能部門別組織とその特徴……………………………191
    (2)　分権的事業部制組織とその特徴………………………………192

第2節　アメリカ型企業経営システムの移転をめぐる諸問題
　　　　　――そのドイツへの移転を中心に―― ……………………195
  1　部門管理システムの導入とその特徴………………………………195
    (1)　テイラー・システムの導入とその特徴………………………195
    (2)　フォード・システムの導入とその特徴………………………202
  2　全般管理システムの導入とその特徴………………………………216
    (1)　独占形成期から第1次大戦前の全般管理システムとその特徴………216
    (2)　第1次大戦後の全般管理システムとその特徴………………219
  3　第2次大戦前と大戦後の比較………………………………………222

第6章　企業経営システムの日本モデルの特徴と意義 …………235

第1節　日本型企業経営システムの特徴 ……………………………236
第2節　日本型企業経営システムの構造と機能 ……………………238
  1　生販統合システムとその意義………………………………………238
    (1)　現代企業の競争の現局面と生販統合システムの意義………238
    (2)　産業特性と生販統合システムのフレキシビリティ…………239
  2　日本型生産システムとその意義……………………………………240
    (1)　混流生産とその意義……………………………………………241
    (2)　ME技術革新とその意義 ………………………………………242
    (3)　「ジャスト・イン・タイム」生産方式とその意義 …………243
    (4)　下請分業生産構造とその意義…………………………………246

(5) 労働力利用における日本的特徴とその意義 …………………………*252*
　第3節　日本型企業経営システムの意義 ……………………………………*255*

第7章　現代合理化の歴史的展開とその特徴 …………………*265*
　　　　――企業，産業，経済の発展・再編メカニズムの分析――

　第1節　第2次大戦後の合理化問題の研究課題 ……………………………*265*
　第2節　1940年代後半から50年代の生産性向上運動と経済復興 …………*270*
　　1　生産性向上運動の社会経済的背景と合理化の展開……………………*270*
　　2　生産性向上運動における合理化の主要問題……………………………*274*
　第3節　1960年代の積極的合理化と大量生産体制の確立 …………………*278*
　第4節　1970年代の減量合理化の推進とME合理化のはじまり …………*287*
　第5節　1980年代の加工組立産業におけるME合理化の本格的展開 ……*292*
　第6節　1990年代以降のリストラクチュアリング的合理化とIT合理化 …*294*
　　1　リストラクチュアリング的合理化とその主要問題……………………*295*
　　2　IT合理化とその主要問題 ………………………………………………*322*

第8章　経営のグローバル化の基本的特徴と意義………………*339*
　　　　――日本の製造業を中心として――

　第1節　経営のグローバル化の基本的指標 …………………………………*340*
　第2節　経営のグローバル化の実態とその特徴 ……………………………*341*
　　1　自動車産業における経営のグローバル化とその特徴………………*341*
　　(1) 1990年代初頭の企業内分業関係による生産力構成とその特徴………*342*
　　(2) 21世紀初頭の企業内分業関係による生産力構成とその特徴…………*348*
　　2　電機・電子産業における経営のグローバル化とその特徴…………*369*
　　(1) 1990年代初頭の企業内分業関係による生産力構成とその特徴………*369*
　　(2) 21世紀初頭の企業内分業関係による生産力構成とその特徴…………*375*
　第3節　経営のグローバル化の進展と蓄積構造・競争構造の変容 ………*398*

第9章　企業結合の今日的展開とその特徴 …………………………… *411*
　　　　　──企業提携を中心として──

　第1節　M&Aの今日的展開と企業提携 ………………………………… *412*
　第2節　1990年代以降の資本主義の変化と企業提携の今日的展開 ……… *415*
　第3節　企業提携分析の視角 ……………………………………………… *424*
　第4節　企業提携問題の産業別比較とその特徴 ………………………… *427*
　第5節　企業提携の今日的意義 …………………………………………… *439*
　　1　今日の企業提携と資本蓄積問題 …………………………………… *440*
　　2　20世紀型企業構造と企業提携の位置 ……………………………… *443*

第10章　企業経営の変革をめぐる諸問題の検討 ……………………… *451*

　第1節　「大量生産適合型」の企業経営システムとそれをめぐる問題 … *451*
　第2節　「垂直統合型」から「ネットワーク型」の企業構造への転換を
　　　　めぐる問題 ……………………………………………………… *453*
　　1　ネットワーク企業，アウトソーシング，戦略的提携など「非統合」の
　　　　動きとその意義 ………………………………………………… *454*
　　2　ネットワーク企業の出現をめぐる問題 ………………………… *457*
　　　（1）IT産業におけるネットワーク企業とその意義 ……………… *457*
　　　（2）ネットワーク企業の出現と生産力の性格の問題 …………… *459*
　　3　現代企業の「統合」・「非統合」と管理的調整をめぐる問題 ……… *460*
　第3節　「大量生産適合型」・「垂直統合型」の企業管理システムとその
　　　　新しい展開をめぐる問題 ……………………………………… *466*
　第4節　「市場と資源をめぐる競争」における新展開とその意義 ……… *471*

結章　研究の総括と残された課題 ………………………………………… *483*

索　引 …………………………………………………………………………… *499*

序章 「科学的経営学」の新展開
―― 「批判的経営学」研究の再構築にむけて ――

第1節　本書の研究課題

1　今日の社会経済的変化と経営学研究の状況

　21世紀という新しい時代を迎えた今日，多くの新しい経営現象の出現がみられるとともに，これまでの企業経営やそのシステムの見直し，新しい時代のあり方をめぐってさまざまな議論がみられる。また新しい経営問題・現象をめぐっては，今日新しい世紀を迎えたばかりの時代の転換点であることもあり，21世紀が変革の時代・世紀であるとか，新しい現象の評価にさいしても「21世紀的」な先端的現象，ビジネスモデルなどというような問題のされ方も多くみられる。さらに，一部では，特定の産業なり領域でみられる新しい現象をその産業・領域の特性や位置づけなしに単純に一般化する傾向や，各現象がいかなる社会経済的意義をもつものであるかという点を問題にしない研究も多くみられる。また企業に対する社会性・公共性の要求・要請が一層高まるなかで，企業がひきおこす社会的問題に対していわば規範論的にあり方を問題にする研究も多くみられる。しかも近年とくに，諸現象の関連性を十分にふまえずに個別部分的な経営問題・現象それ自体のみを考察対象とするピースワーク的研究がきわめて多くなってきており，企業経営の本質把握を試みるような研究が一層少なくなってきている傾向にあるといえる。そのような状況のもとで，現代経済社会の高度化・複雑化や，世界と各国の資本主義の変化，なかでも現代日本資本主義の混迷，問題の深化，そのもとでの国民経済，産業，企業の変容の解明が十分になされてきたとはいえず，一層複雑化してきている今日の企業経営の本質把握が十分になされてきたとはいえない。とくに今日的問題・現象をみて

も，多くの場合，それらは第2次大戦後の資本主義発展の歴史的過程における今日的段階としての1990年代以降の資本主義の変容という社会経済的変化のなかで，またそれに規定されるかたちで発生しており，そのような規定関係の解明とそれををふまえた諸現象の実態分析，それをとおしての本質把握が必要となるが，そのような問題設定，方法からの分析がきわめて少なくなってきている状況にあるといえる。その意味でも，企業経営の今日的展開，新しい現象の解明，その本質把握のための方法，問題設定，対象を明らかにすることが求められているといえる。以上のような企業経営問題・現象の広がりと複雑化，その本質把握の一層の困難さのもとで，今日，経営学研究のあり方が問われており，経営学関連の学会動向をみても，例えば2005年9月に予定されている日本経営学会第79回大会の統一論題において「変革期における経営学の理論的・方法論的課題」がサブテーマのひとつとして設定されているのもそうした状況を反映したものであるといえよう。

　こうした企業経営の今日的展開をめぐる状況をふまえて，また経営学研究の近年の動向・傾向とそこにみられる問題点をふまえていえば，企業経営の諸問題・現象の本質把握に近づくためには，それらの発生を根本的に規定している諸要因，各経営現象の基本的特徴・性格，その企業経営上の意義だけでなく社会経済的意義の解明が必要となる。そこでは，企業経営の問題・現象をたんに個別企業の観点からだけでなくつねに産業，国民経済の変化とのかかわりのなかで考察し，その本質把握をとおして現代経済社会の解明をはかるという立場に立つ経営学研究の再構築が必要かつ重要となってきているといえよう。かつて「批判的経営学」と呼ばれた経営学研究の流れは，本来，企業経営の諸問題・現象を「現代経済社会」の解明という観点から取り上げ，その法則性を明らかにせんとするものであったが，ソ連東欧社会主義圏の崩壊をひとつの大きな契機として，そうした流れの研究は退潮を示している。またこれまでの経営学研究の歴史が示すように，経営学研究のあり方は多様であるが，近年とくに，企業経営の効率的展開のメカニズムや方法の解明に力点をおいた経営学が大きな流れになってきており，そうした意味でアメリカ的経営学研究が一層盛んに展開されてきている状況にある。しかし，そのようなアメリカ的経営学では十分に分析・把握・解明しえない部分も多く，それは，とくに資本主義発展

という社会経済の動態のなかでの経営問題・現象の発生の規定関係やそれらの社会経済的意義の解明をとおして本質把握を行うという視点での研究がほとんどみられないという点に示されているといえる。

　本書では，今日の社会経済的変化をふまえて，また経営学研究の近年の動向・傾向とそこにみられる問題点をふまえて，あくまで「社会科学としての経営学」という観点から企業経営の諸問題・現象を考察し，把握することの意味を問い直し，経営学研究の根本問題について考察を行う。経営学とはあくまで経済活動のひとつの中心的行為主体である企業の行動メカニズム（行動と構造）の面から経済現象の本質的解明をはかるものであり，資本主義経済の動態のなかで，換言すれば，各国資本主義の構造分析のうえに立って企業経営問題，経営現象を考察し，それらのもつ企業経営上の意義，社会経済的意義を明らかにし，現代経済社会のしくみや構造，そのあり方などを解明することに基本的課題があるといえる。本書では，企業経営の諸問題・現象をたんに個別企業の観点からだけでなく産業，国民経済の変化とのかかわりのなかで考察し，それをとおして現代経済社会の解明をはかるという立場に立つ「科学的経営学」として今日的な研究のあり方を検討し，研究の課題・対象・方法，意義を明らかにするなかで，またこうした研究の立場から現代企業経営の基本的問題を考察するなかで，経営学研究，とりわけ「批判的経営学」研究の新展開，再構築を試みるものである。

　そこで，つぎに，これまでの「批判的経営学」の研究における問題点・限界についてみるとともに，本書での課題，研究のあり方，特徴について明らかにしておくことにしよう。

2　「批判的経営学」研究の問題点と「科学的経営学」の新展開
―― その学問的性格をめぐって ――

　これまでの「批判的経営学」研究の問題点・限界という点に関して重要なことのひとつは，本来そのような立場の研究における分析の有効性・優位性はいかなるところにあったのか，またそれが現在どのように変わってきているのかということである。この点に関しては，基本的にいえば，本来，そうした立場の研究における分析上の優位性，強みをもっていたはずの資本主義分析をふま

えた企業経営問題・現象の考察，しかも資本主義発展の歴史の動態のなかでの企業経営の把握・解明という視点が大きく後退し，そのような方法・視角からの研究が十分になされてきたとはいえないという点がみられる。とくに旧ソ連東欧社会主義圏の崩壊を大きな契機としてマルクス主義的社会科学研究が退潮するなかで，そのような視点が大きく後退している。ことに新しい経営現象について，それらが質的に新しい性格をもつものであるかどうかどうか，広く一般的な性格を担っているかどうか，現代企業の分析を行う上で，また現代の資本主義を分析する上での新しい規定要因として位置づけられるべきものであるかどうか(1)といったことがほとんど問題にされることなく，諸現象・問題の本質把握が十分になされず，現象の表層的部分のみの考察にとどまっている場合が多い。そうした問題点，限界はとくに，生産力と市場の発展がおりなす現実の資本主義的経済過程の客観認識科学的研究における弱さと不十分さという点にみられる。従来の「批判的経営学」の研究においては，唯物史観に立ちマルクス経済学を基礎にして企業経営の諸問題，諸現象を考察するという点に特徴がみられ，そこでの代表的方法として，資本主義の経済法則（資本の運動法則）をふまえて，また資本・賃労働関係を基礎にして企業経営の諸問題，諸現象，そこでの労働の問題などを考察するという基本的方法がみられたが，マルクス経済学の古典である『資本論』や『帝国主義論』などの歴史的制約性・限界，未展開部分，問題点をふまえて，それを一層発展させたかたちでの資本主義分析とそのもとでの企業経営の考察が今日一層必要かつ重要となってきている。しかし，そのような資本主義分析をふまえた研究の展開とはなっていない場合が多く，それゆえ，そのための新しい研究方法が求められるが，「批判的経営学」の研究の今日的展開にむけて，その方法をいかに発展させ，分析用具としての有効性を高めていくかが重要な問題となってくる。企業経営の問題・現象の本質的側面が経済現象である限り，企業を中核とする経済過程の分析こそが経営学研究の中心的問題であり，それゆえ，「科学的経営学」による客観的認識における優位性・有効性をいかに高めるかがとくに重要な問題となる。

　本書では，とくに，「企業経営の問題・現象をつねに産業と国民経済の変化との関連のなかで把握する」という基本的方法に立ついわゆる「企業経済学説」と呼ばれる研究の流れ(2)を受け継ぎ，それを一層発展させるかたちで研究

を展開している。すなわち，資本主義の歴史的発展段階による差異をふまえて（歴史的比較視点），また各国にみられる差異（国際比較視点）や産業による差異（産業別比較視点）をふまえて分析し，企業経営の本質把握＝科学的認識を試みている。そこでは，現代資本主義の客観的分析をふまえて，またこれまでのそれを一層発展させるかたちで今日の経営現象・問題の科学的・客観的認識を獲得する点に課題をおき，さまざまな現象の因果連関的な関係の解明，すなわち各現象の発生を根本的に規定している社会経済的関係，諸現象にみられる問題の性格，それぞれの現象の企業経営上の意義のみならず社会経済的意義などの解明をとおして企業経営の本質把握を行い，「批判的経営学」研究を客観認識科学として再構築することを意図している。そのような意味において，本書で展開する経営学を「科学的経営学」と呼んでいる[3]。ことに新しい経営現象の考察にあたっては，資本主義の現発展段階における特徴的規定性とはなにかという点をふまえた分析が必要かつ重要であるが，それだけでなく，これまでの，とくに第2次大戦後の歴史的過程において形成され，蓄積されてきたものの特徴，また各国の生産力構造，市場構造（商品市場・金融市場・労働市場），産業構造に規定された資本主義の性格・特質のもとでの現発展段階における特徴的規定性とはなにかということをふまえて，現在の企業，産業，資本主義経済を根本的に規定している諸要因の解明をはかることが重要となってくる。本書ではとくにそのような市場構造・市場条件の歴史的変化に規定された企業の経営行動，企業構造・企業経営システムの変化について詳細に分析している。そこでは，各国の資本主義がどのように発展してきたかによって規定されるその性格の把握と発展段階の位置づけをふまえて，また現段階の資本蓄積条件のありようや各産業の蓄積条件の差異，さらに同一産業内の企業の間にみられる差異をもふまえて考察することが必要かつ重要であり，今日的問題の解明を歴史的分析と結びつけて行うという視点から考察を展開している。このような広く社会経済との関連のなかでの，また産業による差異や産業構造的位置，産業部門間の相互の連関・からみあいという点をもふまえた経営現象の分析なしには，現代資本主義と企業経営の構造や特徴，問題点などを十分に解明することはできない。本書での企業経営を軸とした経済過程の分析を中核とするこうした客観認識科学としての経営学研究は，経済学的研究を補完する意義をもつも

のでもあるといえる。

　またこれまでの「批判的経営学」研究のいまひとつの問題点・限界として，研究の前提の問題としての「批判」ということの意味についてみると，多くの場合，そこでの「批判」の中心的対象が資本主義制度およびそれに内在する諸矛盾にあったといえる。この点をめぐっては，大きく資本主義制度における「資本と労働との間の分配」における不平等性，大企業と中小企業との格差，両者の関係における前者への後者の従属という点に対する批判があるが，それ以上に，社会主義という制度をひとつの前提とした上でのイデオロギー的な側面と結びついた資本主義批判という面が強くみられてきたといえる。「批判的経営学」は，企業経営について「その性格・方法・実態などの科学的な解明，すなわち分析と総合をめざす社会科学の一環としての経営学」であると同時に，「現代資本主義にたいする体制批判＝変革の観点からの体系的な学問としての経営学」でもあった[4]。富永健一氏は，社会科学の研究においては，「パラダイム形成が，同時にイデオロギーとも結びついて行われてきた[5]」と指摘されているが，ことにマルクス主義的な社会科学研究にはそうした傾向が強く，「批判的経営学」研究においても同様のことがいえる。しかし，現象の認識以前に所与の前提として価値判断をもつという固定的な観念・意識が「イデオロギー的」であり，本書での立場は，批判が社会の改善のための出発点としての意味をもつとしても，また企業あるいは企業経営がひきおこす社会的・経済的諸問題，矛盾の重要性・重大性を認識しつつも，「批判」そのものを行うことを意図するものではない。「イデオロギーがものの見方を規定する」という点は多くの場合にみられ，そのこと自体が決定的に重大な問題をもつとは必ずしも限らないが，「批判的経営学」については，イデオロギー先行型あるいは固定的・硬直的なイデオロギーを前提とした考察・把握・認識というかたちの研究となる面が強かったように思われる。こうした点に関連して，谷本寛治氏は，「わが国で独自に発展をした『批判経営学』は，マルクス主義のイデオロギーをベースに，個別資本の運動法則から企業活動を分析し，資本主義体制を批判してきた。そこにこの学派の歴史的貢献の1つがある。ただその企業経営の『本質』に対する『法則』的理解は硬直的であり，最終的には体制転換に解決を求めるため，現在においては複雑な社会経済システムを建設的に批判し

分析する役割を担うことは困難となっている。歴史的に一定の役割を担ったものの，ソ連・東欧圏の崩壊とともに実質的に解体・再編過程にある[6]」と指摘されている。こうした谷本氏の指摘をめぐっては，必ずしも全面的に同意しうるわけではないが，1990年代以降の「批判的経営学」研究の大きな問題点のひとつを示すものであるといえる。

　本書では，企業経営という面からの経済過程分析において批判の対象を資本主義企業あるいは企業経営そのものに向けるのではなく，資本主義経済の変化から企業が受ける影響とそれへの対応としての経営展開，現象の現れ方，それが資本主義経済の構造，発展におよぼす影響とそのなかにみられる因果連関的な関係の解明に力点をおいている。また「企業と社会」のような社会性・公共性にかかわる領域の諸問題・矛盾についても，そうした問題の発生の規定関係を資本主義という社会経済との関連において考察するなかで科学的・客観的に問題・現象を捉えていくという立場をとっている。したがって，マルクス主義的な資本主義の動態分析，弁証法的歴史分析の立場に立ちつつも，分析上は特定のイデオロギーを前提としない，換言すれば，これまでにみられたようなイデオロギー的硬直性・拘束性から離れたかたちで客観認識科学として経営学を展開している。そのさい，歴史的過程を経て現在も存在している資本主義経済社会の解明のために，そのひとつの構成要素であり中心的行為主体である企業とその経営のありよう，本質の解明＝科学的認識・把握それ自体に研究の中心的課題をすえ，ひとつひとつの個別的現象を貫く一般的傾向性＝「全般的一般性」とそれを規定する関係・要因の抽出を行い，そのなかで同時に「個別的特殊性」をも解明することをとおして現代企業経営の本質把握につとめている。谷本氏が指摘されるように，「批判的経営学」の流れの研究においては，「かつて提示した方法論や議論を現時点でその妥当性について吟味・反省することなく，（意識的／無意識的に）傍らにおいて脱ぎ捨てて，別なる領域での文献解釈的研究なり現状分析に方向を変えている[7]」という面は確かにみられ，それだけに，経営学研究の課題・対象をいかに設定し，これまでの研究方法のなにをどう継承し，一層発展させるかがまさに重要な問題となっている。

　またそうした経営学研究の学問的性格という問題をめぐっては，「批判的経営学」においても，とくに旧ソ連東欧社会主義圏の崩壊を契機に「批判」の対

象そのものが曖昧になっており，また企業に対する社会性・公共性の要請・要求の高まりという今日的状況もあり，企業と社会との関係における問題点・矛盾に批判の対象が向けられる傾向が一層強くなってきている。そうしたなかで，「批判的経営学」研究においても，上述したような資本主義分析をふまえた企業経営の考察という視点が大きく後退し，分析の重点が企業経営の経済過程分析よりはむしろ企業の社会性・公共性をめぐる問題領域へと大きく移動してきている状況にあるといえる。そうしたなかで，例えば丸山惠也氏は，批判経営学の再構築という作業に取り組むにあたっては，今日より30余年前に展開された1970年代の批判経営学からなにを継承し，なにを克服しなければならないのかを検証することから始めなければならないとして，つぎの3点を指摘されている。すなわち，1）大企業批判の社会的要請に応えるかたちで理論を実践的に高めること，2）大企業に対する民主的規制の問題ともかかわって経営学を政治経済学のなかに位置づけること，3）企業の反社会的行為を生む根源的な要因（利潤追求）の明確化と利潤獲得行為に対する社会的規制の意義の解明という点がそれである。そこでは，「市民」のための経営学の展開が必要とされ，現代企業の社会的責任をめぐる問題（企業統治，企業の社会的責任論，民主的ルールづくりなど）が中心にすえられている[8]。

「批判的経営学」の再構築のための研究のあり方をめぐるこうした指摘に関していえば，もちろん企業に対する社会的責任，企業倫理，コーポレート・ガバナンス，環境保全型経営のあり方，NPOをめぐる問題など，企業の社会性・公共性にかかわる諸問題が今日重要な対象領域をなすようになってきており，経営学研究における重要な問題である。しかし，ここで問われるべき問題は，「批判的経営学」でいうような「企業を社会的にとらえる」という立場からの考察それ自体がいかなる分析上の優位性を保証することになりえるのか，マルクス主義的な「資本主義観」に基づいて「批判的」立場に立つこと自体がどのような意味で分析の有効性を保証するものとなりうるのかということである。一般的にいえば，企業の社会性・公共性にかかわる対象領域の問題については，その問題の性格からも，たんなる「規範論」としての意味を出ない研究とならざるをえない場合が多い。企業の社会的責任など「企業と社会」をめぐる諸問題に対して規範論的に研究を展開しても，現実の企業行動を有効に規制

し，社会的に調和した経営行動に近づけることが可能か。その意味では，法規制が最も有効なひとつの解決策を与えうるわけで，経営学としてどのように，またどこまで有効な貢献をなしうるのかという問題も存在するであろう。しかも，今日では，丸山氏の指摘されるように大企業の反社会的行為をやめさせたいという社会的要請に応えるかたちで研究を展開してきたのが「批判的経営学」であった1970年代の状況[9]とは大きく異なり，例えばアメリカ的経営学の立場に立つ研究においてもそうした企業の社会的問題が大体的に扱われるようになっている。それゆえ，企業の負うべき「社会的責任」という点を重視した視角，研究それ自体では「批判的経営学」による分析の優位性がとくにみられるというわけでは必ずしもない。むしろ企業の社会性・公共性にかかわる諸問題についても，今日のようなかたちでそれらが問題とならざるをえない客観的な経済過程の変化をふまえて考察が行われるべきであり，たんに個別的問題・現象の表層部分のみの解明や規範論的なレベルでのあり方の提起にとどまらない問題の本質把握とそれを前提としたあり方の究明がはかられなければならないと考えられる。ことに企業およびその経営行動に対する社会的規制の問題をめぐっても，法規制の根拠となるところの経営現象の客観的・科学的認識の部分では重要な課題があるといえるが，その場合でも，資本主義の現発展段階に固有の特徴的規定性がなにであり，そのことに規定された経営展開の内実とそこにおける問題性の解明，それをふまえた社会的規制のあり方，意義を明らかにしていくことが重要となろう。

　以上のような意味において，「批判的経営学」の流れのなかでの研究の新展開，再構築[10]をはかる上で，本書では，企業とその経営活動を中核とする経済過程分析の部分に重点をおいて考察を展開している。「企業と社会」といった企業の社会性・公共性にかかわる重要な問題領域については，第2章において経営学研究におけるその位置づけを行うことにとどまっており，そうした問題領域の研究の本格的な取り組みは今後の課題としている。

　さらに本書での「科学的経営学」の学問的位置およびそのような経営学研究とアメリカ的経営学との学問的関係性という問題についてみると，これら2つの経営学は相互に併存しうるものであり，学問研究における一種の分業関係にあるものといえる。すなわち，一般的に主流をなすアメリカ経営学は「技術

論」的でプラグマティックな性格をもち，多くの場合，企業経営の効率的展開のメカニズムのなかに示される一般的傾向性，法則性の解明という点に重点をおくのに対して，「科学的経営学」では，経営問題・現象を広く社会経済との関連のなかで考察し，把握するという立場から，資本主義の歴史的条件の変化のもとでの企業の対応すべき経営問題の現れ方，それに規定された現実の経営展開，その企業経営上の意義のみならず社会経済的意義の解明というかたちでの企業のさまざまな経営現象の因果連関的な関係の解明に力点をおいている。企業経営の本質把握，現代経済社会の認識，それをふまえてのあり方の考究によって，アメリカ的経営学が対象としない，あるいはそのような経営学とは異なる研究方法からの分析をとおして経営学研究を分業するものであるといえる。

第2節　本書の構成と内容

　以上の考察をふまえて，つぎに，本書の構成と内容について簡単にみることによって，本書での研究の全体構造を明らかにしておくことにしよう。

　第1部「経営学研究の課題・対象・方法をめぐる諸問題」では，「科学的経営学」の研究における基本的問題とはなにか，経営現象や経営学研究の多様な広がりをもふまえた対象の問題，そこでの問題領域を分析する上での研究方法について考察している。

　まず第1章「経営学研究の基本的問題と方向性」では，経営学研究の課題，あり方について検討を行っている。今日，新しい企業経営のあり方，そのシステムのあり方をめぐってのさまざまな議論，新しい企業経営の諸問題・緒現象の出現，企業に対する社会性・公共性の要求・要請の高まり，環境保全の問題を考慮しての「持続可能な発展」の必要性の高まりなどのもとで，企業経営問題を「現代経済社会の解明」という観点のもとで考察し，把握する視点が一層必要かつ重要となってきているといえる。かかる状況をふまえて，あくまで「社会科学としての経営学」という観点から企業経営の諸問題・諸現象を考察し，把握することの意味を問い直し，経営学研究の基本的問題とはなにか，研究のあるべき方向性について検討を行っている。

　つづく第2章「経営学研究の対象をめぐる諸問題」では，「科学的経営学」

にとってその研究の対象領域をどう設定すべきか，新しい企業経営の諸問題・緒現象の出現にともなう問題領域の広がりや経営学研究の多様な広がりのなかで，また政策科学的研究の広がりや社会学，心理学などの隣接科学との関連などの問題ともかかわって，経営学のさまざまな研究領域・分野の位置づけ，各領域における主要問題，論点の解明をとおして，経営学研究の対象規定を行っている。

それをふまえて，第3章「経営学研究の方法をめぐる諸問題」では，第2章において位置づけが行われた経営学研究のさまざまな問題領域を分析する上での「科学的経営学」の研究方法とはいかにあるべきか，企業経営の側面から「現代資本主義経済社会」の解明を行うという「科学的経営学」の研究をすすめていく上での方法論的基礎の確立を試みている。そこでは，とくに経済現象，経済過程としての企業経営問題・現象を考察するさいの研究方法を問題としている。

以上のような第1部での基礎的考察をふまえて，第2部「現代企業経営の基本的問題」では，企業経営の主要問題について考察を行い，企業経営のこれまでの支配的な傾向・特徴とはなにか，この点を歴史的な時期別の比較，産業別比較，国際比較の視点から解明することが課題とされている。

まず第4章「企業経営の歴史的展開——時期別にみた主要問題とその特徴——」では，独占形成期から今日（現在）に至るまでの経営問題・現象の歴史的過程を概観し，歴史的時期区分に基づいて各時期の一般的傾向性＝「全般的一般性」と主要特徴を明らかにしている。

つづく第5章および第6章では20世紀に支配的となった企業経営システムのモデルとしてアメリカと日本のそれを取り上げて考察を行っている。すなわち，まず第5章「企業経営システムのアメリカ・モデルの特徴と意義」では，とくに独占形成期から1970年代初頭までの時期に主導的役割を果たした企業経営システムのアメリカ・モデルを取り上げ，その特徴と意義を明らかにしている。

それをふまえて，第6章「企業経営システムの日本モデルの特徴と意義」では，1970年代の資本主義の構造変化以降の時期に高い経済的パフォーマンスを実現し注目を集めるに至った企業経営システムの日本モデルを取り上げ，そ

の特徴と意義を明らかにしている。

　第7章「現代合理化の歴史的展開とその特徴——企業，産業，経済の発展・再編メカニズムの分析——」では，第2次大戦後の歴史的過程について合理化問題を軸に考察を行っている。そこでは，戦後の合理化の展開とその特徴を歴史的時期区分に基づいてみていくことによって，合理化をとおして企業，産業，資本主義経済が発展し，再編されていく歴史的過程とメカニズムを分析し，合理化の企業経営上の意義だけでなく社会経済的意義の解明を行っている。ことに1990年代以降の時期については，リストラクチュアリング的合理化とIT合理化を中心に考察を行っている。

　さらに第8章「経営のグローバル化の基本的特徴と意義——日本の製造業を中心として——」では，1990年代以降の企業経営における大きな変化，新しい展開のひとつである経営のグローバル化と呼ばれる現象について，日本の製造業，とくに自動車産業と電機・電子産業を取り上げて考察を行っている。そこでは，経営のグローバル展開の実態を分析し，それがかつての「多国籍企業」と呼ばれた時代や1980年代のように経済の「国際化」と呼ばれた段階の企業経営の国外展開と比べどのような質的差異がみられるのか，いかなる質的に新しい性格をもつものとなっているのか，またそうした経営展開のありようは企業の蓄積構造にどのような影響，変化をもたらすものであるのか，さらにそれにともない競争構造にいかなる質的に新しい変化がみられるのかといった点の解明をとおして，そうした現象の基本的特徴と意義を明らかにしている。

　第9章「企業結合の今日的展開とその特徴——企業提携を中心として——」では，1990年代以降の資本主義の大きな変化のもとで，またグローバル化の進展のもとでの重要な企業経営の現象・問題のひとつである企業結合について考察を行っている。この時期以降に大量的現象となってきている「協調しながら競争する」というかたちでの企業経営の展開をめぐって，M＆Aとの関連をふまえて企業提携を中心に取り上げ，その今日的問題の解明を試みている。そこでは，この時期の企業結合の主要問題とその基本的特徴，そうした現象の規定要因の解明を試みるとともに，企業，産業，経済の発展・再編の，また現代企業の資本蓄積問題の今日的到達点としての企業提携のもつ基本的特徴と意義はなにか，また20世紀型企業構造との関連でみた場合に今日の企業提携はいかな

図序-1　第2部の全体構造と各章の問題領域・関連性

```
                                            ┌──────────────┐
                                            │企業経営の変  │
                                            │革をめぐる諸  │
                                            │問題の検討    │
                                            │  (第10章)    │
                                            ├──────────────┤
                                            │企業結合の    │
                                            │今日的展開    │
                                            │  (第9章)     │
                                            ├──────────────┤
                                            │経営のグローバ│
                                            │ル化とその基本│
                                            │的特徴・意義  │
                                            │  (第8章)     │
                            ┌───────────────┴──────────────┤
                            │   現代合理化の歴史的展開（第7章）   │
            ┌───────────────┴──────────┬──────────────────────┤
            │企業経営システムのアメリカ・モデル│企業経営システムの    │
            │         （第5章）               │   日本モデル         │
            │                                 │   （第6章）          │
            ├─────────────────────────────────┴──────────────────────┤
            │     企 業 経 営 の 歴 史 的 展 開  （第4章）            │
            └────────────────────────────────────────────────────────┘
         1900              1945        1970  1980    1990   2000（年）
```

る位置づけがなされるべきものであるのか，といった点を明らかにするなかで，1990年代以降の資本主義の新段階における企業結合の基本的特徴と意義の解明を行っている。

　第10章「企業経営の変革をめぐる諸問題の検討」では，第9章までの考察結果をふまえて，20世紀の企業経営のモデルやあり方が大きく問われるなかで新しい経営の展開がみられるようになってきているいくつかの重要な変化について，21世紀という新しい時代の企業・企業経営，そのあり方という点でそれらがいかなる意味をもつものであるのか，そのような新しい経営現象のもつ問題性，意義について検討している。

　以上の第1章から第10章までの考察をふまえて，結章「研究の総括と残された課題」では，各章での考察結果の総括を行うとともに，残された課題につい

て指摘するなかで今後の研究の展望にふれている。

なお第1部での考察をふまえた第2部の全体的構造および各章の関連性を立体図的に示せば図序－1のようになる。

（1）こうした視角については，第3章および前川恭一『現代企業研究の基礎』森山書店，1993年，はしがき，2ページを参照。
（2）例えば前川恭一『ドイツ独占企業の発展過程』ミネルヴァ書房，1970年，同『日独比較企業論への道』森山書店，1997年，同，前掲『現代企業研究の基礎』，林昭『現代ドイツ企業論』ミネルヴァ書房，1972年，同『激動の時代の現代企業――ドイツ統一と戦後のドイツ企業――』中央経済社，1993年，上林貞治郎『新版 経営経済学・企業理論』所書店，1976年，同編『経営経済学総論』ミネルヴァ書房，1971年，拙書『ドイツ企業管理史研究』森山書店，1997年，『ヴァイマル期ドイツ合理化運動の展開』森山書店，2001年，『ナチス期ドイツ合理化運動の展開』森山書店，2001年などを参照。
（3）もちろんこの「科学的経営学」という用語については，社会科学における「科学性」というものがいかにして成立するかといった科学哲学での問題を十分にふまえたものではなく，本書での経営学の学問的性格，すなわち経営現象の因果関連的分析の特徴を示すものとしてそのような名称を用いており，「科学的」あるいは「科学性」という問題をめぐる本格的な哲学的議論それ自体を行うことを意図するものではない。
（4）角谷登志雄「批判経営学の歩みと世紀的・全地球的な課題」，丸山惠也編著『批判経営学――学生・市民と働く人のために――』新日本出版社，2005年，115-6ページ。
（5）富永健一「戦後日本におけるパラダイム相克とその終焉」，山之内靖ほか編『ゆらぎのなかの社会科学』（岩波講座 社会科学の方法 第Ⅰ巻），岩波書店，1993年，312ページ。
（6）谷本寛治『企業社会のリコンストラクション』千倉書房，2002年，18ページ。
（7）同書，31ページ。
（8）丸山惠也「批判経営学とは何か」，丸山編著，前掲書を参照。
（9）同論文，33ページ参照。
（10）ここで，以上のようなこれまでの研究の問題点をふまえて，本書での「批判的経営学」研究の再構築という場合のその位置づけ，意味あいについて述べておくことにしよう。ここで重要となってくるのはこれまでの「批判的経営学」の研究からなにを継承し，またなにを継承しないかという問題である。本書での研究においては，企業経営をたんに個別企業レベルの問題としてのみ考察し把握するのではなく，資本主義の経済法則（資本の運動法則）をふまえ，また資本主義の歴史的変化をふまえて企業経営を考察するという研究方法，分析の枠組の部分を継承し，それを今日的現象・問題の分析にも有効なツールとして発展させることによって企業経営および現代資本主義経済社会の科学的認識を深めることをめざしている。しかし，こ

れまでの「批判的経営学」の研究にみられた資本主義に対するイデオロギー的な批判そのものを意図するものではなく,そのような批判的見地については継承するものではない。こうした観点において,本書では,これまでの「批判的経営学」研究の流れを受け継ぎながらも今日的な新しい展開をはかることによってその再構築を試みている。

第1部　経営学研究の課題・対象・方法をめぐる諸問題

第1章　経営学研究の基本的問題と方向性

　序章での考察をふまえて，第1部「経営学研究の課題・対象・方法をめぐる諸問題」では，経営学研究における基本的問題について，また経営現象や経営学研究の多様な広がりをもふまえた研究対象をめぐる問題，そこでの問題領域を分析する上での研究方法をめぐる問題について考察を行う。

　今日，新しい企業経営のあり方，そのシステムのあり方をめぐってのさまざまな議論，新しい企業経営の諸問題・諸現象の出現，企業に対する社会性・公共性の要求・要請の高まり，環境保全の問題を考慮しての「持続可能な発展」の必要性の高まりなどのもとで，企業経営問題を「現代経済社会の解明」という観点から考察し，把握する視点が一層必要かつ重要となってきているといえる。本章では，かかる状況をふまえて，あくまで「社会科学としての経営学」という観点から企業経営の諸問題・諸現象を考察し把握することの意味を問い直し，経営学研究の基本的問題とはなにか，研究のあるべき方向性について検討していくことにする。

第1節　社会科学と経営学
――経営学の課題とはなにか――

　まず社会科学のなかで経営学が担うべき研究上の課題とはどのようなものであるかという観点からいくつかの重要な問題点を取り上げてみていくことにしよう。社会科学の課題とはなにかという問題をみると，それは複雑な現代社会のしくみや特徴，そのあり方を究明するという点にあろう。ここで「現代社会」という場合，社会にはいくつかの諸側面があり，それに対応するかたちで

社会科学の体系が存在しているといえる。すなわち，ひとつには法社会という側面であるが，これに対しては法学・政治学という学問領域が存在する。いまひとつには経済社会という側面があるが，これは経済活動をとおして成り立っている社会の側面であり，それに対応してひろく「経済科学」と呼ばれる学問領域が存在する。そうした経済社会の側面を基本的には経済全体の観点から解明しようとするものが経済学であるが，経済社会を構成するひとつの行為主体である企業の側からの解明を試みるものが経営学であるといえるであろう。また人間の共同体としての社会の構造，あり方などを中心的に考察する社会学が社会科学のいまひとつの体系として存在している。

　こうした観点からみると，経営学の基本的な課題は，基本的には，現代経済社会，とりわけ現代資本主義経済社会のしくみや構造，そのあり方などについて行為主体である企業の側面から解明をはかることにあるといえるであろう。その場合，「経済科学」に属する経済学と経営学との相違についていえば，近年とくに経済学の領域の研究においても「企業」の諸活動，諸問題を取り込んで分析する動きも活発になってきているが，経営学とは，あくまで経済活動の行為主体である企業の行動メカニズム（行動と構造）の面から経済現象の本質的解明を試みるものであり，企業経営の個々の現象面そのものにまで立ち入って分析するという立場にたつといえる。

　　例えば，今日ひとつの重要な問題となっている合理化の過程で生産能力の整理・統廃合，労働力の削減などが行われ，そのような諸方策によって生産性向上が実現される場合の問題についてみても，経営学的アプローチでは，そのような合理化策の具体的な内容，例えば製品別生産の集中・専門化の推進のあり方，管理や組織面の変革，それにともなう労働の変化・労働力編成の変化などを問題にすることによってそのような経済現象のもつ意義を解明する，という点に力点がおかれる。また設備投資の問題を考察する場合でも，経営学的には，投資の内容それ自体，すなわちその技術水準や設備投資にともなう管理や組織の面での変化，そのもとでの労働の変化などと結びつけて，個別企業における経営現象の「プロセス」そのものから分析するという点に特徴がある。

　経営学研究においては，もちろん現代企業に特有の新しい傾向，基本的特

徴，法則性の解明が重要な課題のひとつとなる。しかし，そればかりでなくそうした経営学的分析に基づく経済過程の考察，資本主義経済社会の解明が求められるのは，独占資本主義を基本的特徴とする今日の資本主義経済社会においては産業，国民経済，世界経済に占める各国の独占的大企業の位置はきわめて大きくなっており，経済活動の一方の行為主体としての企業の行動と構造の変化をふまえて，資本主義経済の変化，そのありようを解明していくことが必要かつ重要となっていることによる。すなわち，1）独占的大企業，2）独占的大企業による高い生産の集積度をもつ産業，3）そうした産業の全体によって構成される国民経済，4）そのような各国の国民経済の国際経済，世界経済に占める位置と大企業・グローバル企業による国際経済，世界経済におよぼす影響，という4つの観点の相互の連関のなかで分析を行うことによって，企業経営の構造と問題点，諸特徴を明らかにするだけでなく，現代資本主義経済社会の本質の解明をはかることが重要となるということである。

その場合の現代企業研究と現代資本主義分析との関連，前者を後者のなかに位置づけることの意義についていえば，前川恭一氏が指摘されるように，「現代企業の新しい諸現象，諸活動をつねに取り上げ，個別的具体的な分析を積み上げ，そこから，より一般的な，より抽象化されたものを抽き出し，それを理論化することによって，現代企業特有の新しい法則・合法則性を明らかにするということ」，「そのことが現代資本主義分析の新しい構成要因として取り入れられ，現代資本主義社会の新しい諸傾向あるいは諸法則性を理論化する上で，重要な意味を持つということ[1]」にある。

つぎに経営学の対象と方法に関してみると，まず対象と課題の設定についていえば，企業経営という経済現象には，それらの内容のもつ性格からみれば，例えば経営戦略のように実際の個別具体的な企業の経営行動・意思決定の方針・指針となる性格の問題[2]と，生産，販売，購買，開発などの基本的職能活動における具体的展開や，管理や組織，そこでの労働のあり方など企業の経営行動の具体的展開にかかわる問題とがあるが，これらの各性格をもつ経営現象をそれぞれ個別的にのみ取り上げるのではなく，両者の相互の連関・浸透のなかで考察する必要性があろう。

また課題の設定に関して重要なことは，経済現象を企業という側面から考察

し，しかも経営学の対象となる問題領域のなかから固有の限定された課題設定をする以上，その解明が経営学レベルの研究において最も有効な考察結果を引き出しうる課題でなければならない。すなわち，そこでは，1）なぜ経営学による経済現象，経済過程の分析か，すなわち，行為主体としての企業からみることによるその「動的」分析が有効性を十分に発揮しうるテーマ設定であること，2）経営学の研究対象のなかでなぜその特定のテーマを設定し，解明することが有効であるのか，という点が重要となる。

このような課題設定の問題は，現実的には，経営学研究における性格，方法とも関連して，研究のパラダイム，流れとも深いかかわりをもつといえる。経営学研究の流れを大きく，近年とくに大きな比重を占めてきているいわばアメリカ的経営学と，かつて「批判的経営学」として展開されたマルクス主義的な立場にたつ経営学（「科学的経営学」）とに分けてみてみると，経営学研究にはつぎのような二重的性格がみられる。すなわち，前者は，もっぱら企業経営の効率的展開のメカニズムや方法の解明に力点をおいており，本来的にプラグマティックな性格をもつ。また後者は，現代経済社会の認識・把握を行う上で資本主義経済の発展の法則性を導き出すために企業という側面から経済現象を考察し，経済学的分析を補完する役割をになう経営学としての性格をもつ。経営学の「科学性」を何に求めるか，という問題では，アメリカ的経営学では，企業経営の効率的展開のメカニズムのなかに示される法則性という点に求められるのに対して，「科学的経営学」では，現代社会の認識，そのあり方の考究という立場から，現代経済社会，ことに現代資本主義経済社会の法則的な把握という点に求められるであろう。

例えば情報化の進展のもとでの経営学研究のあり方の問題について，貫 隆夫氏は，「企業の競争力強化の助言者として経営学を位置づければ，ビジネススピードと創造性の向上のための方策を見出すことがその課題となるが，個別企業の利害を超えた社会科学的認識の学として経営学を捉えれば，経営学の課題は，情報化の流れのなかで営利を求めて最適行動を目指す企業経営の特質と法則性を見出し，その合理性を社会的・長期的帰結に照らして認識することに求められよう[3]」と指摘されているが，こうした点はまさに現代経済社会の認識という立場からの経営学研究のあり方を示すものでもある。

さらにそのような「科学的経営学」の研究を展開する上での方法に関していえば，企業経営の諸問題，現象をつねに各国の資本主義発展の特質との関連で，つまり各国資本主義の構造分析に立脚して考察するという点，さらにまた企業経営のあり方如何が企業そのものに対してだけでなく，その国の産業や国民経済の発展におよぼす作用・影響をも明らかにしていくという点にひとつの特徴がみられる。そのことは，企業経営の諸現象のもつ経営上の意義だけでなく社会経済的意義をも明らかにするということでもある。ことに各国の資本主義発展のありよう，特質をふまえて企業経営の諸問題・現象を考察するという視角に関しては，経営者の意思決定という主観的判断はあくまでその企業のおかれている資本主義経済の客観的条件に規定されているという点が重要であり，そうした資本主義経済の動態のなかで企業経営問題をみていくことが必要かつ重要である。

しかし，最近の「批判的経営学」の立場に立つ研究にみられる特徴，問題点をみると，旧ソ連東欧社会主義圏の崩壊をひとつの大きな契機とするマルクス主義的な社会科学的研究の退潮の傾向や，新しい時代の企業経営のあり方や現代経済社会のあり方が問われている昨今の状況のもとで，そうした立場に立つ研究のなかにも，行為主体としての「企業」の社会的規定性（資本主義的規定性）を捨象あるいは後退させている傾向がみられる。例えば，各国の国家独占の戦略とその意義についての問題などもそのひとつの例であるが，とくに国家との深いかかわりをもつ産業，そこでの企業の問題を取り上げる場合には，特定の国家による助成策のもとで企業の経営がいかに展開されるか，その国の国家独占の戦略との関連をふまえてみていくことが必要となる。また情報化，ネットワーク化といった諸問題を扱うさいにそれらが現実的には資本主義制度のもとでいかなる影響，規定性を受けながら展開されるかといった視点が後退あるいは欠如して，そうした現象を「ニュートラル」なニュアンスでの把握を行おうとする傾向もみられる。また近年とくに重要かつ緊急な問題となっている企業による環境保全（環境保全型経営）の問題についてみても，同様の傾向がみられる。しかし，経営学研究が主たる対象とする「企業」が存立する現代の社会が資本主義経済社会である以上，行為主体としての「企業」の社会的規定性（資本主義的規定性）を捨象ないし後退させるというそうした傾向は，経営

学の「科学性」をなにによって保障するのか，アメリカ的な経営学との質的差異をどの点に求めて経営学研究のひとつの流れとして存立しうるのか，その存在意義自体が問われる性格の問題でもあるといえるであろう。

　この点に関していえば，「資本主義」という規定性の問題の2つのレベル，すなわち，1）資本主義的（法則的）な一般的規定性と，2）そのもとでの一定の歴史的発展段階に固有の特殊的規定性をふまえて企業経営の諸現象，諸問題を考察することによってこそ，現代経済社会のなかでの企業経営問題，さまざまな経営現象のもつ社会経済的意義，さらには現代社会の特質，あり方を究明することが可能となるのであり，そのような場合にこそ社会科学としての「科学的経営学」の存在意義が認められることになるであろう。こうした研究方法をめぐる問題については，第3章で詳しく考察することにしよう。

第2節　資本主義発展と企業経営の問題

1　経営現象の「歴史的特殊性」の問題

　以上の考察をふまえて，つぎに資本主義発展と企業経営の問題をみることにしよう。まず経営学研究においてあくまで資本主義経済の動態のなかで，換言すれば，各国の資本主義の構造分析のうえに立って企業経営問題，経営現象を考察していくさいに重要となる経営現象の「歴史的特殊性」の問題についてみることにする。この点を検討するにあたり，企業経営の問題を分析する上での基本的なパラメーターについてみておくと，それには資本，市場，技術，生産力，労働（労資関係を含む）などをあげることができるであろう。資本主義経済の発展を規定する本質的な契機は基本的には生産力と市場に求められるが，生産力の構成要素は生産の3要素である労働手段，労働対象，労働力にみられ，他方，市場の規模の規定要因としては人口，賃金，価格といった要素が関係してくるであろう。したがって，これらの構成要素が各国資本主義および世界資本主義の歴史的な発展段階において生産力や市場をどう規定するか，そのことが経営現象の「歴史的特殊性」の解明のカギとなろう。

　そうした規定要因の作用のもとで，主要な経営現象にはその発生の必然性となる歴史的特殊性があるはずであり，なぜある時期に特定の経営現象がおこら

ざるをえなかったのか，この点をその国の資本主義発展の特質，資本主義の構造分析（生産力構造，市場構造，産業構造など），世界経済のなかでの各国資本主義の位置との関連のなかで明らかにしていくことが重要である。そのさい，ある経営現象がある時期に特定の国で発生する歴史的必然性だけでなく，特定の産業において発生している場合にはその産業においてそうした現象がおこらざるをえない歴史的必然性を解明することも重要となってくる。

2 企業経営問題の歴史的な国際比較と一般的傾向

つぎにそのような経営現象の歴史的特殊性の問題の重要性を考慮に入れて主要各国の企業経営問題を比較した場合の一般的傾向についてみることにしよう。まずそのような問題を考察するさいには，1) 各国の資本主義の歴史的発展段階による諸変化，すなわち不均等発展の影響，2) 各国の産業構造的特徴と企業経営へのその影響，3) 職業教育制度やそれを基礎にした労働体制のような制度的側面，4) 各国の生産力構造と市場条件の史的比較などをふまえて分析することが重要である。このうち，1)についていえば，企業経営の発展は，各国の資本主義発展の特質に規定されて，基本的に共通する一般的な傾向とともに，独自的な展開をみることになるのであり，それゆえ，その国の資本主義の発展過程にそくして，不均等発展の影響をふまえて企業経営の諸問題を考察することが重要である[4]。また 4)の各国の生産力構造と市場条件の史的比較に関しては，つぎの点が重要である。すなわち，第2次大戦終結までの時代では，企業経営，生産力発展の隘路は主に市場問題にあり，第2次大戦後に主要資本主義国において普及・定着する企業経営のアメリカ・モデルの実現はアメリカにおいてのみみられた。しかし，戦後の高度成長期（戦後～70年代初頭）には主要資本主義国においていわゆる「労資の同権化」（「労働同権化」）が確立していくなかで，市場条件の平準化がすすみ，それに支えられて生産力構造の均質化がすすむことになる[5]。そうした状況に変化がみられたのは1970年代以降のことであるが，ただそこでは，市場の平準化・均質化という傾向は基本的には変化しなかったのに対して，とくに加工組立産業を中心的な舞台として多品種多仕様大量生産（フレキシブル生産）の効率的な推進を柱とする「日本的経営システム」の展開によって生産力基盤の均質化がくずれることにな

る。

それゆえ，以下では，19世紀初頭から今日までの時期についてどのような歴史的時期区分がなされうるか，この点を資本蓄積条件からみた時期区分と企業経営の現象面からみた時期区分の両面からみておくことにしよう。

3 歴史的時期区分の問題
(1) 資本蓄積条件からみた時期区分

まず資本蓄積条件からみた時期区分では，1) 自由競争段階（〜19世紀末），2) 独占形成期（19世紀末から20世紀初頭），3) 第1次大戦終結から世界恐慌まで（1918〜29年），4) 世界恐慌から第2次大戦終結まで（1929〜45年），5) 第2次大戦後の高度成長期（1945〜70年代初頭），6) 1970年代初頭に始まる低成長期から80年代末まで，7) 1990年代以降現在までの7つの時期に分けることができるであろう。

すなわち，1)の自由競争段階には，一国の生産力水準は慢性的に市場規模を上回るには至っていない。2)の独占形成期は，アメリカとドイツにおいて生産力水準が慢性的に市場規模を上回るという状況が傾向として定着してきた時期である。3)の第1次大戦後は市場問題の激化がみられた時期であるが，社会主義国ソビエトの誕生と資本主義陣営内ではげしい競争をくりひろげながらも協調せざるをえないという状況が生み出され，資本主義陣営のなかでの相互の結びつきが強まる時期である。4)の世界恐慌以降の時期は，主要資本主義国において生産力が市場を上回るという関係が定着し，需要不足という問題が深刻化するなかで，アメリカとドイツを中心に国家による経済過程への介入の始まりがみられる時期である。5)の第2次大戦後の高度成長期には，上述したように，主要資本主義国において市場条件の平準化がすすみ，大量生産体制の確立を可能にする市場基盤が生み出されることになる。6)の70年代初頭に始まる低成長期から80年代末までの時期は，スタグフレーションと福祉国家体制の危機（財政問題）という状況のもとで市場の条件が変化し，5)の時期のような高度成長の条件が失われた時期である。7)の1990年代以降の時期は，旧ソ連東欧社会主義圏の崩壊と中国，ベトナムなどアジアの社会主義国の市場経済化の進展にともなう資本主義陣営にとっての市場機会の拡大，EU，NAFTAのような

地域経済圏の形成＝域内経済化がすすむとともに，経済のグローバリゼーションとIT革命の影響が本格的に現われてくる時期である。この時期はいわゆる「メガ・コンペティション」の時代であるとされており，全世界的な市場競争の激化という面にそのひとつのあらわれをみることができる。

(2) 企業経営の現象面からみた時期区分

このような資本蓄積条件からみた時期区分をふまえて，つぎに企業経営の現象面からみた時期区分をみると，大きく1）自由競争段階（～19世紀末），2）独占形成期（19世紀末から20世紀初頭），3）第1次大戦終結から第2次大戦終結までの時期（1918～45年），4）第2次大戦後の高度成長期（1945～70年代初頭），5）1970年代初頭に始まる低成長期から80年代末までの時期，6）1990年代以降現在までの6つの時期に分けることができるであろう。

すなわち，1）の自由競争段階では，社会的分業がすすむなかで専門化＝専業化することによって経営効率の向上をはかることが重要な意味をもった時期であり，全体的にみれば企業の発展，経済発展に大きく寄与する特別な経営現象や企業経営のしくみはまだみられなかった。2）の独占形成期は，a）生産，販売，購買などの基本的職能活動を内部化した垂直統合企業が出現し，階層制管理機構が生み出された[6]ほか，b）企業集中の展開（カルテル，トラスト），c）テイラー・システムのような近代的な労働管理システムの誕生がみられた時期である。3）の第1次大戦後から第2次大戦終結までの時期には，a）第1次大戦中・戦後に拡大され，蓄積された過剰生産能力の処理が重要な問題となるなかでそれへの対応のための手段として企業集中＝トラストが本格的に取り組まれる（第2次企業集中運動）一方，b）多角化が一部の大企業において先駆的に取り組まれたほか，c）フォード・システムの展開，多角化した事業構造に適合的な事業部制組織の形成[7]，労働手段の個別駆動方式への転換の進展など現代的な経営方式の展開が始まる時期である[8]。4）の第2次大戦後の高度成長期は，a）主要資本主義国での大量生産方式の本格的展開・普及，b）多角化の本格的展開と事業部制組織の普及[9]，c）多国籍化の進展がみられたほか，d）第3次企業集中運動が展開され，巨大独占企業の拡大と一層の大規模化がそれまで以上にすすんだ時期であり，現代的＝アメリカ的経営方式・システムの本

格的普及,定着がすすんだ点に重要な特徴をみることができる。5)の1970年代に始まる低成長期から80年代末までの時期は,a) 多品種多仕様大量生産(フレキシブル生産)方式の展開(日本的生産システム),b) 第4次企業集中運動(M&A&D)が展開されるなかで,リストラクチュアリングとそれにともなう新規成長分野への多角化の一層の進展がみられた時期である。6)の1990年代以降今日までの時期は,a) 企業経営のグローバル化の進展,b) 情報技術を駆使した企業経営の展開・再編成,c) 専業企業の間での各職能的活動領域のネットワーク的連携に基づく協力関係によって支えられた企業類型であるネットワーク企業[10]など新しい企業類型の出現がみられるほか,d) とくに日本において顕著にみられるようにリストラクチュアリング的合理化が一層本格的に展開されるとともに,e) 企業結合の今日的展開(グローバル化のなかでのかつてない規模のM&Aの展開,戦略的提携のような企業提携の一層複雑かつ多様な展開)がみられる時期である。なお19世紀末から今日までの企業経営の歴史的展開をこうした時期区分に基づいて具体的に考察することによって各時期の企業経営の主要問題とそこにみられる一般的傾向性=「全般的一般性」を明らかにすることが重要となるが,こうした点については第4章でみることにする。

以上の歴史的時期区分の考察をふまえて,さらに経済社会の特質という点に関して,「現代」という時代認識の問題をみておくと,大きく,第2次大戦後を「現代」とする見方と70年代以降を「現代」とする見方に分けることができるであろう。

まず第2次大戦後を「現代」とする見方に立てば,大量生産・大量販売・大量消費社会というかたちで「豊かな社会」が確立され,それに基礎とする資本の再生産構造・社会システム(労資の同権化による福祉国家体制)が確立された点,自動車のような耐久消費財の大量生産による関連する多くの産業諸部門への需要創出効果を基礎にして国民経済全般に大量生産が貫徹していくという大量生産体制の確立,そのような大量生産体制に適合的な企業の経営システム・方式が確立された点にその根拠を見いだすことができる。一方,70年代以降を「現代」とする見方に立てば,20世紀型社会とそのシステムの新たな再編=福祉国家の危機,新自由主義的政策にみられるようなそのあり方の変化,経済構

造と企業経営における変化(大量生産の新たな再編)に特徴をみるといえるであろう。21世紀という新しい時代を迎えた今日,20世紀に主導的な役割を果たしてきたシステムの問題点や新しい企業経営,経済システムのあり方などが問われているとすれば,それはやはり20世紀の経済社会を特徴づける大量生産・大量販売・大量消費社会とそれを支える資本の再生産構造・社会システムのあり方をめぐってであるという点を考えると,第2次大戦後を「現代」とする見方に立ってそのような今日的な諸問題を分析していくことがより適切であるように思われる。第2次大戦後と70年代以降とでは,主要資本主義国における経済社会としての構造・性格それ自体は基本的には変化していないと考えられるからである。

第3節　IT革命のもつ可能性と影響

　以上の考察をふまえて,つぎに,今日的問題として,いわゆるIT革命の問題に関して,その技術的性格,情報技術のもつ可能性と影響についてみておくことにしよう。

　まずIT革命による生産力基盤の変化の可能性と企業経営の変化の可能性・必然性を考えた場合,生産技術と情報通信技術のいずれの面かによって異なってくるのではないかということである。今日の情報技術革命の最も革新的な変化はむしろ情報通信技術の面にみられるわけで,第6章で詳しくみるように,生産技術それ自体としてみれば,ME技術革新によってすでに自動化と「汎用性」との両立が一定実現されており,そのことによって多品種多仕様大量生産とフレキシブル生産を可能にする技術基盤が確立された点を考えると,この点自体はITと呼ばれる技術発展によって本質的な変革をもたらされるわけではないと考えられる。すなわち,機械と電子が合体したメカトロニクス技術にみられるME技術の特性と意義について,例えば宗像正幸氏は,そのような技術は「従来の機械技術よりも柔軟な条件のもとでの自動化を可能にし,客体的技術の適用領域を拡大することによって,経営における高度な生産性水準のもとでの多様性実現のための,生産領域における新たな一手段,可能性,機会を提供する[11]」ものであると指摘されている。もちろん,このようなME技術革新

についても,「自動化されていない汎用性の高い工作機械との対比では硬直的であることに変わりはなく,自動化が硬直性を高めるという図式が新技術において止揚されたわけではない」が,そうした新技術が「伝統的大量生産技術との比較では相対的に柔軟性を高めた」[12]ことの意義は大きいといえる。近年の情報技術の発展が企業経営に大きな影響をおよぼす可能性はまさに情報通信技術の面にあり,情報技術革命の影響をみる場合にも,こうした2つの技術的性格を考慮に入れて検討することが必要かつ重要であると思われる。

ことに「情報化が企業や生産システムにもたらした,あるいはもたらしつつある変化は,生産システムにとっての時間と空間の観念を変えた点にある」とされており,それは「情報の伝達速度がリアルタイムに,すなわち情報の発生とその伝達・処理のリードタイムが無限小になることにより,情報システムに取り込まれた情報に関する限り,時間的,空間的な差異は消滅することを意味する」[13]と指摘されるように,情報通信技術としての情報技術の決定的意義はそれまでの「距離と時間の制約」を大きく縮小させた点にみられる。また1990年代以降のいわゆるIT段階における情報技術の本質的特徴のひとつは,それがオープンな情報ネットワーク・システム[14]による情報の自律分散的統合が実現されている点にみられる。こうした情報通信技術が生産システムや企業経営システムのなかに組み込まれることによって,生産,販売,購買などの主要な各職能活動のレベルだけでなく,ビジネスプロセス全体のより効率的なかたちでの有機的結合,システム化が可能となっている。今日の情報技術のそうした技術的性格ゆえに,サプライ・チェーン・マネジメントなどにみられるように,各職能活動の連携,結合の深化による効率性の追求が一企業内に限らずそれを超えた企業間のレベルで,しかもその産業にかかわるビジネスプロセス全体のレベルで推進しうるようになっている。またITによる熟練移転(例えば作業工程のデジタル化)の可能性にみられるように「暗黙知」的要素を「形式知」化する可能性などもみられるようになっている。このように,情報技術によって,生産過程それ自体としても,またビジネス・プロセス全体としても,MEの段階を超える技術的可能性が与えられているものといえる。

またITによる需要創出の効果の問題をみると,今日の情報技術は情報と通信と放送の分野の技術の融合・結合というかたちで展開されるという新しい特

徴をもっており，こうした情報技術の発展が情報処理，情報通信などの分野を中心に広い範囲で需要の創出をもたらす可能性が大きく，すでにこれまでにもみられるが，ITの統合技術的性格ゆえに，企業のさまざまな活動領域における機能的統合化の推進がいわゆるIT産業に対する大きな需要創出の可能性を潜在的にもっているといえる。ただIT産業に対するそうした需要創出が国民経済的にみた場合どの程度の意味をもつものであるかという点では，20世紀という時代の大量生産体制とそれに立脚した再生産構造を確立する上できわめて重要かつ中核的役割を果たした自動車産業のような耐久消費財部門の場合と比べどのような意味をもちうるかということが重要な問題となる。またそうした需要創出の面とならんで雇用吸収力の問題をみても，IT産業のなかでもとくにソフト産業などにみられるように，そのあり方は自動車のような耐久消費財部門の場合とは明らかに異なる面もみられるであろう。国民経済的なレベルでの再生産構造において今日の情報技術の発展，IT産業の発展がどのような役割を果たしうるか，いかなる位置を占めうるか，21世紀の資本主義経済社会においてIT革命がもつ可能性はこうした経済的意味での「中核性」という問題とも大きくかかわってくるものと考えられる。

　なおこのようなIT革命と呼ばれる現象が経営学研究にとって対象領域をいかに拡大することになっているか，また情報技術の急速な発展のもとで企業経営において実際にどのような変化がみられるのか，そこでの主要問題をみていくことが重要な課題となってくる。これらの問題については，前者に関しては第2章において，また後者に関しては第7章において具体的に考察することにしよう。

第4節　経済のグローバリゼーションと企業経営のグローバル化の展開

　21世紀という新しい時代を迎えた今日の資本主義経済，企業経営をめぐる，IT革命の進展とならぶいまひとつの大きな変化は経済のグローバリゼーションの進展と企業経営のグローバル化の動きである。そこで，つぎにこうした問題に関して，経済のグローバリゼーションの性格規定，そのような現象の指標

をなにに求めるべきかという問題，グローバリゼーションと経営のグローバル化との関連についてみることにしよう。

　経済のグローバリゼーションという場合，一般的にヒト（労働力），モノ（商品），サービス，カネ（資本）の動きが全世界的なものになっているという点にそのあらわれをみるとされることが多い。そのような経済のグローバリゼーションの今日的特徴として，まず市場の側面の変化をみると，それには，旧ソ連東欧社会主義圏の崩壊とそれにともなう資本主義陣営にとっての市場機会の拡大，IT革命による市場取引コスト（情報通信コスト）の低減による世界的レベルでの市場機会の拡大という2つの側面での変化とともに，途上国，近年では中国の急激な進出・台頭による国際市場における競争の激化がみられる。ただそのさい，市場競争の個々の領域・部面について具体的にみることによって事業分野・製品分野間の差異も考慮されるべきであり，しかもある国の産業，企業の対象とする市場の地域的特性をも考慮に入れておく必要がある。また供給側の変化としては，途上国の急速な発展と進出にともなう競争の激化のもとでの主要資本主義国の生産・流通活動のグローバルな展開，IT革命による企業経営の新しい可能性，すなわち生産・販売・購買・開発などの世界的なネットワーク的展開や連携の進展・深化，その結果としての国際分業の再編などがあげられる。ITによる情報通信コストの低減に基づく市場取引コストの大幅な削減の可能性がそうしたグローバル展開の技術的基盤をなしている。

　こうしたいわゆるグローバリゼーションと呼ばれる現象の具体的内容をみると，それには大きく3つの領域・側面がみられる。すなわち，ひとつには金融グローバリゼーションであり[15]，この面では資本の全世界的な移動が可能となっており，以前と比べてもその量も速度も格段に高まっている。いまひとつには情報グローバリゼーションがあるが，それは，IT革命の急速な進展にともない，情報ネットワーク・システムによる情報の自律分散的統合によって情報の世界的・同時的共有が可能となるなかで，技術的には情報の全世界的展開，広がりが可能となり，急速に実現されてきている。この点に関しては，今日の情報技術がオープンな情報ネットワーク・システムの形成を可能にしているということが重要な意味をもっている。第3は物流的な面でのグローバリゼーションであるが，金融と情報の面では明らかに全世界的展開となっているのに対

して，モノの動きのグローバリゼーションでは，多国籍企業の段階と比べてどのような変化・差異がみられるのか，とくに高付加価値製品を中心とする場合とそうでない製品群での場合とを比較しながら，また財の特性の面をも考慮に入れて現実の動きをみる必要がある。例えば貿易面でみた場合，2001年のEU15カ国の商品貿易総額に占める域内貿易の割合をみると，輸出では61.8％，輸入では59.5％となっており[16]，域内貿易の割合が大きく，またNAFTAでみても，それに加盟する諸国の2002年の輸出総額に占める域内輸出額の割合は56.6％となっており[17]，同一地域経済圏の貿易の占める比重が高い。同じ「グローバリゼーション」といっても，金融面や情報面でのそれと物流的な面でのそれとは明らかにグローバル展開の基本的条件は異なってくる。

　また経済のグローバリゼーションのこれら3つの側面のこのような相違を規定する要因については，金融および情報の面でのグローバリゼーションの場合には，それらの機構やシステムの世界的な標準化が可能であり，それを前提にグローバルな展開をとげているという面がみられる。これに対して，物流面でのグローバリゼーションの場合には，商品の差別化が市場競争上重要であり，企業間あるいは国際間の標準化がはかりにくく[18]，しかも輸送面においても同様に標準化が困難であり，十分にはそれが実現されるには至っていない点を指摘することができる。なお物流的な面でのグローバリゼーションについてはその指標をなにに求めるべきかという点が重要な問題となるが，たんなる輸出量・輸出額の全世界的規模での増大や輸出先の地域の拡大だけでなく，むしろ購買や開発をも含めた生産力基盤の世界的展開もその重要な指標となろう。ただここで重要な問題として指摘しておくべき点は，各国の間に一定の共通性がみられるとはいえ，例えば金融部門や情報の分野で強い国際競争力とイニシアティブをもつアメリカや国民経済における金融部門の比重・位置の高いイギリスのような国と金融部門や情報の分野ではあまり国際競争力をもたず製造業部門にこそ国際競争力の主要な基盤をもつ日本とを比べた場合，それぞれの国の資本主義経済の特質にも規定されて，経済のグローバリゼーションの展開においてまったく同一の現れ方がみられるということには必ずしもならないという点である。アメリカやイギリスでは金融や情報のグローバリゼーションに依拠したかたちでのグローバル展開が他の国よりもすすんでいるのに対して，日本

の場合，製造業の海外依存度の高さもあり，購買や開発をも含めた生産力基盤の世界的展開というかたちでのグローバル化が大きな意味をもつとともに，そうしたグローバル化の進展が顕著にみられるという面がある。

そこで，つぎに，経済のグローバリゼーションと企業経営のグローバル化の問題について，両者の関連をみると，後者は，製造業でみた場合，生産拠点の移転や販売拠点の拡大，開発拠点の設置・拡大など直接投資によるグローバル展開がその中心をなすといえるが，経済のグローバリゼーションの上述の3側面のうち金融面と情報面のグローバリゼーションは企業経営のグローバル化を促進する要因として作用しており，その意味で企業経営の条件変化をもたらすという性格をもつものではないかと考えられる。しかしまた，企業経営のグローバル化の進展は，このような経済のグローバリゼーションとともに，1) EU，NAFTAなどにみられる自由貿易地域構想に基づく地域経済圏の形成，地域保護主義などいわゆるローカリゼーションへの対応として生産拠点の移転，現地調達などがすすんでいるという側面（グローカライゼーション）や，2) グローバルなレベルでの国際競争の激化という市場条件の変化への対応策として開発，生産拠点の移転，現地調達など一貫体制の構築が推し進められるという側面もみられる。ことに 1) に関しては，1980年代後半以降の関税回避や円高対応としての日本企業による生産拠点の国外への移転，現地調達の進展と質的に異なる現象となっているのかどうか，こうした点に関して，企業間，産業間，特定の産業内の製品部門間，国際間の比較をとおして，今日の経営のグローバル化といわれる現象の実態把握とその本質的意義を明確にしていくことが重要となる。また 2) に関しては，いわゆる「中国問題」に示される市場競争条件の変化がおこったのは1990年代後半以降，とくに近年のことであり，経営のグローバル化という現象はすでにそれより前に始まっているわけで，そうしたグローバルな経営展開の進展，競争構造の変容，その規定要因をより具体的にみていくことも必要となろう。

なおこのような経済のグローバリゼーションの進展，経営のグローバル化の展開にともない経営学研究の対象領域がどのように拡大してきているか，また経営のグローバル化にともなう企業経営の諸問題，諸変化については，それぞれ第2章および第8章において具体的にみることにする。

第1章　経営学研究の基本的問題と方向性　35

（1）前川恭一『現代企業研究の基礎』森山書店，1993年，11ページ。
（2）「経営戦略」の概念について，例えば加護野忠男氏は，「環境適応のパターン（企業と環境とのかかわり方）を将来志向的に示す構想であり，企業内の人々の意思決定の指針となるもの」と定義されている。石井淳蔵・奥村昭博・加護野忠男・野中郁次郎『経営戦略論』〔新版〕，有斐閣，1996年，7ページ。また経営戦略の定義と本質をめぐる問題については，加護野忠男「戦略の歴史に学ぶその定義と本質」『DIAMONDOハーバードビジネス』，1997年3月号をも参照。
（3）貫 隆夫「情報資本主義時代の経営学」，日本経営学会編『現代経営学の課題』（経営学論集 第67集），千倉書房，1997年，71ページ。
（4）この点に関しては，拙書『ドイツ企業管理史研究』森山書店，1997年，はしがき，1ページおよび序論，『ヴァイマル期ドイツ合理化運動の展開』森山書店，2001年，5-6ページ参照。
（5）この点について詳しくは，拙書『ナチス期ドイツ合理化運動の展開』，森山書店，2001年，結章第3節参照。
（6）A. D. Chandler, Jr, *The Visible Hand : Managerial Revolution in American Business*, Harvard University Press, 1977〔鳥羽欽一郎・小林袈裟治訳『経営者の時代――アメリカ産業における近代企業の成立――』東洋経済新報社，1979年〕，*Scale and Scope : The Dynamics of Industrial Capitalism*, Harvard University Press, 1990〔安部悦生・川辺信雄・工藤 章・西牟田祐二・日高千景・山口一臣訳『スケール・アンド・スコープ　経営力発展の国際比較』有斐閣，1993年〕，前掲拙書『ドイツ企業管理史研究』，第1章第2節および第6章などを参照。
（7）例えば，A. D. Chandler, Jr, *Strategy and Structure : Chapters in the History of the Industrial Enterpreise*, MIT Press, 1962〔三菱経済研究所訳『経営戦略と組織　米国事業部制成立史』実業之日本社，1967年〕，前掲拙書『ドイツ企業管理史研究』，序論Ⅱ4(3)，第2章第3節および第8章などを参照。
（8）この点については，前掲拙書『ヴァイマル期ドイツ合理化運動の展開』，結章第1節参照。
（9）R. P. Rumert, *Strategy, Structure and Economic Performance*, Harvard University Press, 1974〔鳥羽欽一郎・山田正喜子・川辺信雄・熊沢 孝訳『多角化戦略と経済成果』東洋経済新報社，1977年〕，P. Dyas, H. T. Thanheiser, *The Emerging European Enterpreise. Strategy and Structure in French and German Industry*, The Macmillian Press, 1976, E. Gabele, *Die Einführung von Geschäftsbereichsorganisation*, Tübingen, 1981〔高橋宏幸訳『事業部制の研究』有斐閣，1993年〕，J. Wolf, *Strategie und Struktur 1955-1995. Ein Kapital der Geschichte deutscher nationaler und internationaler Unternehmen*, Wiesbaden, 2000, D. F. Channon, *The Strategy and Structure of Britisch Enterpreise*, The Macmillian Press, 1973, T. Howard, D. O' Neal, M. Ghertman(ed), *Strategy, Structure and Style,* Chichester, 1997, 吉原英樹・佐久間昭光・伊丹敬之・

加護野忠男『日本企業の多角化戦略　経営資源アプローチ』日本経済新聞社，1981年，加護野忠男・野中郁次郎・榊原清則・奥村昭博「日米企業の戦略と組織　日本企業の平均像の比較」，伊丹敬之・加護野忠男・伊藤元重編『日本の企業システム』，第2巻，戦略と組織，有斐閣，1993年，加護野・野中・榊原・奥村，前掲書などを参照。

(10) 夏目啓二『アメリカの企業社会　グローバリゼーションとIT革命の時代』八千代出版，2004年，10ページ，145ページ，同『アメリカIT多国籍企業の経営戦略』ミネルヴァ書房，1999年を参照。

(11) 宗像正幸『技術の理論──現代工業経営問題への技術論的接近──』同文舘，1989年，348ページ。

(12) 鈴木良始『日本的生産システムと企業社会』北海道大学図書刊行会，1994年，30ページ。

(13) 宗像正幸・坂本 清・貫 隆夫「生産，生産システムをめぐる現代的情況と生産システム論──『モノづくり』の世界のよりよき理解にむけて──」，宗像正幸・坂本 清・貫 隆夫編著『現代生産システム論　再構築への新展開』（叢書 現代経営学⑨），ミネルヴァ書房，2000年，8-9ページ。

(14) 例えば藤田 実「IT化と情報のグローバル化」『経済』，2002年5月号，No.80，21ページ，秋野晶二「日本企業のアジア展開と情報ネットワーク化──エレクトロニクス産業を中心に──」，林 正樹・井上照幸・小阪隆秀編著『情報ネットワーク経営』（叢書 現代経営学⑱），ミネルヴァ書房，2001年，143-4ページなどを参照。

(15) 例えば紺井博則・上川孝夫編『グローバリゼーションと国際通貨』日本経済評論社，2003年などを参照。

(16) European Communities, *Eurostat Yearbook 2003──The Statistical Guide to Europe Data 1991-2001──*, Luxembourg, 2002, p.188.

(17) OECD, *Monthly Statistics of International Trade*, 2003/12, p.57, p.59, p.61.

(18) なかでも製品による差異もみられ，例えば電機・電子産業でも，エレクトロニクス分野では国際間での標準化がはかられやすいのに対して，アプライアンス分野（冷蔵庫，ルームエアコン，洗濯機，掃除機などの家電製品）の製品については，その国の文化や生活慣習に密接に結びついたものであったために国によって嗜好やニーズに差異がみられる場合が多いだけでなく，安全規格が異なる場合も多く，標準化が難しく，そのことが経営のグローバル化のありよう，進展にも一定の影響をおよぼすことにもなりうるという面もみられる。大貝威芳「アプライアンス企業のグローバル化（1）」『経営学論集』（龍谷大学），第42巻第3号，2002年11月，8ページ，同論文（2），第42巻第4号，2003年3月，7ページ，12-3ページ参照。

第2章　経営学研究の対象をめぐる諸問題

　第1章で明らかにしたように,「科学的経営学」の研究の基本的課題は経済活動のひとつの中心的行為主体である「企業」の側面から現代資本主義経済社会の解明をはかることにあり,資本主義経済の動態のなかで,換言すれば,各国の資本主義の構造分析のうえに立って企業経営問題,経営現象を考察し,それらのもつ企業経営上の意義,社会経済的意義を明らかにし,現代経済社会のしくみや構造,そのあり方などを解明することにある。本章では,こうした立場に立つ経営学研究にとって,その研究の対象領域をどう設定すべきか,新しい企業経営の諸問題・諸現象の出現にともなう問題領域の広がりや経営学研究の多様な広がりのなかで,また政策科学的研究の広がりや社会学,心理学などの隣接科学との関連などの問題ともかかわって,経営学のさまざまな研究領域・分野をどのように位置づけるべきか,そこでの問題はどのような性格をもつものであるのか,各領域における主要問題,論点とはなにか,といった諸点について検討をくわえ,経営学研究における対象規定を試みるものである。

第1節　経営学研究の対象領域の広がりについて

　まず近年経営学研究においてみられる対象領域の広がりに関して,その主要な問題領域を,1) 新しい企業経営の諸問題・諸現象の出現にかかわる対象領域の問題,2) 経営学研究の多様な広がりのもとでの対象領域の問題,3) 認識科学としての経営学と実践応用科学としての経営学の問題,4) 経営学における認識科学的研究と政策科学的研究をめぐる問題,5) 心理学や社会学などの隣接科学の領域・方法にかかわる問題の5点についてみておくことにしよう。

ここでは，これら5点の大きな対象領域，経営学研究をすすめる上でそれらが今日重要な問題となってきている背景，要因の考察を中心とし，これら5点のなかの個別の各論点の具体的検討は第2節以下で行うことにする。

1 新しい企業経営の諸問題・諸現象の出現にかかわる対象領域の問題

これら5点にかかわる問題のうち，まず新しい企業経営の諸問題・諸現象（動向）の出現にかかわる対象領域の問題についてみることにするが，それには，1）経営のグローバル化の進展と情報技術の発展にともなう対象領域，2）企業に対する社会性・公共性の要求・要請の高まりにともなう対象領域，3）第3次産業の拡大・肥大化にともなう対象領域などをあげることができる。以下，これら3点について，簡単にみていくことにしよう。

(1) 経営のグローバル化の進展と情報技術の発展にともなう対象領域

まず経営のグローバル化の進展と情報技術の発展にともなう対象領域をみることにするが，これら2つの大きな変化は企業経営の課題，ありように大きな影響をおよぼしている。国内志向の経営展開を基礎にした資本蓄積の補完策としての国際化という段階を超えて，全世界的なレベルで企業内あるいは企業グループ＝コンツェルン内の最適な分業生産体制・販売体制・調達体制・開発体制を構築すること，また情報化の進展に対応して，その技術的な可能性を利用して企業間関係をも視野に入れた企業構造の変革，組織構造の変革，ビジネス・プロセス全体の有機的統合化による効率化の追求，市場へのフレキシブルな対応が巨大企業にとってますます重要な課題となっていることにそのあらわれをみることができる。

経営のグローバル化の進展を例えば日本の場合についてみると，海外現地法人の売上高の推移を示した図2-1にみられるように，1990年代に入り海外現地法人の売上高が大きく増大しており，全産業でみた場合，それは92年度の79兆円から2002年度には138兆円に，すなわち75％の増大をみている。そのうち非製造業における海外現地法人の売上高は同期間に54兆円から73兆4,000億円に増大しているがそれは36％の増大にとどまっているのに対して，製造業の伸びは大きく，25兆円から64兆6,000億円へと2.6倍に増大している。しかも製造業

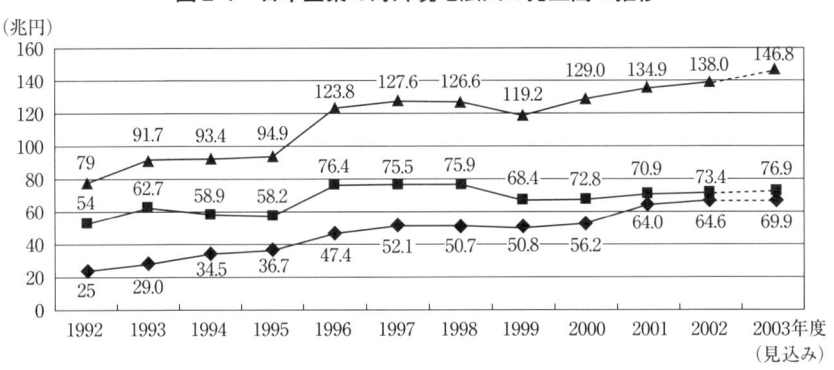

図2-1 日本企業の海外現地法人の売上高の推移

(兆円)

年度	製造業	非製造業	全産業
1992	25	54	79
1993	29.0	62.7	91.7
1994	34.5	58.9	93.4
1995	36.7	58.2	94.9
1996	47.4	76.4	123.8
1997	52.1	75.5	127.6
1998	50.7	75.9	126.6
1999	50.8	68.4	119.2
2000	56.2	72.8	129.0
2001	64.0	70.9	134.9
2002	64.6	73.4	138.0
2003年度(見込み)	69.9	76.9	146.8

(注):2003年度は見込額として調査したもの。
(出所):経済産業省『第32回 平成14年海外事業活動基本調査結果概要——平成13(2001)年度実績——』(http://www.meti.go.jp/statistics/data/h2c400ej.html),『第33回 海外事業活動基本調査結果概要—平成14(2002)年度実績—』(http://www.meti.go.jp/statistics/data/h2c400fj.html)より作成。

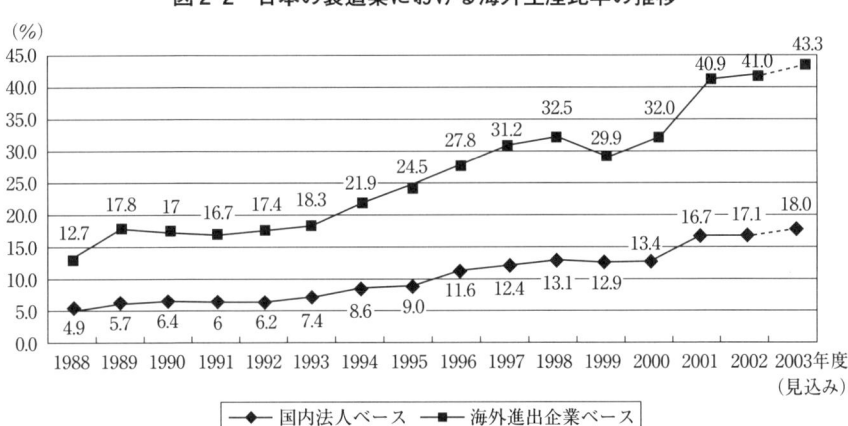

図2-2 日本の製造業における海外生産比率の推移

(%)

年度	国内法人ベース	海外進出企業ベース
1988	4.9	12.7
1989	5.7	17.8
1990	6.4	17
1991	6	16.7
1992	6.2	17.4
1993	7.4	18.3
1994	8.6	21.9
1995	9.0	24.5
1996	11.6	27.8
1997	12.4	31.2
1998	13.1	32.5
1999	12.9	29.9
2000	13.4	32.0
2001	16.7	40.9
2002	17.1	41.0
2003年度(見込み)	18.0	43.3

(注):1) 国内全法人ベースの海外生産比率=現地法人(製造業)売上高/国内法人(製造業)売上高×100
2) 海外進出企業ベースの海外生産比率=現地法人(製造業)売上高/本社企業(製造業)売上高×100
3) 2003年度は見込額として調査したもの。
4) 2001年度に業種分類の見直しを行ったため,2000年度以前の数値とは断層が生じている。
(出所):図2-1に同じ。

表2-1 日本の製造業における業種別の海外生産比率の推移

(単位:%)

	90年度	91年度	92年度	93年度	94年度	95年度	96年度	97年度	98年度	99年度	00年度	01年度	02年度
製造業	6.4	6.0	6.2	7.4	8.6	9.0	11.6	12.4	13.1	12.9	13.4	16.7	17.1
食料品	1.2	1.2	1.3	2.4	3.2	2.6	4.0	2.8	2.8	2.9	2.8	4.7	4.8
繊維	3.1	2.6	2.3	3.2	4.0	3.5	7.6	8.0	8.9	9.0	8.6	7.1	7.0
木材・紙・パルプ	2.1	1.6	1.4	1.9	2.1	2.2	2.9	3.8	3.6	3.5	4.0	3.9	4.5
化学	5.1	5.5	4.8	7.0	8.1	8.3	10.0	12.4	11.9	11.5	13.4	14.5	15.5
鉄鋼	5.6	4.9	5.0	6.3	5.4	9.2	12.1	13.1	10.9	9.8	16.3	19.4	9.8
非鉄金属	5.2	5.2	7.8	6.5	8.8	6.7	11.1	10.9	9.3	10.9	10.4	11.3	11.3
一般機械	10.6	7.6	4.1	5.8	8.1	8.1	11.7	11.5	14.3	12.4	12.1	11.3	11.2
電気機械	11.4	11.0	10.8	12.6	15.0	16.8	19.7	21.6	20.8	21.4	21.9	27.6	26.5
輸送機械	12.6	13.7	17.5	17.3	20.3	20.6	24.9	28.2	30.8	30.6	31.1	44.1	47.6
精密機械	4.7	4.4	3.6	5.6	6.0	6.6	8.6	9.1	10.3	12.3	12.6	13.6	14.8
石油石炭	0.2	1.2	5.2	7.1	5.6	3.7	2.8	1.7	2.3	1.2	1.4	1.5	2.0
その他	3.1	2.6	2.3	2.8	3.0	3.0	4.3	4.1	4.6	4.4	4.6	4.6	5.4

(注):1)海外生産比率=現地法人(製造業)売上高/国内法人(製造業)売上高×100
 2)「電気機械」には「情報通信機械」を含む。
(出所):図2-1に同じ。

では,1996年度には海外現地法人の売上額(47兆4,225億円[1])が日本からの輸出額(44兆7,313億円[2])を初めて上回るようになっている。また売上高でみた製造業の海外生産比率をみても(図2-2参照),海外進出企業ベースでは90年度には17%であったものが97年度には31.2%,2002年度には41%に,また国内全法人ベースでは6.4%から12.4%,さらに17.1%にまで上昇している。これを産業別にみると(表2-1参照),ことに輸送機械産業では,その比率(国内全法人ベース)は90年度には12.6%にすぎなかったものが97年度には28.2%,2002年度には47.6%に大きく上昇しており[3],情報通信機械を含む電気機械産業でみても11.4%から21.6%,さらに26.5%にまで上昇している。その他の産業で90年度から2002年度までの期間の上昇が大きいのは精密機械産業,化学産業,非鉄金属産業であり,それぞれ4.7%から14.8%,5.1%から15.5%,5.2%から11.3%に上昇しており,鉄鋼業では90年度の5.6%から2001年度には19.4%まで上昇しているが,2002年度には9.8%に大きく低下している。

またこうした海外生産比率の上昇とともに注目すべきは日本への販売額の増

第2章　経営学研究の対象をめぐる諸問題　41

表2-2　製造業の現地法人からの日本への販売額・販売比率の推移

(単位：10億円)

年　度		92	93	94	95	96	97	98	99	00	01	02
日本への販売額	全地域	1,678	2,907	3,621	3,425	4,642	5,810	4,886	5,272	6,113	6,045	6,352
	北米	312	520	739	517	595	645	549	770	681	553	568
	アジア	1,217	1,470	2,095	2,271	3,521	4,543	3,719	4,038	4,924	4,980	5,196
	ヨーロッパ	55	394	518	118	305	360	394	260	287	255	317
日本の総輸入額に占める比率		6.5%	12.5%	14.3%	11.6%	12.9%	16.0%	15.4%	16.0%	16.0%	16.3%	16.5%
日本への販売比率	全地域	6.7%	10.0%	10.5%	9.3%	9.8%	11.2%	9.6%	10.4%	10.9%	9.4%	9.8%
	北米	3.1%	4.4%	5.5%	3.5%	3.2%	3.1%	2.5%	3.5%	2.9%	1.9%	2.1%
	アジア	15.3%	15.3%	17.3%	18.5%	20.7%	25.3%	25.1%	24.2%	24.7%	24.6%	23.5%
	ヨーロッパ	1.0%	6.9%	7.7%	1.6%	3.3%	3.8%	3.6%	2.7%	2.9%	2.3%	2.8%

(注)：日本への販売比率 = $\dfrac{\text{日本への販売額}}{\text{現地法人の販売総額}}$

(出所)：図2-1に同じ。

大であり（表2-2参照），製造業のそれは92年度には1兆6,780億円であったものが97年度には5兆8,100億円に著しく増大しており，日本の総輸入額に占めるその割合も6.5%から16%に上昇しているほか，全売上高に占める日本への販売の比率をみても6.7%から11.2%に上昇している。その後の動きをみても2002年度には日本への販売額は6兆3,520億円へと増大しているが，全地域でみた場合の日本への販売比率は9.8%へとわずかに低下している。また地域別にみると，最も大きな増加を示しているのはアジア地域からの日本への販売であり，その額は1992年度から97年度までの期間に1兆2,170億円から4兆5,430億円に増大しており，日本への販売の比率も15.3%から25.3%に上昇しており，この時期に日本国内向けの製品についても生産拠点の移転がアジアを中心に展開されてきたことがわかる。日本の全産業の海外現地法人の地域別売上高の推移では（図2-3参照），北米の売上高は規模そのものは大きいものの1990年度から2002年度までの期間をみても42兆6,000億円から58兆7,000億円へと37.8%の増加にとどまっているほか，ヨーロッパのそれは32兆9,000億円から27兆7,000億円に減少しているのに対してアジアのそれは16兆4,000億円から40兆1,000億円へと2.4倍に増大している。これを製造業についてみると，北米の売上高は同期間に12兆1,000億円から27兆1,000億円へと2.2倍に，ヨーロッパのそれは4兆

図2-3 日本の海外現地法人の地域別売上高の推移（全産業）

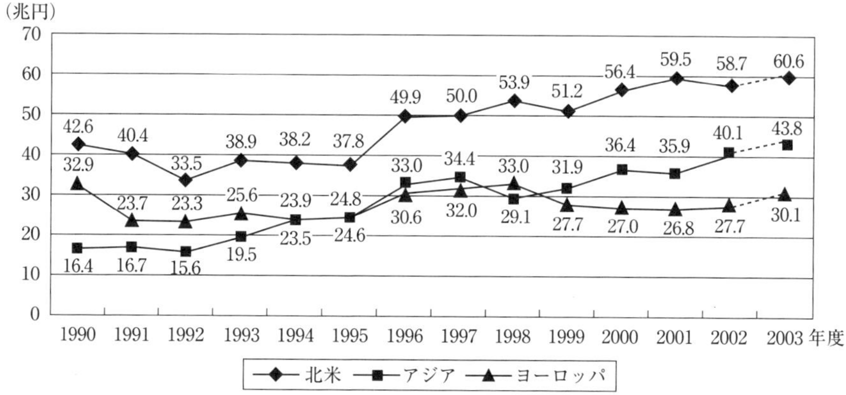

(兆円)

データ系列：
- 北米：42.6, 40.4, 33.5, 38.9, 38.2, 37.8, 49.9, 50.0, 53.9, 51.2, 56.4, 59.5, 58.7, 60.6
- アジア：16.4, 16.7, 15.6, 19.5, 23.5, 24.6, 30.6, 32.0, 29.1, 27.7, 27.0, 26.8, 27.7, 30.1
- ヨーロッパ：32.9, 23.7, 23.3, 25.6, 23.9, 24.8, 33.0, 34.4, 33.0, 31.9, 36.4, 35.9, 40.1, 43.8

年度：1990 1991 1992 1993 1994 1995 1996 1997 1998 1999 2000 2001 2002 2003年度

(注)：2003年度は見込額として調査したもの。
(出所)：図2-1に同じ。

9,000億円から11兆5,000億円へと2.3倍に，アジアのそれは7兆2,000億円から22兆1,000億円へと3.1倍に増大しており，アジアの売上げの伸びが大きいが，それにはアジアへの生産移転が急速かつ大規模にすすんだことも関係しているといえる。さらに製造業の海外現地法人の日本への販売額の推移を産業別にみると（図2-4参照），繊維では1995年度には1,070億円であったものが2002年度には2,210億円へと2.1倍に，輸送機械では1,420億円から6,250億円へと4.4倍に，一般機械では1,660億円から4,730億円へと2.8倍に，情報通信機械を含む電気機械のそれは1兆6,100億円から3兆1,650億円へと1.9倍に増大している。金額そのものでみると情報通信機械を含む電気機械産業において海外生産された製品の日本への販売が圧倒的に多く，国外への生産移転によるグローバル化の最もすすんだひとつの姿をそこにもみることができる。また開発の現地化の進展としての日本の製造業における海外現地法人における研究開発費と海外研究開発費比率の推移をみると，海外現地法人の研究開発費は1996年度には2,057億円であったものが2000年度には3,816億円，2002年度には4,107億円に増大しており，海外研究開発費比率は2.3%から3.9%，さらに4.1%に上昇している[4]。

このような変化は経営のグローバル化の進展の反映であるといえるが，旧ソ連東欧社会主義圏の崩壊やIT革命による市場取引コストの低減による世界的

図2-4　主要業種別にみた海外現地法人の日本への販売額の推移

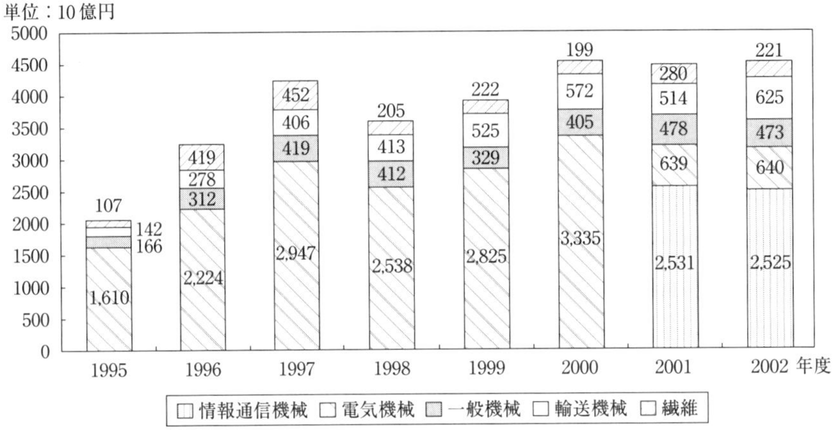
単位：10億円
5000
4500
4000
3500
3000
2500
2000
1500
1000
500
0
107
142
166
1,610
419
278
312
2,224
452
406
419
2,947
205
413
412
2,538
222
525
329
2,825
199
572
405
3,335
280
514
478
639
2,531
221
625
473
640
2,525
1995
1996
1997
1998
1999
2000
2001
2002 年度
情報通信機械
電気機械
一般機械
輸送機械
繊維

（注）：2000年度までは情報通信機械は電気機械として分類。
（出所）：図2-1に同じ。

レベルでの市場機会の拡大，途上国の進出にともなう競争の激化という市場面における変化のもとで，主要資本主義国の生産・流通・開発活動のグローバルな展開，すなわち生産・販売・購買・開発などの世界的なネットワーク的展開や連携の進展，その結果としての国際分業の再編に企業経営の変化をみることができる。そこでは，一企業あるいは企業グループ＝コンツェルンにおいてそれぞれの製品に対して，また特定の工程部門（例えば部品生産や組み立て）について世界的なレベルで最適生産・購買・開発が確保されるような分業生産体制が築かれるようになってきている。グローバル企業にとっては，生産・購買・開発がどこで行われるかということそれ自体が単純に問題なのではなく，利潤極大化を実現しうる世界最適展開＝世界最適生産力構成の確立こそが問題となっており，たんに為替変動リスクへの対応や貿易摩擦あるいは相手国政府の輸入規制などへの対応としての生産の国外移転が問題というよりはむしろ，まさに巨大企業の生産力構成のあり方をめぐる問題である。すなわち，グローバルなレベルでの競争の激化という市場条件への対応をはかるために特定の市場地域向けの特定製品の最適生産力として選択された地域における開発拠点，生産拠点の設置，部品や原材料の最適調達・現地調達など一貫体制の構築がはから

れ，しかもそれが地域完結的なかたちで展開され，各主要地域における経営展開のグローバルな統合的調整がはかられているという点に経営のグローバル化と呼ばれる現象の特徴をみることができる。

　また今日のグローバリゼーションは，それがいわゆる情報技術の発展との同時進行ですすむという面に重要な特徴がみられ，情報技術の発展による「距離と時間の制約」の著しい縮小はグローバリゼーションを一層促進する要因にもなっているとともに，経営のグローバル展開のための技術的基盤をなしている。「情報化の新段階とは，第1に人間労働の直接的代替（ME段階）からME独自の論理で機能展開する段階（IT段階）への移行であり，第2に，その結果として，情報化の新段階に適合させた労働編成，経営展開，すなわち分業の新段階を意味する」。また「国際化の新段階とは，蓄積構造の国際化段階，すなわち国内的蓄積の補完としての国際化ではなく，いうなれば，企業活動の単なる『移転』の段階ではなく，経営活動が水平的・垂直的に多国籍的に統合される段階」であり，「情報化の新段階は国際化の新段階の技術的条件である[5]」。このような「新段階」の特徴はまさに国際化・情報化が統合されて展開するところにある[6]。「情報通信技術の変革，世界的なネットワーク網の形成が，グローバル企業の国際化に現代性を付与している」とされるように，「国際的な広がりをもつ最適部品調達，最適地生産が，情報通信技術の発達を基盤とし，情報通信機器に装備されて実現している[7]」。こうした情報技術による情報通信コストの低減に基づく市場取引コストの大幅な削減の可能性が経営のグローバル展開をはかる上での技術的基盤をなしているとともに，グローバル競争を激化させる要因にもなっている。それゆえ，21世紀を迎えた新しい時代の企業経営の問題をめぐっても，企業のおかれている条件の変化への新たな適応策としての側面と，情報化・国際化の進展によって企業経営の新たな展開の可能性が開かれるという側面との両面から，企業経営の変革の可能性・必然性について考察するとともに，そこでの新しい企業経営のシステムやそのあり方についてみていくことが重要となってくるであろう。このように，経営のグローバル化の進展と情報技術の発展にともない，考察すべき企業経営の新しい重要な諸問題が現れてきており，経営学研究の対象領域もそれだけ広がってきているといえる。

(2) 企業に対する社会性・公共性の要求の高まりにともなう対象領域

つぎに企業に対する社会性・公共性の要求・要請の高まりにともなう対象領域についてみると，企業に対するそのような要求・要請の高まりは企業と社会との関係，そのあり方を問うものでもあるが，それには，1) 企業倫理の問題，2) 環境保全型経営の問題，3) コーポレート・ガバナンスの問題，4) NPO（非営利組織体）の問題などをあげることができるであろう。

今日の日本企業を囲む環境変化として，片岡信之氏は，つぎの点を指摘されている。すなわち，1)「戦後日本企業が前提としてきた米ソ冷戦構造が崩壊し」，そのことが「世界的政治経済地図や資本主義各国の労働運動・反体制運動に衝撃を与え，また資本主義社会でのむき出しの『市場原理主義』的政策の方向性を勢いづけ」，そうしたなかでそれまでの日本的な経済システム・経営システムの転換が問題となってきていること。2) 単一国際市場経済の成立と国際的大競争時代の幕開け（地球規模の市場競争経済化，製造・流通ネットワークの世界規模化と競争激化，いわゆるメガコンペティション時代の到来）。3)「＜大量生産─大量販売─大量消費─大量廃棄＞という＜アメリカ的生産・生活様式＞が，有限な地球資源の浪費問題，廃棄物処理問題，地球環境破壊問題などの深刻な問題解決と両立不能であることがわかってきた」ことによって，「『持続可能な発展』（環境保全型開発）が不可欠の視点となってきた」こと。4) 急速な情報化の進展。こうした経営環境の変化は日本企業のみならず他の資本主義国の企業にも基本的にみられるものであるが，そうした激変する新しい国内外の環境のもとで，企業に要請される今日的課題として，1) 企業の社会性と経済性との両立，2) 資本蓄積偏重型経営から人間尊重型経営への転換，3) 公害・資源浪費型経営から環境保全型経営への転換，4) 国内志向企業経営からグローバル企業経営への転換，5) 情報化に対応しての組織構造の変革の5点が指摘されている。このうち 1) については，「利己的利潤動機以外の社会的行動原理をも根本的に組み込んだ企業倫理，経営戦略を設定することが課題となってきている」こと，2) については，「労働生活の質」や「消費生活の質」の優先が求められていることなどがあるとされている。企業に要請される今日的課題のこのような変化が経営学研究におよぼす影響について，片岡氏は，「従来の経営学書の叙述体系のように，グローバル化，情報化，社会性，人間

尊重，環境保全といった要因を，一時の時流的・非本質的なものとして補論的に位置づけるのでなく，現代企業の根本的特質として中心部分に位置づけることが必要」であり，「この意味において，20世紀末から21世紀初頭にかけての現代企業の変貌は，現代経営学に対して大きく内容と体系の変更（経営学の全面的な書き替え）を求めている」と指摘されている[8]。

　こうした指摘をめぐっては，個々の事実認識や経営学研究のあり方については異にしている部分があるが，基本的な枠組みに関しては同意しうるところがある。企業に対する社会性・公共性の要求・要請の高まりのもとで，企業倫理・経営者倫理の問題，それともかかわって企業の外部からの企業統治の機構をどのようにして構築するか，また経営者の行動（意思決定）が株主をはじめとする多様な利害関係者の意向を反映するかたちで行われるような企業管理システムをいかにして構築するかというコーポレート・ガバナンスの問題や，環境保全を配慮した経営のあり方，そうした社会性・公共性の要求・要請に応えるような事業運営の実現をはかる上でのNPOへの期待の高まりなど，企業経営の新しいあり方が求められるようになっている。そうしたなかで，経営学研究においても，こうした対象領域をいかに扱うかが重要な問題となってきており，問題解決に向けての研究が一層求められるようになってきているといえる。

(3) 第3次産業の拡大にかかわる対象領域

　経営学研究の対象領域の広がりに関して取り上げておかなければならないいまひとつの問題として，第3次産業の拡大・肥大化にかかわる問題領域がある。今日，流通業，サービス産業など第3次産業の国民経済に占める位置が非常に高まってきているほか，日本における高齢化社会の一層の進展や情報技術の急速な発展のもとで，サービス産業では介護産業やソフト産業，インターネットプロバイダー，ネット広告，ネット管理企業などの新興産業群の出現もみられるようになっている。そこでは，大企業よりはむしろ中小企業が多いだけではなく，中小企業あるいは新規参入企業の担う役割も製造業と比べると相対的に大きなものがあるといえる。そうしたなかで，経営学研究においても，これまで考察対象の最も中心をなしていた工業企業とは異なる第3次産業の企業

経営の問題が一層重要な対象領域となってくるとともに，これらの産業における大企業と中小企業との関係，独占の問題など取り上げられるべきいくつかの重要な問題がみられる。そこでは第3次産業を構成する流通業，サービス産業の産業特性に規定された経営展開のありよう，特殊性の解明が重要な課題となってくる。これらの産業では，その産業特性ゆえに，主にマーケティングと呼ばれる領域における経営問題・現象が中心的位置を占めるという側面がみられるが，近年では製販同盟といわれるような流通企業と製造企業との提携関係による展開がみられるなど，産業の枠を超えた企業間関係を基礎にした事業展開もすすんできている。また情報技術の発展が企業経営におよぼす影響という点でみると，流通業やサービス産業は，その産業の性格からみても，電子商取引，ワン・ツー・ワン・マーケティングなどにみられるように，最も大きな変革の可能性をもつ産業であるともいえる。さらに事業活動の主体という点でみると，とくにサービス産業にかかわる分野においては，NPOがかかわる，あるいは一定の役割を担いうる領域もみられるが，この点はサービス産業分野のもつ特殊的性格による部分が大きいとはいえ，新しい傾向であるといえる。

　また上述したように，第3次産業の拡大・肥大化がすすんでいるということはまた，これらの産業・企業の発展が国民経済におよぼす影響もそれだけ大きくなってきているということを意味するが，この点は，例えば売上額や就業者数などでみた第3次産業の国民経済に占める位置が非常に高まってきていることにもみられる。しかし，そのことは，21世紀という時代を迎えた今日の資本主義経済社会にとってどのような意味をもつのか，製造業を中心とする，あるいは核とする20世紀的な経済社会のありようにいかなる影響をもたらすものであるのか，また製造業と第3次産業との関連など，いくつかの検討されるべき重要な問題を含んでいるといえる。

2　経営学研究の多様な広がりのもとでの対象領域の問題

　以上において，新しい企業経営の諸問題・諸現象の出現にかかわる対象領域の問題についてみてきたが，つぎに経営学研究の多様な広がりにともなう対象領域の問題を簡単にみることにしよう。これまでの経営学研究の歴史が示すように，経営学の研究のあり方は多様であるが，近年とくに，企業経営の効率的

展開のメカニズムや方法の解明に力点をおいた経営学研究が大きな流れになってきており、いわばその典型例がアメリカでの研究であり、そうした研究にはもともとプラグマティックな性格をもつ傾向がみられる。わが国の経営学研究は戦後アメリカの研究成果を吸収するかたちで展開されてきたという傾向にあるが、そこでも、ひとつの研究の大きな流れにおいては、企業経営の効率的展開のメカニズムや方法の解明に力点をおくという点では基本的に同様の傾向をもつものであるといえる。そうしたなかで近年ますます重要な研究領域となってきているのが戦略論や組織論の領域の研究であり、こうした領域の研究の拡大、深化がみられるが、そのようなアメリカ流の経営学をどう位置づけ、展開するかが重要な問題となってくる。また戦後に本格的な進展をみる組織行動論的研究についても、そうした研究成果を企業の管理や組織、労働の問題などを分析する上でいかに摂取し、位置づけるか、さらにそうした研究をどのような意味で発展させていくかか重要な問題となってくるであろう。基本的にいえば、こうしたアメリカ経営学がこれらの対象領域のなにをどう問題にしており、どのような意義をもったか、また「批判的経営学」の流れの研究においてこれまでなにを捨象してきたのか、あるいは十分に取り上げてこなかったのか。こうした点をふまえて、そのような研究を企業の経営行動における効率性の向上という観点からのみみるのではなく、広く社会経済とのかかわりのなかで捉え直すことが重要となってくるといえるであろう。

3 認識科学としての経営学と実践応用科学としての経営学

つぎに経営学のもつ認識科学としての側面と実践応用科学としての側面の問題に関してみると、アメリカでの経営学研究にはもともとプラグマティックな性格をもつ傾向がみられることは周知のとおりであるが、その意味では、アメリカの経営学は実践応用科学としての性格をもつといえる。しかし、企業経営の問題・現象を中心的な考察対象とする経営学の研究は、本来、その現実をいかに認識するかという認識科学としての性格をもつものでもある。ここにいう認識科学としての課題に関していえば、基本的には、実際の企業の経営行動と内部構造の両面から実態を把握し、企業・企業経営のしくみや構造のありよう、問題点などを解明し、企業の経済活動の行動メカニズムを明らかにするこ

とをとおして科学的認識への到達をはかろうとするものであるが,「科学的経営学」の研究においては,それだけではなく,そのような企業経営の実態と行動メカニズムの解明をとおして現代資本主義経済社会のしくみや構造を明らかにすることでもある。しかし,こうした研究がこうした「現にあるもの」の認識にとどまらず,それをとおして実践応用科学としての経営学の役割をいかにして担いうるか,経営学が一般に「応用科学」としての性格ももつ以上,そのような課題についても全く無関係であってよしとしうるかどうかという点が問われてくるであろう。ここでは,問題の所在だけを示すにとどめ,その中身の問題をも含めて具体的な検討は第3節で行うことにする。

4 認識科学と政策科学をめぐる問題

そうした点とも関連する部分をもつが,つぎに問題となってくるのは,経営学研究における認識科学と政策科学をめぐる問題である。認識科学としての経営学については3において述べたとおりであり,企業・企業経営や現代資本主義経済社会のしくみや構造の認識のための経営学ということができる。これに対して,政策科学としての経営学という面については,企業・企業経営,現代資本主義経済社会のあり方をめぐっての問題解決策の探求としての経営学ということになるであろう。近年,わが国でも,政策科学的研究がさかんにすすめられるようになってきており,大学における政策科学部の設置や大学院における政策科学系の研究科の設置にもその具体的なあらわれをみることができるが,経営学が認識科学としての性格・役割を超えてさらに政策科学的な性格・役割をもつという場合,どのような問題領域が具体的にその対象となってくるのか,あるいはなりうるのか。そうした研究対象の問題とともに,研究方法についても検討されねばならない問題は多い。経営学研究における認識科学的研究と政策科学的研究の2つの課題に対して研究の対象領域の設定・措定をいかに考えるべきか,その上でどのような研究方法が必要かつ有効であるのか,これらの諸問題について詳しくは第4節において考察を行うことにしよう。

5 心理学や社会学などの隣接科学の領域・方法にかかわる問題

さらに経営学研究において心理学や社会学といった隣接科学の領域,それら

の研究成果・方法の援用にかかわる問題をみると，それに関しては，企業経営の問題，現象のうちどのような性格をもつ問題が該当するのか，その対象範囲の限定を的確に行っていくことが重要である。例えば心理学的研究の領域にかかわる問題領域としては労働者の心理的側面が関係する企業労働や管理の問題などが考えられるし，また社会学の領域にかかわる問題領域には，企業という組織単位が一種の「共同体としての社会」の側面をもつ場合などが考えられる。ただその場合でも，こうした隣接科学の援用がいかに行われることが必要であり，また有効であるのか，経営学研究の方法の問題との関連をふまえてみていくことが重要となる。この点をめぐっては，第5節において具体的に検討することにしよう。

第2節　認識科学としての経営学の問題領域

これまでの考察において，経営学研究の対象領域について，今日みられるその広がりの範囲とそれをもたらした諸要因・背景を中心にみてきたが，それをふまえて，以下では，それらの対象領域における具体的な問題，問題領域を取り上げて，考察をすすめることにする。ここでは，まず認識科学としての経営学が対象とする各領域における主要な問題領域についてみていくことにしよう。ここでの重要な論点は，経営学研究における認識科学としての内容はいかにあるべきかという問題である。

1　企業の基本的活動にかかわる問題領域

第1章において指摘したように，企業の基本的活動にかかわる問題領域としては，生産，販売，購買，開発などの基本的職能活動や，技術，管理，組織構造，企業構造，企業集中，企業労働などの問題領域のほか，経営戦略のような問題領域があるが，それぞれを個別的にのみ取り上げるのではなく，両者の相互の連関・浸透のなかで考察することが必要である。そこでは，企業の基本的活動にかかわるこれらの主要問題の理論的・実証的研究によって，企業の行動メカニズムの解明をはかることが重要な課題となるが，また同時に，それらの考察をとおして，生産力と市場の発展のなかで企業・産業・経済が発展し，再

編されていく歴史的過程，そのメカニズムを解明し，そのことによって複雑な現代資本主義経済社会の実態，しくみや構造を明らかにしていくことも重要な課題となる。企業経営という現象の本質的側面が経済現象である以上，この点の解明こそが経営学研究の根幹なのであって，その意味で，ここで指摘した企業の基本的活動にかかわる経営現象の解明は，経営学が認識科学として最も大きな意義をもつ対象領域であるといえる。

　ただなかでも経営戦略の問題に関していえば，この問題領域は「批判的経営学」の研究のなかでこれまで弱かった対象領域でもある。経営戦略は大きく戦略的意思決定という全社戦略のレベルでの問題領域と競争戦略などを中心とする事業戦略のレベルの問題領域とに分かれる。全社戦略としての問題に関しては，全社的・長期的な立場から経営資源の配分を行うという戦略的意思決定の問題がひとつの中心をなすが，その意味ではトップ・マネジメントの問題でもある。ただその場合でも，トップ・マネジメントの問題を組織の問題としてではなく戦略の問題としてどうみるかが重要となろう。また社会経済とのかかわりでいえば，こうした経営戦略の問題は独占規制や産業政策との関連をもつという面がみられる。もちろんこうした点も重要な問題ではあるが，「経営戦略論」という固有の領域としてみた場合，あくまで「経営戦略」に関する理論化＝理論的研究（例えば経営戦略の定義や議論の歴史，ドメインに関する問題，経営資源展開の戦略，組織間関係，企業革新の問題，経営戦略論のパラダイムなど）がひとつの中心的な柱をなすのであって[9]，経営現象として特定の企業の「経営戦略」を考察する場合の取り上げ方とは大きく異なってくる。特定企業の経営戦略を取り上げて考察する研究は，そのままでは「経営戦略研究（分析）」なり「国際経営戦略研究（分析）」にはなりえても「経営戦略論」そのものにはなりえない。また事業戦略としての問題に関しても，同様に，例えばM. E. ポーターの競争戦略に関する一連の研究[10]にみられる理論的ツールをそのまま下敷きにして特定の企業の競争戦略を分析しただけでは本来的な「経営戦略論」を構築したことにはなりえない。わが国のアメリカ的な流れの経営学の研究をみても，多くの場合，そのような意味では固有の「経営戦略論」の構築が十分にはかられているとは必ずしもいえない面もあるが，「批判的経営学」の流れの研究においてはこの点に大きな弱点がみられ，その克服が重要な課題と

なっている。

2 経営のグローバル化の進展にともなう問題領域

つぎに経営のグローバル化の進展にともなう問題領域をみると，かつての多国籍企業と呼ばれた段階や1980年代の経済の国際化といわれた段階との質的差異がどこにみられるのか，経営のグローバル化と呼ばれる現象の基本的指標，メルクマールの解明という点が重要な問題となってくる。この点に関しての重要な問題としては，経営のグローバル化にともなう一企業＝企業グループ内での世界的分業生産体制のなかでの企業経営問題がある。すなわち，今日，巨大企業の利潤追求はこのような世界的レベルでの，しかも各巨大企業＝コンツェルン内での購買や開発をも含めた世界最適生産力構成による分業関係のなかで展開されており，そうした世界的分業生産体制がどのように変化してきているかという問題がある。そこでは，1990年代以降の生産・購買・開発拠点の世界的変遷の歴史的な動きを製品別に，また工程別にみるとともに，国際比較，産業比較，企業間の比較をとおしてみていくなかで，そのような世界最適生産力構成による経営展開の実態の解明，またそのような経営のグローバル化が現代の企業の蓄積構造や競争構造にいかなる変化をもたらすものであるのかという点などの解明をはかることが重要な課題となってくる。この点については，第8章において具体的にみていくことにする。またそのようなグローバルな経営展開の実態の解明とともに，そのもとでの生産力の発展，技術，管理と組織，労働，企業構造，企業間関係，経営戦略，企業集中などの問題が考察されなければならない。ことにそのような国際分業の再編にともなう労働の変化の問題については，たんなる各国別比較ではなく，各国に本社を置く巨大企業の世界的な生産分業体制下における労働の変化とともに，国内の労働の変化をみるという視点が必要であり，こうした視点からの分析によって，企業労働の今日的な展開の本質的把握に迫ることが重要な課題となる。

また経営のグローバル化の進展にともなういまひとつの問題領域として，経営のグローバル展開による産業，国民経済への影響を解明するという問題がある。上述したように日本の海外現地法人の売上額が輸出額を上回るようになる状況のもとで，しかも世界最適生産力構成による経営展開が推進されるなか

で，巨大企業のそうした経営行動に規定されるかたちで企業・産業の中心部分もグローバル化によって大きく変容してきており，そのことは当該国の国民経済の発展，ありようにも大きな影響をおよぼしている。したがって，そのような経営のグローバル化の進展にともない，企業経営の問題・現象をたんに個別企業のレベルの問題としてだけでなく，産業，国民経済へのその影響の実態把握をとおして「現代資本主義経済社会」の解明をはかることが一層必要かつ重要となってきているといえる。

このような大企業の経営のグローバル化の本格的展開はまた中小企業にも大きな影響をおよぼしており，それは例えば，主に加工組立産業における中小下請企業の生産拠点の国外移転や，とくに金型の図面流出の問題などのような中小下請企業のもつ技術の国外への流出の問題などにみられる。それゆえ，大企業のみならず中小企業における経営の国外展開の実態や技術流出による影響など，経営のグローバル化の進展にともなう問題を大企業と中小企業の総体の中でみていくことが必要かつ重要となる。

3　情報技術の発展のもとでの企業経営にかかわる問題領域

また情報技術の発展のもとでの企業経営にかかわる問題領域についてみることにするが，今日の情報技術の発展は企業経営の効率化をはかる上で大きな可能性を生み出しており，個別企業のレベルのみならず企業間関係においても変革の大きな契機のひとつとなっている。そこでの企業経営の変化の領域としては，大きく，1）企業内の管理組織構造のレベルの問題，2）企業内および企業間のビジネスプロセスの統合化という問題，3）情報技術による熟練移転（例えば作業工程のデジタル化）にみられるように「暗黙知」的要素を「形式知」化する可能性などにみることができる。

まず情報技術の発展にともなう企業内管理組織構造の変化をめぐる問題では，情報技術による情報の自律分散的統合を基礎にして技術的には各職位の間の情報の共有化が可能となることによってトップ・マネジメントとローワー・マネジメントとをつなぐ情報の結節点としてのミドル・マネジメントの機能の必要性，意義が後退することなどをとおして従来の階層型の管理組織構造の変革がもたらされ，よりフラットなかたちの管理組織が形成されるとする傾向が

指摘されている。またそのようなあらわれとも関連するが,「小組織がいくつもゆるやかに連結されたネットワーク型の組織」が形成されるとする傾向などがみられるという指摘がなされている[11]。こうした組織のフラット化では,基本的には指揮命令系統におけるフラット化（中間管理層の中抜き・自立的組織の形成）が中心的問題となるとされているが,こうした問題に関しては,ミドル・マネジメントは本来上述の如き情報の結節点としての役割だけでなく管理的調整という重要な管理の機能を担っているという点や,人事労務管理制度の変化,人員削減合理化との関連をどうみるかという点が重要となる。また指揮命令系統（支配・従属的関係）との関連,また資本主義企業としての性格や資本主義的競争という規定性によっていかなる制約を受けるかという問題,管理組織構造におけるそのような新しい変化という現象の普遍化・一般化の問題など,現実の実態に照らして検討されねばならない問題は多い。詳しくは第10章で考察することとし,ここでは問題の所在のみを指摘するにとどめよう。

　また情報技術を利用した企業内および企業間のビジネスプロセスの統合化という問題についてみれば,第1章でもみたように,近年の情報技術のひとつの本質的意義はそれまでの「距離と時間の制約」を大幅に縮小した点にあり,それゆえに,情報技術の利用が企業の生産システムや経営システムの変革の契機になっているという点が重要である。そのことは,「研究開発,製品開発部門内および他部門との連動性と結合の自由度を高め,技術開発や生産効率向上に資する」[12]という点にもみられるように,情報通信技術によって,生産,販売,購買,開発などの基本的職能領域・活動の効率化だけでなく,ビジネスプロセス全体の有機的な結合・統合化の大きな可能性が生み出されている。そうした統合化が一企業内だけでなく企業間においても展開され,そのことによって「生産と消費の矛盾」という資本主義の根本矛盾への対応の今日的展開がはかられていることにひとつの大きな意義をみることができる。しかし,この点においても,管理組織構造の場合と同様に,情報通信技術による技術的可能性と現実の展開とが真に一致した状態となっているのか,ことに企業間のレベルでのビジネスプロセスの統合化の場合にはどうか,その実態の正確な把握や,情報通信技術が生産システムや企業経営システムのなかにいかに組み込まれ,システム全体がどのように変革され,どのようなメカニズムによって機能を発

揮するのかという点，情報技術の利用の有効性についての産業，部門や活動領域の間の比較など，検討すべき問題は多い。ここでは問題の所在のみを指摘するにとどめ，第7章において1990年代以降の「IT合理化」の問題を取り上げるなかで詳しくみていくことにしよう。

さらに情報技術による熟練移転の可能性をめぐる問題をみると，それは，例えばそれまでの作業者の熟練に依存していた状況ではそうした「熟練」のなかに内包されていた「暗黙知」的要素を情報技術にのせていくこと，すなわちデジタル化（例えば作業工程のデジタル化）することによって「形式知」化し，熟練的要素・部分の共有化をはかる可能性が生み出されていることにみられる。この点は，本来困難をともなう熟練継承という問題においても大きな意義をもちうるものであるといえる。しかし，現実に果たして本当にそうであるのか，熟練の内容なり性格によって異なってくるところがあるのではないか，さまざまな産業や技術特性をも考慮して生産過程の実態分析を行うなかで明らかにしていかねばならない問題である。

4　企業の社会性・公共性にかかわる問題領域

さらに企業の社会性・公共性にかかわる問題領域についてみることにするが，ここでは，1) 企業倫理に関する問題，2) 環境保全型経営に関する問題，3) コーポレート・ガバナンスに関する問題，4) NPOに関する問題の4点を取り上げてみておくことにする。

(1) 企業倫理に関する問題

まず企業倫理に関する問題では，国内レベルの経営行動とグローバル展開した経営行動における企業倫理の実態としてのありよう，差異の把握は認識科学のレベルの問題である。ただその場合，生産の私的所有の一国内だけでなく世界的展開に規定されたその発生の仕方は実際にどのようになっているのか，たんに企業や経営者の倫理という道徳的レベルの問題ではなく，資本主義的私的所有と市場競争の問題との関連のなかで実態の正確な把握を行うことや，企業倫理の欠如あるいは弛緩に起因しておこる企業の不祥事が市場における消費者行動への影響（例えば消費者の不買行動）にみられるような企業経営におよぼす

影響をみることも重要である。しかし，企業倫理という問題が企業に対する公共性や社会性の要求・要請の高まりによって重要な意味をもってきているという点を考えると，現実の個々の企業において企業倫理がどうなっているのかという認識科学のレベルの問題よりはむしろ，それがどうあるべきかという規範や，実際に経営者行動を規制しうる方策としての法的規制のあり方をどうすべきかという点をも含めた政策科学的課題への対応にこそ研究の大きな意義が認められるといえる。

(2) 環境保全型経営に関する問題

また企業倫理に関する問題と同様に企業に対する公共性や社会性の要求・要請の高まりのもとで重要な課題となっている環境保全型経営に関する問題についてみても，各企業がどのような環境保全対応型の経営行動をとっているかの実態把握やその問題点・限界性などの把握は認識科学的レベルの問題である。そこでは，例えば各企業の環境保全活動の取り組み，その実態にみられる差異を各産業の特性や生産される製品の特性，それとも関連する生産過程の特質などの諸要因によっていかに規定されているものであるのか，その関係性を明らかにすることが重要である。さらにその上で，同一産業の各企業，同一製品部門の各企業，同一の生産過程の特質をもつ各企業の間にみられる差異が企業による環境保全活動に対する考え方の相違によるものであるのか，あるいはそうした活動そのもののありようの違いによるものであるのかなどの点を明らかにしていくことが重要となろう。また企業倫理の問題の場合と同様に，生産の私的所有の一国内だけでなく世界的展開に規定された問題としての発現の仕方がどのようになっているのか，やはり資本主義的私的所有との関連，市場における消費者行動への影響にみられるような企業経営におよぼす影響などの点を考慮に入れて実態を正確に把握していくことが重要となろう。しかし，企業のもたらすこのような社会的問題に対する決定的に有効な解決策のひとつのあり方としては，企業の自主性にまかせたかたちでの取り組みではなくむしろ法的規制による対応策が考えられるわけで，本来，環境保全に反する作用をおよぼす経営行動を規制しうるような法的規制のあり方をどうすべきかという点をも含めた政策科学的課題への対応にこそ研究の大きな意義が認められるであろう。

第2章　経営学研究の対象をめぐる諸問題　57

　ただその場合にも，今日の企業が直面している社会性，公共性という課題は，企業が社会的な存在である以上，対応を避けてはとおり難い経営上の社会的性格をもつ問題であるといえる。本来，情報技術をも含む今日的な技術発展，設備近代化の推進は資本の集積・集中を一層促進し，独占的大企業を発展せしめると同時に，分業の世界的展開と生産の社会化を量的にも質的にも拡大し，社会的生産の独占的大企業による私的所有の矛盾を一層高めることになる。それだけに，独占資本は，社会性，環境性，公共性との調和を世界的規模で行う必要性に迫られており，そうした対応によって適応をはかっているという側面もある。こうした傾向は，情報技術革命にみられるような急速な技術革新の進展や経営のグローバル化の進展にともない一層促進される結果となっており，企業倫理や環境保全型経営などの問題についても，たんに経営者や管理者の行動の抽象的規範としてではなく，また社会に一般的な環境問題への対応の問題としてではなく，資本主義生産の発展におけるこうした法則的な関連のなかでみていく必要があろう。

　(3) コーポレート・ガバナンスに関する問題
　企業倫理の問題とも関連する今日の企業にとっての重要な課題のひとつであるコーポレート・ガバナンスの問題をつぎにみると，それには，大きく，1) 企業の外部からの企業統治の機構をどのようにして構築するかという問題，2) 経営者の行動（意思決定）が株主をはじめとする利害関係者の意向を反映するかたちで行われるような企業管理システムをいかにして構築するかという問題の領域があるであろう[13]。前者については，経営者行動のモニタリング機構の構築が重要な課題となるが，それが実際の企業においてどのようになっているのか，そこでの問題点はなにかといった点の解明は認識科学的課題であるが，例えば外部取締役の参加，国や消費者などによるモニタリング機能，法的な側面なども含めて，そのあり方や有効な企業統治を可能にするしくみの探求などはむしろ政策科学的課題である。また利害関係者の意向を反映するかたちで経営者の行動（意思決定）が行われるような企業管理システムをめぐっても，さまざまな企業における実際の「今あるもの」の実態の認識，その問題点の解明は認識科学的課題である。しかし，それがどうあるべきかというあり方をめぐ

る問題については，今日例えばわが国でも問題となっている執行役員制度の導入によって企業管理システム上監督機能と執行機能とを分けることをとおして執行に対する監視・監督機能を高めるということが意図されているが，こうした企業管理システムのあり方を検討することもまた重要となってくるであろう。こうしたコーポレート・ガバナンスに関する問題の場合にも，その問題の性格からすれば，問題解決策の探求・解明にこそ大きな意義をみることができるであろう。

　(4) NPOに関する問題

　最後にNPOに関する問題をみることにするが，ここでは，1) 営利事業体としての企業と競合する領域でのNPOの役割とその存在根拠，2) 事業体の組織構造としてのNPOの意義，3) 非営利組織体であるがゆえのそこでの労働のありようとあり方の問題，4) 国家の役割（社会資本）の部分的代行・代替としてのNPOの事業とその意義の4点を取り上げることにする。

　1)に関しては，いかなる事業領域でNPOが存立可能か，またその根拠はなにかという点が問題となる。サービス産業に属するような領域のなかの特定の分野であれば存立しうる可能性はあるのか，もしその場合それはどのような性格をもつ分野であるのかなどの問題があるであろう。ただその場合，NPOが担当する事業の展開において営利企業とは異なるどのような意義をもちうるのか，現実にもっているのかといった点も問題となってくる。2)については，NPO的な組織は企業の経営組織として成り立ちうるのか，有効性をもちうるのか，また企業経営に限定されない組織一般のあり方のレベルの問題としてみた場合にNPOは一体いかなる意義をもちうるのか，その根拠はなにかという点が問題となる。3)の点では「自立した個人」的な労働のあり方が実現されると主張される場合の根拠はなにか，よくいわれているミッション＝使命という点に照らしていえば，非営利組織体であるがゆえに誰もが使命感を営利企業とは格段違ったレベルで持ちうるとは必ずしも限らないわけで，働く者の「自発性」の問題をも含めて人間の現実の労働という条件におけるなにがどう違うことによるのかという点をも含めて，観念的なレベルではなく現実的・具体的なレベルで検討されなければならないであろう。さらに 4)の点では，NPOの存

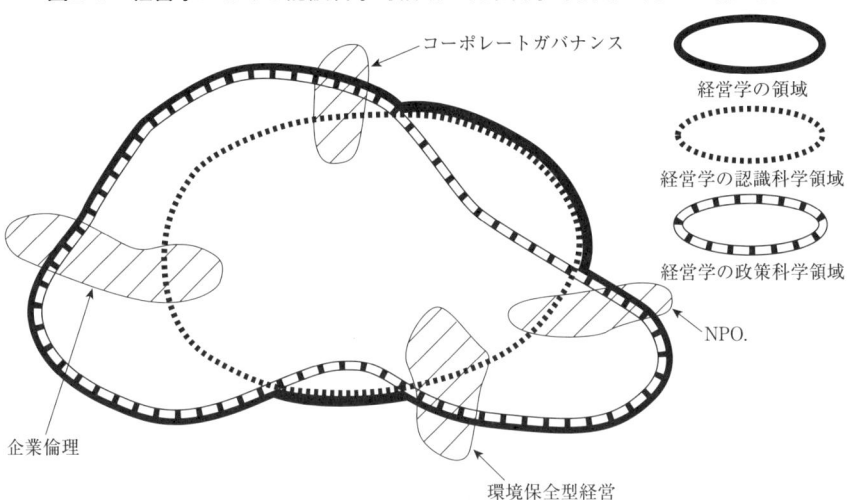

第 2 章　経営学研究の対象をめぐる諸問題　59

図2-5　経営学における認識科学的領域・政策科学的領域と新しい研究領域

（図：コーポレートガバナンス、経営学の領域、経営学の認識科学領域、経営学の政策科学領域、NPO、企業倫理、環境保全型経営）

在意義は一定認められる部分があるが，問題の性格からすれば，本来経営学レベルでの研究で解明すべき課題とは異なってくるであろう。またこの点とも関連して，現代資本主義経済社会のしくみや構造，そのあり方という点に関してみた場合，NPOが実際にどのような関係をもちえているのか，その意義と限界を現実的過程のなかで明らかにすることも重要である。

　このように，企業の社会性，公共性にかかわる問題領域のなかでも，ことに企業倫理や環境保全型経営，NPOなどについては，その問題の性格からみて，本来，認識科学としての意義は，企業の基本的活動にかかわる問題領域の場合と比べると小さく，むしろ問題解決策の探求という政策科学的な面にこそ大きな意義が認められるといえる[14]。なお認識科学的研究と政策科学的研究にかかわる領域の関連，近年多様な広がりをみせているこれらの新しい問題領域の位置づけをふまえた経営学研究の対象領域を概念図的に示せば図2-5のようになるであろう。

5 流通業・サービス産業などの非工業企業にかかわる問題領域

つぎに，流通業やサービス産業などの第3次産業の非工業企業における経営問題にかかわる問題領域についてみると，そこでは第3次産業を構成する流通業（卸売業・小売業），サービス産業の産業特性（サービスの特性，技術的特性，市場特性など）に規定された経営展開のありよう，特殊性の解明が重要な課題となってくる。以下では，経済活動の行為主体である企業の側から現代資本主義経済社会を解明するという課題を担う経営学研究にとって重要となるいくつかの主要問題，論点を具体的に取り上げてみておくことにしよう。すなわち，1) 第3次産業では製造業に比べ中小企業や新規参入企業（例えばベンチャー企業）が多いことの問題，2) 経済全体の売上額・就業者数に占める第3次産業の比率の上昇をめぐる問題，3) サービス産業の国民経済に占める位置の問題，4) 今日の第3次産業，とくにソフト産業や情報提供を中心的業務とする産業などにみられる「知識集約型」製品・サービスの増大を根拠として現代経済社会を「知識社会的性格」とみる見方をめぐる問題の4点についてみていくことにしよう。

まず第3次産業では製造業に比べ中小企業や新規参入企業が多いという点に関しては，第2次産業では，19世紀末から20世紀初頭以降にかけての時期以降，多くの産業部門において大企業が支配的な位置を占め，生産の集積が高度にすすむなかで独占が形成されてきたが，第3次産業全般でみると状況は大きく異なっており，中小企業が全体に占める位置ははるかに大きく，第2次産業でみられたような独占的大企業の存在も独占形成もあまり明確にはみられない。そのような状況がよくあてはまる部門は，スーパーマーケットや百貨店などを除く小売業やサービス産業であるが，こうした点を重視して，また売上額や就業者数などでみた第3次産業の占める割合の高さを重視して，21世紀という新しい時代は「大企業の時代」の終焉や中小企業の時代という見方がみられる。しかし，その場合，自動車のような耐久消費財部門を中核として国民経済全般に大量生産・大量販売・大量消費を拡大させていった20世紀型の大量生産体制のありようと意義，そのような大量生産体制がやはり巨大企業によって担われてきたことをどうみるかという問題，また第3次産業のなかでもとくに流通業に関しては，製造業での大量生産が終焉あるいは後退すればそれだけ業務

量も売上額も就業者数も低下せざるをえないのであって，国民経済に占める位置も低下する傾向をまねくことにもなりかねないという点がある。さらにつぎにみるように売上額や就業者数などでみた第3次産業の占める割合が相対的に高くならざるをえない特別な事情もみられる。こうした点を考慮に入れると，21世紀という新しい時代を単純に「大企業の時代」の終焉や中小企業の時代とみることが妥当であるかどうかは議論の残るところであるといわざるをえない。

　そこで，つぎに経済全体の売上額・就業者数に占める第3次産業の比率が大きく上昇してきている問題，すなわち第3次産業の肥大化という問題をみると，そのような傾向を規定している諸要因として，つぎの4点をあげることができよう。すなわち，1) 製造業では技術発展や管理システムの発展などによる生産力の大幅な増大によって一定の生産量に必要な就業者数は低下する傾向にあり，流通部門の就業者数と比べると相対的に就業者数の増加率は低くなるという性格をもつこと。2) 生産過程に比べ流通過程は複雑多岐におよんでおり，製造業に比べ流通業，とりわけ小売段階では消費者数は膨大な数にのぼるだけでなく，扱われる製品の種類もきわめて多岐にわたらざるをえないために，必要就業者数は相対的に増大する傾向にあること。3) 中小零細企業の経営者の配偶者の就業や女性の社会進出の拡大による家事労働の外部化にともなうサービス産業の業務の増大，商品流通量の増大の傾向。4) 製造業における生産力発展によるコスト引き下げと流通過程における中間販売利益の上乗せによって第3次産業の売上額は製造業のそれに比べ相対的に上昇するという傾向。しかし，最後の点に関していえば，製造業の生産力の増大による商品量の著しい増大にともなう流通業における競争激化・薄利多売のもとでの過当競争のなかで，中小小売店のみならず大型小売店の倒産という事態がおこってきており，ここにも第3次産業の肥大化のかかえる問題があらわれているといえる。

　また第3次産業，なかでもとくにサービス産業の国民経済に占める位置の問題に関しては，こうした産業のなかには製造業の存在が前提となっている産業が少なくないこと，すなわち，「製造業が衰弱すると，それによって姿を消してしまうアイデア・サービス中心の職業と産業がいかに多いか」，それゆえ

「産業の相互連関と相互依存」の関係[15]をふまえてみておく必要があるという点がある。また経済全体の売上額・就業者数に占める第3次産業の比率が大きくなる諸要因として上で指摘した1）および4）の点の考慮，流通業とサービス産業のいずれにおいても耐久消費財部門でみられたような関連産業，国民経済への需要創出効果は期待しえないことなどをふまえてみていくことが重要である。その意味でも，21世紀という新しい時代を単純に製造業に代わる第3次産業の時代，あるいはサービス産業の時代などとみるにはなおより確かな論拠が必要であるように思われる。

　さらに今日の第3次産業の発展とも関連するが知識集約的性格の財・サービスの増大を根拠として現代経済社会を「知識社会的性格」とみる見方をめぐる問題をみると，「知識集約型」と呼ばれるどの商品をみてもその商品に本来固有の使用価値と知識としての価値が混在しているわけで，商品の「知識性」に価値があるとする見方（例えば「知識社会」論）でも，こうした点の区別，製品特性，産業特性とのかかわり，そのような商品の位置をぬきには論じえないといえる。例えば「われわれは今や工業化社会からいわゆる知識社会に突入しはじめている。この知識社会とは物や製品そのものに価値がある時代ではなく，それらに付随している情報とか知識あるいは知識そのものに価値が生じてくる時代である[16]」というような主張がなされる場合でも，今日の社会が「知識社会」的性格をもつとみる根拠とそのことの意味はなにか，それは現代資本主義経済社会の構造的特質やありようをいかに変えるものであるのかという点が本質的な問題として問われる必要があるように思われる。またこうした工業化社会から知識社会への移行・転換という問題は産業構造の変化・高度化とも深いかかわりをもつといえるが，確かに製造業は，就業者数，売上額，付加価値生産額のいずれでみても，第2次大戦後ほぼ一貫して低下の一途をたどっており，今日では工業製品だけでなくサービスやアイデアなどに内包される「情報」なり「知識」の価値が高まってきていることは事実である。しかし，上述したように，製造業の存在が前提となって成り立っているアイデア・サービス中心の職業と産業が多いこと，したがって「産業の相互連関と相互依存」の関係が重要であることをふまえてみた場合，今日の社会が「知識社会」的性格をもつとみることは現代資本主義経済社会の構造的特質やありようにとっていか

なる意味をもつのか，こうした点の考慮も重要となってくるように思われる。

6　独占の今日的展開・問題について

つぎに，独占の今日的展開・問題に関してみることにするが，この点を以下の7点についてみることにしよう。

まず第1に，国家とのかかわりという面での産業間にみられる「独占」の内実の差異の問題がある。国家とのかかわりに関していえば，例えば日本の場合，「行政指導型産業」（強力な政府の行政指導に隷属する諸産業）と「行政支援型産業」（政府の行政指導を受けながらもそれに従属せず，国際競争力を獲得・維持している諸産業）とがあり[17]，一定の歴史的発展段階において，それらの産業における独占のあらわれ方は異なり，同じ「独占」といっても，両産業のタイプでは，その内実も変わってくるであろう。この点はいわゆる国家独占資本主義と呼ばれる今日の資本主義のありようにも深くかかわる問題であるが，日本でいえば，例えば鉄鋼業，化学産業，建設業，銀行業，かつての石炭業などは，従来国家との密接なかかわりをもち，国家への依存の強い産業であり，自動車産業や電機産業のような加工組立産業では国家とのかかわり，国家への依存はそれらの産業に比べると相対的に弱い。ことに1990年代になって，行政指導型産業のグループ，とりわけ建設業や銀行業などに最も典型的にみられるように，とくに独占的大企業を中心に国家の支援，それへの依存によって再建がはかられようとしており，同じ「独占」といっても，行政指導型と行政支援型の両産業のタイプでは，その内実も異なってくるであろう。こうした差異については，例えば自動車産や電機産業では1970年代から80年代に日本的生産システムとME技術革新を基礎にして大量生産システムの再編をはかり，そのことによって国際競争力を築くことができた産業であり，そうした条件をもつがゆえに，国家への依存，密接なかかわりを行政指導型産業のグループほどにはもつには至らなかったといえる。

第2に巨大企業のコンツェルン＝企業グループ的展開による「独占」の新しい性格である。ことに戦後になると，巨大企業による子会社の設立や資本参加をとおしてのコンツェルン＝企業グループの形成が本格的に推し進められてきた。そこでは，多くの場合，親会社の事業領域を補完するかたちでの多角化の

展開や販売会社の整備などをとおして，コンツェルン＝企業グループ全体としてみれば，その企業が属する産業部門において全般的・包括的な事業領域での展開がはかられるようになっており，それが独占のより強固な基盤をなしているといえる。

　第3に巨大企業の多国籍化・グローバル化の展開による「独占」の新しい性格がみられるが，今日の経営のグローバル化の進展，しかもコンツェルン＝企業グループ的展開の全世界的なレベルでの活動の広がりの結果，一国独占的な性格から世界的な巨大企業＝コンツェルン内分業体制を基礎にした世界的独占へと発展しており，さらに国家独占の戦略とも深いかかわりをもちながらの展開をとげているという点に今日的特徴がみられる。また大企業の国外への多国籍展開が進展する過程でもそのようなコンツェルン的展開が戦後すすんできたが，1980年代以降，とくに90年代に入ってから一層急速かつ全世界的にそうした動きが進展している。そのような経営のグローバル化の進展にともなう独占の今日的問題として，一企業＝企業グループ内の世界最適生産力構成による比較優位の追求と市場における独占的地位の強化という点ともかかわって，グローバル化した企業に対する独占規制の問題がある。ある特定の国の独占規制を強化すると企業は一層国外へと展開していくことによって産業立地としての危機の問題をはらむという面がみられる。例えばEUのような加盟国も多く，地域的広がりもある非常に大規模な地域経済圏のなかでは規制を維持し貫徹させることも比較的容易な面もみられるが，上述したように，経営のグローバル化が世界最適生産力構成による展開というかたちをとって推し進められる以上，一般的には，こうした独占規制の限界性をふまえてそのあり方が問題にならざるをえないといえる。確かに国際連結会計によって利益の部分については本国での規制がなされているが，社会的生産のグローバル化した独占的大企業による私的所有の矛盾の一層の深まりのもとで，例えば環境保全への対策としての規制や企業倫理に関する面での規制なども含めてグローバル企業の世界的な経営に対する規制をどうすべきかという問題に関しては，世界的合意と世界的に一定共通する規制が必要となってこざるをえないといえる。さらに独占を競争制限，市場支配という点でみれば，今日，国内市場や特定の国への輸出のみならず，世界市場へのグローバル展開・進出がすすんでいるという点からする

と，競争制限や市場支配が現実にいかに実現されているのかという点を現実過程をふまえて捉えていくことも必要である。

　第4に「生産の集積とそれを基礎にした独占の形成」というレーニン的図式[18]をめぐる問題についてであるが，まず今日のネットワーク化された企業の「グループ」の市場競争上の独占的地位・独占的機能の発揮ということをそのひとつの舞台であるIT産業でみると，そこでは生産の集積は実施にどの程度すすんでいるのか，より具体的には，ネットワーク的に分業する各企業の個々の事業領域・職能領域において生産の集積はどの程度みられるのか，ネットワーク的連携による企業のグループ全体でみて生産の集積がすすんでいるのかという問題がある。またIT産業のような部門では，その産業特性に規定されて，独占のありようも従来の産業，すなわちレーニン的図式があてはまる産業とは異なるのではないかという点がある。IT産業のなかでも，パソコン産業などでは一般に製品差別化がはかりにくいという製品特性や技術進歩のテンポが速いという技術特性をもつが，とくにソフト産業などでは，資本力（所要資本量の大きさ）そのものは従来の独占形成の舞台であった産業ほどには意味をもたないという点もみられ，生産の集積が独占形成の基盤・条件とどうかかわっているのかという点が問題となってくる。

　第5に独占形成の手段となる企業集中形態（＝独占組織の形成）の展開という点では，カルテルやトラストとは形態的に異なる提携や持株会社，合弁など多様な企業結合の形態を利用しての企業間の事業統合や経営統合が数多くみられるようになっている点が今日的特徴のひとつであるが，そのような現象と独占の問題との関連，とくに市場における独占的地位の確立，市場への影響力といった点をどうみるかということも重要な問題である。例えば提携をとおしての市場支配力の強化や，生産条件の改善によるコスト優位が生み出される要因を産業間の比較や企業間の比較をとおして明らかにしていくことも重要である。こうした問題を多くの代表的な事例の比較をとおして，それらの個別的事例のなかから，その形態や目的，その内容領域，それが展開される舞台がどのような産業であるかやいかなる産業間であるかなどのいくつかの重要な観点から類型化を行い，そのような経営現象の本質的把握に迫っていくことが重要である。

第6に第3次産業における独占の問題に関してみておくと，そこでは製造業でみられるほどには巨大企業は少なく，また独占という問題でみても，様相は大きく異なっている。スーパーマーケット，百貨店などを除く小売業やサービス産業では巨大企業は少ないといえるが，基本的にいえば，製造業と比べた場合のそうした状況を規定する要因としては，製品や技術の開発の必要度の低さ，この点にも規定された投下資本必要度の問題，事業の効率化をはかるための独自的・特殊的な経営手法の利用によって市場における優位を確保しうる可能性が製造業の場合と比べると大きいことなどがある。そのような条件のもとで，総じて，製造業と比べると参入障壁が低く，中小企業が多いだけでなく独占的大企業が少なく，ベンチャー的な企業による参入も比較的容易であり，また多い。しかし，市場における一定の独占的地位，支配的地位を有する企業や大企業も現実には存在しており，それを規定する要因がなにかということも問題となる。例えば流通業のなかでもスーパーマーケットや百貨店の場合には投下資本必要度が高いということがあげられるが，ソフト産業におけるマイクロソフト社にみられるような事例は製品・技術開発の必要度・意義の大きさ，すなわち，オペレーティング・ソフトというその使用価値的部分で決定的な市場独占を形成しうるだけの製品・技術開発，デファクト・スタンダード（技術の業界標準）の確立が決定的に重要な意味をもつ分野においてそれを実現したことによる。またマクドナルド社のような場合には，手軽さ・利便性が市場において一定の意味をもちうるファーストフードという領域での価格の安さによる外食産業の代替，市場の確保をいちはやく実現したことがあげられる。さらにコンビニエンスストアの代表的各社の場合には，フランチャイズ展開の基礎となる経営技術（マニュアル化）や，仕入れ・販売管理のコンビニエンススト本社・本部への全面的依存のもとでのサプライ・チェーンの徹底した効率化の手法などにみられるような特殊な経営手法の確立にその産業における独占的地位を構築しえた要因をみることができる。

　最後に独占の問題を日本の企業集団との関連でみると，フルセット型産業構造を抱える企業集団内の需要の相互の供与によってその企業集団に属する企業の生産量が増大することによって生産の集積が一層進展するという可能性を生み出すことになっており，その意味では，市場における独占的地位の強化の基

盤が生み出されてきたといえる。

7　組織論で扱われている問題領域について

さらにアメリカの経営学の研究において戦略論の分野とともに広がり，深まりをみせている分野である組織論の問題領域について簡単にみると，従来，批判的経営学と呼ばれる研究においては，労働と管理の側面や組織構造（労働組織，管理組織），持株会社のような独占組織形態，企業集中形態などの企業にかかわる「組織」の問題は取り上げられてきた。しかし，アメリカ的な経営学のパラダイムで扱われている組織の問題領域には，大きく組織の環境適応をめぐる問題，環境への組織の主体的・能動的な動きをめぐる問題などがあり，その具体的な問題領域としては例えば組織間関係論，組織のデザイン，組織文化，ナレッジ・マネジメントなどがある。これらの対象領域については，「批判的経営学」においては，あまり研究がされてはおらず，最も研究の弱い分野であり，その意味でも，この分野の研究は大きな立ち遅れがみられるといわざるをえない。したがって，この問題領域をどのように位置づけ，いかなる分析方法で研究を行っていくべきか，まさにこの点が大きく問われているところであろう。

8　組織行動論的研究の位置づけの問題について

またアメリカ経営学の研究をどう位置づけ，摂取していくかという問題に関して取り上げておくべきいまひとつの問題領域は，バーナード以来の管理と組織の研究，行動科学的組織論の研究をめぐる問題である。この点に関しては，1)「組織への労働の統合」にかかわる問題と 2) 管理・組織に関する学説の理論形成の背景と理論の性格の解明をめぐる問題の2つを取り上げてみておくことにする。

(1)「組織への労働の統合」の問題をめぐって

まず「組織への労働の統合」の問題は，企業という組織における労働者の「強制と同意」のメカニズムの解明の問題であるが，それは企業における労働というレベルでの効率性の追求と資本主義的生産関係のもとでの労働の社会化

と私的所有の矛盾への対応という側面をもっており，労働生産性を向上させ，利潤の増大の実現をとおして資本主義企業が発展をとげていく上でも重要な意味をもっている。本来，「強制の原理」だけでは労働者・管理者は十分には企業目標についてくるとは限らず，むしろ労働者自らある程度主体的に企業目標に同意し，貢献しようとする意思をいかにして確保するかが企業にとって重要な課題となってくる。だとすれば，彼ら，またとくに管理者が「貢献と誘因」の原理によっていかにモチベートされ企業に貢献しようとするのか，そのメカニズムの解明をはかる上でバーナード的な研究[19]，さらにはその後の組織行動論的研究はひとつの有力な手がかりを与えているのでないかということである。

　この点に関して，今日的問題として，21世紀の時代に適合した管理のあり方をめぐる問題をみておくと，ひとつには，21世紀には，労働の社会化が一層高度にすすむなかで，そのような「強制と同意」のメカニズムを組み込んだ労働に対する管理のあり方がますます必要となってきているのではないかという点がある。例えば渡辺　峻氏は，「情報ネットワークに媒介された社会化したレイバープロセスにおいては，個々人の協力・協働の関係が社会的な広がりのなかで再編成されており，そこでは個々人の『自主性や自発性』『能力開発や自己啓発』が不可欠な構成要因になっており，それなくしては個々人の自己実現欲求が充足されないし，社会化したレイバープロセスが成立しえない歴史段階に到達している[20]」と指摘されている。しかし，具体的にはどのような手段によって労働者の同意をとりつけることができるのかという点をめぐっては，理論上の問題とともに，企業における現実の方策との関連においてみていくことが必要かつ重要である。例えば日本的生産システムにみられる生産現場におけるチーム制的参加に基づく職場の作業編成のフレキシビリティやQCサークル，改善活動によって，たとえ企業の生産計画，すなわち企業側の決める目標作業量（生産量）を前提とした枠のなかで日常の仕事を遂行するものであったり，企業の改善目標と改善組織の管理の枠内での労働のフレキシビリティにすぎないという限界を有するものであっても，そうした職場集団の自律性，そのもとでのフレキシビリティが労働者の合意と遂行責任をひきだす上で大きな役割を果たしているといえる[21]。そこでは，作業方法に関して一定の弾力化，すなわ

ち労働者の側への一定の自由度＝自律性の許容というかたちで，テイラー・システム以来の計画と執行とが分離されていたものが限られた範囲内とはいえ再統合されるという側面が見い出される。実際に企業において「強制と同意」がどのような手段で達成されているのか，この点の個別具体的な考察をとおして，理論上の問題とともに，企業における現実・実態の正確な把握・認識を行っていくことが重要である。21世紀の時代に適合した管理のあり方をめぐる問題に関しては，そのような具体的なレベルの問題とともに，21世紀的な労働力構成，労働者意識の変化，労働市場の変化，雇用慣行の変化はどうなるのか，そうした点をふまえた労働管理における「同意のメカニズム」，そのための手段をめぐる問題が重要な点となるであろう。

いまひとつには，情報技術による自律分散型の管理への発展はどうかという問題にかかわる論点をめぐってである。情報技術による情報の自律分散的統合によって情報共有化することをとおして，職位に関係なく参加が可能となるという側面がみられ，そのことは労働者の組織への統合と彼らの人間的発達の促進をもたらす可能性をもつともいえる。しかし，そこでは，情報技術によって職位にかかわりなく情報共有しうるという「技術的可能性」が生まれるという変化のもとで，現実の指揮・命令系統のもつ意義や制約関係が実際にはそのような参加の実現とそこでの人間的発達の実現にどのように関係してくるのか，制約するのかといった関係を具体的にみておく必要があるであろう。この点に関しても同様に，理論上の問題にとどまることなく，実際の企業の現実・実態を捉えていくことが重要である。

(2) 管理・組織に関する学説の理論形成の背景と理論の性格の解明をめぐる問題

また管理・組織に関する学説の理論が形成されてきた背景と各理論のもつ性格をいかに解明するかという問題をみると，多くの場合，これまでの日本の研究の多くは各論者の学説の紹介と検討を行うというかたちですすめられてきたという傾向がみられるが，それを超えて，その理論の背景となる企業の現状の解明が重要な課題となる。前川恭一氏の指摘にもみられるように，「理論はあくまでも現実過程の反映[22]」であるという面が必ずあるはずであり，こうし

た観点に立った学説研究の摂取が求められる。もちろんこの点をふまえた学説研究もみられるが、各学説が問題にした当時の「組織と労働のありよう」をどうとらえ、それをふまえてそれらの理論的性格を解明するという課題に対して、いわば各学説の分子レベルにまで分解し、さらに「科学的経営学」(「批判的経営学」)の分析枠組からとらえなおし、組み立て直す作業が必要である。この点に関しては、「管理論の各学説をそれだけとりだして理論的性格に批判の的をしぼるのではなく、それをふまえたうえで、さらに現代企業管理の社会科学的認識の一契機、一通過点、一要因としての管理論批判（摂取）の方向が求められねばならないであろう[23]」とする仲田正機氏の指摘は重要である。こうした指摘は、管理論のたんなる批判にとどまらず、アメリカ管理論が対象とする現実の企業管理の実態を正確に把握し、摂取することの重要性を示唆していよう。

　ここで、学説の理論形成の背景と理論の性格の解明という問題にかかわって、例えばバーナードの研究における理論形成の背景となる企業の現実について簡単にみておくことにしよう。1920年代末までのアメリカ経済と企業の状況では、「強制」によるか、あるいは賃金刺激によるモチベート（「管理の経済人モデル」）によって労働者を働かせることができたが、30年代になると、フォード・システムによる大量生産体制の確立にともなう経済成長、生活水準の大幅な向上、管理者層（中間・下級管理者層、とくに前者）の拡大、大学卒の社員・管理職の増加という状況のもとでの「労働・管理」の問題を対象とするようになってきたのではないかと考えられる。そのような状況の変化については、例えば、「1920年代の『合理化』運動をつうじて、企画立案・統制機能と人事・労務、サービス的諸機能を担当するスタッフ部門が本社管理機構のなかに形成される」ようになり、そうした管理システムの発展に対応して管理労働者の雇用量が著しく増大を続けたという点にもみることができるであろう[24]。

　そうした管理職層（とくに中間管理職）の増大は資本家的管理機能の分与・代行を意味するが、彼らがいかに能動的に仕事を行うかということになると、彼らに対して「貢献と誘因」（例えば昇進、異動、報償など）によるモチベートが必要となってくると同時に、組織への労働の包摂・統合をはかる上でそれが大きな役割を果たすようになってくるという事情も生まれきたであろう。こう

した管理の問題は大企業の組織化と発展の過程での問題であるが，第2次大戦後の合理化運動（生産性向上運動）の過程で，またその後の企業の一層の大規模化・複雑化にともない，労働者意識の高まりや中間管理者層・下級管理者層，ホワイトカラー労働者の一層の拡大，労働条件の著しい改善（労資の同権化）が進むなかで，そうした事態が本格化していく背景が生まれてくる。この点について，仲田正機氏は，「アメリカでは1960年代になると，管理問題への行動科学的研究が進展したが，それが適用されたのはホワイトカラー労働，とりわけ管理労働の分野[25]」であり，第2次大戦後著しい発展を遂げた，心理学，社会学，文化人類学を母胎とする人間行動の特質に関する学際的研究，すなわち行動科学に基づく研究は管理者の労務管理と密接な関係をもっているとされている[26]。同氏は，1968年のアメリカ産業会議（NICB）による産業・企業への行動科学の応用の領域に関する調査結果をふまえて，「現代の行動科学に基づく人間関係論は，いわゆるホワイトカラー労働者の人事＝労務管理におもに応用されている」こと，「その背景には，第二次大戦後，労働者階級のなかに占めるホワイトカラー労働者の比率の増大，中間管理者・専門職員にたいする管理の重要性の問題が横たわっていること」を指摘されている[27]。例えばこうした企業における現実の変化，すなわち戦後のアメリカ企業の発展が，またそうしたなかでの「組織と労働のありよう」の変化が行動科学的組織論の発展の大きな背景をなすと考えられる。

第3節 「科学的経営学」における認識科学的研究の実践応用科学としての意義
―― MBA教育とも関連して ――

これまでの考察において，認識科学としての経営学のさまざまな対象領域を取り上げ，そこでの主要問題や「科学的経営学」研究にとっての課題についてみていくなかで，あわせてそれらの問題に関する考察を行ってきたが，「科学的経営学」の分析枠組みに基づく経営問題・現象の認識科学的な研究が実践応用科学としての意義をいかにもちうるかという問題をつぎにみていくことにする。

「科学的経営学」における認識科学的研究の実践応用科学としての側面については，ここでは，1) バーナード以降の行動科学的組織論にみられるような労働者の組織への統合による能率向上策の解明・応用をとおしての企業の実践的課題への対応と，2) 資本主義下のさまざまな制約や条件のもとでの企業成長の現実をリアルに解明していく企業成長論的な研究による企業の実践的課題への対応という2つの点でのかかわりが考えられる。

まず前者に関しては，バーナードの研究にみられるように組織の目標への労働者の統合を実現するために彼らのモチベーションをいかに高めて同意をとりつけるかという点がそこでの重要な問題となる。こうした点を管理論・組織論の理論的研究のレベルだけでなく，実際の企業における具体的方策，例えば上述したような日本のチーム制的な参加型モチベーションの検討，そこでの限界性を解明するなかで合理的・人間的な労働のあり方を探求することをとおして，企業の実践的課題にも応えるということである。その場合，理論レベルの問題にとどまっていたのでは明らかに不十分であり，現実の企業におけるさまざまな該当する事例を収集し，集積し，それらをそのような観点から，しかも企業と資本主義経済の発展段階に規定された特殊的諸条件をふまえて考察・検討することが重要である。そのことによって，それぞれの事例において労働者の同意がとりつけられ，動機づけられ，組織目標である効率性が向上しうる基盤を解明するとともに，それを実現しうる具体的方策とそのような方策によってそれが可能となるメカニズムを明らかにすることが可能となろう。その考察結果から，合理的・人間的な労働のあり方を実現するという企業の実践課題に対応していくことが可能となってくるように思われる。

また「科学的経営学」の分析枠組みに基づいて資本主義下のさまざまな条件のもとでの企業成長の現実をリアルに解明していくという点に関していえば，そのことはそうした企業成長のなかにみられる法則性を抽出するということでもある。そこでは，一般的な資本主義的法則とそのもとでの歴史的発展段階に固有の特徴的規定性という2つのレベルの問題をふまえて企業成長のなかにみられる法則性を抽出することが重要である。しかもそのさい，1. 国際間，2. 産業間，3. 企業間，4. 多角化した企業の事業構造のなかでの部門間の比較などをとおして，「全般的一般性」（一般的傾向性）と「個別的特殊性」の解明を

これら4つのそれぞれのレベルについて行っていくことが重要である。ここでの比較の問題に関していえば，産業間の比較の場合には，その国の国民経済を代表する基幹産業の比較，いわゆる勝ち組産業と負け組産業との比較が重要であり，また企業間の比較のさいには，同一産業の代表的企業の比較，勝ち組企業と負け組企業との比較，負け組企業のなかでも例えば日産自動車のようにそこからの脱却をはかってきた企業とマツダや三菱自動車のように外資系企業の傘下にとどまり，それに大きく依存してきた企業との比較などを行うことが重要である。実践応用科学としての経営学という観点からいえば，企業のおかれている歴史的発展段階における資本蓄積条件の差異の抽出，その上での経営課題の差異とそれへの企業における実際の対応策の幅・差異を解明するすることにより企業成長のリアルな現実を明らかにしていくことをとおして，企業成長にはなにが必要であり，どのような対応策＝解決策が考えられるかといった点を考える理論的手がかりを与えていくことによって，企業の実践的課題にも対応していこうとするものである。そうした研究によって，アメリカ経営学の借り物ではない，「科学的経営学」の立場からの企業の実践的課題に応える経営学の展開が可能となってくるであろう。

　例えばM.E.ポーターの競争戦略論などでもみられるように，アメリカの経営学においても，企業の経営効率（組織効率，労働者への管理の効率など）の向上のための理論的研究や企業成長の要因の理論的・実証的検討を行っているわけで，そのこと自体が企業の経営上の実践的課題への対応としての意義をもっている。しかし，プラグマティクな流れのなかで経営学が生成し，発展してきたアメリカの場合でさえも，新しい経営方式・手法，システムの開発・導入や他社へのそれの導入の実際のプロセスをみると，多くの場合，企業自身やコンサルタント会社の果たした役割が大きく，経営学研究そのもののレベルでそれらを開発したというケースはごくまれであり[28]，経営学研究は，それ自体として，企業経営の具体的な手法なり方策を考案・開発するということを必ずしも第一義の課題とするものではない。

　しかし，企業成長論的な研究としての側面をみても，アメリカ的経営学と「科学的経営学」とでは大きく異なっており，前者の場合には，特定事例における成功と失敗の検証による企業成長モデルの提示を中心とするが，後者の場

合には，資本主義の発展段階における企業成長の本質・法則性の解明に力点をおく。より具体的にいえば，1) まず一定の歴史的発展段階における世界資本主義のもとでの各国の資本主義の条件のもとで，企業においてどのような企業経営の解決すべき問題が発生し，どのような対応策がとられるか，とるべきあるいはとりうる意思決定の選択肢が一般的に決まってくるという関係を明らかにする。2) しかしまたそのような企業にとっての意思決定の選択の余地・幅はその企業の属する産業によっても異なってこざるをえないのであり，各企業が属する特定の産業を前提とした場合の意思決定の選択の幅がどのようになってくるかを明らかにしていく。3) その上で，特定の企業がその属する産業に占める位置（例えば競争力，市場占有率，生産条件，資本力などに規定された位置）によって 2) での選択肢のなかからとりうる意思決定のより限られた幅が決まってくるという関係を解明する。4) さらにその上で特定の企業が実際に選択した結果として実施された意思決定，経営方策の成功・失敗の要因分析を行うというものである。すなわち，1) は各国の資本主義の発展段階における企業の成長性の余地の問題であり，2) はその企業の属する産業のおかれた条件のもとでとりうる意思決定の幅，成長性の余地の問題であり，3) は特定の産業のなかにおける各企業の位置＝強弱によってとりうる意思決定・経営方策の選択肢の問題であり，4) は企業が実際に行った意思決定，選択した経営方策のケース・スタディ（事例研究）による成功・失敗の要因分析ということである。一般的に，アメリカ，とくにハーバード流のケース・メソッドや近年わが国でも急速に拡大しつつある大学院のMBA教育においても，多くの場合，ここでの 4) のレベルのみを，あるいはそこを中心に分析するというものである。しかし，資本主義の発展段階における企業成長の本質・法則性の解明に力点をおく「科学的経営学」の研究では，あくまで，この 4) のうえでだけ，あるいはそこを中心に特定事例における成功・失敗の検証を行うのではなく，1) から 3) をもふまえて経済現象としての企業経営問題，経営現象の本質的把握，法則的把握をとおして企業成長のリアルな現実を明らかにしていくことによって，実践応用科学としての経営学の役割をも担いうるものであるといえる[29]。ただその場合にも，あくまでたんなる企業の利潤追求のためだけでなく，社会的・公共的観点からみても望ましい企業経営のあり方が求められるであろう。

第4節　経営学における政策科学的研究をめぐる問題

　第3節での考察では,「科学的経営学」の認識科学としての側面の研究が実践応用科学としての役割をも担いうるものであることを明らかにしてきたが,つぎに問題となってくるのは,今日の企業にかかわるさまざまな諸問題の発生,広がりのなかで求められる問題解決にむけての政策科学的研究への要請・課題をめぐる点をいかに考えるかということである。

1　政策科学的研究が求められる背景

　まず今日とくに政策科学的研究が求められるようになてきている背景についてみると,それには,近年の企業経営問題の一層の複雑化・多様化のもとで,また企業のひきおこす社会的問題の複雑化・深刻化のもとで問題解決策の探求・解明の必要性が高まってきていることにあり,そのような課題を担う政策科学の必要性が一層高まってきていることがあげられる。近年のこうした学問分野の学部や大学院の研究科の設置にその端的な一例をみることができるであろう。「批判的経営学」においてはすでに,「経営学が,各種の諸企業で働いている人々のために役立つ学問となるためには,それは,『理論』と『歴史』にとどまらず,『政策論』に発展せねばならない」にもかかわらず,科学的な経営経済学(経営学)においてそうした「政策」面での研究が弱かったとする指摘が上林貞治郎氏によって1985年に行われている[30]。もちろん,そうした指摘がなされた背景となっている状況は,政策科学的研究が求められている今日的状況に必ずしも全面的に一致したものではないが,近年の企業のひきおこす社会的問題の一層の複雑化・深刻化のもとで,今日われわれは問題解決策の探求・解明を課題とする政策科学的研究が求められる状況に真に直面してきているといえる。

2　経営学における政策科学的研究の課題と方法について

　そこで,つぎに政策科学的研究の課題を企業経営に関連する問題としてみると,渡辺　峻氏は,国民的な立場に立って,社会性・民主性・生産性・人間性

という価値前提（規範）に立脚して企業経営活動が引起す反社会的問題，すなわち「企業の社会的病理」について，その実態の解明（政策課題），望ましい改善されたあり方とその目的達成の道筋の解明（政策立案），政策実現のために利用しうる「ヒト・モノ・カネ・情報・文化」（政策資源）を明確にするという点を指摘されている。同氏は，「いまや『経営学』においては認識科学から政策科学への発展が求められている」として，「個別諸科学による本質・法則・必然性の認識（認識科学）にとどまらず，科学の現代化・総合化・共同化により対象の構造を，諸規定（要因）の複雑な相互依存関係のなかにあるものとして捉え，しかも操作可能なもの（解決されうる）として実体論レベルで把握する政策科学」への発展が求められているとされている。そこでは，「『企業の社会的病理』を引き起こしている要因分析とともに，それらの諸問題の「解決」（方向性の提示），さらに活動・制度・システムの望ましいあり方の探求」という3点が中心的課題になるとされている[31]。ただその場合，問題解決策それ自体にまでふみこむ必要があるのかどうかという点が問題となってくるが，具体的な解決策の提案が最終的な課題となってくるであろう。しかし，この点に関しては，ここにいう「企業の社会的病理」なるものが一体いかなる問題領域にかかわるものであるかが重要となってくるのであり，それゆえ，それによって問題へのアプローチの方法もまた異なってくることになるであろう。

したがって，方法をめぐる問題についてつぎにみることにするが，この点に関して，渡辺氏は，企業の経営活動の分析が「経済活動としての側面」，「法的政治的行動としての側面」，「組織行動の側面」に及ぶ必要がある以上，これらの3側面を経済学的研究，法政治学的研究，社会心理学的研究の3つの視点からトータルに照射して，実体（構造）の特質（問題点）を解明・把握する学際的アプローチが必要であることを指摘されている[32]。例えば法的規制がひとつの有力な問題解決策にかかわる領域やもともと法的規制がからむ問題領域の場合には法律学・政治学の分野の研究が，また企業の労働現場の問題になればそこで働く労働者の心理的側面の問題が関係するわけで，心理学の分野の研究が関係してくるし，それらの学問領域をも含んだ学際的なアプローチが必要かつ重要となってくる。その意味では，そのような学際的アプローチが必要となる政策科学的研究が求められる問題領域は限られてくるわけであるが，いかなる

性格をもつ問題領域においてどのような分野の学際的方法が必要となってくるのかが問題となる。例えば第2節においてみた環境保全型経営の問題に関して，認識科学的レベルを超えた問題解決策の探求という課題についていえば，法的規制に関係する法学的研究だけでなく，産業廃棄物や二酸化炭素の発生を抑えるような製品設計の問題や生産過程における技術的工夫などの工学的な研究も重要な意味をもつことになるといえるであろう。

3　企業経営問題に関する政策科学的研究の領域の位置づけをめぐって

また企業経営問題に関して政策科学的な問題解決が求められる領域の位置づけについてみることにするが，ここでは，つぎの3つのレベルの問題領域をみておくことにしよう。

まず第1に上述の如き「企業の社会的病理」の解決策の探求・解明の課題をめぐってであるが，企業がひきおこす社会的問題についての解決策の探求・解明という課題がそれであり，例えば，企業の環境保全の問題，企業倫理（経営者倫理），コーポレート・ガバナンスに関係するところの企業の不祥事の問題を具体的に指摘することができる。これら問題領域については，具体的には法的規制が最も有効な問題解決策のひとつと考えられるが，1）そうした法的規制での対応をはかる上で十分に明らかにしておかねばならない経済的・経営的問題の解明のほか，2）法的規制とは異なる経済的・経営的レベルでの解決策の探求という2つのアプローチの可能性があるであろう。1）は上述した政策課題の解明＝要因分析に関係するが，2）については，例えば，有効な企業統治のための機構の構築やトップ・マネジメント機構の改革のほか，環境保全型経営の追求における産業廃棄物や二酸化炭素の発生を抑えるような製品設計の問題や生産過程における技術的方法の探求などによる対応をあげることができる。しかしまた，広く企業経営のあり方をめぐっては，企業を「事業体」としての側面からみると，企業は財やサービスの「使用価値」の創出をとおして社会に貢献するという大きな役割を担っており，企業のそのような社会的機能・役割との関連でみれば，消費者のニーズ，社会の要請をいかにとりこんだかたちで，また労働者の自己実現の場として労働における人間性をいかに高めるかたちで経営を行うかが重要な社会的課題となる。そのためのしくみや方策，規

制の問題をも含めたそのあり方を究明していくことも経営学研究の政策科学的な問題領域における重要な今日的課題となってくるであろう。

　第2の点は企業経営上の問題解決という課題をめぐってであるが，企業の経営を行う上での経営方式・方法・システムというレベルでの問題解決の課題，解決策の探求・解明も「政策科学的研究としての経営学」の対象となりうるのかどうかという問題がある。上述した実践応用科学としての経営学は，企業経営上の問題解決をはかる上での有効な手がかりを提供しうるという点で，企業経営レベルでみても政策科学的性格をもちうるが，その場合，企業経営の効率性を向上させるための方策そのものの解明・開発が課題となるのかどうかということが問題となる。しかし，上述のように，歴史的にみても，こうした企業経営の具体的方策の開発は企業自身，あるいは有力な経営コンサルタント会社による場合が圧倒的に多く，経営学という「科学」がそれを直接担うケースはごくまれであるといえる。例えばハーバード的なケース・メソッド，またそれに基づくMBA教育でも，現実の企業の既存の経営方式，意思決定のみを素材にして展開されているわけで，具体的な経営方策の開発・提案というかたちでの研究には必ずしもなっているわけではない[33]。

　第3の点は企業の政策としての経営政策や経営戦略は政策科学的研究の対象であるのかという問題に関してであるが，企業経営上の問題解決という課題との関連でみても，これらはたんに企業の経営の意思決定のあらわれにすぎず，本来，政策科学的研究の対象とはなりえないと考えられる。

第5節　心理学や社会学の領域・方法の位置づけをめぐる問題

　以上の経営学における政策科学的研究をめぐる問題につづいて最後に取り上げておかねばならない点は，心理学や社会学などの隣接科学の領域・方法の位置づけをめぐる問題である。批判的経営学の立場の研究において経営経済学的研究だけでなく，「学界における諸成果の摂取の過程で，社会学，法学，統計学などの諸研究との学際的研究の必要性を痛感している[34]」として，笹川儀三郎・石田和夫の両氏は，学際的研究の摂取と展開をはやくから志向されていた。また上林貞治郎氏も経営学研究において心理学や社会学の摂取が必要かつ

重要である点を指摘されている(35)ほか，儀我壮一郎氏も，「企業にかんする心理学的研究・社会学的研究なども，科学的研究として存在し得るのであり」，「企業を研究対象とする諸科学の相互関係についての弁証法的な正確な把握が必要とされる(36)」と指摘されている。今日的にいえば，筆者が本稿において指摘した経営学研究の対象領域の広がりのなかで，心理学や社会学などの隣接科学の摂取を検討してみることも一層必要かつ重要となってきているといえるであろう。ただここでの論点は，心理学，社会学などの学際的研究の摂取に関しては，限定された対象領域についてのみ関係する問題ではないかという点である。

1　心理学的研究の摂取をめぐる問題

そこで，まず心理学的研究の摂取をめぐる問題をみると，企業経営問題・現象のなかでも，労働者の心理的側面などに関する諸問題を扱う場合，そうした側面が問題となる場合に，心理学研究の成果の援用が分析ツールとして有効となりうる。例えば，この点は，いわゆるブルーカラー労働者だけでなくホワイトカラー労働者をも含めた労働の社会化が一層高度にすすむなかで労働を企業・組織の目標に統合し，そのことによって資本の再生産が実現されていくさいの労働者の受容の心理的メカニズムを解明するという問題などにみることができる。しかしまた，社会化された集団的労働のなかに，あるいは人事異動による労働の流動化などにともない労働の全面的発達の契機が生まれてくるという側面もみられるわけで，そうした点が労働者の心理的受容を促すという面とともに，労働者をイデオロギー的にも心理的にも企業の目標のなかに取り込んでいこうとする企業の動きに対して変革主体の形成がすすむ基盤をつくりだすことにもなるという面もみられる。そのような労働者の心理的メカニズムの解明のためには心理学的研究の援用が必要かつ有効となる(37)。ただその場合，「心理学」において企業経営レベルの問題を取り上げるのか，あるいは企業経営問題を考察する上で，企業経営における心理的側面にかかわる問題に心理学を援用するのかということが重要な点となってくる。前者の場合には心理学研究において企業経営にまでその対象を広げるということであり，その意味でも「経営心理学」という名称が妥当であり，事実そのような名称で呼ばれている。

「経営心理学」とは，「企業活動を遂行する人間の組織的協働行為の心理を研究する科学」であるとされ，企業組織の発展・複雑化にともなって生じてきた，人間の協働を反映した社会心理学的研究の内容にほぼ該当し，「経営効率をあげるという視点からさまざまな理論，方法に照らして総合的にアプローチする点」に特徴があるとされている[38]。こうした研究は企業経営における労働者の心理的側面にかかわる問題領域の考察において重要な意味をもつが，経営学研究においては，本来，企業経営における心理的側面にかかわる問題に心理学を援用するということが問題となるのであって，あくまで心理学研究ではなく，その意味では，「心理経営学」という名称がむしろ妥当である。この問題はまさに経営学研究における心理学という隣接科学の位置づけ，その意義そのものにかかわる問題であり，たんに「経営心理学」か「心理経営学」という名称の問題ではない。

2　社会学的研究の摂取をめぐる問題

　また社会学的研究の摂取をめぐる問題をみると，企業という組織単位が「共同体としての社会」としての性格をもつような場合，あるいは社会そのもののなんらかの特質に規定されたあらわれ方をみるような場合，社会学的研究の成果の援用が分析ツールとして有効となりうると考えられる。しかし，その場合にも，「社会学的」なるものが関係する，あるいは社会学的分析方法が有効性をもちうる企業経営の問題・対象としては，企業が「日本型企業社会」と呼ばれるような集団主義的行動様式，「イエの論理」的行動様式にみられる共同体社会的性格をもつようなケースに限られるのではないかと考えられる。こうした日本企業における共同体社会的性格は上述の如き企業・組織の目標への労働の統合にさいしての労働者の心理的な受容を促進する基盤をなすという面も一面においてみられ，こうした点からも心理学的研究の摂取とともに社会学的研究の援用が必要かつ有効となってくるであろう。例えば，アメリカの企業経営については，基本的には，「日本型企業社会」と呼ばれるような企業の組織体としての性格をもつものではなく，むしろ官僚制的な性格がよりあてはまるという面が強く，日本企業にみられるこうした部分はあまり妥当しないであろう。経営学的研究にあっては，社会学において企業経営のそうした社会的＝共

同体的性格の問題を取り上げるのではなく，企業経営問題を考察する上で企業の社会的＝共同体的性格の問題に社会学を援用するのであり，あくまで社会学的研究ではない。それゆえ，ここでも，「経営社会学」よりはむしろ「社会経営学」という名称の方がよりが妥当である。こうした名称における「社会」ということの意味は，企業が社会的性格をもっているという点にではなく，あくまで企業の属する国の社会構造的特質に規定されている部分が企業内に，あるいは企業の経営行動にみられるという点にこそあるのであり，それゆえ，本来こうした問題領域を中心的対象とする社会学という隣接科学の援用が経営学研究にとって意味をもつことになるであろう。

　このように，あくまでも経営学というフィールドに心理学や社会学を，それらの援用が必要かつ有効である対象領域・問題に限って取り入れられるにすぎないのであって，心理学や社会学それ自体が全面的に問題となってくるのではないこと，また企業経営という現象の本質的側面が経済現象である限りにおいては，心理学的・社会学的経営現象の分析は経営学の接合領域にならざるをえないということに注意しておく必要があろう。隣接科学の援用，位置づけの問題をめぐっては，このような隣接科学が経営学研究に対してなしうる貢献を問題領域の性格との関連で明確にしておくことが必要かつ重要である。なお心理学や社会学などの隣接科学の位置づけをふまえた経営学研究の対象領域を概念図的に示すと図2-6のようになるであろう。

　以上の考察において，新しい企業経営の諸問題・諸現象の出現にともなう問題領域の広がりや経営学研究の多様な広がりのなかで，また政策科学的研究の広がりや社会学，心理学などの隣接科学との関連などの問題ともかかわって，さまざまな研究領域・分野をどのように位置づけるべきか，そこでの問題はどのような性格をもつものであるのか，各領域における主要問題，論点とはなにか，といった諸点について検討をくわえてきた。そこでは，企業経営の問題・現象の本質的側面が経済現象である限り，換言すれば，現代資本主義経済社会の構成要素であり中心的な行為主体である企業の経営行動が経済現象である限り，企業の基本的活動にかかわる問題領域，すなわち生産，販売，購買，開発などの基本的職能活動や，技術，管理，組織構造，企業構造，企業集中，企業

82　第1部　経営学研究の課題・対象・方法をめぐる諸問題

図2-6　経営学の接合領域と分析ツール

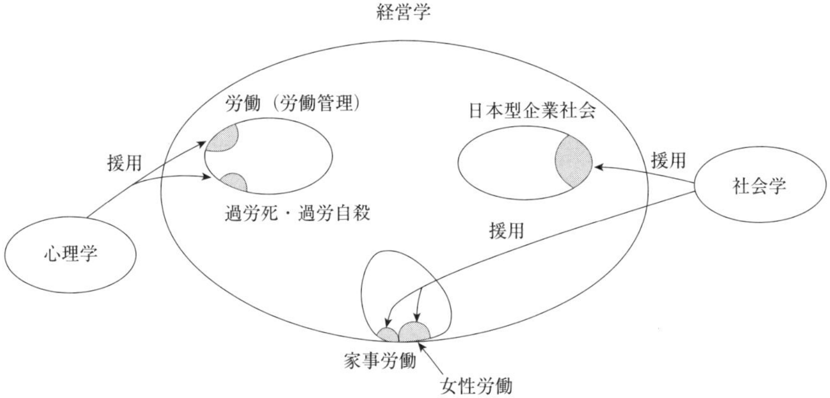

経営学
労働（労働管理）
日本型企業社会
援用
援用
社会学
心理学
過労死・過労自殺
援用
家事労働
女性労働

　労働，経営戦略など経営現象の中核部分の考察が経営学研究の中心部分をなす。それゆえ，例えば企業倫理や環境保全型経営の問題，NPOの問題などの今日的な新しい問題領域は，こうした中核部分の研究をふまえて，それとの関連のなかで考察されるべき問題であり，それらがいかに重要な社会的問題であっても，それ自体の研究で経営学研究の中心部分を担いうるものではない。企業経営の現象が広がりをみせ，多様になるなかで，また経営学研究の対象領域が拡大していくなかで，まさにいかなる問題が中核部分をなすか，全体のなかにおける個々の対象領域の位置づけが一層重要な問題となってきている。本章での考察は，そうした問題に対するひとつの答えを見いだそうとするものであった。

　したがって，つぎに取り組むべき課題は，このような位置関係におかれたさまざまな問題領域を分析する上での「科学的経営学」の研究方法とはいかなるものであるべきか，企業経営の側面から「現代資本主義経済社会」の解明を行うというわれわれの研究をすすめていく上での方法論的基礎をいかに確立していくかという問題である。この点については，第3章において検討することとしたい。

（1）経済産業省『第31回我が国企業の海外事業活動——平成13年度海外事業活動基本調査——』財務省印刷局，2003年，30ページ。

（2）大蔵省，「貿易統計」（『外国貿易概況』日本関税協会，1997年11月，4ページ）による。
（3）日本の自動車の輸出台数と海外現地生産台数（他社ブランドを含む）をみると，1994年には前者が4,460,292台であるのに対して後者は5,318,140台となっており，初めて海外現地生産台数が輸出台数を上回っている。日本自動車工業会編『日本の自動車産業の歩み：グローバリゼーションを目指して』日本自動車工業会，1997年，182-3ページ，188ページ。
（4）経済産業省「第32回 平成14年海外事業活動基本調査結果概要——平成13（2001）年度実績——」（http://www.meti.go.jp/statistics/data/h2c400ej.html）および「第33回 海外事業活動基本調査結果概要—— 平成14（2002）年度実績——」（http://www.meti.go.jp/statistics/data/h2c400fj.html）。
（5）坂本 清「現代企業経営とフレキシビリティ」，坂本 清・櫻井幸男編著『現代企業経営とフレキシビリティ』八千代出版，1997年，29ページ。
（6）同論文，24ページ。
（7）大西勝明「冷戦後の世界とグローバル企業——グローバル化の進展と諸問題の出現——」，藤本光夫・大西勝明編著『グローバル企業の経営戦略』（叢書 現代経営学④），ミネルヴァ書房，1999年，261ページ。
（8）片岡信之「日本における経営学の歴史と今日的新課題」，浜本 泰編『現代経営学の基本問題』ミネルヴァ書房，2002年，131-5ページ参照。
（9）例えば石井淳蔵・奥村昭博・加護野忠男・野中郁次郎『経営戦略論』〔新版〕，有斐閣，1996年参照。
（10）代表的著作として，M. E. Porter, *Competitive Stratery*, The Free Press, 1980〔土岐 坤・中辻萬治・服部照夫訳『競争の戦略』ダイヤモンド社，1982年〕，*Competitive Advantage*, The Free Press, 1985〔土岐 坤・中辻萬治・小野寺武夫訳『競争優位の戦略』ダイヤモンド社，1985年〕，*The Competitive Advantage of Nations*, The Free Press, 1990〔土岐 坤・中辻萬治・小野寺武夫・戸成富美子訳『国の競争優位』（上），（下），ダイヤモンド社，1992年〕などを参照。
（11）石井・奥村・加護野・野中，前掲書，146ページ。
（12）宗像正幸・坂本 清・貫 隆夫「生産，生産システムをめぐる現代的情況と生産システム論」，宗像正幸・坂本 清・貫 隆夫編著『現代生産システム論』ミネルヴァ書房，2000年，8-9ページ。
（13）拙稿「日米独の企業管理システム——企業組織構造とトップ・マネジメント機構——」，植竹晃久・仲田正機編著『現代企業の所有・支配・管理——コーポレート・ガバナンスと企業管理システム——』（叢書 現代経営学③），ミネルヴァ書房，1999年，222ページ参照。なおコーポレート・ガバナンスの問題に関する研究は多いが，邦語文献では同書のほか，例えば高橋俊夫編著『コーポレート・ガバナンス——日本とドイツの企業システム——』中央経済社，1995年，出見世信之『企業統治問題の経営学的研究——説明責任関係からの考察——』文眞堂，1997年，佐久間信夫

『企業支配と企業統治——コーポレートコントロールとコーポレートガバナンス——』白桃書房, 2003年, 佐久間信夫編著『企業統治構造の国際比較』ミネルヴァ書房, 2003年, 勝部伸夫『コーポレートガバナンス論序説——会社支配論からコーポレートガバナンス論へ——』文眞堂, 2004年, 中村瑞穂編著『企業倫理と企業統治——国際比較——』文眞堂, 2003年, 菊池敏夫・平田光弘編著『企業統治(コーポレート・ガバナンス)の国際比較』文眞堂, 2000年などをも参照。

(14) 国家・自治体の役割(社会資本)の部分的代行・代替としてのNPOの事業とその意義に関しては, 例えば, わが国における高齢化社会にともなう深刻な問題として介護の面での社会福祉をいかに確保するかという問題があるが, 財政的にみて国家や自治体がその費用を十分に賄ってはいけなくなってきている現状のもとで, 老人介護のボランティア団体などのNPOに一定の補助金を支給することによって国家・自治体の役割を部分的に代行・代替させるという側面がみられる。またハイウェイでの散乱ごみ問題が深刻化したアメリカのテキサス州で1985年に導入された「アダプト・プログラム」が日本でも「住民と自治体が一体となった公共空間の環境美化活動として注目され」るようになっているが,「近年, 社会資本整備において, 行政と住民らNPO(民間非営利団体)の連携が強まっている」と指摘されるように, 本来国や自治体が行うべき社会資本整備をNPOが一部代行・代替しているという面がここにもみられる。そのようなNPOの活動に関して, 例えばアダプト・プログラムの参加者は行政からの資金援助があることによって「背中を押された」として, 補助金の給付がその活動にとって重要な役割を果たしていることを指摘している。「行政の目が行き届かない領域を『新たな公共』ととらえ, NPOと行政が連携する必要性を提起している」NPOサポートセンター連絡会の「社会資本マネジメントにおけるNPOと行政のパートナーシップに関する提言」のなかにも, NPOの活動が一定の意義をもちうる領域のひとつが示されているといえる。「社会資本整備に住民の視点も」『京都新聞』2003年5月12日付。

(15) 猪木武則「回復の兆し見せぬ日本経済 脱出へ『根本』に戻れ」『京都新聞』2003年1月9日付。

(16) 石井・奥村・加護野・野中, 前掲書, 147ページ。

(17) これら2つの産業のタイプとそれぞれの場合にみられる国家の行政指導・支援の内容, 特徴について詳しくは, 守屋貴司「日本企業社会の二つのパターンと全体構造の再検討——『日本的経営管理構造』の社会学的分析——」『産業と経済』(奈良産業大学), 第15巻第4号, 2001年3月, 136-8ページ参照。また日本政府の行政指導というかたちでの日本型政府モデルに関しては, マイケル・E・ポーター, 竹内弘高「日本型政府モデルは失敗の原因」『一橋ビジネスレビュー』第48巻1／2合併号, 2000年8月, マイケル・E・ポーター, 竹内弘高著, 榊原磨理子協力『日本の競争戦略』ダイヤモンド社, 2000年などを参照。

(18) レーニン「資本主義の最高の段階としての帝国主義」, 邦訳『レーニン全集』第22巻, 大月書店, 1957年, 第1章参照。

第 2 章　経営学研究の対象をめぐる諸問題　85

(19) C. I. Barnard, *The Functions of the Executive*, Cambridge, Massachusetts, 1938〔山本安次郎・田杉 競・飯野春樹訳『新訳・経営者の役割』ダイヤモンド社，1974年〕，*The Nature of Leadership*, Harvard University Press, 1940, *Organization and Management*, Harvard University Press, 1948〔飯野春樹監訳・日本バーナード協会訳『組織と管理』文眞堂，1990年〕を参照。
(20) 渡辺 峻「企業社会と政策科学——経営学における認識と政策についての覚書——」，太田進一編著『企業と政策——理論と実践のパラダイム転換——』ミネルヴァ書房，2003年，17ページ。
(21) 丸山惠也『日本的生産システムとフレキシビリティ』日本評論社，1995年，217ページおよび224ページ。なおこのような日本的生産システムのもとでのチーム制，QCサークルや改善活動にみられる「職場集団の自律性」の問題について詳しくは，第6章においてみることにする。
(22) 前川恭一『現代企業研究の基礎』森山書店，1993年，163ページ。
(23) 仲田正機『現代アメリカ管理論史』ミネルヴァ書房，1985年，266ページ。アメリカの管理論の研究をどう摂取すべきかという点に関して，仲田正機氏はまた，「社会的生産関係の総体を認識することを究極の目標とする社会科学本来の性格からして，プラグマティズムないしシステム論的思考によって論理が構成されている現代管理論の成果を，そのまま，社会科学としての経営経済学に基づく企業管理論に，直接的，無媒介的に摂取できないことは強調されねばならない」という点も指摘されている。同書，279ページ。
(24) 仲田正機「管理者の労務管理」，吉田和夫・奥林康司編著『現代の労務管理』ミネルヴァ書房，1991年，126-7ページ。
(25) 同論文，122ページ
(26) 同論文，133ページ。
(27) 仲田，前掲書，152-3ページ。中間管理者・専門職員などの比率が第 2 次大戦後上昇していく傾向にあることに関していえば，例えば旧西ドイツでも戦後，とくに生産性向上運動が取り組まれる1950年代やその後の60年代に中間管理職への権限の委譲が本格的にすすむことになる。Vgl. C. Kleinschmidt, *Der Produktiv Blick. Wahrnehmung amerikanischer und japanischer Management- und Produktionsmethoden durch deutsche Unternehmer 1950-1985*, (Jahrbuch für Wirtschaftsgeschichte, Beiheft 1), Berlin, 2002, 2.1.4.
(28) 周知のように，例えば多角化のすすんだ複数の事業構造をもつ企業の戦略的な資源配分の決定手法であるプロダクト・ポートフォリオ・マネジメント（PPM）と呼ばれる手法を開発したのはアメリカの経営コンサルタント会社であるボストン・コンサルティング・グループであるし，また第 2 次大戦後西ドイツの企業がアメリカ的な経営方式を導入しようとしたさい，その多くの場合，アメリカの企業との提携関係・援助をとおしてやアメリカの経営コンサルタント会社の関与のもとで行われている（Vgl. *Ebenda*, S.263, S.265-7, S.269, S.273-4）。またイギリスでも，戦後，とく

に1960年代にすすんだ事業部制組織の導入にみられる経営組織構造の変革にさいしても，マッキンゼーに代表されるコンサルタント会社が大きな役割を果たした場合が多くみられる。D. F. Channon, *The Strategy and Structure of Britisch Enterpreise*, The Macmilian Press, 1973, p.132, p.194, p.239参照。

(29) 第1章でも指摘したように，経営者の意思決定という主観的判断はあくまでその企業のおかれている資本主義経済の客観的条件に規定されているが，そうした制約的条件のもとで経営者・管理者がとりうる一定の選択肢がありうるわけで，そうしたなかで実際に行われた意思決定のもつ企業経営上の意義，社会経済的意義を，事例研究などをとおして明らかにしていくことが重要となる。ここでの「経営者の意思決定という主観的判断はあくまでその企業のおかれている資本主義経済の客観的条件に規定されている」という点，またそのなかでの一定の選択肢から実際に行われた意思決定，経営行動の社会経済的意義の解明という点を除けば，そうした事例研究による解明の部分には，「有効な経営行動の提示と，それがなぜ有効かの論理の提供」を課題のひとつとする経営学（伊丹敬之・加護野忠男『ゼミナール経営学入門』（第3版），日本経済新聞社，2003年，はしがき，Vページ）との共通性が一定みられることにもなる。

(30) 上林貞治郎『経営経済学入門』大月書店，1985年，15ページ。

(31) 渡辺，前掲論文，27-8ページ。

(32) 同論文および渡辺 峻『マネジメント論入門』八千代出版，1996年，6-9ページ，14-5ページ参照。

(33) 例えば日本の経営学における国外への発信として注目されている野中郁次郎氏らの「組織の知識創造理論」をみても，それは理論概念のレベルにおいて組織論的研究の新しい地平を開くものであるが，そうした研究は，企業経営の効率化，効率的な管理や組織を実現する上で重要な意味をもつ特定の問題領域の発見，そこでの理論的枠組，組織効率・経営効率を上げるための経営のあり方などの探求であり，その研究の性格からしても，経営効率を高めるための具体的な方策そのものの探求・解明では必ずしもないといえるであろう。I. Nonaka, H. Takeuchi, *The Knowledge-Creating Company*, Oxford University Press, 1995〔梅本勝博訳『知識創造企業』東洋経済新報社，1996年〕，野中郁次郎『知識創造の経営：日本企業のエピステモロジー』日本経済新聞社，1990年などを参照。

(34) 笹川儀三郎・石田和夫「後記」，笹川儀三郎・石田和夫編『現代企業のホワイトカラー労働（下）』（現代資本主義叢書 26）大月書店，1983年，331-2ページ参照。

(35) 上林貞治郎氏の内田忠夫，関恒義氏との〈てい談〉「経済学の課題と展望」『大月経済学辞典使い方・読み方のために』大月書店，1979年，10ページ。

(36) 儀我壮一郎「科学的経営経済学の発展と経営経済学の基本課題」，儀我壮一郎編著『経営経済学の基本問題』ミネルヴァ書房，1979年，3ページ。

(37) 笹川儀三郎・石田和夫の両氏はすでに1984年に，「主体形成の法則的・実証的把握」を行う上で心理学的研究や社会学的研究の摂取が必要かつ有効であるとして，「科学

的な経営社会学・経営心理学の構築が急がれる」と指摘されている。笹川・石田,前掲論文, 324ページ。
(38) 三島倫八「経営心理学」『大月経済学辞典』大月書店, 1979年, 197ページ。

第3章　経営学研究の方法をめぐる諸問題

　本章では，第2章において位置づけがなされた経営学研究のさまざまな問題領域を分析する上での経営学研究の方法とはいかにあるべきか，企業経営の側面から「現代資本主義経済社会」の解明を行うという経営学研究をすすめていく上での方法論的基礎の確立を試みる。ここでは，企業経営の個別的問題に対しての個々の研究方法ではないより広い意味での全般的な研究方法をめぐる問題を扱う。すなわち，経済現象，経済過程としての企業経営問題・現象を考察するさいの研究方法についてみていくことにするが，そうした考察をとおして経営現象の認識科学的研究の方法の再構築を試みる。

第1節　従来の「批判的経営学」の基本的方法と「科学的経営学」の方法

　まず「批判的経営学」と呼ばれてきた経営学研究の方法について簡単にみておくことにしよう。「批判的経営学」と呼ばれる経営学研究は「マルクス経営学」とも呼ばれるが，その流れをみると，一般に個別資本説，上部構造説，企業経済学説という3つの学派に区分される[1]。これらの学派は「いずれもマルクス主義的経済学の方法と理論を基礎に据えているという共通性を持ちながら，研究対象の規定や経営学の学問的位置づけなど，個別科学レベルにおける方法論上の相違性によって区別された」とされている[2]。こうした「批判的経営学」の研究においては，唯物史観に立ちマルクス経済学を基礎にして企業経営の諸問題，諸現象を考察するという点に特徴がみられるが，そこでの代表的方法として，資本主義の経済法則（資本の運動法則）をふまえて，また資本・

賃労働関係を基礎にして企業経営の諸問題，諸現象，そこでの労働の問題などを考察するという方法，またそうした点をもふまえて「企業経営の現象をつねに産業と国民経済の変化との関連で把握するという方法」などがみられる。ことに後者の方法はかつての企業経済学説の研究方法に代表されるものである。「批判的経営学」の研究の今日的展開にむけて，その方法をいかに発展させ，分析用具としての有効性を高めていくかが重要な問題となってくる。ことに，いわゆる旧ソ連東欧社会主義圏の崩壊以降，マルクス主義的な社会科学的研究が退潮している傾向にあるが，「批判的経営学」においても同様であり，それだけに，「抽象→具体」，「具体→抽象」という2つのみちすじによる分析方法をとるなかで，とくに現実過程の実態をいかに把握し，またそれをいかに理論化するか，そのさいに有効な分析用具をいかにして発展させていくかということが重要な課題のひとつとなる。

　ただその場合にも，「批判的経営学」あるいは「マルクス経営学」と呼ばれる経営学研究の流れ・学派の対象規定の相違の問題もあり，それぞれの研究の流れ・学派全般にわたる統一的な研究方法の確立はされてこなかった。しかし，そのなかでも「企業経済学説」においては，独自の発展をとげ理論的・実証的研究の幅広い蓄積が行われてきた[3]。本書で展開する経営学研究が現代経済社会，とくに現代資本主義経済社会の解明という課題をになうものであるという点からも，企業経営問題・現象の経済過程分析こそが有効な研究方法であり，そのような研究方法のさらなる深化・発展が求められているといえる。その意味でも，経営現象の認識科学的研究の方法に関して，ここでは，企業経営の諸問題・諸現象をつねに産業と国民経済の変化との関連で把握するという研究方法をふまえて，その発展・再構築にむけて，研究方法のあり方を検討していくことにする。

　この点に関連して本書での「科学的経営学」における「科学性」の意味について簡単にみておくと，歴史的過程を経て現在も存在している資本主義経済（社会）とはなにか，そのひとつの構成要素であり，中心的行為主体である企業とその経営のありようの解明＝科学的認識・把握それ自体に研究の中心的課題をすえて経営現象の法則的把握・認識を行っていくという点にある。ここにいう「法則的把握」とは，ひとつひとつの個別的現象を貫く一般的傾向性＝

「全般的一般性」とそれを規定する関係・要因の抽出を行い，そのなかで同時に「個別的特殊性」をも解明していくということにある。すなわち，個々の問題・現象の発生の規定要因，その実態，その諸結果（企業経営上の意義と社会経済的帰結・意義）の間にみられる因果連関的な関係を抽出していくことによって，企業のみならず，産業，資本主義経済が発展し，再編されていくメカニズムの解明，そのなかにみられる「全般的一般性」と「個別的特殊性」の解明をはかるということである。そこでは，それをとおして現代企業経営の構造，基本的特徴だけでなく，現代資本主義経済社会の新しい傾向，諸特徴，問題点などを解明することが重要である。

そうした基本的方法は考察の対象となるさまざまな諸問題・現象をどう認識するかというレベルでの経営学的な認識の方法にかかわる問題である。そこでは，第1章でもみた企業経営という経済現象の「歴史的特殊性」の解明という点にもみられるように，各現象・問題の質の部分の解明を重視する。そのさい，企業―産業―国民経済―世界経済という4つの相互の連関のなかで独占企業と産業の分析をとおして現代資本主義経済社会の本質的解明をはかるという視点から考察し，現代資本主義と企業経営の構造と問題点，基本的特徴を明らかにしていくことが重要となる。

第2節　経営現象の「全般的一般性」・「個別的特殊性」の解明とその視点

そのような企業の行動メカニズム（行動と構造）の面からの経済現象の本質的解明をはかる上で重要となってくる点は，上述したように，ひとつひとつの個別的現象を貫く一般的傾向性＝「全般的一般性」とそれを規定する関係・要因とともに，「個別的特殊性」とそれを規定する関係・諸要因を解明していくということにある。

それゆえ，経営現象の「全般的一般性」・「個別的特殊性」の抽出にさいして解明すべき基本的問題と視点についてみると，解明されるべき「全般的一般性」としては，1）各国に共通する「全般的一般性」，2）特定の国においてみられる「全般的一般性」，3）特定の産業にみられる「全般的一般性」，4）各企

業に共通する「全般的一般性」がある。また「個別的特殊性」としては，1) 特定の国にみられる「個別的特殊性」，2) 特定の産業にみられる「個別的特殊性」，3) 特定の産業のなかの特定の企業にみられる「個別的特殊性」，4) 産業を問わずに特定の企業にみられる「個別的特殊性」がある。このような「全般的一般性」と「個別的特殊性」の抽出を 1) 資本蓄積条件，2) 具体的な経営現象・問題，3) 産業の発展のありよう，4) 資本主義発展のありようの4点について行うという視点が重要である。これらの点を特定の歴史的発展段階について，また歴史貫通的なレベルについて明らかにしていくことが重要となる。ことに「個別的特殊性」の 3) の特定の産業のなかの特定の企業にみられる「個別的特殊性」の解明のためには同一産業の代表的企業の比較を行うことが必要かつ重要となるが，そのさいの視点としては，生産の集積度や当該産業のなかでのその企業の競争力からみた代表的企業の比較，勝ち組企業と負け組企業との比較などを行う必要がある。

第3節　資本主義経済と企業経営との関連

　以上の考察において経営現象の「全般的一般性」・「個別的特殊性」の解明の問題とその視点についてみてきたが，つぎに，資本主義経済と企業経営との関連についてみていくことにしよう。

1　資本主義経済と企業経営との相互作用

　まず資本主義経済と企業経営との相互作用についてみると，つぎのような分析視角が必要かつ重要である。すなわち，ひとつには，各国の資本主義発展の特質との関連で，換言すれば，その国の資本主義の構造分析に立脚して企業経営の問題を考察することであり，そこでは「資本主義経済の企業経営におよぼす作用の関係」という視角から考察することである。いまひとつには，企業経営のあり方如何が企業そのものだけでなく，その国の国民経済の発展にどのようなかかわりをもったか，とくにその国の産業構造のなかでの位置をふまえて企業経営という経済現象のもつ社会経済的意義を明らかにするというものであり，そこでは「企業経営の側面から資本主義経済におよぼす反作用の関係」と

いう視角から考察することである。こうした方法論的立場は，資本主義の条件変化とそれにともなう企業経営問題の発生，それへの対応としての経営展開との間の因果関係の解明をはかるというものである。もとより，企業経営の発展は，各国の資本主義発展のあり方，特殊性に規定されて，基本的に共通する一般的な傾向（「全般的一般性」）とともに，その国の独自的な展開（「個別的特殊性」）をみることになる。それゆえ，世界経済のなかでの当該国の位置をふまえて，その国の資本主義の発展過程にそくして企業経営の諸問題・現象を考察することが重要となる。すなわち，それぞれの歴史的発展段階における資本主義の諸条件のもとで，それに適応して利潤を増大させるためにどのような企業経営の解決すべき問題が発生したか，それへの対応策として経営の方式やシステム（管理や組織，経営戦略など），企業構造などがどのように変化せざるをえなかったか，その因果的連関・関係を析出し，そうした動きのなかにみられる法則性を明らかにしていくことである。そのような資本主義経済と企業経営との相互作用の関連をふまえて，なぜある時期に特定の経営現象がおこらざるをえなかったのか，その発生を根本的に規定している歴史的特殊性＝必然性をその国の資本主義発展の特質，資本主義の構造分析，すなわち生産力構造，市場構造（商品市場・労働市場・金融市場），産業構造などとの関連のなかで，また世界経済のなかでの各国資本主義の位置との関連をふまえて明らかにしていくことが重要となる。

　また資本主義経済と企業経営との相互作用の問題に関連して重要なことは，企業の経営・経営者の主体性はなにによって決まるのかという問題をいかにみるかということである。この点については，企業の行う諸経営・諸方策は直接的・主体的には企業経営者によって生み出されるが，経営者の意思決定という主観的判断はあくまでその企業のおかれている資本主義経済の客観的条件に規定されているということである[4]。それゆえ，こうした資本主義経済の客観的条件に規定された企業経営問題の展開をふまえて，それへの対応として経営者・管理者が行う意思決定をとおして展開される企業経営の行動メカニズムを解明し，経営者・管理者の果たす役割を明らかにしていくことが重要である。

2　主要各国の資本主義発展と企業経営の問題

　そこで，つぎに，そのような資本主義経済と企業経営との相互作用，経営現象の歴史的特殊性の問題の重要性を考慮に入れて主要各国の資本主義発展と企業経営の問題を考察するさいの視角についてみておくことにしよう。そのさい重要となってくる視角としては，例えば，1）各国の資本主義の歴史的発展段階による諸変化，すなわち不均等発展の影響，2）各国の産業構造的特徴と企業経営へのその影響（例えば19〜20世紀のイギリス，フランスとアメリカ，ドイツとの比較の場合に典型的にみられるような），3）職業教育制度やそれを基礎にした労働体制のような制度的側面，4）各国の生産力構造と市場条件の史的比較などをあげることができる。

　またこれら4つのモメントの内的関連性をどうみるかという問題では，1)の「不均等発展」が 2)の「産業構造的特徴」を規定するという面，2)の「産業構造的特徴」が金融といった制度的側面，そのありようを規定するという面，金融のような制度的側面が 2)の「産業構造的特徴」を規定するという面がみられる。また 4)の「生産力構造と市場条件」に関しては，それが 1)の「不均等発展」を規定するという面や，生産力構造のありようが労働市場や金融市場のあり方・条件を規定する面とともに，逆に労働市場や金融市場のあり方・条件が生産力構造に影響をおよぼすという面などをあげることができる。ことに労働市場や労働体制が生産力構造に影響をおよぼすという面については，例えばドイツのマイスター制のような労働体制・生産体制が生産のあり方や生産力構造におよぼす影響[5]などが考えられる。

　さらにこれら4つのモメントが企業経営にどう具体的にかかわるかという問題に関していえば，例えばそれらの各モメントが資本蓄積条件をどのように規定するかという点の解明が重要である。そこでは，各歴史的発展段階におけるこれら4つのモメントの作用の仕方をふまえての各時期の資本蓄積条件の解明，これら4つのモメントが各産業レベルでの資本蓄積条件をいかに規定するかという点の解明をふまえて，各モメントが各国における資本蓄積条件をどのように規定するかという点の解明が重要となってくる。

3　歴史的発展段階に固有の特徴的規定性をふまえた企業経営の考察

　企業経営の諸問題・現象を考察する上で重要となるいまひとつの点は，各国の歴史的な各時期の資本主義経済のありよう・特徴，すなわち各国資本主義の，また世界資本主義の歴史的発展段階に固有の特徴的規定性をふまえた考察を行うという視角である。現代資本主義経済社会における企業経営問題・現象の考察を行うさいの「資本主義」という規定性の2つのレベル，すなわち，1）資本主義的（法則的）な一般的規定性と，2）そのもとでの歴史的発展段階に固有の特徴的規定性をふまえた分析によってこそ，現代資本主義経済社会のなかでの企業経営問題，さまざまな経営現象のもつ企業経営上の意義だけでなく社会経済的意義をも明らかにし，現代経済社会の特質，あり方を究明することが可能となるといえる。

　例えば21世紀という新しい時代を迎えた今日，企業経営の変革や新しい動向がさまざまみられるが，そうした今日的な企業経営の問題を分析するさいに必要かつ重要となってくる視点についていえば，資本主義発展の現段階をどうふまえて企業経営問題をいかにみるかということにある。このことは，今日，資本主義の胎動における質的変化がみられるのか，換言すれば，現段階の資本蓄積条件のありようをどうみるか，という問題でもある。この点なしには，新しい諸現象の表象をみるだけのことにならざるをえないのであり，それらの新しい諸現象の性格と位置を明らかにできなければ，21世紀という新しい時代の現代経済社会と企業経営の構造や諸特徴，問題点を十分に明らかにしえないであろう。歴史的にみると，資本蓄積条件の変化は本来，生産力と市場という経済発展の2つの軸における変化による資本主義の構造的変化に規定されてきたといえる。たんにIT革命やグローバリゼーションといったレベルの条件だけではなく，資本主義的法則の一般的規定性のもとでの現発展段階に固有の特徴的規定性とは一体なにか。この点の理解こそが，今日の企業経営問題の展開とそれへの対応としての現実の企業経営のありようを規定している客観的な諸関係を明らかにするカギであると考えられる。今日「メガ・コンペティション」の時代といわれることの真の意味は，こうした資本主義的法則の一般的規定性のもとでの現発展段階に固有の特徴的規定性をふまえてこそ明らかになるであろう。こうした分析視角からのさまざまな今日的諸現象，諸問題の本質的把握を

とおして，企業経営のシステムやあり方が今日問われていることの意味を明らかにしていく必要性があると思われる。例えば近年のネットワーク企業，アウトソーシング，戦略的提携などにみられる「非統合」の動きなどのように，新しい現象や新しい企業経営のあり方の問題をみる場合でも，本質的には資本主義的法則の一般的規定性のもとでの現発展段階に固有の特徴的規定性のもとで，そうした現象が一定の意味をもって展開されている，あるいは展開されざるをえない規定関係を明らかにすることが重要となろう。

第4節　産業と企業経営，資本主義経済との関連

以上の資本主義経済と企業経営との関連をふまえてつぎに問題となってくるのは，産業と企業経営，資本主義経済との関連をいかにみるかということである。まず経営学研究における産業分析の位置づけについていえば，企業（経営）と経済との間を結ぶ媒介環となるのが産業であり，資本主義経済（国民経済）と企業経営の問題を相互の連関のなかで把握する上で産業分析が重要な意味をもつことによる。この点について，前川恭一氏は，企業分析と産業構造分析との間や企業分析と国民経済分析との間の相互連関をふまえて「企業ー産業ー国民経済について，産業分析を媒介として，企業分析と資本主義分析の相互浸透が一層深められなければならない」と指摘されている[6]。

それゆえ，産業と企業経営，資本主義経済との相互作用の関係についてみると，つぎの4点をあげることができる。すなわち，1）その国の資本主義経済の発展のあり方が産業の発展を規定するという側面（「資本主義経済の産業におよぼす作用」の関係）。2）産業の発展，産業構造的特徴がその国の資本主義発展の特徴，資本主義の構造的特質を一面で規定するという側面（「産業の資本主義経済におよぼす反作用」の関係）。3）その企業の属する産業の資本蓄積条件や産業の発展，産業構造的特徴がその国の企業経営の発展のあり方を規定するという関係（「産業が企業経営におよぼす作用」の関係）。4）企業経営の発展のあり方がその企業の属する産業の発展のあり方を規定するという側面（「企業経営が産業におよぼす反作用」の関係）。こうした作用と反作用の相互の関係のなかで企業経営の問題・現象を考察することによって，たんに個別企業それ自体の問

題としてではなくつねに産業と国民経済の変化との関連のなかで経営現象を動態的に把握することが可能となってくるであろう。

第5節　経営問題の比較分析とその方法

これまでの考察において資本主義経済と企業経営との関連，産業と企業経営，資本主義経済との関連についてみてきたが，現実には「企業経営―産業―資本主義経済」の相互の連関のなかで企業経営の諸問題・現象のあらわれ方は各国によって異なるだけでなく，時期的な差異とともに，各国の産業構造的特徴や産業の発展のあり方のほか産業特性にも規定されるという面がみられる。それゆえ，経営現象の考察にさいしてはこうした点の考慮も必要であり，国際比較，歴史的比較の視点とともに，産業別比較の視点が必要かつ有効となってくる。そこで，以下では，経営問題の歴史的比較，産業別比較および国際比較とその方法についてみていくことにしよう。

1　歴史的比較とその方法

まず歴史的な時期別比較の問題についてみると，企業の行う経営の諸方策は，資本主義の発展段階にしたがって，そこに作用する諸経済法則に基づいて必然的に変化せざるをえず，資本主義の変化する客観的諸条件に適応せざるをえない。それゆえ，企業の経営問題・現象の考察は，企業の属する国の資本主義のおかれている，各時期における歴史的，特殊的，具体的諸条件のもとで，つねにそれとの関連において行うことが重要である。すなわち，そのときどきの資本主義の世界史的諸条件のもとで，各国の資本主義の矛盾の深化のなかで，それに適応して利潤を増大させるために企業経営の解決すべきどのような問題が発生したのか，それへの対応策として企業の構造や経営の方式，システムがどのように変化せざるをえなかったか，その因果的連関・関係を析出し，各時期にみられる諸特徴を明らかにしていくことが重要である[7]。この点は上述の経営現象の歴史的特殊性を解明する上でとくに重要な意味をもっているといえる。

2 産業別比較とその方法

(1) 基本的比較視点

つぎに産業別比較の問題についてみると,企業経営の問題・現象の発現の仕方,そのありようの産業全般に妥当する一般的傾向性＝「全般的一般性」とともに,産業間にみられる差異とその規定要因を明らかにすることが重要となる。そのさいの基本的比較視点としては,つぎの6点をあげることができる。すなわち,1)産業特性（例えば技術特性,市場特性,製品特性）をふまえての比較。2)各産業部門のなかでも基幹産業を全面的に取り上げての比較。3)各国の産業構造的特徴やその産業の国際競争力などからみた各産業の国民経済に占める位置をふまえての総体的な把握。4)産業部門間の相互の連関・からみあい（例えばある産業による関連する他の産業への需要創出効果や原料・半製品供給などの面での産業連関的諸要因のからみあい）という点をふまえた比較。5)国家とのかかわり,国家への依存の強さ・弱さという面をふまえての比較。6)資本蓄積条件の産業別比較。こうした比較視点をふまえて企業経営が展開される条件とともに実際の経営問題の発生,経営展開の産業間の差異と特徴を明らかにしていくことが重要となる。またこれまでの研究において,特定の産業の分析あるいは特定の産業の企業の分析でもって考察結果を「一般化」・「普遍化」する傾向がみられたが,基幹産業を全面的に取り上げ,かつ産業部門間の相互の連関・からみあいという点をふまえて分析しなければ,現代資本主義と企業経営の構造と問題点を十分に解明することはできないといえる[8]。

(2) 産業特性からみた産業の諸類型とその比較の視点

このような産業別の基本的比較視点のなかでも,とくに産業特性からみた産業の類型化とその比較が重要である。この点に関して,ここでは,つぎの7つの視点についてみておくことにしよう。

まず第1に固定費負担の問題にかかわって,加工組立産業に比べてそれが大きいという装置産業の特性がある。

第2に,第1の点とも関連して生産過程の特質が資金調達機構におよぼす影響であるが,例えば日本の高度成長期（1960年代）をみると,収益力や固定資産回転率の差異にも規定されて,装置産業（ことに鉄鋼業）と加工組立産業と

では資金調達機構に差異がみられる。例えば加工組立産業の自動車産業では減価償却基金によって長期借入金・社債を返済してもなお大きく残る差額が実質的に内部留保となり，自己金融が強化される傾向にあったのに対して，装置産業の鉄鋼業では減価償却基金と長期借入金・社債の返済がほぼ近い額で推移し，減価償却基金による借入金の返済を軸とした資金循環となっており，借入金の累積傾向がみられた[9]。この点は，第2次大戦後の間接金融偏重といわれる日本企業の財務構造，長期借入依存構造という面を一般的前提とした場合でも両産業類型の間にみられる差異やその意義をおさえておくことの重要性を示すものである。

第3に生産方式・生産システムの問題にかかわって，加工組立産業では，基本的に装置の巨大化によって大量生産とその経済効果の実現が可能である装置産業に比べ複雑な生産過程の特質に規定されて，フォード・システムや日本的生産システムにみられるように大量生産のための特別な方式やシステムがより大きな意義をもつという点である。

第4に多品種多仕様大量生産とフレキシビリティの問題[10]に関して，日本的生産システムに代表されるように加工組立産業ではそれに適合的な特別な生産システムがみられるのに対して，鉄鋼業では多様な圧延製品の生産のための各種圧延機の利用による対応など，多品種多仕様大量生産への対応やフレキシビリティの確保のための条件・余地は必ずしも同一ではないという点である。

第5に経営合理化の諸方策のなかでも設備近代化を中心とする技術的合理化と労働組織の合理化の果たす役割，意義をみた場合，装置産業では，一般的に，進行工業とも呼ばれるその生産過程の特質に規定されて技術的合理化の果たす役割，意義は大きく，労働組織の合理化は加工組立産業の場合ほどには大きな意義をもつものではない。これに対して，加工組立産業では，各種の部品の加工と組み立てという生産過程の特質にも規定されて技術的合理化とともに労働組織の合理化の果たす役割は装置産業の場合と比べるとはるかに大きい。

第6に生販統合システムによるフレキシビリティにみられる産業間の差異の問題がある。これについては第6章でより詳しくみるが，ひとつには，加工組立産業において素材産業（装置産業）よりも大きな調整の潜在的可能性をもつという点である。例えば素材産業である鉄鋼業と消費財産業であり加工組立産

業である自動車産業とをみると，鉄鋼業の場合には素材という製品ゆえに需要側の多様な鋼種の要求や圧延工程と製鋼工程の間にみられる生産の技術的特性の差異に規定されて生販統合システムにおけるオーダー投入工程は比較的はやい工程の段階とならざるをえない。これに対して，自動車産業の場合には製品種類の分岐がいくつかの要素の組合せによる分岐でありあくまでも範囲の限られた多品種・多仕様生産であるという生産の特性や製品の標準化の条件などに規定されてオーダー投入工程を比較的遅い工程の段階にまで引き延ばすことが可能となっている。これら2つの産業類型の間にみられる市場と生産の特性の相違によって，生販統合システムにおけるオーダー投入工程のありように差異がみられることになり，その結果，生販統合システムによる需給調節のフレキシビリティの潜在的可能性は異なってこざるをえない[11]。いまひとつには，同じ加工組立産業のなかでも自動車産業と家電産業との間にも生販統合システムによるフレキシビリティにおける差異がみられる。この点に関しては，流通機構のありように規定されて販売情報の集約の条件が両産業で異なること，また生販統合システムでは見込みで行わざるをえない多品種で多仕様な大量生産のもとで実際の販売（オーダー）を予め計画された生産の枠に直結させることによって生産と販売の調整をはかることができるという点からすれば，製品の販売時と納入時とのタイムラグが大きければ大きいほど調整の余地は大きくなるという面がみられるが，自動車と家電製品という市場の特性に規定されて生販統合システムによる調整の条件に大きな相違が生まれる結果となっている。

　第7に生産過程の構造的特質に規定された製造工程の外部化，すなわち外注化による発注側の企業（親企業）にとっての利点（固定費の回避と需要変動に対するフレキシビリティ）にみられる産業間の差異の問題がある。この点については第6章で日本の下請制の問題を考察するなかで詳しくみることにするが，加工組立産業（自動車産業，電機産業，機械産業など）のような生産の流れ・プロセスからみた「収斂型」（多種類の素材からその変形加工，組立をとおして最終的に単一の製品が導かれる）構造の産業類型と装置産業（鉄鋼業，化学産業など）のような「分散型」（「1つの基本的な素材を出発点として，そこから最終的には多種類の銘柄の製品が導かれる」）構造[12]の産業類型とでは差異がみられる。生産工程の一部が外注化によって外部の企業に代替される場合にも，巨大企業とそ

の外注先の企業が生産過程のどの位置にあるかということによって，発注側の巨大企業にとって固定設備を抱えることによる固定費をいかに回避することができるか，そうした固定費の回避によって需要変動に対するフレキシビリティをいかに確保しうるかという条件は大きく異なってこざるをえない。一般的に，発注側の巨大企業が生産過程の先頭に位置する「分散型」の装置産業に比べ，巨大企業が生産過程の最終に位置している「収斂型」の加工組立産業においてより有利な条件が潜在的に存在している。

(3) 資本蓄積条件の産業別比較の視点

経営問題の産業別比較を行う上でのいまひとつの重要な視点は資本蓄積条件の産業別比較である。この点に関してはつぎの4点が重要である。

第1に各歴史的発展段階における資本蓄積条件の産業別比較である。すでにみたように，各国資本主義の歴史的発展段階に固有の特徴的規定性をふまえた上で，それぞれの産業にみられる資本蓄積条件の差異をおさえ，それに規定された企業経営問題・現象の発現のありようを明らかにすることである。

第2は産業特性，例えば製品特性，技術特性，市場特性などに規定された産業間の資本蓄積条件の相違の問題である。例えば装置産業と加工組立産業との比較，自動車産業と電機産業とIT産業との比較などがあげられる。自動車産業，なかでも乗用車部門をみると，これまでの歴史的経過をみても高度成長期の大量生産の急速な進展の影響を除くと価格の低落はほとんど，あるいはまったくといってよいほどみられず，市場の安定性が高いという市場特性をもつこと，IT産業のような急激かつ急速な技術革新の進展はみられず，技術の安定性が高いという技術特性をもち，それゆえ投下資本の回収のリスクが比較的小さいこと，その製品の性格や「アーキテクチャー」[13]の面からみても製品差別化がはかりやすい製品特性をもつことがあげられる。また電機産業，ことに家電産業をみると，品種が多様であることと価格の傾向的・継続的低落傾向がみられること，製品寿命の短さがあげられる。さらにIT産業をみると，家電をおおいに上回る価格低落傾向とそのはやさ，製品寿命の短さ，製品差別化がはかりにくい製品特性などをあげることができる。こうした産業特性のなかでも市場特性の相違は生産のあり方にも大きな影響をおよぼすという面がみられ，

経営展開の産業間の相違の問題を分析する上でこうした市場特性に規定された資本蓄積条件の差異という点をふまえることは重要である。例えばセル生産方式の導入が電機産業ではみられるが自動車産業ではみられない理由は，電機産業では品種が多いために特定製品でのセル生産の試みが可能であること，価格の低落傾向が激しいことが製品ライフサイクルの短縮化をもたらしやすく，それだけに市場への柔軟な適応の必要性が高く，その対応策としてフレキシブル重視のセル生産[14]の試みが一定の意味をもちうることになる。

　第3に「勝ち組産業」と「負け組産業」との比較である。一般的にいえば，例えば今日の日本の建設業や銀行業などは資本蓄積条件のきわめて厳しいいわば負け組産業とでもいうべき類型に属するが，自動車産業などは他の産業と比べると資本蓄積条件が安定している産業の類型ともいえる。こうした勝ち組産業と負け組産業とでは資本蓄積条件は同じ国の場合でも必ずしも同じではなく，そうした資本蓄積条件のありように規定されて実際の経営展開においても相違がみられる。この点をふまえた現実的過程の考察が必要かつ重要である。

　第4に産業と国家との関係との関連での資本蓄積条件の産業間の比較，そこにみられる差異の解明という視点である。第2章でみたように，産業と国家との関係という場合，特定の産業に対する国家の支援策・助成策のありようや，国家とのかかわり，国家への依存の強い産業と弱い産業が現実に存在するという点をふまえて考察することが重要である。例えば日本の銀行業や建設業に典型例がみられるように，これらの産業の資本蓄積条件が産業と国家との関係のありようを規定しており，特定の産業に対する国家の支援・助成のありようは産業間で大きな相違がみられる。すなわち，日本の場合，国家とのかかわりに関していえば，「行政指導型産業」と「行政支援型産業」[15]があり，例えば銀行業や建設業，1970年代以降の構造不況業種である鉄鋼業，造船業などは「行政指導型産業」であるが，80年代以降の時期に経済の発展において一層大きな牽引役を果たすことになる加工組立産業，ことに自動車産業，電機産業は「行政支援型産業」の代表的な例である。こうした相違は両産業グループの資本蓄積条件の差異に規定されているだけでなく，経営課題も実際の経営展開のありようも大きく異なってこざるをえない。しかし，1970年代の旧西ドイツの鉄鋼業と造船業との間にみられるように，行政の指導・関与の強い産業のなかでも

そのありようやそのもとでの現実の経営展開のあり方が異なってくる場合もみられ[16]，そうした観点での産業間の比較も重要である。また加工組立産業をみた場合，それはME技術を利用した合理化の有効性が高い産業であり，日本的生産システムにみられるように大量生産システムが多品種・多仕様でフレキシブルな大量生産というかたちで展開された産業であり，日本企業はこの産業部門において国際競争力の強化のための方策をつくりあげることができた。その結果，これらの産業では70年代の構造不況業種や建設業，銀行業などとは異なり，国家への依存，かかわりも相対的に弱いものとなる条件をもったといえる。このように，産業と国家との関係と資本蓄積条件の問題をめぐっては，各産業の資本蓄積条件のありようが産業と国家との関係，産業に対する国家の支援・助成のあり方を規定するという側面と，産業と国家との関係，産業に対する国家の支援・助成のありようがその産業の資本蓄積条件にも影響をおよぼすという側面がみられる。今日の日本の「行政指導型産業」のような国家とのかかわり，国家への依存の強い産業では，国家の支援・助成を組み込んだ資本蓄積条件の改善のもとで存続・再建をはかっている傾向がみられるのに対して，「行政支援型産業」のような国家とのかかわり，国家への依存の弱い産業では，国家の支援・助成に依存したかたちでの資本蓄積条件の改善の必要性は低く，「行政指導型産業」でみられるようなかたちにはなってはいない。

　このように，企業経営の諸問題・現象をみる上でなによりも重要な点は，各産業によって，また同一産業内でも例えば勝ち組企業と負け組企業との間にみられるように企業によって資本蓄積の条件は均一ではなく異なっており，企業経営の展開のされ方も異なってこざるをえないという点にある。これまで，このような産業，企業のレベルでの蓄積条件の差異をふまえた考察があまりされてきたとはいえず，それらの蓄積条件を同一のものとみて，換言すれば，平板化してとらえてきたという研究上の限界がみられる。その意味でも，この点を考慮に入れた歴史的過程の実証的分析が必要である。

3　国際比較とその方法

　経営問題の歴史的比較の視点と産業別比較の視点をめぐる以上の考察をふまえて，つぎに国際比較とその方法についてみることにするが，ここでは，つぎ

の4点についてみておくことにする。

　第1に同一産業の資本蓄積条件の国際比較の問題であるが，その産業の国内市場のありよう・条件に規定された資本蓄積条件の国による差異をふまえた分析が必要かつ重要である。第2に各国の産業発展，産業構造的特徴と企業経営へのその影響の比較を行うという視点である。第3は各国の各産業の輸出構造，とくに商品構成・地域構成の比較をふまえて考察するという視点である。第4は産業と国家との関係，産業の国家への依存という面での国際比較の視点である。これら4点をふまえての企業経営の諸問題・現象（経営展開）の国際比較を行うことが重要である。

　例えば，各国の資本主義発展の特質を産業発展との関連でみると，日本の場合，フルセット型産業構造のなかで企業集団に属する産業相互の間で市場＝需要を提供しあうことをとおして需給調整能力を高め，市場適応をはかってきたという面がみられる。イギリスでは，産業革命以来もともと繊維などの産業を中心に発展し，鉄鋼，化学，石油，加工組立などの各産業が発展していく時期を経ながらも，産業基盤は第2次大戦後しだいに弱体化の傾向をみせ，石油，食品，化学などの一部の産業を除くと，工業の競争力は著しく低下し，金融部門が経済のなかで中核的・中軸的役割を果たすという産業構造・経済構造になってきている。またドイツは重化学工業の強力な基盤を第2次大戦前からもっているという典型的な工業立国であるが，1970年代以降の資本主義の構造的不況の局面になってその再編が一層重要な課題となるに至る。ことに1970年代，80年代をとおしてのひとつの特徴として，鉱工業に占める鉄鋼業の比重の低下がみられるほか[17]，とくに90年代から今日までの時期のひとつの特徴として，化学産業におけるそれまでの総合化学企業の事業構造からの特定の事業分野の分離，事業構造の組み替え（「選択と集中」）の顕著な動きなどがみられる[18]。さらにアメリカでは，重化学工業や加工組立産業などの製造業部門が1970年代以降低迷するなかで，IT産業の急速な発展による90年代以降の経済発展がみられる一方で，この時期の景気の躍進を一面で支えたカジノ資本主義的展開が他のどの国よりも顕著にみられる。それぞれの特徴をもつ各国の剰余価値創出のメカニズムにあらわれる「資本の論理性」の相違とはなにか，この点を各国の生産力構造と市場構造（商品市場，労働市場，金融市場），産業構造などによ

る規定性をふまえて明らかにしていくことが重要である。

第6節　新しい経営現象の分析視角と把握の方法

　以上の経営問題の比較分析の視点の重要性をふまえて，つぎに，新しい経営現象を考察するさいの分析視角がどうあるべきか，今日的な新しい経営現象の把握・認識の方法についてみていくことにしよう。

　新しい経営現象を考察するさいには，現代企業に生起する問題・現象がいかに新しい問題・現象であっても，またいかに「先端的」な産業や分野でみられる現象であったとしても，それらのすべてが重要な意味をもつ現象，あるいはその意義を広く「一般化」・「普遍化」しうる現象とは限らないという点に注意しておく必要がある。現代企業に生起する新しい問題・現象のひとつひとつが新しい問題性をはらんでいるだけでなく質的に新しい性格をもったものであるかどうか，それらが広く一般的な性格を担っているかどうか，現代企業の分析を行う上で，また現代資本主義分析を行う上で新しい規定要因として位置づけることができるかどうかを判断し，各現象のもつ意義を明らかにしていくことが必要かつ重要である。しかもそのさい，ひとつひとつの現象をたんにそのときどきの問題として個別的にのみみるのではなく，世界史の大きな流れのなかで，また国際比較分析をとおしてみていくことによって，それらの諸現象に表れている問題性がいかなる意味をもっているかを明らかにしていくことが重要となる[19]。すなわち，そこでは，歴史的な比較分析，国際比較分析，産業別比較分析，主要産業部門のなかの企業間の比較の視点をふまえて考察することによりそれぞれの新しい現象のもつ意義を明らかにすることが重要である。

　また新しい現象のもつ意義を評価するさいのメルクマールとして，「出現→併存→支配的」という基準に照らしてみた場合，そうした現象について，それが出現してくる段階，それまでの現象と併存しながらも拡大していく段階，さらにそれまでの現象との併存のレベルをこえて新しい現象が支配的となる段階のいずれの段階にあるかを見極め，それぞれの現象のもつ意義を明らかにし，適切な評価を行うことが重要である。すなわち，その現象自体が特定の産業なり部門をこえて広く一般的に「支配的」となったとき，あるいはそうした現象

が特定の産業に限定された現れ方をみる場合には，それが出現し，普及した産業部門が国民経済的にみて「中核的」位置を占めるようになったときに初めて新しい現象のもつ意味が「一般化」・「普遍化」しうることになろう。そうした「一般化」・「普遍化」が可能となって初めて新しい経営現象が「個別的特殊性」のレベルをこえて「全般的一般性」を示すことになりうるであろう。

　以上のような研究方法により，さまざまな新しい経営現象の発生を規定している諸要因とそれらの諸現象の企業経営上の意義だけでなく社会経済的意義をも明らかにし，その本質的把握をとおして現代資本主義経済社会と企業経営のしくみや構造，特徴，問題点，さらにそのあり方などを客観的に分析することが可能となってくるであろう。

第7節　歴史的分析をふまえた今日的問題の解明とその分析視角

　新しい経営現象の考察のさいの分析視角にかかわって重要ないまひとつの視点は，これまでの，とくに第2次大戦後の歴史的過程において形成され，蓄積されてきたものの特徴，また各国の生産力構造，市場構造（商品市場・労働市場・金融市場），産業構造に規定された資本主義の性格・特質のもとでの現発展段階における特徴的規定性とはなにかということをふまえて，現在の企業，産業，資本主義経済を根本的に規定している諸要因の解明をはかるという視点である。そのさい，各国の資本主義がどのように発展してきたかによって規定されるその性格の把握と発展段階の位置づけをふまえて，また現段階の資本蓄積条件のありようや各産業の蓄積条件の差異，さらに同一産業内の企業の間にみられる条件の差異をもふまえて考察することが必要であり，今日的問題の解明を歴史的分析と結びつけて行うことが重要である。

　国家が経済過程に深く介入し特定の産業や企業とも深いかかわりをもつ今日の各国資本主義とそこでの独占企業の分析をとおして現代＝今日の巨大企業のありようと，巨大企業が中核的位置を占める資本主義経済社会の解明をはかるという経営学研究（「科学的経営学」）の基本問題の究明は，各国資本主義の発展のそのような歴史的特質をふまえての分析，また資本蓄積条件の差異をもふまえた主要産業部門の比較や同一産業内の代表的企業の比較，各産業の国民経

済に占める位置，産業連関のからみあいをふまえての分析をとおして企業，産業，経済が発展し再編されていく歴史的過程とメカニズムを解明することによってこそ可能となってくるであろう。そのような方法に基づく時期別，産業別，国別の比較視点からの分析によって，各時期における，あるいは歴史貫通的なレベルでの企業経営の諸問題・諸現象，産業発展，資本主義経済の発展における「全般的一般性」と「個別的特殊性」とともに新しい経営現象・問題のもつ意義を明らかにしていくことが重要である。

第8節　事例研究とその方法をめぐる問題

　さらに経営学研究の方法に関して，事例研究とその方法をめぐる問題についてみることにするが，事例研究を行うさいの問題，留意点に関して，一般的にいえば，なにを明らかにするための事例であるのか，その事例の適切性・妥当性の問題と，考察結果の「普遍化」・「一般化」の可能性の問題がある。

　個別企業の事例研究において，考察結果の「普遍化」・「一般化」に近づくためには，事例の集積が必要であることや，どの企業の事例をもって取り上げる現象，その企業の属する産業の代表的事例としうるか，その個別事例が当該現象の典型例であるかどうか，代表的性格をもつものであるかどうか，例えば生産の集積度や当該企業の競争力などを含めてその産業における企業の位置が問題となる。またそうした研究のさいに選ばれた事例が多くの場合に特定の産業の事例である以上，特定の産業における個別企業の事例研究での考察結果がその産業をこえて広く「一般化」・「普遍化」しうるかどうかが問われなければならないであろう。すなわち，ひとつには個別産業の企業の事例での分析のみで考察結果を「普遍化」・「一般化」しうるかどうかという問題であり，いまひとつには国民経済・産業構造に占めるその産業の位置がどうであるかが重要な問題となる。そこでは，その産業が基幹産業としての性格をもつかどうか，その産業の国民経済に占める位置，さらにはその産業がもつ他の関連産業への需要創出効果などの面からみた産業連関のからみあいの程度・意義などによって，事例研究による考察結果のもつ意義の大きさも変わってこざるをえない。これらの点からみた国民経済に占めるその産業の「中核性」の有無が考察結果の

「普遍化」・「一般化」の可能性に深くかかわってくるものといえる。また主要産業における代表的企業の比較をとおしてその産業の諸特徴をより広い観点から評価することも重要である。なおそのさい，上述したように，同一産業のなかのいわゆる勝ち組企業と負け組企業との比較などを含めて，その経営行動の比較も重要となるであろう。

　以上の考察において，経営学研究の方法をめぐる問題について，とくに経営現象の認識科学的研究の方法の再構築に向けて，研究方法のあり方を検討してきたが，以下，第2部では，現代企業経営の基本的問題について，具体的考察を行うことにする。

（1）鮎沢成男「経営学の科学化への道　Ⅲ　上部構造説をめぐって」，経営学研究グループ『経営学史』亜紀書房，1972年，432ページ。より仔細にみれば，これら3つの学派のほかにも経営技術学説，企業生産関係学説，建設的経営学説などをあげることができるとされている。例えば角谷登志雄『科学としての経営学——変革期におけるその課題と方法——』青木書店，1979年，173-84ページ，片岡信之「個別資本学説」，神戸大学大学院経営学研究室編『経営学大辞典』，第2版，中央経済社，2000年，325-7ページ，経営学史学会編『経営学史事典』文眞堂，2002年，70-1ページなどを参照。
（2）田中照純『経営学の方法と歴史』ミネルヴァ書房，1998年，232ページ。
（3）例えば，前川恭一編著『欧米の企業経営』ミネルヴァ書房，1990年，前川恭一『現代企業研究の基礎』森山書店，1993年，同『日独比較企業論への道』森山書店，1997年，林昭『激動の時代の現代企業』中央経済社，1993年などを参照。
（4）この点については，拙書『ドイツ企業管理史研究』森山書店，1997年，3-4ページ，拙書『ヴァイマル期ドイツ合理化運動の展開』森山書店，2001年，5ページ，前川，前掲『現代企業研究の基礎』，188ページを参照。
（5）例えば大橋昭一「書評　山崎敏夫著『ナチス期ドイツ合理化運動の展開』」『比較経営学会誌』，第27号，2003年3月，133ページ参照。
（6）前川，前掲『現代企業研究の基礎』，21ページ。
（7）前掲拙書『ドイツ企業管理史研究』，3ページ，『ヴァイマル期ドイツ合理化運動の展開』，5ページ参照。
（8）筆者はこうした基幹産業を全面的に取り上げた分析をワイマール期およびナチス期のドイツ産業・企業の合理化問題を中心に行っている。同書および拙書『ナチス期ドイツ合理化運動の展開』森山書店，2001年，第2部を参照。
（9）岡本博公「現代日本企業の資金調達機構」，谷田庄三・前川恭一編著『現代企業の基礎理論』（講座　経営経済学①），ミネルヴァ書房，1978年，63-83ページ参照。

(10) 加工組立産業の生産システムに関して，フォード・システムについては本書の第4章，第5章のほか，藻利重隆『経営管理総論』(第二新訂版)，千倉書房，1965年，塩見治人『現代大量生産体制論——その成立史的研究——』森山書店，1978年，D. A. Hounschell, *From the American System to Mass Production, 1800-1932 : The Development of Manufacturing Technology in the United States*, The Johons Hopkins University Press, 1984〔和田一夫・金井光太朗・藤原道夫訳『アメリカン・システムから大量生産へ』名古屋大学出版会，1998年〕などを参照。また日本的生産システムについては，例えば本書の第6章のほか，鈴木良始『日本的生産システムと企業社会』北海道大学図書刊行会，1994年，丸山惠也『日本的生産システムとフレキシビリティ』日本評論社，1995年，藤本隆宏『生産システムの進化論 トヨタ自動車にみる組織能力と創発システム』有斐閣，1997年，宗像正幸・坂本 清・貫 隆夫編著『現代生産システム論』ミネルヴァ書房，2000年などを参照。鉄鋼業の生産システムの問題，特徴については，例えば十名直樹『鉄鋼生産システム——資源，技術，技能の日本型諸相——』同文舘，1996年，川端 望「日本鉄鋼業の生産システムをめぐる問題——先行研究の整理と課題設定——」『経済学』(東北大学)，Vol.57, No.4, 1995年12月，同「高炉メーカーの生産システムと競争戦略」，坂本 清編著『日本企業の生産システム』中央経済社，1998年，岡本博公『現代鉄鋼企業の類型分析』ミネルヴァ書房，1984年などを参照。
(11) 例えば岡本博公『現代企業の生・販統合 自動車・鉄鋼・半導体』新評論，1995年を参照。
(12) 坂本和一『現代巨大企業と独占』青木書店，1978年，46ページ，48-9ページ。
(13) なお製品特性の問題を考える上で重要な「アーキテクチャー」の概念とそのような視点からの代表的な研究については，藤本隆宏・武石 彰・青島矢一編『ビジネス・アーキテクチャー 製品・組織・プロセスの戦略的設計』有斐閣，2001年を参照。
(14) セル生産方式についての実務書は多いが，研究書・研究論文としては，例えば都留 康編著『生産システムの革新と進化』日本評論社，2001年，鈴木良始「セル生産方式の普及と市場条件」『同志社商学』(同志社大学)，第54巻第4号，2003年2月，信夫千佳子『ポスト・リーン生産システム：不確実性への企業適応』文眞堂，2003年，坂本 清「生産システムの進化とモジュール型生産システムの形成」『経営研究』(大阪市立大学)，第55巻第2号，2004年7月，同「セル生産システムの現代的意義——信夫千佳子『ポスト・リーン生産システムの探求』の検討——」『経営研究』，第55巻第2号，2004年7月，池田綾子・野原 光「脱ベルトコンベア生産システムの展開：『セル』生産方式を実施する工場の調査報告」(1), (2), (3)，『広島法学』(広島大学)，第24巻第2号，2000年11月，第24巻第3号，2001年1月，第24巻第4号，2001年3月，秋野昌二「セル生産方式における労働の変容とその意味」，丸山惠也・高森敏次編著『現代日本の職場労働』新日本出版社，2000年，善本哲夫「セル生産の特徴とその諸相——モータ生産とルームエアコン生産の事例——」『商学論集』(同志社大学)，第37巻第1号，2002年10月，白井邦彦「『人に依存した生産形態』の

展開とその実態」『釧路公立大学紀要社会科学』，第11号，1999年3月，坂本 清編著『日本企業の生産システム革新』ミネルヴァ書房，2005年などを参照。
(15) 守屋貴司「日本企業社会の二つのパターンと全体構造の再検討」『産業と経済』（奈良産業大学），第15巻第4号，2001年3月，136-8ページ参照。
(16) 例えば旧西ドイツの場合をみると，鉄鋼業については，1950年代には「政府は経済的枠組みの創設とその確保に注力し，その他の政策は採らなかった」が，「1960年代初めに，鉄鋼産業に停滞傾向がみえ始めると，危機の克服と競争力の建て直し，さらには地域的・社会的政策目標の追求のため，ドイツの産業政策はより干渉主義的となり，1960～70年当時の補助金額は約20億マルクに達し」ており，その重点は「市場での資金調達が困難な投資プロジェクトに対する融資保証」におかれた。しかし，1970年代中頃から既存の過剰生産能力の削減を促すために，ドイツだけでなくECのレベルでもかなりの政府介入が行われるようになった。それは主として補助金の供与をとおして行われたが，とくに重要な動きは，西ドイツ政府が1983年から85年にかけて，「鉄鋼プログラム」の一環としてドイツ鉄鋼業の再建に約30億マルク相当の支援を提供し，その結果，「再建と生産能力調整を目的とする措置はより速やかに実施され」，同国の鉄鋼業の競争力も改善されたことにみられる（飯田行信・S. O. Hornig「鉄鋼産業」，さくら総合研究所・ifo 経済研究所編『日本とドイツの経済・産業システムの比較研究』，シュプリンガー・フェアラーク，1997年，420ページ）。

また造船業をみると，西ドイツの造船業ではすでに60年代にも競争力の低下のもとで国家主導の産業再編成が取り組まれたが，70年代後半から80年代に世界的にみられたこの産業の危機は，循環的な世界経済恐慌の諸結果や資本主義国全体の経済成長の鈍化，途上国の工業化の進展や先進国と途上国との間の国際分業における変革に基づく貿易の流れの変化，造船技術の発展などの複合的な要因によってもたらされたものであり，それ以前と比べても一層深刻なものとなった。このような造船危機の原因はもちろん生産と市場との間の不均衡な発展にあり，各国の政府は，再生産過程への介入によって，現存の生産能力の操業状態の改善を試み，構造調整に着手した。1978年には生産能力の利用度がわずか50％にも満たなかった西ドイツの造船業でもそのような国家主導の構造調整が重要な課題となったが，最も重要な助成策のひとつは造船所に対する補助金であった。1962年以降70年代半ばまでにそのために約13億DMの税金が補助金として，また約18億DMが低利子信用として支出されているが，70年代後半からの第8次造船助成計画では，76年から79年までに6億3,000万DMの財政資金と5億4,000万DMがERP（欧州復興計画）信用が計画されたにもかかわらず，西ドイツ政府は，79年までの期限付きであったこの助成計画を83年まで同じ規模で継続することを決定し，その結果，80年から83年までに総額10億8,000万DMの補助金でもって総額155億DMの造船売上げが助成されるべきものとされた（Vgl. A. Zeh, Schiffbau kapitalistischer Länder im strukturellen Wandel, *I. P. W.-Berichte*, 7. Jg, Heft 11, 1978. 11, S.51-3）。8回におよぶ造船助成計画は年間最大300万BRT（総登録トン数）の建造能力の建設に寄与したが，80年代初頭にはその約4分

の1しか利用されることができなかったとされている。この時期には，1960年代および70年代初頭の造船景気の短期的な利益期待の観点のもとで国家のかなりの補助金支出でもって数年前に初めてつくられた最も近代的な生産能力が廃棄され，それとともに余剰人員の削減も取り組まれるという事態に至っており（Vgl. R. Gutermuth, BRD-Werftenkrise. Lehrstück kapitalistischer Wirtschafts- und Sozialpolitik, *I. P. W.-Berichte*, 12. Jg, Heft 11, 1983. 11, S. 44-5），船の新規建造のための国家の補助金の増大は生産能力と需要との不均衡の増大を一時的に覆い隠すことができたにすぎず，生産の可能性への需要の見せかけの適応をもたらしたにすぎない。A. Zeh, *a. a. O.*, S. 53.

このように，西ドイツをみても，鉄鋼業においても造船業においても国家による強力な支援・助成がみられたが，そのありように相違がみられるだけでなく，造船業の場合に顕著にみられるように，国家のそのような政策は必ずしも有効に機能したとはいえず，むしろ新たな生産能力の創出を促進することによって過剰生産能力の整理を柱とする合理化の必要性を一層高めることになるという事例もみられるわけで，国家と産業との関係，国家の役割を具体的にみていくなかで産業間にみられる差異，それを規定する要因を解明していくことが重要となる。

(17) 旧西ドイツの鉱工業全体に占める鉄鋼業の割合（ただし1970年については従業員10人以上の企業，80年および90年については従業員20人以上の企業が対象，90年についても旧西ドイツ地域が対象）を売上額についてみると1950年には5.9％であったものが70年にもなお5.8％を維持しているが，80年には4.2％，90年には2.8％にまで低下している。また就業者数でみたその割合では，50年には4.6％であったものが70年には4.1％となっており，あまり大きな低下はみられないが，90年には2.5％にまで低下している。Vgl. *Statistisches Jahrbuch für die Bundesrepublik Deutschland,* 1955, S. 164-6, S. 174-6, 1973, S. 221, 1982, S. 167, 1992, S. 199.

(18) 化学産業の企業において高度に多角化した事業構造のなかでの絞り込み，いわゆる「選択と集中」の推進が取り組まれている代表的事例を簡単にみておくと，例えばドイツの最大3社のひとつであるヘキストは，1999年にフランスのローヌ・プーラントとの合併によって化学事業を分離して（セラニーズ社として展開）医薬品部門への専業化に向かったのに対して，BASFは2001年にアメリカの会社に医薬品部門を売却し，化学専業として世界首位の地位を確立せんとする戦略を打ち出している。そこでは，化学品の潜在需要が大きいアジア市場をとくに重視しているとされている。これら2社に対して，バイエルは化学・医薬兼業の総合路線をなお維持しているが，そこでも，全事業を医薬を含むヘルスケア，農業化学，高分子材料，基礎化学品の4事業に分社し，4社を専業製造企業と位置づけて損益管理の徹底をはかり，「売却・買収など事業の組み替えも容易にできる仕組みを作る」方向ですすみ，2003年に分社化が行われている。これら3大化学コンツェルンは，共通項の多い化学と医薬で基礎技術を融通し，高シェアの化学事業で安定的に稼いだ資金を医薬事業に振り向け，巨額投資をまかなうという総合化学企業ならではの強みを発揮してきた。

しかし，90年代以降の大型合併で誕生した医薬専業の製造企業の規模はこれら3大コンツェルンをしのぎ，ドイツの3社は研究開発費の金額競争での優位性を失ったこと，化学産業でも集約・統合がすすんだ結果，量産競争が激化し，設備投資に巨額を要するようになり，専業メーカーとして売上規模を追求する必要性が増してきたこと，医薬品事業ではバイオベンチャーの買収などで先端技術を吸収・確保する機動力も不可欠となっていることなどにより，コンツェルンの事業形態がむしろ足かせになる場面が増え，これら総合化学各社は従来路線の修正を迫られるようになってきたことが背景にあるとされている。『日本経済新聞』2002年6月10日付，2002年8月5日付，2003年11月24日付参照。

(19) 前川，前掲『現代企業研究の基礎』，はしがき，2ページおよび序説参照。

第2部　現代企業経営の基本的問題

第4章　企業経営の歴史的展開
―― 時期別にみた主要問題とその特徴 ――

　これまでの第1部の考察をふまえて，第2部「現代企業経営の基本的問題」では，企業経営のこれまでの支配的な傾向・特徴とはなにか，また近年の企業経営の新しい展開にはどのような傾向，特徴がみられるのか，そうした点について，歴史的な時期別比較，産業別比較，国際比較の視点をふまえて考察を行う。

　まず本章では，企業経営の歴史的展開について，独占形成期から今日に至るまでの経営問題・現象の歴史的過程を時期区分に基づいて考察していく。本章で取り上げる各時期の企業経営問題・現象については，多くの個々の論点があるが，ここでは，そうした点に深く立ち入るのではなく，19世紀末から20世紀を経て今日までの企業経営の史的概観を行い，各時期の企業経営の主要問題とその特徴を明らかにしていくなかで，それぞれの時期の一般的傾向性=「全般的一般性」を明らかにしていくことに重点をおいて考察を行うことにする。

　そのような企業経営の歴史的過程の考察に入る前に，まず19世紀に支配的であった企業類型とはどのようなものであったか，またいかなる特徴と意義をもつものであるのかという点についてみておくことにする。それは，1）職能別に分化した事業レベルで専業化した非統合企業＝単一事業単位企業であること，2）階層制管理機構をもたず，需給の調整は企業のサイドからは主体的に行われるしくみにはなっていない（市場メカニズムによる調整）という点にその特徴をもつ[1]。19世紀の企業のこれら2つの基本的特徴を規定している要因としては，ひとつには，産業革命以降の資本主義の自由競争段階においては経済効率を高めるためのひとつの重要な手段として「専門化」＝「専業化」が大きな意味をもち，そうした傾向は生産や販売など職能上の専門化・専業化という

かたちでもみられ，社会的分業の進展のもとでそのような専業化あるいは専門化した企業の経営基盤，存立基盤が確保されたことによる。いまひとつには，産業革命の始まり以降工業生産力が著しく増大したとはいえ，アメリカとドイツにおいてみられた1873年の過剰生産恐慌より以前の時期には，基本的には，生産力水準が市場の吸収力を大きく上回るという傾向が定着するにはなお至っておらず，したがって，過剰生産という状況が慢性化するいう傾向はまだみられないという点である。そのような状況は19世紀末の資本主義の構造変化によって大きく変化し，そのような経営環境の大きな変化への対応をはかる上でも企業構造の変革，特別な企業経営の方式やシステムを開発し，導入していく必要性が高まるとともに，それらのもつ意義も大きくなってくる。

第1節　独占形成期の企業経営の主要問題とその特徴

まず独占形成期の企業経営の主要問題についてみることにするが，この点を1）第1次企業集中運動と独占の形成，2）近代的労働管理システムの生成，3）近代企業の生成と管理機構の変革，4）産業電化のはじまりの4点についてみていくことにしよう。

1　第1次企業集中運動と独占の形成

まず19世紀末から20世紀の初頭にかけて最初の企業集中運動がおこり，それをとおして独占が形成された問題についてみると，この時期にそのような企業集中の波がおこり，独占がはやくから形成され，最も発展していたのはアメリカとドイツであった。そのような現象がなぜその当時に発生したのか，その「歴史的特殊性」については，基本的には，1873年の過剰生産恐慌に端を発する資本主義の構造的変化に規定されている。すなわち，生産力水準が市場の吸収能力を上回るという状況が傾向として定着し，持続的な価格の低落がおこり，それへのなんらかの対応を迫られたということがそれであるが，そのような事態へのとりうる対応策のひとつとして競争の制限ないし排除による価格の維持をはかる独占化，そのための手段としての企業集中が大きな意味をもつようになってきた。しかし，そのような独占化，市場支配力の強化は企業間のた

んなる協定や合同による結合によって無条件に成立しうるものではなく，生産の集積の進展がその前提となる。またこの時期の企業集中運動については，生産力と市場との関係における大きな変化とともに，「19世紀末から20世紀初頭にかけての電化と化学化の新しい生産技術の発展によって，それまでの基幹産業（石炭・鉄鋼業）と共に，新しい基幹産業（電機・化学工業）の成立・発展がうながされ，必要投下資本の規模が大きくなり，巨大資本の急速な形成が必要となったこと，また株式会社の普及によって，急速な資本の集積が可能となっただけではなく，この制度が資本の集中の手段としても役立ったこと[2]」もその重要な背景となっていたといえる。

この時期の企業集中の展開をまずアメリカ[3]についてみると，カルテルの形成はほぼ1870年代に始まるが，商品全体の卸売物価指数が1869年から86年までの間に45.7％も低下するという状況のもとで，「ほとんどの製造業者にとって，上昇する産出と下落する物価への唯一可能な対応は，生産を削減して物価を維持するために，全国的な連合体を結成することであった」。こうして，1880年代までに，「こうした連合体は，ほとんどのアメリカ産業において，ビジネスを遂行するにあたっての一般的な方法となった」。「価格や生産を統制する目的で設立された業界団体は，木材，木工製品，床板，家具，さらには棺桶の製造までをふくむ機械制産業や，靴，馬具，その他の皮革製品を生産する産業に出現した」。それはさらに精製その他の化学志向産業（石油，ゴム製履物，火薬，ガラス，紙，皮革類を生産する産業）や，鋳造および溶鉱炉産業（鉄，鋼，銅，真鍮，鉛，その他の金属を製造する産業）で，また「金属を鉄棒，針金，レール，釘，鉄板，その他あらゆる種類の製品や機械に加工する産業でも生じた」。しかし，内密の価格リベートによる価格の切り下げ，報告書の偽造もしくは売上げを記録しないといった方法で収入を増加させようとする動きや事業量を増やすための価格の切り下げといった抜け駆け行為が横行するなか，「カルテル協定は，法的な契約としての拘束力をもたなかったし，裁判に訴えてそれを強制することもできなかった」ために，多くの場合，あまり有効な解決策とはなりえなかった[4]。

こうして，カルテルという緩い企業結合の形態からトラスト（企業合同）というより強固な結合形態へとすすむことになる。すなわち，「企業連合体に加

盟している各社に対しさらに有効な統制を行おうとするならば，構成企業を合併して単一の法的に規定された経営体とする必要があった[5]」のである。そのようなトラスト化の動きは1880年頃に始まり，90年代には一般的となるが，82年のスタンダード・オイル・トラストの成立や1901年のUSスティールの誕生にその最も典型的な事例をみることができる。企業結合の形態としては，1890年のシャーマン反トラスト法による規制の強化のもとで，ニュージャージー州「一般会社法」を利用した持株会社方式での結合形態が普及したが，それが果たす機能はトラストの場合とほとんど変わるところはなかった。こうしたトラストあるいは持株会社方式での結合では，競争制限や価格の規制はカルテル以上に有効に機能したが，そのような機能とともに重要な意味をもったのは合理化の機能であった。すなわち，合併に参加した企業がもつすべての製造施設のなかで過剰な生産能力を整理し，最も有利な条件（例えば技術水準や立地条件）をもつ製造施設への生産の集中化をはかることが可能となった。この点について，例えばA.D.チャンドラー，Jrは，1880年代の成功をおさめた先駆的なトラストのうち6社（スタンダード・オイル・トラスト，綿実油トラスト，亜麻仁油トラスト，鉛トラスト，ウイスキートラスト，砂糖トラスト）はいずれも生産を集中し，合理化を行なうために形成されたものであったと指摘している[6]。また前川恭一氏も，この時期のアメリカの独占支配の担い手である主要企業をみると，企業合同あるいは企業買収を繰り返し，そのなかで，たえず非能率工場を整理し，生産性の高い優良工場に生産を集中することにより，またさらに自己蓄積に基づく大規模な投資を行うことにより，立地的にみても広大な中西部に，一つのまとまった近代的な巨大結合工場からなる垂直的・水平的結合企業を作りあげてきたとされている[7]。

　このように，独立した単独企業において過剰生産能力の整理と残された製造施設のなかでの生産の集中化を行う場合と比べると，企業合同によるそのような合理化ははるかに大きな効果をもたらすことになった。しかもその産業において生産が高度に集積されていればされているほど大きな合理化効果を期待することができる。本来，生産力が市場の吸収力を上回り過剰生産の傾向にあるなかで，独占化による価格の維持・吊り上げは必ずしも十分な効果をあげうる条件をもつものではなく，そのような企業合同を利用しての合理化機能による

生産コストの圧縮によって価格の引き下げが可能となることによって，低落傾向にある価格の規制をより有効に機能させるための条件が築かれることになったのである。この点は独占化による市場支配，価格の規制をめぐる問題を考える上で重要である。

またドイツについてみると，そこでは，資本主義への移行の仕方に規定されて国内市場の形成も相対的に狭小であり，先発資本主義国の競争圧力を受けるなかで，下からの十分な自成的展開を待つことなく，「上からの資本主義化」が強力に推し進められたが，「高率の保護関税が設けられ，また対外進出のために，ダンピングが盛んにおこなわれ，その損失を国内消費者に転嫁するためにも国内市場の独占支配が必要とされ」，「いわば早熟的なかたちで独占が形成され，主としてカルテルによる独占組織が先行した」といえる[8]。こうした事情もあり，企業を買収するさいにもカルテルの割当分の増加を目的としたものが多かったほか，「コンビネーション的結合の場合にも，カルテルやシンジケートによる原料・半製品の価格対策のために，それらの諸部門の企業を買収することが多かった」とされている[9]。またカルテルには生産制限のための生産割当を行うものも多くみられ，そこでの割当量の決定は参加企業の生産実績などをベースにしていたが，参加企業のもつ生産設備の廃棄や非能率工場の閉鎖は各企業の自由な意思決定にまかされていた。そのため，アメリカにおいてみられたような企業合同＝トラスト化による徹底した過剰生産能力の整理があまり取り組まれず，多くの遊休設備や非能率工場が温存される結果となったばかりでなく，合同企業全体のレベルでの生産の集中化による最善の生産力構成への組み替えも十分にはすすまなかった。そのことは当然アメリカ企業との競争においてドイツ企業は不利な条件をかかえることにならざるをえなかったといえる。

もちろん，ドイツでも，企業合同＝トラスト化は行われており，例えば電機産業では，当初から企業合同や資本参加，協定などによる原料の領域への支配の拡大がみられたほか[10]，化学産業でも，利益共同体にみられるように，カルテルよりも強固な企業結合形態がとられているケースもみられる[11]。そのようなトラストや利益共同体の形成については，「一般的に，カルテルは，例えば石炭業のように，生産過程が比較的単純で斉一的な部門では，その効果をより

よく発揮しうるが，生産過程が複雑であり，また多品種生産であり，またさらに新製品が比較的短いサイクルで開発されるようなところでは，必ずしも大きな意味を持つとは限らない[12]」という事情が関係しているといえる。

2 近代的労働管理システムの生成

つぎに近代的な労働管理システムの生成をめぐる問題をみることにするが，まずその「歴史的特殊性」の問題についてみると，アメリカにおいてテイラー・システムのような近代的な管理システムの形成の背景・基盤となったのは1873年の過剰生産恐慌以降の資本主義の条件変化，すなわち，この時期の恐慌が当時アメリカ，ドイツのような急成長をとげた新興の工業国での同時的恐慌であり[13]，またそれ以降恐慌がほぼ10年のインターバルでもって慢性化したことがあげられる。そうしたなかで，対応策として，一方では市場支配・規制を目的とした独占化が追求されることになるが，1873年恐慌の舞台となったアメリカとドイツでは，第1次企業集中運動が展開されるなかでいちはやく独占資本主義への移行がみられた。いまひとつの対応策は生産コストの引き下げの試みであったが，当時の状況をみると，19世紀末には多くの企業の工場では第1次産業革命技術はほぼ吸収済であり，「産業革命」がもたらした技術上のいろいろな可能性は汲み尽くされており[14]，生産能力が需要を上回るという状況のもとで，長引く不況下での既存の労働手段の重い固定費負担の問題もあり，労働手段レベルでの大幅なコスト圧縮の可能性はむしろ小さく，限界性をもっていたといえる。したがって，「費用削減の余地がまだ大きかった唯一の領域は，組織＝管理の方面だけ」であり，「まだ圧縮しうる生産要素は，労働だけだった」[15]といえる。この点はアメリカとともにドイツにもあてはまり，同様の問題に直面したといえるが，労働力，とくに熟練労働力不足の顕著なアメリカでは，賃金水準は相対的に高く，さらに労働運動の高揚という状況もあり，それだけに，労働力の利用の効率化をはかるための労働組織の変革，管理の問題が一層必要かつ重要となったばかりでなく，それへの対応の効果も大きいものになるという事情があった。ことにその中心的舞台となった機械工業では，その生産過程の特質にも規定されて，生産工程が複雑でさまざまな種類の機械と多種の職種に分かれた労働者を抱え，労働集約的であることなどもあり，そのよ

うな管理の改革が他の産業部門と比べても重要かつ緊急の課題となったのであった[16]。

このような歴史的特殊性のもとでアメリカでは「体系的管理運動」と呼ばれる管理変革・強化の試みが展開されることになる。19世紀には機械工業を中心に支配的であった伝統的な労働力の統括形態として「内部請負制度」がみられたが，そこでは，もともと内部請負職長によって担当される各職場が企業全体からみると分散的にしか管理されず，また企業側からみれば労働力に対して間接的にしか管理しえなという管理上の大きな限界があった。上述のような社会経済的条件の変化のもとで，しかも「組織的怠業」と呼ばれる事態のもとで，そのような管理の方法は生産コストの引き下げの大きな障害となっていた。そうしたなかで，タウンの「分益制」やハルシーの「プレミアム制」などによる改革の試みがなされたが，それらは賃金支払制度の改善の域を出るものではなく，事実上問題の解決には至らなかった。

そのような状況のもとで，この時期に労働力利用におけるひとつの近代的管理システムの確立に成功したのはF.W.テイラーであり，彼の管理システムはテイラー・システム，あるいは科学的管理法と呼ばれている。その意義はなによりも，企業側が直接雇用した労働者に対して作業の標準化を徹底してすすめ，それを基礎にした課業管理をテコとして計画と執行の分離を実現し，そのことによって，作業速度の決定に関する主導権が労働の側から資本の側に決定的に移り，「労働力の支出過程そのものに対して資本の直接的統括を及ぼすこと」が可能となった点にある[17]。ここにそれまでとは異なる「近代的な」労働管理システムの生成をみることになったのである。そのような管理システムによって初めて企業側が意図するだけの作業量を労働者から引き出す特別なしくみが出来上がるとともに，企業が直接雇用した管理者によって各職場が集中的に管理されるようになり，資本主義生産のもとでの需要への適応をはかる上で重要な意味をもつ生産計画の確実な遂行のための基礎が築かれたのであった。例えば1915年のC.B.トンプソンの調査によれば，アメリカではテイラー・システムに代表される科学的管理はすでに169の産業工場において導入されていたとされている[18]。そのような近代的管理システムの導入・展開をめぐっては，例えばドイツにおいても，当時アメリカにおいてみられたのとほぼ同様の

管理の改革が取り組まれているが，この点については，第5章において詳しくみることにする。

3 近代企業の生成と管理機構の変革

19世紀末から20世紀初頭にかけての独占形成期はまたアメリカにおいて近代企業の誕生がみられた時期でもある。ここにいう近代企業とは，「多数の異なった事業単位から構成されているということ」と「階層制的に組織された俸給経営者によって管理されている」ことの2つの特質を備えた企業のことであり[19]，複数の職能活動を営んでいる企業のことである。アメリカでは，そのような企業は，大量生産と大量流通を統合することによって誕生した。近代企業の誕生には，垂直的統合による成長と合併による成長の2つのルートがあった。前者の場合には，主に新しい製品分野での大量生産技術の発展による生産量の大規模化のもとで，それらの財の流通を円滑に行っていく上で既存の流通機構のもつ限界が顕在化したことによって，製造業者は卸売り，小売といった販売職能への前方統合へと乗り出すとともに，購買部門の設置をとおして後方統合にも着手したのであった。さらにこうして誕生した各職能を担当する複数の事業単位とそれを管理し，調整するための本社管理機構からなる階層制管理機構が形成された。また合併による成長の場合には，従来の製品部門が問題となっており，既存の流通機構の限界が決定的な要因とはならなかったが，その場合でも，生産と流通の統合をはかり，また複数の事業単位の活動を調整，監視，計画するための階層制管理機構を創設することが，合併が成功をおさめるための条件となっていた[20]。なぜなら，合併が行われたとしてもそうして誕生した会社はそれ自体としてはルーズな連合体にすぎず，1873年恐慌以降過剰生産の傾向がほぼ定着していくなかで生産と市場との間の調整をはかる上で，生産と流通を統合すること，また管理的調整を行うための階層制管理機構を形成することが必要となったからである。「近代企業は，マネジメントの目に見える手が，経済を通ずる財貨の流れを調整するうえで，市場の諸力の見えざる手に比べより有効であることが明らかとなってのち，初めて生存能力ある制度となった」[21]。しかし，すべての産業においてそのようなケースがみられたわけではなく，「生産過程が資本集約的でエネルギー消費型の産業とか，またマー

ケティング組織の創出が大量生産品の販売と流通に役立つような産業では，製造業者がこれらの過程を管理し，財の流れを調整した」。これに対して，「生産過程がより労働集約的で低エネルギー消費型の産業とか，またマーケティングと流通が専門的な計画，広告，その他のサービスから恩恵を蒙らなかった産業では，大量販売業者とそしてさらには大量小売業者が，ますます財の流れを調整するようになった」[22]。

このように，垂直的統合の進展にともない，管理機能の重要性が高まることになったが，この点について，チャンドラーは，アメリカを対象とした研究において，近代的企業の2つの基本的な機能として，「現在の財の生産と流通を調整し監視すること」および「将来の生産と流通のために資源を配分すること」をあげている[23]。すなわち，「単一事業単位に基づく伝統的な企業活動が，市場メカニズムによって監視され調整されるのに反して，近代企業に内部化された生産と流通のための諸単位は，ミドルの管理者によって監視され調整される。一方，トップの管理者は，ミドルの管理者の業務を評価し調整することに加えて，将来の生産と流通のための資源配分にさいして，これまで市場が行なっていた役割を代行するようになった[24]」。チャンドラーはまた，「これらの統合企業の運営には，数十人，時には数百人の下級および中級の管理者を雇用することが必要であった。現業単位に責任を負う下位のレベルの管理者の任務は，単一の独立した工場や商店を経営した人びとのそれとはほとんど異なるところがなかった。しかし，ミドルの管理者の任務は，まったく新しいものであった。ミドルの管理者は，近代的な管理的調整という新しい道を切り開かねばならなかった」[25]として，新しく誕生したミドルの管理者の果すべき主要な機能を指摘している。

そのような統合企業においては，個々の事業単位における職能活動の効率的遂行と，多機能におよぶそれらの諸活動を全社的な立場から管理し，調整するという課題が新たな管理問題として現れ，それぞれの複数の職能活動を分業的に担当する各職能単位とそれらを集権的に統轄する本社管理機構が確立されることになった。こうした機能を担うのがトップ・マネジメントであり，彼らは各職能別部門を集権的に統轄し，全社的・長期的な計画・決定と統制機能に専念することになるが，スタンダード・オイルやU. S. スティールなどにみられ

るように，本社管理機構の全般的管理を担当する中核的組織として，取締役会のなかに業務担当取締役たちで構成される経営委員会（executiv comittee）が形成された[26]。

こうして，生産と流通を統合した近代企業においては，各職能部門が本社管理機構によって集権的に管理・調整される集権的職能部門別組織が形成されたが，それはそのような統合企業に最も適合的な組織構造となった。第1次大戦中の1917年にはすでに，資産2,000万ドル以上のアメリカの製造企業のうち生産と流通を企業の内部に統合した「垂直統合企業」は約90％を占めており，そのうち職能部門別組織を採用していた企業の割合は90％近くにのぼっている[27]。

このような近代企業の生成と管理機構の変革については，ほぼ同じ時期にあるいはやや時間を異にしてドイツやイギリス，日本などでも同様の傾向がみられるが，この点については，第5章においてドイツを取り上げるなかで考察を行うことにする。

4 産業電化のはじまりとその意義・限界

さらにこの時期の企業経営のいまひとつの重要な変革として産業電化の問題についてみることにしよう。生産技術の発展を労働手段の技術的発展の段階でみた場合，汎用機械から専用機械への発展，作業機を蒸気機関で動かす方式から電力によって集合駆動する方式，さらに個別電動駆動方式への発展をたどることになるが，19世紀から20世紀への転換期以降，産業電化の進展にともない，電力・電動機の導入による労働手段の技術的発展がみられた。W. ベッカーがドイツについて指摘しているように，工場制度が一層発展していくための決定的障害のひとつは中央蒸気機関駆動とますます複雑化していく伝力機構であったが，都市における照明を目的とした電気エネルギーの使用と電気工学の科学的基礎の成熟とが，1890年代に始まりつつあった，時代遅れの蒸気機関の動力を電気動力によってとって代えることの前提であった[28]。D. S. ランデスは，「大規模発電への差し迫った要求の因は電気照明であったが，需要側からの要因としてはじきにこれを凌ぐ重要性を帯びたのが，この新種のエネルギーをもっと大掛りに活用する他の用途」であり，まず最初に現れたのが運輸，第

二のものは重電気化学工業，第三には電気冶金工業であったのに対して，第四の応用法が定置電動力であり，それは最も重要であったとしている[29]。例えばドイツでは，1896年には，公共の発電所が電灯用に電力の77%を供給しており，23%だけが小型動力のための電力であったが，その後，電灯用の電力の割合は1915年までに28%に低下したのに対して，小型動力のための電力の割合は32%に上昇し，大工業向けの動力用の電力の割合は40%に上昇している。19世紀末から20世紀の初頭にかけて，電力の利用に適した特定の産業部門を中心に産業電化がすすみ，新しい経営が誕生するか，あるいは既存の経営が技術的に装備されたところでは，電動機が支配的な役割を果すようになってきている[30]。ただこの段階では，全体的にみると，電動機は部分的に蒸気力にとって代ったにすぎず，蒸気力がなお支配的であったといえる。例えばアメリカでは工業の電動化率は1904年には11.8%，1909年には25.8%，1914年には39.6%となっているが[31]，ドイツでは工業・手工業における全動力機の総出力に占める電動機の割合は1907年（ただし25年の領土）には19.7%にすぎない[32]。もちろん国による相違や産業間の差異はみられるが，全般的にみると，産業電化のための諸努力が本格的な進展をみるのは1920年代に入ってからのことであり，それが最も急速にすすんだアメリカでも1910年代に入ってからのことであるといえる。

　とはいえ，工業における電力の利用はいくつかの大きな利点をもたらした。産業電化のこの段階における経済的利点は，中央蒸気機関に比べて電動機がもつより良い調節性と運転性，より高い効率にあった[33]。蒸気機関とは反対に，電動機の場合，必要な時に，必要なところで，必要なだけ稼働させることができた[34]。また労働手段の配置においても蒸気機関に比べ有利な条件が与えられることになった。19世紀後半までのところでは，作業機はいつも原動機のそばを離れることができなかった。「エネルギー配給法としては，ベルトや回転軸(シャフト)のような効率の悪い方法しかなかったから，作業機をあまり遠くに置くことはできなかった」し，「また作業機はその定位置に釘付けになるか，回転軸(シャフト)の延長上の位置に限定された」。こうした制約は繊維工業のような工業ではそれほど深刻な不利益とはならなかったが，「鉄工業とか機械工業といった業種では，作業は分散して行われ，その歩調も不均一で，設備の大部分が始終あちこ動き

回って」おり，そのような伝力法はあらゆる種類の障害にぶつかることになった。「こうした場合の対応策は，蒸気機関の数を増やし，大小各種取り揃えることであった」が，「これは，創業支出のみならず営業費も莫大なものとなるため，金のかかる解決法であった」[35]。中央蒸気機関による駆動の段階において一般的であったそのような支配的な工場の原則は，多くの同種の作業機を場所的に集中させることになり，作業機は伝動軸を通じて動力機と結び付けられ，その結果，このシステムは，工場内の仕掛品の大がかりな搬送を必要としただけでなく，作業操作の分割の可能性をも制限した。しかし，原動機の可動性を拡大した電動機によって，作業機の可動性が高まり，経営の生産過程の場所的拡大，経営内部の分業の深化およびそれとともに労働生産性の向上が可能になった。電動機による駆動方式によって，伝統的な伝達機では60％から80％となっていた動力エネルギーの損失が減らされることができたとされており，それによって，電動式集合駆動は，工作機械製造の発展によって生じた作業機の可能な作業速度と蒸気機関の制限されたそれとの間の矛盾を小さくすることができた[36]。

　ただここで注意しておくべき重要な点は，この段階では，多くの場合，電動機の設置がさしあたり集合駆動に限られており，産業電化の最も大きな成果ともいえる労働手段の個別駆動方式の導入に至る過渡的段階にとどまっていたということである。すなわち，中央蒸気機関は，作業機のグループに駆動エネルギーを供給するいくつかの電動機によって置き換えられたのであるが，そこでは，電動機が提供することのできた主たる長所である作業機の個別駆動はなお利用されていない場合が多く，普及には至らなかった。そのことは，こうした目的のために設置される電動機を製造する技術的前提がまだ整っていなかったことにもよる。またW.ベッカーがドイツについて指摘するように，機械工場の所有者たち，資本家たちが，工場制度に内在していた諸矛盾にもかかわらず，待機的態度をとったことが，電動機の設置に対して阻止的に作用したという要因もみられた。始まりつつある電化は，彼らの設備の全面的な歴史的・道徳的摩損を意味し，電力を利用した生産の諸形態を導入するには，著しい資本投下を必要としたためであった[37]。

　さらに市場の規模に規定された生産の規模や生産の方式による影響もみられ

る。アメリカでは，フォード・システムによる流れ作業方式の導入がすでに1910年代に始まり，そのことが電動式個別駆動への転換がすすむひとつの条件を築いたのであり，労働手段の個別駆動方式への転換が最もすすんでいたといえる。これに対して，ドイツにおける市場の諸条件は──アメリカとはまったく異なり──，機械的な流れ生産の急速な普及を可能にせず，それゆえ，20世紀の最初の20年間は，蒸気機関による駆動から電動式個別駆動への過渡的段階，すなわち電動機のグループ駆動──中央動力機による──が支配していた段階であったとされている[38]。こうして，第1次大戦前のドイツでは，多くの場合，集合駆動に限られ，個別駆動方式への転換は大型の機械など特殊な場合に限られていたとされており[39]，電気原動力をともなった伝力機構が1920年代まで存続していたとされている[40]。伝動装置は高い回転数の伝達には適していなかったので，電動式個別駆動は高速度鋼とともに普及をみたが，ドイツではアメリカにおいてみられたほどには急速に普及するには至らなかったとされている[41]。当時個別駆動方式の導入が最もすすんいたのはやはりアメリカであるが，そこでも，フォード・システムの本格的展開は1920年代のことであり，この時期に個別駆動方式の導入のより強力な進展をみるという点を考えると，独占形成期から第1次大戦までの時期には，全般的な傾向としてみれば，主要各国の産業電化の進展は，電動機による集合駆動が支配的であり，個別駆動はなお先駆的展開にとどまっているという状況にほぼ近かったといえるであろう。

第2節　第1次大戦後から第2次大戦終結までの企業経営の主要問題とその特徴

　つぎに第1次大戦後から第2次大戦終結までの時期の企業経営の主要問題をみることにするが，ここでは，1) 第2次企業集中運動と産業再編成，2) 主要各国における近代的労働管理システムの普及，3) フォード・システムと大量生産体制の問題，4) 多角化の先駆的展開と事業部制組織の形成，5) 労働手段の個別駆動方式への転換の5点を取り上げてみていくことにしよう。

1 第2次企業集中運動と産業再編成

まず1920年代の第2次企業集中運動とそれをとおしての産業再編成についてみると，この時期の企業集中運動は，第1次大戦後の深刻な過剰資本の存在のもとで産業再編成をめざす企業集中として展開されたという点に主要特徴をみることができる。それは，第1次大戦後の資本主義の新しい危機の醸成と市場問題の激化のなかで，1920年代後半にその頂点をみたが，「この時期の主要独占グループは，いずれも国際市場における競争力の回復（ドイツ）あるいは競争力の一層の強化（アメリカ）のために，企業の『合理化』（労働の強化）とともに，『産業の合理化』（独占・集中の強化）を強力に推し進めた」[42]のであった。より具体的にいえば，この時期の企業集中運動の特徴は，「第一次大戦直後における労働運動の高揚，深刻な過剰資本の存在および独占間競争の激化などから生じた体制的危機を，独占資本が産業再編成をめざす企業集中によって打開しようとした点」にあるといえる。この時期に展開された企業集中については，アメリカの場合にはその最も重要な特徴は「垂直的統合」にあり，そこでは，関連する異種生産過程や異種事業領域の結合などがみられたが[43]，企業集中による過剰生産能力の整理とそれをとおしての産業再編成を最もドラスティック推し進めたひとつの典型例はドイツであった。この時期に展開された企業集中は，独占形成期の企業集中とは異なるいくつかの特徴をもつが，以下では，この時期のドイツの企業集中とそこでの産業再編成についてみることにしよう[44]。

ドイツにおいて本格的なトラスト形態による企業集中が展開されるようになるのは1920年代後半のことであるが，ドイツ資本主義の相対的安定期における企業集中の主要特徴は，第1次大戦後の経済的混乱，インフレーションの時期にみられたような原料不足に対処するための原料部門との結合＝垂直的結合＝コンビネーションの増大とは異なり，特定生産物の大量生産および大量販売の利益を求めての水平的結合＝トラストに重点がおかれるようになってきたことにみられる[45]。この時期の企業集中の典型事例としては，重工業における合同製鋼の設立（1926年）と化学産業におけるIGファルベンの設立（1925年）をあげることができる。そのようなトラスト形態による企業集中によって対応すべき課題は，第1次大戦後の混乱・インフレーション期に温存・蓄積されてきた

過剰生産能力を徹底して整理するとともに，生産能力をいかにして最も効率的なかたちで再編成するかということにあった。R. A. ブレイディは，この時期は「主に，戦争・革命，およびインフレーションの時期からの産業上ならびに組織上の遺物の最悪のものを除去することを含んだ清算の問題とかかわっていた[46]」としている。

　こうして，重工業や化学産業では，企業集中をテコとして過剰生産能力の整理が強力に推し進められたが，そのなかで，過剰設備，不良設備の廃棄，採算割れ工場の閉鎖などによって各製品の生産を最も有利な生産条件をもつ工場に集中させ，特定の製品の生産に特化させるという製品別生産の集中・専門化が取り組まれた。当時，そのような方策は，生産性を向上させ，生産原価を引き下げ，利潤の増大をはかる合理化方策の重要な手段とみなされており，過剰設備，不良設備の廃棄，採算割れ工場の閉鎖，収益性の悪い採算割れ部門の切り捨てをともなう企業集中によるそのような合理化は，一般に「消極的合理化」(Negative Rationalisierung) と呼ばれている。それは，技術的あるいは立地的に優れた経営，工場に生産の重点を移し，閉鎖されずに残された経営，工場を特定の製品の生産に専門化させるために，技術的あるいは立地的に劣った経営，工場を整理する過程であった[47]。

　そのような製品別生産の集中・専門化を行い，産業の合理化をドラスティックに推し進める上で企業合同＝トラストは重要な役割を果したが，この時期のドイツ産業に新しくおこった集中化の波の最も重要な発端のひとつは，専門化についての「取り決め」(Vertragmäßigen) にあったとされている。すなわち，それ以前には，ひとつの製造部門がそれまでそこに属していた製造の一部をひとつの独立した事業へと切り離すことによって専門化がはかられたのであり，この過程は，一般的には，市場の諸条件の比較的長期にわたる発展の結果であり（例えば，かじ屋の手工業から釘職人，てい鉄工，武具職人が専門化したことについてのビュッヒャーの事例），また個々の経済主体の自由な決定にそうものであり，いささかもそれはいくつかの個別経済の協定の結果ではなかった。これに対して，1920年代には，普通，いくつかの独立した企業が，あとになって，他の種類の製品を生産するのではなく，もっぱらそれらの企業に言い渡された専門性の製品の生産に限定するように，なんらかの形態で，特定の種類の製品

の生産を，たがいに割り当てることを取り決めるという方法で，専門化が行われたのであった。それゆえ，この時期のこのような専門化は，以前のそのような種類の現象とは異なり，「ひとつの契約による分業」(eine vertragsmäßige Arbeitsteilung) をはかるものであったとされている[48]。このように，企業集中をテコとして推し進められたこの時期の製品別生産の集中・専門化は，企業合同に参加した企業，それらのもつすべての工場のなかでそれぞれがもつ独自の専門性をいかして特定の製品の生産に特化することによって一種の分業組織を形成するものであり，それによって，トラスト企業全体からみた最善の生産力構成へと再編成することが可能となった。

　またそのような製品別生産の集中・専門化を推し進める上で，この時期にみられた主要な企業集中＝トラスト化がすでにコンビネーション化された企業間のトラスト化であったことが大きな意味をもった。この点について，E. ヴァルガは1926年に，「垂直的なトラストが企業集中の主要な形態であったインフレーション期とは異なり，現在では，再び水平的な集中，それゆえ，同じ商品を生産する企業のカルテル化およびトラスト化，あるいはコンビネーション化された企業のトラスト化が支配的となっており，そこでは，トラストのなかで，立地的あるいは生産技術的な利点に基づいて，個々の経営における生産の専門化が行われている，ということが重要である[49]」と述べている。例えば鉄鋼業に最も典型的な事例をみるように，最終の工程部門における製品別生産の集中・専門化によってそこで生産されるべき各種の製品の生産能力が特定の工場に割り当てられるだけでなく，その前に位置する諸工程における生産能力の割り当てもそれによって規定されることになる。そのため，そのような継起的に関連する諸工程を結合していない企業同士の合同と比べ，製品別生産の集中・専門化を一層徹底したかたちで行うことができたのであり，トラスト全体の生産組織の再編成をドラスティックに推し進めることができたのであった。

　このように，この時期の企業合同＝トラスト化は，いくつかの同種企業が1つの企業に合同することによって，それまでにない広がりをもって，「ひとつの契約による分業」を推し進めたのであった。すなわち，重工業や化学産業においてこの時期にみられたトラストの特徴が「単に二つの資本の間の合同ではなく，数個の資本あるいは同種生産部門全体を，一大資本の下に結合するこ

と[50]」にあったので，企業合同によって誕生したトラスト企業は，生産の集積の度合いをみても，またその市場シェアをみても，それが属していた部門において圧倒的な比重を占めており，それまでなしえなかった広がりをもって，「ひとつの契約による分業」を推し進めることができた。そのような意味で，企業集中をテコとしたこの時期の「消極的合理化」は個別企業をこえた産業全体に近いレベルでの合理化をなしたといえる。

そこで，製品別生産の集中・専門化が実際にどのように行われたのか，この点を，重工業の**合同製鋼**の事例を取り上げて，みておくことにしよう。

合同製鋼は，鉄鋼業の継起的な各生産工程のみならず，炭鉱をも結合した4つの主要混合企業のグループ（ライン・エルベ・ウニオン，ティセン・グループ，フェニックス・グループ，ライン製鋼）の合同によって生まれたものである[51]。「同社における製品別生産の集中・専門化は，これらの混合企業における過剰設備の廃棄や採算割れ工場の閉鎖など，整理計画に取り組むとともに，残された生産効率の高い工場や部門においては，できる限り，生産工程の一貫的統合をはかり，諸工程間の連続性を保つようにしながら，多くの圧延製品のなかから，それぞれの工場や部門が独自の専門性をいかして特定の製品の生産に特化することにより，全体としては，国内向けおよび輸出向けのすべての製品が混合企業のグループの間で，できる限り重複することなく，分業によって生産されるように生産過程の再編成をはかるものであった[52]」。R. A. ブレイディが指摘するように，合同製鋼では，「技術的に遅れた工場，および原料，市場に関して立地条件の悪い工場，あるいは生産技術において密接な関連をもつ他の工場は，完全に再組織されるか，あるいは永久に閉鎖され」，「そのような政策でもって，特定の製品の生産を専用の設備を備えた2，3の工場や立地条件のよい工場に集中化させるための計画がすすんだ」[53]としている。製鉄・製鋼部門および加工部門の再組織を行うにあたり，1)「以前は所属会社が異ったが為に別々に経営されていた近接企業を結合せしめる」，2)「各企業単位の生産を出来るだけ専門化し，各専門分野において量的にも質的にも最高度の能率を発揮せしめるようにする」，3)「最も西部にあって輸出に便利なライン河畔の工場は輸出向生産に主力を注がしめ，他のものは国内向生産に当らしめる」という3つの原則が基準とされ[54]，これらの原則に基づいて主要混合企業のグループのなかで，経営の集中化，統一化が行われた。その結果，1) ドルトムント・ヘルデ・グループ，2) ライン・グループ，3) ハムボルン・グループ，4) ボフーム・グループという4つの混合企業のグループがまとまったひと

つの単位として運営されることになった[55]。これら4つの混合企業のグループの間で製品別生産の集中・専門化が推し進められ，それによってつぎのような生産の分業化がはかられた[56]。

まず**ドルトムント・ヘルデ・グループ**は，ライン・グループのように輸送上の利点をもたないので，主として国内市場向けの生産を担当したが，そのうち，半製品および形鋼の供給は主にヘルデの工場によって行われ，他方，ドルトムント・ウニオンでは，とくに国内向けの軌道用資材，汎用鋼および棒鋼が圧延されたほか，ドルトムントは引き続きさまざまな種類の工具の生産や橋梁および地上工事に強くかかわった。

また**ライン・グループ**では，ライン川を利用した輸送が有利であったために，ライン川流域のルールオルト・マイデリィヒ製鉄所には，できる限り輸出の注文，とりわけ棒鋼および形鋼の輸出の注文が割り当てられた。またそれとならんで，このグループは，その半製品の生産では，合同製鋼のさまざまな薄板工場の薄板用シートバーの供給や製管用半製品の生産にかかわった。

ハムボルン・グループのアウグスト・ティッセン製鉄所も同様に，主として輸出向けの工場であり，軌道用資材の生産の主要部分がこのグループに集中された。またこのグループは，輸出向けの半製品，棒鋼および形鋼などの大量製品の生産に従事した。

さらに**ボフーム・グループ**では，ボフーム・フェラインの工場は，その生産の種類からみると，またヴェストファーレン製鋼所が組み入れられているさまざまな設備からみると，大規模な混合製鉄所のなかで，ある特別な位置を占めていたとされている。すなわち，ヴェストファーレン製鋼所の合併によって拡大され，ボフムに置かれたこのグループの設備は，主に高級鋼の生産のために配置されたものであった。このグループは棒鋼，形鋼，鋼板などをまったく生産しておらず，軌条は主として平炉鋼による良質鋼材の生産であった。さらにこのグループは鉄道車両，鋳鋼ベル，スプリング，ボルト，リベットおよびナットの高品質生産に専門化した。このグループが高級資材の生産に専門化したのは，それが高い価値をもち，高い輸送費を負担することができたことによるものであった。

このような企業集中による産業の合理化は，特定の製品の量産化のための条件をつくりあげることによって生産の効率化をはかるとともに，過剰生産能力の徹底した整理によって需給の均衡化をめざし，市場の安定化をはからんとするものである。それはまた同時に，その後に取り組まれるべき企業レベルでの

生産の合理化，コストの引き下げを本格的に推し進めていくための条件を築こうとするものでもあった。

2 主要各国における近代的労働管理システムの普及

第1次大戦後の時期はまた，ヨーロッパや日本においてテイラー・システムに代表される近代的労働管理システムの導入・普及がすすむ時期であるが，つぎに，この点についてみておくことにしよう。主要各国において科学的管理法が定着するプロセスには，1) 導入段階，2) 適用段階，3) 調整段階の3つの段階がみられたとされている。すなわち，1)の導入段階は第1次大戦以前の時期であり，「科学的管理法に関する理論の紹介などの啓蒙活動が行なわれると同時に，先駆的な適用が試みられた時期」であった。2)の適用段階は，「第1次世界大戦期とそれに続く1920年代の経済的繁栄のなかで科学的管理法に対する理解が深まり，その適用が本格化すると同時に，その導入熱に対する反省や失望がみられた時期」でもある。3)の調整段階には，従来分散的になされていた導入の努力が組織的かつより効率的に実施されるようになったが，科学的管理国際会議が定期的に開催されるようになった1920年代後半から30年代以降がこの段階にあたるとされている[57]。この時期のそのような取り組みについては，社会主義国ソビエトにおいてもみられたという点も特徴的であるが[58]，各国にほぼ共通するひとつの特徴は，多くの場合，そのような管理システムの導入が産業合理化運動の一環として，あるいはその影響のもとで取り組まれたという点にもみられる。

この時期の産業合理化運動は例えばドイツに典型例をみるが，そのようなアメリカ的管理方式の導入・実施を目的とした労働組織の変革の取り組みは合理化運動のあり方・性格によって強く規定されているという面がみられる。科学的管理法の導入の促進機関については，アメリカ，イギリス，フランス，イタリアのように私企業や経営者団体，技師協会などの民間団体を中心に導入が行われたグループと，ドイツ，ソ連，日本のように民間機関のみならず国家関係機関が導入にあたって重要な役割を果たしたグループとがみられるが[59]，後者の典型例であるドイツでは，他の国と比べても組織的に取り組まれたといえる。第5章でみるように，ドイツではそのような管理システムの導入が「科学

的管理運動」として「ドイツ経済性本部」(Reichskuratorium für Wirtschaftlichkeit——RKW) という合理化促進・宣伝機関の指導のもとに広く国民経済的な次元で問題にされ[60]，レファ協会＝「ドイツ労働時間研究委員会」(Reichsausschuß für Arbeitszeitvermittlung——REFA) による組織的取り組みによってテイラー・システムがレファ・システムというドイツ独自のかたちに修正されることによって初めて本格的な普及をみるに至った。

3　フォード・システムと大量生産体制のはじまり

またアメリカにおいてこの時期に本格的展開をみるいまひとつの重要な経営方式としてフォード・システムがあるが，当時のアメリカにおいてその導入が最もすすんだ産業部門は自動車産業や電機産業であった。これらの産業におけるこの時期の大企業の生産過程は，垂直的・継起的に相関連する異種工場を結合した工場結合体を形成しており[61]，フォード・システムの展開はそれと深いかかわりをもつものであった。

フォードの生産合理化方策は，これを生産の標準化と移動組立法の実施にみることができるが，「フォード・システムは，工場結合体の展開とベルト・コンベアやローラー・コンベアの電動化を技術的基礎とするもの[62]」である。すなわち，アメリカでは，1920年代には，「自動車産業，電機産業および機械産業における大企業の営む生産過程は，鋳造・鍛造工場，部品製造工場および製品組立工場などからなる工場結合体によって形成され」るようになっており，それだけに，「工場から工場へ，工程から工程へと労働対象を移送するベルト・コンベアやローラー・コンベアなどの電動化が決定的に重要な役割を演ずることになっていたのである[63]」。

また垂直的・継起的に相関連した異種工場をひとつの場所に結合した工場結合体の成立に基づく労働対象の搬送の問題は，1920年代に広く普及していく自動機械にみられる労働手段の技術的発展によって，一層重要なものとなった。すなわち，自動機械の利用によって，機械工は簡単で標準化された同一作業をくりかえすことになり，作業は単純化され，容易となるだけでなく，その速度自体も上昇することになる。こうして，「自動機械は，これまでの経営管理方式を一変してしまった。一定の作業をくり返し，一定の生産高をあげる標準化

された各種自動機械が導入された結果，この種の機械を使用しての労働努力は，測定可能になった。加えて金属の切断や機械操作の速度が速くなった結果，どうやって資材を，機械から機械へ，工場から工場へ，早く移動するかという問題が，重視されるようになってきた[64]」。

かくして，アメリカにおいては，1920年代に自動車産業，電機産業，機械産業などにおいてフォード・システムが重要な役割を果たすことになるが，そこでは，工場結合体の展開と，とくに電力の導入を主導的要因とする労働手段の技術的発展にともなう搬送の合理化の問題が，機械的搬送手段の利用によって解決されたのであった。このような搬送の合理化は，部門内搬送ための専用の機械的搬送手段であるコンベアの導入によって推し進められたのであるが，このことは，たんに搬送の合理化の問題にとどまらず，この時期の工場結合体をなす生産過程において，作業組織をそれまでの品種別職場作業組織から客観的な作業の時間的強制進行性確立型の流れ作業組織へと変革することになった[65]。この流れ作業組織の導入によって，テイラー・システムと比べ生産と労働の管理が大きく変革されたが，そればかりでなく，加工組立産業における本格的な大量生産が初めて可能になった。このように，アメリカでは，耐久消費財を生産する自動車産業，電機産業のような加工組立産業部門において，フォード・システムによって大量生産の本格的展開のための基礎が築かれ，装置・生産財産業に属する鉄鋼業にみられたそれまでの生産力とは異なるいわば「現代的な」生産力の発展がみられるようになってくるのである。

しかしまた，とくに自動車のような耐久消費財の大量生産の進展は関連する多くの他の産業部門，さらには国民経済におよぼす経済効果も大きかった。第3章でもみたように，生産の流れ・プロセスからみると，自動車産業，電機産業，機械産業などの加工組立産業では，多種類の素材を出発点として，それらの変形加工，組立をとおして最終的には，基本的に単一の製品が導かれるという「収斂型」あるいは「結合型」と呼ばれる生産過程の構造をもつ[66]。そこでは，生産のプロセスの最後に位置する巨大企業（例えば自動車産業での完成車組立メーカー）における大量生産によって生産の流れからみて前に位置する多くの関連産業に対して大きな需要創出・拡大効果が生み出されることになる。また歴史的にみても，消費財の大量生産が初めて生産手段の大量生産への移行の

基礎を与えたのであり⁽⁶⁷⁾，同じ加工組立産業のなかでも，工作機械などのような生産財ではなく自動車のような消費財が大量生産される場合にはるかに大きな経済効果を生むことになる。これに対して，鉄鋼業のような素材産業の場合には，そこでの大量生産がすすんだとしてもそのことがモノの流れからみて後ろに位置する産業に対する大きな需要創出・拡大効果をもちえない。このように，「収斂型」(「結合型」)の生産構造をもつ消費財部門，とくに耐久消費財部門における大量生産が関連する産業諸部門の大量生産の拡大を促し，それをとおして，広く国民経済全般に大量生産の経済効果をもたらしたのであり，そうした産業的連関をとおして「大量生産」に見合う市場基盤が創出・形成されていくという「大量生産体制」の確立において決定的な役割を果たすことになった⁽⁶⁸⁾。アメリカでは，第1次大戦をはさんで産業再編成が進展し，従来の鉄道業，石炭業は後退し，新興産業である自動車，石油，電力というエネルギー産業が基幹産業の一翼を担うようになっており，そこでは，「第1次大戦前の産業が『鉄道―鉄鋼―石炭』という連関を基軸としていたとすれば，1920年代は『自動車―鉄鋼―石油・電力』という連関を基軸とする体制へと転換した⁽⁶⁹⁾」とされているが，そのような産業構造の変化は大量生産体制の確立のあらわれでもあるといえる。そのような大量生産体制はフォード・システムの本格的展開がすすんだ1920年代のアメリカにおいていちはやく確立をみたのであり，第2次大戦後の主要資本主義国における経済発展のひとつの「現代的」モデルをなしたといえる。

4 多角化の先駆的展開と事業部制組織の形成

つぎに，第1次大戦後の多角化への戦略転換とそれにともなう管理機構の変化についてみると，この時期に多角化への先駆的取り組みがアメリカやドイツにおいていちはやくみられた。それはとくに化学産業や電機産業などでみられたが，例えば化学産業では，アメリカのデュポンやドイツのIGファルベンに典型的にみられるように，そのような戦略転換が推進されたのはつぎのような事情によるものであった。すなわち，アメリカの場合には，第1次大戦中の一時的な軍需の増大にあわせて拡大された生産能力が戦後過剰となるなかで，またドイツの場合には戦時中・戦後をとおしての各国の産業の発展による国際市場

における地位の相対的低下のもとで，より高い収益性が期待できる新しい事業分野の開拓が重要な課題となってきたことによるものであった。

例えばデュポンでは，第1次大戦中に火薬部門の生産能力が著しく拡大されたが，戦争の終結にともないその多くの部分が過剰となり，遊休せざるをえなくなった。こうした過剰生産能力の活用をはかる上でも，また終戦にともない収益性を多くは期待しえない火薬部門以外の成長性の見込める事業分野の開拓が重要な課題となってきたのである[70]。その結果，デュポンは多角化戦略を展開し，火薬製造企業から総合化学企業への脱皮を成し遂げたのであった。

ドイツの場合には事態は一層深刻であり，第1次大戦をはさんで国際市場における地位が大きく低下したことが多角化への展開のひとつの大きな要因となった。第1次大戦前には，世界の化学産業の全生産額に占めるアメリカとドイツの割合はそれぞれ34％，24％となっていたが，1923年までに47％，17％となっており，アメリカの割合の大きな上昇に対してドイツのそれの大きな低下がみられる。また輸出をみても，1913年と25年を比較すると，世界の全輸出額に占めるアメリカの割合は9.7％から16％に，またフランスのそれは9.7％から13.3％に上昇しているのに対して，ドイツの割合は28.4％から23％に低下している。なかでも，染料を主力製品とするドイツにとっては，戦後における染料生産の著しい減少，外国，とくにアメリカ，イギリス，フランスの染料生産の増大にともない世界の染料生産に占めるドイツの割合が大きく低下した（例えばアニリン染料では1913年には80％以上であったものが10年後には46％にまで大きく低下している[71]）ことは決定的な打撃であった。こうしたなかで，染料生産の領域における過剰生産能力を整理すること，また新しい生産領域を見い出し，それを急速に拡大することがドイツ化学産業にとっての最大の課題となった。前者は「消極的合理化」による製品別生産の集中・専門化の問題と関係しており，後者は多角化による事業構造の再編成の問題と関係している。こうして，ドイツでも，第1次大戦を契機とする大きな環境変化のもとで，新しい生産領域の開拓によって，それまでの染料を主力とする事業構造の化学企業をより収益性の期待される，将来性の高い事業分野をもつ総合化学企業へと転換をはかることが重要な課題とされた。1925年の企業合同によって誕生したIGファルベンでは，C. ボッシュの合同案に基づいて，染料部門を中心とする旧部門

の合理化の徹底とともに，窒素部門における投資の拡大，合成アンモニア，合成メタノール，人造石油の開発，さらには合成ゴム，軽金属，人絹・スフ，合成樹脂などの研究開発が推し進められ，これらの事業分野への多角化の推進をとおして総合化学企業への展開が本格的にすすめられたのであった[72]。

　そのような戦略の転換はまた管理機構の変革を必要にした。多角化の本格的展開にともない，職能別に部門化されていたそれまでの組織では十分に対応しきれない管理上の問題が発生することになり，それへの対応として，アメリカでは，分権的事業部制組織の形成が一部の企業において先駆的にみられた。その代表的事例はデュポンにみられる。この点について詳しくは第5章においてみることにするが，そのような管理上の問題は，生産，販売，購買といった基本的な諸職能を行う上で条件の異なる新たな製品系列が追加されたことによるものであった。チャンドラーは，「多角化戦略により，企業は経営資源を一貫して運用し，またそれを拡大してゆけるようになったが，そうかといって，必ずしもその運用が能率的に行なわれたとはかぎらなかった。そこで，組織革新が必要となった」として，多角化にともなう管理機構の再編の必要性について，つぎのように述べている。「全系列の製品を揃えるという形でしか，事業が拡大しなかった場合には，同じ型の経営資源が引続き使えるので，通常，営業部の組織を改めて，主要顧客別に管理できるようにしさえすれば，それで充分であった。しかし，要求の全く異なる顧客を相手に新事業を始めるとなると，もっと大幅な機構改革が必要となる。いくつかの職能業務を，数箇の全く異なった市場の要求に合わせて調整してゆくことは，既存の組織をもってしては，次第に困難になったからである[73]」としている。それまでの集権的職能部門別組織は，基本的には，単一製品系列を扱う企業には最も適した管理機構であったが，多角化による異なる複数の製品系列の追加は，多くの場合，各職能を担当する事業単位の管理を困難にし，そのことによって，トップ・マネジメントにとっても，各事業領域の業績の正確な把握を行うことが困難となり，したがって，全社的・長期的な立場から経営資源を配分していくという全般管理の機能を十分に遂行しえないという事態が生じてきたのであった。この時期に先駆的に成立をみる分権的事業部制組織は，職能部門別組織のもとでのそうした管理上の限界を克服し，複数の事業領域・分野をもつ企業の資源配分機構と

しての機能を担うものであった。このような分権的事業部制組織の先駆的成立はアメリカにおいて典型をみるが，例えばドイツにおいても，上述のIGファルベンにおいて同様の組織革新が取り組まれている。この点については，第5章においてみることにする。

5 労働手段の個別駆動方式への転換とその意義

さらに産業電化にともなう労働手段の個別駆動方式への転換の問題をみると，1920年代のそのような傾向は，基本的には，それまでの電動機による集合駆動方式の限界を克服せんとするものであり，この時期の労働手段の技術的発展は，個別電動駆動方式への転換を推し進めるものであった。例えば鉄鋼業をみた場合，この時期の生産技術の発展の指標として最も重要なもののひとつである連続広幅帯鋼圧延機に代表される生産性の高い最新鋭の機械設備も電動機による個別駆動方式の導入によって可能となったものであり，加工組立産業についてみても，個別駆動方式への転換は現代的な機械体系を構築する上で重要な役割を果たしたのであった。

産業電化の進展については，一般的な傾向としてみれば，蒸気力・蒸気機関から電力・電動機への転換は，歴史的に1910年代後半に後者が前者を追いぬき，30年すぎに圧倒的優位を占めることによって完了するとされている[74]。この時期の労働手段の個別電動駆動方式への転換は，電機産業，自動車産業，機械製造業などの加工組立産業や金属加工業などを中心にすすみ，ドイツについて指摘されているように，そこでは，大量生産への移行のテンポが個別駆動の導入を規定したのであった[75]。この時期の労働手段のこのような技術的発展に関して，T.v. フライベルグは，ドイツについて，工作機械の駆動システムは1920年代には工作機械製造の最も重要な発展領域のひとつであり，そこでは，伝力駆動の駆逐および個別電動駆動の普及という一般的な発展方向が定着したとしている[76]。アメリカでは，この時期にみられるフォード・システムの本格的導入にともない個別駆動方式への転換がすすみ，またドイツでも，W. ベッカーが指摘するように，作業機を蒸気機関で動かすことから電力によってグループで動かすことへ，また最終的には個別的に動かすことへの移行は，1926/27年の合理化景気以降，より強力なテンポで行われたとされている[77]。

このように，個別駆動方式は1920年代にその導入がすすむようになるが，産業電化にとって問題の多い直流電力は工業用動力としては適しているとはいえず，とくに機械の個別駆動方式への転換のさいに重要な役割を果した小型電動機はその多くが交流電動機であった。この時期には，非常に容易に制御できる直流動力機が長距離送電でもって駆逐されていき，そのかわりに，より単純ではあるが基本的には同じ回転数で動く三相交流電動機が広く登場してくることになる[78]。直流電動機の最大の利点は，複雑でかつ抵抗の少ない伝動装置なしに微細な回転数の制御をなしうることにあるが，このことは，とくに個別生産および小規模な組別生産における汎用工作機械の動力として直流電動機を適したものにしたとされている。これに対して，より単純な製造用工作機械および専用工作機械が配置される工業の大規模な組別生産や大量生産においてはむしろ，あまり高いレベルでの微細な回転数の制御はなしえないが最も頑丈で，高出力でかつ単純な原動機である交流電動機が求められたとされている[79]。例えばドイツでは，1930年には，直接駆動される工作機械の約3分の1が直流電動機でもって供給されていたにすぎないのに対して，三相交流電動機は工作機械の動力として，その利用の増大をみたとされている[80]。また各種機械の動力機である電動機を供給するジーメンス・シュッケルト社の電動機の売上額でみても，1930/31年には小型電動機の売上総額80億5,500万RMのうち三相交流電動機の売上額は59億900万RMとなっており，73.4%を占めている[81]。

　電動機による労働手段の個別駆動方式によるいまひとつの大きな成果として指摘しておかねばならないことは，それまで十分に克服しえなかった「工場制度の工学上の主要矛盾」の解決である。すなわち，生産にとっての増加するエネルギー必要度がエネルギー伝達体系，伝力機構の限界につきあたるということ[82]，またさらにそれにともなう労働組織の編成上の制約があり，これらの問題が個別駆動方式によって取り除かれたということである。すなわち，動力体系および伝力機構によるエネルギーの伝達は作業機の特殊的な利用を制約していたが，それは作業機を電力で個別的に動かすようになって初めて克服することができた。そのことによって，初めて，生産過程自体を労働対象の合理的加工の基礎となし，生産過程の一層の専門化を達成し，製造される製品の質をほぼ一定に保つことが可能となっただけでなく[83]，工程順に機械を配置すること

が問題なくできるようになった。こうして，特定の製品あるいは部品の製造について，作業対象の進行の順序に合わせて作業が配置され，また作業対象の進行距離をできる限り短縮しうる搬送経路が選ばれるようになり，大量生産，とくに流れ生産への移行のための基礎が築かれた。流れ生産による大量生産は電力の導入を主導的要因とするこのような労働手段の技術的発展によってより有利な条件が与えられることになったのである。

第3節　第2次大戦後の高度成長期の企業経営の主要問題とその特徴

　以上の考察において，第2次大戦終結までの時期の企業経営の主要問題についてみてきたが，つぎに戦後の高度成長期の企業経営の問題について考察をすすめることにする。ここでは，1）大量生産方式の本格的展開と大量生産体制の確立，2）オートメーション技術の導入，3）管理技術の発展とその利用，4）第3次企業集中運動の展開，5）多角化の本格的展開と事業部制組織の普及，6）大企業の多国籍化の本格的展開の6点についてみることにしよう。

1　主要各国における大量生産方式の本格的展開と大量生産体制の確立

　まず大量生産方式の本格的展開についてみることにしよう。第1章でもみたように，第2次大戦後に実現された「労資の同権化」（労働同権化）の本格的確立による賃金の大幅な上昇をとおして市場基盤の形成・拡大がすすんだことによって，それまでの市場の条件が根本的に変革され，主要資本主義国の間で市場条件の一定の平準化が実現された。そのことによって，初めて，第2次大戦の終結までの時期にはアメリカにおいてのみ本格的な展開をみた企業経営の諸方式・システムが主要各国でも広く定着しうる基盤が形成されることになり，それに支えられて生産力構造の均質化がすすむことになるが，そのような生産力基盤の中心をなしたものが大量生産方式としてのフォード・システムであった。

　フォード・システムは鉄鋼業や化学産業のような装置産業とは異なる加工組立産業の大量生産を可能にしたが，第2次大戦後の大量生産の展開は，そのよ

うな市場基盤の整備・拡大のもとでなによりも自動車や家庭用電気機具のような耐久消費財を核にして大量生産がすすんだ点に重要な特徴のひとつをみることができる。「収斂型」の生産過程の特質をもつ産業類型のなかでも生産財ではなく自動車のような消費財の大量生産こそが，消費財という製品の市場の特性に規定された生産量の大きさのゆえに，はるかに大きな経済効果を生むことになり，それをとおして広く国民経済全般に大量生産の経済効果を拡大するとともに，国民経済全般にわたってコスト引き下げに基づく価格の引き下げをとおしてその生産力基盤にみあう市場基盤を自ら生み出していくという大量生産体制の本格的な確立に大きく寄与したのであった。ことに自動車の本格的な普及によるガソリン需要の著しい増大に基づいて石油産業の発展が大きく促されるとともに，それを基礎にして石油化学工業の本格的な発展がすすむことになったことは戦後の重化学工業を基軸とする経済発展において大きな意味をもった。こうして，大量生産・大量販売・大量消費社会という20世紀型の経済社会とそれを支える資本の再生産構造・社会経済システムの確立はまさに1960年代をとおしてすすんだのであり，耐久消費財部門にみられる現代的な生産力発展と市場拡大効果は第2次大戦後のいわゆる高度経済成長の時代の主要特徴のひとつを示すものである。この問題については，第7章においてより詳しくみることにしよう。

2　オートメーション技術の導入

　以上において主要資本主義国における大量生産方式の普及と大量生産体制の本格的確立についてみてきたが，つぎに，そのような大量生産の推進にさいして重要な役割を果たしたオートメーション技術の導入についてみることにしよう。オートメーションは，とくに第2次大戦後に急速な進展をとげた技術革新の中核となるものであるが，その領域は大きくプロセス・オートメーション，メカニカル・オートメーション，ビジネス・オートメーションに分かれる。オートメーションの原理としてこれら3つの領域に共通するものは，「管理と制御の技術の高度機械化を前提として成立する，長工程連続自動化と機動的運営を特徴とする，管理と制御のシステムの高度化」である。

　なかでも，プロセス・オートメーションは主として装置産業においてみられ

れ，通常液体，気体粉末あるいは粒子状の固体等を原料，中間製品として取り扱う各種のプロセス・インダストリー（process industry）においてその処理と移送を包含する生産システムの制御システムの高度化のことである。またメカニカル・オートメーションは機械作業に関するオートメーションであり，一般に機械工業にみられるものであるが，一般的に機械加工，組立作業および運搬工程，ある場合には検査工程を含む機械化の高度な発展形態に関するものである。通常，メカニカル・オートメーションを代表する機械としてトランスファー・マシンがあるが，一般的にそのようなオートメーションはまず各工作機械の自動化と工程の総合的自動化の2つの側面からすすめられた。各工作機械の自動化は，「単能式工作機械による専門作業化，複数工具の使用による高速度作業，単一機械による連続工作，プレス機械の使用による加工工程の短縮等よりナライ旋盤，プログラム制御工作機械にいたる工作機械への数値制御の導入，検査工程の自動化とこれらの工程間を結合する中間製品搬送装置の自動機械化におよび」，工程の総合的自動化は，そのような自動機械の結合が一層拡大していくことをいう。すなわち，1作業系列の自動化から複合作業系列ならびに連続作業系列の自動化へと自動化システムの構成が拡大していくということである。1作業系列の自動化は物理的自動化であり，それ以上の自動化の拡大は管理システムによって運営されるが，この管理システムが総合的であるとともに，きわめて機動的である点にメカニカル・オートメーションのいまひとつの特徴があるとされている[84]。

　このようなオートメーションは自動化の実現において大きな役割を果たし，大量生産の推進においても大きな意味をもったといえる。しかし，加工組立産業において重要な役割を果たしたメカニカル・オートメーションはその後のME（マイクロエレクトロニクス）技術にみられるような柔軟性を実現するには至っておらず，その意味で，自動化と柔軟性，すなわち汎用性とを一定両立させた今日的な技術水準への到達に至ってはいない。第6章でみるように，多品種大量生産が市場の変動に対する一定度の柔軟性をもって展開される今日の大量生産の技術基盤はME技術の普及を待たなければならないのであり，戦後の高度成長期に導入がすすむメカニカル・オートメーションについては，ME技術革新との関連でみておくことが重要である。

3 管理技術の発展とその利用の拡大

つぎに管理技術の発展についてみると，第2次大戦中および戦後に新たな発展を示した管理技術には，インダストリアル・エンジニアリング (IE)，品質管理，オペレーションズ・リサーチ (OR)，マーケティング，TWI，ヒューマン・リレーションズなどがある。それらはそのほとんどがアメリカで開発され，いちはやく導入された管理技術であるが，戦後，他の主要資本主義国にも導入されていった。例えば旧西ドイツでは，アメリカの援助による「生産性プログラム」の枠のなかで，1) インダストリアル・エンジニアリングによる労働生産性と資本生産性の向上のための諸方策，2) ヒューマン・リレーションズおよび労資関係のテーマの領域のためのプロジェクト，3) 経営者の教育の問題のためのプロジェクト，4) 販売・マーケティングのテーマの領域のためのプロジェクトの4つが重点とされている[85]。またこの時期の管理技術の発展とその利用はオートメーションの進展と労働者対策の強化という問題とも関連して一層重要な意味をもったという点にもひとつの特徴がみられる。

まずインダストリアル・エンジニアリングについてみると，それは科学的管理法の発展としての時間研究・動作研究を中心とするものであるが[86]，科学的管理を「工学的視点から精緻化し，主として生産領域における，ハードな生産技術の効果的運用手法の開発と合理的活用を図る工学の応用分野」[87]のことを意味する。その手法には動作時間標準法，P.T.S法（predetermined time standard system）などがあり，後者の内容として主要なものにW.F.法（work factor analysis），M.T.M法（methods-time measurement）などがある[88]。インダストリアル・エンジニアリングの総合的方策が生まれてくる背景としては，オートメーションの進展にともない，一方では生産が大規模化し，その生産管理上の諸問題が複雑化し，また他方では市場問題の困難化およびその販売管理上の諸問題の複雑化という問題に直面するようになるなかで，それへの対応として種々の生産管理上の仕事を総合化する必要性にせまられたことがある。

またインダストリアル・エンジニアリングとも関連して品質管理の問題が，オートメーションとともに一層重要となった[89]。なかでも統計的品質管理 (SQC) と呼ばれる管理手法は，「統計法則を用いて製品の質のずれをあらかじめ予測し，適当なぬきとり検査によって，このずれの範囲からとびはなれた製

品があるかどうかを見わける」というものである。それはすでに1920年代にその始まりをみるが，第2次大戦前には欧米でもそれほど普及せず，戦後にあらゆる資本主義国に浸透していくことになり，戦前までは管理の対象が製造工程にしかおよばなかったものが検査工程にまでおよび，全生産工程の管理が達成されるようになる[90]。

つぎにオペレーションズ・リサーチについてみると，それは第2次大戦中にアメリカで戦時動員の作戦研究のための数量計算法として生まれたが，戦後，最小の費用と最大の利潤で商品販売を実現するために，「大量の仕入れ・生産・保管・運送・販売などの各要因を，企業内外の諸条件の変化に応じながら，最適度に組合わせ・配分する方法」として発展した。「オペレーションズ・リサーチおよびその計数的方法は，生産の機械化・自動化・オートメーション化による大量生産の増大，これによる生産と消費との矛盾の増大，これによる大企業間の競争の激化という過程の中から，ビジネス・オートメーションの諸方法をかりて発展してきた」[91]。第2次大戦後に急速な発展をとげたオペレーションズ・リサーチは，「当初数理的にきれいにモデル化できるオペレーショナルな最適化問題を中心課題として選択した」が，「1950年代～60年代にかけて，線形計画法，非線形計画法，ネットワーク・フロー理論，正数計画法，動的計画法，在庫管理理論，待ち行列理論，信頼性理論，ゲーム理論，シミュレーション技法などが開発され」，その基本的な手法は60年代後半にはほぼすべてが出揃った[92]。

またマーケティングについてみると，第2次大戦後の労資の同権化の本格的確立に基づく市場基盤の変化のもとでの大量生産体制の確立，とりわけ消費財市場の著しい拡大にともない，大量に生産される製品の大量販売，大量流通の実現のための方策が必要となるとともに，重要な意味をもつようになってくるなかで，マーケティングの諸方法が大きな役割を果たすようになってくる。この時期の重要なマーケティングの方法としては，独占価格を主軸とする価格政策，計画的陳腐化・製品差別化などの製品政策，商業資本の排除や系列化などの経路政策，広告・交際費やセールスマンなどによる販売促進政策，マーケティング・リサーチなどが展開されることになる[93]。

さらに労働面に関する管理技術としてTWI (training within industry) をみる

と，それは管理者教育のための手法であり，「下級職制に対して，仕事の教えかた，改善のしかた，人の扱いかたを訓練するもの[94]」である。それに基づく監督者訓練は，アメリカが戦時中に不足した監督者の速成訓練のために考案した方式であったが[95]，戦後アメリカだけでなく主要資本主義国に導入され，普及することになった。戦後，ふたたび合理化が生産性向上運動として展開されるようになるなかで，労働対策としての管理技術が発展することになるが，TWIはそのような労働対策としての側面をもつものでもあった[96]。例えば西ドイツでも，アメリカの資料を基礎にしたTWI教育課程が経営内部の労資関係の安定化の促進，とりわけ上司と従業員との間の関係の改善，「従業員への教授」，作業方法および技術知識などの仲介に役立ったとされている[97]。

　最後にヒューマン・リレーションズについてみると，それは1950年代の生産性向上運動のなかで主要各国に広がっていき，合理化の推進のための生産関係的基盤の整備・強化（労資協調政策）にとって重要な役割を果たした[98]。その導入について例えば西ドイツをみると，ヒューマン・リレーションズのテーマの科学的，とりわけ経済学的および社会学的な議論や出版物は1950年代と60年代との間の10年に初めてその頂点に達しているが[99]，経営における人間関係，従業員の情報および教育，「労働環境」の改善のための企業側の諸努力はすべて，50年代以降，ヒューマン・リレーションズとTWI運動というアメリカの手本の影響のもとにあったとされている[100]。アメリカのヒューマン・リレーションズのモデルの適用の事例から，少なくともアメリカの手本のいくつかの諸要素が西ドイツの企業に流れ込み，とりわけ従業員と職長や組長といった下位の職制との間の関係における伝達ないし情報の構造に影響をおよぼし，またそれでもってミクロの政策という意味での企業の労働環境にも影響をおよぼしたとされている[101]。

　このように，第2次大戦後のこの時期の主要な管理技術のほとんどがアメリカにおいて開発されたものであるが，それらは主要資本主義国にも導入され，管理の徹底・強化をはかる上で重要な役割を果たし，大量生産の進展にも大きく寄与しただけでなく，マーケティングの諸方法にみられるように市場への接近・適応，市場の創造を視野に入れた経営展開をはかる上でも大きな役割を果し，大量生産・大量販売・大量消費型の経済社会に適合的な経営上の基盤を整

備するものでもあったといえる。

4 第3次企業集中運動と巨大企業の一層の拡大

　以上のように第2次大戦後になって主要資本主義国において大量生産，大量販売がすすみ，急速な経済発展が実現されたが，この時期にはまた，資本主義の不安定性が強まるなかで，さらに資本主義諸国間の競争の激化のもとで大規模な企業集中運動が展開された。それゆえ，つぎに第3次企業集中運動についてみると，それは，「すべての主要資本主義国をとらえており，1960年代（とくに後半）をとおして，また1970年代に入ってからも，飛躍的な高まりをみせ」ていること，またその期間も長く，その範囲も広く，その規模も大きいことにそれまでにない新しい内容と特徴をもつ。こうした問題は，基本的には，戦後の資本主義の不安定性の一層の増大という世界史的条件の変化およびその作用に規定されている。主要資本主義国は第2次大戦後の経済の復興期には比較的長期（約10年間）の景気の持続をみたが，「1950年代後半に入って，それまでに蓄積されてきた先行の諸矛盾が顕在化するようになり」，とくに60年代に入ると経済の不安定性が強まり，一般的には，その成長率も低くなり，市場問題が一層激しくなってくるという事情がある。また「日本と旧西ドイツの経済的力量の増大とともに，資本主義の政治的経済的発展の不均等性の作用が強まり」，先進資本主義国の間での経済的力関係の変化がおこり，独占グループ間の競争が一層激しくなってくる。さらに1950年代の西ヨーロッパでは，ヨーロッパ経済共同体（EEC）とヨーロッパ原子力共同体（EURATOM）や67年のヨーロッパ共同体（EC）の形成にみられるように，経済のブロック化の動きがみられたが，そうした動きはEC内だけでなく，その後のアメリカや日本との競争にさいしても，企業集中の促進要因として大きな意味をもつことになったという点も重要である[102]。

　そうしたなかで，各国の主要企業は国内市場だけでなく国際市場においても，それまでにない激しい競争過程のなかにおかれ，その支配領域の確保・拡大のために相互の接触を強め，必然的に国際的企業集中の新しい諸形態を発展させることになった。さらに技術的要因をみても，「戦時中に開発された軍需技術の一般産業技術への適用およびその発展の中で，1950年代より新しい技術

的産業的発展をみるが」，それは電子工業，石油化学工業，石炭化学工業，合成繊維工業，合成樹脂工業，さらに原子力産業，宇宙産業，海洋産業などの新しい産業部門を成立・発展させただけでなく，「旧来の工業部門においても，『巨大技術』の発展を促し，その結果，工業の生産規模の飛躍的な拡大を要求し，そのことが資本の集積・集中の飛躍的な発展をもたらした」。1960年代（とくに後半）には大型合併が出現するようになったのはこうした事情によるところも大きい。またそのような集中過程における国家の積極的な役割も大きな意味をもったといえる[103]。

　この時期の企業集中運動の展開をまずアメリカについてみると，新しい企業集中の波はすでに1960年代への移行とともに始まっており，その件数をみると，45年から49年までの5年間には鉱業・製造業の合併・買収件数は1,505件，50年から54年の5年間には1,424件，55年から59年の5年間には3,365件となっているが，60年から64年までの5年間には4,366件，65年から69年までの5年間には8,213件へと飛躍的に増加している。しかもこの時期の企業集中はその規模においてはるかに大型化してきているということ，さらにコングロマリット的結合が目立ってきたことにも主要特徴のあらわれをみることができる。資産1,000万ドル以上の大企業の合併・買収のうちコングロマリット的合併の占める割合は1960年には64件中44件であったが，65年には91件中64件，68年には207件中175件となっている[104]。コングロマリット的結合がこの時期に増加したのは，1950年のセラ＝キーフォーバー法によってクレイトン法第7条が改正され，株式取得だけでなく資産取得の方法による垂直的および水平的結合が禁止されたことによる。アメリカでは，「その組織化の方法からみて，『純粋の』コングロマリット的結合をみたが」，それは，「多かれ少なかれ生産技術的に結合した『機能的』コングロマリット的結合」をみた例えば旧西ドイツのような場合とは異なっている[105]。

　また日本と西ヨーロッパについてみると，そこでは，アメリカと比べると企業集中の波は遅れて始まったが，1960年代半ば以降，資本の集中と独占化はアメリカにおけるよりもはるかに急速に発展した。これらの諸国のコンツェルンは，1960年代のはじめまでは，その技術的装備，生産高および資本の大きさに関して，アメリカのスーパーコンツェルンをはるかに下回っていたが，そうし

た格差は，その後の時期には，国家的諸手段によって推し進められた例をみない独占化の結果，かなり縮小されたとされている。しかし，日欧の第3次企業集中運動のひとつの特徴は，それがアメリカと比べ一層長い期間におよんでいる点にみられ，資本主義の構造変化がみられた1970年代中盤頃まで続いており，その件数もひき続き増加傾向にある。例えば旧西ドイツでは，1966/67年恐慌への対応として企業合同の波（1968-72年）がおこっており，報告義務のある合同・企業買収の件数は58年から62年までの5年間には年間平均23件，63年から67年までの5年間には45件にすぎなかったものが68/72年には205件に増加しているが，その後の73/75年には336件，75年だけでも448件を記録している[106]。またアメリカの場合と同様に，大型合併が目立つようになっていることや，ヨーロッパ共同体の発展とも関連して資本集中が西ヨーロッパ的広がりをみせ国際的資本集中が進展をみた点[107]も重要な特徴を示している。大型合併が増加している点については資本の集中の度合いの変化からもわかる。例えば西ドイツでみると，資本金1億DM以上の株式会社の数は1959年末（ザールを除く）には50社（それらは株式会社全体の2.2%を占めている）であり，株式会社の株式資本金総額の48.3%を占めていたのに対して，69年末（ザールを含む）にはそのような規模の企業の数は95社（それらは株式会社全体の4.4%を占めている）に増加しており，株式会社の株式資本金総額の61.2%を占めるに至っている[108]。

　さらにこのような大規模な企業集中運動によってどのような変化がもたらされたかをみると，その主要なものとして，「生産の集積の度合いが，とりわけ工業の最も重要な諸部門において，いちじるしく増大したこと」，多数の強力な，国家の枠を超えた多国籍のスーパーコンツェルンが形成され，それらはたいていの資本主義国の経済的発展および国家間の諸関係に一層大きな影響をおよぼすようになってきたこと，とくに国際的に活動するスーパーコンツェルンの規模の「平準化」の傾向がみられるようになってきたことなどをあげることができる[109]。

5　多角化の本格的展開と事業部制組織の普及

　第2次大戦後の高度成長の時期はまた主要資本主義国の大企業において多角

化の本格的展開がすすむ時期であり，関連事業分野への展開だけでなく非関連事業分野への多角化の動きも活発になってくる。第2次大戦後の市場条件の大きな変化のもとで多くの産業で大量生産がすすみ，コストの大幅な引き下げによる価格の低下によって市場機会が拡大するとともに，そのことが多角化の本格的展開の基盤をなしたといえる。この時期にはまたそのような多角化の本格的展開にともない管理機構の変革がもたらされた。それゆえ，つぎに，第2次大戦後の多角化の展開と管理組織構造の変化をアメリカ，西ドイツおよび日本についてみておくことにしよう。

アメリカについて——まずアメリカについてみると，この時期には，第1次大戦後の時期に一部の大企業で先駆的にみられた多角化が本格的にすすむことになる。戦略の変化では，「フォーチュン」最大500社のなかの主要企業のグループのうち，1949年には単一事業型企業が34.5％，主力事業型企業が35.4％，関連事業型企業が26.7％，非関連事業型企業が3.4％を占めていたものが69年にはそれぞれ6.2％，29.2％，45.2％，19.4％となっており，関連型と非関連型の企業の占める割合は30.1％から64.6％に上昇している[110]。こうして，関連型のみならず非関連型をも含めて多角化が大きく進展している。

戦後のこの時期は1920年代に先駆的にみられた分権的事業部制組織が本格的に普及する時期でもあり，多角化の推進による事業構造の変化がそのような管理システムの普及をもたらした最も大きな要因のひとつであったが，この時期に展開された企業集中もそうした動きを促したといえる。第3次企業集中運動と呼ばれるこの時期の企業集中の特徴は，それまでに多くみられた同一生産部門あるいは異種関連生産部門の結合とは異なり，まったく関連性のない製品を生産する企業の間の合併にあった。それはコングロマリット合併と呼ばれ，60年代以降支配的となった。それは製品拡大や地理的市場拡大を目指して行われる合併であるが，それをとおして経営の多角化を推し進めるものであった[111]。こうした合併による多角化の推進が，1920年代に端緒的にみられた事業部制組織の普及を大きく促したのであった。そこで，アメリカ最大級産業企業500社の管理構造の変化を1949年，59年および69年についてみると，職能部制組織の占める割合は62.7％から36.3％，さらに11.2％に大きく低下しているのに対し

て，製品別事業部制組織の割合は19.8％から47.6％，さらに75.5％に大きく上昇している。地域別事業部制組織の割合は最高の59年でさえ2.1％にすぎず[112]，この時期には製品別事業部制組織が管理構造の支配的な形態となった。

　西ドイツについて——つぎに西ドイツをみると，戦略については，1950年には，ドイツの最大100社のうち34社が専業型，26社が本業型であったのに対して，関連型は32社，非関連型は7社であった。専業型は50/60年の10年間に減少し，60年には22社となっており，この時期の最も重要な変化は，専業型企業12社が多角化したことにあり，そのうち9社が本業型へ，2社が関連型へ，1社が非関連型への多角化であった。その結果，本業型は60年には28社にやや増加したが，70年には22社に減少している。関連型は60年に40社に増加し，頂点に達した後，70年には38社にやや減少している。非関連型は60年には9社へとわずかに増加しているにすぎないが，70年には18社に大きく増加している。1950/60年には，専業型企業の多角化のほか，本業型からの多角化が9社みられるが，そのうち8社が関連型への多角化であり，非関連型への多角化は1社にとどまっており，非関連型への本格的な動きはまだみられない。これに対して，1960/70年には，その最も多くの変化は関連型（5社）・非関連型（10社）への多角化であり，70年にはこれらの高度な多角化企業の割合は全体の56％を占めており，この時期に関連型だけでなく，非関連型の多角化がすすんだといえる。また1950/70年の20年間の変化をみると，多角化の経路としては，専業型→本業型→関連型→非関連型への多角化の経路が多く，専業型→高度な多角化（関連型・非関連型）への経路はまれであった。すなわち，50年に本業型であった企業の35％（26社中9社）が10年後にそれから離れ，60年に本業型であった企業の25％（28社中7社）が70年までにそれから離れた[113]。

　西ドイツにおけるこのような多角化は，そうした動きを促すようなドイツ産業の競争環境の変化に規定されていた。すなわち，需要のパターンの変化および技術発展のペースが伝統的な価格や品質といった諸要因から製品やマーケティング手法における革新へと競争部面を変化させた。また技術の可能性と結びついた消費者の豊かさの増大が，多くの産業の企業にとって急速な成長と高い収益を得ることのできる多くの新しい製品・市場の機会を生み出した。成長の

潜在力が絶対的あるいは相対的に欠けていた伝統的な活動領域に従事する主要企業は困難な選択に直面し，また成熟製品・市場への再投資よりも高い速度で経営資源を蓄積していた多くの企業，とくに最も成功をおさめた企業は成長機会を自らの産業の外に求めなければならなかった。そうした状況における戦略的対応のひとつの重要な要素が多角化であった。しかし，戦後の諸年度における再建の必要性，自動車，電機および多くの資本財産業部門のようないくつかの産業部門における非常に急速な成長，税法，比較的に弱い反トラスト立法と結びついたカルテルおよびトラストの伝統などが多角化の制約要因となっただけでなく，ドイツ企業の所有の特徴，とくに家族所有の企業における財務上・経営上の制約も多角化の抑制要因として働いたとされている[114]。

そこで，つぎにそのような戦略の展開との関連を考慮に入れて組織構造の変化についてみていくことにしよう。1950年，60年および70年についてみると，職能別組織は最大100社中36社から21社，さらに20社に減少し，持株会社形態は15社から14社，さらに12社に減少している。また職能別組織と持株会社の混合形態は43社から48社に増加した後に18社にまで大きく減少している。これに対して，複数事業部制組織は50年のわずか5社から60年には15社に，70年には50社に大きく増加している。またドイツ資本の企業78社についてみても，1950年には複数事業部制組織はみられなかったものが60年にはまだわずか3社に増加しているにすぎないが，70年には約40％を占めるに至っており，60/70年の10年間にその普及がすすんだことがわかる。しかし，1970年にアメリカとイギリスの事業部制組織の普及率がそれぞれ78％，72％となっているのと比べると，西ドイツにおけるその普及率は低い。1950/60年には25社が組織構造の変革を行っているが，最も共通した変化は職能別組織から職能別組織と持株会社との混合形態への移行（12社）にみられ，事業部制組織があまりみられないことが特徴的である。1960/70年には47社において組織の変化がおこっており，36社が事業部制を採用したことにその最も大きな変化がみられるが，そのうち25社は戦略の変更なしに事業部制を採用しており，11社は戦略の転換の後に事業部制を採用している。また1950/70年の20年間でみると，最も多いパターンは職能別組織→職能別組織と持株会社との混合形態→事業部制組織というルートであり，事業部制に移行した企業45社のうち職能別組織から事業部制に移行

した企業はわずか4社，持株会社から事業部制に移行した企業は6社にすぎなかったのに対して，職能別組織と持株会社との混合形態から事業部制に移行した企業は35社にのぼっている(115)。E. ガーベルは，たえず変化する社会環境，新技術ならびに販売市場および調達市場での撹乱が企業管理に対しそれまで以上に厳しい要請をつねにひき起こしており，「そうしたことが多くの企業にとって少なからず管理構造全体の変更へのきっかけとなっている」とした上で，「こうした変更のうち，事業部制組織という結果をもたらす変更プロセスが圧倒的に多い」としている。しかし，1974年末時点では，大企業の46.7％が事業部制組織を採用していたのに対して，中企業では38％にすぎなかったとされており(116)，企業規模によってその状況は異なっていることに注意しておく必要がある。

　このことをふまえて，つぎに戦略と組織構造との関連を具体的にみると，1950年には最大100社のなかで事業活動の多角化（関連多角化・非関連多角化）を行っている企業のうちわずか7％が事業部制を採用していたにすぎなかったが，その割合は60年には20％，70年には67％に上昇している。これを西ドイツ資本の78社についてみると，その割合は60年にはわずか8％にすぎなかったが，70年には63％に達している(117)。しかし，西ドイツでは，アメリカの最大級産業企業500社と比べると事業部制の普及率に差がみられるだけでなく，多角化と事業部制採用とのタイムラグもみられた。それが10年未満のものは14社，10年から20年までのものが7社，20年をこえるものが19社みられる。50年代にその製品・市場の範囲の多様性を増大させた企業のうち60％が同じ10年間に事業部制を採用しており，その割合は60年代には75％に上昇しているが，60年代末になって事業部制導入の波が最も顕著になった(118)。この点について，H. ジークリストも，事業部制組織はドイツでは1960年代末に初めて普及しており，アメリカにおけるその全般的な普及の約10年後のことであると指摘している(119)。また1950/70年の20年間の期間でみると，この間に事業部制に移行した45社のうち14社のみが同じ10年間にその会社の対象とする製品・市場の範囲を変更していたのに対して，50/70年の期間にその製品・市場の範囲を変えた企業35社のうち戦略転換を行った時期と同じ10年間に組織的適応が戦略の変化にしたがわなかったのは13社のみであり，そのうち6社はつぎの10年間に組織

の変更を行っている。それゆえ，80％が「組織は戦略にしたがった」[120]といえるが，この命題はこのようなタイムラグを考慮に入れた場合にあてはまるといえる。例えば多角化が非常にすすんでいた化学企業のバイエルは1965年に，またヘキストは70年になって初めて事業部制に移行したとされている[121]。

このように，1920年代や30年代とは異なり，多くのドイツ企業が50年代末以降に直面した不可避の発展は，とりわけかなりの規模の増大，競争の激化および企業が伝統的な職能別組織を基礎にしてはもはや成長しえないような全体的により複雑な環境の要求によって特徴づけられる[122]。しかし，1966/67年の経済不況が克服され，ヨーロッパにおける市場統合が一層すすみ，その結果，企業の競争能力は投資の増大によって，また新しい企業の構造によって強化されなければならなくなってくるなかで，事業部の編成は，より大規模になりつつある業務を予め決められた目標にしたがって厳格に管理するための方法であったとされている[123]。ドイツの企業にとっては1960年代以降に初めてアメリカの事業部制組織に類似の組織の必要性が生じたが[124]，事業部制組織の形成および分権的な「プロフィット・センター」の創出という意味での60年代半ば以降の企業の再組織は持続的な変化の始まりであり，またその後も続くはるかに急速に変化する環境条件への企業の組織上の適応の始まりであるとされている[125]。こうして，ドイツでも，高度に多角化した複数の事業構造をかかえる現代の大企業の管理機構として事業部制組織が重要な役割を果したといえる。

日本について――また日本についてみると，高度成長期の日本企業の戦略は，ひとつには，重化学工業部門の大規模な設備投資による「規模の経済」の達成とそれに裏づけられた商品輸出の拡大をめざした成長戦略であり，いまひとつは，市場の成熟に対応して「範囲の経済」の実現をもめざして展開された多角化戦略であった。そこでは，異種関連製品の複合生産を行うなど「経営の多角化」の実現をねらった「大型企業合併」の展開もみられ，そうした合併は経営戦略上は多角化戦略の礎石としての意義をもっており，この時期に多角化の本格的進展，管理システムとしての事業部制の普及をもたらしたといえる[126]。1960年代は，「50年代に開発された経営管理手法を駆使して，事業視野の拡大と成長戦略がとられた時代であり」，その進展にともなって新しい組織変革の

必要性にせまられたが，その集中的表現が「多角化戦略の展開とそれに対応しての内部管理体制の強化，すなわち事業部制の発展」であった[127]。

　この時期の戦略の展開と組織構造の変化については吉原英樹氏らの研究があるが，それによると，この時期の戦略の変化の特徴として，高度成長期に大企業において多角化動向がみられたこと，この多角化動向とは反対方向の戦略展開の性格をもつ垂直的統合の戦略をとる企業が多角化動向のウエイトよりは小さいとはいえ増大していること，日本には事業の集中化への動きを示した企業が少なからず存在しており，そのために，米国企業のほうが多角化の推進のテンポが速く，また多角化の到達レベルも高いことをあげることができる。日本企業は多角化動向の点で，欧米の企業に比してタイムラグがみられた。その最大の理由は，日本経済の高成長に求められ，「経済が全体としてものすごいスピードで拡大するときには，ほとんどの事業分野も拡大し，そこで事業を行う企業に大きい成長機会を提供する」からであり，「異質な新しい事業分野に成長機会をもとめなければならない必要性は，経済が高い成長を実現しているときには，それほど強くない」ためであるとされている[128]。

　そこで戦略の変化についてみると，「本業型」対「関連型」という戦略エレメントを「製品市場分野の多様性の量的レベルのちがいを表わす」ものとし，また集約型と拡散型というエレメントを「企業の製品市場分野の間の関連パターンのちがいを表わす」ものとすると，専業型は垂直型と多角化の戦略に流出していくのが基本的性格であるとされている。すなわち，1958年には30社あった専業型が73年には17社に減少しており，かなり積極的な多角化戦略である関連・拡散型は，多くの戦略のタイプからの流入をうけて，15年間に構成比を大きく増大し，73年には最大の構成比を占めるに至っており，このタイプの増大傾向が日本の大企業の多角化動向をよく代表しているといえるとされている。また集約型（製品市場分野の関連の仕方が網の目上で集約的である場合）か拡散型（関連の仕方が線上で拡散的である場合）かという戦略エレメントの観点から戦略タイプ間の移動をとらえると，例えば本業・集約型と関連・集約型との間にみられるように，同じエレメントをもつ戦略タイプ間の移動が多いのに対して，例えば本業・集約型と関連・拡散型との間にみられるように，エレメントを異にするタイプ間の移動は少なかった。「この事実は，日本企業の多角化動

向には経営資源の蓄積と利用のパターンそのものの変更を内容とする質的ないし積極的なものは比較的少なかったことを明らかにしている」とされている[129]。

それゆえ、つぎに、組織構造の変化をみると、上述の吉原氏らの研究によれば、日本の主要大企業118社のうち、職能別組織は1963年の66社（55.9％）から68年には54社（45.8％）、73年には48社（40.7％）に減少しているのに対して、事業部制は同期間に34社（28.3％）から40社（33.9％）、49社（41.5％）に増加している。一部事業部制は18社（15.3％）から24社（20.3％）、21社（17.8％）に推移しており、あまり大きな変化はみられない[130]。この一部事業部制とは職能別組織と事業部制の混合形態であるが、「基本的には職能別でありながら、一部の事業（多くは非主力事業）については事業部制を採用しているようなものが多い」とされている[131]。

これを戦略との関連でみると、「職能別組織の採用比率が、多角化の程度が高まるにつれて減少し、事業部制の採用比率は、それにほぼ比例して増大している」ことが注目される。また戦略と組織の対応関係は多角化の程度を示す尺度の両極においてより顕著であり、「専業戦略を採用するグループでは、年度間で若干の相違はあるが、8割から9割の企業が職能別組織を採用している」のに対して、非関連型戦略や関連・拡散型戦略を採用するグループでは7割以上の企業が事業部制形態を採用している。垂直統合戦略を採用するグループでは職能別組織あるいは一部事業部制組織のいずれかを採用する企業が大多数を占めている。事業部制の採用比率は本業型多角化グループよりも関連型多角化グループで、また集約型グループよりも拡散型グループで一貫して高くなっており、職能別組織の採用比率に関しては、それとは逆の関係がみられる。「中度多角化グループでも、事業構成の量的ならびに質的多様化の双方に対応して、事業部制の採用比率が高まるという理論どおりの関係が成立している」。それゆえ、「組織形態の選択は、多角化戦略の採用あるいはそれを通じてもたらされる事業構成の多様性の程度と対応して行われている」と結論づけることができ、「組織構造は戦略に従う」というチャンドラーの命題が日本企業にも十分な妥当性をもっているといえる。しかし、「多角化戦略と組織形態の対応関係は、一定の戦略を採用すればある一定の組織形態の採用が不可避となると

いう強い規定関係ではなく，組織形態の選択には，かなりの自由度が存在する」とされている。組織形態の選択における自由度はとくに中程度の多角化の範囲内ではより大きいとされている。したがって，チャンドラーの上述の命題は，「組織形態に関するかぎり，巨視的に見て成立するような対応関係を述べたものと解すべきであろう」と指摘されている[132]。

6 大企業の多国籍化の本格的展開

このように，第2次大戦後の高度成長の時期には，アメリカで生み出された経営方式やシステムが主要資本主義国にいても普及していくことになったが，つぎに大企業の多国籍化の展開についてみると，この時期の多国籍的展開は国内的蓄積の補完として重要な意味をもつものとなっている。第2次大戦前にも大企業による国外展開の傾向はみられるが，主に販売市場の確保の目的を中心とした国外の販売拠点の設置に重点がおかれており，それゆえむしろ先進国への展開を中心としており，生産拠点の設置へとすすんだ場合でも製品の販路の確保に重点をおいた販売拠点の創出に連動して展開されたケースが多い。そこでは，生産拠点の設置は販売拠点の設置と比べるとなお端緒的なものにとどまっている点，また石油産業にみられるように国外の販売網に促されて資源確保型の直接投資が展開されるなど[133]，販売志向型あるいは販売部門に主導されるかたちでの国外展開が中心となっている点が特徴的である。第2次大戦前のアメリカ企業の国外展開について，チャンドラーは，「大規模な統合企業の多くは，アメリカで最初の多国籍企業となった。ここでもまた，マーケティング組織の創出が決定的な規定要因であった」としている。これらの会社は「まず最初に広範なマーケティング組織を創設し，しばしば国内で販売支店を設置するのと同じ時期に，海外でもこれを設置した。ついで，関税，高額な輸送費，低廉な労賃，および大洋を越えての財の流れの調整の困難といった理由から，海外に工場を設置した」とされている[134]。

これに対して，第2次大戦後には，販売拠点の設置・拡大だけでなく，国外における生産拠点の設置，生産移転が本格的にすすんだ点に特徴がみられる。「多国籍企業」という場合，在外活動の意義の増大にその重要なひとつのあらわれをみることができるが，「ここでいう在外活動とは商品の輸出ないしはそ

れに付随した販売活動にとどまらず，対外直接投資の結果としての在外生産活動が主体である」という点にひとつの基本的特徴がみられる。ただそこでは，たんに在外生産が量的に増大するというだけでなく，「本国での生産と外国でのそれを含めて，個別企業の生産活動は，全世界的に，たがいに有機的に結びつけられ，いわば〈企業内国際分業体制〉が成立するようになる」という重大な質的変化が生まれてくる。そのような多国籍企業は，例外的には第2次大戦前にもいくつか存在したが，1950年末以来，大量的な現象となり，それはまずアメリカ企業においてみられた。1960年代半ば以降，西欧諸国の大企業も多国籍企業化の途をたどっていったほか，日本の大企業もやや遅れて70年代初めからそのような方向をたどっていった[135]。多国籍企業は「多数の国々において子会社を設立し，事業活動を行なうが，たんに各国の子会社や本社ごとに利潤の極大を追求するにとどまらず，すべての子会社を総括して企業全体としての利潤の極大を世界的に追求する企業」であるといえる[136]。

　そのような多国籍化の進展については，発展途上国での安価な労働力を求めての生産移転や販売目的での販売拠点の設置のほか，輸出代替による関税回避など国外での販売条件の改善を目的とした生産拠点の設置などもみられる。ことに生産拠点の設置・移転に関しては，化学産業や自動車産業ではアメリカ以外の国でも他の産業と比べいちはやい国外進出がみられる。例えば化学産業では，西ドイツの大企業にみられるように，販売拡大を目的とした販売拠点や生産拠点の設置・拡大，多様な製品系列をもつ総合化学企業における特定事業分野での展開などがみられた[137]。また自動車産業では，1950年代に南米，オーストラリア，南アフリカなどでの在外子会社による生産拠点の設置がみられた西ドイツのフォルクスワーゲンのように[138]，低賃金労働者の利用などを目的とした生産基地の拡大がはやくからすすんでいるケースもみられる。この産業部門ではまた，とくに南米やアジアの発展途上国などでみられたように現地国政府の輸入規制や高率の関税などの保護主義的政策による制約的条件のもとで，先進資本主義国の大企業の生産拠点の設置や進出先の国での合弁による現地生産の展開など，輸出代替的なかたちでの多国籍的展開もみられた[139]。

　こうした多国籍企業の展開については，戦後に多国籍企業の本格的展開が始まって以降，1970年代末から80年代初頭にかけての時期までは，合弁や資本参

加の場合をも含めて企業の自前の直接投資による国外展開＝多国籍化が支配的となっていたが，80年代，とくにその後半以降，戦略的提携などにみられるように，企業の外部の経営資源の利用を組み込んだかたちでの経営の国際展開が急速にすすむとともに，そのようなかたちでの展開が一層重要な意味をもつようになってくる[140]。

第4節　1970年代から80年代末の企業経営の主要問題とその特徴

つぎに，1970年代初頭から80年代末までの時期の企業経営の主要問題についてみることにするが，1）減量経営の推進，2）多品種多仕様大量生産システムの展開，3）第4次企業集中運動の展開の3点を取り上げて考察することにしよう。

1　減量経営の推進

まず減量経営の問題をみると，1970年代初頭以降の資本主義経済は高度成長から低成長へと移行していく時期である。1960年代の主要各国での重化学工業化の一層の進展にともなうこれらの産業での生産力拡大によって，主要資本主義国全体でみた生産力と市場との関係をみた場合，生産能力が過剰となっていく傾向にあり，70年代の資本主義の条件（蓄積条件）の変化のもとで，過剰生産能力が顕在化していくことになる。そのような経済的諸要因の作用のもとで，1970年代におこったドルショック（1971年）と第1次オイルショック（1973年）によって経済の構造的変化がもたらされることになる。こうした変化にともない各国資本主義は高度成長から低成長へと移行することになるが，主要資本主義各国の経済は，不況下におけるインフレーションの進展（スタグフレーション）というかつてない構造的危機に見舞われることになる。そのような状況の変化への対応として，この時期には，1960年代の本格的な高度成長の時期とは大きく異なり，いわゆる「減量経営」と呼ばれるように，過剰生産能力の整理と人員削減を中心とする合理化が取り組まれることになる。またそのような減量経営の推進は，鉄鋼業，化学産業，造船業のような構造不況業種を中心に，設備の廃棄や工場の閉鎖，人員削減をとおして産業再編成をすすめ

るものでもあったが，石油危機を契機とする構造的危機への対応としての合理化目的の企業集中がこの時期に増加している点にひとつの重要な特徴がみられる。

　ただその場合にも，そのような生産力と市場との関係や市場の状況をみた場合，1970年代に構造不況業種となる鉄鋼，化学，造船などの産業部門と自動車，電機といった加工組立産業，とくに消費財部門との間には差異がみられ，そのことは減量経営あるいは減量合理化と呼ばれるかたちでの再編成のあり方にも関係してくる問題である。鉄鋼業や化学産業はエネルギー多消費型の「重厚長大型産業」であり，ことに第1次オイルショック，1979年に始まる第2次オイルショックによる影響は加工組立産業と比べると大きなものとならざるをえなかった。しかも，これらの重厚長大型産業では，その主要製品が生産財，しかも素材であったために，市場の創出の可能性という点をみても消費財部門のような条件をもちえなかったことや，生産設備の巨大化とその固定費の回収期間の長さなどの問題もあり影響はより深刻であった。この時期およびその後の経営展開や産業の発展をみると，「軽薄短小型」産業とも呼ばれこの時期の経営環境の変化に比較的スムーズに対応することのできた自動車産業や電機産業といった加工組立産業と重厚長大型の鉄鋼業や化学産業とでは，そのあり方は大きく異なってくる。それゆえ，この時期の減量経営・減量合理化についてみる場合，1970年代初頭までの高度経済成長期の生産力と市場の問題，とくに市場の飽和化がどの程度すすんだか，潜在需要のありようはどうであったかという問題，オイルショックによる影響はどうであったかという問題，産業の特性に規定された問題性の現れ方の相違，そうした事態への対応としての再編成のあり方の差異，すなわち各産業の対応課題とそれに規定された実際の合理化の展開，経営行動の差異などを明らかにしていくことが必要かつ重要となってくる。こうした問題については，第7章において考察することにしよう。

2　多品種多仕様大量生産システムの展開

　つぎに大量生産システムの再編の問題をみると，1970年代から80年代の時期は主要各国において加工組立産業を中心とするME技術を基礎にした大量生産システムの再編が本格的に推し進められていく時期である。欧米諸国では主と

してME技術に依拠した生産システムの構築，展開が推し進められたのに対して，日本の場合には，多品種・多仕様大量生産をフレキシブル生産として展開しうる大量生産システムへの再編，総合的にバランスのとれた生産のシステム化に重点がおかれていた点にひとつの重要な特徴がみられる。ME技術の利用を超える生産の総合的なシステム化によって，日本は欧米のME技術に依拠した生産システムに対する優位性を確保することができたといえるが，そのことは，多品種多仕様大量生産をフレキシブル生産として展開することを可能にする日本的生産システムと呼ばれる方式によって達成されたものである。1980年代にはそのような生産システムの優位性が日本企業と欧米企業との国際競争力の格差というかたちで現れ，例えば自動車分野における日米貿易摩擦を生むことになるとともに，いわゆる「ジャパナイゼーション」と呼ばれる日本的経営の国外への移転が問題とされるようにもなった。

この日本的な生産システムの意義は，本来コストの上昇を招かざるをえないはずの多品種生産を経済的に成り立たせること，製品間の需要の変動に対する生産のフレキシビリティの確保により需給調整能力を高め，操業度を引き上げることによってフォード・システムを基礎にした在来型のアメリカ的大量生産方式と比べコスト面でも有利な生産を可能にした点にある。それゆえ，生産の総合的なシステム化がはかられている生産システム全体の構成要素とそのような優位性が実現される機能のメカニズムを解明することが重要な課題となるが，この点については，第6章で詳しくみることにしよう。

3　第4次企業集中運動とM＆A＆D

また第4次企業集中運動についてみると，そのような現象を規定した主たる要因は1970年代以降の資本主義の構造変化に求められる。すなわち，1970年代初頭の国際通貨危機と石油危機とによってアメリカ主導の戦後世界資本主義体制の二大支柱が大きくゆさぶられたことやそれに続く74-75年の世界同時恐慌と第2次石油危機（1979-80年）とによって世界資本主義の「構造的危機」が一層深まったことがそれである。しかし，1980年代に入ってからも，これらの複合的危機の諸要因が強く作用するなかで，日米欧の主要資本主義国間の，また産業部門間，企業間の不均等発展の作用が一層激しくなり，世界資本主義の不

安定性は一層強まることになった。またマイクロエレクトロニクス（ME），バイオテクノロジー，新素材の開発など「科学技術革命」の新展開や経済活動の国際化が一層すすむなかで，国際競争の激化とイノベーションの急速な進展に対応するために，1970年代後半および80年代に入ってから，企業の合併や買収，さまざまな提携の形態をとおして，企業の多角化，成長分野への進出，国際的事業展開が推し進められた。そうした経営行動を推進していく上で企業集中が大きな意味をもつようになり，企業集中運動の新たな波がおこったのであった(141)。1980年代の非常に活発な集中化の最も重要な原因は，経済恐慌以外では，科学技術の発展の急速なテンポ，競争の激化および競争相手よりもできる限り恐慌の影響を受けにくい構造を達成しようとする諸努力の結果として生じる独占体の構造適応の過程にあったとされている(142)。

　ことに多角化の推進に関連していえば，「1970年代に入ってからの世界資本主義の『構造的危機』とその複合的危機の諸要因の作用が強まる中で，またさらに，それらの世界的条件のもとでの『科学技術革命』の進展と経済活動の一層の国際化にともない，主要資本主義国の巨大企業はいずれも，多かれ少なかれ，この時期に，リストラクチュアリングといわれる企業の再編成＝再構築に取り組み，またその中で，ハイテクノロジーの諸分野への，あるいはソフト化，サービス化に向けての事業の多角化を強力に推し進めることになる」。そこでは，「単純に軌道修正が問題となっているのではなく，構造変化への積極的な適応や科学技術進歩（およびその産業化）を促進するような，多角化の遂行」，すなわち，「統合化された，集中的または機能的な多角化のタイプが問題となっている」。事業の多角化にあたり，他の事業を営む企業をM＆A（企業の合併・買収）の方式によって子会社あるいは新規事業部門として取り込むというかたちですすめられる場合もみられるが，この時期の企業集中にはそうした目的をもって展開されたものも多くみられた(143)。例えばM.ハインとR.ヴァイスは，1985年にみられたコンツェルンの再編・集中について，多くの独占体のより利益のあがるコンツェルン構造への適応でもってテクノロジー志向の大型買収が一層強力に増加していること，軍事部門の集中化が歴史的にみられなかった規模に達していること，外国での大型の買収が記録的水準に達していることをあげた上で，独占体の構造の変革は数年来国際的な資本と生産の集中過程

のひとつの決定的な推進力となっているとしている(144)。彼らはまた1988年の集中化の過程について，それは多くの国際的なコンツェルンにとってはるかに大きな次元において世界市場におけるよりフレキシブルな競争構造のひとつの重要な要素になっているとしている(145)。しかしまた，そのようなコンツェルンの構造変化は，高度に多角化した事業構造のなかでの事業分割をともなうものでもある。独占体の急速になっている構造変革のひとつの基本要素は，集中化の過程のなかでそのコンツェルンの一部を他の独占体に売却することにあり，中核部門の強化および多層な構成とともに周辺部門の切り離しがはるかに多く増大しているとされている(146)。ただその場合にも，コンツェルンの一部分の他の独占体への売却はしばしば大規模な追加の購入と直接的な関係をもって実施されているという点が重要である(147)。

そこで，まずこの時期の企業集中をアメリカについてみると，第3次企業集中運動においてみられた財務偏重のコングロマリット化戦略の見直し，不採算部門あるいは低成長の事業部門・子会社の整理，既存部門の合理化の推進，先端産業部門・成長部門への進出がはかられ，M＆A＆D，すなわち合併・買収・事業分割を手段とするリストラクチュアリング（企業の再構築）が強力に推し進められた点に主要特徴がみられる。またそのさい，つぎの点に特徴的な変化をみることができる。第1にそのような「リストラクチュアリングにさいしての節税特典や運輸・航空，金融，放送，石油などの業種での規制緩和，独占禁止法の緩和などの諸措置が，企業集中運動の促進的要因として，重要な役割を果した」こと。第2に巨大メジャーズを中心とした大型合併・買収の増加，成長分野あるいは規制緩和分野を中心にM＆Aが展開され，互いに関連する隣接分野の巨大企業の相互の進出による競争の一層の激化によってますます大型化してきていること。第3に日本やNIESからの追い上げが鉄鋼のような素材製品から自動車，家電などの加工組立製品をへて，半導体のようなハイテク製品へと高付加価値化してくるという影響のもとで，「巨大企業のリストラクチャリングの内容も，傾向的には，製造業の『空洞化』（とくにハードウェアでの）と『ハイテク化』（とくにソフトウェアでの），経済の『サービス化』に連動するかたちで推し進められている」こと。第4に「マネーゲーム的M＆A」が大規模に展開されたことである(148)。

またヨーロッパをみると，EC域内および日米との国際競争の激化のもとで，また日米の巨大企業に対する国際競争力の強化をめざした1990年代初頭のEC統合にむけて，かつてない新しい企業集中の波が80年代におこっているが，分野的には化学，電機，自動車，食品産業などを中心に取り組まれているほか，金融の分野でもとくに増加をみている。この時期には，企業集中にともないコンツェルン構造の変化がみられるケースも多いが，企業の新しい大規模な組織体制の形成が構造的な再編成および重点分野への諸活動の集中と結びつけられることが，効果的な国際競争戦のためのひとつの重要な前提となっている。例えばダイムラー・ベンツ・コンツェルンの多角的事業展開をみると，そこでは，従来の中心的分野である自動車部門からAEGの買収による電機産業分野への展開や，メッサー・シュミット・ベルコウ・ブロウムの合併による航空宇宙産業の分野への多角的展開がすすめられた。そうした動きはテクノロジー指向的な多部門構造をもったコンツェルンの形成へと至っており，それは，「EC各国のコンツェルン間の資本集中は，科学技術進歩の要求に応じて，すぐれてテクノロジー指向的である」という側面を示すものである[149]。また国境を越えたかたちでのリストラクチュアリングが推し進められるなかでクロスボーダー的企業集中が展開されているという点にも特徴がみられるが，ヨーロッパ規模での企業集中の場合には，それは，先端技術の共同研究開発をすすめ，ハイテク技術の分野での日米の企業に対する競争力を強化しようとするものでもあった[150]。そうした状況のもとで，企業集中の件数も大きく増加しているが，例えば西ドイツの場合をみても，1983年の506件から90年には1,415件へと大きく増加している[151]。

　さらに日本についてみると，「1970年代後半に入ると，赤字国債の増発による財政，金融政策をテコに，強力な行政指導のもとで，いわば産業のリストラクチャリング（産業再編成）が展開された」。この時期には省エネルギー，省力化をめざして重厚長大型産業から軽薄短小型産業へ，つまり素材型産業から加工組立産業へと重点が移っていき，そこでは外国にはみられない徹底した「減量経営」が行われるとともに，とくに1980年代に入ってからは自動車，家電，精密機械，電子部品といった分野で「集中豪雨」型輸出が強行された。そうした過程において，「不採算部門の事業の縮小・整理と新規事業の設立，企業の

合併,買収がすすむことになる」。日本でのM&Aの件数をみると,1981年には176件にすぎなかったものが90年には751件となっており,4倍以上にも増加している[152]。またこの時期には,日本企業による外国企業の買収も多くなっており,例えば1986年の日本企業がかかわった219件のM&Aのうち外国企業に対するものは146件となっており約7割を占めており,90年にはその数は801件中450件となっており,半分以上が外国企業を対象にしたM&Aであった[153]。

第5節　1990年代以降の企業経営の主要問題とその特徴

さらに1990年代以降今日までの企業経営の主要問題についてみることにするが,ここでは,1)経営のグローバル化の展開,2)情報技術を駆使した企業経営の展開,3)IT産業におけるネットワーク企業の出現,4)リストラクチュアリング的合理化の本格的展開,5)企業結合の今日的展開の5点についてみることにしよう。

1　経営のグローバル化の展開

まず経営のグローバル化の問題をみると,近年の経営のグローバル化の進展は情報技術の発展とあいまって企業経営の課題,ありように大きな影響をおよぼしている。第1部においてもみたように,国内志向の経営展開を基礎にした資本蓄積の補完策としての国際化という段階を超えて,全世界的なレベルで企業内あるいは企業グループ=コンツェルン内の最適な分業生産体制・購買体制・販売体制・開発体制の構築という方向ですすんでいる。そこでは,具体的なあらわれとしては,1企業=企業グループ内での購買や開発をも含めたレベルでの世界最適生産力構成をいかに構築するかということが重要な問題となっている。そのことは,特定の市場地域向けの各製品あるいは工程についてみた場合の最も低コストを保証しうる世界最適生産体制をいかに構築するかということを意味するものである。こうした経営体制の確立がグローバル競争に対応し,競争に勝ち抜くための重要課題のひとつとなってきている。そうしたなかで,その企業の属する国のレベルを超えてまさに全世界的=グローバルなレベルでの生産力の最適構成によって利潤極大化を実現しうるようなかたちでの利

潤追求が行われるようになってきている。そうしたなかで，いわゆる戦略的提携を基礎にした企業間のグローバルなネットワーク的展開などを組み合わせながらの経営展開がそうした状況の変化への適応をはかる上で一層重要な意味をもつようになってきており，そのような企業間の結合もすすんできている。こうした新しい動きをめぐっては，グローバル展開をとげている巨大企業の蓄積構造がそれによってどのように変容し，また競争構造においていかなる変化がみられるのかという点が解明すべき重要な中心的課題をなすといえる（第8章参照）。

2 情報技術を駆使した企業経営の展開

また情報技術を駆使した企業経営の展開についてみると，第1部でもみたように，今日の情報技術の発展は企業経営の変化をもたらす重要な契機のひとつとなっているが，情報技術の最も革新的な変化は情報通信技術の面にみられ，それは企業経営の効率化をはかる上で大きな可能性を生み出している。すなわち，情報技術はそれまでの「距離と時間の制約」を画期的なレベルで縮小したのであり，そのような情報の自律分散的統合の実現は，とくに個別企業のレベルのみならず企業間関係においても変革の大きな契機なっており，経営のグローバル化の進展ともかかわって，一国内のみならずグローバル化した世界的なレベルでの企業間関係の構築・拡大をもたらすひとつの重要な契機にもなっている。今日の情報技術を駆使した経営展開は，それまでの技術と労働組織・管理の領域を中心とする合理化，効率化の追求というレベルにとどまらず，また生産，販売，購買，開発などの企業の基本的職能領域・活動の合理化・効率化だけでなく，ビジネス・プロセス全体の有機的なシステム化による効率化というかたちで推進され，企業全体におよぶ合理化の展開へと発展してきている。そこでは，各職能活動の連携，統合の深化による効率性の追求が一企業内に限らずそれを超えた企業間のレベルでも推進しうるようになっていること，それによって市場へのフレキシブルな対応をはかろうとしている点に重要な今日的特徴がみられる。そのことは，企業の特定の職能領域・活動領域を超えて，各領域間の有機的な連携をはかりながら企業全体あるいはビジネスプロセス全体の観点から最適化をはかろうとするものである。情報技術を駆使したそのよう

な経営展開は，経営環境への主体的・能動的適応という点でも一層戦略的な意義をもつようになってきているといえる。

情報技術を利用した経営の展開のいまひとつのあらわれは企業内の管理組織構造の変化にかかわる問題にみられる。それは，組織のフラット化やネットワーク型組織の出現など，情報の自律分散的統合を基礎にして技術的には各職位の間の情報の共有化が可能となることによって従来の階層型の管理組織構造がいかに変革されるかという問題とも関係している。そのような組織は，20世紀の企業に支配的な管理組織構造である階層制管理機構とは異なる性格・特徴をもつものでもあり，21世紀的な企業経営における管理組織構造のあり方の問題ともかかわって議論されることも多い。

情報技術を駆使した企業経営の展開については，その問題の性格をめぐってや，またその意義をどうみるかという点など検討されるべき問題は多い。こうした点については，第7章において具体的に考察することにしよう。

3　IT産業におけるネットワーク企業の出現

1990年代以降の企業経営の変化として取り上げておかねばならないいまひとつの点は，IT産業においてみられるような専業企業の間での職能活動のネットワーク的連携に基づく協力関係によって支えられた企業類型＝ネットワーク企業の出現をめぐる問題である。ここにいうネットワーク企業とは，「自社の経営資源を最も得意とする事業分野に集中し，その事業分野を，特定製品か特定部品に限定し，事業活動も研究開発，設計，製造，物流，販売・マーケティングなどいずれかの活動に限定するかもしくは重点を置いている専業企業群」のことであり，20世紀に支配的となった「垂直統合型企業」とは形態的に異なる側面をもつ。ネットワーク企業の概念をめぐっては，「ITというネットワーク技術を企業経営のなかでいかに活用するかどうかではなく，これらの専業企業の間で密接な協力関係をいかに形成するかどうか，が重要である」が，これらの企業の「密接な協力関係は，かれらが開発するIT技術の規格を公開することによって可能となった」ものである[154]。こうした新しい現象をめぐっては，その評価が重要な問題となってくるが，この点に関しては，現在部分的にみられるこの現象を「一般化」・「普遍化」しうるかどうかが重要な問題とな

る。そのような新しい現象の意義を明らかにし，その評価を適切に行うにあたっては，IT産業のもつ固有の産業特性に規定されるところが大きい点をどうみるかという問題や，その中心的舞台となっているIT産業の「先端性」と「中核性」の問題との関連などから考察することも必要かつ重要である。この問題については，第10章においていくつかの重要な視角から検討することにしよう。

4　リストラクチュアリング的合理化の本格的展開

　さらにリストラクチュアリング的合理化についてみると，1990年代の企業経営の主要問題のひとつは，とくに現在の日本において問題となっているように，多くの企業，産業においてリストラクチュアリング的合理化の推進が重要かつ緊急の経営課題となっていることにみられる。そのような合理化の今日的特徴は，それが全産業的な広がりをもって展開されてきていること，そうした取り組みにあたり合併，提携，持株会社，合弁など多様な企業結合形態が利用されていること，生産部門だけでなく管理部門の合理化も本格的に推し進められていること，しかも情報技術の発展がそのような合理化の本格的推進のひとつの大きな契機となっている点などにみることができる。

　リストラクチュアリング的合理化はことに構造不況業種，日本でいえば建設業，金融部門（ことに銀行），やや程度は異なるが流通業，鉄鋼業などの諸部門において重要課題とされてきた。上述したように，アメリカでは1980年代の第4次企業集中運動の過程でM＆A＆D，すなわち合併だけでなく，事業分割が取り組まれるなかでリストラクチュアリング（事業の再構築）が強力に推し進められ，90年代にもそのような合理化が継続して行われた。これに対して，日本では80年代はもとより「失われた10年」と呼ばれる90年代に入ってからもそれが必ずしも本格的には展開されてこなかった。そのことが日本において今日リストラクチュアリング的合理化が多くの産業，企業にとっての重要な課題となっている大きな理由でもある。

　リストラクチュアリング的合理化の内容としては，大きく，1）過剰生産能力の整理と製品別生産の集中・専門化の推進，2）特定製品部門における多様な製品群のなかでの自社の強みのある製品分野へのしぼり込み，3）人員削減

の実施, 4) 多角化した事業構造の見直しとしての「選択と集中」による事業構造の再編成の推進, 5) ある事業領域内の特定の事業分野への集中化（経営資源の集中）の 5 点に分けることができる。産業によって, また企業によって取り組まれるべきリストラクチュアリング的合理化の内容は異なっているが, 産業別比較の視点とともに, 企業間の比較の視点をも考慮に入れて実態をみていくことが必要かつ重要である。また近年「選択と集中」の動きが大きくすんできていることにもみられるように, 各産業・企業の多角的事業構造の差異に規定されたリストラクチュアリング的合理化のあり方がひとつの重要な問題となる。このような合理化の問題についての詳しい考察は第 7 章において行うことにしよう。

5 企業結合の今日的展開

また1990年代以降の時期に本格的な展開をみる経済のグローバリゼーション, 経営のグローバル化の進展のもとで, 企業結合においても今日的な展開, 特徴がみられる。それは, 例えばかつてない規模の世界的な企業の吸収・合併の動きがみられること, また日本において最も典型的にみられように持株会社という企業結合形態による再編（とくに経営統合や事業統合）や, 戦略的提携と呼ばれるように提携による協調, 連携による企業間関係の構築・変化がみられるようになっている点に示されている。

まず合併については, 例えば1990年代半ばから末にかけてM&Aブームとも呼ばれるかつてない規模の世界的な企業の吸収・合併の大きな動きがみられ, 国境を越えたクロスボーダー的な合併・結合が顕著になってきた。この時期のM&Aの急増は直接投資の著しい増大をもたらした大きな要因となっていることにみられるように[155]吸収・合併がグローバル化との関連ですすんだという点, そのような集中によってリストラクチュアリングが推進されている点や, 自由化, 規制緩和がM&Aの著しい増加のひとつの主要因になっているという点に特徴がみられる[156]。また1990年代に入ってからのアメリカにおける長期的な株式市場の上昇を基礎に, 株式交換型合併によって現金ではとても調達できないような巨額のM&Aが可能になったことも大規模な企業集中を促進する重要な要因として作用したという点も特徴的である[157]。そのような吸収・合

併による世界的な企業の再編にともない大企業の一層の巨大化，市場支配力の強化かすすむなかで，従来の国内市場における「寡占」競争が世界市場における「ビッグ3ないし5」といった「世界的寡占」体制に転化しつつあることが重要な今日的変化のひとつを示しているといえる。しかしまた，そこでは協調しながら競争するという重層的な展開が大量化している点にも今日的特徴がみられる[158]。

　このような「企業提携による協調」というかたちでの競争の抑制，そのような協調をふまえた競争の新たな展開，さまざまな領域での相互補完的関係の構築による競争力の強化が企業の重要な戦略的対応課題となってきている。企業提携は，今日，必ずしも資本投下をともなわない再編手段として，またリストラクチュアリングのための合理化手段や資源補完の手段として，また市場支配の手段としても一層大きな役割を果たすようになってきている。それは，競争関係にある企業同士や企業集団・企業グループを超えて，同一産業内のみならず産業を超えて，また国際提携と呼ばれるように国境を越えて，さらに高度に多角化した今日の巨大企業の特定の事業領域・分野あるいは特定の職能的領域において展開されるなど，合併や持株会社方式などと比べてもより広い範囲にわたって展開されており，一層複雑かつ多様な現われ方をみているといえる。

　それゆえ，とくに1990年代以降にこうした特徴的な現れ方をみることになった企業結合については，その主要問題と特徴，そうした現象の規定要因の解明とともに，企業，産業，経済の発展・再編の，また現代企業の資本蓄積問題の今日的到達点としてのM&Aや企業提携のもつ基本的特徴と意義の解明が重要な課題となってくる。ことに戦略的提携は一般に1980年代，とくにその後半以降にみられるようになってきたとされているが[159]，90年代以降のそれはどのような質的に新しい性格をもつものとなっているのかという点の解明も重要となる。こうした問題については，第9章で詳しく考察を行うことにする。

第6節　20世紀の企業とその基本的特徴

　以上の考察において，独占形成期から今日に至るまでの企業経営の歴史的過程をあとづけ，各時期の基本的な一般的傾向性＝「全般的一般性」を明らかに

してきた。企業の経営が展開される条件をなす資本蓄積条件の変化とそのもとでの現実の経営現象の展開における歴史的諸特徴をふまえて，20世紀という時代に支配的となった企業類型についてみるならば，つぎのようにいえるであろう。ひとつには，この時期の巨大企業は内部化というかたちで職能統合した垂直統合企業＝複数事業単位企業であるとともに，階層制管理機構をもち，需給の調整に企業自ら主体的に取り組んでいる点，すなわち管理的調整を行っているという点に，いまひとつには，「大量生産適合型」企業であるという点の2点にその特徴をみることができよう。ことに大量生産適合型企業という点に関しては，つぎの3点が重要である。すなわち，a.大量生産それ自体がコスト引き下げに基づく価格の引き下げをとおして生産力基盤に見合う市場基盤を自ら生み出していくことによる再生産構造が確立されたこと。b.主要産業部門での大量生産と自動車のような耐久消費財部門の大量生産[160]による関連する多くの産業部門への需要創出効果を基礎とする大量生産体制が確立されたこと。c.しかも，第6章で詳しく考察する日本的生産システムに典型的にみられるように，大量生産システムにフレキシビリティを組み込むことにより，需給の調節（需要変動への適応）のより大きな可能性を生み出していること。それはすなわち生産力基盤に見合う市場基盤の創出による再生産構造にかかわる問題でもある。

　そのような意味において20世紀型企業は，大量生産・大量販売・大量消費社会という20世紀の経済社会とそれを支える資本の再生産構造・社会システムの担い手となりえたのであった。そこでは，装置・生産財産業においてのみならず加工組立産業においても大量生産システムが構築され，しかも生産と流通の統合＝垂直的統合をとおして，それにみあう流通システムを企業内に確立することによって，大量生産・大量流通適応型の企業経営システムがつくりだされた。これが企業経営システムの基本的パターンをなしたのであり，そのようなシステムを担いきれるような巨大株式会社としてつくりだされてきたといえる。こうして，20世紀という時代には，垂直統合と大量生産システムによって「規模の経済」を追求する企業類型が支配的となるに至ったといえる。それゆえ，20世紀の企業経営システムの構造的特質は「垂直統合型」と「大量生産適合型」という2つの点に求められるであろう。

しかし，20世紀の企業およびその経営を特徴づけるこうした2つの基本的特徴をめぐっては，今日それとは異なるいくつかの新しい現象がみられるようになっており，21世紀という新しい時代の企業経営のあり方をめぐる議論ともかかわってそのような諸現象は研究上の重要な問題にもなっている。こうした点をめぐっては，第10章において考察することにする。

（1）A. D. Chandler, Jr, *The Visible Hand*, Harvard University Press, 1977〔鳥羽欣一郎・小林袈裟治訳『経営者の時代』東洋経済新報社，1979年〕参照。
（2）前川恭一『現代企業研究の基礎』森山書店，1993年，112-3ページ。
（3）アメリカにおける19世紀末から20世紀初頭の世紀転換期の企業合同運動とそこでの巨大企業の形成の過程をめぐる問題については，谷口明丈『巨大企業の世紀　20世紀アメリカ資本主義の形成と企業合同』有斐閣，2002年を参照。そこでは，同書の6-7ページの指摘にもみられるように，この時期のアメリカにおいて合併あるいは合同という企業がとりうるひとつの戦略オプションがさまざまな産業に属するきわめて多数の企業によって史上初めて同じ時期に集中して選択され，それまでにみたこともないような巨大企業が一挙に多数生み出された過程が考察されている。
（4）*Ibid.*, pp. 316-7〔同上訳書，下巻，554-5ページ〕．
（5）*Ibid.*, pp. 319〔同上訳書，下巻，557ページ〕．
（6）*Ibid.*, pp. 320-31〔同上訳書，下巻，559-76ページ〕参照．
（7）前川，前掲書，164ページ参照。
（8）同書，163ページおよび179ページ。
（9）同書，165ページ。例えば石炭業におけるそのような目的の企業の合併・買収については，戸原四郎『ドイツ金融資本の成立過程』東京大学出版会，1963年，273-6ページ参照。
（10）R. A. Brady, *The Rationalization Movement in German Industry. A Study in the Evolution of Economic Planning,* Berkeley, California, 1933, p.177.
（11）例えば工藤　章『現代ドイツ化学企業史──IGファルベンの成立・展開・解体──』ミネルヴァ書房，1999年，第1章，加来祥男『ドイツ化学工業史序説』ミネルヴァ書房，1986年，第3章，米川伸一「ドイツ染料工業と『イー・ゲー染料株式会社』の成立過程」『一橋論叢』（一橋大学），第64巻第5号，1970年1月などを参照。
（12）前川，前掲書，165ページ参照。
（13）1873年恐慌の特徴について，例えば大野英二氏は，「一八五七年や一八六六年の恐慌は，黄金時代を謳歌したイギリスが世界市場にゆるぎのない『工業独占』を打ち立てていた時期の世界恐慌であり，なおイギリスを主要な舞台とした世界恐慌であった」のに対して，「一八七三年の恐慌は，ドイツやアメリカ合衆国の新興の工業国を主要な舞台とする世界恐慌」であったとされている。大野英二『ドイツ資本主義論』未来社，1965年，32ページ参照。

(14) D. S. Landes, *The Unbound Prometheus. Technological Change and Industrial Development in Western Europe from 1750 to the Present,* Cambridge University Press, 1969, p.237〔石坂昭雄・冨岡庄一郎訳『西ヨーロッパ工業史1　産業革命とその後1750-1968』みすず書房，1980年，257ページ〕．
(15) *Ibid.*, p.302〔前掲訳書，328ページ〕参照．
(16) なおテイラー・システムに代表される科学的管理の生成の背景・基盤については，わが国でも多くの研究があるが，例えば稲村　毅『経営管理論史の根本問題』ミネルヴァ書房，1985年，島　弘『科学的管理法の研究〔増補版〕』有斐閣，1979年，山下高之『近代的管理論序説──テイラー・システム批判──』ミネルヴァ書房，1980年，平尾武久『増補 アメリカ労務管理の史的構造──鉄鋼業を中心として──』千倉書房，1995年，土屋守章「米国経営管理論の生成」(1)，(2)，『経済学論集』（東京大学)，第31巻第4号，第32巻第1号，1966年1月，1966年4月，中川敬一郎「米国における大量生産体制の発展と科学的管理運動の歴史的背景」『ビジネスレビュー』Vol.11, No.3, 1964年1月，塩見治人『現代大量生産体制論』森山書店，1978年などを参照．
(17) 稲村，前掲書，194ページ参照．なおH. ブレバーマンのいう「テイラー主義」における「構想からの執行の分離」については，H. Braverman, *Labor and Monopoly Capital ; The Degradation of Work in the Twentieth Century,* New York, London, 1974, p.114〔富沢賢治訳『労働と独占資本──20世紀における労働の衰退──』岩波書店，1978年，128ページ〕参照．
(18) C. B. Thompson, *The Theory and Practice of Scientific Management,* Boston, 1917. ただしここでの引用はEaston Hive Publishing Companyの1972年発行のリプリント版，pp.36-9による．
(19) A. D. Chandler, Jr, *op.cit.,* pp.1-3〔同上訳書，上巻，5ページ〕）．
(20) *Ibid.*, 9,10〔同上訳書，下巻，第9章および第10章〕参照．
(21) *Ibid.*, p.339〔同上訳書，下巻，593ページ〕．
(22) *Ibid.*, p.372〔同上訳書，下巻，642ページ〕．
(23) *Ibid*, p.450〔同上訳書，下巻，768-9ページ〕．
(24) *Ibid*, p.7〔同上訳書，上巻，13ページ〕．
(25) *Ibid*, p.411〔同上訳書，下巻，705ページ〕．
(26) *Ibid*., 13〔同上訳書，下巻，第13章〕参照．
(27) *Ibid*., Appendix A, pp.503-12〔同上訳書，下巻，859-69ページ〕参照．
(28) Vgl. H. Mottek, W. Becker , A. Schröter, *Wirtschaftsgeschichte Deutschlands. Von der Zeit der Bismarckschen Reichsgründung 1871 bis zur Niederlage des faschistischen deutschen Imperialismus 1945,* Ein Grundriß, Bd.Ⅲ, 2.Aufl, Berlin, 1975, S.33. なお本書にはつぎの訳書がある．大島隆雄・加藤房雄・田村栄子訳『ドイツ経済史──ビスマク時代からナチス期まで(1871-1945年)』大月書店，1989年．
(29) D. S. Landes, *op, cit.*, p.287〔前掲訳書，312ページ〕．

(30) Vgl. Institut für Wirtschaftsgeschichte der Akademie der Wissenschaften der DDR, *Produkutivkräfte in Deutschland 1870 bis 1917/18*（Geschichte der Produkutivkräfte in Deutschland von 1800 bis 1945, Bd.2), Berlin, 1985, S.104-5, S.107.
(31) Committee on Recent Economic Changes, *Recent Economic Changes in the United States,* Vol.1, New York, 1929, p.126.
(32) Vgl. P. Czada, *Die Berliner Elektroindustrie in der Weimarer Zeit,* Berlin, 1969, S.151-2.
(33) H. Mottek, W. Becker, A. Schröter, *a. a. O.,* S.34.
(34) Vgl. Institut für Wirtschaftsgeschichte der Akademie der Wissenschaften der DDR, *a. a. O.,* S.111.
(35) D. S. Landes, *op, cit.,* p.282〔前掲訳書, 306-7ページ〕.
(36) Vgl. Institut für Wirtschaftsgeschichte der Akademie der Wissenschaften der DDR, *a. a. O.,* S.111-2.
(37) H. Mottek, W. Becker, A. Schröter, *a. a. O.,* S.34.
(38) Vgl. Institut für Wirtschaftsgeschichte der Akademie der Wissenschaften der DDR, *a. a. O.,* S.112.
(39) この点については，機械製造業の事例としては，幸田亮一『ドイツ工作機械工業成立史』多賀出版，1993年，251-3ページ，同「ドイツ機械工業の発展とレーヴェ社新工場――第1次大戦前ドイツ機械工業の発展と工場改革(1)」『経済論叢』(京都大学)，第129巻第6号，1982年6月，101ページおよび105ページ，同「第1次大戦前ドイツ重機工業における工場制度の変容――N.A.N.社の事前研究(2)――」『経済論集』(佐賀大学)，第19巻第3号，1986年12月，294-9ページを参照されたい。また電機産業の事例については，今久保幸生『19世紀末ドイツの工場』有斐閣，1995年，338ページを参照。
(40) H. Mottek, W. Becker, A. Schröter, *a. a. O.,* S.34.
(41) Vgl. K. H. Mommertz, *Bohren, Drehen und Fräsen. Geschichte der Werkzeugmaschinen,* Hamburg, 1981, S. 136.
(42) 前川，前掲書，117ページ。
(43) 仲田正機『現代企業構造と管理機能』中央経済社，1983年，80-1ページ，100ページおよび119ページ参照。
(44) この点について詳しくは，拙書『ヴァイマル期ドイツ合理化運動の展開』森山書店，2001年を参照。
(45) この時期のドイツの企業集中の問題については，同書のほか，E. Varga, Die marxistische Sinn der Rationalisierung, *Die Internationale,* 9. Jg, Heft 14, 1926.7.20, S.432, Enquete Ausschuß (Ausschuß zur Untersuchung der Erzeugungs=und Absatzbedingungen der deutschen Wirtschaft), (Ⅰ)-2, *Die innere Verflechtung der deutschen Wirtschaft,* Berlin, 1930, S.16-7, 上林貞治郎・井上 清『工業の経済理論』[増訂版]，ミネルヴァ書房，1976年，230-1ページなどを参照。
(46) R. A. Brady, *op. cit.*, p.xii.

(47) 「消極的合理化」の概念については，Enquete Ausschuß, (Ⅲ)-2, *Die deutsche eisenerzeugende Industrie*, Berlin,1930, S.22-30, O.Bauer, *Rationalisierung und Fehlrationalisierung* (Kapitalismus und Sozialismus nach den Weltkrieg, Bd.1), Wien, 1931, S.195-6などを参照。
(48) C. Schiffer, *Die ökonomische und sozialpolitische Bedeutung der industriellen Rationalisierungsbestrebung,* karlsruhe, 1928, S.30.
(49) Vgl. E. Varga, *a. a. O.*, S.432.
(50) 上林・井上，前掲書，231ページ。
(51) Vereinigte Stahlwerke A. G., *Geschäftsbericht über das 1.Geschäftsjahr vom 14. Januar bis 30. September 1926,* S.10, NICB, *Rationalization of German Industry*, New York, 1931, pp.82-3, K.Lasch, *Entwicklungstendenzen für die Zusammenschußformen in der deutschen Großindustrie seit 1914,* Düsseldorf, 1930, S.92.
(52) 前川恭一・山崎敏夫『ドイツ合理化運動の研究』森山書店，1995年，38ページ。
(53) R. A. Brady, *op. cit.*, p.110.
(54) 島田千代丸「獨逸合同製鋼の過去及び現在(三)」『鉄鋼連盟調査月報』，1940年12月号，19ページ。
(55) Vgl. Enquete Ausschuß, (Ⅲ)-2, *a. a. O.,* S.32 u S.130.
(56) この点については，Vereinigte Stahlwerke A.G., *a. a. O.,* S. 12, P. Ufermann, *Der Stahltrust,* Berlin, 1927, S.175, Enquete Ausschuß, (Ⅲ)-2, *a. a. O.*, S. 32-3, Vereinigte Stahlwerke, Aktiengesellschaft, Düsseldorf, *Stahl und Eisen,* 47. Jg, Heft 11, 1927. 3.17, S.475, NICB, *op.cit.*, p.85, 島田，前掲論文，19-20ページ，前川・山崎，前掲書，40-1ページなどを参照。
(57) 原 輝史「序章」，原 輝史編『科学的管理法の導入と展開――その歴史的国際比較――』昭和堂，1990年，4-6ページ。
(58) 例えば加藤志津子「ソ連におけるHOT運動の生成と変容」，同書，Ⅶなどを参照。
(59) 原，前掲論文，6ページ。
(60) 吉田和夫『ドイツ合理化運動論――独占資本とワイマル体制――』ミネルヴァ書房，1976年，114-5ページ参照。
(61) この時期のアメリカの自動車産業および電機産業の大企業における工場結合体の成立については，塩見，前掲書，第5章および西郷幸盛・相馬志都夫『アメリカ経営管理発展の研究』八千代出版，1988年，第8章などを参照。
(62) 仲田，前掲書，104ページ。
(63) 同書，101ページ。
(64) A. D. Chandler, Jr, *Giant Enterprise : Ford, General Motors, and the Automobile Industry,* New York, 1964, p.187〔内田忠夫・風間禎三郎訳『競争の戦略 GMとフォード：栄光への足跡』ダイヤモンド社，1970年，306-7ページ〕。
(65) 塩見，前掲書，279ページ。
(66) 坂本和一『現代巨大企業と独占』青木書店，1978年，48-9ページ参照。

(67) Vgl. H. Mottek, W. Becker, A. Schröter, *a. a. O.,* S.31.
(68) 因みに1929年のアメリカにおける自動車産業によって消費された原料の割合をみると，帯鋼では60.4％，棒鋼では28.7％，薄板鋼では29.2％，ゴムでは84.2％，あらゆる種類の鋼製品（全国の総生産に占める割合）では18％，可鍛鉄（同）では52％，板ガラス（同）では73％，鉛（国産鉱石からの生産高に占める割合）では31.2％となっている（D. S. Landes, *op. cit.,* p.443〔石坂昭雄・冨岡庄一訳『西ヨーロッパ工業史2　産業革命とその後　1750-1968』みすず書房，1982年，537ページ〕）。また38年についてみても主要な12の原料において自動車産業は需用者として第一位を占めており，例えば合成物質では全生産量の90％，ゴムでは80％，板ガラスでは69％，合金鋼では54％，可鍛鉄では53％，光輝引抜鋼では51％，薄鋼板では41％，モヘアでは40％，快速鋼では35％，鉛では35％，ニッケルでは29％，その他の種類の鋼では17％となっていたとされている。Vgl. Motorisierung Amerikas, *Automobiltechnische Zeitschrift,* 42.Jg, Heft 22, 1939.11.25, S.606.
(69) 塩見治人・溝田誠吾・谷口明丈・宮崎信二『アメリカ・ビッグビジネス成立史──産業的フロンティアの消滅と寡占体制』東洋経済新報社，1986年，139ページ。
(70) A. D. Chandler, Jr, *Strategy and Structure,* Cambridge, Massachusetts, 1962, 2.2)〔三菱経済研究所訳『経営戦略と組織』実業之日本社，1967年，2.2)〕参照。
(71) NICB, *op. cit.* pp.118-9.
(72) 工藤，前掲書，85ページおよびG. Plumpe, *Die I. G. Farbenindustrie AG. Wirtschaft, Technik und Politik 1904-1945,* Berlin, 1990, Teil Ⅲなどを参照。
(73) A. D. Chandler, Jr, *Strategy and Structure,* p.393〔前掲訳書，385-6ページ〕。
(74) 井上　清『工業生産と管理の理論』（増補版），ミネルヴァ書房，1986年，109ページ。因みに主要各国の工業における工場の動力の電動化率をみると，アメリカでは1919年には55.4％であったものが25年には73％に上昇しており（Committee on Recent Economic Changes, *op. cit.,* p.126），ドイツでも，工業および手工業（ただし1925年の領土）における全動力機の総出力に占める電動機の割合は1907年の19.7％から25年には65.5％，33年には72.4％に上昇している。Vgl. P. Czada, *a. a. O.,* S.151-2.
(75) Vgl. Institut für Wirtschaftsgeschichte der Akademie der Wissenschaften der DDR, *Produktivkräfte in Deutschland 1917/18 bis 1945*（Geschichte der Produktivkräfte in Deutschland von 1800 bis 1945, Bd.3), Berlin, 1988, S.64.
(76) Vgl. T. v. Freyberg, *Industrielle Rationalisierung in der Weimarer Republik : Untersucht an Beispielen aus dem Maschinenbau und der Elektroindustrie,* Frankfurt am Main, New York, 1989, S.83.
(77) H. Mottek, W. Becker, A. Schröter, *a. a. O.,* S. 36. このように，第1次大戦後の1920年代に労働手段の個別駆動方式への転換への取り組みがすすんだが，そこでも，なお国による差異がみられる。例えばドイツでは，20年代にみられた進歩にもかかわらず，広い基盤をもった個別電動駆動の大規模な定着をみるのは30代後半のことであったとされている（*Ebenda,* S.36）。なお1930〜40年代のドイツにおける個別駆動方

第 4 章　企業経営の歴史的展開　177

式の導入について詳しくは，拙書『ナチス期ドイツ合理化運動の展開』森山書店，2001年，第 2 章第 2 節および第 2 部を参照。
(78) Vgl. G. Schlesinger, 30 Jahre Deutscher Werkzeugmaschinenbau, *Werkstattstechnik*, 22.Jg, Heft 20, 1928, S.551.
(79) Vgl. T. Siegel, T. v. Freyberg, *Industrielle Rationalisierung unter dem Nationalsozialismus,* Frankfurt am Main, New York, 1991, S.231-2.
(80) Vgl. E. Prägel, H. Hänecke, Die Richtlinien für die Entwicklung spanabhebender Werkzeugmaschinen, *Maschinenbau-Betrieb,* Bd.9, Heft 10, 1930, S.325.
(81) Vgl. H. Homburg, *Rationalisierung und Industriearbeit. Arbeitsmarkt――Management――Arbeiterschaft im Siemens-Konzern Berlin 1900-1939,* Berlin, 1991, S.442
(82) Vgl. H. Mottek, W. Becker, A. Schröter, *a. a. O.,* S.28.
(83) Vgl. *Ebenda,* S.30.
(84) 岸本英八郎「生産のオートメーション」，藻利重隆責任編集『経営学辞典』東洋経済新報社，1967年，412-4ページ。またビジネス・オートメーションについてみると，それは，「経営組織内外の情報発生源から情報を収集，処理して，ふたたび経営組織の全域に，フィードバックする全体的なネット網を確立する方式」であり，通信伝達網の完備した活発なフィードバック伝達システムに特徴が求められる。石田武雄「事務の機械化」，同書，699ページ。
(85) Vgl. C. Kleinschmidt, *Der Produktiv Blick,* Berlin, 2002, S.71.
(86) 今井賢一「管理工学の発展」，藻利責任編集，前掲書，805ページ。
(87) 宗像正幸「インダストリアル・エンジニアリング」，吉田和夫・大橋昭一編著『基本経営学用語辞典』同文舘，1994年，12ページ。
(88) 今井，前掲論文，806ページ。
(89) 上林貞治郎『新版資本主義企業論』税務経理協会，1976年，167-8ページ。
(90) 星野芳郎『技術革新の根本問題』(第 2 版)，勁草書房，1969年，87-8ページ，河村良吉「品質管理の発展とその意義」，藻利責任編集，前掲書，475ページ。
(91) 上林，前掲書，172ページ。
(92) 今野 浩「オペレーションズ・リサーチ」，神戸大学大学院経営学研究科経営学研究室編『経営学大辞典』第 2 版，中央経済社，1999年，79-80ページ。
(93) 保田芳明「マーケティング」，経済学辞典編集委員会編『大月経済学辞典』大月書店，1979年，853ページ，森下二次也「マーケティング」，大阪市立大学経済研究所編『経済学辞典』，第 3 版，岩波書店，1992年，1227ページ。
(94) 星野，前掲書，94ページ。
(95) 中山三郎「管理者教育」，藻利責任編集，前掲書，591ページ。
(96) 星野，前掲書，94ページ参照。
(97) Vgl. C. Kleinschmidt, *a. a. O.,* S.74.
(98) 例えば堀江正則『資本主義的合理化』(堀江正則著作集 第 4 巻)，大月書店，1977年，175ページ参照。

(99) Vgl. *Ebenda,* S.191.
(100) Vgl. *Ebenda,* S.195.
(101) Vgl. *Ebenda,* S.203.
(102) 前川，前掲書，119-20ページ。
(103) 同書，124-5ページ。
(104) *Statistical Abstract of the United States,* 1973, p.486.
(105) 同書，120-1ページのほか，仲田，前掲書，82-3ページをも参照。
(106) Vgl. H. Tammer, Herrschaft der Monopole und fortschreitende Monopolisierung――die Kernfrage des Imperialismus, *IPW-Berichte,* 6.Jg, Heft 3, 1977.3, S.7, 前川，前掲書，121ページも参照。
(107) 例えば林 昭『激動の時代の現代企業』中央経済社，1993年，47ページ。
(108) Vgl. W. Hahn, H. Tammer, Kapitalkonzentration in Westdeutschland ander Wende zum neuen Jahrzehnt, *DWI-Berichte,* 21. Jg, Nr. 8, 1970.8, S.23.
(109) 前川，前掲書，126-9ページ。
(110) R. P. Rumert, *Strategy, Structure and Economic Performance,* Harvard University Press, 1974, p.51〔鳥羽欽一郎・山田正喜子・川辺信雄・熊沢 孝訳『多角化戦略と経済成果』東洋経済新報社，1977年，67ページ〕
(111) 仲田，前掲書，82-3ページ。
(112) R. P. Rumert, *op. cit.,* p.65〔前掲訳書，85ページ〕参照。
(113) P. Dyas, H. T. Thanheiser, *The Emerging European Enterprise,* The Macmillian Press, 1976, pp.63-72参照.
(114) *Ibid.,* p.100, pp.132-3参照.
(115) *Ibid.,* pp.65-73参照.
(116) E. Gabele, *Die Einführung von Geschäftsbereichsorganisation,* Tübingen, 1981, S.1-2〔高橋宏幸訳『事業部制の研究』有斐閣，1993年，1-2ページ〕。
(117) P. Dyas, H. T. Thanheiser, *op. cit.,* p.66.
(118) *Ibid.,* p.73-4.
(119) H. Siegrist, Deutscher Großunternehmen vom späten 19.Jahrhundert bis zur Weimarer Republik, *Geschichte und Gesellschaft,* 6.Jg, Heft 1, 1980, S.88.
(120) P. Dyas, H. T. Thanheiser, *op. cit.,* pp.73-4. なおこの時期の西ドイツ企業の戦略と組織の問題については，ブーツ・アレン・ハミルトンレポート (Boots, Allen & Hamilton, *German Management : Challenges and Responses, International Studies of Management & Organization,* Vol.3, No.1-2, 1973) の検討をとうして考察した加護野忠男「西独企業の戦略と組織」，市原季一先生追悼記念事業会編『ドイツ経営学研究』森山書店，1981年をも参照。
(121) E. Gabele, *a. a. O.,* S.48〔前掲訳書，52-3ページ〕
(122) Vgl. C. Kleinschmidt, *a. a. O.,* S.263.
(123) Vgl. *Ebenda,* S.265.

(124) Vgl. *Ebenda,* S.261.
(125) Vgl. *Ebenda,* S.275.
(126) J. スコット・仲田正機・長谷川治清『企業と管理の国際比較——英米型と日本型』中央経済社，1993年，119-20ページ，仲田正機「現代日本企業のトップ・マネジメント」，角谷登志夫・堤 矩之・山下高之編『現代日本の企業・経営』有斐閣，1986年，115ページ参照。
(127) 権 泰吉・高橋俊夫・岡山礼子「企業戦略と組織」(岡山礼子執筆，「企業の成長戦略と組織」)，明治大学企業経営研究会編『戦後企業経営の変遷と課題』頸草書房，1983年，98ページ。
(128) 吉原英樹・佐久間昭光・伊丹敬之・加護野忠男『日本企業の多角化戦略——経営資源アプローチ』日本経済新聞社，1981年，58ページ，64-5ページ。
(129) 同書，49ページ，65ページ。
(130) 同書，198ページ。吉原氏らは，一部事業部制と事業部制との判別のメルクマールを「本社機構と主力事業を担当する組織単位とが分化しているか否か」に求めており，具体的な基準としては，1)「主力組織単位に，担当製品あるいは地域に関する全般管理を行う独自のジェネラル・マネジャーが設置されているか否か」，2)「本社スタッフと主力組織単位のスタッフとが明確に区別されるか否か」という基準を設定し，この2つの条件をみたす企業は事業部制と判定され，いずれかをみたさないものは一部事業部制と判定されている。同書，195ページ。
(131) 小田切宏之『日本の企業戦略と組織』東洋経済新報社，1992年，151-2ページ。
(132) 吉原・佐久間・伊丹・加護野，前掲書，205-7ページ。
(133) 例えばA. D. Chandler, Jr, *The Visible Hand,* p.353〔前掲訳書，下巻，614ページ〕。
(134) *Ibid.,* pp. 368-9〔同上訳書，下巻，636-8ページ〕。
(135) 佐藤定幸「多国籍企業」，経済学辞典編集委員会編，前掲書，619ページ。
(136) 宮崎義一「多国籍企業」，大阪市立大学経済研究所編，前掲書，847ページ。多国籍企業の概念をめぐってはその定義はさまざまであるが，この点については，当該文献・資料を参照。
(137) 例えばバイエルについては，Bayer in kräftigem Ausbau, *Der Volkswirt,* 9. Jg, Nr. 21, 1955.5.28, S.26, Farbenfabriken Bayer AG, *Der Volkswirt,* 11.Jg, Nr.16, 1957.4.20, S.753-4, Farbenfabriken Bayer AG, *Der Volkswirt,* 12.Jg, Nr.20, 1958.5.17, S.875, Bayer immer exportintensiver, *Der Volkswirt,* 14.Jg, Nr.18, 1960.4.30, S.817を，またヘキストについては，Farbwerke Hoechst AG, *Der Volkswirt,* 10.Jg, Nr.20, 1956.5.19, S.32, Farbwerke Hoechst AG begeben Anleihe, *Der Volkswirt,* 11.Jg, Nr.19, 1957.5.11, S.955, Farbwerke Hoechst AG, *Der Volkswirt,* 12.Jg, Nr.20, 1958.5.17, S.872, Farbwerke Hoechst AG, *Der Volkswirt,* 13.Jg, Nr.18, 1959.5.2, S.833, Hoechst vor großen Neuinvestitionen, *Der Volkswirt,* 14.Jg, Nr.18, 1960.4.30, S.819などを参照。
(138) 例えばVolkswagenwerk in witerer Expansion, *Der Volkswirt,* 12.Jg, Nr.31, 1958.8.2, S.1560, Volkswagenwerk in raschen Ausbau, *Der Volkswirt,* 13.Jg, Nr.29, 1959.7.18,

S.1525-6, Volkswagenwerk mit hochen Zuwachsraten, *Der Volkswirt,* 14.Jg, Nr.36, 1960.9.3, S.2048などを参照。

(139) 例えば自動車産業をみると，ブラジルでは1950年代に自動車輸入が禁止されており，60年代にはタイなど主要各国が国産化を目的に乗用車の輸入禁止を実施したほか，マレーシアや台湾でも完成車の輸入に高関税が課せられるようになっており，日本企業でも，例えばトヨタ自動車などにみられるように，そうした規制への対応として生産拠点の設置や合弁などでの現地生産が行われている。例えばアイアールシー『トヨタグループの実態　2002年版』アイアールシー，2002年，249ページ，295ページ，299ページ，308ページ，317ページなど参照。

(140) 多国籍企業論における「内部化理論」では企業の国外進出のさいに自前の直接投資のかたちを前提とする理由を「内部化」の優位に求めて説明し，「取引コスト論」でも取引コストの観点から進出形態が選択されるという説明がなされるが，1980年代，とくにその後半以降，「内部化理論」のように外部の経営資源の活用をはかる「提携」（戦略的提携）を自前の直接投資による展開の次善の策とみる見方（例えばA. M. Rugman, *Inside the Multinationals,* Croom Helm, 1981〔江夏健一・中島潤・有沢孝義・藤沢武史訳『多国籍企業と内部化理論』ミネルヴァ書房，1983年〕など参照）には一致しない現象が起こってきているという指摘もみられ，提携をめぐるさまざまな研究が蓄積されてきている（各論者の文献を参照）。ただ自前の直接投資による展開と提携との関係をめぐっては，1970年代前半にはアメリカ多国籍企業の大部分は「最終ゴール」としての全世界的生産・販売網を完全所有子会社によってほぼ完成しており（竹田志郎『国際戦略提携』同文舘，1992年，71ページ），戦略提携はあくまでそうした完全所有主義による既存の全世界的事業所網を前提として初めて可能となるという竹田志郎氏の指摘にみられるように（竹田志郎『多国籍企業と戦略提携』文眞堂，1998年，95ページ），戦略的提携をも含めて多国籍企業の今日的な経営行動の本質的特徴の解明が重要であるとともに，そうした重要な変化がみられるようになる歴史的必然性＝「歴史的特殊性」の解明も重要となってくる。この点については第9章において詳しく考察を行うことにする。

(141) 前川，前掲書，133ページ。

(142) Vgl. M. Heyn, R.Weiß, Monopolkapitalistische Zentralisierungsprozeß. International bedeutendste Vorgänge 1987, *IPW-Berichte,* 17.Jg, Heft 12, 1988.12, S.56.

(143) 同書，133-6ページ。

(144) Vl. M. Heyn, R. Weiß, Monopolkapitalistische Zentralisierungsprozeß. International bedeutendste Vorgänge 1985, *IPW-Berichte,* 15.Jg, Heft 12, 1986.12, S.58.

(145) Vgl. M. Heyn, R. Weiß, Monopolkapitalistische Zentralisierungsprozeß. International bedeutendste Vorgänge 1988, *IPW-Berichte,* 19.Jg, Heft 1,1990.1, S.60.

(146) Vgl. M. Heyn, R.Weiß, Monopolkapitalistische Zentralisierungsprozeß. International bedeutendste Vorgänge 1986, *IPW-Berichte,* 17.Jg, Heft 1, 1988.1, S.59.

(147) Vgl. M. Heyn, R. Weiß, Monopolkapitalistische Zentralisierungsprozeß. International

bedeutendste Vorgänge 1987, *IPW-Berichte,* 17.Jg, Heft 12, 1988.12, S.56.
(148) 同書，141-5ページ。
(149) 同書，146-52ページ，林 昭「現代企業における企業集中形態」，林 昭編著『現代の大企業　史的展開と社会的責任』中央経済社，2003年，81ページなど参照。
(150) 林，前掲『激動の時代の現代企業』，52-3ページ。
(151) 同書，44ページ。
(152) 前川，前掲書，137-8ページ。
(153) 通商産業省通商産業局国際企業課『我が国のM＆Aの課題——産業金融と企業組織に関する研究会報告——』通商産業調査会，1991年，32-3ページ。
(154) 夏目啓二『アメリカの企業社会』八千代出版，2004年，10-1ページ。
(155) UNCTAD, *World Investment Report 2000 : Cross-boder Mergers and Acquisitions and Development*, United Nations, Geneva, 2000, p.7.
(156) UNCTAD, *World Investment Report 1998 : Trend and Determinants*, United Nations, Geneva, 1998,pp.10-1, pp. 19-23.
(157) 上田　慧「生産のグローバル化とM＆A」『経済』，No.80，2002年5月，17ページ，同「第5次企業合併運動とクロスボーダーM＆A」『同志社商学』（同志社大学），第51巻第1号，1999年6月，480ページ。
(158) 同論文，465ページ，上田，前掲「生産のグローバル化とM＆A」，17ページおよび『経済』，No.80，2002年5月，47ページ参照。
(159) 例えば竹田，前掲『多国籍企業と戦略提携』，58-9ページ，同，前掲『国際提携戦略』，85-6ページ，松行彬子『国際戦略的提携　組織間関係と企業変革を中心として』中央経済社，2000年，205ページ，内田康郎「国際的な企業間提携にみる戦略的性格の形成と成長」『横浜国際開発研究』（横浜国際大学），第2巻第1号，1997年7月，107ページ，竹田志郎・内田康郎・梶浦雅己『国際標準と戦略提携　新しい経営パラダイムを求めて』中央経済社，2001年，34-5ページ，山下達哉「国際戦略提携の理論化への手がかりを求めて」『富士論叢』（富士短期大学），第40巻第2号，1995年11月，79ページ，徳田昭雄『グローバル企業の戦略的提携』ミネルヴァ書房，2000年，第1章などを参照。
(160) 20世紀の資本主義のシステムの最も主要な特徴をこのような大量生産体制のなかに見る見方は，橋本寿郎『20世紀資本主義I　技術革新と生産システム』東京大学出版会，1995年，東京大学社会科学研究所編『20世紀システム　2　経済成長 I基軸』東京大学出版会，1998年やレギュラシオン理論などにもみられるが，20世紀の企業経営システムの問題を考えるさいにも，資本主義経済の構造的変化，特質との関連のなかでみていくことが必要かつ重要であり，それなくしては本質的把握は困難であるといえる。なお橋本氏らの「20世紀システム」論の批評については，武田晴人「第3巻はしがき」，石井寛治・原 朗・武田晴人編『日本経済史　3　両大戦間期』東京大学出版会，2002年を参照。

第5章　企業経営システムの
　　　　アメリカモデルの特徴と意義

　第4章では独占形成期から今日に至るまでの企業経営の歴史的過程をあとづけ，各時期の企業経営の主要問題とその特徴，基本的な一般的傾向性＝「全般的一般性」を明らかにしてきたが，20世紀という時代に生み出され，主導的役割を果してきたそのような企業経営システムとはどのようなものであり，いかなる特徴と意義をもつものであるのか。以下の2つの章では，その代表的な企業経営システムとして，今世紀初頭以降アメリカにおいて形成され1970年代の資本主義の構造変化の時期までに主要資本主義国に広く移転・導入されていったアメリカモデルと，その後の時期に高い経済的パフォーマンスを実現し注目を集めるに至った日本モデル（第6章参照）を取り上げて考察を行うことにする。本章では，企業経営システムのアメリカ・モデルについて考察し，その特徴と意義を明らかにしていく。

　まず第1節においてアメリカ型企業経営システムについて考察を行い，第2節では，それをふまえて，その外国への移転の問題について，ドイツへの移転を取り上げてみていくことにする。

　　　第1節　アメリカ型企業経営システムとその特徴

　本節では，20世紀の代表的なモデルをなすアメリカ型の企業経営システムを取り上げて考察を行うことにするが，ここでは，部門管理システムと全般管理システムを取り上げて検討を行うことにしよう。

1 部門管理システムとその特徴

(1) テイラー・システムとその特徴

　まず部門管理システムを取り上げて考察することにするが，この点をテイラー・システムについてみることにしよう。それは計画部制度，要素的時間研究，作業指図票制度，職能的職長制度，差別的出来高給制度から成る管理のシステムである。その意義はなによりも，作業の標準化（作業方法と作業時間の標準化）を基礎にした課業管理をテコとして計画と執行の分離を推し進め，そのことによって作業速度の決定に関する主導権が労働の側から資本の側に決定的に移り，「労働力の支出過程そのものに対して資本の直接的統括を及ぼすこと」が可能となった点にある[1]。テイラー・システムが資本主義的経営管理の体系として有する最大の特色は，「『課業(Task)』の設定と『課業』の運用を通じ，企業における資本の専制的支配をかためながら，労働搾取機能の強化をはかり，最大の剰余価値の獲得を実現しようとしたところにある[2]」。テイラー・システムのもつこのような管理の機能は，計画機能と執行機能の分離を徹底し，計画部の設置によって，すべての計画機能を労働者から奪いとり，資本のもとに集中することから生まれてくる。「作業の科学の発見の結果，熟練が労働者から管理者へと移動し，またそれにともなって，権限もかなり移動する」ことになったが，この権限は直接トップにおいて決定されるものではなくて，工場の新しい中核である計画部において決定された[3]。つまり，テイラーの経営管理方式は，「雇用者に以前もっていたよりも生産要素についてのより大きな知識と統制力とを与えようとするもの」であり，「雇用者の手中に大きな権力をおこうとするものであった」[4]。このようにして，「労働過程の客観化は，計算部が労働者自身との個別的な接触なしに，生きた労働と生産の代表者との間の接触を最も有効にするための必要なデータを得るための前提であった[5]」と指摘されるように，そのような管理方式は，計画と執行の分離を実現することによって，労働者との直接的な対立を回避して，一層巧妙に，労働者を苛酷な労働に駆り立てることを可能にした。

　こうして，それまでとは異なる計画化と標準化の原理に基づく「近代的な」管理システムが確立されることになった。ここにいう「近代的」という意味は，19世紀に支配的な労働力の統括形態であった内部請負制度のもとでの各職

場の分散的管理と企業側からみた労働力に対する間接的管理の形態から資本によって各職場の集中的管理と労働力に対する直接的管理の体制への転換がはかられ，しかも，企業側が意図するだけの労働量を労働者から確実に取り出すための特別な管理のしくみをつくりあげた点にある。このことは，企業が労働者を直接雇用し，彼らの労働を管理しようとしても，本来，労働者の頭と体が一体となっており，労働という行為を遂行するさいに労働者の体を動かすための指令が労働者自身の脳からによる以外にない以上，労働という行為の最終的決定権は労働者自身の手にあるという物理的限界を克服しうる特別な管理のしくみを確立したということでもある。そのことによって，市場のメカニズムによる需給の調節がはかられる資本主義制度のもとで，需要に合わせた生産の計画化とその確実な実現のための条件が生み出されることになった。

またテイラー・システムにおいては，計画部の設置は従来のラインとは別にスタッフ組織を導入したという点でも画期的であり[6]，工場管理組織のライン組織からライン・スタッフ管理組織への転化をもたらした。管理のための計画・実績点検機能の集中処理機構に媒介された工程管理機能をもつライン・スタッフ管理組織によって編成されることによって初めて，工場管理機構は，生産管理の集中処理機構をもつ管理体制を実現することができたのであった[7]。

しかし，テイラー・システムでは，労働者に課業の達成を強制するためには差別的出来高払制度が不可欠であるという点にひとつの限界をもつ。テイラーの管理システムでは，要素的時間研究と計画部（企画部）制度との結合によって，労働者のなすべき1日の作業量である課業，したがって作業テンポが資本サイドから専制的に設定されるようになったとしても，労働者にそれを達成させることはきわめて困難である。課業の達成へと労働者を強制するためには，「現場の職長からの頭脳的・計画的労働の分離や職長の担当する職能の単純化を可能にする職能的職長制度や作業指図票制度による，資本の支配・監督機構の強化」と，「労働者の主観的態度を労働強化の方向に志向させようとする出来高差別払制度の導入」が必要となる[8]。すなわち，テイラーの差別的出来高給においては，課業を達成しえた者には高い賃率を，そうでない者には低い賃率を適用することになっており，給付の上昇に対して賃金はいわば累進的に変化し，課業を達成しえない場合には，給付の低下に対して賃金は大きく落ち込

まざるをえない。しかも，この場合の賃率は，普通の賃率よりも一層低くなっており，労働者はこのような賃金の実質的な切り下げを避けるために，課業の達成にむけて自らを駆り立てざるをえないのである。その意味では，「失敗すれば損失を」という原則の適用が，むしろ労働者を課業の達成に駆り立てる上で重要な意味をもつといえる[9]。このように，テイラー・システムにおいては，差別的出来高払制度が課業制度による管理の機能を補完する役割を果している。

またテイラー・システムでは個々の労働者の個別的な管理が可能になるにすぎず，つぎにみるフォード・システムのように，工程部門全体や生産ライン全体が管理されるものではなく，この点は管理システムとしての限界を示すものである。

(2) フォード・システムとその特徴
①管理システムとしてのフォード・システムの意義と限界

アメリカでは，このような特徴と意義をもつテイラー・システムをさらに発展させた管理システムとしてフォード・システムが誕生することになる。それは，テイラーの「作業の標準化」という標準化概念を生産全体にまで広げ，製品の単純化，部品の規格化，職場・機械設備の特殊化（専門化）などから成る生産の標準化をはかり，それを基礎にして流れ作業での生産を行うというものである。このような労働管理システム・生産システムは自動車産業のような加工組立産業における管理システム・生産システムとして大きな役割を果し，これらの部門における大量生産を可能にしたのであり，そのような産業特性との関連に注目しておくことが重要となる。

もとより，作業組織の形態には，1) 万能職場作業組織，2) 機種別職場作業組織，3) 品種別職場作業組織，4) 流れ作業組織の4つがある。1)の万能職場作業組織は多品種生産に適合するように各種の万能機械あるいは汎用機械を統一した原理なしに雑然と集合配置した複目の職場ないし汎用職場のことである。この組織は製品の種類とその生産量に対して非常に伸縮性がある点に特徴をもつが，そこに配置される機械設備は一般に汎用的なものに限られ，職場の内部では分業が必ずしも十分に進展しえないので，そこで働く労働者には高い

技能が要求され，万能工であることが求められる。また特定の製品または工程別に職場の編成がなされてはいないために，加工作業の諸過程において作業対象の迂回・逆行や作業の停滞が避けられず，高い生産能率を期待することはできない。2)の機種別職場作業組織は大規模な注文生産に適合した組織であり，生産規模の拡大を前提にしたものであるが，職場編成の原理が機種に求められ，そこでは機械が機種別に集合配置される。この組織も製品の種類の変動に対して伸縮性が大きい点に特徴をもつ。しかし，この作業組織も万能的・汎用的組織として形成されるので，そこに配置される作業手段は一般的に汎用的なものに限られ，労働者も万能工であることが求められる。また作業対象の迂回・逆行が職場内だけでなく各職場相互間でも避けられず，労働者の手待ち，仕掛品の停滞などによって生産能率の低下を招かざるをえない。これに対して，3)の品種別職場作業組織は少種多量生産に適合するように汎用職場を特殊化した市場生産型作業組織である。そこでは，特定の製品の生産について発現すべき作業工程の順序に従って，作業対象の進行距離をできる限り短縮できるように編成されており，一般に専用機械ないし単能機械が配置されるのでそこで働く労働者も単能工でよいことになるが，作業の時間的強制進行性が確立されていない点で流れ作業組織とは大きく異なる[10]。

　フォード・システムでは，それまでの作業組織は，作業の時間的強制進行性が付与された機械的搬送手段を内装した品種別作業組織，すなわち流れ作業組織へと変革されることになるが，そのような作業組織のもとでは工場における生産の管理の方法は大きく変革されることになる。すなわち，「フォード・システムは，機械的搬送手段内装型の機械体系へと19世紀的機械体系を原理的に変革し，時間的強制進行性確立型の作業組織へと伝統的・19世紀的作業組織を原理的に変革し，こうして，はじめて生産管理（とくに作業管理・工程管理）機能を内装化した作業機構を原理的に確立した[11]」。このような作業の時間的強制進行性が付与された流れ作業組織のもとでは，生産の諸工程は，労働手段体系の運動に即して全体的・同時的に管理されるようになる[12]。ここにいう全体的・同時的管理とは流れ作業組織が組み込まれた工程部門あるいは生産ライン全体が同時に管理されうるということを意味するものであり，テイラー・システムでは個々の労働者に対する個別的な管理が可能になるにすぎないという

管理上の限界を克服している。藻利重隆氏が指摘されるように, 生産合理化, したがって生産管理としてのフォード・システムの本質は生産活動の総合的同時化にあり, それは「同時管理」として特質づけられうるが, 流れ作業組織としてのコンベア・システムは生産活動の総合的同時化の手段としての意義をもつ[13]。このように, フォード・システムでは, テイラー・システムの場合とは異なり, 流れ作業組織が組み込まれた各工程部門レベルでの生産と労働の管理が問題となっている。

　もとより流れ作業の本質は, 途絶えることのない連続的な作業工程にあるが, フォードの移動組立法は, 「最小単位の部分品の製造にはじまり, これを順次に組立てて行って, 最後に製品になるまでの, すべての製造作業がことごとく組立線によって流動的・強制進行的に遂行せられる」ところに, その特質を見い出すことができる[14]。ただここで注意しておくべきことは, このような流れ作業による生産が行われる場合でも, 個々の組立作業が必ずしも機械化されるとは限らず, むしろその必要性は必ずしもないということである。そこでは, コンベアが「加工対象に時間的強制進行性をあたえ, 連鎖を構成する諸部分作業を規則化し, 同期化する」のであり, 「本来たんなる搬送手段にすぎないコンベアの中心的意義は, この点にある」[15]。

　このように, フォード・システムの機構においては, 全体としての組立作業の速さを統一的に規定する時間と, そのためのコンベアが重要となるが, このような時間（作業拍節）によって全体的統一的管理が可能になるわけであって, したがって, 作業拍節に関する研究は極めて有意義である。かかる作業拍節を決定づけるそれぞれの要素のうち, 作業の進行は個々の運搬労働者の仕事ではなくなり, むしろコンベアの速度にかかるようになる。「それは電動機の調節によって客観的にその速さが決定づけられるのに対して, 個々の移動組立線に配置された人間労働力にとっては, そこでの作業は, なお担当者の主観的能力に委ねられているわけで, 多少の巾はあり得る」。すなわち, コンベアの速さを, 極めて物理工学的に高めることによって, 他方, 生きた労働をぎりぎりの限度まで変化させ, あるいは基準よりも高い労働強度を強制するのである[16]。もとより流れ作業にとってのベルト・コンベアの意義は作業工程の強制にあるが, この方法で, ベルトは労働のテンポ, 労働の強度を規制する。ベルトの速

第 5 章　企業経営システムのアメリカモデルの特徴と意義　189

度の加速は，作業拍節を短縮し，そこに働く全労働者にその動きの加速を強制するのに十分であり，作業の時間的強制進行性に示されるように，ベルトはたんなる搬送手段から，労働者の筋肉と神経に一層大きな給付を強制する手段に転化するのである[17]。

そのような流れ作業組織による労働の管理のもとでは，テイラー・システムでみられたような賃金制度での金銭的奨励による課業の強制はもはや不要となり[18]，「労務管理部門は，ライン・ストップを極力回避するために生産ラインへ恒常的に労働者を確保するという単純な機能が，最も重要な仕事として登場した[19]」。こうして，フォードの経営管理において初めて生産管理と労務管理の分化，したがって経営管理の二重体系がみられることになる[20]。

しかし，こうした管理の変革に関して注意しておかなければならない点は，仕掛品を作業の完了と同時に 1 個ずつ搬送する専用の機械的搬送手段を内装化した流れ作業組織が組み込まれた部門（工程部門）において作業の時間的強制進行性が生み出され，そこでの生産の管理が全体的・同時的に行われえたとしても，各生産ライン間を結ぶ部門間搬送には，一定の数量をまとめて仕掛品（中間製品）を間歇的に搬送する汎用的搬送手段が利用されており，各生産ラインが相対的に独立的であったために，部門間レベルでの調整・統合の問題が生産管理の重要な課題として残ったということである[21]。すなわち，そこでは，生産ライン相互の体系的な工程管理計画を必要とし，それに基づいた部門間搬送が計画的に行われなければならないことになる[22]。第 6 章でみるように，企業経営システムの日本モデルでは，いわゆるジャスト・イン・タイム生産方式によってこうした工程部門間の同期化という管理上の問題に対してより高い次元での解決がはかられている。

またフォード・システムの労働管理システムをみる上で重要なひとつの点はテイラー・システムとの関連の問題である。フォードの生産合理化の諸方策を導入し，実施するためには，なによりもまずテイラーの研究成果を応用し，「作業の標準化」に基づく「社会的労働の合理的配分」を行うことが前提となる。仲田正機氏が指摘されるように，「フォード・システムは，工場結合体の展開とベルト・コンベアやローラー・コンベアの電動化を技術的基礎とするものであるが，そればかりでなく，社会的労働における各部分的諸労働の『標準

化』に基づく社会的労働の『合理的配分』についての技術学的研究の成果を前提に形成されるものなのである。すなわち，労働時間，作業量および生産物の間に存在する量的相互依存関係についての技術学的研究の成果が，生産過程に応用されなければならないのである[23]」。このことは，とくに流れ作業組織における作業拍節の決定の問題と関係している。実際，フォード社でも，「作業を分割・細分化しただけではなく，1913頃より数千を数える作業のすべてを，テイラー・システムの原理に基づいて，動作・時間研究を行い，ムダを排して効率的な作業の標準化を押し進め」，「そしてこのような原理に基づいて，ライン作業を編成し，そこに労働者を配置した」のであった[24]。すなわち，「テイラー・システムにおいて賃率設定の合理的基準を提供する時間研究は，同時に手順計画設定の基準として用いられたが，フォード・システムでは，それが諸作業のライン化の編成基準として利用された[25]」のであった。かくして，テイラーの作業研究および時間研究は，「フォーディズム」として特徴づけられるベルト・コンベアおよび流れ作業の作業構造のなかにその具体化を見い出すことになった[26]。

②生産システムとしてのフォード・システムの意義と限界

さらにフォード・システムを生産方式としてみた場合の特徴・意義についてみると，それは「専用化」の論理による生産編成を基調とした大量生産方式であり，「規模の経済」の実現に大きく寄与したという点にある。しかしまたのこととの関連で指摘しておかねばならないことはフォード・システムのもつ限界についてである。ひとつには，こうした生産方式が市場の変動に対してもつ限界性であり，いまひとつには，そのことともかかわって，そのような大量生産の方法が経済的に成り立つための市場の条件の問題である。

すなわち，生産システムとしてのフォード・システムの限界は，「専用化」の論理で編成された大量生産のもとで複数の生産ラインによる複数製品の生産が行われる場合，製品間での需要の変動が発生したさいの生産のフレキシビリティの確保は可能ではなく，それゆえ，市場の変動に硬直的であるという点にある。またそのことは，特定品種の大量の生産ロットの確保が必要となるということであり，そのための市場の条件としては，そのような大規模なロットを

可能にするだけの特定製品の大量市場が必要となるだけでなく，市場の安定性が必要となる。そのような市場の条件が存在する限りは，「専用化」の論理で編成されたそのような生産方式の効率性はきわめて高く，最も大きなコスト引き下げの可能性が与えられることになる。しかし，そのような市場の条件が確保しえない場合には「規模の経済」を実現しうる可能性は大きく損なわれ，生産方式の編成のあり方そのものが大きく問われることにならざるをえない。こうした点については，第6章において詳しくみることにしよう。

2　全般管理システムとその特徴
(1) 集権的職能部門別組織とその特徴

つぎに全般管理システムについてみることにしよう。産業革命以降の資本主義の自由競争段階では経済効率を高めるためのひとつの重要な手段として「専門化」＝「専業化」が大きな意味をもっており，そうした傾向は生産や販売など職能上の専門化・専業化というかたちでもみられた。しかし，1870年代以降の時期になると，生産力水準が市場の受入能力を上回るという方向性が傾向として定着しつつあるなかで，製造業者はいかにして市場＝需要の動向を把握し，主体的に適応をはかるかが決定的に重要な課題となってきた。A. D. チャンドラー，Jrがアメリカについて明らかにしたように，大量に生産されるようになった財を大量に流通させる上で既存の流通機構の限界性が露呈し，そのような事態に対応するために生産と流通の統合が取り組まれた。また19世紀末のそのような資本主義の構造的変化への対応として企業の集中をトラストの形態で行った場合でも結局のところ需給の均衡化・調整を企業の側から主体的にはかるためには，多くの場合，生産と流通の統合へと進まざるをえなかった。しかも，こうした垂直的な職能統合の展開は，個々の事業単位における職能活動の効率的遂行と，多機能におよぶそれらの諸活動を遂行する大規模な企業全体を全社的な立場から管理し，調整するという新たな管理問題に直面せざるをえず，それに見合う組織的適応・変革が必要となった。そのような管理上の問題への対応に最も適合的な管理組織形態として集権的職能部門別組織が形成されることになったのである[27]。

このような管理システムは，単一製品系列を扱う企業に適合的な全般管理シ

ステムであるが，そこでは，生産，販売，購買，財務，会計などの各職能単位が形成され，職能別に部門化がはかられた。また各職能活動を分業的に担当する複数の事業単位を管理し，調整するとともに，全社的・長期的な立場から経営資源を配分していくといった戦略的意思決定を遂行するための本社管理機構の整備がはかられたが，そのような全般的管理の機能を代表して執行する経営執行委員会のような組織が取締役会のなかにつくられたほか，スタッフ部門が設置されるなど，近代的な全般管理システムが形成されることになった[28]。職能別組織は，「①各職能部門における職能的専門化の進展を可能にし，規模の経済を実現できる，②企業内のさまざまな活動を統一的な視点から調整し，重複の排除や職能シナジーの実現を可能にするという長所を持って」おり，それは「定常的な効率性の追求に適した組織である[29]」とされている。

(2) 分権的事業部制組織とその特徴

第4章でもみたように，アメリカにおいていちはやく形成されたこのような全般管理システムは多くの産業企業に広く普及することになったが，第1次大戦後になると，一部の大企業において多角化への戦略転換がみられ，それによる事業構造の再編成にともない，職能別に部門化されていたそれまでの組織では十分に対応しきれない管理上の問題が発生した。すなわち，最高経営責任者は，企業者的決定よりもむしろ管理的決定にわずらわされることがしばしばであり，また部門の長たちは，多種多様な製品を取り扱うという困難に直面した。例えば販売部門は，自動車と冷蔵庫の両製品を販売するということが困難であり，原材料の調達と異種製品の生産を手続化するという問題は頭痛の種となった[30]。このような組織と管理をめぐる諸問題は，工業企業の資本が異種生産部面へ投下されていることのあらわれであり，「異種生産部面へ投下された資本は，それぞれ，生産過程，流通過程および再生産過程において独自性をもった具体的特殊的運動形態をとること」によって生じたものである[31]。

この点に関して重要な点は，職能部門別組織のもとでも，多角化による新しい製品系列の追加が必ずしも即管理上の諸困難を決定的にもたらすとは限らず，むしろ生産，販売，購買などの職能を遂行する上での条件が大きく異なり，そのそれぞれに独自的な標準や作業手続，方針が必要とされる場合に，こ

れらの現業活動を行う諸部門において困難な管理上の諸問題が生じるということである。そのために, 全般的管理の担当者はこれらの現業諸部門の統制・調整を十分になしえず, 全社的・長期的な立場から経営資源を配分していくといった本来的な最高管理の諸職能に十分に専念することができなくなるのである。

多角化戦略に取り組み, このような管理上の困難な諸問題に直面した企業では, それまでの集権的な職能部門別組織に代えて, 新たな編成原理による全般管理システムが形成されることになった。分権的事業部制組織がそれであり, その代表的事例は例えばデュポン社に先駆的にみられる。購買, 生産, 販売などの職能活動を遂行する上で条件が異なる製品系列ごとにひとつの製品別の事業部をおき, 分権化された単位である各事業部を独立採算の利益責任単位（プロフィット・センター）として機能させること, ゼネラル・スタッフの補佐・支援をもとに投下資本利益率の如き統制手法によって各事業部の業績評価を行い, それに基づいて, 経営執行委員会のメンバーを中心とする本社幹部が全社的かつ長期的な立場から経営資源を配分していくといった本来の最高管理の機能に専念することを可能にしたことに, 全般管理システムとしての事業部制組織の特徴と意義がある[32]。

なおそのさい, 事業部制の基準として, 例えば, 1) 部門化, 2) 戦略の策定と企業者的決定を行う本社と現業的決定・業務を行う部門との明確な区別, 3) 利益責任単位制ないし独立採算制の確立（分権化）という 3 つが重要なものとして考えられる[33]。例えばデュポンなどにみられる事業部制組織では, 1) の部門化の基準は製品に求められており, 2) についても経営執行委員会のメンバーを中心とする本社幹部の活動は, 事業部における各職能活動のレベルの日常的な現業的活動からは明確に分離されており, 3) の本社に対する事業部の責任関係においてもコスト責任だけでなく利益責任をも負う独立採算制を前提にした利益責任単位制が明確にとられている。それゆえ, トップ・マネジメントは, 各事業部の適切な業績評価に基づいて全社的かつ長期的な立場から経営資源を配分していくという戦略的意思決定の機能, 換言すれば利益計画と予算統制に基づく本来の全般的管理の機能に専念することができたといえる。

またこのような全般管理システムの誕生をめぐっては, 全般的管理の成立

（確立）の基準をなにに求めるべきかということが重要な問題となる。高橋由明氏は，GMにおける経営管理の発展の実態の検討をとおして，「1924年までに，現在の大規模経営者企業が一般的に採用している全般的管理（general management）方式の基礎が確立されていた」とした上で，「全般的管理方式とは，つぎの三つの条件が満たされたときに初めて確立する」とされている。すなわち，「①生産，販売，財務といった各職能部門ないしそれらによって構成される事業部門の管理運営から独立した企業全体の政策を策定するトップ・マネジメントの確立，②これらトップ・マネジメントが全体的視点から長期企業政策などを策定するさいに，それに必要な科学的データを提供するゼネラル・スタッフの確立」，「③プラン（plan），ドゥー（do），シー（see）といったマネジメント・サイクルの原理が全般的管理の実践原則として確立されているということ」がそれである[34]。ことに①は「本社に取締役会の下位機関としての経営執行委員会が設置され，長期経営計画含む事業部の活動に関する長期経営計画に関する意思決定を行うトップ・マネジメント機構が確立される」ということである。また②は「トップ・マネジメントが長期戦略的意思決定をする本社にゼネラルスタッフ部門が設置され，各事業部に長期・短期の事業部目標を与え，ラインを通じて指導・統制する体制が確立されること」を意味している[35]。このような3つの条件を備えた全般管理システムの確立によって初めて，複数の事業領域をもつ多角化した大企業が集権的職能部門別組織のもとで直面せざるをえない上述のような管理上の諸問題の解決が可能となる。こうした点からも，分権的事業部制組織の形成にともない全般的管理の機能と機構が本格的に確立したということは，そのような管理機構が現代企業に固有の管理システムであることを特徴づけるものであり，その意義はきわめて大きいといえる。

　第4章でもみたように，そのような事業部制組織は第2次大戦後，アメリカにおいても，また他の先進資本主義国においても普及をみることになった。例えばアメリカの産業企業最大500社の管理構造については，製品別事業部制組織の割合が1969年には75.5％にのぼっていたものが[36]，80年の調査では『フォーチュン』誌の鉱工業売上高ランキング（1979年）上位千社中回答のあった227社のうち94.4％が事業部制を採用していたとされている[37]。またその後の

展開をみても，例えばマトリックス組織や戦略的事業単位（SBU）などの新しい組織が生み出されているが，例えば製品と地域の2軸の部門化によるマトリックス組織は，多角化した企業がさらに地理的拡大をはかった場合などに典型的にみられるように，多くの場合，こうした事業部制組織を基礎にして，あるいはそこからの変革というかたちで展開されている場合が多い[38]。こうした点を考えても，事業部制組織は高度に多角化し，多岐にわたる事業領域をもつ今日の巨大企業に適合的な組織構造であり，その意味でも，それは「現代的な」全般管理システムであるといえる。

第2節　アメリカ型企業経営システムの移転をめぐる諸問題
――そのドイツへの移転を中心に――

　以上の考察において企業経営システムのアメリカモデルの基本的特徴と意義についてみてきたが，それをふまえて，つぎにアメリカ型企業経営システムの移転をめぐる諸問題について，そのドイツへの移転・導入を取り上げて考察を行うことにしよう[39]。ここでドイツを取り上げる理由は，第2次大戦前の企業経営の発展過程をみた場合，ドイツがアメリカに最も近い位置にあった国のひとつであることによる。

1　部門管理システムの導入とその特徴
（1）テイラー・システムの導入とその特徴
　①独占形成期から第1次大戦までの管理改革とテイラー・システム
　まず部門管理システムについてテイラー・システムの導入をめぐる問題をみると[40]，19世紀中葉から20世紀初頭の各国の広義の機械工業を中心に労働力の統轄形態としていわゆる内部請負制が広汎にみられたが，ドイツにおいても，19世紀の工場における管理の形態としては，内部請負制度のもとでの各職場の分散的・間接的な管理の形態が支配的であった。ドイツでも，基本的には，1873年の過剰生産恐慌に始まる生産力と市場の関係における変化にみられる資本主義の構造変化のもとで，生産コストの引き下げをはかる上でそのような管理の形態のもつ限界が問題となってくるなかで，工場管理の改革の取り組みが

行われるようになってくる。それには，従来の職長（親方）の機能を分割し，計画と執行の分離をはかろうとするドイツ独自の改革の取り組み[41]やアメリカのテイラー・システムの導入の取り組みがみられた。ドイツにおいてテイラー・システムの導入の根本的基盤をなしたものは，1871年以降のドイツ資本主義の発展による大規模経営の出現，そこにおける管理の必要性であった。そこでは，ドイツ資本とアメリカ資本との競争が直接的背景となっており，さらに直接的には，アメリカとの技術のギャップに脅威を感じる技師たちの要請によるものであった[42]。このような事情から，ドイツにおいて，はやくから，テイラー・システムに強い関心を抱いていたのは「ドイツ技師協会」（Verein deutscher Ingenieuer）であった。彼らはドイツの経営科学（Betriebswissenschaft）の先駆者であり，またテイラー・システムの紹介とその受け入れの検討にさいして，最も重要な役割を果した。彼らは，アメリカを世界市場における重要な競争相手とみなしており，1903年には，彼らの間で「アメリカの脅威」ということがいわれるようになっていた。それだけに，彼らの間では，アメリカに対抗するためにも，新しい技術的・労働組織的な諸方策でもって労働組織の変革・再編成に取り組むべきだという考え方が強かった[43]。

　こうして，この時期のドイツにおいても，労働組織の変革が取り組まれることになった。そこでは，テイラー・システムの全面的な導入・実施を試みた企業も存在したが，そのような事例はまだわずかしかみられず，テイラー・システムの諸要素を個別的に導入し，実施している場合が多かった。この時期には，管理機能の集権化というテイラーの原則，課業に基づく出来高給の実施および時間の節約の原則に基づく作業遂行の標準化は産業の広い領域において普及したが，他方，あらゆる形態での組織的な作業研究はわずかしか実施されていなかったとされている。時間・動作研究（ストップ・ウォッチ法）はゆっくりとしか普及しなかったし，ばらばらに実施されていたにすぎない。例えば，それは機械産業や電機産業の大経営において実施されており，一部はアメリカの専門家たちによって（オスラム社），一部はアメリカ的方式または同種の方式のたんなる受け入れによって（ジーメンス・シュッケルト社，ジーメンス＆ハルスケ社，AEG，ハノマーク，ダイムラー・ベンツ，ボルジヒ社，レエーベ社）行われたとされている[44]。このように，テイラー・システムにおける課業管理の基

第5章　企業経営システムのアメリカモデルの特徴と意義　197

礎となる時間研究，それに基づく作業の標準化・客観化は，この時期には，ドイツではまだすすんでいなかった[45]。

　この時期にこのような工場管理の改革に取り組んだのは，機械産業，電機産業など特定の産業部門のなかでも，輸出志向の強い一部の大規模企業に限られており，それが広く全産業規模で課題となるには至らなかった。そこで，ドイツにおいて，第1次大戦前にテイラー・システムのような近代的労働管理システムの本格的な導入・実施がなぜみられなかったかについてみておくことにしよう。

　ドイツでは，上述したように，テイラー・システムの導入とともに従来の職長（親方）の機能を分割し，計画と執行の分離をはかろうとする独自的な取り組みが行われており，20世紀初頭には，若干の経営において，それまでの工場親方制度（Weksmeister-System）からテイラー・システムでの計画部にあたる技術担当室（die techinische Büro）への一般的な発展がみられた。しかし，アメリカとは異なり，企業側による労働者に対する直接的管理の体制への移行を推し進めんとして一部で設置されたそのような技術担当室は，製鋼・圧延工場，自転車ないし炉のような大量生産を行う経営ではなく，わずかな例外はあるものの，1914年以前にはまだ大量生産がみられなかった機械製造業において必要とされた[46]，ということである。

　またそのことと関連して，確かに生産技術の発展と工場の規模の増大にともない，工場親方制度が生産の合理化の障害となっていたことに組織的変革の要因をみることができるが，まだこの時期には，時間研究に基づく作業の標準化・客観化を本格的に推し進める必要性は，アメリカの場合ほどには大きくなかったということである。もともとテイラー・システムは能率向上のための高度な手段であり，それは標準化と専門化に基づく大量生産技術であるといえる。それゆえ，テイラー・システムの実施は，大量生産を可能にする大量販売を前提とするわけで，基本的には，それを実現する国内市場なしには不可能である。しかし，ドイツでは，アメリカとは異なり，大量販売を可能にするだけの一般消費財の市場は存在せず，その意味では，テイラー・システム導入の条件はまだ出来ておらず，このような合理化方策の導入を急速かつ本格的に推し進める必要性は必ずしも強いものではなかったといえる[47]。電機産業や機械産

業においても，輸出市場における競争力強化のために，テイラー・システムの本格的な導入を急務としたのは，大量生産を志向し，輸出市場への進出を強力に推し進めようとした，ほんのわずかな大規模企業のみであった。

さらに，ドイツでは，資本主義の生成・発展のあり方にも規定されて，一般的な傾向としてみれば，労働力が豊富であり，熟練労働力にしてもアメリカのように不足していたわけではなく，したがって労働力にかかるコストもアメリカほど高いものではなかったということである。そのために，「比較的規模の大きい工場経営においても，賃金水準の低さは，そのかぎりでは機械化，専用機械の導入に対して阻止的に作用するわけで，そこでは内部請負制度が根強く残存し，請負親方（職長）――職人――従弟という家父長的労働関係が維持され」，「工場内分業に基づく新しい労働組織の新編成は，ごく限られた経営においてしかみることはできなかった」[48]ということである。

最後に労働組合がテイラー・システムの導入に対してどのような立場をとっていたかをみると，自由労働組合はテイラー・システムそれ自体を全面的に否定していたのではなく，少なくとも労働者の立場から否定すべきテイラー・システムの側面や要素を経営参加などによってなくし，犠牲が労働者に転嫁されない限り，そのシステムの導入には必ずしも反対しない，という二面的態度をとっていたとはいえ[49]，第1次大戦までの時期には，自由労働組合と社会民主党（SPD）の関係者の多くは，テイラー・システムを「アメリカの病原菌」("amerikanischer Bazillus")として拒否していたとされている[50]。

②第1次大戦後のテイラー・システムの修正とレファ・システム
  1）レファ・システム誕生の社会経済的背景

ドイツにおいてテイラー・システムのような近代的な労働管理システムが本格的に導入され，普及をみるのは，第1次大戦後の資本主義の相対的安定期（1924-29年）と呼ばれる時期のことである。すなわち，1920年代に合理化が経済再建の道を示すものとして受け止められ，それがひとつの「国民運動」（合理化運動）として，国家の強力な関与と労働組合の協力のもとに展開されるなかで，とくに生産の合理化のための方策として，テイラー・システム，フォード・システムに代表されるアメリカ的管理方式の導入が重要な課題となり，そ

第 5 章　企業経営システムのアメリカモデルの特徴と意義　199

れらの導入をとおして部門管理システムの発展がすすんだ。

　そこで，第 1 次大戦前にテイラー・システムの導入を制約していたいくつかの諸要因が第 1 次大戦後，とくに相対的安定期にどのように変化したか，この点をドイツ資本主義，独占企業のおかれていた状況の変化とのかかわりでみることにしよう。

　まず市場の問題をみると，破局的なインフレーションの昂進によって国内市場は一層狭隘になっており，企業が復活・発展をはかる上でも，また疲弊した国民経済を再建する上でも，輸出をいかに伸ばしていくかが最重要課題のひとつとなった。インフレーション期には，ドイツの企業は為替ダンピング効果によって輸出をそれなりに伸ばすことができたが，インフレーションの終熄，マルクの安定とともに，為替ダンピングによる国際市場における競争力は失われた。その結果，ドイツ企業は，国際市場における本格的な競争の場に投げ出されることになっており，輸出増進のための生産コストの引き下げがほぼ全産業的レベルでの重要課題となった。

　また賃金の問題では，1918 年のドイツ革命による体制的危機を回避するために資本の側が払った経済的譲歩，なかでも 8 時間労働日，賃金制度の改善，労働組合と協約賃金の承認などいわゆる「労資の同権化」によってもたらされた賃金の下方硬直化傾向は，1923 年の通貨の安定前後に行われた革命期立法の手直しにもかかわらず根本的には変更されることはできなかった[51]。そのことが賃金コストの上昇要因となり，労務費の圧縮がそれまで以上に重要な課題となってきた。

　さらに労資関係の面における変化については，1923 年秋の革命勢力の敗北によって，「社会主義化」の前提が事実上なくなり，労資協調の側面が強調されるなかで，この時期には，それまでの「社会化」にかわる合理化運動の推進のための新しいイデオロギーとして，自由労働組合の「経済民主主義」論が登場することになる。この時期の自由労働組合幹部の主張する経済民主主義論，「とりわけ 1925 年第 12 回大会においてイエッケルによって主張されたものは，合理化など経済発展への協力によって労働者の経済的地位を向上させるという主張と密接にからんでいた点に，何よりも大きな特徴をもつもの」であり，「経済発展ないし合理化への協力が，ドイツ革命期においては社会化，その後

においては民主化あるいは経済民主主義の名において遂行された」のであった。彼らのそのような立場は，ひとつには彼らがもともと有していた生産力主義的な考え方からくるものであった[52]。そのような考え方に立てば，当時彼らの目標とするアメリカ的な高水準の社会生活の実現はなによりもまず高い生産力水準を前提とするものであり，合理化はそれを実現するための最も重要かつ有力な手段として受けとめられることになり，テイラー・システムは重要な合理化方策のひとつと考えられたのであった。

このような状況の変化のもとで，テイラー・システムの導入はドイツの企業の再建のためのひとつの有力な手段となったが，当時のドイツの状況をみると，資本不足（これはとくに恒常的な「信用不足」として現れた[53]）とそれに規定された重い資本コストの負担[54]などのために，資本支出をともなう「技術的合理化」の展開は自ずと一定の制約・限界に直面せざるをえなかった。それだけに，テイラー・システムのような近代的な労働管理システムは資本支出をともなわない合理化方策としてとくに重要な意味をもつことになった。

　　2）レファ・システムの特徴と意義

こうして，今世紀初頭に始まるドイツにおけるテイラー・システムの導入は，相対的安定期に入って，ドイツ経済の再建といういわば国民的課題のもとで，かつてない高まりをみせるが，なお労働者側の影響・反対もあり，その運動は，実践的にはテイラー・システムの修正によるドイツ的テイラー・システムとでもいうべきレファ・システムの普及というかたちをとった。このような，いわば修正された，テイラー・システムの導入にさいして，その推進的役割を果したものが，ドイツ金属工業家総連盟（Gesamtverband Deutscher Metallindustrieller）とドイツ経営技師労働共同体（Arbeitsgemeinschaft Deutscher Betriebsingenieuer）によって1924年に設立された「ドイツ労働時間研究委員会」（Reichsausschuß für Arbeitszeitermittelung──REFA）＝レファ協会であった[55]。レファ協会によって開発されたレファ・システムは，第1次大戦後の特殊ドイツ的諸条件のもとで生まれた合理化方策であり，いわばドイツ的テイラー・システム，あるいは修正テイラー・システムであるといわれている。その意味では，レファ・システムは，まさに時代的要請をうけて誕生した

ドイツ的方式であるといえる。

　そこでテイラー・システムとレファ・システムとの相違点についてみると，それにはつぎの2点をあげることができる。ひとつには課業の大きさに関してであるが，テイラー・システムでは，それは一流労働者の「最大給付」に求められているのに対して，レファ・システムでは，平均的な労働者の「正常給付」に求められている。いまひとつには賃金形態に関してであり，テイラーの割増出来高給（差別的出来高給）では，賃金と給付（作業量）との関係は累進的（progressiv）に変化するのに対して，レファ・システムでは，比例的（proportional）に変化することにある[56]。ことに後者に関していえば，そのような賃金と給付との関係に変更を加えた賃金支払制度によって，その制度そのものだけをみる限りでは，ドイツの労働者はテイラーの差別的出来高給にみられる課業の強制を免れている。

　とはいえ，一方では，レファの理論史において，定義が再三変更されていることや，また他方では経営上の諸経験からみて，レファ・システムとテイラー・システムとの間の課業の大きさの実際の違いが一般に考えられているほど大きなものではないという結果もでており，その意味では，両者の相違はあくまでも相対的な問題であるといえる。結局，レファ・システムの「正常給付」はテイラー・システムの課業の大きさを変更したものにすぎず，その意味では，課業の基準をテイラー・システムの「最大給付」から切り離し，平均的労働者の「正常給付」としたこと，そのことによって，テイラー・システムがレファ・システムというかたちでドイツの労働者に受け入れられたのであった。こうした点からみても，「正常給付」という概念の使用は，ドイツの企業家にとっては，合理化を推し進めるための，労働者に対するいわば戦術的な譲歩であったといえよう[57]。

　このように，1920年代のドイツにおいては，今世紀初頭からその導入の試みが行われてきたにもかかわらず十分な進展をみることのなかったテイラー・システムがドイツの企業に本格的に導入されることになり，それまであまり実施されることのなかった時間研究が広く導入され，課業の設定を通じて計画と執行の分離が本格的に推し進められた。その結果，作業速度の決定に関する主導権が労働者の側から企業の側に移され，労働力の支出過程そのものに対する企

業による直接的な管理・統制を行うための基礎が築かれることになったのであり，近代的な労働管理システムが普及・定着することになった。そのようなドイツ版テイラー・システムであるレファ・システムの普及の度合いをみると，もともとレファ協会がドイツ金属工業家総連盟とドイツ経営技師労働共同体によって設立されたこともあって，それは金属産業，機械産業，電機産業などを中心に普及し，ドイツ産業の広い部分がそれによって再組織されたとされている。例えば，この時期の金属労働者組合（DMV）の調査によると，調査された1,102の部門のうち717（＝65.1％）がレファ・システムを利用していたとされている。この調査結果の内訳をみると，出来高賃金が全体の23.7％（261部門），割増給制度が9.3％（103部門），ビドー方式（Bedaux Verfahren）が0.6％（7部門），その他の諸方式が1.3％（14部門）の部門において利用されていた[58]。1930年代初めから実施された調査では，レファの標準時間や賃金支払いの方法が，すでにその何年かの間に，ドイツにおいて，支配的位置を占め，全体の3分の2の企業で利用されていたことを明らかにしている[59]。

(2) フォード・システムの導入とその特徴
　①ワイマール期のフォード・システムの導入とその特徴
　つぎにフォード・システムの導入についてみると，ドイツにおいてその導入の取り組みが最初にみられたのは1920年代のことである[60]。そのことは，ドイツの最大の競争相手であるアメリカではこの時期にすでにフォード・システムに代表される大量生産体制の確立がすすんでおり，自動車産業，電機産業，機械産業などの産業部門では，輸出市場およびドイツの国内市場でのアメリカ企業との競争に打ち勝つにはそれなりに大量生産体制を構築することが重要な課題となったことによる。こうして，これらの産業部門を中心にフォード・システムの導入が試みられるようになる。

　　　1）ドイツ産業におけるフォード・システムの導入状況
　そこで，この時期のドイツ産業におけるフォード・システムの導入に関して，とくに大量生産体制にむけての合理化方策として，流れ生産方式の導入状況を，主要産業部門別にみた労働組合の調査に基づいてみていくことにしよ

う。

　まず1930年のドイツ金属労働者組合（DMV）の調査によれば，流れ作業，コンベア作業の導入率が比較的高い産業部門は組立産業に属する部門であるが，流れ作業の普及率は，輸送機械産業では19.3％，時計製造業では18.6％，電機産業では14.6％，光学産業では13.3％，機械産業では10.5％，精密機械産業では9.6％となっている。しかし，コンベア作業の普及率をみると，輸送機械産業では16.6％，電機産業では15.5％となっており，そこでは，流れ作業の普及率と比べても大きなひらきがみられないが，時計製造業，光学産業，機械産業および精密機械産業では，コンベア作業の普及率はそれぞれ7.0％，5.6％，7.9％，6.2％と低くなっており，流れ作業の普及率と比べると，大きなひらきがみられる[61]。とはいえ，産業部門によってひらきはみられるものの，いずれの産業部門においても，流れ作業の普及率は全産業でみた場合（G. デュビノウの1932年の指摘によれば，全ドイツ企業のせいぜい2～3％が流れ作業で生産しているだけであり，また流れ作業で生産している全企業の労働者のうち，わずか25％だけがコンベアか流れ作業の考えをもって働いているにすぎないとされている[62]）と比べると高かったといえる。

　また1931年のドイツ金属労働者組合の調査結果によると，この年には，電機産業では，調査の対象となった181の部門のうち，31.5％の57部門に流れ作業が導入され，また29.3％の53部門にコンベア作業が導入されており，それらは調査された産業部門のなかで最も高い割合を示していたとされている。また自動車・自転車産業では，調査の対象となった94の部門のうち，31.9％の30部門に流れ作業が，また21.3％の20部門にコンベア作業が導入されていたとされている。それゆえ，流れ作業かコンベア作業のいずれかの作業方法が導入されていた割合は，電機産業では60.8％，自動車・自転車産業では53.2％となっており，いずれも高い割合となっている。これに対して，機械産業では，調査の対象となった475の部門のうち16.2％の77部門に流れ作業が導入されていたが，コンベア作業はわずか2.3％にあたる11部門において導入されたにすぎなかったとされている。それゆえ，機械産業においては，流れ作業かコンベア作業のいずれかによる生産方法が導入されていた割合は18.5％にすぎない[63]。

2) フォード・システム導入の特徴

このように，1920年代のドイツにおいてフォード・システムの導入の取り組みが加工組立産業を中心にみられ，それは，輸出市場におけるアメリカなどとの競争のもとで，またインフレーションの昂進により一層狭隘となりしかもアメリカ企業の進出により一層厳しさを増した国内市場の条件のもとで，競争力強化のための手段として取り組まれた。本来，そのようなアメリカ的方式の導入・展開はそれによる大量生産を可能にするだけの特定製品の大量市場の存在と市場の安定性が前提となる。しかし，T. ジーゲルとT.v.フライベルグがとくに工作機械製造業について指摘しているように，ワイマール期の合理化運動は，特殊ドイツ的な状況——過剰生産能力の存在および変動する狭隘な市場——が近代的なアメリカの生産方法の受け入れを可能にしなかったことを出発点としており[64]，産業部門によって差異はみられるものの，一般的に，このような市場の諸条件がこの時期のフォード・システムのような大量生産方式の導入のあり方を強く規定したのであった。そこでは，そのような生産・管理方式の導入は，加工組立産業部門の特定の大規模企業において，あるいはその先端工場，特定の工程部門や製品部門，ことに標準化がすすみ量産化に適した特定の製品部門おいてみられたにすぎない。しかも，フォード・システムのような市場の変動に対して「硬直的な」システムではなく，より少ない生産量でも大量生産の効果が得られ，また市場の変動に対して「柔軟性」（フレキシビリティ）をある程度確保できるような方式の導入が多くのところで試みられた。この点について，T.v.フライベルクは，「フォードの生産方法の高度に統合された，機械的につなぎ合わされた流れシステムがワイマールの合理化運動の大きな手本であった。しかし，ドイツにおける制限された市場の諸条件はこの理想からの実務的な離脱を強制した。生産過程の時間経済的統合は，機械産業や電機産業において，それによって生産に必要な弾力性が犠牲にされない程度においてのみ実現されたにすぎない[65]」としている。ジーメンス・シュッケルトのC. ケットゲンが1928年に確認しているように，「アメリカとはきっと反対に」，流れ生産の利点がより少ない生産量に対しても得られるように努力したということがドイツの発展の特殊性となった[66]。機械産業においては，生産過程の合理化における基本的な要求は，流れ生産で操業している経営の十分な弾力性に

配慮することであり，生産すべき部品の設計の変更を可能にすることであり，生産すべき量を需要に合わせることであったとされている[67]。また電機産業においても，この時期の生産の合理化は，より少ない生産量に対しても一定の効果をもち，市場の諸条件の変化に柔軟に対応することができるような流れ生産の方法による大量生産方式の導入に重点がおかれていた。

このように，流れ生産方式への移行はドイツの状況にみあった形態で実施されたのであり，そのことは，他の製品への迅速な転換の可能性を生み出すこととそれへの作業準備の適応にみられたとされている[68]。実際には，多くの場合，流れ生産方式のいくつかのヴァリアントがみられたのであり，フォード・システムそれ自体は，当時ドイツにおいて目標とされたまさに「理念型」にすぎなかったといえる。この点に関しては，そのようなドイツ的な生産方式の試みは大量生産への移行を推し進める段階での市場の限界性に規定されたものであり，20年代後半から30年代の初頭にかけての時期にフォード社でもみられたように，すでに自動車が広く普及し，取替需要がむしろ問題となった市場の条件のもとで一定度の汎用機の利用による自動車の設計変更への柔軟な対応と組立作業におけるより高い柔軟性を狙った「柔軟な大量生産」が展開されていくアメリカ[69]とは事情が大きく異なっていたといえる。

そのような状況に関して，H. ホムブルクは，電機産業のケースを取り上げて，技術的および組織的革新が決してすべての活動領域において同時に行われたのではなく，そのためには，財務的条件のみならず，とりわけ科学的，技術・設計上の前提条件，一部では人事的な前提条件も欠けていたとしている。彼女は，すべての革新は何年もの準備活動と結びついており，また生産条件のもとでのその「成熟」は最初の実際の試みの後の数ヶ月あるいは数年に徐々に実現されたにすぎず，そのことがその十分な経済的成果の発揮を遅らせることにならざるをえなかったとして，その限りでは，1920年代における合理化の諸努力の実験的な性格はその顕著なメルクマールであると思われるとしている[70]。またT. ジーゲルは，「技術的合理化」の明白な象徴，すなわち，ベルト・コンベアが広義のテイラー的な組織や作業部による生産の管理と比べると，また労働力の科学的な選抜と比べると，ジーメンスにおいて比較的遅くに初めて導入されたとすれば，そのことは意思の欠如よりはむしろ可能性の欠如のためであ

ったとしている[71]。

そうした状況は自動車産業，電機産業，機械産業のような加工組立産業全般にいえるが[72]，ここでは，当時のドイツにおいてフォード・システムによる大量生産方式の導入が取り組まれた典型例のひとつをなす代表的な産業部門である自動車産業を取り上げてみておくことにしよう。

3）自動車産業におけるフォード・システムの導入とその特徴

1920年代のドイツ自動車産業の発展はアメリカと比べると大きく立ち遅れており，ドイツの企業にとっては，なによりもまず根本的な技術的革新の導入と徹底的な労働組織の再編成を推し進めることが急務となり，なかでも，フォード工場においてみられた流れ生産方式の導入が最も重要な課題となった。そうしたなかで，自動車産業の多くの大企業において流れ生産への転換が推し進められることになり，1927/28年には流れ作業の原則に基づいて生産を行っていなかった代表的な自動車工場はほとんどみられなかったとされているが[73]，実際には，そのような生産の合理化に本格的に取り組もうとしたのは，小型車や大衆車を製造する一部の大企業であった。この時期に流れ生産への転換を推し進めた企業のなかには，まぎれもない高級車や豪華な自動車を供給するというまったく異なる道を歩んだ企業もみられたとされており，そのような企業では，流れ生産方式への転換も，量産車メーカーのケースとは大きく異なっていた。ドイツの自動車産業において，フォード社でみられたような完全な時間的強制進行性をともなう流れ作業が一般的であったとしばしば考えられているとしても，ドイツの高級車の生産においては，そのような意味での，決められた時間の割り振りについてはどこでも論じられることができるわけではないとされている。G. デュビノウが指摘するように，そこでは，多くの場合，一種の「弾力的な流れ作業」（"elastische Fließarbeit"）がみられた[74]。例えばダイムラー・ベンツでは，すべての6気筒および8気筒のモデルを流れ作業工程で生産することに成功したが，それにもかかわらず，ある程度の変種の多様性は維持されたままであり，それに基づいて行われた再編成は確かに生産コストの引き下げには寄与したとはいえ，フォードの生産構造にはほんのわずかしか近づかなかったとされている[75]。同社では，アメリカの自動車産業においてすでに15

年から20年来みられたような組織的な作業タクトは1930年代遅くまでみられなかったとされている[76]。

また小型車や大衆車を製造する企業をみると，組立工程にいちはやくベルト・コンベアを導入し，フォード・システム的なコンベア・システムが展開された代表的事例のひとつであるオペルでも，一般に知られている印象に反して，1920年代には，自動車の生産は決して連続的なベルト・コンベアで行われていたのではなく，多くの個々のベルトが存在しており，そのテンポは職長によって調節されていたとされている[77]。同社においても，この時期には，その工場はまだ高い水準にあるのではなく，たとえ短い時間にすぎなかったとしても，労働者はなお個々の仕掛品の作業工程を中断させることがあり，彼らはまだ組立コンベアの進行に一定の影響をおよぼしたとされている[78]。そこでは，生産性，作業の分割の程度やコンベアの拍節の速度は，アメリカの自動車産業において当時一般的にみられたようには達成されなかったとされている[79]。そこでの作業拍節は約30分であったとされており[80]，非常に長い時間に設定されていた。同社のエンジン工場やシャーシ工場におけるコンベアの長さは1924年の45メートルから29年には自動車工場全体で2,000メートルに達しており，26年までに半製品部門の作業場はベルト・コンベアによって結合されたが[81]，29年まではなお流れ作業とコンベア作業とを組み合わせたシステムが支配しており[82]，28年には従業員の19％がコンベアのもとで直接働いていたにすぎないとされている[83]。

この点に関連して例えば熟練労働者の占める割合をみても，金属労働者組合の調査によれば，1929年には，自動車産業の平均では56.6％であったのに対してオペルでは66％にのぼっており，逆に不熟練労働者の割合をみると，この産業部門の平均では11.7％であったのに対してオペルではわずか5％にとどまっていたとされている[84]。このように，ドイツ的な生産方式を試みたダイムラー・ベンツだけでなく，オペルにおいても，アメリカですでにみられたような労働力の熟練解体は，機種別職場作業組織から品種別職場作業への移行や，またその後の流れ作業やコンベア作業への移行のなかでもみられることはなかったとされている[85]。またオペルでは検査係（監督者）の数が多かったことも流れ生産方式の導入におけるひとつの限界性を示しているといえる。フォードのハイランドパーク工場では15人

の労働者に1人の割合で検査係がいたのに対して，オペルでは1929年には約100人の検査係が働いており，約7人の労働者に1人の割合で検査工がいたとされている(86)。

このように，流れ作業は，一般的には，つねに個々の経営単位において利用されていたにすぎず，1933年までは決して企業全体にみられたわけではなかったとされている(87)。J. ラートカウは，オペルでも，1920年代には，互換性部品の生産は導入されておらず，「はめあい」においても熟練をもった専門労働者が依然として不可欠であったとしている。また自動車生産では，賃金は生産コストの10分の1を占めていたにすぎないので，組み立てにおいて専門労働力を節約するという刺激は大きくはなかったとされている。とくに自動車産業では，ドイツの市場に規定された小ロットの組への限定の必要性を強めるあらゆる原因が存在しており，そのようなドイツの小さな組の生産は，ますます，自動車がまだ上流階級の特権であったようなより貧しい国にみあったフォーディズムの不完全な変種とみなされるとしている(88)。

このような生産規模に規定された生産ロットの問題についてみれば，当時，ドイツでは，同種の自動車が1日に50-100台生産される場合にベルト・コンベア生産は割に合うとみなされていた(89)。また自動車生産の国際的な状況からすると，世界市場では，少なくとも1日に50台を生産する企業のみが競争力をもちうるとみなされていた。しかし，アメリカとは比べものにならないほどの生産台数のもとで，日産約100台の最も高い生産能力をもつオペルのみがこの台数に達していた(90)。アメリカでは，1929年には1定型当たりの1日の平均生産台数は約255台であったが，ドイツでは，オペルを除くと，わずか約2.7台にすぎなかったとされている(91)。ドイツの自動車市場はアメリカとは比べものにならないほど狭小なものであったが，価格面で圧倒的な優位をもつアメリカ車の流入によって，ドイツで販売された乗用車に占める外国車の割合は1921年のわずか2.6％から28年には37％を超えるところまで急上昇している(92)。そうした厳しい市場の状況のもとで，生産台数も一定型当たりの生産ロットも小さなものにならざるをえなかった。H. J. ブラウンは，そのような状況のもとで，ドイツの大部分の自動車の製造業者はその部分的にすぎない合理化の諸努力にお

いてまったく合理的な行動をとったとしており，そこでは，「交替型流れ生産」の構想が決定的な役割を果したとしている(93)。それは，大きな量的変動や定型の多様性に対して流れ生産を弾力的に，柔軟に組織しようとするものである。そのような流れ生産の方法は，小さな組の生産とより大きな組の生産とを同じ労働者のもとで，同じコンベアで行うという形態の流れ生産であり，そのような形態の流れ生産は時間経済と市場経済との間のひとつの妥協であるとされている(94)。ある決まった一年ないし半年の需要は，個々のロットないし組に分解され，そして他の製品のロットないし組と交互に生産されるのではなく，個々の部品を除いて，各製品の1年ないし半年の需要分全体が，ひとつづつ連続して流れ生産されるべきであり，ある製品の1年ないし半年の需要分が完成した後に他の製品が同じ方法で生産されるとされている(95)。

市場の条件に規定された生産ロットの問題からフォード・システムのような「専用化」の論理による生産編成を基礎にする方法が十分に展開しえなかった当時のドイツにおいて試みられたこのような生産方法は，「汎用化」の論理による生産編成によって複数の製品の生産によるロットの確保と製品間の需要変動に対する生産の柔軟性（フレキシビリティ）の確保を配慮したものであったといえる。そのような状況について，R. ハハトマンは，コンベアなしの流れ生産とコンベア生産との両極の間には多くの中間形態が存在しており，1933年までに組織された流れ生産システムは，一般的には，「完全な」形態よりもむしろよりプリミティブな形態にあたるとしている(96)。

②ナチス期のフォード・システムの導入とその特徴
　1）フォード・システム導入の特徴

さらにナチス期をみると(97)，この時期のフォード・システムの導入の条件をなしたのは，経済の軍事化のもとでの市場の拡大であった。1920年代には，国内市場の狭隘性と輸出市場の困難性という厳しい市場の条件がフォード・システムの導入による大量生産方式の実現を大きく制約する要因となっていた。その実施を可能にする大量市場は十分に存在せず，その意味でも，20年代にはまだそれを本格的かつ十分に導入しうる社会的経済的諸条件は出来あがっていなかったといえる。ナチスの経済の軍事化のもとで，流れ生産方式の本格的導入

による大量生産のための一定の諸条件が与えられることになる。H. モテックも指摘するように，1934年から39年までの軍需経済の特徴は，国家の軍需が資本主義的工業生産にとっての決定的な市場となったことにみられ[98]，そのような市場の条件の変化のもとで，1920年代のフォード・システムの導入による大量生産への移行における限界を克服するための取り組みが推し進められることになる。この点について，T. ジーゲルは，ジーメンス社の歴史に関する叙述においては，合理化に関する章は1920年代に関係していたのに対して，30年代には合理化はもはやテーマではなく，このことは61年のゲオルク・ジーメンスの叙述にも65年の同社の記録にもみられるとしている。このことは，ジーメンスにおける合理化が20年代末に終了したということによるものでもなく，またナチスの下で合理化が一層行われることがなかったということによるものでもないとしている。むしろ1920年代には合理化過程は軌道に乗せられ，また合理化の思考が企業政策の自明のガイドラインにまで発展したが，歴史的にみると，30年代には，合理化そのものではなく，それが実施された特殊的な条件がテーマとなったということが明らかになるとされている。すなわち，1932年には28年に比べてジーメンスにおいて売上が50％（AEGでは約60％）減少した世界経済恐慌期には，「節約すること」（"Sparen"）が「合理化すること」（"Rationalisieren"）よりも重要であったが，その後市場が拡大し，36年に電機産業の生産能力が再び完全利用されたとき，フォード的な標準化された大量生産のためのほぼ「アメリカ的な」販売条件が生まれたとされている[99]。

かくして，すでに1920年代に展開され，端緒的に実現されていた合理化の構想は，とくに30年代後半以降により強力に追求されたのであり，それは確かに組織的合理化，生産技術的合理化，設計の合理化および「人事管理」のすべてのレベルで追求された[100]。ここに至り，合理化の諸努力はその実験的な性格を失うことになったとされている。1930年代には，それ以前の諸経験や恐慌の数年間に続けられてきた開発活動に支えられて，作業方式の技術的・組織的な合理化にみられた不十分さが比較的計画的に対処されることができたとされている。すなわち，そこでは，1920年代の諸条件のもとではまだ絶対的に必要であった間に合わせの設備や妥協的な解決のかわりに，高度に機械化され，標準化された大量生産のアメリカの模範への徹底した接近が行われ，流れ作業だけ

でなく,「フォード化」,作業の遂行の徹底的な機械化や,可能な場合には自動化が,36/37年以降の深刻な労働力不足によって大きな推進力を得た新たな合理化の中心的な目標となったとされている(101)。

このような条件のもとで,ナチス期には流れ生産方式の導入の取り組みが一層強力に推し進められたが,この点について,R. ハハトマンは,流れ生産は1936年から44年までの間にそれまでにない規模で拡大されたとして,その特徴をつぎのように指摘している。すなわち,ナチスの「権力掌握」以前にはほとんど利用されていなかった産業部門においても流れ作業がますます採用されたこと。小規模な経営においてはベルト・コンベアは1933年まではあまりみられなかったがそれ以降の時期にそれが一層強力に導入されたこと。とくに金属加工業では,流れ作業システムがますます完全なものにされ,コンベアのもとでは部分自動ないし完全自動の機械がはるかに強力に配置されたこと。とりわけ消費財産業では,その後も,あまり発展していないような流れ作業システムが利用を見い出し,若干のケースでは,その後もベルト・コンベアなしの流れ作業が実施されていたということ(102)。また彼は,武器の大量生産およびナチス支配のもとでのヨーロッパ広域経済圏の創出が大量の製品のための市場を大きく拡大し,またそれでもってアメリカを模範とした大量生産の拡大のための条件を生み出した限りでは,戦争,とくに「西方出兵」およびその後のソビエトへの「国防軍」の進入は,合理化運動に関して,またとくに流れ生産に関して,ひとつの重要な転機を示したとしている(103)。

このように,1930年代後半のナチス下の合理化の進展のもとで,流れ生産方式の本格的な導入のための取り組みが推し進められることになるが,ここでは,そのような市場の諸条件に関して,大量生産への移行を推し進める上でのこの時期の市場,とくに軍需市場の特性,限界についてみておかねばならない。こうした市場は,確かに量的には大きかったが変動もまた激しかった。すなわち,軍備計画の頻繁な転換,軍需品における定型の多様性および短い技術革新の期間,さらに大量生産のために同じ定型の注文を集めることを困難にしたところのつねにギリギリに差し迫った納期がそれである(104)。この点について,R. ハハトマンは,軍需注文の発注のさいには,短い納期および低い生産コストを約束するような企業がとくに優先されており,そのために──大規模

な産業コンツェルンへの生産の一層の集中とならんで——一般的に，その生産を徹底的に合理化してきた企業が古くなった生産設備をもつ企業よりも国家の注文を獲得したが[105]，生産における頻繁な定型の変更やたえまない転換は流れ生産の導入・拡大を大きく妨げたとしている[106]。それゆえ，ナチス期においても，そのような市場の条件に適応するために，流れ生産の導入を推し進める上で，生産の弾力性をいかにして確保するかが最も重要な課題となり，それを可能にするための経営方式の導入が試みられたのであった。それゆえ，軍需市場の拡大による規模的には有利な市場の条件にもかかわらず，フォード・システムの導入の試みは，基本的には，1920年代の特殊ドイツ的な制約的条件の延長線上で展開されざるをえず，拡大する国内市場，とりわけ自動車のような消費財市場を基礎にして生産を拡大することができたアメリカと比べると，そのあり方は大きく異なるものとなった[107]。ドイツにおけるアメリカ的な生産・管理システムの本格的展開・普及は第2次大戦後のことになる。

 2）自動車産業におけるフォード・システムの導入

 そこで，つぎに，この時期の流れ生産方式の導入をめぐる問題について自動車産業を取り上げてみておくことにしよう。1920年代以降，とくに乗用車の生産において，はるかに小さい販売の可能性にみあった範囲のなかで，アメリカの技術の成果（とりわけさまざまな方法の流れ生産）をドイツにも利用可能にするような生産方法の展開が取り組まれてきたが[108]，ナチス期の流れ生産方式の導入では，オペルのようなアメリカ的大量生産モデルを追求した企業とダイムラー・ベンツのように「フレキシブルな品質重視の生産」構想を追求した企業の2つの類型がみられた。

 オペルでは，アメリカ企業のGMが同社の経営を受け継いで以降，すべての生産をアメリカの模範に従って組織され始めたが[109]，同社では1935年11月に操業を開始する最新鋭のブランデンブルク・トラック工場においてオペル・ブリッツの単一定型の大量生産が行われている。そこでは，機械加工，組み立て，焼き入れ，電気めっき，車体製造のいずれの工程にも流れ生産方式が導入されており，コンベアが導入されていたほか，部門間搬送にはオーバーヘッド・チェーン・コンベアやローラー・コンベアが導入され[110]，100%流れ作業

とみなすことのできる機械ライン，完全自動のコンベアベルト，完成組立のコンベアの非常に緊密な協働が実現している(111)。アメリカ的生産方式の導入の典型例をなすオペルでは，すでに第2次大戦の勃発までに，タクトサイクルおよび組立コンベアでの比較的細分化された製造作業，単純な標準化された生産構造，専用機械および最初の自動搬送コンベアの先駆け，階層的および職能的な次元における部分的な組織的分化，また水平的および垂直的な分業，生産技術，計画化，品質管理のための専門化されたスタッフなどの，近代的な大量生産の本質的な構成要素が普及するに至ったとされている(112)。

またダイムラー・ベンツでも，コンベア生産への再編成が1930年代全体におよんでいる。30年代前半にメルセデス170でもって乗用車の生産がコンベア生産に転換されたが，その後，38年にはマンハイム工場における大量生産の開始でもってトラック生産の近代化が第2次大戦勃発までの時期のその頂点に達したとされている(113)。この時期の同社の生産方式について，B. P. ベロンは，1930年代の半ばおよび末までにベルト・コンベアおよび組立ラインがウンターテュルクハイム，マンハイム，そしてジンデルフィンゲンの工場の中心的な特徴となっていたとしている(114)。そのような大規模な技術的および労働組織的な再編成は1930年代末まで続けられたが(115)，そのような再編成にもかかわらず，そこでも，労働過程のフレキシビリティの確保と生産すべき製品のバリーションの互換性を配慮した合理化の模範が定着したとされている(116)。

例えば乗用車部門をみても，ドイツにおける自動車市場の実勢がいわゆる「小型車」を担い手とした大衆自動車市場の創造・拡大へと強力に展開するなかにあって，むしろ逆に同社は中・高級車に特化するという戦略をとった。同社の生産体制は，「大づかみに言うと，中級車クラスの年間数千台から最高約18,000台規模に至るまでのそれなりの量産機構と，高級車・超高級車の年間数百台，数十台，ないしは数台単位でのほぼ完全な手工的個別生産との双方から成り立っている」とされているように(117)，そのような生産ロットの問題が同社の生産方式のあり方を規定する重要な要因のひとつであった。もとより，ドイツの工場はアメリカのように大きなロットを確保することは決してできなかったので，そのような状況を顧慮すると，アメリカの競争相手に品質で大きく優る自動車を市場に出す場合にのみ同社はこうした競争相手と戦うことができ

たという事情がそこには存在していた。そのような戦略のための方策として「フレキシブルな品質重視の生産」の諸形態が同社では1930年代末まで維持されることになった[118]。

またトラックの生産をみても，軍需市場の拡大によって大量生産の可能性が大きく高まったナチス期になって初めて，ある程度の大量生産を可能にするロットが実現された。こうして，1920年代には多くの定型をかかえ，それゆえ，近代化がゆっくりとしかすすまなかった同社のトラック生産においても，ナチスの軍需景気およびそれによってもたらされたトラック需要のもとでベルトコンベア生産への転換が30年代後半に初めて行われており，38年にはコンベアでの流れ生産への転換でもって大量生産のための決定的な打開がはかられた[119]。しかし，軍備計画の頻繁な変更にみられるように，変動が激しいという軍需市場の特殊的条件のもとで，同社では，小さな組の生産と専門労働者の占める割合の高いフレキシブルな生産構造が生み出された。そこでは，フレキシブルな品質重視の生産の構想のゆえに，既存の専門労働者のポテンシャリティおよびフレキシブルな生産構造でもって，同社は比較的短い期間にナチスの軍備拡張の要望を満足させることができた[120]。またそのような生産構造およびそこでの人員配置，製品の変更および装備替えのフレキシビリティが国防軍の多様な軍需品の需要への急速かつ円滑な適応を可能にしたのであった[121]。トラックを生産するガッゲナウ工場は国防軍と国家の注文でもってフル操業を行っていたが，同社が1920年代および30年代に官庁向け業務を支配していたという事情は，こうしたフレキシブルな生産構造が築かれていたことによるものであるとされている[122]。

高い専門労働者比率をもつこのようなフレキシブルな生産構造は，国内市場への集中化にさいして，非常に多くの異なる小さな組が生産されまた個々の工場の間での移動が可能であるという利点をもっており，そのことは生産能力のより高い利用だけでなく，変動する需要構造への状況に見合った適応にも寄与したとされている。そのような専門労働者の占める高い割合が航空機や船のエンジンの生産の迅速な拡大を可能にしたのであり，こうした適応のフレキシビリティが同社の競争力を確保したのであった[123]。しかし，ベルト・コンベアが島方式的に配置され，その間に検査所や緩衝在庫が存在していた限りでは，

労働者はなお作業のテンポに影響をおよぼしていたとされている[124]。

　③フォード・システム導入の限界と国民経済へのその影響
　ドイツにおけるフォード・システムの導入をめぐる問題に関して最後にみておかねばならない点は，フォード・システムの導入におけるこのような限界が国民経済におよぼした影響についてである。第4章でみたように，アメリカでは，他の産業部門におよぼす経済的波及効果が大きい自動車の大量生産が1920年代にフォード・システムの本格的展開によって大きくすすみ，そのことによって関連する多くの産業部門への需要の創出・拡大によってこれらの産業の大量生産を促し，広く国民経済全般に大量生産が貫徹していくという大量生産体制が確立された。これに対して，国内市場の狭隘であったドイツでは，1920年代には，自動車のような消費財の大量生産がアメリカのようにはほとんど展開されえず，そのことが，他の産業諸部門の合理化の展開，そのあり方にも大きな影響をおよぼすことになった。すなわち，ドイツでは，「自動車のような消費財の大量生産の立ち遅れは，機械製造業の汎用主義の克服にブレーキをかけ，大量生産をはばむとともに，鉄鋼業のように，それなりに大量生産に移行してきている諸部門に対しては，不均衡を強め，そのことがまたこれらの諸部門の海外市場への依存を強めること[125]」になった。しかし，そればかりでなく，機械産業の大量生産にとっての制約要因ともなり，機械の製造コストを高いものにし，機械加工を行うための工作機械の利用にさいして，自動車産業に対してだけでなく，大量生産への移行を推し進めてきている電機産業のような部門に対しても制約要因となった。
　また経済の軍事化，戦争経済の推進という新たな条件のもとで大量生産の取り組みが推進されることになるナチス期についてみても，本来，大量生産を広く国民経済全般に拡大・普及させていく上で決定的に大きな役割を果すべき消費財市場，とくに乗用車市場をみた場合，当時は事業所的・営業的モータリゼーションが主流であって，個人的・大衆的モータリゼーションはなお初期的段階にとどまっていたとされている[126]。ドイツの自動車産業はその誕生から1930年代までの数10年間はなんら基幹産業ではなく，さまざまな産業部門のあつまりであったものが[127]，30年代になって初めて基幹産業の位置を占めるま

でに発展したと指摘されているが(128)，この時期にもなお自動車のような耐久消費財の大量生産は本格的に展開されるには至らなかったといえる。それだけに，軍需の拡大は大きな意味をもつことになり，軍用トラックなどにみられるように軍需品としての自動車の生産や軍需関連の電気機器の大量生産への取り組みが推進された。しかし，その場合にも，すでにみたように，軍需市場は，確かに量的には大きかったが変動もまた激しく，そうした市場の特質のために，フォード・システムに典型をみるアメリカ的な大量生産の展開は一定の限界に直面せざるをえなかった。また経済の軍事化にともなう市場の拡大は一定の短い期間をもって終らざるをえず，さらに大量生産の効果が軍需という一定の「狭い」範囲に限られるためにそれが国民経済全体にまでおよぶことは少なく，消費財，とくに耐久消費財の大量生産の場合とは異なり，他の産業へのその経済的波及効果は比較的に小さく，それゆえ，それが国民経済全体に大きな効果をもたらすには至らなかったといえる。

このように，ナチス期には，軍需関連の産業において大量生産への取り組みが強力に推し進められたにもかかわらず，関連する多くの産業の大量生産を促しそれをとおして広く国民経済全般に大量生産の経済効果が拡大していくというかたちでの展開をはかることができなかったといえる。当時アメリカにおいてみられたような自動車のような消費財市場の大量生産を基礎にしたかたちでの「現代的な」大量生産体制を確立を実現することはできなかった(129)。そのことは当然ドイツの国民経済の発展を大きく制約するものとならざるをえなかったが，そのような現代的な大量生産体制が本格的に確立し，アメリカとの差異が解消されるのは第2次大戦後のことであり，1960年代の経済成長の時期を待たねばならない（第7章参照）。

2　全般管理システムの導入とその特徴

以上の考察において部門管理システムの導入・移転についてみてきたが，つぎに，全般管理システムについてみることにしよう(130)。

（1）独占形成期から第1次大戦前の全般管理システムとその特徴

まず独占形成期から第1次大戦までの時期をみると，ドイツにおける近代企

第5章　企業経営システムのアメリカモデルの特徴と意義　217

業の出現は1870年代から第1次大戦までのことであるとされている。そこでも，アメリカと同様に，19世紀後半の技術の発展と市場の拡大が企業構造の変化をもたらした最も重要な環境変化であった。J. コッカは，①企業規模の拡大，多角化および統合化の諸過程，②カルテルおよび企業連合の出現，③銀行と産業との間の関係における諸変化，④所有と支配の分離および俸給企業家（salaried entreprenuer）の出現の傾向をともなった経営者資本主義の出現，⑤生産，流通および管理における科学および制度の重要性の高まりが近代企業の誕生の中心にあったとしている。ドイツにおける企業の拡大は，製品多角化および垂直的統合をともなっていたが[131]，この時期の多角化の傾向については，社会的分業の進展の遅れと国内市場の特質（市場の相対的な未発達さおよびその透明度の低さ）にその理由があるとされており[132]，1920年代のように明確な成長戦略としてそれが推進されるには至っていない。その意味でも，垂直的統合の推進が近代企業の生成をもたらした最も重要な要因であったといえる。

　それゆえ，鉱工業最大100社における統合化の状況をみると，1887年から1907年までに，後方統合と前方統合（自前の販売組織の創設による）の両方を行っている企業は6社から17社に増加している。カルテルは加盟企業の製品を共同で販売したので，カルテルやシンジケートへの加盟は，企業が自前の販売組織の創出なしに前方統合を行うための手段となっており，それはとくに鉱山業や鉄鋼業でみられた[133]。「企業はしばしば，差別化されていない汎用製品の販売にはシンジケートを使い，技術的により複雑な製品系列の販売にあたっては自社の販売組織に依拠した」[134]が，1887年から1907年まではシンジケートによる方法が重要な役割を果しており，その後は自前の販売組織の創設が支配的となった[135]。このような方法による統合を含めると，前方統合と後方統合を行っている企業は14社から62社に増加しており，前方統合のみを行っている企業は11社から20社に増加している。これに対して，後方統合のみを行っている企業は48社から6社に大きく減少しており[136]，全体的にみると，原料の統合はむしろ停滞したようだとされている[137]。工業技術的な理由のみならず，防衛的な市場政策という理由からも行われた「後方統合」はすでに19世紀末にしばしばみられ，とくに石炭・鉄鋼業と化学産業でみられたとされている[138]。統合化の傾向は，化学，一次金属や鉱業において最も強かったとされているが，

前方統合および後方統合のいずれも行っていない企業は27社から12社に大きく減少している[139]。

このような戦略の展開は企業の組織構造に大きな諸変化をもたらした。例えばコッカは，ドイツでも，アメリカと同様に，垂直的に統合化され，集権化され，職能別に部門化された組織が支配的であったとしている[140]。またアメリカの場合と同様に，一部の大規模企業では取締役会のなかに代表執行機関がつくられたほか，それを支えるスタッフ部門の設置もみられた[141]。

この点，ジーメンスが唯一といってよい例外をなす。ジーメンス＆ハルスケ（弱電部門）では，ひとつの事業単位を除くすべてが製造部門，技術部門および計画部門，販売部門，会計・管理部門および中央本社をもっており，職能別にではなく，製品（あるいは地域）別に組織されていた。このような組織について，J. コッカは，本質的には，純粋な形態ではなく，またいくつかの制約（とくに重電の側での）をともなっていたが，ジーメンスはデュポンやGMがアメリカにおいて1920年代の初めに最初に採用する20年前に，高度に多角化された複数事業部制企業の特殊な分権化のパターンを発展させたとしている[142]。またチャンドラーも，ジーメンス・グループ企業の構造は上級役員の単一の本部組織といくつかの自立的な製品事業部を有しており，第１次大戦直後にアメリカでデュポンやGMが築きはじめた複数事業部制組織の先行形態であったとしている[143]。しかし，H. ジークリストは，ジーメンスのこの組織構造を度外視すると，ドイツでは，19世紀末からワイマール共和国までの時期には，徹底して区分された，責任を負うべき業務領域にひとつの製品系列の生産と販売を統合した事業部制組織の形成はまだまったくみられないということを暫定的に前提としなければならないとしている[144]。

同社におけるこのような組織の早期出現の理由としては，「第一にジーメンスはアメリカの電機企業と異なり通信機器の生産も含む総合メーカーであり，その多角化の度合ははるかに高く，それゆえに管理組織の整備への要請がより強かったこと，第二に家族主義の伝統が組織改革に際して最高経営者に家父長的なリーダーシップを発揮させたこと，第三に官僚制の伝統が組織形成のうえで有効に作用したこと，などがあげられている」[145]が，その客観的要因としては，第一の点が最も重要であろう。すなわち，ジーメンスでは，白熱電球，計

第5章　企業経営システムのアメリカモデルの特徴と意義　219

測機器のほか，電気化学製品，通信機器などの新しい事業分野への進出が行われたが，化学産業，機械産業のケースとは異なり，新しく追加されたこれらの製品系列には，生産，販売，購買といった基本的な職能活動を遂行する上で，異なる標準や作業手続，方針を必要とするものを含んでおり，それゆえ，職能部門別組織では対応しきれない上述の如き管理上の諸問題が発生することになったのであろう[146]。

(2) 第1次大戦後の全般管理システムとその特徴
①企業集中，合理化の展開と全般管理システムの変革

また第1次大戦後の時期をみると，この時期の全般管理システムの変革をもたらした最も重要な要因は企業集中と合理化の推進であった。第4章でみたように，1920年代の合理化運動の初期に重工業や化学産業などにおいて本格的なトラストの形態をとって企業集中がかつてない規模で行われたが，この集中化の波の最も重要な発端のひとつは，専門化についての「取り決め」にあった[147]。すなわち，企業集中をテコとする製品別生産の集中・専門化は，各企業・工場のもつ独自の専門性をいかして特定の製品の生産に特化することによって一種の分業組織を形成するものであった。

こうした製品別生産の集中・専門化は，トラスト全体における一種の「契約による分業」の観点から，各製品別にその市場を分割し，それに基づいて各製品の生産の割当を行うものであり，そこでは，各製品ごとに綿密な生産計画を策定し，それを遂行することが重要な課題とされた。しかも，この時期のトラスト化の多くはすでにコンビネーションに組織されていた企業や，コンビネーションを含む利益共同体に組織されていた企業のトラスト化であった。その場合，継起的に関連する各生産工程が統合されているために，最終工程に位置する部門の製品別生産の集中・専門化による市場と生産の割当を行うことによって，その前に位置する各工程の生産の割当が規定されることになる。なおそのさい，閉鎖されずに残された各工場は，製品別に，あるいは地域別に分散することになり，そのために，特定の製品ないし関連する製品を生産する工場群が主要な地域に形成され，各地域に分散することになった各工場は，独自の生産計画を策定し，最も有利な生産条件のもとで生産を行うことが主要な課題とさ

れた。こうして，さまざまな生産計画をもつ広い範囲の生産現場の場所的分離は集権と地域的自立性との混合を必要とし，その結果，「集権的に，生産領域によって垂直的に編成される管理」と「個々の生産現場の地域的な，水平的な管理」をもたらすことになった[148]。

すなわち，中央本社による経営単位間の調整と統制のもとに，ひとつの集合的な経営単位をなす地域ごとの工場グループに対して，自らの責任による自主的な経営活動の大幅な権限を与え，管理の分権化がはかられた。例えば化学産業のIGファルベンでは，前身会社の工場が存在する地域ごとに4つ（後に5つとなる）の事業共同体（Betriebsgemeinschaft）が形成され[149]，また重工業の合同製鋼では，4つの経営グループが形成された[150]。IGファルベンでは，財務問題，特許，原料購入および営業情報は中央で扱われるべきものとされていたが，各事業共同体は，技術的監督，労務，それに（当初は）販売の責任を負うことになっており[151]，中央本社によって決められた規則の範囲内で完全な自立性をもっていた。

そのような管理の分権化は，現業部門レベルにおける積極的なイニシアティブの向上をはかることを目指したものであり，各経営グループの生産現場の理想的な競争を促進した。IGファルベンでは，そのような分権的管理の組織の諸原則の組織的な適用によって，個人およびグループの高度な責任を確保し，また大小の諸変化にすばやく反応し，いつでも柔軟に対応しうる管理システムを確立することができたとされている[152]。

さらにこのような管理の分権化とともに，取締役会のなかの代表執行組織の創設とそれを補佐するスタッフ組織の設置など本社管理機構の整備がはかられた点[153]にこの時期の全般管理システムの変革のいまひとつの重要な特徴がみられた。

②多角化の展開と全般的管理システムの変革

またこの時期の合理化において，化学産業や電機産業などの産業部門を中心に経営の多角化が推し進められた。IGファルベンでは，トラスト形態での企業集中と製品別生産の集中・専門化の推進にともなう企業管理の問題への対応として以上のような管理の分権化がはかられたが，多角化による事業構造の再編

成の推進にともない,アメリカの場合と同様に,それまでの職能部門別組織では十分に対応することのできない新たな管理問題が発生した。なかでも,多角化にともなう企業管理の問題は投資決定の困難さの増大として現れ,世界恐慌の圧力のもとで,こうした問題に対応するために,同社の広範な活動領域を3つの事業部（Sparte）に分割し,そこに3人の事業部長をおいて購買,生産,販売などの現業活動の管理にあたらせることになった(154)。それはなによりも資金割当の問題を考えた新たな統制の面から行われたものであり,事業部長は自らの工場の支出予算を監督した(155)。各事業部には投資決定の大幅な権限が与えられたが,各事業部の長にはその製品グループの損益計算には責任はなかった(156)。事業部の編成にあたり,技術的あるいは化学的関連をもつ製品が各事業部に集められた(157)。

　第1事業部（事業部長K.クラウホ）
　　＝窒素,メタノール,合成燃料,人造石油,石炭,褐炭などを扱う。
　第2事業部（事業部長F.テル・メール）
　　＝染料,重化学製品,医薬品,アルミニウム,マグネシウム,合成ゴム,溶剤,
　　　洗剤,接着剤,合成タンニン,ガス溶接機・ガス切断器などを扱う。
　第3事業部（事業部長F.ガヤビスキー）
　　＝人絹,スフ,写真製品,セルロイドがなどを扱う。

　この組織革新におけるいまひとつの重要な改革は,経営政策の大きな方針の決定とともに管理職の人選を最も重要な任務とするより少人数の最高意思決定機関(158)である中央委員会（Zentralausschuß）が設置されたことである(159)。G.プルンペは,この委員会のメンバーは戦略的意思決定を行うという意味においてこの会社における企業家であったとしているが(160),この委員会の設置は,そのメンバーを中心とする本社幹部の諸活動を日常的業務から切り離し,彼らを長期的・全社的な計画の策定といった本来のトップ・マネジメントの職能に専念させることをめざしたものである。

　しかし,このような管理機構は,1) デュポンと比べても多岐にわたる製品系列をもちながらも,3つの事業部しか設置されておらず,実際にはひとつの事業部において,生産,販売および購買の諸条件の面で大きく異なる複数の製

品系列が扱われており，多角化のさいに職能部制組織が直面する上述の如き管理上の問題が十分に解決されえなかったこと，2) 事業部には利益責任がなく，投下資本利益率のような統制手法が利用されておらず，そのことによる各事業部の業績評価における限界，3) ゼネラル・スタッフとしての機能を果す組織が確立していなかったことから，限界をもっていたといえる。W. フェルデンキルヘンは，組織構造はアメリカのビッグ・ビジネスの成功におけるひとつの決定的要因とみなされていたので，ドイツの企業が自らの組織を変革するさいには，つねにアメリカの発展を考慮に入れていたと指摘しているが[161]，IGファルベンのこのような管理上の限界は，多角化による事業構造の再編成にともなう組織面での対応の不十分さを示すものであり，ドイツの企業では，全般管理の発展においても，アメリカに比べ一定の限界をもつことになった。

3 第2次大戦前と大戦後の比較

以上において，アメリカ的な企業経営システムの移転のプロセスをドイツについてみてきたが，とくにフォード・システムにみられる如く，第2次大戦前にはそのような大量生産型の企業経営システムは広く普及・定着するには至らなかったといえる。しかし，そのようなアメリカ的経営方式は第2次大戦後には主要資本主義国において広く普及・定着することになるのであり，両時期の間には大きな相違がみられる。アメリカ型大量生産システムの普及という点では，例えば自動車産業をみると，H. J. ブラウンが指摘するように，1940年代までの時期にはドイツ自動車産業における生産組織の種類は供給すべき市場に決定的に規定されており，その限りでは，この産業における「アメリカニズム」は選択的に普及したにすぎないのに対して[162]，戦後の大衆的モータリゼーションの進展のなかでフォード・システムの導入・展開が本格的にすすんだ。例えばフォルクスワーゲンでは1960年代初頭までに調整がはかられたベルトコンベアによる流れ生産方式での大量生産の完全な流れが明確にみられるようになっており[163]，単一定型の大衆車を生産する同社以外の企業でも同様にフォード・システムによる大量生産方式の展開が本格的にすすんだ[164]。電機産業でも，ベルト・コンベア作業の普及は，戦後の消費財ブームの結果，1950年代・60年代にようやくみられ，そのような作業方式はとくにラジオ，テレ

ビ，電気掃除機，洗濯機，自動食器洗い器，レンジといった主要な製品系列の最終組立において普及したのであった[165]。また第4章でみたように，戦後の多角化の進展にともない大企業の多くが複数の事業領域をかかえる構造へと変化するなかで，事業部制組織の導入がすすんだが，そこでは，アメリカの企業やコンサルタント会社の指導・援助を受けて組織改革を行った場合も多く，そのようなアメリカ的な全般管理システムの本格的導入がすすんだといえる[166]。

　こうした変化を基本的に規定した諸要因に関しては，基本的にいえば，第2次大戦の終結までの時期をみた場合，ドイツ資本主義の生成・発展過程の特質に規定された，とくに賃金水準，市場規模にかかわる制約的条件は克服されることができなかったといえる。企業経営システムのもつ生産力的側面は，それ自体としては，いわば「技術的性格」をもつものであり，移転可能性の大きいもの，換言すれば，経営者の主体的な意思決定にかかわる問題であるといえる。これに対して，企業経営の社会経済的基盤をなす，市場をはじめとする国民経済的＝社会経済的諸関係（生産関係的側面）が画する制約的条件という「鎖」は第2次大戦の終結までは断ち切ることができなかったといえる。

　しかし，第2次大戦後になると，そのような制約的条件はとくに労働面における改革というむしろ「政治的」手段によって初めて取り除かれることができたといえる。すなわち，戦後に実現された「労資の同権化」（労働同権化）の本格的確立によって市場基盤の形成・拡大がすすんだことによって，賃金の著しい上昇（第7章参照）のもとでそれまでの市場の条件を根本的に変革させることができたといえる。そのことによって，初めて，第2次大戦の終結までの時期にはアメリカにおいてのみ本格的な展開をみた企業経営の諸方式・システムがドイツでも定着しえたといえる。このように，戦後になって主要資本主義国の間で生産関係的側面の一定の「平準化」がすすんだことが，アメリカ型の企業経営システムの普及・定着を可能にしたといえる[167]。第1章でも指摘したように，こうした点は日本のような他の資本主義国についても同様に妥当するといえる。

（1）稲村　毅『経営管理論史の根本問題』ミネルヴァ書房，1985年，194ページ参照。
（2）橘　博『現代生産管理論――生産合理化の歴史と理論――』ミネルヴァ書房，1963

年，213ページ。
(3) S. Haber, *Efficiency and Uplift, Scientific Management in the Progressive Era 1890～1920,* Chicago, London, 1964, pp.24-5〔小林康助・今川仁視訳『科学的管理の生成と発展』広文社，1983年，38ページ参照〕。
(4) M. J. Nadworny, *Scientific Management and the Unions, 1900～1930, A Historical Analysis,* Cambridge, Massachusetts, 1955, p.53〔小林康助訳『科学的管理と労働組合』ミネルヴァ書房，1971年，78ページ参照〕。
(5) K. H. Roth, *Die 'andere' Arbeiterbewegung und die Entwicklung der kapitalistischen Repression von 1880 bis zur Gegenwart,* 4.Aufl, München,1974, S.87-8.
(6) 今井俊一『経営管理論』ミネルヴァ書房，1960年，67-8ページ。
(7) 塩見治人『現代大量生産体制論』森山書店，1978年，174-7ページおよび282ページ参照。
(8) 木元進一郎『労務管理と労使関係』森山書店，1986年，41-2ページ参照。
(9) この点については，山下高之『近代的管理論序説』ミネルヴァ書房，1980年，218-225ページ，川崎文治『科学的管理批判』森山書店，1958年，155-6ページおよび252ページ，向井武文『科学的管理の基本問題』森山書店，1970年，225-7ページ，木元，前掲書，42-3ページ，今井，前掲書，70ページなどを参照。
(10) 藻利重隆『経営管理総論(第二新訂版)』千倉書房，1965年，146-9ページ，同『工場管理』新紀元社，1950年，第 4 章，同『流れ作業組織の理論』アカギ書房，1947年，向井武文「作業組織と作業形態」，藻利重隆責任編集『経営学辞典』東洋経済新報社，1967年，406-9ページなどを参照。
(11) 塩見，前掲書，279ページ。
(12) 今井，前掲書，83ページ，仲田正機『現代企業構造と管理機能』中央経済社，1983年，104ページ参照。
(13) 藻利，前掲『経営管理総論』，159-60ページ参照。
(14) 同書，152ページ。
(15) 塩見，前掲書，233ページ。
(16) 今井，前掲書，81-2ページ。
(17) Vgl. O. Bauer, *Rationalisierung und Fehlrationalisierung,* Wien, 1931, S.61-2.
(18) 藻利，前掲『経営管理総論』，171ページ参照。
(19) 塩見，前掲書，264ページ。
(20) この点については，藻利，前掲書，176ページ参照。
(21) この点については，フォード自動車会社を事例とした塩見，前掲書，260ページ参照。ここでの汎用的搬送手段と専用的搬送手段の概念は，同書，221ページおよび286ページによる。
(22) 同書，282ページおよび拙書『ドイツ企業管理史研究』森山書店，1997年，175-6ページ参照。
(23) 仲田，前掲書，104ページ。

(24) 丸山恵也「フォード・システムの形成とその特質」, 丸山恵也・井上昭一編著『アメリカ企業の史的展開』ミネルヴァ書房, 1990年, 29-30ページ。
(25) 塩見, 前掲書, 237ページ。フォード社における流れ作業組織への転換に関して, 塩見治人氏は, 「テイラー・システムの『作業の科学』の側面は, キャデラック工場やシラキュース工場のような初期自動車工場の機種別職場作業組織を流れ作業組織に転換するための前提条件=『作業の客観化』の創出にその役割を位置づけることができる」と指摘されている。同書, 174ページ。
(26) Vgl. R. Schmiede, E. Schudlich, *Die Entwicklung der Leistungsentlohnung in Deutschland : Eine historisch theoretische Unterschung zum Verhältniss von Lohn und Leistung unter kapitalistischen Produktionsbedingungen,* 4.Aufl, Frankfurt am Main, New York, 1981, S.284.
(27) A. D. Chandler, Jr, *The Visible Hand,* Harvard University Press, 1977, Part Ⅳ, Part Ⅴ〔鳥羽欽一郎・小林袈裟治訳『経営者の時代(下)』東洋経済新報社, 1979年, 第4部および第5部〕参照。
(28) *Ibid.,* Part Ⅴ〔同上訳書, 下巻, 第5部〕参照。
(29) 石井淳蔵・奥村昭博・加護野忠男・野中郁次郎『経営戦略論』〔新版〕, 有斐閣, 1996年, 129ページ。
(30) H. E. Krooss, C. Gilbert, *American Businenn History,* New Jersey, 1972, p.253〔鳥羽欣一郎・山口一臣・厚東偉介・川辺信雄訳『アメリカ経営史(下)』東洋経済新報社, 1974年, 373ページ〕参照。
(31) 仲田, 前掲書, 120ページ。
(32) アメリカにおける事業部制組織の生成については, A. D. Chandler, Jr, *Strategy and Structure,* MIT Press, 1962〔三菱経済研究所訳『経営戦略と組織』実業之日本社, 1967年〕およびA. D. Chandler, Jr, *Scale and Scope,* Harvard University Press, 1990〔安部悦生・川辺信雄・工藤章・西牟田祐二・日高千景・山口一臣訳『スケール・アンド・スコープ』有斐閣, 1993年〕参照。
(33) 例えば, 中村常次郎「事業部制の特質」, 中村常次郎編著『事業部制——組織と運営——』春秋社, 1966年, 第2章2などを参照。
(34) 高橋由明「アメリカ経営(学)史における全般的管理(論)の成立過程——経営管理史と経営管理論史との間, 日本との比較を射程に入れて——」『商学論纂』(中央大学), 第38巻第2・3号, 1997年3月, 150-1ページ。
(35) 高橋由明「書評 山崎敏夫『ドイツ企業管理史研究』」『商学論纂』, 第40巻第1・2号, 1998年12月, 177ページ。
(36) R. P. Rumert, *Strategy, Structure and Economic Performance,* Harvard University Press, 1974, p.65〔鳥羽欣一郎・山田正喜子・川辺信雄・熊沢孝訳『多角化戦略と経済成果』東洋経済新報社, 1977年, 85ページ〕。
(37) 加護野忠男・野中郁次郎・榊原清則・奥村昭博「日米企業の戦略と組織 日本企業の平均像の比較」, 伊丹敬之・加護野忠男・伊藤元重編『日本の企業システム』, 第

2巻，戦略と組織，有斐閣，1993年，108ページ，127ページ参照。
(38) 例えば坂本和一『現代巨大企業の構造理論』青木書店，1983年，第3章，第4章，石井昌司『日本企業の海外事業展開——グローバル・ローカリゼーションの実態——』中央経済社，1992年，61-6ページなどを参照。
(39) 以下の考察については，拙書『ヴァイマル期ドイツ合理化運動の展開』森山書店，2001年，拙書『ナチス期ドイツ合理化運動の展開』森山書店，2001年を参照。
(40) ドイツにおけるテイラー・システムの導入については，邦語文献としては，前掲拙書『ドイツ企業管理史研究』，大橋昭一「ドイツにおけるテイラーシステムの導入過程」（Ⅰ），（Ⅱ），『商学論集』（関西大学），第29巻第4号，1984年10月，第29巻第5号，1984年12月，井藤正信『ドイツ科学的管理発達史』東京経済情報出版，2002年，幸田亮一・井藤正信「ドイツにおける科学的管理法の展開」，原 輝史編『科学的管理法の導入と展開』昭和堂，1990年などがある。
(41) 前掲拙書『ドイツ企業管理史研究』，第1章第1節1参照
(42) 大橋，前掲論文（Ⅱ），51ページ参照。
(43) Vgl. V. Trieba, U. Mentrup, *Entwicklung der Arbeitswissenschaft in Deutschland : Rationalisierungspolitik der deutschen Wirtschaft bis zum Fascismus,* München, 1983, S.79.
(44) Vgl. E. Pehhold, *50 Jahre REFA,* Darmstadt, Köln, Frankfurt am Main, 1974, S.35, P.Hinrichs, *Um die Seele des Arbeiters : Arbeitspsychologie, Industrie- und Betriebssoziologie in Deutschland 1871-1945,* Köln, 1981, S.53, V.Trieba, U. Mentrup, *a. a. O.,* S.82.
(45) Vgl. H. Homburg, Anfänge des Taylorsystem in Deutschland vor dem Ersten Weltkrieg, *Geschichte und Gesellschaft,* 4.Jg, Heft 2, 1978.
(46) Vgl. G. Stollberg, *Die Rationalisierungsdebatte 1908-1933 : Freie Gewerkschaften zwischen Mitwirkung und Gegenwehr,* Frankfurt am Main, New York, 1981, S.34. 前川恭一『現代企業研究の基礎』森山書店，1993年，184ページをも参照。
(47) 大橋，前掲論文（Ⅱ），52-3ページ参照。
(48) 前川，前掲書，168ページ。
(49) 大橋，前掲論文（Ⅱ），31-2ページ参照。
(50) Vgl. V. Trieba, U. Mentrup, *a. a. O.,* S.84.
(51) 加藤栄一『ワイマル体制の経済構造』東京大学出版会，1973年，363ページ。
(52) 大橋昭一『ドイツ経済民主主義論史』中央経済社，1999年，107ページ。なお当時の「経済民主主義論」について詳しくは，同書を参照。
(53) 雨宮昭彦「1920年代ドイツにおける経済構造の変化とその限界」『経済研究』（千葉大学），第9巻第2号，1994年9月，295ページ参照。
(54) 参考のために当時のドイツとアメリカにおける資本コストの状況をみておくと，例えば1925年と29年の中央発券銀行の平均の割引率は，アメリカではそれぞれ3.421%，5.163%であったのに対して，ドイツでは9.153%，7.107%であり，市中銀行の割引率

第5章　企業経営システムのアメリカモデルの特徴と意義　*227*

は，アメリカでは3.315％，5.099％であったのに 対して，ドイツでは7.62％，6.87％
であった。Vgl. F. Ledermann, *Fehlrationalisierung――der Irrweg der deutschen Automobilindustrie seit der Stabilisierung der Mark*, Stuttgart, 1933, S. 63.
(55) Vgl. K. H. Mommertz, *Bohren, Drehen und Fräsen*, Hamburg, 1987, S.142, E. Pechhold, *a. a. O.,* S.56.
(56) Vgl. V. Trieba, U. Mentrup, *a. a. O.,* S.106-7, R. Schmiede, E. Schudlich,. *a. a. O.,* S.271-6
(57) Vgl. V. Trieba, U. Mentrup, *a. a. O.,* S.106-7.
(58) Vgl. Deutscher Metallarbeiter-Verband, *Die Rationalisierung in der Metallindustrie. Zusammengestellt und bearbeitet nach Erhebungen des Vorstandes des Deutschen Metallarbeiter-Verbandes,* Berlin, 1932, S.192-4.
(59) Vgl. H.Spitzley, *Wissenschaftliche Betriebsführung, REFA Methodenlehre und Neuorientierung der Arbeitswissenschaft,* Köln, 1979, S.102〔高橋俊夫監訳『科学的管理と労働のヒューマニズム化』雄松堂，1987年，137ページ参照〕．
(60) 前掲拙書『ドイツ企業管理史研究』，第5章および『ヴァイマル期ドイツ合理化運動の展開』，T. v. Freyberg, *Industrielle Rationalisierung in der Weimarer Republik,* Frankfurt am Main, New York, 1988, H. Homburg, *Rationalisierung und Industriearbeit,* Berlin, 1991, J. Bönig, *Die Einführung von Fließarbeit in Deutschland bis 1933.Zur Geschichte einer Sozialinnovation,* Teil I , Münster, Hamburg, 1993, M. Stahlmann, *Die Erste Revolution in der Autoindustrie. Management und Arbeitspolitik von 1900-1940,* Frankfurt am Main, New York, 1993などを参照。
(61) Vgl. G. Stollberg, *a. a. O.,* S.51-2.
(62) Vgl. G. Duvigneau, *Unterschungen zur Verbreitung der Fließarbeit in der deutschen Industrie,* Breslau, 1932, S.68-70.
(63) Vgl. Deutscher Metallarbeiter-Verband, *a. a. O.,* S., 86, S.117, S.138, T.v. Freyberg, *a. a. O.,* S.33-4.
(64) Vgl. T. Siegel, T. v. Freyberg, *Industrielle Rationalisierung unter dem National-sozialismus,* Frankfurt am Main, New York, 1991, S.267.
(65) T. v. Freyberg, *a. a. O.,* S.390.
(66) Vgl. C. Köttgen, Die Allgemeine Grundlagen der Fließarbeit, *Zentralblatt für Gewerbehygiene und Unfallverhüttung,* Beiheft 12, "Fließarbeit", 1928, S.10, T. Siegel, T. v. Freyberg, *a. a. O.,* S.267.
(67) Vgl. H. Hänecke, Fließarbeit im deutschen Maschinenbau, *Maschinenbau,* Bd.6, Heft 4, 1927.2.17, S.158.
(68) Vgl. Institut für Wirtschaftsgeschichte der Akademie der Wissenschaften der DDR, *Produktivkräfte in Deutschland 1917/18 bis 1945,* Berlin, 1988, S.61.
(69) D. A . Hounshell, *From the American System to Mass Production, 1800-1932,* The Johns Hopkins University Press, 1984〔和田和夫・金井光太郎・藤原道夫訳『アメリカン・

システムから大量生産へ 1800-1932』名古屋大学出版会，1998年，第7章参照］。
(70) Vgl. H. Homburg, *Rationalisierung und Industriearbeit,* S.525-6.
(71) Vgl. T. Siegel, T. v. Freyberg, *a. a. O.,* S.311.
(72) 例えば電機産業をみても，T. v. フライベルクは，作業の時間的強制進行性の確立がジーメンス・シュッケルトにおける1924年以降の合理化運動の特徴となっているとしているが (T. v. Freyberg, *a. a. O.,* S.203)，製品部門別にみると，鋳造・鍛造，部品製造，組み立てのいずれの工程部門にも流れ生産方式が導入され，部門間搬送システムが高度に組織されていたのは，電動機工場，なかでも電気掃除機の生産においてみられた程度にすぎない。電気掃除機の生産では，部品製造工程と組立工程にはベルト・コンベアが導入され，フォード・システムの導入のひとつの典型例を示しているが，多くの場合，部品製造（機械加工）工程では機械の搬送手段であるコンベアの導入はあまりみられず，組立工程でも，そのような機械的搬送手段を内装化した流れ作業組織の形成は比較的わずかなケースにとどまっている（前掲拙書『ドイツ企業管理史研究』，第5章第2節1，『ヴァイマル期ドイツ合理化運動の展開』，第5章第3節2参照)。このような当時の状況については，H. ホムブルクによれば，わずかの生産単位へのコンベアベルトの導入は，一層の作業の細分化および伝動ベルトから個別駆動への全般的な転換を含む諸変化の最も顕著なものであったにすぎないとされている。H. Homburg, Scientific Management and Personel Policy in the Modern German Enterprise 1918-1939：The Case of Siemens, H. F. Gospel, C. R. Littler (ed), *Managerial Strategies and Industrial Relations, A Historical and Comparative Study,* London, 1983, pp.149-50.

また機械産業についてみると，個々の部分的領域において，個別生産から組別生産への移行がみられ，さらに流れ作業の導入に適したいくつかの諸部門では，そのような作業方式の導入もすすめられたが，このことは，とりわけ発動機，工作機械および高速印刷機，タイプライターおよびその他の主に消費者向けのより小さな機械（ミシン，ガスレンジ，調理器など）の生産にいえるとされている (Vgl. G. Keiser, B. Benning, Kapitalbildung und Investitionen in der deutschen Volkswirtschaft 1924 bis 1928, *Vierteljahrhefte zur Konjunkturforschung,* Sonderheft 22, Berlin, 1931, S.58)。これらの製品の製造部門では，コンベアの導入による流れ生産の導入も比較的すすんでいたとされている。とはいえ，これらの諸部門におけるコンベア生産の導入についてみても，機械加工工程，組立工程の一部の工程部門あるいは工程作業にのみみられたケースが多く，フォード社でみられたようなベルト・コンベアを内装化した移動作業型流れ作業組織の本格的な確立に至っていた事例はきわめて少なかったといえる。機械産業全体でみれば，これらの製品の製造部門を除くと，流れ生産方式の導入はそのほとんどがコンベアなしの流れ作業の編成によるものであったといえる。詳しくは前掲拙書『ドイツ企業管理史研究』，第5章第2節3，『ヴァイマル期ドイツ合理化運動の展開』，第6章第3節2参照

(73) Vgl. R. Hachtmann, *Industriearbeit im 》Dritten Reich《,* Göttingen, 1989, S.68.

第5章　企業経営システムのアメリカモデルの特徴と意義　*229*

(74) Vgl. G. Duvigneau, *a. a. O.*, S.51-2.自動車産業においてみられたこのような流れ生産の変種については，M. Stahlmann, *a. a. O.*, 4.4参照。
(75) Vgl. *Ebenda*, S.176.
(76) Vgl. *Ebenda*, S.179.
(77) Vgl. J. Radkau, *Technik in Deutschland vom 18. Jahrhundert bis zur Gegenwert*, Frankfurt am Main, 1989, S.278.
(78) Vgl. K. Schmidt, *Die deutsche Automobil-Industrie und ihre Leistungsfähigkeit auf dem Weltmarkt*, Giessen, 1927, S.46.
(79) Vgl. M. Stahlmann, *a. a. O.*, S.72.
(80) Vgl. H. J. Braun, Automobilindustrie in der USA und Deutschland in den 20er Jahren ——ein Vergleich, H. Pohl(Hrsg), *Traditionspfleg in der Automobilindustrie*, Stuttgart, 1991, S.198, A.Kugler, Von der Werkstatt zum Fließband. Etappen der frühen Automobilproduktion in Deutschland, *Geschichte und Gesellschaft*, 13.Jg, Heft 1, 1987, S.337.
(81) Vgl. J. Bönig, *a. a. O.*, S.445.
(82) Vgl. H. J. Braun, *a. a. O.*, S.198, A. Kugler, *a. a. O.*, S.337. 流れ生産方式のよりドイツ的な展開を試みたダイムラー・ベンツでは，1926年に初めて流れ生産を開始し，28年以降に最初のコンベアが設置されているが，34年になって初めてオペルの26年の生産技術水準になったとされている。Vgl. *Ebenda*, S.337.
(83) Vgl.J. Bönig, *a. a. O.*, S.445.
(84) Vgl. M. Stahlmann, *a. a. O.*, S.72.
(85) Vgl. M. Stahlmann, Von der Werkstatt zur Lean-Production. Arbeitsmanagenent und Arbeitsbeziehungen im sozialen Wandel, *Zeitschrift für Unternehmensgeschichte*, 39.Jg, Heft 3, 1994, S. 228. なおデトロイトの作業職場では専門労働者の割合は1893年には39%であったが，フォードのハイランドパーク工場では，1917年には2%にすぎなかったとされている。C. Berggren, *Von Ford zu Volvo. Automobilherstellung in Schweden*, Berlin, 1991, S.16.
(86) Vgl. A. Kugler, *Arbeitsorganisation und Produktionstechnologie der Adam Opel Werke (von 1900 bis 1929)*, Berlin, 1985, S.58.
(87) Vgl. R. Hachtmann, *a. a. O.*, S.68.
(88) Vgl. J. Radkau, *a. a. O.*, S.278-9.
(89) Vgl. F. Ledermann, *a. a. O.*, S.26.
(90) Vgl. H. Weis, *Rationalisierung und Arbeiterklesse：Zur Rationalisierung der deutschen Industrie*, Berlin, 1926, S.23.
(91) Vgl. M. Stahlmann, *Die Erste Revolution in der Autoindustrie*, S.77.
(92) *Ebenda*, S.68.
(93) Vgl. H. J. Braun, *a. a. O.*, S.183.
(94) Vgl. T. v. Freyberg, *a. a. O.*, S.158, C.Köttgen, *a. a. O.*, S.12.

(95) Vgl. Schulz-Mehrin, Kosten bei Einzel-, Reihen- und Fließfertigung, *Maschinenbau*, Bd.6, Heft 16, 1927.8.18., S.817.
(96) Vgl. R. Hachtmann, *a. a. O.*, S.69-70.
(97) 前掲拙書『ナチス期ドイツ合理化運動の展開』第2章, 第5章, 第6章および第7章, T. Siegel, T. v. Freyberg, *a, a, O.*, R.Hachtmann, *a, a, O.*, M. Stahlmann, *Die Erste Revolution in der Autoindustrie* などを参照。
(98) H. Mottek, W. Becker, A.Schröter, *Wirtschaftsgeschichte Deutschlands*, Ein Grundriß, Bd.Ⅲ, 2.Aufl, Berlin, 1975, S.141.
(99) Vgl. T. Siegel, T. v. Freyberg, *a, a, O.*, S.317.
(100) Vgl. *Ebenda*, S.367-8.
(101) Vgl. H. Homburg, *Rationalisierung und Industriearbeit*, S.527.
(102) Vgl. R. Hachtmann, *a, a, O.*, S.80-1
(103) Vgl. *Ebenda*, S.77.
(104) Vgl. T. Siegel, T. v. Freyberg, *a. a. O.*, S.268.
(105) Vgl. R. Hachtmann, *a, a, O.*, S.73.
(106) *Ebenda*, S.80, E. Welter, *Falsch und richtig Planen : eine kritische Studie über die deutsche Wirtschaftslenkung im Zweiten Weltkrieg*, Heidelberg, 1954, S.29-31.
(107) 例えば電機産業では, ナチス期には, 流れ生産方式の導入は1920年代よりも一層拡大し, 電動機, 積算計器, ラジオ, 小型製品, 電話器, 電熱機器などの製造部門を中心に取り組まれたが, 軍需関連の生産では市場の変動に対するフレキシビリティを配慮した生産方式の展開が求められ, そこでは, 20年代と同様にドイツ的展開が試みられた (前掲拙書『ナチス期ドイツ合理化運動の展開』, 第5章参照)。そのような市場の条件については, 第2次大戦期には, 特別緊急計画は時間の経過につれて, その間ずっとヒトラーの最も支持を得ていた個人の判断に基づいて6カ月ごとに変更されている。また全般的な計画化は電機産業の現実の生産能力に基づいたものではなく, 例えば航空機の生産と構成部品の生産との調整においても, そうした計画の適切な時間的調節が欠けていたとされており, 代表的な産業家は, 計画の変更は連合国の爆撃よりも生産のロスを多くひきおこしたと感じていたと指摘されている。The United States Strategic Bombing Survey, German Electrical Equipment Industry Report, *Final Reports of the United States Strategic Bombing Survey*, Nr. 48, second edition, 1947, pp.21-2.
(108) Vgl. P. Berkenkopf, Die deutsche Automobilindustrie in der Krise, *Wirtschaftsdienst*, 18. Jg, Heft 2, 1933.1.13, S.48.
(109) Vgl. W. Wahl, *Zwischenbetrieblicher Vergleich in der deutschen Automobilindustrie*, Würzburg, 1938, S.98.
(110) Vgl.Die Tagung der Automobil- und Flugtechnischen Gesellschaft am 25.Februar 1937 anläßlich der 33. ordentlichen Mitgliederversammlung, *Automobiltechnische Zeitschrift*, 40.Jg, Heft 7, 1937.4.10, Das Neue Opel-Lastwagenwerk, *Automobiltech-*

第5章　企業経営システムのアメリカモデルの特徴と意義　*231*

nische Zeitschrift, 39.Jg, Heft 2, 1936.1.25, Besuch bei OPEL in Brandenburg, *Motorschau,* 1.Jg, Heft 4, 1937.6, K.Stodieck, Entwurf und Bau mechanischer Werkstätten, *Maschinenbau,* Bd.15, Heft 5/6, 1936.3, H.C.G.v Seherr-Thoss, *Die deutsche Automobilindustrie. Eine Dokumentation von 1886 bis 1979,* Stuttgart, 1979.
(111) Vgl. J. Bönig, *a. a. O.,* S.445, H.C.G.v Seherr-Thoss, *a. a. O.,* S.295.
(112) Vgl. M. Stahlmann, Von der Wekstatt zur Lean-Production, S.227.
(113) Vgl M. Stahlmann, Management, Modernisierung- und Arbeitspolitik bei der Daimler-Benz AG und ihren Vorläuferunternehmen von der Jahrhundertwende bis zum Zweiten Weltkrieg, *Zeitschrift für Unternehmensgeschichte,* 37.Jg, 1992, S.167.
(114) B. P. Bellon, *Mercedes in Piece and War. German Automobil Workers, 1903-1945,* New York, 1990, p.224.
(115) Vgl. M. Stahlmann, *Die Erste Revolution in der Autoindustrie,* S.175.
(116) Vgl. *Ebenda,* S.243-4.
(117) 西牟田祐二『ナチズムとドイツ自動車工業』有斐閣，1999年，168ページ。
(118) Vgl. M. Stahlmann, Management, Modernisierung- und Arbeitspolitik bei der Daimler-Benz AG und ihren Vorläuferunternehmen von der Jahrhundertwende bis zum Zweiten Weltkrieg, S.175.
(119) Vgl. M.Stahlmann, *Die Erste Revolution in der Autoindustrie,* S.176-7.
(120) Vgl. *Ebenda,* S.186 u S.246-7.
(121) Vgl. *Ebenda,* S.245.
(122) 同社では，1936年には官庁向け業務は全業務の40％を占めていた。Vgl. *Ebenda,* S.177.
(123) Vgl. M. Stahlmann, Management, Modernisierung- und Arbeitspolitik bei der Daimler-Benz AG und ihren Vorläuferunternehmen von der Jahrhundertwende bis zum Zweiten Weltkrieg, S.178-9.
(124) Vgl. M. Stahlmann, *Die Erste Revolution in der Autoindustrie,* S.187.
(125) 前川恭一・山崎敏夫『ドイツ合理化運動の研究』森山書店，1995年，240ページ。
(126) 大島隆雄「両大戦間のドイツ自動車工業(2)」『経済論集』（愛知大学），第127号，1991年12月，第3章Ⅲ参照。
(127) Vgl. A. Kugler, Von der Werkstatt zum Fließband, S.307.
(128) Vgl. *Ebenda,* S.339, M.Stahlmann, *Die Erste Revolution in der Autoindustrie,* S.60, M.Tessner, *Die deutsche Automobilindustrie im Strukturwandel von 1919 bis 1938,* Köln, 1994, S.183.
(129) アメリカでは自動車産業は技術的にも経済的にも主導的部門のひとつであったのに対して，ヨーロッパ，とくにドイツでは，この産業の主導的役割は，本質的には，技術の領域に限定されていたという指摘がみられる（Vgl.Institut für Wirtschaftsgeschichte der Akademie der Wissenschaften der DDR, *a. a. O.,* S.31）。この点を例えば自動車の生産が鋼の生産におよぼす影響についてみても，1938年の報

告では，アメリカの鋼の生産はドイツの場合よりも自動車産業とはるかに密接に結びついており，この産業の鋼の消費は鋼の全需要の18%を占めていたのに対して，ドイツのそれはわずか6%にとどまっている。Vgl. J. Werlin, Der wirtschaftliche und soziale Sinn des Volkswagens, *Der Vierjahresplan*, 2.Jg, Folge. 8, 1938.8, S.473.

(130) この点について詳しくは，前掲拙書『ドイツ企業管理史研究』，第1章第2節，第6章，第7章および第8章を参照。

(131) J. Kocka, The Reise of the Modern Industrial Enterprise in Germany, A. D. Chandler, Jr, H. Deams (ed), *Managerial Hierarchies*, Harvard University Press, 1980, pp.77-8.

(132) *Ibid.*, pp.108-9, J.Kocka, Großunternehmen und der Aufstieg der Manager-Kapitalismus im späten 19. und frühen 20.Jahrhundert, Deutschland im internationalen Vergleich, *Historische Zeitschrift*, Bd.232, Heft 1, 1981.2, S.59〔加ўж祥男編訳『工業化・組織化・官僚制』名古屋大学出版会，1992年，44ページ〕, H.Pohl, Zur Geschichte von Organization und Leitung deutscher Grossunternehmen seit dem 19. Jahrhundert, *Zeitschrift für Unternehmensgeschichte*, 26.Jg, Heft 3, 1981, S.150-1.

(133) J. Kocka, The Reise of the Modern Industrial Enterprise in Germany, p.80, pp.85-6参照。

(134) A. D. Chandler, Jr, *Scale and Scope*, pp.423-4〔前掲訳書，362ページ〕。

(135) H. Siegrist, Deutscher Großunternehmen vom späten 19. Jahrhundert bis zur Weimarer Republik, *Geschichte und Gesellschaft*, 6.Jg, Heft 1, 1980, S.69-72.

(136) J. Kocka, The Reise of the Modern Industrial Enterprise in Germany, p.85-6.

(137) H. Siegrist, *a. a. O.*, S.79.

(138) J. Kocka, Großunternehmen und der Aufstieg der Manager-Kapitalismus im späten 19. und frühen 20.Jahrhundert, S.49〔前掲訳書，34-5ページ〕。

(139) J. Kocka, The Reise of the Modern Industrial Enterprise in Germany, p.80およびp.87.

(140) *Ibid.*, p.98.

(141) この点については，前掲拙書『ドイツ企業管理史研究』，第6章第4節，V. W. Bongartz, Unternehmensleitung und Kostenkontrolle in der Rheinischen Montanindustrie vor 1914 (Teil Ⅱ), *Zeitschrift für Unternehmensgeschichte*, 29.Jg, 1984, J.Kocka, *Unternehmensverwaltung und Angestelltenschaft am Beispiel Siemens 1847-1914 : Zum Verhältnis von Kapitalismus in Bürokratie in der deutschen Industrialisierung*, Stuttgart, 1969, 福應健「世紀交替期ドイツの株式会社『監査役Aufsichtsrat』——大企業における企業者組織をめぐる一考察」『経営史学』，第17巻第3号，1982年10月などを参照。

(142) J.Kocka, Family and Bureaucracy in German Industrial Management, 1850-1914, *Business History Review*, Vol.45, 1971, Summer, pp.152-4. なおジーメンスのこの組織構造については，前掲拙書『ドイツ企業管理史研究』，第6章第3節，今久保幸夫『19世紀末ドイツの工場』有斐閣，1995年，第1章，竹中亨『ジーメンスと明治

日本』東海大学出版会, 1991年などを参照。
(143) A. D. Chandler, Jr, *Scale and Scope,* p.471〔前掲訳書, 404ページ〕.
(144) H. Siegrist, *a. a. O.,* S.87-8.
(145) 小林袈裟治・米川伸一・福應 健『西洋経営史を学ぶ(下)』有斐閣, 1982年, 136-7ページ。
(146) 前掲拙書『ドイツ企業管理史研究』, 第6章第3節参照。
(147) C. Schiffer, *Die ökonomische und sozialpolitische Bedeutung der industriellen Rationalisierungsbestrebungen,* Karlsruhe, 1928, S.30.
(148) Institut für Wirtschaftsgeschichte der Akademie der Wissenschaften der DDR, *a. a. O.,* S.103, 前川, 前掲書, 174ページ。
(149) この点については, I. G. Farbenindustrie Aktiengesellschaft, Frankfurt am Main, *Das Spezial Archiv der deutschen Wirtschaft,* Berlin, 1929, S.21-2, G.Plumpe, *Die I.G. Farbenindustrie AG,* Berlin,1990, S. 142, H.Tammen, *Die I.G. Farbenindustrie Aktiengesellschaft〔1925-1933〕: Ein Chemiekonzern in der Weimarer Republik,* Berlin, 1978, S.21-2, W.Feldenkirchen, Big Business in Interwar Germany：Organizational Innovation at Vereinigte Stahlwerke,IG Farben, and Siemens, *Business History Review,* Vol.61, 1987, Autumn, pp.436-7, A.D.Chandler, Jr, *Scale and Scope,* p.569, p.571〔前掲訳書, 492-3ページ〕, L.F.Haber, *The Chemical Industry 1900-1930,* Oxford University Press, 1971, pp.339-40〔鈴木治雄監修, 佐藤正弥・北村美都穂訳『世界巨大化学企業形成史』日本評論社, 1984年, 521ページ〕, A.Schneckenburger, *Die Geschichte des I.G.-Farben-Konzerns. Bedeutung und Rolle eines Großunternehmens,* Köln, 1988, S.33-4などを参照。このような事業共同体の形成の目的については, バイエルのアーカイブによれば, 例えば下部ライン事業共同体の形成は, 主要な製造現場での合理的な生産と統一的な観点に基づいて管理される生産を達成するためにライン下流域にあるIGファルベンの製造現場を統合することを目的としたものであったとされている。Vgl.Richtlinien für eine Fusion der I.G.und für die Bildung einer Betriebsgemeinschaft der Farbenfabriken vorm. Friedr. Bayer & Co.（Leverkusen）mit den chemischen Fabriken vorm.Weiler-ter Meer（Uerdingen）, S.2, *Bayer Archiv,* 004/C-19.
(150) 例えば前掲拙書『ドイツ企業管理史研究』, 第7章第2節参照。
(151) L. F. Haber, *op.cit.,* pp.338-9〔前掲訳書, 519-20ページ〕。
(152) R. A. Brady, *The Rationalization Movement in German Industry,* Berkeley, California, 1933, p.237.
(153) 前掲拙書『ドイツ企業管理史研究』, 第7章および第8章参照。
(154) G. Plumpe, *a. a. O.,* S.146-8, G. Plumpe, The political Framwork of Structural Modernization：The I.G. Farbenindustrie A.G. 1904-1945, W.R.Lee(ed), *German Industry and German Industrialization,* London, New York, 1991, p.228, p.235.
(155) Vgl. H. Tammen, *a. a. O.,* S.24.

(156) L. F. Haber, *op. cit.*, p.339〔前掲訳書, 520ページ〕.
(157) G. Plumpe, *a. a. O.*, S.147-9, H. Tammen, *a. a. O.*, S.23-4, F.ter.Meer, Die I. G.: Ihre Entstehung, ihre Entwickung und Bedeutung, *Chemische Industrie*, 4.Jg, Nr.10, 1952.10, S.783, W.Feldenkirchen, *op.cit.*, p.437, L.F.Haber, *op. cit.*, p.339〔前掲訳書, 520ページ〕, A. D. Chandler, Jr, *Scale and Scope*, pp.574-5〔前掲訳書, 496ページ〕.
(158) G. Plumpe, *a. a. O.*, S.152.
(159) *Ebenda*, S.149, H.Tammen, *a. a. O.*, S.27, W.Feldenkirchen, *op. cit.*, p.434, F.ter.Meer, *a. a. O.*, S.789, A.D.Chandler, Jr, *Scale and Scope*, p.575〔前掲訳書, 496-7ページ〕.
(160) G. Plumpe, *a. a. O.*, S.150.
(161) W. Feldenkirchen, *op. cit.*, p.450.
(162) Vgl. H. J. Braun, Automobilfertigung in Deutschland von den Anfängen bis zu den vierziger Jahren, H. Niemann, A. Hermann (Hrsg), *Eine Entwicklung der Motorisierung im Deutschen Reich und den Nachfolgestaaten. Stuttgarter Tage zur Automobil- und Unternehmensgeschichte*, Stuttgert, 1995, S.67-8.
(163) S.Tolliday, Enterprise and State in the West German Wirtschaftswunder : Volkswagen and the Automobile Industry, 1939-1962, *Business History Review*, Vol.69, 1995, Winter, p.328.フォルクスワーゲンにおけるフォード・システムの導入については, V.Wellhöner, *„Wirtschaftswunder"――Weltmarkt――westdeutscher Fordismus. Der Fall Volkswagen*, Münster, 1996, H. Edelmann, *Heinz Nordhoff und Volkswagen. Ein deutscher Unternehmer im amerikanischen Jahrhundert*, Göttingen, 2003, C. Kleinschmidt, Driving the West German Consumer Society : The Introduction of US Style Production and Marketing at Volkswagen, 1945-70, A. Kudo, M. Kipping, H. G. Schröter, *German and Japanese Business in the Boom Years. Transforming American Management and Technology Models*, London, New York, 2004などをも参照。
(164) 例えば Adam Opel AG, *…auch das ist Opel*, Rüsselsheim,1962, S.76-83, H. Schrader, *BMW. A History*, London, 1979, S.Hiliger, *„Ameikanisierung" deutscher Unternehmen. Wettbewerbsstrategien und Unternehmenspolitik bei Henkel, Siemens und Daimler-Benz (1945/49-1975)*, Wiesbaden, 2004, V. 1, 風間信隆『ドイツ的生産モデルとフレキシビリティ――ドイツ自動車産業と生産合理化――』中央経済社, 1997年, 52-60ページなどを参照。
(165) Vgl. V. Wittke, *Wie entstand industrielle Massenproduktion ?.Diskontinuierliche Entwicklung der deutschen Elektroindustrie von den Anfängen der "großen Industrie" bis zur Entfaltung des Fordismus*〔*1880-1975*〕, Berlin, 1996, S.153.
(166) Vgl. C. Kleinschmidt, *Der produktiv Blick*, Berlin, 2002, S.260-75, S. Hiliger, *a. a. O.*, V, 3.
(167) 前掲拙書『ナチス期ドイツ合理化運動の展開』, 結章第2節3参照。

第6章　企業経営システムの
　　　　日本モデルの特徴と意義

　第5章では20世紀を代表する企業経営システムのひとつとしてアメリカモデルについて考察を行ってきたが，本章では，それをふまえて，いわゆる経済の高度成長から低成長への移行という資本主義の構造的変化がみられた1970年代以降の時期に高い経済的パーフォーマンスを実現し，世界から注目を集めるに至った企業経営システムの日本モデルについてみていくことにする。
　第4章でも指摘したように，20世紀の企業のひとつの基本的特徴は「大量生産適合型企業」であるという点にみられるが，1970年代以降の時期にみられた資本主義の条件変化のもとで，それまでのアメリカモデルの大量生産システムがなぜ限界につきあたらざるをえなかったのか。また企業経営システムの日本モデルはどのような構造をもち，いかなるメカニズムで機能することによってそのような限界に対応することができたのか。そのことはまたそれまでの大量生産，そのシステムのありようをいかに変えるものであり，大量生産・大量販売・大量消費社会という経済社会とそれを支える資本の再生産構造においてどのような意味をもつものであるのか。さらに「日本的経営」の評価という問題をめぐっても，日本的な企業経営のモデルは1980年代には世界的に注目され，高い評価を受けるなかで，「ジャパナイゼーション」と呼ばれる日本的経営の移転が問題とされたのに対して，90年代以降，日本的経営の危機・限界が指摘され，その変革が迫られているということがいわれてきたが，その場合の日本的経営とは一体どのようなものであったのか。それを企業経営システムとしてみたときどのような諸要素から構成され，いかなるメカニズムで全体として機能を発揮するものであるのか。以下では，こうした点をの検討をとおして，企業経営システムの日本モデルの特徴と意義を明らかにしていくことにしよう。

第1節　日本型企業経営システムの特徴

　20世紀初頭から約70年間にわたり企業経営システムのひとつの有力なモデルをなしてきたアメリカ型システムは，70年代の資本主義の構造変化のもとで市場をはじめとする経営環境の変化が激しくなるなかで，その優位性，経済的パーフォーマンスが著しく低下し[1]，それにかえて，企業経営システムの日本モデルが台頭してきた。日本は，過去の2度にわたる石油危機を直接的契機として，「高度成長経済」から「低成長経済」へと軌道修正を迫られることになったが，そこでの変化は石油エネルギー多消費型の大量生産型再生産構造の危機・崩壊を意味した。そのような危機的状況における再生産構造の再編のための課題として，1) 市場の創造，2) そのような市場創造に対応可能な生産技術基盤の再編成，すなわち在来型生産システムからの脱皮，3) 効率的生産体制にとっての「阻害要因」としての労働者対策の3つが提起された[2]。

　ことに1)の市場の創造のための方策として追求されたのがそれまでよりも多くの品種，自動車のような単一製品系列の場合には車種を市場に投入するという戦略であったが，それまで支配的な役割を果たしていたアメリカ型のフォード的大量生産方式ではそのような変化に十分に対応することは困難になってきた。1970年代初頭に始まる低成長期への移行のもとで消費性向が低下する傾向にあるなかで，本来，当初から品種数の増加と同じテンポで需要が拡大していくことを期待しうるような条件には必ずしもないということがあり，1品種（車種）当たりの平均の生産ロットの低下が発生する可能性が大きい状況[3]のもとでは，「専用化」の論理による生産編成に基づく単品種ないし少品種の大量生産を基調とするアメリカ的大量生産方式では，「規模の経済」を実現しうる操業度の確保が困難とならざるをえない場合が多い。しかも専用化された生産編成を基礎とするアメリカ型大量生産の外延的拡大での多品種生産への対応は設備投資負担とそのコスト回収の問題からも容易なことではなく，多品種の大量生産をコスト的に十分に成り立たせることは困難にならざるをえない。「多品種少量生産」という用語の意味するものの本質は，品種が多くなるにつれて市場との関係で1品種当たりの生産ロットが相対的に少量となるということで

もある。したがって，そこでは，そのような多品種の大量生産をいかにして経済（コスト）的に成り立たせるか，さらにまた品種間で需要が変動した場合にいかにして生産をそうした需要の変動に対応させるかという「フレキシビリティ」の確保が重要な課題となってきたのであった。

　このような対応をはかる上で最も重要な役割を果たし，また国の内外から注目をあびたのが「日本的経営」であったが，それまでに形成されてきた従来の「日本的経営」の諸方式との違いは，1970年代後半から80年代に，さらに90年代にかけて，それが企業の経営全体の構造的変革＝「システム化」という方向にすすんだ点にみられる。

　こうして，日本的経営は，たんなる企業経営方式のレベルを超えて，企業の全体的な経営システムとして構築されることになるが，「80年代に入り，わが国製造業の企業経営にとって，多品種，小ロット，納期の短縮さらには受注の変動という多岐的な市場動向のなかで，原価低減と収益増大を実現して行くためのフレキシブルな経営—生産システムを確立していくことが決定的となって[4]」きた。「現代の企業は，多様で，動態的な今日の市場ニーズに『対応』して，次々に新製品を開発，生産し，またこれを販売する『柔軟な』経営体制の構築を図っている[5]」。日本型の企業経営システムの特徴は，アメリカ型のそれとは異なり，多品種・多仕様生産を効率的に行うことを可能にし，市場をはじめとする経営環境の変化に柔軟に対応しうる企業経営のしくみが購買，生産，販売，開発といった主要な機能の有機的な統合化，システム化によって構築されているところにある。このように，日本型企業経営システムの特徴はまさに「フレキシブルな経営システム」であるという点にみられる。

　なおそのさい注意しておかねばならないことは，企業経営システムのひとつのモデルとして日本の企業経営の特徴やあり方がひとつの重要な問題として取り上げられる背景には日本企業の国際競争力の高さがあったということである。それゆえ，その場合，そのような国際競争力がいつ，またどの産業部門において生み出されてきたのか，その規定要因はいったいなにか，といった点が問題となる。この点に関してここで確認しておかなければならないことは，日本の国際競争力がとくに顕著に認められるようになったのは1970年代後半以降のことであり，この時期にその担い手として登場したのは機械機器諸部門，す

なわち加工組立型産業の資本財・耐久消費財であり，とくにアメリカの輸入依存度の上昇＝国際競争力の相対的低下の中心をなしたのもこれらの諸分野であったということである。また日本のこのような国際競争力を規定している諸要因についてみると，それには，1）労働生産性の高さ，2）高品質，3）製品多様性の3点をあげることができる。本来，これら3つの要素はトレード・オフの関係にあるが，この点で日本企業は国際競争力の新しい型を実現したのであった。とくに3）についていえば，70年代以降，製品の多様化は自動車市場の競争において目立って重要な要因となりはじめたとされている[6]。

それゆえ，加工組立産業を主たる舞台とする企業経営システムの全体構造とその機能のメカニズムを把握し，企業経営システムの日本モデルのもつ意義を明らかにしていくことが重要となる。

第2節　日本型企業経営システムの構造と機能

今日の生産は多品種で多仕様な大量生産というかたちで展開されているという点にひとつの重要な特徴がみられるが，そのような生産を効率的に展開する上で大きな意味をもつ日本型企業経営システムには，1）見込生産を前提とした多品種でしかも多仕様な大量生産のもとでの生産すべき製品についてフレキシブルな決定およびその調整をはかるための「生販統合システム」と，2）市場の変動に対して生産のレベルにおいてフレキシブルな適応を可能にする「生産システム」という大きく2つの側面がみられる。それゆえ，以下では，これら2つの面についてみていくことにする。

1　生販統合システムとその意義

（1）現代企業の競争の現局面と生販統合システムの意義

1970年代の低成長への移行は，加工組立産業におけるアメリカ的なフォード・システムにオートメーション技術を組み込んだ大量生産方式の限界をもたらし，販売競争の激化のもとで，現代企業は大量生産体制に多品種・多仕様生産を組み込まなければならなくなったが，企業がそのような多品種・多仕様大量生産をほとんど極限まで推し進めながら，納期の短縮と在庫の削減＝コスト

削減を両立させるのは至難の技であるといえる。しかし，このことが競争戦略の成否の鍵を握る一要因であり，今日の巨大企業の競争のレベルはこの矛盾した要求を同時に解決するシステムをつくりだしたのであり，その日本的な発展のあり方がフレキシブルな経営システム・生産システムの確立のための重要な条件を与えているといえる。オーダー・エントリ・システム (OES) はこの課題を解決しようとするものである[7]。この点，小野隆生氏が指摘されるように，「多品種化の展開は，見込みで決めた総量の販売を困難にするのであり，だからこそ，この困難を緩和して，多品種生産の下で見込み生産を機能させようという狙いをもってOESの体制が構築されるのである[8]」。OESは「一定の生産段階まで生産計画にそって見込生産を展開しながら，ある生産段階以降それを受注生産に組替えるシステム[9]」である。例えば自動車産業の場合にみられるように，メーカーとディーラーとの間の受・発注情報の往復のなかでしだいに生産計画を実際の受注情報にそって組み替えていくとともに，例えば月間オーダー，旬オーダーあるいは週間オーダー，デイリー・オーダーといったステップをふむことによって，できる限り納期の短縮と予測の不確実性からくる在庫リスクの削減をはかるものである[10]。このように，生販統合システムでは，多品種で多仕様な製品のなかから「確実に売れる」製品をいかにして特定化し，その生産を確実に市場＝需要に適合させるかが問題となっているのであり，生産が具体的に開始される以前のレベルでの，製造されるべき製品の決定にさいしての市場へのフレキシブルな適応が問題となっている。

(2) 産業特性と生販統合システムのフレキシビリティ

「現実の企業の生産・販売統合システムは，①できるかぎり予測の精度をあげること，②できるかぎり計画時間と生産のリードタイムを短縮することによって，多品種・多仕様生産を大量生産に組み込みながら，在庫を削減し，納期を短縮することをめざすもの」であるといえる[11]。こうした２つの目標を達成するために，「OESは実際にはある程度の在庫の保有とオーダー処理時間・生産のリードタイムを許容したうえで，その両者をできるかぎり削減し，短縮しようとするものである[12]」。しかし，予測の精度をいかにしてあげるのか，計画時間と生産のリードタイムをどのように短縮するのかは，産業によって，ま

た企業によって異なった方向が模索されている。それはそれぞれの産業と企業が立脚する生産技術と市場のありように制約されざるをえないからである。

　第3章でもみたように，こうした点は自動車産業のような加工組立産業と鉄鋼業のような装置・生産財産業とでは大きく異なる。例えば自動車産業の場合，「製品種類の分岐は，エンジン仕様・ボディ形状・アクスル・トランスミッションなどあらかじめ限定されたいくつかの要素の組み合わせによる分岐であって，いわば範囲の限られた多品種・多仕様である」。したがって，そこでは，「予測がある程度正確になされるかぎり，最終的な受注情報との結合を遅らせることができ」，「途中のプロセスまでは直接にオーダーとの対応をもたす必要はなく，予測によって生産プロセスを進行させても対応できる」のであり，オーダーが投入される工程は車体（ホワイトボディ）組立工程である。それは生産段階の川下にあり，それゆえ生産のフレキシビリティは高い。これに対して，鉄鋼業の場合，素材産業としてのこの産業への材質（鋼種）要請はいわば無限に拡大する傾向をもつが，他方で製鋼段階はバッチ・システムの装置によっており，したがって，いわば無限に拡大する多様な材質は一定の製鋼ロットにまとめられる必要があり，鉄鋼製品は製鋼段階で鋼種を確定し，圧延段階で形状を確定し，各種の表面処理を経て最終製品に仕上がっていく。それゆえ，特殊な場合を除いて，オーダー投入工程は圧延工程より前に位置する製鋼段階となり，生販統合システムによるフレキシビリティは，自動車産業の場合と比べると低い。こうした点に，自動車産業のような加工組立産業において市場の変動に対するフレキシビリティの実現の可能性が鉄鋼業の場合よりも高くなる構造的要因をみることができる[13]。

2　日本型生産システムとその意義

　このような生販統合システムとともに，企業経営システムの日本モデルを構成するいまひとつの重要な要素は生産システムにある。それは，購買，生産，販売，開発といった主要な機能の有機的な統合化，システム化によって市場をはじめとする経営環境へのフレキシブルな適応を可能にしている日本型企業経営システムのコアをなすものである。フレキシビリティの核心はまさに，生産の多様化や需要の変動に即応することのできるフレキシブルな生産システムを

構築することにある(14)。それゆえ、つぎに日本型生産システムの構造とその機能のメカニズムについて考察をすすめることにしよう。

　(1) 混流生産とその意義

　日本型生産システムの重要な構成要素のひとつとしてまず混流生産をみることにしよう。1970年代の日本の自動車産業の国際競争力の技術的基盤であった「生産システム要因」は、JIT（ジャスト・イン・タイム）システムと多品種少量生産とを労働力の「柔軟性」に依拠して展開された省力化生産システムの形成にあった。これに対して、80年代の変化は、ME技術の導入によってこの柔軟な生産工程の自動化がはかられるとともに混流生産が可能となることによって変種変量生産が高次元で再構築された点にあるといえる(15)。

　それゆえ、ここで問題となるのは、本来、多品種多仕様生産にともない市場の変動に対してより困難になるはずの生産の「フレキシビリティ」の確保が、一定の限界内であるとはいえ、なぜ混流生産によって可能となるのか、またそのような生産のシステム・方式の発展を大量生産体制の発達史のなかで、どのような性格をもつものとして位置づけるべきか、という点である。

　混流生産は、アメリカモデルの場合にみられた「専用化」の論理による生産編成ではなく、「汎用化」の論理による生産編成をベースにしているが、そのことによって効率的な多品種生産が可能となるだけでなく、市場＝需要の変動に対するフレキシビリティをある程度確保しうるのである。

　このような混流生産は２つの大きな意義をもつものといえる。まず第一に、複数の品種（車種）の混流化によって、生産施設への投資額を節約する可能性が生まれることである。しかし、より重要なことは、同一の生産設備で複数の製品（車種）を生産することによって、各品種（車種）ごとの生産量は相対的に少量となるが、需要の変動に対して、同一の生産設備で生産される品種の組み替えによって遊休化を抑制して操業度の向上をはかり、一つの生産ライン全体でみた場合、完全操業＝「規模の経済」の完全追求をはかるとともに、一定の限界内であるとはいえ、大量生産化にともなう「規模の不経済」への転化という危険の緩和が可能になるということである。つまり、単品種の大量生産のもとでは、生産能力と需要との不一致は、後者が前者を下回った場合には、生

産能力の遊休化が発生せざるをえず，逆の場合には，当然，生産能力一杯しか生産を行うことはできず，それゆえ，需要を失う結果とならざるをえない。この点，混流生産による変種変量生産は，多品種生産のもとでのこうした品種間での「組み替え」によって，ひとつの生産ライン全体でみた場合，大量生産の所要総量に近づけることができるのである。

このように，混流生産による多品種大量生産の展開は，結果としてみれば，市場原理に基づく資本主義生産における矛盾へのひとつの対応策となっているという点が重要である。このような生産システムは，あくまでも大量生産という基本的な枠組みのなかで，その経済効果の実現のためのあり方が変化したものである。この点は，21世紀の企業経営システムのあり方をめぐって「大量生産型」からの転換ということが問題とされる場合にもかかわるひとつの重要なポイントである。

(2) ME技術革新とその意義

つぎに多品種多仕様大量生産のもとでのフレキシブルな生産を可能にする日本型生産システムの技術基盤をみると，それはいわゆるME技術である。こうした技術の柔軟性とは，「加工方式の柔軟性（NC，MC，ロボット，AGVなどの加工ステーション・搬送システムの多様性）と制御方式の柔軟性（MEによる制御の可変化＝制御のプログラム化・ネットワーク化）とを基盤にした，個々の機械の柔軟性およびその複合としての生産工程全般の機械・装置の柔軟性である[16]」。第1章でもみたように，自動化レベルを維持した上で機械設備の一定の「汎用性」を回復する可能性を与えたところにその最大の意味をもつといえる[17]。もとより，「機械体系によって，フレキシビリティーを維持しつつ自動化することは，汎用機に治具や工具を取り付けることによっても可能ではあるが」，それらの取付には時間と費用がかかったので，「機械体系の下で，作業を自動化しつつ，フレキシビリティーを維持することには大きな限界があった」。こうした従来の技術面での限界を克服したのがマイクロエレクトロニクスの発展に依拠したオートメーションであった[18]。渋井康弘氏は，ME機器には「柔軟に」多様な加工ができるという意味と「柔軟に」不正常に対応できるという意味での二重の意味での「柔軟性」があり，「そのような『柔軟性』をもたら

すことにより，ME技術は汎用機のオートメーション化に貢献している」と指摘されている[19]。

このような技術革新を基礎にした「技術のフレキシビリティ要因」を労働手段の有効利用という「総量の実現」の問題との関連でみると，つぎのようにいえるであろう。「同一品種の生産だけを行っている場合には，各種の作業をいろいろと担当しなくとも，特定の作業だけで個々の機械が担当する作業の総量が保障されて」おり，「だからこそ，使用される機械が汎用機である必要はなく，作業機のなかの使わない機構部分を削り取った単能機が開発・導入されることになった」。しかし，「特定の作業だけで総量が保障されないような場合には，単能機ではむしろ非効率的なのであり，したがって様々な作業をこなす汎用機に総量を集めることによってはじめて稼働率を保つことができる[20]」。その意味では，混流生産のもとでの多品種生産がむしろ逆にフレキシビリティを高めうる潜在的可能性を生み出したのと同様に，ME技術革新を基礎にした生産設備の「汎用性」の一定の回復は，単能機・専用機の利用による単品種や少品種の大量生産の場合に比べ，総量実現の潜在的な可能性を高めうるといえる。なおそのさい，そのような技術のフレキシビリティは労働力配置のフレキシビリティを前提とした場合に有効となるということにも注意しておく必要がある[21]。

(3)「ジャスト・イン・タイム」生産方式とその意義

さらに日本型生産システムの最も重要な要素のひとつである「ジャスト・イン・タイム」(JIT) 生産方式についてみることにするが，生産管理上のJIT生産方式の大きな意義のひとつはフォード・システムの限界の克服を試みている点にある。第5章でみたように，生産管理におけるフォード・システムの限界は，流れ作業組織が組み込まれた工程部門内の生産の同期化が実現されても，工程部門間（例えば組立工程と部品製造工程）の同期化の未実現であるということにある。JIT生産方式では，「かんばん」を利用した「後工程引き取り方式」において，「引き取りかんばん」と「生産指示かんばん」（「仕掛かんばん」）とを連結させることによって部品製造工程と組立工程との同期化の実現をはかっている。例えば後工程でのラインストップが発生した場合，部品の引き取りを

停止させることにより「生産指示かんばん」を自動的にストップさせ，後工程が再び稼働し始めるとそれが動き始めることによって前工程の生産再開と後工程との生産調整を自動的に行いうるのであり，こうしたレベルでの両工程間の同期化が実現されるところにJIT生産方式の大きな意義があるといえる。またJIT生産の実現のための重要な手段となる「後工程引き取り方式」では，「不必要な作りすぎによる在庫発生を避け，各工程が『後工程が必要とするものを，必要とするときに，必要なだけ』生産するようにするために，各工程は後工程が引き取った量だけを生産し，それ以上は生産しないようにシステム化する」というものである。この方式は，「最終的な生産指示を後工程の実際の進捗度に連結させることによって，在庫増加をもたらさないで工程間調整を自律的に保障しようとする」ものである[22]。

　しかし，「かんばん方式というのは，あらゆる工程の生産量を調和のとれるようにコントロールするための情報システム」であり，「このかんばん方式のいろいろな前提条件が完全に実施されていなければ（つまり，工程の設計，作業の標準化，そして生産の平準化等々が完備していなければ），たとえかんばん方式だけが導入されても，ジャストインタイム生産は実現しがたい」[23]といえる。JITシステムとは，「素材から完成品までの錯綜する複雑な全工程連鎖に淀みない流れを作り上げることを追求するシステム」であるが，「このような流れは，『カンバン』情報による『後工程引き取り方式』と品質・設備保全のみによって可能なわけではな」く，生産の平準化と段取り時間の短縮が必要となる[24]。

　生産の平準化とは，「最終組立ラインが部品を前工程から引き取るさいに，各部品の量と種類に関して平均化して消費するように，種々の車種が混流生産されることを意味する[25]」。「平準化生産では，生産品目の頻繁な切り替え（可能な場合は一個ごとの切り替え＝一個流しの混流生産）によって，最終製品の生産が最終需要の動きに近接し，製品在庫が縮減されることになる[26]」。「このような仕事の流れのムラをなくす平準化生産の考え方そのものはアメリカでもひろく行われているが，日本の企業は，トヨタに代表されるように，この平準化生産のリズムを組立工程だけでなく，生産の全工程にわたって厳密に押し進めているところに特徴がある[27]」とされている。またこうした生産の平準化の意

義を「総量の実現」という今日的な大量生産の課題との関連でみれば、そこでは、切り替えなしの平準化（リジディティ）から切り替え頻発の平準化（リジディティ）への質的変化、いわばリジディティの再編成がみられる。「この種のフレキシビリティが高まれば高まるほど、生産する総量を集めることができるし、総量実現のリジディティを確保して、バラツキを排除できる可能性が広がってくるといえる」。小野隆生氏は、「フレキシビリティの意義とそれに対する期待は、何よりもまず、このような総量実現のリジディティを再編成する問題として生まれてくるものなのである」と指摘されている[28]。

さらに段取り時間の短縮については、単一の部品だけでなく複数種類の部品を生産する大部分の工程では、「『平準化』に対応して生産品目の頻繁な切り替えが必要になる」。「例えばプレス工程での金型の交換のように、生産品目の切り替えとは生産設備の稼働停止による段取り替えを意味する」のであり、それに時間がかかれば後工程の要求する部品の変化に応じて直ちに生産を開始して部品を供給することができなくなる。したがって、「『平準化』への対応のために前もって在庫を積むことになり、JIT生産方式は重大な矛盾を抱え込む」ことになる。「これを克服するには、段取り替えに要する時間を極力短縮することが必要となる」が、「段取り時間の大幅な短縮の結果、頻繁な段取り替えによるロットサイズの縮小にもかかわらず、段取り替えコスト（段取り時間／ロットサイズ）でも国際優位が実現された」のであった[29]。例えばトヨタ自動車では、生産設備の停止中に行う「内段取り」を生産設備の作動中に行う「外段取り」化することによって、アメリカの自動車企業と比較して極端に段取り時間を短縮し、小ロット多品種生産においても部品の流れを円滑化することが可能になった。

最後に「自働化」と品質管理についてみると、トヨタ生産方式に代表されるJIT生産方式は、全工程にわたる淀みない流れを前提とした進行作業方式を基礎とするかぎり、不良材料の発生や機械の故障による生産の中断が致命的な影響をおよぼすことになる[30]。在庫を最低必要限度まで圧縮するJITシステムにおいては、むしろ欠品の原因となる前工程での不良品の発生や設備故障等自体を極力縮減する方向を追求することになり、これを保障する体制をシステムの不可欠の一環として要請することになる。このことは、生産管理の一分野であ

る品質管理のあり方・機能とかかわる問題である。その日本的な特質は，最終工程などで不良品を事後的に排除するアメリカ的な品質検査とは異なり，不良を発生箇所にできるだけ近いところで検知し，不良品を検出排除するだけでなく，発生原因を突き止め，改善し，不良の発生そのものを減少させる動態性にある。また生産設備の各所に不良の発生率を減少させる細部の技術的工夫が無数に加えられている[31]。その代表例が「自働化」と「ポカヨケ」である。

(4) 下請分業生産構造とその意義

加工組立産業におけるこのようなJIT生産方式の展開のひとつの重要な特徴は，それが下請制度を利用したかたちで行われており，わが国に特徴的な下請分業生産構造は，日本型生産システムにおける変種変量生産を行うための各種部品の適時適量供給体制を可能にしている重要な要素のひとつである。それゆえ，つぎにこの点についてみることにしよう。

①下請分業生産構造の基本的性格

日本的な下請分業生産構造の意義について社会的分業と垂直的統合がもつメリット・デメリットとの関連でみると，本来，社会的分業の場合，景気変動への対応を柔軟に行いうるというメリットをもつが，逆に，取引企業間の情報の不確実性に帰因する技術開発，品質向上やコスト低減に取り組む上で大きな限界をもつ。他方，垂直的統合（部品の内製化）を行った場合には，部門間の情報把握・内的連絡が容易になることにより，それらの間の緊密な調整が可能となり，技術開発，品質向上やコスト低減に取り組む上で大きな利点をもたらすことになる。しかし，垂直的統合（＝内部組織化）は資本の固定化を招くので，景気の後退のさいの生産量の著しい減少のもとでは，つねに生産能力の遊休化の危険にさらされることになる。一般に，市場による取引では不正確な情報しか得られないが内部組織化することにより適切な情報が得られる場合には内部組織が選好される場合が多いが，内部組織化は資源を固定化するということであり，企業の収益性という点からいえば，伸縮性を確保できるだけに市場を利用するメリットは無視しがたいものである。したがって，内部組織化せずに同質の情報が得られるのであれば，企業としては，市場に近いものを選択すると

されている[32]。

　日本的な下請制の利用は，親企業にとって社会的分業のメリット（景気変動への適応，調整の余地・可能性）と垂直的統合のメリット（部門間調整の容易さ）を一定享受しうると同時に，それらのデメリットをもある程度排除することができるシステムである。すなわち，下請制利用の本質は，たんに親企業が下請企業との間の賃金格差を利用して必要部品の安価な購買を行うことのみを意図したものではなく，支配・従属関係を基礎にして，親企業・下請企業間の情報把握・内的連絡が容易になることにより，完全な垂直的統合を行った場合のように部門間の緊密な調整が可能となることにあるといえる[33]。下請制の利用は，このような垂直的統合の利点を与えるだけではなく，市場環境に対して生産量や在庫の調整にある程度応じることにより，分業の利点をも親企業に与えることになる。このように，日本的な下請制度の利用は，社会的分業と垂直的統合との中間に位置する「中間組織」[34]として，また「準垂直的統合」[35]としての性格をもつといえる。JIT生産における「モノ」のJITを実現するためには，本来，垂直的統合＝内部組織化によって部品製造部門と組立部門との間で緊密な部門間調整が確保されることが条件となるが，日本的な下請分業生産構造の意義のひとつは，そのような調整が下請企業の利用による外製化によって実現される点にある。

　　②階層的下請構造とその意義
　このように，下請制の利用は親企業にとって統合＝内部化による場合よりも優位な条件を形成することになるが，日本の加工組立産業における下請分業生産構造を，その最も典型的な事例である自動車産業についてみると，「完成車メーカーを頂点とし，部品メーカーと更にそれらの発注を受ける下請企業群により構成される分業構造」となっている点が特徴的である[36]。そこでは，頂点の自動車メーカーは，最上層の1次下請企業のみを直接管理するだけで，2次以下の全階層の下請企業をもコントロールすることができる[37]。
　親企業と下請企業との生産分業関係を機械金属関連の事例でみると，「下請企業の分担する工程・作業としては，①一部の完成品生産，②完成部品組立・ユニット部品生産，③部品加工，④構内作業（製鉄工場，造船工場など親企業の

工場内で各種の加工・作業を行う下請企業）とに分けられる」が，1次下請企業は，主に②の完成部品組立・ユニット部品生産を担当している。この層の下請企業は，親企業と2次下請企業との間にたって「紐帯の役割」（サブ・アッセンブリィ）を演じており，「このサブ・アッセンブリィ工程を担う下請企業の存在は，頂点に位置する親大企業をして最終組立加工（ファイナル・アッセンブリィ）あるいは主力製品・重要部品の生産や新製品開発への傾斜を可能にしている」[38]。その多くが完成部品メーカーである1次下請企業の場合には，それぞれの部品について特定の技術が必要で，各々に組立ラインや設備も必要となるために，不況期に自動車メーカーによる内製化を行おうとしても容易ではない場合が多い。しかも，「承認図方式」，「ブラック・ボックス部品」，「デザイン・イン」[39]などと呼ばれるように，自動車会社と直接取引関係のある1次供給企業のなかには新モデルの開発の早期から完成車メーカーと密接に協力しあいながら開発に参加している企業が多くみられる。サプライヤーのもつこうした専門的能力の利用によって，完成車メーカーは比較的小規模の技術陣で効率的に新モデルの開発をすすめることができたのであり，完成車メーカーに寄与するところは大きい[40]。こうした点からも，自動車企業と1次下請企業との関係は基本的には「補完的」関係という性格をもつといえる。

　しかし，現実には1次下請企業が受注した部品がすべてそこで生産されるのではなく，その多くの部分がさらに2次下請企業に外注（再発注）される。そこで2次以下の下請企業の担当する部品生産や工程をみると，多くの場合，1次下請企業が受注した完成部品・ユニット部品を生産するのに必要な専門加工（切削加工，プレス，表面処理，鋳造，鍛造，金型製作など）やそれらの部品に組み込まれる構成部品の生産などであり，2次，3次の下請企業は，労働集約的で周辺的な特殊化された工程を受けもつというかたちでの分業関係が定着する傾向が強かったといえる[41]。しかも，部品企業が自社独自で設計したり，納入先が基本設計し自社で詳細設計するケースは2次下請企業では1次下請企業と比べると少なく，納入先設計のケースが圧倒的に多く，3次下請企業になると納入先設計の割合がさらに高まり，設計力という点で，それゆえまた親企業との新製品などの生産協力という点でも階層間の格差がみられる[42]。

　2次以下の下請企業によって供給される製品，あるいはそこで分担されてい

る工程の内容，設計への関与にみられるこのような事情は，親企業と下請企業との間の関係のありよう，性格をも規定しているといえる。すなわち，不況期には，親企業による内製化が比較的容易であるだけでなく，2次ないし3次の下請企業間での選別・発注の絞り込みも容易であり，1次下請企業と2次下請企業との関係，2次下請企業と3次下請企業との関係は，基本的には，自動車企業と1次下請企業との間にみられるような「補完的」関係ではなくむしろ「代替的」関係にあるといえる。日本的生産システムにおけるJITの実現による部品在庫の削減をとおしてのコスト節減と景気変動へのフレキシブルな適応性については，それが階層的な下請制ゆえに可能となる日本的特殊性がみられる。

　まずJITの実現による部品在庫の削減によるコスト節減についていえば，例えば自動車企業と1次下請企業との関係が「補完的」関係にあるため，両者の長期的・固定的関係の維持が自動車企業にとって重要な意味をもつが，そうである以上，1次下請企業への完成部品の在庫保有の強制はそれだけコスト高をひきおこさざるをえないことにもなりうる。それだけに，自動車企業が直接取引関係のある1次下請企業のレベルでの完成部品の在庫保有をいかに回避するかが自動車企業にとっても重要な問題となる。こうした問題に対しては，1次下請企業レベルでのJIT生産の実現による完成部品の在庫保有の回避と2次以下の下請企業への在庫保有の圧力による緩衝機能によって対応がはかられることになる。下請企業でのJIT生産の実現については，1次下請企業レベルや，2次下請企業の一部でもJIT生産の動きがみられるが[43]，2次下請企業のなかの最上位の企業には，1次下請企業の製造する完成部品にとって重要な構成部品を製造したり，完成部品の品質に大きな影響をおよぼす技術をもつ企業も存在しており，頂点にたつ自動車メーカーにとっても，1次下請企業のJITのより確実な実現をはかる上で，このような2次下請企業の安定的・効率的な生産が一定の意味をもっていることにその理由があるといえる。このような下請制利用が親企業（例えば自動車企業）に大きな利点を与え，本来，内製化によらなければ困難な「モノ」のJITが下請制利用というかたちでの外製化によって可能となるのは，日本に独自の階層的下請制の特質に基づくものである。しかし，そればかりでなく，上層の下請企業におけるJITの推進にみられるよう

に，膨大な数にのぼる下請企業をほぼ完全に近いレベルの統制をなしうるような経営管理体制を確立していることによるものであるといえよう。

また景気変動へのフレキシブルな適応性の問題については，下請制の利用によるフレキシビリティの源泉は，基本的には，部品の外注分だけ自動車企業が労働手段（固定費部分）をもたないことによるものである。しかし，そのさい問題となってくるのは，継続的関係にある部品メーカーの側の労働手段の遊休化による固定費負担増の処理の仕方であり，自動車企業に対する納入単価へのその影響をいかに回避しうるかという点にある。すなわち，両者の固定的・継続的な取引関係・企業間関係を効率的かつ有効的に維持していくためには，不況期における部品の発注の抑制・減少による1次下請企業側の労働手段の製品1単位当たりの固定費負担増にともなう一定のコスト高の問題をいかに回避，あるいは緩和させるかが重要な問題とならざるをえない。この問題への対応についていえば，1次下請企業が受注した部品の生産の多くの部分がさらに2次下請企業に外注されることにより，本来，その分だけ，1次下請企業が内製した場合に生じる生産能力の遊休化を回避することができる。しかも，1次下請企業と2次下請企業との関係は「代替的」関係にあることや，また下位の階層にいくほど生産技術や生産工程の汎用性が高くなる傾向にあることなどの条件を基礎にして，景気変動による発注の減少にともなう2次下請企業の労働手段の遊休化によって生じる固定費負担増を親企業（この場合は1次下請企業）がほとんど回避するかたちで景気の変動に応じてその発注を抑制したり，取り消すことのできる余地・可能性が大きくなる。こうして，自動車メーカーと1次下請企業との間の固定的・継続的な関係がもたらす景気変動に対する「硬直性」の問題もその分だけ緩和されうるのであり，内製した場合と比べると，一定の「フレキシビリティ」を得ることができるのである。

こうした親企業と下請企業との関係をめぐっては，浅沼萬里氏は，自動車産業を中心とするその詳細な研究によって，完成車メーカーが下請企業を景気循環のバッファーとして用いるとされてきた通念は現実にはあわず，完成車メーカーによるサプライヤーへのリスクの転嫁ではなくリスクの吸収が現実に行われていることを明らかにされている。しかし，この場合の自動車メーカーによるサプライヤーのリスクの吸収はあくまで1次供給企業のレベルに対してのこ

とであり⁽⁴⁴⁾，日本では階層的な下請制を利用した分業構造になっており，1次と2次，2次と3次の供給企業の間の関係が「代替的」関係にあることにリスク転嫁が可能となるメカニズムがある。現実的には1次のサプライヤーによる2次以下のサプライヤーへのリスクの転嫁によって景気変動に対する完成車メーカー側のリスク回避が実質的に可能となるといえる⁽⁴⁵⁾。親企業（ここでは完成車メーカー）が下請企業を景気循環のバッファーとして用いるとされてきた問題については，このような観点において理解されなければならないと考えられる。こうした意味で，筆者は日本の階層的な下請制のもつ構造的機能を重視して，自動車産業にみられる完成車メーカーとサプライヤーとの分業関係を下請分業生産構造と呼んでいる。

③産業特性と下請制利用によるフレキシビリティの構造的要因

このような下請制利用に関して指摘しておかねばならないいまひとつの点は，自動車産業のような加工組立産業においてそれが親企業に対してメリットを生む構造的要因についてである。第3章でもみたように，生産の流れ・プロセスからみると，大きく「分散型」（「分岐型」）の生産過程の特性をもつ装置・生産財産業と「収斂型」（「結合型」）の生産過程の特性をもつ加工組立産業の2つのタイプがみられる。装置・生産財型産業ではなく加工組立産業において下請制の利用によって親企業に固定費の回避と需要変動に対するフレキシビリティという面で大きなメリットがえられるのは，このような生産過程の特質の差異によるものである。すなわち，自動車産業のような収斂型構造の場合には，多種類の素材を出発点として，それらの変形加工，組立を通して最終的には，基本的に単一の製品が導かれるのであり，完成車組立メーカーは，生産過程からみると最終の工程に位置している⁽⁴⁶⁾。つまり，関連部品企業は親企業（組立メーカー）の前工程に位置しており，そこで製造された外注部品が親企業に送られ，最終製品の生産過程に入る。このように「関連企業・協力企業を前工程で収れん型に配置している場合には，それによって必要な最終製品の生産にたいして巨大企業の固定資産が節約され，流動資産（外注部品）におきかえられる⁽⁴⁷⁾」。これに対して，鉄鋼業のような分散型構造の場合には，「1つの基本的な素材を出発点として，それから最終的には多種類の銘柄の製品が導かれ

る⁽⁴⁸⁾」のであり，大企業（親企業）は生産過程の最初の段階に位置し，多くの場合，関連企業・協力企業は大企業の次工程として存在している。このように「関連企業・協力企業を後工程に，分散型に配置している場合には，必要な最終製品にたいして，関連企業・協力企業を利用することによって固定資産を節約することはできない⁽⁴⁹⁾」。また鉄鋼業の場合には，巨大企業ではその生産効率の面などからも銑鋼一貫製鉄所と呼ばれるように製銑―製鋼―圧延というこの産業本来の基本的な生産工程がセットで展開され，加工組立産業のような外注による工程の分離が困難であるという点もみられる。このような産業のもつ構造的要因にも，市場の変動に対する「フレキシビリティ」が加工組立産業において問題にされる所以のひとつをみることができる。

　(5) 労働力利用における日本的特徴とその意義
　また日本型生産システムにおいて「変種変量生産体制」によるフレキシブルな生産システムを支えるいまひとつの要素がヒトの「ジャスト・イン・タイム」ともいうべき人員配置の「柔軟化」である。それは日本的な労働編成のあり方，労働慣行や労務管理のあり方などを前提にして可能となったものである。職務の細分化，作業者の専用性（硬直性），個人責任主義という3つの特質をもつアメリカ的な労働編成に対して，日本のそれは，労働の包括性，作業者の汎用性（柔軟性），集団責任主義の3つの特質をもつが⁽⁵⁰⁾，人員配置の「柔軟化」はこのような日本的な労働の包括性を基礎にしている。またそれを基礎にして，チーム作業が行われるが，それは「労働者の職務を特定し，限定しないことから，チームの作業全般にフレキシブルに対応し，これを遂行できる能力を労働者に要求する」。そこでは，「労働者が多能工であることによって，チーム作業のチーム・ワークが組織でき，また，改善活動の取り組みにも成果があがり，さらには，なによりも全社的な計画の一環として設定されているチームの作業量が達成できることになる」⁽⁵¹⁾。このような多能工は，多品種・多仕様生産への対応を容易にするだけでなく，「チーム・メンバーを最小限に減らし，市場需要の変動に対応してフレキシブルに作業組織を組みかえることができることをめざしたもの⁽⁵²⁾」である。一個流しの生産は，多工程持ちのラインにおいて多能工が一連の種々の作業をサイクルタイム（製品1単位を

生産するのに必要な時間）内に完了することによって実現されるが[53]。このような多能工の存在は「少人化」のための前提条件のひとつをなす[54]。ここにいう「『少人化』とは，必要なときに必要な人員を配置するという労働者の"かんばん方式"[55]」なのであり，多能工化はこのような意味で人減らし「合理化」の手段にほかならない[56]。

　この点に関して重要なことは，定員制を打破した応・受援（少人化）体制のなかに組み込まれることによって，労働者が自らの遂行する作業の総量をつねに高いレベルで保ち続けることが強制されているという点である。多能工化の本質は，そのような総量実現のリジディティ，つまり労働強化のなかに求めるべきであり，「フレキシブル化＝多能工化・少人化が進めば進むほど，その分だけ稼働率をリジッド化する自由度が増すという関係」がみられる[57]。終身雇用制度のもとで労務費の「固定費化」を招かざるをえない日本の労働慣行のもとで，そのような労働力利用の「汎用化」によるフレキシビリティは労働力の恒常的な有効利用＝完全利用をはかる上で重要な意味をもっている。しかしまた，所定外労働時間や周辺労働者の利用など「変動費」として認識される部分を生産システム内部に恒常的に組み込んでこれらをフレキシブルに利用することによって「すべての生産総量が減少したときにでも『固定費部分』として認識されるコア労働者を全面稼働させ，彼らの作業総量をリジッド化させること」を目的とした正規社員以外の周辺労働者の利用[58]も正規雇用の労働力の恒常的な完全利用を実現する上で大きな意味をもつといえる。

　またQCサークル活動，改善活動などの職場小集団活動が「少人化」のための「柔軟な」職務づくりを支えることによってフレキシブルなヒトの「ジャスト・イン・タイム」を容易にしているといえる。いわゆる「かんばん」方式は，2つの目標をもつものである。ひとつには，「需要変動に応じて弾力的に各ラインの編成がえを行なって，『ムダ』な人員を排除する『少人化』」がめざされており，そのために，職場では，ジョブ・ローテーションによる「多能工化」を推し進め，「柔軟な職務構造」づくりが行われる。いまひとつには「製品の品質管理を達成するための『自働化』」がめざされており，それは，「工程における『不具合』（不良品や機械故障の異常）の根本原因を追求し，原因を除去し，改善措置を講ずることである」。このように，「『少人化』のための『柔

軟な職務』づくりと,『自働化』のための『不具合』の除去という二つの目標に対する改善の取組みや改善提案が,トヨタ自動車のQCサークル活動であり,提案制度なのである[59]」。

しかし,ここでは,そのような日本的な労働の「フレキシビリティ」の意義と限界について正確にとらえておかねばならない。職務区分が厳密に決められ,部分化された作業のみを担当するという,テイラーの原理に基づく旧来のアメリカ的な作業編成とは異なり,「日本の職場の作業編成やその運営は,チームリーダーである班長,組長らの職制を中心とした作業チームによって自主的に決められている[60]」。このような「日本の職場の作業編成のフレキシビリティは,たとえ企業の生産計画を前提とした枠のなかで日常の仕事を遂行するレベルのものであっても,その自律性のもとでのフレキシビリティが労働者の合意と遂行責任をひきだすうえで大きな役割をはたしている[61]」。またQCサークル活動や改善活動などについても,「企業の改善目標と改善組織の管理の枠内での労働のフレキシビリティにすぎないという限界を有するものである」とはいえ,「労働者が改善活動という自らの作業の改善と取り組み,その成果を標準作業に反映させるという,構想と執行の結合」がある一面においてはかられているとみることができる[62]。こうした点からも,日本的生産システムのもとでの厳しい労働に対する一定の勤労意欲を,そうした参加活動なども含めた「職場集団の自律性」という契機によって引き出すことが可能となっているのである。まさにこのような日本的な労働の「フレキシビリティ」の二重性に注意しなければならないのであり,その意義を十分に理解しなければ,日本的生産システムのもとでの過密な労働が労働者に受け入れられる大きな理由が明らかにならないであろう[63]。

このように,日本的な労働慣行,労働編成を基礎にした多能工化による労働力利用の「汎用化」を実現することによって労働力利用のレベルにおけるフレキシビリティを確保することができるのであり,ここに日本的生産システムにおける「労働力」配置のフレキシビリティ要因がみられる。この点,アメリカ的な労働編成ではテイラー主義的な分業の原理に基づく極端なまでの職務の細分化と固定化が「労働者の勤労意欲の低下と労働能力の一面的発達をもたらし,本来それがめざした効率性の原理との矛盾を内包せざるをえなかったばか

りでなく」，ME技術革新や「多品種少量生産」などにも有効な対応を困難にしたという限界がみられた[64]のとは大きく異なっている。

第3節　日本型企業経営システムの意義

　これまでの考察において，企業経営システムの日本モデルの全体構造とその機能のメカニズムについてみてきた。そこでは，そのような企業経営の「システム」は加工組立産業において特徴的にみられるものであり，多品種・多仕様大量生産の効率的・経済的な展開と市場の変動に対するフレキシブルな適応がどのようにして可能となるのか，その諸要素を取り上げ，全体的な相互連関性に注意しながら，分析をすすめてきた。そこで，つぎに，これまでの考察結果をふまえて，そのような企業経営システムのもつ意義についてみていくことにしよう。

　まずそのような日本的な大量生産システムの性格をめぐる問題であるが，この点に関して重要なことは，あくまで「大量生産」の本質はなんら変わるものではなく，大量生産の経済効果の実現の仕方が変わったという点である。すなわち，「汎用化」の論理による生産編成によって複数の製品の生産に対応することができることによって生産ロットが大きくなり，そのような「範囲の経済」によって「規模の経済」の実現を補完することが可能となったのであり，そのようなかたちでの大量生産効果の実現の方式へと転換がはかられたということである。しかも市場の変動への適応力＝フレキシビリティ（製品間でのつくり替えのフレキシビリティ）の確保による操業度の引き上げによって大量生産効果の実現の可能性が一層高められる結果となったということである。小野隆生氏は，「経営者にとって重要なのは，総量のリジディティ（「固定費部分」の全面稼働）なのであり，品種（したがって作業，物の流れ）のフレキシビリティがそのための手段となっているということに注意する必要がある[65]」と指摘されている。「汎用化」の論理による生産編成を基礎にした多品種生産におけるフレキシビリティは，資本主義生産のもとでの「生産と消費の矛盾」への特別なかたちでの対応のひとつのあらわれでもある。その意味でも，「フレキシブル生産の本質は，むしろ総量実現のリジッド化という意図を実行に移すための

システムづくりが質的に変化していく，その歴史的過程を考察するという観点に立脚して理解する必要がある[66]」とする小野氏の指摘は重要である。

こうした点はあくまで「生産」という行為それ自体における総量の実現をはかるための条件にかかわる問題であるが，生販統合システムにみられる対応は，本来見込生産にならざるをえない大量生産を多品種生産というかたちで展開する場合に一層増幅せざるをえない「生産と消費の矛盾」に対応する上で決定的な意味をもっている。そのような生産と販売の調整のシステムを経営システムのなかに組み込むことによって，大量生産の経済効果の実現の可能性が大きく高められる結果となっている。

このようにして，「専用化」の論理による生産編成を基礎にしたアメリカ型のフォード的大量生産では多品種の生産によって相対的に小さくなるロットがもたらす経済効率の低下と，製品間の需要の変動に対する生産の硬直性のために，本来コストが上昇せざるをえないのに対して，日本モデルのフレキシブルな多品種大量生産では，「汎用化」の論理による生産編成を基礎にした「範囲の経済」と製品間の需要変動へのより高い適応力とによって，操業度の引き上げによる低コストと高い市場適応力＝需給調整能力が実現されたのであった。日本的経営システムの意義はまさにこの点にあり，そのような企業経営のシステムによって日本の加工組立産業の企業は1970年代以降の時期に高い国際競争力を実現することができたのであった。

この時期に日本企業ほどには多品種化がすすまなかった欧米の企業，ことに自動車産業の企業においてとくに1980年代に「ジャパナイゼーション」と呼ばれる日本的な経営システム，生産システムの導入・移転が問題とされ，MITを中心とするグループによる日本の自動車産業に関する研究にみられるように[67]，それをめぐる議論や導入・移転の取り組みが行われるようになった理由は，まさに日本的な経営システムのこのような構造的な優位性にあったといえる。したがって，欧米企業にとっても，そのような市場適応力の高い，コスト引き下げに有効な生産システムの模索・追求をはからざるをえなくなったのである。「ジャパナイゼーション」といわれた日本的経営システムの海外移転の問題についても，世界的な競争構造の変容との関連のなかで捉えていくことが重要である。

(1) なかでもアメリカでは，すでに1960年代に大量生産システムの矛盾と動揺が現れたが，60年代および70年代の状況について，鈴木良始氏は，1）機械化志向の昂進による硬直化傾向，2）職場規律の弛緩と生産システムの悪循環現象という点から明らかにされている。鈴木良始「アメリカ大量生産システムの成熟と変容――生産システムと市場条件・労使関係・技術変化の相互作用――」，宗像正幸・坂本 清・貫 隆夫編著『現代生産システム論』ミネルヴァ書房，2000年，第3章3参照。
(2) 坂本 清「『日本的生産システム』論の国際展開」，稲村 毅・仲田正機編著『転換期の経営学』中央経済社，1992年，201-2ページ参照。
(3) この点を自動車産業についてみると，例えば日産自動車では，1973年には乗用車は10車種で1,487,360台が生産されていたのに対して83年には21車種で1,858,782台が生産されており，1車種当たりの平均生産台数は148,736台から88,513台へと低下しており，83年には73年の59.5％となっている。トヨタ自動車でも1973年には乗用車は10車種で1,631,940台が生産されていたのに対して83年には23車種で2,380,753台が生産されており，1車種当たりの平均生産台数は163,194台から103,511台へと低下しており，83年には73年の63.4％となっている。これはいわゆる兄弟車・姉妹車に含まれる各車をそれぞれ1車種とした場合の数値であるが，各兄弟車・姉妹車をそれぞれあわせて1車種としてみると，日産では，1973年には乗用車は9車種，83年には17車種となり，1車種当たりの平均生産台数は165,262台から109,340台へと低下しており，83年には73年の66.1％となっている。これに対して，トヨタでは1973年には乗用車は9車種，83年には15車種となり，1車種当たりの平均生産台数は181,326台から158,717台となっており，87.5％に低下しているとはいえ日産の場合よりも落ち込みは小さい。ただこの点に関しては，トヨタの同期間の生産台数の伸びは45.9％であったが，国内販売台数は16.2％の増加にとどまっているのに対して輸出台数は103.6％の増加を示しており，輸出の大きな伸びがこうした1車種当たりの平均生産台数を支えていたのであり，国内需要の伸びによるものではなく，結果的にみても，車種の増加というかたちでの多品種生産の展開を支えるだけの国内需要の拡大はみられなかったといえる。日産自動車株式会社社史編纂委員会編『日産自動車社史 1964-1973』日産自動車株式会社，1975年，606-7ページ，日産自動車株式会社創立50周年記念事業実行委員会編『日産自動車社史 1974-1983』日産自動車株式会社，1985年，48ページ，51-6ページ，トヨタ自動車株式会社編『創造限りなく トヨタ自動車50年史 資料集』トヨタ自動車株式会社，1987年，97ページ，157ページ，201ページ，トヨタ自動車販売株式会社社史編纂委員会編『世界の歩み トヨタ自販30年史資料』トヨタ自動車販売株式会社，1980年，48-50ページ，57-9ページ，『ドライバー』（八重洲出版），1973年11月20日号，180-7ページ，1983年11月20日号，198-205ページのほか，聞き取りによる。
(4) 馬頭忠治「わが国自動車産業における量産体制の確立と企業経営――蓄積構造の転換と企業経営の展開(1)――」『鹿児島経大論集』（鹿児島経済大学），第27巻第2

号，1986年7月，76ページ。
(5) 小野隆生「生産の『柔軟化』についての基礎的考察(1)――トヨタ生産方式の構造と特質を手掛かりとして――」『名城商学』(名城大学)，第40巻第1号，1990年6月，130ページ。
(6) この点について詳しくは，鈴木良始『日本的生産システムと企業社会』北海道大学図書刊行会，1994年，序章参照。そのような日本企業の国際競争力に関して，藤本隆宏氏は，20世紀後半の日本企業が得意としてきた産業分野の多くが「擦合せ」型(インテグラル型) アーキテクチャの設計情報を「書き込みの容易でないメディア」を用いて繰り返し転写する (作り込む) といったタイプのもの，すなわち「擦合わせて作り込む」分野であり (藤本隆宏「20世紀の日本型生産システム」『一橋ビジネスレビュー』，第48巻第3号，2000年12月，71ページ)，この時期の「我が国製造企業が強みを発揮したのは，概して『擦合せ』型 (インテグラル型) の設計情報を素材のなかに丹念に作り込む『インテグレーション重視の生産システム』であった」とされている (同論文，67ページ)。同氏はこのような生産システムの典型的事例を「トヨタ生産システム」に求めて分析されているが，そこでは，「生産とは設計情報の転写である」とする情報転写論という独自の視角から考察されている (同論文参照)。
(7) 岡本博公『現代企業の生・販統合』新評論，1995年，第1章および同「オーダー・エントリー・システムの発展――トヨタ自動車のケース――」，同志社大学人文科学研究所編『技術革新と産業社会』中央経済社，1994年，67ページ参照。なお生販統合システムについては，同書のほか，門田安弘『トヨタの経営システム』ダイアモンド社，1991年，同『新トヨタシステム』講談社，1991年，浅沼萬里『日本の企業組織　革新的適応のメカニズム――長期取引関係の構造と機能――』東洋経済新報社，1997年，第9章などをも参照。
(8) 小野隆生「現代日本の生産システムのフレキシビリティ(2)――リジディティの観点から――」『商学論纂』(中央大学)，第36巻第3・4号，1995年3月，650ページ。
(9) 岡本博公「現代の生産・販売統合システム――鉄鋼業と自動車産業のケース――」，坂本和一編著『技術革新と企業構造』ミネルヴァ書房，1985年，144ページ。
(10) 同論文，135ページおよび岡本，前掲書，100-2ページ，115ページ参照。
(11) 同書，20ページ。
(12) 岡本，前掲「オーダー・エントリー・システムの発展」，76ページ。
(13) 岡本，前掲書，220-2ページおよび岡本，前掲「現代の生産・販売統合システム」，144-5ページ参照。また自動車産業において生販統合システムによってフレキシビリティをより高いレベルで実現しうるいまひとつの要因として考慮に入れておかなければならない点は，日本国内における在庫削減と納期短縮をはかる上でのバッファーとしての輸出の役割についてである。OESによる生産と販売の統合は，微調整のシステムであり，生産によって対応できる範囲は無限なわけではないが，海外販売分は基本生産計画の段階で確定されており，このことの意義は大きい。「なぜなら，

海外販売分が早期に確定され，この部分が生産の平準化と大量生産システムの経済性・効率性を支える骨格を構成するからこそ，その後の調整をフレキシブルに行うことができるといってよいからである」（岡本，前掲書，75-6ページ）。国内販売向けの旬オーダーシステム，デイリー変更など，最終的な生産実施計画を実際の生産に入る直前まで確定せずにおく日本の精緻なOESは，輸出用のこの早期確定部分に負うところも大きい。同書，125-6ページ。

さらに生販統合システムによる生産と販売の調整という問題に関しては，第3章でも指摘したように，同じ消費財産業であり加工組立産業である自動車産業と電機産業の家電部門とを比べるとその条件は大きく異なっているといえる。まず流通機構のありように規定された差異として，デイーラーによる販売チャネルをもつ自動車の場合には完成車メーカーへの販売情報の一元的集中が可能であり，そうしたディーラー網からの注文の集約により確定受注した品目と量を確実に実際の生産の計画に連動させることが比較的容易である。これに対して，家電製品では無数の販売店による流通のゆえにそのような販売情報の一元的集中には限界があり，自動車の場合のディーラー網からの注文の集約のようなかたちでの生産計画との連動をはかることは困難である。また生販統合システムでは見込みで行わざるをえない大量生産のもとで実際の販売（オーダー）を予め計画された生産の枠に直結させることによって生産と販売の調整をはかるという点に関連していえば，製品の販売時と納入時とのタイムラグが大きいほど調整の余地は大きくなり，生販統合システムによるフレキシビリテイは高いということにもなるが，販売時と納入時とのタイムラグが比較的確保しうる自動車とそれが基本的には期待しえない家電製品との間には生販統合システムによる調整の条件の大きな相違が生まれざるをえないといえる。したがって，家電産業では，「生販統合システム」という特別なしくみでもって生産と販売の調整を行おうとしても，自動車産業のような条件をもちえないといえる。

(14) 湯浅良雄「『『日本的生産システム』と労働過程論争（上）」『愛媛経済論集』（愛媛大学），第10巻第1号，1990年8月，153ページ。
(15) 坂本 清「国際競争力と『日本的生産システム』の特質」(1)『経営研究』（大阪市立大学），第42巻第2号，1991年7月，35ページ。
(16) 坂本 清「国際競争力と『日本的生産システム』の特質(3)」『経営研究』，第43巻第2号，1992年7月，50ページ。
(17) ME技術の誕生以前の効率性と汎用性とのトレードオフ関係にみられる技術的制約については，両大戦間期のドイツの事例がその問題を端的に示しているといえる。すなわち，当時のドイツでは，狭隘で変動の激しい国内市場の条件のために専用機械の大規模な利用には制約があり，そこでは，効率性をある程度犠牲にすることによって一定度の「汎用性」が求められ，専用機と汎用機の中間的な機械の利用が多くのところでみられた。拙書『ヴァイマル期ドイツ合理化運動の展開』森山書店，2001年，第7章第2節，『ナチス期ドイツ合理化運動の展開』森山書店，2001年，第7章第2節2参照。

(18) 湯浅良雄「フレキシビリティをめぐって——イギリスにおける議論動向とその批判的検討——」『経済』,No.334,1992年2月,161ページ。
(19) 渋井康弘「ME技術と『柔軟性』——NC工作機械と産業用ロボットに注目して——」『名城商学』,第43巻第4号,1994年3月,99ページ。
(20) 小野隆生「現代日本の生産システムのフレキシビリティ(1) ——リジディティの観点から——」『商学論纂』,第36巻第2号,1994年12月,177ページ。
(21) もとより,「企業家は個々の労働時間のフレキシブル化によって,就業者を分裂させ,賃金総額をさらに節約しようと努める」が,ME技術革新を基礎にした新しい技術でもって,「製品の販売量や品種の変更あるいは革新をめぐっての国際競争戦において,技術的側面から,それに対応することができるような設備のフレキシビリティが生まれる」。「しかし,企業家は,そのさい,労働力の諸能力をも時間的に,また組織的に,フレキシブルに配置することができる場合にのみ,競争相手に対して,その設備のフレキシビリティを現実化することができる」。前川恭一『現代企業研究の基礎』森山書店,1993年,213ページ。
(22) 鈴木,前掲書,50ページ。
(23) 門田,前掲『トヨタの経営システム』,180ページ。
(24) 鈴木,前掲書,51ページ。
(25) 門田,前掲『トヨタの経営システム』,183ページ。
(26) 鈴木,前掲書,52ページ。
(27) 嶋田晴雄『ヒューマンウエアの経済学』岩波書店,1988年,123ページ。
(28) 小野,前掲「現代日本の生産システムのフレキシビリティ(1)」,179ページ。
(29) 鈴木良始「日本型企業システムと国際競争力——日本的生産システムの競争力的分析——」『経済と経営』(札幌大学),第21巻第2号,1990年11月,32-4ページ,鈴木,前掲書,53-6ページ。
(30) 湯浅良雄「自動車産業におけるグローバリゼーションと日本的生産システム(下)」『愛媛経済論集』,第11巻第2号,1991年7月,43ページ。
(31) 鈴木,前掲書,64-5ページおよび同,前掲「日本型企業システムと国際競争力」,30ページ,41ページ参照。
(32) 今井賢一・伊丹敬之・小池和男『内部組織の経済学』東洋経済新報社,1982年,38-40ページ参照。自動車企業と部品製造企業との間の取引関係・企業間関係や下請制の分析の視角という点でみた場合,近年,「取引コストの経済学」の立場からの新制度学派的研究がひとつの大きな流れとなってきているといえる。しかし,本章での下請分業生産構造の分析からも明らかなように,日本の下請分業生産構造の場合,取引コストの問題だけでなく,むしろ親企業と下請企業との間の機能統合による管理的調整にかかわる点も重要かつ本質的な問題であるといえる。
(33) 中村精『中小企業と大企業——日本の産業発展と準垂直的統合——』東洋経済新報社,1983年,51-2ページ参照。
(34) この点については,今井・伊丹・小池,前掲書,第2章3,第7章3参照。

(35) 中村，前掲書，8ページ。
(36) 『中小企業白書』，平成7年版，175-6ページ。
(37) 池田正孝「大企業と中小企業――大企業と下請企業の分業システム――」，車戸　實編『中小企業論』（基本経営学全集⑫），八千代出版，1986年，81ページ。
(38) 上野　紘・河崎亜洲夫「下請制と企業間関係」，現代企業研究会編『日本の企業間関係――その理論と実態――』中央経済社，1994年，179-80ページ，池田，前掲論文，84ページ。
(39) 例えば藤本隆宏氏が1993年秋に日本部品工業会（そのメンバーの大半が主に自動車メーカーと直接取引するサプライヤーである一次部品メーカー）の加盟企業に対して行った調査結果によると，主な取引のタイプがブラック・ボックス部品（承認図部品と委託図部品）方式であった企業が回答企業の約4分の3にのぼっており，貸与図方式は20％，市販品は6％と少数派にとどまっていたとされている（藤本隆宏『生産システムの進化論』有斐閣，1997年，170ページ，192ページおよび197ページ参照）。またK. B. クラークと藤本隆宏の両氏による1980年代後半の調査によれば，日本の主要自動車企業における購入部品費の総額に占めるブラック・ボックスタイプの部品（承認図部品）の割合は62％にのぼっている。K. B. Clark, T. Fujimoto, *Product Development Performance : Strategy, Organization, and Management in the World Auto Industry,* Harvard Business School Press, 1991, pp.144-5〔田村明比古訳『製品開発力　日米欧自動車メーカーの20社詳細調査』ダイヤモンド社，1993年，192ページ〕。
(40) 1次供給業者（サプライヤー）のこのような役割と意義，日本の自動車産業に代表的にみられる部品供給関係の構造については，浅沼，前掲書，第Ⅱ部を参照。
(41) 上野・河崎，前掲論文，181ページ，『中小企業白書』，平成7年版，176-7ページ，下川浩一「日本における自動車メーカー・部品メーカー関係とその分業構造の歴史的発展と現代的意義――その技術革新と柔軟性に関連して――」『経営志林』（法政大学），第19巻第2号，1982年7月，25ページ参照。
(42) 藤本隆宏氏らが1992年8月に神奈川県の自動車部品メーカーを対象に行った調査に基づいて設計の分担状況をみると，1次企業（サンプル数89）のうち自社独自の設計は27％，納入先が基本設計し自社で詳細設計というものは31.5％となっており，納入先設計が41.5％となっているのに対して，2次企業（サンプル数114）のうち自社独自の設計は7％，納入先が基本設計し自社で詳細設計するというものは16％となっており，合計で23％を占めるにすぎず，77％が納入先設計であったとされている（藤本隆宏・清　晌一郎・武石　彰「日本自動車産業のサプライヤーシステムの全体像とその多面性」『機械経済研究』（機械振興協会経済研究所），No.24，1994年5月，16ページ，18ページ，21ページ，34ページ参照）。また親企業との新製品等の生産協力内容に関する1994年12月の中小企業庁による調査では，設計段階から協力を行う企業の割合は，1次下請では25.3％，2次下請では7.4％，3次下請以下では4.3％となっており，試作用の設計図を受けて試作段階から協力を行う企業の割合はそれぞ

れ45.7％，43.1％，30.7％となっているのに対して，完成された設計図を受けて生産のみを行う企業の割合はそれぞれ27.5％，46.7％，58.4％となっている。『中小企業白書』，平成7年版，176ページ。

(43) 例えばトヨタ自動車の「協豊会」会員は，すでに石油危機以前に89社中55社が，1984年にはすでに89社中81社がなんらかのかたちで「かんばん方式」を導入しており，なかでも，外注2次供給企業への購買活動に「かんばん方式」を使用する1次供給企業の割合をみると，73年には18％であったものが84年には55％に増加している。また同じ時期に2次下請企業の一部でもそのような動きがみられるが，ここで，2次下請企業における生産活動の同期化の進展をみると，日本電装の「電装協力会」と愛三工業の「愛協会」の下請2次供給企業においては，石油危機以前にはほとんど端初的であった「かんばん」方式の導入が石油危機以降の対応過程で急速にすすみ，1984年にはすでに「電装協力会」31社中30社，「愛協会」9社中8社でその導入がみられた。なかでも，「電装協力会」所属の2次供給企業31社のうち，外注3次供給企業への購買活動に「かんばん」方式を使用している企業の割合は，1973年にはゼロであったものが，80年には19.4％，84年には32.3％に増加している。塩見治人「生産ロジステックスの構造」，坂本編著，前掲書，104-7ページ参照。

(44) 浅沼，前掲書，第8章および178ページ参照。こうした浅沼氏の議論の射程については，植田浩史氏も，「中小企業も含めたサプライヤ一般に該当するものではなく，その対象はおもに自動車メーカーと1次サプライヤに限られて」おり（植田浩史「サプライヤに関する一考察――浅沼萬里氏の研究を中心に――」『季刊経済研究』（大阪市立大学），第23巻第2号，2000年9月，20ページ），「下請分業構造全体にわたる議論としては成立し得ない」（植田浩史「下請はリスクシェアリングか」，上井喜彦・野村正實編著『日本企業　理論と現実』ミネルヴァ書房，2001年，102ページ）と指摘されている。渡辺幸男氏が浅沼氏の研究について指摘されるように，発見した事実，特徴の下請関係総体のなかでの位置をどうみるかが重要な問題である。渡辺幸男『日本機械工業の社会的分業構造　階層構造・産業集積からの下請制把握』有斐閣，1997年，29-30ページ参照。

(45) 例えば日産自動車におけるカルロス・ゴーン氏による下請系列企業の再編についても，日産が直接取引する1次供給企業のレベルでの再編・淘汰をすすめたとしても，そのような再編の結果取引に新たに加わることになった部品製造企業がやはり2次，さらに3次と階層的に下請分業生産構造をかかえ込んでいる以上，ここで指摘したような自動車企業にとっての日本的な階層的下請構造の利点を失うことにはならないという点こそが，系列再編が成果をおさめることのできた大きな要因のひとつをなすといえる。

(46) 坂本和一『現代巨大企業と独占』青木書店，1978年，48-9ページ。

(47) 岡本博公「現代日本企業の資金調達機構」，谷田庄三・前川恭一編著『現代企業の基礎理論』ミネルヴァ書房，1978年，81ページ。

(48) 坂本，前掲書，46ページ。

(49) 岡本,前掲「現代日本企業の資金調達機構」,82ページ.
(50) 鈴木,前掲書,72-7ページ参照.
(51) 丸山惠也『日本的生産システムとフレキシビリティ』日本評論社,1995年,214ページ.
(52) 同書,181ページ.
(53) 門田,前掲『トヨタの経営システム』,183-4ページ.
(54) 門田,前掲『新トヨタシステム』,272ページ,281-2ページ参照.
(55) 丸山惠也『日本的経営——その構造とビヘイビア——』日本評論社,1989年,125ページ.
(56) 青山茂樹「日本的経営システムの今日的特質——『人間に優しい企業経営』提起との関連で——」『経済』,No.326,1991年6月,62-3ページ.
(57) 小野,前掲「現代日本の生産システムのフレキシビリティ(2)」,655ページ.
(58) 同論文,660-2ページ参照.周知のように,周辺労働者の利用によるフレキシビリティを「数量的フレキシビリティ」,正規労働者の多能工的な編成によるフレキシビリティを「機能的フレキシビリティ」として議論されてきたが (J. Atkinson, Flexibility, Uncertainty and Manpower Management, *IMS Report,* No.89, 1985, pp.11-4),両者は深くかかわりあっており,前者の存在が前提となって後者による正規労働者の完全利用のためのより有利な条件を確保しうるといえる.
(59) 丸山,前掲『日本的経営』,95ページ.
(60) 丸山,前掲『日本的生産システムとフレキシビリティ』,161ページ.
(61) 同書,217ページ.
(62) 同書,224ページ.
(63) この点については,同書,第6章,第9章,京谷栄二「ポスト・フォーディズム段階の労働過程論争——日本的労働過程のフレキシビリティとはなにか——」『長野大学紀要』,第13巻第2・3合併号,1993年12月,39-41ページ,同『フレキシビリティとはなにか 現代日本の労働過程』窓社,1993年,241-6ページ参照.京谷栄二氏は,「職場集団の(準)自律的意思決定過程を媒介とする生産計画の遂行,労働者の知的能力を職場集団レヴェルで開発する小集団・自主管理活動」といった,「構想と執行の再統合」を特徴とする要素は「生産の柔軟性と効率性の主要な源泉であると同時に,経営の統制と支配を受容する労働者の同意形成の契機でもある」と指摘されている(同書,271ページ).

とはいえ,日本的生産システムがもつそのようなQWL的要素だけでは,その理由を十分に説明しうるものではなく,日本の労働法規制と労働組合のあり方・役割もそれと深く関係しているといえる.わが国では,労働関係の「非法化」は,「労働の『弾力化』を促し,組合規制力の無力化がそのフレキシビリティを底なしに強める結果となっている」.丸山惠也氏は,「日本の企業は法的なルールに規制されることなく,経営上の必要性に応じて労働の諸条件を自由に決定できることによって労働者活用の高いフレキシビリティを有し,生産効率を高めることによって国際競争上の

優位性を確保してきた」として，このような労働法規制のあり方が日本的生産システムのもつ国際競争力を規定する一要因となっていることを指摘されている。丸山，前掲『日本的生産システムとフレキシビリティ』，218ページ。
(64) 青山，前掲論文，63ページ。
(65) 小野，前掲「現代日本の生産システムのフレキシビリティ(2)」，655-6ページ。
(66) 小野，前掲「現代日本の生産システムのフレキシビリティ(1)」，181ページ。
(67) J. P. Womack, D. Roos, D. T. Jones, *The Machine that Changed the World,* New York, 1990〔沢田 博訳『リーン生産方式が世界の自動車産業をこう変える』経済界，1990年〕参照。

第7章　現代合理化の歴史的展開とその特徴
――企業，産業，経済の発展・再編メカニズムの分析――

　第5章および第6章では，20世紀の時代に主導的な役割を果たし，支配的なモデルとなったアメリカと日本の企業経営システムを取り上げ，それらの主要内容，その特徴と意義を明らかにしてきたが，本章では，第2次大戦後の合理化の歴史的な展開過程を考察する。戦後の歴史的過程をみると，主要各国において，合理化は企業のみならず産業，経済の発展・再編の手段として重要な役割を果たしてきたといえる。以下では，合理化を軸としたそのような企業，産業，資本主義経済の発展・再編の歴史的過程をあとづけ，そのメカニズムを解明し，合理化のもつ企業経営上の意義だけでなく社会経済的意義を明らかにしていく。

第1節　第2次大戦後の合理化問題の研究課題

　第1章でもみたように，第2次大戦終結までの時期には，企業経営，生産力発展の隘路は主に市場問題にあったといえるが，第2次大戦後，主要資本主義国において「労資の同権化」（労働同権化）の本格的確立による賃金の大幅な上昇をとおして市場基盤の形成・確立がすすんだことによって市場条件の平準化がみられた。それを基礎にして，各国の資本主義の生成・発展過程に規定された差異が平準化し，生産力発展，企業経営（経営方式や経営システム）の発展においても各国で平準化・均質化していく傾向がみられた。すなわち，そのような市場条件の変化のもとでアメリカ的な生産力基盤の導入・定着のための条件が築かれ，そのことによって，初めて，第2次大戦の終結までの時期にはアメリカにおいてのみ本格的な展開をみた企業経営の諸方式・システムが他の主要

資本主義国でも広く定着しうる基盤が形成されることになり，それに支えられて生産力構造の均質化がすすむことになる。その結果，戦後の高度成長期をとおして市場基盤と生産力基盤のいずれにおいても，国家間の差異はあっても，戦前と比べるとそうした差異による影響は小さくなっていき，アメリカに対する主要各国の産業と企業の競争力の格差も縮小していくことになる。ここでは，まずこうした条件のもとで展開された合理化をめぐる問題を考察するさいの研究課題についてみておくことにしよう。

　戦後の合理化問題の研究課題として，ひとつの中心的課題となるのは，戦後の各時期における世界資本主義と主要各国の資本主義のありよう，そのもとでの合理化問題の基本的特徴を解明することである。すなわち，1）各時期の合理化・合理化運動の展開の規定要因の解明，2）国による合理化のあらわれ方の共通点と相違点の解明，3）各時期に合理化が展開される中心的な舞台となる産業がどこであり，そこでどのような合理化が実際に推進されたか，またその規定要因，意義はなにかという点の解明である。そこでは，とくに戦後のアメリカを枢軸とする資本主義国の競争と協調の歴史をふまえてみていくことも重要である。またいまひとつの中心的課題は，主要各国における合理化による企業，産業，経済の発展・再編の歴史的過程とその基本的特徴を明らかにすることである。そこでは，大きな歴史的トレンドの抽出が重要となるが，そのさい，合理化をとおしての企業，産業，経済の発展・再編における国家の関与・役割はどうかという点をふまえて考察することが重要となってくる。それとともに，戦後から今日までの主要各国の経済構造・産業構造の歴史的変遷とその特質をふまえて，それぞれの国の各時期の資本主義経済，産業，企業の特徴とそれを根本的に規定している諸要因を解明することが重要な課題となる。すなわち，戦後の歴史的過程において時期別，国別，産業別，企業別の相違がどのようにして形成されてきたか，それがいかなる諸要因に規定されたものであるのかという点を解明することが重要である。

　まず企業レベルの問題についていえば，戦後の世界および各国の歴史的な蓄積条件の変化とそれに規定された合理化の展開，それをとおしての企業経営の発展の内実を明らかにするという点である。そこでは，主要各国の経営発展の国際比較を行い，合理化の推進をとおして企業・企業経営が飛躍的に発展して

いくさいの諸特徴を解明することが重要な課題となる。戦後の主要各国の資本主義発展の特質とそのもとでの合理化問題のあらわれ方をふまえて，合理化の展開の具体的内容を考察し，合理化をとおしての企業の発展・再編のメカニズムを解明することである。そのさい，合理化がなぜ戦後の主要各国の独占的大企業およびその経営の発展の主要モメントになりえたのか，あるいはなったのかという点が明らかにされねばならない。すなわち，ひとつには，戦後の合理化は，とくに1970年代のいわゆる減量経営と呼ばれる「消極的合理化」や80年代の加工組立産業におけるME合理化にみられるように経営環境の変化への適応策として，また競争力強化のためのひとつの手段として重要な役割を果たしてきたのであり，そのような意味でも，企業の発展の基礎になっているという面がみられる。いまひとつには，合理化の展開は企業経営の方式やシステムの発展の重要な契機のひとつとなっており，歴史的にみても，合理化の推進をとおして，企業経営の方式やシステムが飛躍的に発展してきたという面がみられる。例えば，技術，管理，組織構造，企業構造，企業集中，労働などの領域においてどのような変化がみられたかを具体的に考察し，その実態と特徴を明らかにしていくことが重要となってくる。ことに1970年代以降の時期については，50年代および60年代をとおして主要各国において移転・導入されたアメリカ的経営方式，システム，また大量生産体制の確立を前提に，各国においてどのような独自的変革・再編がみられたかを明らかにしていくことが重要となる。こうした考察をとおして，戦後の歴史的過程において形成されてきた各国の資本主義経済の性格・特徴のもとでの特定の歴史的発展段階における独占的大企業の特徴的規定性＝基本的特徴の解明や，各国における企業経営の差異がどのように形成されてきたかという点の解明をはかることが重要な課題となってくる。

　また産業のレベルの問題についていえば，これまで企業集中をテコとした合理化の推進をとおして産業再編成が繰り返し取り組まれてきた。ことに不況期に市場の吸収力を上回る過剰生産能力が顕在化し，需給のアンバランスが深刻な問題となってくるなかで，過剰生産能力をいかにして効率的に整理し，産業のレベルでみた最善の生産条件を築いていくかが重要な課題となってくる。また近年の経済状況と経営環境の激しい変化のもとで，高度に多角化した今日の

大企業にとっては，「選択と集中」による事業構造の再編成をはかり，最も高い収益性が期待しうる事業構造への組み替えをいかに行うかということも重要な課題となってきている。しかし，そのような課題をいかに実現するかは個別企業にとってのみならず産業にとっても重要な問題であり，多くの場合，企業集中を利用したかたちで行われてきた。それゆえ，そのような産業再編成がどのように行われてきたのか，そのさい企業集中がいかなる役割を果してきたのか，またどのような形態の企業集中（企業結合）によって行われてきたのか，各時期にみられる諸特徴を明らかにすることが重要となる。そのような産業再編成の推進のために行われる企業集中をみた場合，これまで企業合同＝トラストによる場合が多くみられたが，今日では提携や持株会社方式での事業統合あるいは経営統合によるケースも多くみられるようになっている。そこでは，そうした企業結合形態が採られる規定要因とともに，それによって産業再編成がいかに取り組まれるか，それは企業合同（合併）による場合と比べどのような特徴をもち，またいかなる限界をもつかなどの点を明らかにしていくことが重要となろう。またそのような合理化は，それが取り組まれた当該部門におけるより有利な収益条件をつくりだすことによって，資金面でも他の事業分野の合理化の展開や新しい分野への事業展開のための有利な条件を築くことを可能にするものでもある。そうした合理化は，近年，事業領域や製品部門などの切り離し＝分散化（「選択と集中」）がすすむなかで，またネットワーク型経営の可能性と意義の高まりのなかで，さらに企業間での経営統合や事業統合が取り組まれるようになるなかで一層重要な意義をもつようになってきており，合理化をとおしての産業再編成のありよう，特徴を明らかにしていくことが重要な課題となってくる。

　このように，合理化は国内の企業との競争においてだけでなく，国際競争力の強化をはかる上でも重要な意味をもっており，企業と産業の競争力を規定する重要なひとつの要因にもなっており，合理化の推進をとおして企業，産業が発展し，再編されていくという面がみられる。しかし，そのことはまた国民経済の発展にとっても非常に大きな意味をもっている。例えばこれまでの歴史的過程，とくに合理化運動が展開される第1次大戦終結以降の時期[1]をみても，各国において合理化は資本主義経済の発展，再編において大きな役割を果たし

てきたといえる。それゆえ，合理化の推進によって生産力の発展においてどのような変化がもたらされたか，そうした生産力の発展が市場との関係でどのような意味をもったか，市場にいかなる影響をおよぼしたかなどの点をも含めて，合理化の推進をとおして資本主義経済が発展し，再編されていくメカニズムを明らかにしていくことが重要な課題となってくる。

　以上のような第2次大戦後の合理化問題の研究課題をふまえて，つぎに戦後の合理化過程を考察するさいの時期区分の問題についてみると，各国の資本主義，企業のおかれている条件の変化という点で節目となる各時期を区分すれば，1) 終戦から1950年代末までの時期，2) 60年代初頭から70年代初頭までの時期，3) 70年代の初頭から80年代初頭までの時期，4) 80年代初頭から末までの時期，5) 90年代以降今日までの5つの時期に分けることができる。これらの時期は合理化が展開される条件の変化がみられた時期にほぼ一致している。すなわち，1)の終戦から1950年代末までの時期は，アメリカを除く主要先進資本主義国において戦後の経済復興が実現された時期であり，ことに50年代には生産性向上運動というかたちで合理化運動がアメリカの主導のもとに本格的に取り組まれた。2)の60年代初頭から70年代初頭までの時期は，いちはやく戦後の経済再建を果たしたドイツをはじめ日本，イギリス，フランスなどの主要資本主義国において高度経済成長が実現されていく時期である。3)の70年代の初頭から80年代初頭までの時期は，国際通貨危機（1971年）と石油危機（1973年）とによってアメリカ主導の戦後世界資本主義体制とそれまでの高度成長を支えてきた2大支柱が崩れ，高度経済成長が終焉し，低成長へと移行し，資本主義の構造的危機が深刻化する時期である。また4)の80年代初頭から末までの時期は，福祉国家体制の危機が深刻化し，新自由主義的政策が推進されるだけでなく，通貨問題では1985年のプラザ合意による国際協調のもとで円高・ドル安への政策的誘導がはかられるなど，70年代とは異なる条件が生み出されてくる時期でもあるが，日本の場合，加えていわゆる「バブル経済」の進行がみられた時期でもある。さらに5)の90年代以降今日までの時期は，旧ソ連東欧社会主義圏の崩壊，中国，ベトナムといったアジアの社会主義国の市場開放の進展にともなう資本主義陣営にとっての市場機会の拡大，経済のグローバリゼーションとIT革命の影響が本格的に現れてくる時期であり，いわゆる「メガ・コ

ンペティション」の時代であるとされており，全世界的な市場競争の激化という面にそのひとつのあらわれをみることができる。

このように，各時期に固有の特徴的傾向性がみられるわけで，以下では，国際比較，産業比較の視点をふまえて，ここでの時期区分にそって戦後の各時期の資本主義の歴史的変遷と合理化問題についてみていくことにしよう。

第2節　1940年代後半から50年代の生産性向上運動と経済復興

1　生産性向上運動の社会経済的背景と合理化の展開

そこで，まず1940年代後半から50年代の戦後復興期をみると，この時期の合理化の基本的特徴は，ひとつには，マーシャル・プランのもとでアメリカ主導の合理化が主要資本主義国において「生産性向上運動」として展開された点にあるが，いまひとつには，「国家独占資本主義の機構と機能を全面的に動員」した合理化[2]として戦前以上に国家の強力なかかわり・支援のもとに推進された点にみられる。

この時期の合理化がアメリカ主導で推進されたことに関しては，主要各国の疲弊した資本主義経済，独占的大企業の復活・発展をはかろうとする主要資本主義国の独占資本の狙いだけでなく，マーシャル・プランの導入のもとで，各国の経済再建・発展を推し進めんとするアメリカの意図があった。マーシャル・プランの導入にともない，それが適用された諸国において合理化諸方策が要求され，そのために，1948年にパリに「技術援助局」が設立された。さらに1950/51年には，とくに重工業と，アメリカ資本によって支配されている生産部門における一層の合理化諸方策が要求され，そのために，「ヨーロッパ経済協力機構」(OEEC) に「生産性委員会」が設置され，これをとおしてアメリカの合理化方策がマーシャル・プラン諸国，とくに旧西ドイツに導入された。この機関は1953年3月に「ヨーロッパ生産性本部」に改組されたが，例えば旧西ドイツの場合をみると，そこから，52年4月に設立された「ボン生産性委員会」をとおして，個々の合理化方策が指図された。この「ボン生産性委員会」の実行機関であり，また合理化に従事する個々の委員会や団体の上部組織をなしたのがワイマール期の「ドイツ経済性本部」に前身をもつ「ドイツ経済合理

化協議会」(Rationalisierungs-Kuratorium der Deutschen Wirtschaft――RKW) であった。このように，アメリカによる合理化への影響が「ドイツ経済合理化協議会」から個々の諸経営や諸組織にまでおよんでいることが特徴的であり[3]，1950年代に入ってからの数年間に，マーシャル・プラン諸国のなかでも，西ドイツは資本主義的合理化の中心地とされた[4]。そのようなアメリカによる影響，主導性は他の資本主義国についても同様にみられる。各国の生産性向上運動に対するアメリカの援助は，マーシャル・プランによる資本援助に対して技術援助と呼ばれているが，それには，「アメリカが広い意味での生産性の技術をヨーロッパ社会に注入して，資本援助の効果を，より高めようとする配慮があった」。「アメリカの技術援助資金の大部分は，まずOEEC加盟国からアメリカへ，チームを派遣することに使われ」，訪米チームの参加人数は1949年から57年３月までの間に18,700余名に達したとされている[5]。第１次大戦後においても例えばドイツの合理化運動へのアメリカの関与はみられたが，それは主にドーズ・プランというかたちでのアメリカのドイツへの資本輸出による合理化資金の提供にとどまっていた。これに対して，第２次大戦後の合理化は，マーシャル・プランによる資本援助とそのような技術援助というかたちでのアメリカの主導のもとに，国際的に，「生産性向上」運動として，体系的・総合的に展開されたのであった[6]。

　またこの時期の合理化のいまひとつの特徴が国家独占資本主義の機構と機能を全面的に動員した点にあるということに関してみれば，この段階では国家独占資本主義が支配的な制度となるに至っており[7]，国家は，合理化の基礎をかためる上で，かつてないほど積極的な役割を果すようになっている[8]。この点は，例えば投資優遇措置[9]や種々の減価償却制度による税制上の優遇制度，国家による投資金融，合理化宣伝・指導機関への政府の代表者の参加による関与などにみることができる。これを例えば西ドイツについてみると，合理化のあらゆる諸方策は，さまざまな方法で，直接的および間接的に，国家的諸機関および国家的諸組織によって指揮されたり，あるいは助成されたりしているとされている。1953年10月20日にアーデナウアー首相は，その後の４年間においても合理化をより強力に実施することが重要であると発表し，合理化の推進に国家が積極的に関与することを示している。そのような関与には国家からの投資

金融や税制上の優遇措置などの独占企業の投資促進のための国家独占資本主義的諸方策だけでなく,「ボン生産性委員会」の計画が国家の諸機関の援助でもって広く実行され,西ドイツ政府の大臣自ら「ボン生産性委員会」や「ドイツ経済合理化協議会」において協力したこと,また財政政策,立法のほか,警察,国境警備隊,司法当局のような国家の権力機関も多かれ少なかれ直接的に合理化を促進したことがあげられる[10]。この「生産性委員会」には企業家の代表,労働組合指導部の代表だけでなく連邦政府の代表も加わっている[11]。

このようにこの時期の合理化が国家独占資本主義の機構と機能を全面的に動員することによって推し進められたということは,それだけ合理化が緊急かつ不可避の課題となり,合理化の円滑な推進のための労資関係の安定化をはかることが重要な課題となったことを意味するものでもある。もともと合理化の語源はラテン語のratioからきており,ドイツでは,それは「理性」(Vernunft)とか「合目的的な」(zweckmaßig)という意味にとられていたが,「何が理想的で,何が合目的的なのか,その基準はすぐれて階級的性格を担っているといわなければならない」[12]。それゆえ,そうした基準は資本家と労働者との間で大きく違ってこざるをえず,それだけに,企業側にとっては,合理化を推し進める上でその階級的性格をやわらげる,あるいは消し去ることが重要となる。合理化のもつこのような性格について,E. ポットホッフは,労働する者があまり多く要求されること,経営合理化の諸方策から失業が生まれること,労働する人間は合理化の諸成果の分け前にあまりにも少ししか,あるいはまったくあずからしてはもらえないという点にあるとしているが[13],このことは合理化のもつ階級的性格を示すものである。こうした意味からも,合理化問題はそれ自体として労働問題としての性格をもつものであり,それだけに,そのような階級的性格を覆い隠し,労働者にとっても合理化の利益が大きいという思想的・社会的カンパニアによって労資協調の生産関係的基盤をつくりあげることが,本来個別企業レベルの問題である合理化を「ひとつの運動」として推し進める上で大きな意味をもつことになったといえる。

この点に関していえば,この時期の合理化(生産性向上運動)は,戦前とは比べものにならぬ思想的・社会的カンパニアをともなっていたという点にも特徴をもつ[14]。それは,合理化問題における労働者階級の立場と物質的利害をあ

いまいにし，彼らの集団主義の解体をはかるためにさまざまなイデオロギー攻撃を行う[15]ことによって労働者を労資協調主義の方向にひきこむ思想的・社会的カンパニアであったとされている[16]。こうした動きは，例えば西ドイツでは「万人がより良い生活をすべきだ」という1953年のデュッセルドルフでの大合理化博覧会のモットーや「生産性とはより良い生活をすることである」とするK. ヘルミッシュの「啓蒙」パンフレットの標題などに典型的にみられるが[17]，他方では輸出増進のための生産性向上が強く叫ばれたのであった[18]。西ドイツ国家は「ボン生産性委員会」や「ドイツ経済合理化協議会」をとおしてそのようなカンパニアにかかわりをもったが，例えば1955年度の「ドイツ経済合理化協議会」の報告では，合理化することはとくに組織化することであるとしている[19]。このような思想的・社会的カンパニアは合理化のもつ階級的性格を覆い隠さんとするものであったといえる。このように，第2次大戦後の時期には，マーシャル・プランの導入にともなうアメリカによる合理化要求や，主要各国の資本主義経済，独占的大企業の復活・発展にとっても合理化の推進が緊急かつ不可避の課題となるという国内・外の二重の圧力のもとで，合理化の円滑な実施のための重要な要件をなす労資関係の安定化にそれまでよりも一層強力かつ組織的に取り組むことが必要となった。それだけに，そのような生産関係の安定化をはかる上で，労働組合運動への企業側の対応だけでなく，国家の関与・役割は一層大きな意味をもつことになり，その関与もより直接的かつ広範囲なものにならざるをえなかったといえる。

　この時期の合理化が生産性向上運動として展開されたことに関して指摘しておかねばならないいまひとつの重要な点は，アメリカ以外の戦勝国においても敗戦国においても戦後経済の疲弊が激しく，経済再建が全産業的・全国民的次元の問題となり，「国民運動」として取り組まれたのに対して，60年代以降の時期の合理化はいずれの時期をみても，またどの国をみても合理化が「運動」として展開されるには至っていないということである。そのことは，1950年代に本格的に展開された生産性向上運動によって主要資本主義各国は戦後の経済復興を実現しており，さらに60年代に高度経済成長が本格的に実現されていった結果，資本主義の構造的変化がみられる70年代をみても全産業的かつ全国民的次元で合理化が問題とされるような状況にはないことによる。しかし，1960

年代以降の時期の合理化が「合理化運動」として展開されるには至らなかったということは，国家の関与がみられなくなった，あるいはそれが弱くなったということを意味するものではない。70年代の構造不況業種を中心とする産業再編成をめざす合理化にみられるように，むしろ特定の産業に対する国家の関与・支援が一層強まる傾向もみられ，合理化への国家の関与がいかに展開されたか，この点を歴史的な資本蓄積条件の変化，また各産業の資本蓄積条件の変化をふまえてみていくことが重要である。

2 生産性向上運動における合理化の主要問題

以上の考察をふまえて，この時期の合理化の主要問題をつぎにみることにするが，まず生産性向上運動の過程でみられた企業経営の変化についてみると，それは，主として，設備近代化による技術の合理化と労働組織・管理の領域における合理化にみることができる。

まず技術の領域における合理化に関しては，1950年代には戦前からの技術がいかに発展的に利用されたか，またどのような新しい技術が導入されたかが重要な問題であり[20]，この時期の設備近代化による「技術的合理化」の展開の現実的過程を具体的に考察することが重要となってくる。またオートメーションに関しても，R.ファーレンカンプは，アメリカおよびヨーロッパにおける1950年代のそれをめぐる公の論争はオートメーションの導入という面での実際とは一致しなかったとしており[21]，その現実的過程の考察が重要である。この時期にはアメリカと日欧の主要各国との間には技術格差がみられたとされているが[22]，第2次大戦後のドイツでは，ひどい破壊，未曾有の資本不足とともに，アメリカがその戦争努力の枠のなかでその経済に取り入れた技術に対する立ち遅れが合理化運動の展開の推進力のひとつであったとされている[23]。それゆえ，この時期にそのキャッチアップのための取り組みがいかに行われたか，それはどのような成果と限界をもっていたかなどの点を明らかにしていくことが重要となる。この点を西ドイツについてみると，戦前のナチス期には，例えば合成繊維や合成ゴムの開発・商品化にさいしてのアメリカに対する立ち遅れや高オクタン価の航空機用ガソリンの開発における米英に対する立ち遅れ[24]などもみられるとはいえ基礎的な技術開発の水準はアメリカと比べてもあまり大き

第 7 章　現代合理化の歴史的展開とその特徴　275

な開きはみられなかったが，第 2 次大戦後になるとアメリカとの技術格差が大きくなっている。それゆえ，戦時中にアメリカが軍事技術を中心に開発を推進するなかで両国の技術の格差がどのように拡大したか，開発された技術をベースに商品化をはかるさいのやり方，ノウハウの面での両国の差異が戦後の展開においてどのような影響をおよぼしたか。戦後の経済発展が大量生産・大量販売・大量消費を基礎にしたものであったがゆえにアメリカのもつ戦前からの大量生産の経験という優位がいかなる影響をおよぼしたか。大量生産型製品の開発・市場化に適したアメリカの技術はそのような経済社会の構造により適合的であったのではないか。こうした点などが検討されねばならないであろう。また主要各国は戦後アメリカからの技術導入を主としてライセンス協定などをとおして推し進めていくことになるが[25]，その場合，どのような技術がいかにして移転・導入されたか，そのプロセスをも含めて具体的にみていくことが重要である。

　また労働組織・管理の領域における合理化についてみると，それがアメリカ的経営方式・管理方式の導入というかたちでもすすめられたという点にひとつの重要な特徴がみられる。この時期のアメリカ的方式の導入に関しては，とくに 1) インダストリアル・エンジニアリング (IE)，2) ヒューマン・リレーションズ，3) 経営者教育，4) マーケティングなどがあげられる[26]。またこの時期に合理化のモデルとされたアメリカ的経営方式のいまひとつの重要な方策としてフォード・システムにみられる大量生産方式があった。アメリカ的方式の導入にあたっては各国の生産性本部も役割を果たしており，それらの機関は，「当初は，アメリカ向け視察団の派遣と，アメリカ人専門家の招待を主としたが，それが終わった後にはアメリカの生産性方式を国内に普及する努力を展開した」[27]とされている。それゆえ，これらの諸方策が主要各国において，また各産業においてどのように導入され，実施されたか，その現実的過程の考察をとおしてこの時期の合理化の実態と意義を明らかにしていくことが重要な課題となる[28]。

　この時期の生産性向上運動は戦後の主要資本主義国の経済再建という課題を担って推進されたがゆえに，合理化の展開が主要基幹産業を中心に全産業的次元で課題とされたが，実際に合理化が強力に取り組まれたのはどの産業部門で

あったのか，現実の現象面はスローガン化した「合理化運動」ないし「生産性向上運動」という用語からイメージされるものと一致した展開となっていたのか。こうした点を企業レベルにおける合理化の取り組みを具体的にみていくなかで検証することが必要である。

　この時期の生産性向上運動というかたちでの合理化の組織的取り組みにおける課題・目標はいうまでもなく戦後の疲弊した日欧の主要資本主義各国の経済再建にあったが，この点に関するひとつの重要な問題は，大量生産・大量販売・大量消費型の現代的な経済社会の構造の確立において生産性向上運動がいかなる役割を果たしたかという点である。これまでの章でもみたように，20世紀を代表するそのような経済社会の構造は，自動車のような耐久消費財の大量生産による関連する多くの産業への需要の創出をとおして広く国民経済全般に大量生産が貫徹し，その経済効果が拡大していくなかで大量生産体制が確立していくことによって形成されてきた。それゆえ，そのような大量生産体制という点に関して，1950年代を中心とする生産性向上運動においてとくに自動車産業，電機産業の大量生産がどのような進展をみたか，またそれを核とした国民経済レベルでの大量生産の進展はどうであったか，国によってどのような差異がみられるかといった点や，大量生産を可能にする国内市場基盤が各国においてどのように整備されたかという点が問題となってくるであろう。

　この点に関しては，アメリカは消費財革命の進展において先駆者的な役割を果たしたが，同国の発展の注目すべきひとつの点は――テレビを除いて――すべてのフォディズム的なモデル製品がすでに両大戦間期に大量の普及をみたということにあり，第2次大戦後あらゆる「耐久消費財」の装備の度合いは一層すすみ，1960年には，テレビを含むすべてのフォード的な大量消費財において飽和状態に達したとされている。これに対して，ヨーロッパにおける消費財革命は全般的にかなりの遅れをともなって始まった。そこでは，製品が高ければ高いほどアメリカとのタイムラグが大きくなるが，この単純な原則がとくにアメリカとドイツの間の対比にあてはまるとされている。こうした「消費者ギャップ」の背景はとりわけ，1918年から60年までの期間のアメリカとは極端に異なっていたヨーロッパの経済発展にあった。例えば西ドイツを例に耐久消費財の普及状況をみると，自動車ではアメリカの1920年の水準（住民1,000人当たり乗

用車76.4台）に達するのは60年（同81台）のことであり，洗濯機ではアメリカの26年（その普及率は21%）と38年（同34%）の水準に達するのはそれぞれ58年，63年のことである。また冷蔵庫でもアメリカの34年（同19.2%），41年（同49%）の水準にドイツが達するのはそれぞれ58年，62年のことである[29]。V. ヴィトケによれば，1950-60年の時期がドイツにおける消費財革命の第2の時期（第1の時期は両大戦間期）であり[30]，1950年代への転換が電機産業の発展における新たなエポックを特徴づけたのであり，この部門はとりわけ60年代までの10年間には例外的な成長の推進力（年平均18.5%の生産増大）によって特徴づけられ，生産構造が大量生産の方向へと持続的に変化した長期におよぶ拡張局面に入ったとされている。

　この段階はフォード的な大量生産への構造変革の兆候のもとにあったが[31]，第2次大戦後の繁栄にともないヨーロッパの社会は1950年代および60年代にようやくアメリカに対する立ち遅れを克服することができたとされている。西ドイツは1955年に初めて20年代初頭のアメリカの1人当たりの所得に達したにすぎなかったが，50年代後半になって所得の増大が加速され，耐久消費財への支出ははるかに強力に増大した[32]。そこでは，民間消費は1950年から64年までの間に全体では2.7倍に増加したのに対して，電気消費財の需要および販売は同期間に8.5倍にも増大している[33]。しかし，一般に知られている認識とは反対に，ヨーロッパにおける消費形態の変化は「アメリカの生活様式」の時間的に遅れたコピーを示したのではなく，それゆえ，国の発展のモデルの変種は消費財革命の時間的なすすみぐあいに限定されるものではなく，その内容面にも関係していたとされている。そこでは，自動車のもつ異なる意味が最も顕著であり，アメリカ社会全体の民生用自動車の広範な普及という傾向については，比較の時期を問わずヨーロッパではなんらそれに相当するものがみられなかったが，電気消費財もアメリカにおいてと同じ順序では大量に普及することはなく，製品によって時間的なずれがみられたとされている[34]。それゆえ，1950年代の生産性向上運動の時期に耐久消費財部門の大量生産を基礎にした現代的な大量生産体制がアメリカ以外の主要各国でどの程度実現されることができたか，この点を各国の比較をとおしてみていくなかで，この時期の合理化・合理化運動の歴史的意義を明らかにしていくことが重要となろう。

第3節　1960年代の積極的合理化と大量生産体制の確立

　これまでの考察において，1940年代末から50年代の生産性向上運動についてみてきたが，つぎに1960年代の時期をみることにしよう。この時期は，主要各国の全般的な傾向としてみれば，設備近代化による積極的合理化が強力に推し進められ，大量生産方式の導入が本格的にすすむ時期であるが，同時に自動車のような耐久消費財の大量生産を基礎にして広く国民経済全般に大量生産が貫徹し，大量生産にみあうだけの大量市場が創出・拡大されるなかで大量生産体制が確立され，高度経済成長が本格的に実現されていく時期でもある。大量生産・大量販売・大量消費社会という20世紀型の経済社会とそれを支える資本の再生産構造・社会経済システムの確立はまさに1960年代をとおしてすすんだといえる。

　そこで，そのような大量生産体制を確立する上で主導的役割を果たした自動車の大量生産について簡単にみておくと，主要各国の自動車の生産台数は（表7-1参照），アメリカでは，すでに1929年に乗用車と商用車の生産台数はそれぞれ4,587,000台，771,000台であったものが，50年には6,666,000台，1,337,000台にのぼっている。西ドイツでは，50年には乗用車では219,000台，商用車では82,000台にすぎなかったものが60年にはそれぞれ1,816,000台，238,000台に，70年には3,529,000台，296,000台に増大している。またイギリスでも，50年にはそれぞれ523,000台，261,000台にすぎなかったものが60年には1,353,000台，458,000台に，70年には1,641,000台，458,000台に増大しており，フランスをみても，1950年には乗用車では257,000台，商用車では100,000台にすぎなかったものが60年にはそれぞれ1,116,000台，234,000台に，70年には2,458,000台，292,000台に増大している。日本でも，乗用車と商用車の生産台数は1950年にはそれぞれ1,600台，66,000台にすぎなかったものが60年には165,000台，595,000台に，70年には3,179,000台，2,124,000台に増大している。とくに日本，西ドイツ，フランスでは50年代と同様に60年代の伸びが著しい。また家庭用電気器具の場合でも，例えばテレビの生産台数を1953年，60年，70年についてみると，西ドイツでは41,000台から2,164,000台，さらに2,936,000台へ，イギリスでは1,147,000台から2,141,000台，さらに2,214,000台へと増大しているが，50年

表7-1 主要各国の自動車生産の推移

(単位：1,000台)

		ドイツ[1]	イギリス	フランス	アメリカ	日本
1924	乗用車	47[2][3]	117	48	3,186	
	商業用自動車	15[2][3]	30	56[2]	417	0.2[4]
1929	乗用車	96[3]	182	212	4,587	
	商業用自動車	31[3]	57	42	771	0.4
1938	乗用車	275[3]	341	182	2,001	1.8
	商業用自動車	64[3]	104	45	488	33
1945	乗用車	1.3	17	1.6	69	0.08
	商業用自動車	5.4	122	32	656	3.9
1950	乗用車	219	523	257	6,666	1.6
	商業用自動車	82	261	100	1,337	66
1960	乗用車	1,816	1,353	1,116	6,675	165
	商業用自動車	238	458	234	1,195	595
1970	乗用車	3,529	1,641	2,458	6,457	3,179
	商業用自動車	296	458	292	1,692	2,124
1980	乗用車	3,530	924	3,488	6,376	7,038
	商業用自動車	317	389	505	1,634	4,039
1990	乗用車	4,634	1,296	3,295	6,077	9,948
	商業用自動車	327	270	474	3,703	3,715
2000	乗用車	5,248	1,641	2,880	5,540	8,363
	商業用自動車	308	172	468	7,258	1,782

(注)：1) ドイツの1945～90年は旧西ドイツ，2000年は統一ドイツの数字。
2) 1925年の数値
3) 車台を含む。
4) 1926年の数値

(出所)：*Statistisches Jahrbuch für das Deutsche Reich*, 1928, S.123, 1933, S.129, 1941/42, S.215, *Statistisches Jahrbuch für die Bundesrepublik Deutschland*, 1954, S.237, 1963, S.244, 1972, S.224, 1983, S.193, *Statistisches Jahrbuch für das vereinte Deutschland*, 1991, S.218, 2002, S.213, *Statistisches Jahrbuch für das Ausland*, 1992, S.102, 2002, S.243, *Annual Abstract of Statistics*, 1935-1946, p.158, 1960, p.164, 1971, p.192, 1992, p.171, 2002, p.371, *Statistical Abstract of the United States*, 1930, p.806, 1952, p.981, 1972, p.547, 1992, p.605, 2002, p.645, *Annuaire Statistique de la France*, 1951, p.484, 1961, pp.201-2, 1972, p.261, 1982, p.446, United Nations, *Statistical Yearbook*, 1953, p.243, 1962, p.264, p.266, 1972, pp.318-9, *Automobiltechnische Zeitschrift*, 54. Jg, Nr.2, 1952.2, S.48, Ergebnisse der Produktionserhebungen in der Industrie im Jahre 1925, *Wirtschaft und Statistik*, 7. Jg, Heft 3, 1927.2, S.121, Die deutsche Kraftfahrzeugindustrie in den Jehren 1929 und 1930, *Wirtschaft and Statistik*, 11. Jg, Heft 4, 1932.2, S.130, B.R.Mitchell, *International Historical Statistics:* Europe 1750-2000, 5th ed, Macmillan Reference Ltd, 2003, pp.550-1,『日本統計年鑑』昭和26年，143ページ，昭和37年，170ページ，平成4年，242ページ，平成15年，310ページ，『自動車統計年表』第5集，1957年，1ページ，東洋経済新報社編『昭和産業史』第1巻，東洋経済新聞社，1950年，325ページより作成。

代の伸びが大きく，60年代の10年間には大きな伸びを示してはいない。これに対して，フランスでは59,000台から655,000台，さらに1,511,000台へ，日本では14,000台から3,552,000台，さらに13,641,000台へ大きく増大しているほか，アメリカでも6,779,000台から5,611,000台に減少した後，8,298,000台へと大きく増大しており，60年代の10年間に大きな伸びを示している[35]。

このような大量生産の進展による自動車産業の発展の結果，例えば西ドイツでは，売上額でみた鉱工業全体に占める自動車産業の比重は1950年には3.6%であったものが70年（従業員10人以上の路上運送車両製造企業が対象）には7.7%に上昇している。しかし，それ以上に自動車の大量生産による多くの関連する産業に対する需要創出・拡大効果が大きい点を考慮に入れると，関連する多くの諸産業をも含めた範囲でみることが必要かつ重要である。また自動車と同様に耐久消費財としてこの時期に普及がすすむ家庭電気器具を生産する電機産業の売上額でみた鉱工業全体に占める比率をみても，1950年には3.8%であったものが70年（従業員10人以上の企業が対象）には9.5%に上昇している[36]。1960年代の高度経済成長期に耐久消費財部門の大量生産を核にした大量生産体制が本格的に確立されていった状況をこうした点からもみることができる。

1960年代をとおしてアメリカ以外の主要資本主義国において耐久消費財の普及がすすんだことを例えば西ドイツについてみると，J. ラートカウは，日常生活の根本的な変革がみられるのははやくとも50年代末以降のことであり，そのような変化をもたらしたひとつが耐久消費財の普及であり，自動車，テレビ，洗濯機などを例としてあげている[37]。J. ラインドルも，1950年代および60年代の消費革命において，自動車と同様に電機産業の製品が高度成長をとげた経済奇蹟の諸年度のシンボルとなったとして，洗濯機，冷蔵庫のような家庭用電気器具，ラジオやテレビのような娯楽用電子機器を例としてあげている[38]。またW. ヴィルトは，ドイツの労働者の家計の支出における変化がおこったのは1959年頃のことであり，それは家庭電気器具や休暇のための支出，交通費への支出の急速な増大などにみられ，はるかに多くの家庭が冷蔵庫やテレビ，電気調理器具といった家庭用電気器具を購入するようになるのは58年以降のことであるとしている。統計局による民間家庭の所得と消費の調査が始められ，そのなかで耐久消費財の保有調査が行われるようになるのは1962/63年のことであるが，それは50年代末から60年代初頭の時期に耐久消費財の普及が本格的に始まるという事情によるものであると考え

第7章　現代合理化の歴史的展開とその特徴　281

られる。そのような状況をふまえて，ヴィルトは，50年代末から60年代初頭が戦後の消費の２つの段階を分ける転換点であること(39)，50年代末以降の消費の新しい質はたんに消費の一層の直線的な増大によって特徴づけられるだけではなく，とりわけ選択肢の増加，可能性の多様化，多様なありようによって特徴づけられること，50年代末に始まる消費社会の特徴は平均化ではなく多様性にあることを指摘している(40)。そのような消費社会の変化に関して，歴史的に比較にならないほどの急速な，絶対的・相対的な裕福さの高まりが，労働者も参加した1950年代以降の西ドイツ人の中心的な経験であるとされている(41)。

また自動車のような耐久消費財の大量生産が関連する多くの産業におよぼす需要創出効果，それらの諸産業における大量生産を促進する効果には大きなものがある。この点を例えば鉄鋼業についてみると，銑鉄生産（表7-2参照）では西ドイツでは1950年の9,473,000トンから60年には25,739,000トン，70年には33,627,000トンに増大しており，イギリスでは9,633,000トンから15,763,000トン，さらに17,672,000トンに，フランスでも7,761,000トンから14,145,000トン，さらに19,221,000トンに増大しているが，日本では2,299,000トンから12,341,000トン，さらに69,713,000トンに大きく増大しており，70年の生産高は英独仏３国のそれを大きく上回っている。アメリカでは同期間に66,400,000トンから68,566,000トン，さらに93,470,000トンに増大している。1950年と70年を比較すると各国の生産高は西ドイツでは3.5倍，イギリスでは1.8倍，フランスでは2.5倍，アメリカでは1.4倍に増大しているが，日本では実に30.3倍にも増大している。また粗鋼生産の推移をみても（表7-3参照），西ドイツでは1950年の11,814,000トンから60年には33,428,000トン，70年には45,041,000トンに増大しており，イギリスでは16,293,000トンから24,305,000トン，さらに28,291,000トンに，フランスでも8,652,000トンから17,281,000トン，さらに23,773,000トンに増大しているが，日本では4,839,000トンから22,138,000トン，さらに93,322,000トンに大きく増大しており，70年の生産高は英独仏３国のそれを大きく上回っている。アメリカでは同期間に96,836,000トンから99,282,000トン，さらに131,514,000トンに増大している。1950年と70年を比較すると各国の生産高は西ドイツでは3.8倍，イギリスでは1.7倍，フランスでは2.7倍，アメリカでも1.4倍に増大しているが，日本では19.3倍に増大している。

表7-2 主要各国の銑鉄生産の推移

(単位：1,000トン)

年度	ドイツ[1]	イギリス[2]	フランス[2]	アメリカ[2]	日本[2]
1924	7,833	7,307	7,693	31,405	599
1929	13,240	7,589	10,360	42,614	1,112
1938	18,615[3]	6,761	6,012	21,460	2,677
1945	2,083[4]	7,107	1,197	54,919	1,039
1950	9,473	9,633	7,761	66,400	2,299
1960	25,739	15,763	14,145	68,566	12,341
1970	33,627	17,672	19,221	93,470	69,713
1980	33,873	6,316	19,159	68,700	88,907
1990	30,097	12,463	14,415	54,800	81,361
2000	30,845	10,890	13,622	52,800	81,988

(注)：1) ドイツの1945年～90年は旧西ドイツ，2000年は統一ドイツの数値であり，1938年の数値はフェロマンガンを，1950年以降の数値はフェロアロイを含む。
2) フェロアロイを含む。
3) 東部国境地域を含む。
4) 1946年の数値。

(出所)：*Statistisches Jahrbuch für das Deutsche Reich*, 1928, S.114, 1933, S.106, 1941/42, S.197, *Statistisches Jahrbuch für die Bundesrepublik Deutschland*, 1954, S.233, 1963, S.240, 1972, S.222, 1983, S.191, *Statistisches Jahrbuch für das vereinte Deutschland*, 1991, S.216, *Statistisches Jahrbuch für das Ausland*, 2002, S.242, *Statistical Abstract for the United Kingdom*, 1924-1938, p.316, *Annual Abstract of Statistics*, 1937-1947, p.124, 1960, p.145, 1970, p.172, 1982, p.217, 1992, p.155, 2002, p.361, *Statistical Abstract of the United States*, 1930, pp.755-6, 1947, p.864, 1972, p.664, 1992, p.751, 2002, p.624, *Annuaire Statistique de la France*, 1927, p.171, 1931, p.133, 1951, p.135, 1961, p.192, 1972, p.250, 1982, p.381, 1993, p.562, 2002, p.726, United Nations, *Statistical Yearbook*, 1949-50, p.255,『製鉄業参考資料』第56號，昭和十四年六月調査，16-9ページ，『日本統計年鑑』昭和26年，136ページ，昭和37年，162ページ，平成4年，228ページ，平成15年，300ページより作成。

　自動車や家庭電気器具のような消費財市場の拡大，それらの大量生産の進展がもたらす影響，その意義については化学産業の領域においてもみられる。合成繊維の場合と同様に1950年代および60年代に初めて合成物質（プラスティック）を大量製品にすることのできるだけの革新的な進歩が達成されたが，そのことは，強力な所得の増大，それと結びついた購買力の増大，また大量製品としての電気器具，自動車，航空機の普及の結果としてのみ可能であったとされている[42]。また例えば西ドイツの化学産業が本格的な製品多角化を迎えるのは第2次大戦以降のことに属するが，「それは，西ドイツが大衆消費社会の成熟を迎え，合成繊維，合成樹脂，合成ゴムに代表される化学製品が最終需要に直結してからのことであり[43]」，この点にも大量生産・大量消費の本格的進展と

表7-3 主要各国の粗鋼生産の推移

(単位：1,000トン)

年度	ドイツ[1]	イギリス[2]	フランス	アメリカ[2]	日本
1924	9,569	8,201	6,670	37,932	1,099
1929	15,863	9,636	9,717	56,433	2,294
1938	22,475[3]	10,398	6,221	31,752	6,472
1945	2,555[4]	11,824	1,661	79,702	1,963
1950	11,814	16,293	8,652	96,836	4,839
1960	33,428	24,305	17,281	99,282	22,138
1970	45,041	28,291	23,773	131,514	93,322
1980	43,834	11,277	23,176	111,800	111,395
1990	38,434	17,841	19,015	98,900	110,339
2000	46,376	15,155	20,954	112,200	106,444

(注)：1) ドイツの1945年～90年は旧西ドイツ，2000年は統一ドイツの数値。
2) 鋳造物を含む。
3) 東部国境地域を含む。
4) 1946年の数値。

(出所)：*Statistisches Jahrbuch für das Deutsche Reich*, 1928, S.115, 1933, S.107, 1941/42, S.197, *Statistisches Jahrbuch für die Bundesrepublik Deutschland*, 1954, S.233, 1963, S.240, 1973, S.222, 1983, S.191, *Statistisches Jahrbuch für das vereinte Deutschland*, 1991, S.216, *Statistisches Jahrbuch für das Ausland*, 2002, S.242, *Statistical Abstract for the United Kingdom*, 1924-1938, p.317, *Annual Abstract of Statistics*, 1937-1947, p.125, 1960, p.146, 1970, p.171, 1982, p.217, 1992, p.156, 2002, p.362, *Statistical Abstract of the United States*, 1930, p.756, 1947, p.865, 1972, p.727, 1992, p.751, 2002, p.624, *Annuaire Statistique de la France*, 1927, p.171, 1931, p.133, 1951, p.135, 1961, p.193, 1972, p.250, 1982, p.382, 1993, p.562, 2002, p.726, United Nations, *Statistical Yearbook*, 1949-50, p.257-8,『製鉄業参考資料』第56號，昭和十四年六月調査，20-1ページ，昭和18年，12-3ページ，『日本統計年鑑』昭和26年，136ページ，昭和37年，162ページ，平成4年，228ページ，平成15年，300ページより作成。

いう第2次大戦後のいわば「現代的な」経済発展において消費財市場が果した役割・意義が示されているといえる。そこで，人造繊維・合成繊維の生産高の推移をみると（表7-4参照），西ドイツでは，1938年にはすでに219,000トンであったものが戦後直後には大きく落ち込んだ後，50年には163,000トン，60年には282,000トン，70年には723,000トンに大きく増大している。またイギリスでも50年の168,000トンから60年には269,000トン，70年には599,000トンに大きく増大しているほか，フランスでも50年の84,100トンから60年には164,000トン，70年には256,000トンに増大している。さらに日本をみても，1945年にはわずか12,000トンにすぎなかったものが50年にはレーヨン繊維・アセテート繊維と非セルロース繊維がそれぞれ117,000トン，1,000トンに，60年には434,000トン，118,000トンに，70年には513,000トン，1,028,000トンに大きく増大しており，

表7-4　主要各国の人造繊維・合成繊維の生産の推移

(単位：1,000トン)

年度	ドイツ[1]	イギリス	フランス	アメリカ[2]	日本[2]
1924	10.5	10.0	6.0	17/-	1/-
1929	28.1	21.4	19.0	55/-	12/-
1938	219	61.1	32.9	130/-	245/-
1945	21.8[3)4)]	62.8	22.4[5]	359/13	12/-
1950	163[4]	168	84.1	571/56	117/1
1960	282	269	164	467/307	434/118
1970	723	599	256	623/1,627	513/1,028
1980	879	450	262	366/3,242	432/1,399
1990	116	273	267	229/2,886	276/1,425
2000[6]	780	171	147	3,167	1,308

(注)：1) ドイツの1945年～90年は旧西ドイツ，2000年は統一ドイツの数値。
　　2) アメリカと日本については，レーヨン繊維およびアセテート繊維／非セルロース繊維。
　　3) 1946年の数値。
　　4) 販売用の生産のみのもの。
　　5) アルザス・ロレーヌを除く。
　　6) オレフィンを除く。アクリル，ポリアミドおよびポリエステルなどに基づくもの。

(出所)：B.R.Mitchell, *International Historical Statistics: Europe 1750-2000*, 5th ed, Macmillan Reference Ltd, 2003, pp.534-7, *International Historical Statistics: The Americas 1750-1993*, 4th ed, Macmillan Reference Ltd, 1998, pp.385-6, *International Historical Statistics: Africa, Asia & Oceania 1750-1993*, 3rd, ed, Macmillan Reference Ltd, 1998, pp.463-4, *Statistisches Jahrbuch für das Ausland*, 2002, S.245, *Annual Abstract of Statistics*, 1982, p.221, 1992, p.158より作成。

アメリカの70年のそれぞれ623,000トン，1,627,000トンに接近している。

このように，1960年代には大量生産体制の確立が需要の創出による産業間の大量生産効果の波及というかたちですすみ，産業発展のからみあい・連関がはっきりと出てくることになるが，もちろん戦後の労資の同権化による市場基盤の創出・整備が比較的長期にわたる過程で実現されていった点も重要な意味をもったといえる。この点を主要各国の賃金の推移でみると（表7-5参照），西ドイツでは，1950年を100とすると，55年には143.4，60年には196.7，65年には303.1，70年には429.4まで大きく上昇しており，60年代には50年代以上の伸びを示している。またイギリスでは，1950年を100とすると，55年には148.1，60年には194.1，65年には257.8，70年には369.7となっており，フランスでは，55年には174.5，60年には260，65年には377.3，70年には576.8となっており50年代・60年代をとおして大きく上昇している。さらに日本をみても，1950年を

表7-5 主要各国の賃金の推移（1950年＝100としたときの指数）

年度	西ドイツ	イギリス	フランス	アメリカ	日本
1950	100	100	100	100	100
1955	143.4	148.1	174.5	129.0	183.0
1960	196.7	194.1	260.0	153.2	247.8
1965	303.1	257.8	377.3	181.2	401.0
1970	429.4	369.7	576.8	225.4	797.2

(注)：西ドイツについては工業の週給総額（ただし1950年と55年についてはザールを除く），イギリスについては全製造業の10月における成人男性（21才以上）の平均週所得，フランスについては平均時間賃金，アメリカについては，製造業の生産労働者の平均週賃金，日本については製造業の平均月収（ただし1955年以降は従業員30人以上の事業所が対象）。

(出所)：*Statistisches Jahrbuch für die Bundesrepublik Deutschland*, 1973, S.469, *Annual Abstract of Statistics*, 1960, p.123, 1963, p.123, 1972, p.149, *Statistical Abstract of the United States*, 1961, p.219, 1973, p.241, *Annuaire Statistique de la France*, 1966, p.428, 1970/71, p.550, 1972, p.536『日本統計年鑑』昭和27年，284-5ページ，『労働統計年報』昭和31年，102-3ページ，昭和35年，80-1ページ，昭和41年，52-3ページ，昭和47年，66-7ページより作成。

100とした指数は55年には183，60年には247.8，65年には401，70年には797.2となっており，60年代には50年代を大きく上回る伸びを示している。これに対して，アメリカでは，1950年を100とした指数は55年には129，60年には153.2，70年には225.4となっており，日英独仏の4国と比べると上昇率は低くなっている。このように，第2次大戦前とは大きく異なり，アメリカ以外のこれら4国をみても，1950年代，さらに60年代に大量生産・大量販売・大量消費型の経済社会が確立していく上での市場基盤が形成され，整備されていったことが窺われる[44]。

主要資本主義国における大量生産体制の確立をめぐっては，1960年代の本格的な高度経済成長の時期をつうじて主要各国の生産力と市場においてどのような発展・変化がもたらされたか，この点を基幹産業について具体的にみていくことが重要である。全般的にみれば，1960年代末から70年代初頭にかけての時期には，主要資本主義国全体でみた生産力と市場との関係では，生産能力が過剰となっていく傾向にあり，そのことが70年代の資本主義の構造変化をもたらす内的要因となっていたと考えられる。ただその場合にも，70年代に構造不況業種となる鉄鋼，化学，造船などの産業部門のなかでも各産業の間にどのよう

な差異がみられるかという点の検討や，これらの産業部門と自動車産業や電機産業のような加工組立産業，とくにそのなかの消費財部門との市場条件の比較が重要である。

　市場条件の問題に関してはまた，主要各国の国内市場だけでなく輸出市場における構造をみることが重要である。一般的にヨーロッパの各国，ことに西ドイツは欧州，とくにEC（EEC）域内の貿易の比率が高く，アメリカへの依存度はそれだけ低いのに対して，日本はアメリカへの輸出依存度が高い。そのことがこの時期およびその後の日本とヨーロッパの主要各国の企業の経営行動や産業発展，経済発展においてどのような差異をもたらすことになったか，そのような市場構造のありようは産業によってどのように異なっているのか，こうした点を国際間，産業間の比較をとおしてみていくことが重要となる。またイギリスとフランスについては，戦後植民地市場を喪失していくなかでとくに鉄鋼業のような部門においてそうした影響がどのように現れてくるかという点を含めて，この時期の市場の条件の変化をみておくことが重要である。

　さらにこの時期の合理化の特徴のひとつである設備近代化による積極的合理化の推進に関しては，例えば西ドイツでは，19世紀から20世紀への世紀転換期に始まり，1920年代および30年代にその最初の頂点に達した合理化と技術革新のサイクルは，50年代には広範囲におよぶ効果をもって普及しはじめ，60年代にそのブレークスルーを経験したとされている[45]。1960年代の主要各国の代表的な基幹産業における生産技術の発展と設備近代化の現実的過程を具体的にみていくなかでこの時期の生産力の発展・変化を明らかにしていくことが重要である。

　このように，1960年代は主要資本主義国における大量生産体制の確立とそれを基礎にした高度経済成長の実現の時期であり，それゆえ，基本的には，産業による資本蓄積条件の差異があまりみられなかったが，そうした状況は70年代には大きく異なってくる。またそのような状況にも規定されて60年代には特定の産業に対する国家の強い関与，支援もとくにみられないが，70年代の資本主義の構造変化の時期にはこの点においても大きな変化がみられるようになってくる。それゆえ，つぎに，1970年代の資本主義の構造的変化のもとで合理化の課題がどのように変化し，実際にどのような合理化が推進されたかについてみ

第4節　1970年代の減量合理化の推進とME合理化のはじまり

　1970年代初頭以降の時期は，資本主義経済が高度成長から低成長へと移行していく時期であるが，この時期の合理化において，60年代の本格的な高度成長の時期とは大きく異なり，いわゆる「減量経営」と呼ばれるように，過剰生産能力の整理と人員削減を中心とする「消極的合理化」が取り組まれることになる。その重要な規定要因，社会経済的背景としてはドルショックとオイルショックによってもたらされた70年代の経済の構造的変化があげられるが，上述したように，そればかりでなく，高度成長期をつうじての過剰生産能力の形成の傾向がみられたことが根底にあるといえる。

　　例えば**西ドイツ**についてみると，出水宏一氏は，1)「生産単位当りの原料投入比率の低下は，一九五〇～六八年の全期間を通じて現われているのに対し，労働手段投入率の低下は一九五五年までで終わり，以後上昇に転じ，六三年には五〇年水準を超える」こと，2) 1951-58年には生産が技術的構成より速やかに上昇したのに対し，1959-67年にはそれが逆転し，資本効率の悪化をもたらしたこと，3) こうした過程は再生産行程の「内包的強化」と呼ばれるものであり，主として1950年代末に顕著にみられた「外延的拡大」と対照的関係にあり，これらの諸要因の総合的効果によって，60年代以降の設備能力の相対的過剰が生み出されたことを指摘されている。その上で同氏は，「就業者数の停滞と労働手段装備率の上昇は，七〇年代に入っても，景気変動の波を経ながら依然として貫徹しており，市場吸収力に対する相対的な設備過剰という基本的条件を作りあげている」とされている[46]。

　また**日本**についてみると，例えば増田壽男氏は，高度成長期の生産力拡大と市場の問題について，1960年代の輸出の大幅な拡大によって貿易収支の黒字基調への転換がみられたがその意味するところは決定的に重要であるとしてつぎのように指摘されている。すなわち，「六五年の大型不況からの回復が大幅な財政出動と輸出に支えられ，それを基礎に設備投資が再開され景気が回復したのであるが」，そのことは国内市場の拡大が基礎となっていた1955～62年の第Ⅰ期高度成長期とは異なり，「国内市場の第Ⅰ部門の内的循環だけではすでに高度成長が不可能であ

ることを示している」とした上で,「このことは国内での恒常的な生産力・設備過剰基調の定着のもとで,当初から輸出の継続的な拡大が必要不可欠になっていることを意味する」とされている[47]。また同氏は,重化学工業確立の意義として,日本の重化学工業はその再生産の流れが大きくが3本の系列,すなわち1)「金属から機械へと流れる原材料から加工への系列」,2)「石油精製・化学・繊維および化学加工への系列」,3)「金属から窯業土石・建設へと流れる系列」から構成されており,「そして金属・機械系列,金属・建設系列のいずれもが大きく固定資本形成に連なっている」とした上で,「このことは,わが国の重化学工業に占める鉄鋼業の比重の大きさと,機械工業が民間消費に依存する部分が少ないこと,建設の比重が高いという特徴を示している」と指摘されている。「このような生産力構成は,わが国の再生産構造に個人消費に比して国内民間固定資本形成を極めて肥大化させ,生産力・設備過剰の問題をより深刻化させた」とされている[48]。こうして,「一九五五年から七〇年まで継続した高度成長によって日本経済は生産設備の恒常的な過剰に見舞われることになった」とされている[49]。

そのような過剰生産能力の創出・蓄積傾向は,1960年代の主要各国での重化学工業化の一層の進展にともなうこれらの産業での生産力拡大によってすすみ,70年代の資本主義の条件（蓄積条件）の変化のもとで顕在化していくことになる。この点に関しては,とくに日本やフランスなど戦前にはアメリカやドイツほどには重化学工業の高度な発展がみられなかった国でも重化学工業の急速な発展がみられたことによって,各国レベルだけでなく,主要資本主義国全体でみても生産能力の過剰化がすすむという傾向がみられる。それゆえ,一国レベルではなく主要資本主義国全体でみた場合の生産力と市場の関係を代表的な基幹産業部門についてみることが必要である。

この点を例えば鉄鋼業についてみると,銑鉄生産では（前掲表7-2参照）,日米英独仏（ドイツは旧西ドイツ）の5カ国の合計でみた生産高は,1950-60年の期間には42.9％の増大,60-70年の期間には71.1％の増大となっているのに対して,70-80年の期間には7.2％の減少を示している。粗鋼生産でも（前掲表7-3参照）,50-60年には41.9％,60-70年には63.9％の増大を示しているのに対して,70-80年の10年間では6.4％の減少となっている。また世界の鋼市場に占める割合をみても,アメリカ,イギリス,ドイツ,フランス,日本,ベルギー,ルクセンブルク,オーストリア,スウェーデン,イタリア,オランダの各国の合計

の割合は，1950年には75.7％であったものが70年には60.8％，80年には51.7％にまで大きく低下している。日米英独仏5カ国の占める割合では同期間に69.6％から52.3％，さらに43.7％に低下しており[50]，70年から80年までの10年間にその市場占有率を大きく低下させている。これに対して，人造繊維・合成繊維では（前掲表7-4参照），同じくこれら5カ国の合計でみた生産高は1950-60年の期間には75.9％の増大，60-70年の期間には163％の増大となっているのに対して70-80年の期間には30.9％の増大にとどまってはいるが，銑鉄や粗鋼の生産の場合とは異なり，70年代にもなお大きな増大を示している。また自動車についてみても（前掲表7-1参照），これら5カ国の乗用車の生産台数は，1950-60年の期間には45.1％の増大，60-70年の期間には55.2％の増大となっているのに対して70-80年の期間には23.7％の増大にとどまってはいるが，やはり銑鉄や粗鋼の生産の場合とは状況は異なっている。それゆえ，鉄鋼業のような70年代の構造不況業種における過剰生産能力の形成のプロセス，メカニズムの特殊性，その規定要因を解明することが重要であり，産業間の比較によって，また同一産業内の事業分野・製品分野の比較を行うなかで，生産能力の過剰化の実態とそれに規定された70年代の減量合理化＝「消極的合理化」のあり方にみられる差異を明らかにしていくことが重要となる。

　1970年代のこのような生産の推移にみられる産業間の差異の問題に関しては，60年代末から70年代初頭の時期に市場の飽和化がどの程度すすんだか，潜在需要のありようはどうであったか，この点を70年代の構造不況業種であり素材産業でもある鉄鋼業，化学産業や造船業などの諸部門と自動車産業，電機産業のような代表的な加工組立産業との比較をとおして把握することが重要である。ただし電機産業と化学産業の場合には，製品部門間による差異をも考慮に入れてみていく必要がある。こうした市場の条件は1970年代の両産業グループの資本蓄積条件の差異を規定する重要な要因のひとつとなっており，両産業グループの合理化課題とそれに規定された実際の合理化の展開，経営行動の差異を規定することにもなったといえる。それに関してはつぎの点が重要である。

　まず第1に，市場の条件に関して，電機産業，とくに家庭用電気器具部門や自動車産業では，60年代末から70年代初頭にかけての時期にもなお潜在需要が素材産業と比べ存在していたと考えられるということである。アメリカ以外の

主要各国では，70年代になって企業の発展，産業の発展とタイムラグをともなって国民生活の水準が上昇し，豊かになっていくなかで，上述の構造不況業種とは異なり，自動車，家庭用電気器具といった耐久消費財部門では70年代にもなお潜在需要が一定存在していたのではないかということである。この点に関しては，因みに1975年末の旧西ドイツにおける耐久消費財の普及率に関するある調査によれば，中位所得層と低位所得層の世帯との間で差がみられ，ことに乗用車では中位所得層の世帯での普及率は74.3％にのぼっているのに対して，低位所得層の世帯ではわずか5.7％にすぎず，低位所得層世帯に関してはなお大きな初期需要が存在していたといえる。また例えばカラーテレビや自動食器洗い機のように中位所得層（所有世帯比率はそれぞれ29.3％，9.5％）のみならず高所得層の世帯（同31.6％，39.5％）でも普及率の低い製品もみられ[51]，その意味では潜在需要がなお少なからず存在していたといえる。さらに同一製品種のなかのより上級のグレードの仕様への需要シフトの問題，自動車の場合にはより上級クラスへの代替需要や1世帯1台から2台への外延的拡大による需要の拡大の可能性がみられたことなども重要である。電機産業の場合には製品部門間での市場の飽和化の程度の差異の問題，新種製品部門の開拓による需要の創出・拡大の余地が比較的大きいこと（例えばVTRなど），同種製品のなかのより新しい機能をもつ製品の開発，市場へのその投入による需要創出[52]などが70年代の市場拡大・開拓の可能性を規定していたという面がみられる。また耐久消費財部門のなかでも家電製品ともともと単価の高い自動車との間にみられる差異の問題などを考慮に入れてみていくことも必要かつ重要である。また耐久消費財部門では，主要先進資本主義国内の市場だけでなく，これら以外の諸国においても潜在需要の可能性が大きく，輸出増進の可能性が比較的大きかったということも考えられる。

　第2に，同じく市場の条件に関してであるが，加工組立産業のなかでも電機産業のひとつの中心的部門である家庭用電気器具や自動車は消費財であるために多品種多仕様生産化による需要創出の潜在的可能性が上述の構造不況業種と比べても大きく，そのような市場特性，製品特性に規定された産業特性ゆえに，これらの加工組立産業では，多品種多仕様生産化という経営展開によって経営環境の変化により柔軟に適応することができたという点がある。

第3に，そのような市場条件の差異による資本蓄積条件の相違にも規定されて，過剰生産能力の整理と人員削減を柱とする減量合理化のあり方は産業グループの間で大きな差異がみられるという点である。鉄鋼，化学，造船といった構造不況業種では70年代にそのような合理化が緊急かつ重要な課題となってのに対して，加工組立産業では減量合理化＝「消極的合理化」があまり問題にならなかったという傾向にある。

第4に，生産力的側面では，ME技術を基礎にした合理化の展開のための条件とそのような合理化が生産の効率性，経営の効率性を高めうる条件は，加工組立産業では，そこでの主要工程が加工と組み立てであるという生産過程の特性に規定されて，素材産業である鉄鋼業や化学産業と比べても有利なものであったという点である。これらの点は，加工組立産業においてこの時期に減量経営を柱とする合理化が徹底して推進されるというよりはむしろ新技術（ME技術）を基礎にした合理化が取り組まれ，その後の1980年代に本格的展開をみることになる重要な一要因となったといえる。

このように，1950年代・60年代をとおしての耐久消費財の普及のありようが自動車産業や電機産業における鉄鋼業，化学産業，造船業などの構造不況業種と比べての70年代の有利な条件を一面において規定することになったといえる。しかしまた，両産業グループの間にみられるこのような資本蓄積条件の差異とともに，それに規定された合理化課題と実際の合理化の展開の差異は，産業と国家との関係，産業の国家への依存の度合いを規定することにもなったといえる。鉄鋼，化学，造船などの構造不況業種では，1970年代に過剰生産能力の整理と人員削減を柱とする産業再編成が国家の主導によって産業政策として促進され，企業集中による再編成というかたちでも推進されたという点に重要な特徴がみられるが，産業と国家との関係，国家への依存の度合いは加工組立産業の場合とは大きく異なっている。それゆえ，構造不況業種を中心とする産業再編成をめざした合理化の推進において国家が果たした役割，そのような合理化の実際の展開とその意義を明らかにしていくことが重要となる。また加工組立産業に関しては，例えば日本でもみられるように，国家とのかかわり，国家への依存が比較的弱い産業であることについて，資本蓄積条件それ自体の問題とともに，ME技術を基礎にした合理化やフレキシブルな多品種多仕様大量

生産システムの展開などによる新たな経営環境への適応という面での経営行動のあり方との関連をもふまえて明らかにすることも重要となってくる。

　それゆえ，鉄鋼，化学，造船などの構造不況業種については，1970年代初頭以降の低成長期の産業再編成と企業経営の再編過程の実態の把握とそこでの国家の関与のあり方，特徴の解明が重要な課題となる。そのさい，各国にみられる，また産業間にみられる「全般的一般性」と「個別的特殊性」を明らかにすることが重要である。ことに鉄鋼業については，例えばつぎにあげるような点の比較をとおして各国の「個別的特殊性」とそれを規定している諸要因を明らかにしていくことが重要である。すなわち，1960-70年に著しい生産増大がみられるだけでなく70-80年の10年間にもさらに生産増大がみられ世界の生産と販売に占める割合を大きく上昇させた日本（世界の鋼市場に占める割合は50年の2.6％から60年には6.4％，70年には15.8％に上昇）と戦後世界市場に占める割合を大きく低下させたアメリカ（50年の46.3％から60年には26.1％，70年には20.1％，80年には17.3％に低下）との比較。また世界の鋼市場に占める割合が70年から80年までの10年間に4.8％からわずか1.6％にまで落ち込んでいるイギリスのような後退の著しい国とイギリスほどではないが70年代の10年間にその割合が低下しているドイツ（7.6％から6.1％に低下）やフランス（4.0％から3.2％に低下）[53]との比較。さらに減量合理化の推進にさいして国家が果たした役割の比較などである。

第5節　1980年代の加工組立産業におけるME合理化の本格的展開

　以上の考察において，1970年代の構造不況業種を中心とする減量合理化と加工組立産業におけるME合理化の始まりについてみてきたが，つぎに80年代についてみることにしよう。この時期は，加工組立産業を中心とするME技術を基礎にした大量生産システムの再編が本格的に推し進められていく時期であるが，欧米諸国では主としてME技術に依拠した生産システムの構築，展開が推し進められたのに対して，日本の場合には，多品種・多仕様大量生産をフレキシブル生産として展開しうる大量生産システムへの再編，総合的にバランスのとれた生産のシステム化に重点がおかれている点にひとつの重要な特徴がみら

れる。ME技術の利用を超える生産の総合的なシステム化によって，日本は欧米のME技術に依拠した生産システムに対する優位性を確保することができたのであり，とくに自動車産業において顕著にみられたように，この時期にはそのような日本的生産システムの優位が国際競争力の格差というかたちで現れ，欧米企業の競争力の低下がみられた。

　こうして，戦後の高度成長期には主要資本主義国において「労資の同権化」が確立していくなかで市場条件の平準化がすすみ，それに支えられて生産力構造の均質化がすすむことになったが，70年代以降の時期には市場の平準化・均質化という傾向は基本的には変化しなかったのに対して，とくに加工組立産業を中心的な舞台とする日本的生産システムの展開によって生産力基盤の均質化がくずれることになる。そのような生産力基盤における差異がこの時期の日本と欧米との国際競争力の差異を生むことにもなったといえる。乗用車の生産台数をみると，アメリカでは1970年には6,457,000台であったものが80年には6,376,000台，90年には6,077,000台となっており，フランスでは同期間に2,458,000台，3,488,000台，3,295,000台となっているのに対して，西ドイツでは70年とほぼ同じ台数であった80年から90年までの10年間に353万台から4,634,000台に増大しており，31.3％の増加率を示している。しかし，日本の生産台数は70年の3,179,000台から80年には7,038,000台へと大きく増大した後も，90年には9,948,000台（80年比41.3％増）にまで伸びており，アメリカのそれを大きく上回っている（前掲表7-1参照）。こうした点にも，日本的生産システムの展開による各国の生産力基盤における差異がこの時期の国際競争力の格差を生む重要な要因となったことが示されているといえる。

　このような加工組立産業を中心とするME合理化，大量生産システムの再編の問題をめぐっては，すでにみたように，もともと加工組立産業は，ME技術を利用した合理化の有効性が高い産業であるという点が重要である。この産業の類型は，ME技術が生産技術として最も有効な産業であり，ME技術によって機械設備の「自動化」と「汎用性」を一定両立しうることがとくに多品種多仕様大量生産を経済的に成り立たせる上で大きな意味をもった。また製品間の需要の変動に対する生産のフレキシビリティをある程度確保することによって需給調整能力を高め，操業度を引き上げることが可能となり，そうした「範囲

の経済」によって「規模の経済」の実現を補完することができた。日本の加工組立産業はフレキシブルな多品種・多仕様大量生産システムを構築することによって国際競争力の強化のための方策をつくりあげることができたのであり，その結果，70年代の構造不況業種とは異なり，国家への依存，かかわりも相対的に弱いものとなる条件が形成されたといえる。

また電機産業ではME技術の導入は自動車産業よりはやく1970年代にも一定の進展がみられ，80年代に本格的展開をみるが，自動車産業と電機産業との間にどのような相違がみられるかという点や，電機産業については，多くの製品部門のなかでそのような合理化にはどのような差異がみられるか，それを規定する諸要因はなにかといった問題を明らかにしていくことが重要となる。さらにこの時期は電機産業における電子産業への展開の一層の進展，電子産業の急速な発展がみられる時期であるが，そのことに関して，日米欧にみられる差異の問題や日米に対する欧州諸国の立ち遅れ，競争力の低さの問題[54]などを具体的に考察し，加工組立産業におけるME合理化の内実とこれらの産業の発展，国民経済の発展におけるその役割を明らかにしていくことが重要となるであろう。

しかしまた，例えば1970年代の構造不況業種である鉄鋼業においても，1980年から90年までの時期に連続鋳造化率が日本では59.5％から93.9％に，アメリカでは20.3％から67.4％に，ドイツでは41.4％から84.9％に，フランスでは41.3％から94.3％に，イギリスでは27.1％から83.5％に大きく上昇している点にもみられるように[55]，80年代をとおして設備近代化が比較的強力に推し進められた面もみられる。こうした点もふくめて，ME合理化が推進された中心的部門である加工組立産業との比較においてこの時期の主要産業における合理化の展開，企業経営の変化を具体的にみていくことが必要となる。

第6節 1990年代以降のリストラクチュアリング的合理化とIT合理化

これまでの考察をふまえて，つぎに1990年代以降今日までの合理化の主要問題についてみていくことにしよう。この時期の合理化の特徴としては，つぎの点をあげることができる。すなわち，1）「リストラクチュアリング的合理化」

がそれまで以上に強力に推し進められてきている点。2) 近年の情報技術の急速な発展を基礎にしたいわゆる「IT合理化」が強力に取り組まれていること。3) また合理化が全産業的な広がりをもって展開されてきていること。4) そのような合理化の展開にあたり合併，提携，持株会社，合弁など多様な企業結合形態が利用されている点。5) 1980年代末までの時期の生産部門を中心とする合理化とは異なり，管理部門の合理化も一層本格的に推し進められており，情報技術の発展がホワイトカラー労働の合理化の本格的推進の技術的可能性を与えるなかでそのような合理化の推進の大きな契機となっている点。4)に関しては，企業の事業構造全体のレベルでの2社以上の結合がなされる場合には一般に「経営統合」と呼ばれているのに対して，企業の特定の事業領域や製品領域，職能領域など部分的な範囲での結合の場合には「事業統合」と呼ばれているが，その場合の企業結合形態としては企業合同＝合併は適合的ではないために，提携や持株会社方式が利用されるという点が今日的特徴である。そのいずれの場合でも，リストラクチュアリング的合理化を個別企業を超えたレベルでより徹底したかたちで推進するための手段としてそのような多様な企業結合形態による統合が行われる場合が多くみられる。それゆえ，以下では，リストラクチュアリング的合理化とIT合理化について取り上げ，その主要問題，特徴を明らかにするとともに，検討すべき研究課題を明らかにしていくことにしよう。

1　リストラクチュアリング的合理化とその主要問題

まずリストラクチュアリング的合理化についてみると，それはIT革命とグローバリゼーションの進展のもとでの「大競争」時代における合理化のひとつの典型的な方策として推進されているが，構造不況業種，日本の場合でいえばとくに鉄鋼，建設，金融（ことに銀行），流通などの諸部門ではそのような合理化の徹底した取り組みが重要かつ緊急の経営課題とされてきた。合理化の全産業的な広がりはとくにこのリストラクチュアリング的合理化についていえる。アメリカでは1980年代の第4次企業集中運動の過程でM＆A＆D，すなわち合併・買収だけでなく事業分割が取り組まれるなかでリストラクチュアリング（事業の再構築）が推し進められ，90年代にもそのような合理化が継続して行わ

れた。これに対して，日本では80年代はもとより「失われた10年」と呼ばれる90年代になってからもそれが必ずしも本格的に展開されてはこなかった。そのことが日本において今日もなおリストラクチュアリング的合理化が多くの産業，企業にとって重要な課題となっている大きな理由でもある。そこでは，フルセット型産業構造のもとで，とくに建設や公共土木を中心とする大型の就業基盤の沈滞によって就業構造にも大きな制約を与えているだけでなく，企業集中による再編があまり行われないで寡占的独占体制がほぼそのまま維持され，とくに建設業のような今日の構造不況業種における80年代以降の公共投資の拡大などによる国家依存構造の強まりのもとでそれまでの資本蓄積構造を温存する結果となってきた。また80年代後半のいわゆる「バブル経済」の時期にカネ余り現象と地価や株価の高騰を背景にして今日の構造不況業種の企業への銀行からの貸付も一層増大傾向を示し，借入金への過度の依存体質を一層強めることになった。しかし，「バブル経済」の破綻後そのような借入金が巨額の不良債権となって金融機関の経営を圧迫し，金融システムを混乱に陥れるとともに，中小企業をはじめとする多くの企業にとっての資金調達の隘路を形成していることなどが今日の構造的な不況のひとつの大きな原因をつくっているともいえる。

　そこで，リストラクチュアリング的合理化の内容をみると，大きく，1）過剰生産能力の整理と製品別生産の集中・専門化の推進，2）多角化した事業構造の見直しとしての「選択と集中」による事業構造の再編成，3）ある事業領域内の特定の事業分野への集中化（経営資源の集中），4）特定製品部門における多様な製品群のなかでの自社の強みのある製品分野へのしぼり込み・重点化，5）人員削減の実施，の5点にみることができる。ただ2)については，今日の大企業は子会社や合弁企業の設立，資本参加などをとおして多くの事業領域への多角化を展開しており，それゆえ，大企業単体としてだけでなく企業グループとしてみることが必要かつ重要となってくる。また多角化した事業構造の見直しとしての「選択と集中」が行われたとしても，その企業のコンツェルン＝企業グループ内の別会社への分社化というかたちで行われ，コンツェルン内における組み替えにとどまる場合も多く，そのような場合の分離は純粋な意味での撤退ではなく，そうした経営現象をいかにみるかが重要な問題となる。

今日のリストラクチュアリング的合理化が一般にこれらの内容をもって展開されているといっても，そのありようは産業によっても，また同一産業内の企業によっても異なっている面が多くみられる。それゆえ，主要産業においてどのようなリストラクチュアリング的合理化が展開されているか，この点について，産業別比較の視点からみるとともに，企業間の比較の視点をも考慮に入れてみていくことが必要かつ重要である。そこでは，各産業・企業の多角的事業構造の差異に規定されたリストラクチュアリング的合理化のあり方がひとつの重要な問題となるが，合理化の問題をみる上でなによりも重要な点は，各産業によって，また同一産業内でも企業によって資本蓄積条件は均一ではなく，したがって，合理化の内容や展開のされ方も異なってくるということである。そのような差異は，産業発展のあり方の相違によって，また企業の発展の相違，すなわち企業の歴史的過程において構築されてきた競争力の相違によって規定されるところが大きいといえる。それゆえ，多くの事例を考察するなかで「全般的一般性」(一般的傾向性)と各産業にみられる「個別的特殊性」を，また特定の産業を前提に考えた場合には，その産業にみられる「全般的一般性」とその産業のなかの各企業にみられる「個別的特殊性」を明らかにしていくことが重要となる。そこで，以下では，代表的な産業部門を取り上げてみていくことにする。

銀行業について——まず銀行業についてみると，日本では，いわゆる「バブル経済」崩壊後の不良債権の著しい増大のもとで，またそれにともなう自己資本比率の低下のもとで，企業合同（合併）や持株会社方式での統合など企業結合形態を利用しての同一地域における重複店舗の整理や大規模な人員削減，経営資源の集中配分などが課題とされ，取り組まれてきたが，なかには公的資金の注入による資本増強のもとで経営再建がすすめられている企業もみられることが特徴的である。

店舗の閉鎖・統廃合では，大手銀行は2002年4月から9月までの半年間で国内店舗を146店減らしたが，2005年3月までに17％にあたる460店をさらに減らす計画とされてきた。ただそうした店舗削減の状況を例えば2002年4月から9月までの期間をみても，三井トラスト，UFJ，りそなでは合併や経営統合によ

って重複店舗を再編したため店舗数の減少が目立ち(56)，三井住友では23店，UFJでは39店の減少となっているのに対して，みずほでは，みずほ銀行の発足時に統合した15店を加えても18店にとどまるなど(57)，企業間での差異がみられる。その後の動きをみると，三井トラストは2003年3月末までに支店数を72に削減するリストラクチャリングをすすめたが，2005年度末までに傘下の三井信託銀行の7支店を減らし65店とする計画を打ち出している(58)。UFJでも店舗のネットワークの見直し，銀行・信託・証券の共同店舗化やグループベースでの店舗数の削減が課題としてあげられている(59)。りそなでも2005年3月までに2001年3月末比で200店を超える店舗の削減が計画され，その取り組みがすすめられてきた(60)。さらに2003年10月末の経営健全化計画では，店舗数を2005年3月末で495店とし，それまでの計画よりも20店多く減らすことが決定された(61)。みずほグループでは，みずほ銀行，みずほコーポレート銀行，みずほアセット信託銀行，みずほインベスターズ証券の共同店舗化が積極的に推進されているほか，共同店舗化も含め，104の国内支店，6の海外拠点の削減がすすめられている(62)。また三菱東京フィナンシャル・グループでも共同店舗化が推進されているほか，その傘下の東京三菱銀行では店舗の統廃合が取り組まれている(63)。三井住友銀行では2001年度には国内の14の支店，11の出張所が廃止されたほか，海外の2つの出張所，1つの駐在員事務所が廃止されているが，2002年3月期の同社の『有価証券報告書総覧』でも，合併による重複店舗の統合の早期の実施や店舗ネットワーク戦略の見直しが対処すべき重要な課題のひとつとされている。しかし重複店舗の統合は2002年度中に完了に近づいており(64)，他の銀行と比べると店舗の統廃合による合理化は比較的はやくすすんでいる。

　また人員削減をみても，例えば大手銀行は2002年9月までの半年間で1,818人の人員削減を行ってきたが，さらに2005年3月までの2年半で15％超の2万人強を削減することが計画されてきた(65)。例えばみずほフィナンシャルグループは，2002年3月末には3万人いた従業員を1年間で1,150人削減しており，さらに2005年3月末までに4,000人減らし，第一勧業銀行，富士銀行，日本興業銀行の統合前の7割以下に抑えることが計画されてきた(66)。また三井トラストも2003年3月末までに従業員数を約6,000人に削減するリストラクチャリン

グをすすめ，経費率（業務粗利益に占める経費の割合）を前期比 6 ％改善させ 44.1％としたが[67]，2007年度末までに従来計画よりも削減人数を500人超上乗せし，最終的に4,500人体制とする経営合理化策を2003年 8 月に打ち出している[68]。りそなグループでも，2002年 9 月期の『有価証券報告書総覧』によれば，店舗の統廃合にともなう営業店の人員の削減と本部機能のりそなホールディングスへの集約にともなう本部人員の削減によって，2006年 3 月までに2001年 3 月末比で5,000人を超える人員削減が計画されている[69]。しかし，2003年秋の経営健全化計画では，2005年 3 月までの集中再生期間に同グループの従業員数を2003年 3 月末の19,000人から15,000人に削減するとされ，2007年 3 月末に予定していた目標を 2 年前倒しで達成することが打ち出されており，900億円もの経費削減が目標とされている[70]。リストラクチュアリング的合理化として人員削減とともに重視されているのが給与の引き下げによる人件費の削減であり，例えばりそなグループの2003年 5 月の経営健全化計画では，年収の 3 割引き下げ，退職金・年金の見直し，従業員の削減によって人件費の経費率を約60％から50％に引き下げることが目標とされている[71]。また三井住友銀行でも，2002年 3 月期の『有価証券報告書総覧』において，間接部門の徹底的なスリム化によって人員を大幅に削減することが課題とされている[72]。

　銀行業の合理化にはさらに，旧大和銀行にみられるように，国際金融業務からの撤退もみられ，りそなグループでは「地域金融機関の連合体として中小企業や個人を重視し，四大銀行とは異なる独自路線を推進する[73]」など，市場の性格に合わせた「選択と集中」というかたちでの経営の展開をはかるケースもみられる。りそなグループでは，プライベート・バンキング業務や金融先端業務等の専門的サービスの機能をりそな銀行に集約することでサービスの高度化をすすめ，都市銀行のもつ質の高い金融サービスや信託業務に関する専門的で高度なノウハウと地域銀行のもつ地域に密着した顧客との関係を融合し，メガバンクやリージョナルバンクとは異なる新しいスタイルの「スーパー・リージョナル・バンク」の創造という経営方針を打ち出している[74]。UFJでも，2003年度以降の経営方針として，同グループのコア・マーケットであるリテールと法人ミドルの両事業分野への経営資源の集中をはかり，業務純益に占める両分野の比率を当時の 3 割程度から2007年には 6 割程度にまで引き上げることが打

ち出されている[75]。

　しかしまた，2003年8月の大手銀行5行と地方銀行10行を対象とした「業務改善命令」の発動によって銀行業はリストラクチュアリング的合理化の推進に一層強い圧力をかけられることにもなっている[76]。そうした銀行業のリストラクチュアリング的合理化はまた，その業務の性格もあり他の産業におよぼす影響も大きい。銀行の自己資本比率の問題に起因する貸し渋りや貸しはがしなどが行われ，そのことが日本産業全般のリストラクチュアリング的合理化の進展を余儀なくしてきたといえる。また三井住友，UFJ，みずほなど銀行の合併や経営統合によって企業集団，その再編にどのような影響がみられることになるのかという点も具体的にみていくことが重要である。この点に関しては，1990年代初頭には都市銀行が13行，信託銀行が7行，長期信用銀行が3行存在していたものが，三井住友フィナンシャルグループ，三菱東京フィナンシャルグループ，UFJホールディングス，みずほフィナンシャルグループの4大メガバンクを中心に再編がすすんできた。しかし，そのなかでも，勝ち組と負け組との二極分化が一層鮮明になってきており，2004年8月にUFJと三菱東京フィナンシャルグループとの経営統合（2005年10月1日の予定）の基本合意に至り，9月にはUFJが三菱東京より7,000億円の出資を受け入れるとともに，国内の約270の拠点の統廃合と約6,000人の人員削減，107ある海外拠点の約80への絞り込みなどにより年間約2,400億円の合理化効果を見込んだ統合計画が策定されており，3大メガバンクへの集約の方向となっている[77]。

　建設業について——そこでつぎに建設業をみることにするが，この産業ではバブル経済の時期の不動産開発などの多角化の失敗などによる多額の有利子負債を抱え，その削減が最重要課題のひとつとなっている企業，その結果として自己資本比率が大幅に低下している企業が多くみられる点や，慢性的な供給過剰構造[78]に今日的特徴がみられる。そうしたなかで，「選択と集中」による事業領域の絞り込みやドラスティックな人員削減などが推進されている。

　まず事業領域の絞り込み・撤退では，例えば熊谷組や青木建設などのように不採算の不動産部門の分離，そこからの撤退，収益力のある建設・土木業への特化というケースが代表的である。熊谷組の場合，2000年9月に取締役会で決

議された「新経営革新計画」において，「選択と集中」による事業構造の見直しと競争力の強化が課題のひとつとされてきた。そこでは，同社の収益基盤である土木事業を堅持し，民間建設事業においては採算性の重視をさらに鮮明にして量より質への構造転換を加速することにより，土木事業の構成比率を高め，より安定感の高い事業構造への転換をはかることがあげられている。さらに海外工事における得意分野，地域への特化や不動産事業の縮小，不採算部門を原則として整理・統合し，子会社・関連会社についても連結対象の74社のうち半分程度を整理するとされた。事業の採算が見込めない会社だけでなく，グループとして相乗効果が期待できない会社も整理の対象とされている[79]。熊谷組は2005年4月をメドに飛島建設との合併の予定とされ，それは，建設業における供給過剰状態が続くなかで合併によって重複事業の解消や間接部門の合理化を加速させようとするものであったが，人員合理化，情報システム統合などの費用の問題もあり合併効果が見込めないという判断から，2004年11月には合併計画が撤回されている[80]。また大成建設をみても，とくに1998年3月期以降の『有価証券報告書総覧』において不採算事業からの撤退や事業の整理・統合，重複事業の再編，成長分野への経営資源の重点配分，事業の集中と選択によるグループ事業の見直しによる経営の強化などが対処すべき課題のひとつとしてあげられている[81]。鹿島建設でも，1997年3月期の『有価証券報告書総覧』において不採算事業の見直しによるグループ事業の収益力の向上が対処すべき課題のひとつとされているが，98年度から2000年度を対象期間とする「新3カ年計画」でも不良資産と不採算の関係会社の整理が課題とされている[82]。こうした本業への特化・重点化の動きは地方の建設企業でもみられ，例えば新潟県の中堅建設企業である荒川建設でも，リゾート開発やゴルフ場運営をしていた関連会社の統合・整理をはかり，本業の建設業への特化がはかられている[83]。そのような事業領域の絞り込み・撤退を推し進める上で合併や経営統合は重要な意味をもつといえるが，その場合でも，各社の得意とする事業領域の相互補完をいかに確保しうるか，また重複部門をどう整理・再編できるかが重要となる。

　また人員削減についてみると，建設業の就業者数は1987年度末には533万人だったものが97年度末には685万人に達し，その後は減少に転じたものの2000

年度末にはなお653万人となっており，市場規模が同じであった87年度より120万人も多く，過剰雇用の状況にあった[84]。政府の構造改革による公共事業の削減，不況の長期化のもとでの民間工事需要の低迷のなかで，その後も過剰雇用構造は大きく変わってはいない。そうしたなかで，例えば熊谷組では，上述の2000年9月の「新経営革新計画」において，本社，支店，海外組織の統廃合，間接部門の大幅な縮小，従来以上に効率的な人員配置を行うとともに，組織のスリム化，拠点の集約化を推進し，3年間で約2,000人の人員削減を行い2003年3月期には事業規模に見合った4,600名体制とすることが計画され，現実には熊谷組単体では4,043人にまで削減されている。ことに2002年度には事業規模の縮小にともない781人減少している。また2003年4月に策定された「経営構造改革3カ年計画」でも新たな組織設計にともなう人員体制のスリム化が課題とされている[85]。鹿島建設でも，1994年3月には従業員数は14,566人であったものが99年3月には13,210人となっており，9.3％の削減となっているが，99年3月期の『有価証券報告書総覧』において総人員・総人件費の削減が対処すべき課題のひとつとされ，人員削減が取り組まれた結果，2003年3月には10,380人にまで削減されており，99年3月と比べ21.4％の削減となっている。また2003年度から2005年度までの「中期経営計画」でも総人員の削減が対処すべき課題のひとつとされてきた[86]。また2001年末に経営破綻した青木建設では，再建計画において単体での社員数を2002年度中に2001年末比31％減の890人程度にまで減らすことが決定されたが，2005年3月期には600人前後にまで削減することが計画されてきたほか[87]，合併によって2003年4月に誕生した三井住友建設でも，2006年3月期末までの3年間で2割の人員削減が計画されている[88]。

鉄鋼業について――また鉄鋼業みると，川崎製鉄とNKK（日本鋼管）との経営統合によるJFEグループの誕生と新日本製鉄，神戸製鋼，住友金属の提携関係の強化による2大陣営への集約がすすんできた。そこでも，有利子負債の削減が重要な課題のひとつとなるなかで，人員削減，競争力のない事業分野の切り離し，そこからの撤退による多角化した事業構造のなかでの絞り込み（「選択と集中」），圧延製品群のなかでの特定の製品部門への絞り込み，設備の集

約，過剰生産能力の整理などが取り組まれている。

例えばNKKでは造船部門や製鉄プラントなどの本業以外の事業の他社との共同出資会社への分離がみられるほか[89]，2000年9月に先端LSI設計事業を富士通グループに譲渡し，同事業を含む電子デバイス事業から撤退している[90]。また川崎製鉄でも2001年に実施されたグループのリース会社である川鉄リースのリース・割賦事業の譲渡や機能樹脂事業（樹脂コンパウンド事業）の譲渡によって撤退している[91]。新日本製鉄でも，1992年度にエレクトロニクス・情報通信事業においてシステムソリューション分野に重点化した事業展開がはかられる一方で，米英の子会社を中心に展開していたパーソナル・コンピューター事業からの撤退が行われているほか，98年度には国内におけるLSI事業からも撤退している。また同社の1999年3月期の『有価証券報告書総覧』にもみられるように，エンジニアリング事業を製鉄事業に次ぐ第2の中核事業として一層の収益力の強化に取り組んでいく方針が打ち出されている。この事業分野では，製鉄事業との間でのシナジー効果の追求がめざされている[92]。神戸製鋼をみても，1997年4月の新中期経営計画「KOBELCO-21」において得意分野や収益性の見込まれる事業への経営資源の効率的・重点的投入による将来の柱となる事業分野の積極的な開発・育成とともに，資本効率の向上に向けた不採算事業の見極め・撤退など事業の選択と集中を迅速かつ積極的に推進することが対処すべき課題とされている。そこでは，自動車軽量化への対応，電力卸供給事業の着実な推進や環境関連事業の強化が重点戦略事業分野と位置づけられ，経営資源の傾斜投入など，事業の選択と集中の推進が課題とされている。同社では切削工具事業の売却や米国における鉄鋼事業の再編，半導体製造装置の売却，建設機械事業の分社化などが取り組まれてきた。また2003年3月期にはアルミパネル材を最重点製品と位置づけ，一層注力することが課題であるとされている[93]。住友金属でも，1999年9月の「経営改革プラン」に基づいて多角化事業における選択と集中が推進されており，エレクトロニクス分野において不採算事業からの撤退が実施されているが，この分野の関係会社においても，特化した事業について販売力・技術力を強化し，収益工場をはかることが課題とされた。同社はシームレスを中心とした鋼管，鋼板，シリコンウエーハの3事業を経営の中核として，徹底した収益改善に取り組んできたが，2002年11月策

定の「中期経営計画（2002年度〜2005年度）」では，連結借入金残高の削減，財務基盤の抜本的な改善のために，グループ事業の大幅な絞り込みによって鉄鋼事業への経営資源の集中をはかることが課題とされており，例えば2003年度には住友特殊金属の株式の日立金属への譲渡などがみられた(94)。

　鉄鋼業ではまた，そうした撤退というかたちでの「選択と集中」のほか，ことに最終工程をなす圧延部門における多様な製品のなかでの強みのある特定製品部門への絞り込みが推し進められている点に特徴がみられる。薄板，ステンレス鋼板，コイル，H形鋼など製品の特性は必ずしも同一・同質的ではなく，各社によって得意とする製品領域や有利な生産設備をもつ製品部門は異なってくる場合が多い。例えば新日本製鉄では鋼種の集約を実施してきたが，需要家による調達先の選別がすすむなか，2000年4月より製鉄事業において品種事業部制が導入されており，それを軸として，各々の品種分野で高い競争力を実現し，収益拡大に結びつけることが課題とされており，そうした一環として，八幡製鉄所の中小径シームレス鋼管生産設備が2001年3月に休止されている(95)。JFEスチールでも，高度化する顧客ニーズへの対応強化と品種別収益管理の徹底をはかるために，品種を基軸とした「品種セクター制」を採用し(96)，そのもとで最適生産体制の構築と設備集約によるコスト低減がめざされている(97)。神戸製鋼をみても，2003年3月期の『有価証券報告書総覧』では重点事業戦略として，特殊鋼，高張力鋼板，表面処理鋼板等の得意品種を中心とした事業戦略の推進が課題とされている(98)。また，例えば新日本製鉄と住友金属と神戸製鋼との間の提携にみられるように，ステンレス鋼板やシームレス（継ぎ目なし）鋼管，薄板などの分野での提携を基礎にした特定製品分野における設備の集約，過剰生産能力の整理と生産の集中・専門化が取り組まれるという事例が近年みられる(99)。そのような合理化方策が企業間の提携を基礎に取り組まれているのも，各社の製品の特性の差異や各社が得意とする製品が必ずしも同一ではないという事情によるところが大きいといえる。

　そのような合理化方策を推進する上で，過剰生産能力の整理が取り組まれることになるが，日本国内では，高炉など上工程の設備の集約はすすんでいるのに対して，圧延部門のような下工程の設備集約はそれに比べ遅れており(100)，各製品部門のなかの特定の製品を最も有利な条件で生産することのできる工場

への生産の集中・専門化が行われている。例えば住友金属では2002年11月の「中期経営計画」において，鋼板事業分野については設備の集約をはかり，世界最高水準のコスト競争力を有する事業体制を構築することが課題とされ，薄板量産品の鹿島製鉄所への集中と和歌山製鉄所での薄板高級品への特化による効率的な薄板生産体制の整備が課題とされている。そこでは，鹿島製鉄所における2004年度央の新第1高炉の稼働に合わせ，上工程から下工程まで一貫したフル操業体制を確立することがめざされたほか，2004年度末に和歌山製鉄所の熱延ミルとタンデム冷延ミルを休止することとされた[101]。またNKKと川崎製鉄の経営統合でも，互いの設備や品種をどう集約するかが重要な課題となっており，「取引先企業の立地や製品需要に応じて，最も効率よく供給できる体制をつくる」ことがめざされている[102]。2003年4月には隣接する製鉄所の一体運営による最高水準の競争力の早期実現をはかるために，川崎製鉄の千葉・京浜とNKKの水島・福山の4製鉄所をそれぞれ東日本製鉄所（千葉地区・京浜地区）および西日本製鉄所（倉敷地区・福山地区）の2製鉄所へ再編し，知多製造所を加えた2製鉄所・1製造所体制が確立されている[103]。同グループの2002年11月の案では，統合にともなう2005年度までの合理化効果を当初の計画より約5割多い約1,200億円に引き上げ，休止対象とする鋼材生産設備を予定より4ライン程度上回る10ライン以上とし，グループ企業についても，事業が重複する会社を原則として2004年4月までに合併させる計画を打ち出していたが[104]，2003年度から3カ年の中期ビジョンでは下工程の設備休止を従来計画の6，7ラインから倍にするとされている。このような動きの背景に関していえば，例えば大規模な製鉄所を建設し集中生産方式をとる韓国のポスコに比べ日本の企業の生産コストは2割程度高くなっていたという事情[105]も，日本企業にとって，設備の集約だけでなく過剰生産能力の徹底した整理と製品別生産の集中・専門化による合理化を急務の課題としたのであった。

　さらに人員削減についてみると，新日本製鉄の1996年3月期の『有価証券報告書総覧』にみられるように，スタッフ部門のスリム化やコスト削減に直結する要員合理化が推進されている[106]。NKKでも2000年2月のグループ中期経営計画でもグループ全体のスリム化が課題とされ，省力化やアウトソーシングによって人員削減が追求されている[107]。また神戸製鋼でも1990年代に要員合理

化が継続して取り組まれているが，95年3月の「改定中期ローリング計画」や「'95～'97経営計画」においても，さらにその後においても要員合理化が取り組まれている[108]。さらに住友金属をみても，例えば2000年3月期の『有価証券報告書総覧』でも和歌山製鉄所において要員のスリム化に取り組んでいることが指摘されているほか，2001年5月の東京本社移転を機に本社管理機構の改革・要員の徹底的少数精鋭化が課題とされた[109]。またこの時期の人員削減は外注化の増大の結果でもあるという点も重要である。

　造船業について——つぎに造船業をみても有利子負債残高の削減と財務体質の健全化が重要な課題とされている。日立造船では1999年度を初年度とする3カ年の中期経営計画「NC（ニューチャレンジー）-21」が策定され，そこでは，選択と集中による事業構造の改善がひとつの柱とされ，環境，エネルギー，電子・情報，産業機器に加えて，メンテナンス事業やアフターサービス事業などのサービス事業を重点分野と位置づけ，経営資源を集中させる方針が打ち出されている。NKKとの事業統合によって中核事業であった造船事業を分離・独立させるという大きな転換期を迎えるなかで，2002年度から5カ年の中期経営計画が新たに策定されている。そこでは，環境事業が中核事業と位置づけられ，総合環境サービス事業のトップメーカーをめざすとともに，産業・精密機械，エネルギー，電子・情報システム，海洋・防災の各事業分野が戦略指向分野と位置づけられ，これらの分野を中心として新規事業の創出・育成，ソリューションサービス事業の拡大をはかっていくことが課題とされている。具体的には，役職員数，給与・賞与の削減による人件費の削減をはじめとする固定費の徹底削減，関係会社の再編・統廃合の推進（関係会社の3分の1を削減）などによる多層コスト構造の是正，工場生産体制の見直し，橋梁・水門等の生産の2工場から1工場への集中，鉄鋼・建機事業における生産体制の見直しや不採算事業からの撤退と電子・情報システム事業における経営資源の関係会社への集中による事業構造の最適化，不採算事業である文化・レジャー事業からの撤退などがあげられる。また造船部門では，2002年の日立造船とNKKとの事業統合によってユニバーサル造船という新会社が誕生することになったが，そこでは，「経営資源の共有・補完による技術力・商品開発力の強化，事業規模拡

大のメリットを生かしたコスト競争力の強化など」がねらいとされている[110]。この事業統合によって，京浜地区では，掃海艇などを手がける日立造船の神奈川工場の造船部門をNKKの鶴見事業所に集約し，載貨重量20万トン以上の大型オイルタンカー（VLCC）を得意とする有明事業所など5つの製造拠点で事業を展開する造船専業会社としてユニバーサル造船が発足した[111]。また両社それぞれが神奈川県下の造船所で行ってきた掃海艇や観測船など官公庁船の修繕事業もNKKの鶴見事業所に集約されることになった[112]。

また三井造船でも1998年度からの3カ年の中期経営計画に基づき，事業所の再編，要員のスリム化，事業の選択と集中，子会社の統廃合による高収益構造の事業体質の構築，遊休・不活用資産の売却による総資産の圧縮が進められた。そこでは，関係会社を含めた事業領域の見直しや，再編した5事業本部による連結経営の実施によって，グループ内経営資源を最も収益性の高い分野へ集中させ，さらに事業の統廃合をすすめグループとしての総合力の強化をはかることが課題とされ，とくに不採算事業からの撤退，事業所の再編，固定費の徹底的な削減などがすすめられた。さらに2000年10月にスタートした新たな中期経営計画でも，まずグループとして取り組む事業分野を市場性，コアコンピタンス等の視点から8つの分野に再構築し，「規模拡大を指向する成長戦略事業分野」と「収益拡大を指向する競合戦略事業分野」を明確にした上で経営資源の重点配分を行っていくことが対処すべき課題とされており，各事業分野の位置づけを明確にして経営資源の適切な配分に取り組んでいる[113]。

化学産業について——さらに化学産業をみると，この産業でも建設業や流通業の場合と同様に，多額の有利子負債を抱える企業が多くみられ，そのこともリストラクチュアリング的合理化の推進を重要かつ緊急の課題にしてきたといえる。そうした合理化のひとつの重要な柱として，高度に多角化した事業構造のなかでの絞り込み，いわゆる「選択と集中」の推進，それにともなう工場の閉鎖や設備の廃棄，人員削減などがあげられる。そこで，そのような「選択と集中」や生産設備の統廃合の推進の代表的事例についてみておくことにしよう。

三井化学では，2000年3月期の『有価証券報告書総覧』でもコア事業の強化

拡大や生産拠点の集約，関係会社の整理・統合，研究拠点の統合などが課題とされているが[114]，記録用光ディスク事業からの撤退や[115]，医薬品や塩化ビニール，建設関連の石膏ボードなどからの撤退をすすめる一方で，中核事業をフェノールやPET樹脂などに絞り込んでいる[116]。また2004年度からの4カ年中期経営計画でも，機能性材料分野での高機能性製品，高成長分野市場，高収益事業に重点をおいた事業展開とともに，石化・基礎化学品分野での国際競争力のあるコア事業への集中が課題とされている[117]。

　旭化成も既存の中核事業や新規成長事業への経営資源の重点配分をすすめてきたが，かつての中核事業である繊維事業においてレーヨン，アクリルという不採算事業からの撤退や食品事業の他社への譲渡が行われているほか，外壁材（軽量気泡コンクリート）の生産拠点のひとつである松戸工場の閉鎖と境工場への統合による生産設備の統廃合をはかっている。同社のグループは2003年度からの3カ年の中期経営計画において高収益構造からなる「選び抜かれた多角化」企業をめざし，事業の「選択と集中」を加速することで高収益型事業ポートフォリオへの転換をはかるとしている[118]。同社ではまた工業用硝化綿事業からの撤退や酒類事業からの完全撤退，動物薬事業を営むグループ会社の株式の他社への譲渡などが行われている[119]。

　カネボウでも代表的部門であった繊維事業での撤退を実施しており，同社は子会社のカネボウ合繊が展開しているアクリル事業から撤退しアクリルだけを扱う彦根工場を閉鎖することを2003年8月に発表しており，カネボウ合繊はポリエステル系繊維や植物性生分解繊維「ラクトロン」など価格競争の比較的少ない商品への特化をはかってきた[120]。また2004年1月には国内の綿紡績からの完全撤退，絹紡糸事業からの撤退，綿・羊毛加工事業の縮小などを柱とする天然繊維事業の構造改革案が発表されており，ポリエステルなど化学繊維を中心に収益力の改善をすすめていく動きがより強化されている[121]。薬品事業においても医療用新薬事業の営業譲渡を行い，医療用漢方薬，一般大衆薬事業への経営資源の重点配分をはかるとともに，薬品部門の高岡工場への生産集約がはかられ，それにともない高槻第2工場の設備の一部が売却されているほか，化成品事業や情報システム事業においても営業譲渡が行われている。同社のグループでは2001年度からの「新中期3カ年計画」でも化粧品事業をコア事業と

位置づけ，その強化・拡大が課題とされてきた[122]。しかし，2003年10月には約630億円の債務超過となるにおよんで，花王との化粧品事業の統合案[123]，さらに花王への同事業の売却案[124]を経ながらも，化粧品事業を分離し新たに設立する新会社に有利子負債の相当部分を移し，その新会社に産業再生機構が出資することでカネボウ本体の財務体質を改善し，経営再建をはかるとされたが[125]，その後，化粧品事業だけでなく，繊維や医薬品事業などを営む本体も一体で産業再生機構の支援をうけて再建をはかることとなった[126]。2004年3月期の連結決算において3,553億円の債務超過になるにおよんで，同年5月の再生計画では，99.7％の減資を実施した上で，産業再生機構による最大200億円，三井住友銀行による300億円の出資を受け，医薬品や日用品を軸にした消費財メーカーとして生き残りをはかる方針とされた。すなわち，天然繊維部門から完全撤退し，合成繊維事業でもナイロンの大幅な縮小をはかり，ナイロンの一部やポリエステル高分子に特化するとともに，北陸合繊工場だけに集約するほか，食品部門でもカップめん，飲料から撤退し，今後3年間で4割の事業規模に縮小し，全社員の4割にあたる1,800人の人員削減を行うとされた。また2005年3月には染色大手企業のセーレンと共同出資会社を設立し綿事業と合成繊維事業を営業譲渡することが決定されているが，新会社はセーレンの全額出資子会社とする方針であり，カネボウは家庭用品など3事業への経営資源の集中をすすめる方向とされている[127]。

　また呉羽化学はプラスチック強化剤事業の売却や塩化ビニール樹脂事業からの撤退，液状樹脂の営業権の売却などにより食品包装フィルムや電子材料，健康食品などの高成長分野への資源の集中をはかり，包装材や高機能材事業を重点事業として拡大，強化をはかってきた[128]。さらに2003年にはプラスチック添加剤事業の営業権等の譲渡やラテックス事業からの撤退が実施されており，高機能材分野，医薬・農薬分野，樹脂製品分野に資源の集中投入をはかっている[129]。

　さらに積水化学をみても，高機能プラスチック事業では汎用可塑剤からの撤退にともない堺工場が閉鎖されるなど生産体制の再編がすすめられているとともに，情報通信関連や自動車材料分野など成長性の高い事業への経営資源の集中がはかられている。すなわち，高機能プラスチック事業では，IT，メ

ディカル，車輌材料，機能建材の４つの事業分野を重点分野と位置づけ，経営資源の集中，事業の拡大がはかられており，他の企業でもみられるように特定の事業分野内での得意とする事業領域や製品分野への集中化・重点化がはかられている。また環境・ライフライン事業での不採算商品・不採算事業の撤退や生産ライン・生産拠点の統廃合，住宅事業でも生産拠点・生産ラインの集約などが取り組まれている[130]。

宇部興産でも競争力の低下しているポリプロピレン事業からの撤退によって特殊化学品やセメントなどのコア事業への経営資源の集中がはかられており[131]，環境・エンジニアリング事業では環境と化学分野を重点とする事業構築に取り組むとともに，採算の悪いセメントプラントから撤退するといった動きがみられる。さらに2001年度からの３カ年計画に基づいて「集中と飛躍」をキーワードに医薬品・ファインケミカル事業，機能性材料事業，ナイロン12樹脂事業，アルミホイール事業をコア事業と位置づけ経営資源を集中し，収益の飛躍・拡大がはかられている。また2004〜2006年度の新中期経営計画でも同様にコア事業での経営資源の集中投入が課題とされている[132]。

さらに三菱化学をみても，尿素生産からの撤退，唯一の尿素の生産拠点である黒崎事業所の設備の廃棄がみられたが，尿素生産からの撤退の動きは三菱ガス化学でもみられる[133]。三菱化学ではすでにコークス生産体制再編の一環として1994年に黒崎工場（現黒崎事業所）の製造設備の一部が廃棄されているが，他の分野でも石油化学分野を中心に設備の統廃合がすすめられてきた。例えば合成繊維原料のテレフタル酸の国内生産の松山工場への集約やエチレン生産の水島，鹿島の両事業所への集約と四日市事業所の製造設備の停止などがみられる。2000年度からの３カ年のグループとしての中期計画でも，基幹事業分野である石油化学分野については，設備の統廃合の一層の推進，重点成長分野と位置づけられた機能化学品分野と医薬分野では経営資源の優先的な投入，情報電子分野においては不採算事業の撤退を含めた抜本的な構造改革の実施が課題とされてきた。なかでも情報電子部門では，2000年６月に水島事業所のハードディスク製造設備が除却されているほか，黒崎事業所のフォットレジスト製造設備および研究設備が売却されている。同社のグループ事業については，石油化学，機能化学，機能材料，ヘルスケア，サービスの５つのセグメントに括り直

し，各セグメントにおいて事業の選択と集中，資源の最適配分などをはかり，今後経営資源を投入しないと判断した事業については採算事業であっても見直しを行うなど，事業構造の改革を迅速にすすめることが課題としてあげられている[134]。ことに石油化学の部門では「国内の過剰設備とアジア，中東の新たな設備稼働で収益環境は厳しくなっている」とされるように，エチレンを中心に過剰設備の削減が課題とされてきた[135]。

また三菱化学が出資している日本化成は1999年に化学品原料や燃料に使うコークス事業から撤退しているが，三菱化学が医薬品関連事業に経営の軸足を移していることにともない，機能化学品事業の強化をはかっているほか，2002年には肥料事業の営業譲渡が行われている[136]。

また薬品製造企業をみても，例えば武田薬品は農薬事業，食品事業を譲渡し，医療用医薬品への経営資源の集中をはかっている。医薬以外の事業部門においては，高付加価値領域への絞り込みの一層の推進，重点領域への事業活動のシフトがすすめられている。そうしたなかで，2001年のビタミンバルク事業関連の海外子会社の全株式の譲渡や，ウレタン等の事業の譲渡，2002年の合成ゴムラテックス事業の譲渡などが行われている[137]。また2003年10月の発表では，同社は医薬品の国内生産を3工場から2工場に集約し，湘南工場を2005年度末にも閉鎖し，光工場の設備を増強して移管する計画を打ち出している[138]。

また人員削減についてみると，1990年代に入って希望退職や出向，解雇などによって人員削減が多くの企業ですすめられてきた。近年の状況をグループではなく企業単体でみても，例えば三井化学では従業員数は1998年3月末には7,006人であったものが2003年3月末には4,916人にまで減らされており[139]，旭化成でも14,586人から11,659人に減らされている[140]。宇部興産でも1998年3月末から2004年3月末までに5,818人から3,208人に[141]，三菱化学でも11,973人から5,285人に[142]，武田薬品でも9,831人から5,937人に削減されている[143]。

電機産業について——また電機産業をみても，重電部門から弱電部門・家電部門，さらに電子部門（情報処理関連製品＝コンピューター，通信機器，半導体）へと高度に多角化した総合電機企業における「選択と集中」の推進，それとも関連して事業分野の一部あるいは多くを分社化するという動き，デジタル家電

分野などへの経営資源の重点配分の傾向，人員削減の推進などがみられる。

　富士通ではこれまで何度にもおよぶ人員削減や不採算事業分野・製品分野からの撤退を行ってきた。例えば汎用DRAM事業の縮小とそれにともなう拠点整理，ネットワーク関連の高付加価値製品への事業転換，イギリスの半導体子会社の整理（1998年度），インターネットをコアとする分野への経営資源の集中，海外でのデスクトップパソコン用小型磁気ディスク装置からの撤退[144]，2002年秋のプリント基板事業の分離，分社化とそれにともなう3工場のプリント基板の開発・製造部門の集約，1工場への生産の集中や[145]，液晶汎用品からの撤退[146]などをあげることができる。2003年3月期の同社の『有価証券報告書総覧』では，電子デバイス事業において「ロジックICを軸とし，情報家電や携帯端末などの成長性の高い市場への経営資源を集中すること」が課題とされた[147]。また同年3月発表の再建計画では，まず一層の人員削減による合理化に徹底して取り組み，その後にハードディスク駆動装置事業の売却も視野に入れた提携の模索や，光通信事業でも米国系企業を軸に提携を模索するなど事業構造改革の本格的な合理化へとすすむかたちで推進されている[148]。

　また東芝では情報通信システム・電子デバイス部門，エネルギー関連部門を中心に選別投資を行った段階から情報通信システム・電子デバイス部門へとより絞った投資を展開した段階を経て，電子デバイス部門，情報通信・社会システム部門，デジタルメディア部門を中心に設備投資を行った段階へとすすんできた。2003年度から2005年度までの3年間の中期経営計画でも，デジタルプロダクツ事業，電子デバイス事業，社会インフラ事業の3事業が同社グループの主力事業領域と位置づけられている[149]。東芝の場合，グループ会社の削減，不採算事業分野・製品分野からの撤退とともに生産拠点の統廃合と国内の人員削減によって「市場変化に即応して事業規模を自在に伸縮する軽量型産業構造」への変革をめざすかたちでリストラクチュアリング的合理化が追求されている[150]。

　ソニーでも生産事業所の再編や事業会社の売却，日本とアメリカでの家庭用電話事業からの撤退がみられるほか，エレクトロニクス，ゲーム，コンテンツ（音楽，映画）の3分野がコア事業セクターと位置づけられ，それぞれの重点事業を明確に定め，経営資源を集中させる[151]など，事業の「選択と集中」，過剰

生産能力の整理,生産設備の統廃合が取り組まれてきた。しかし,全社売上高の3分の2を占めるAV（音響・映像）やパソコンなどエレクトロニクス部門の不振に直面するなかで,また成長が期待されているデジタル家電分野の需要拡大とこの分野での立ち遅れのもとで,2003年10月にはデジタル家電分野への経営資源の集中,2006年3月までにグループ従業員の13％に相当する約2万人（うち国内では7千人）の削減を柱とする事業構造改革が打ち出されている。そこでは,国内のブラウン管生産からの撤退,国内外の製造・物流・サービス拠点の3割削減などが目標とされている[152]。

日本電気をみても,子会社の日本電気ホームエレクトロニクス社は不採算部門である家電事業から段階的に撤退し,情報機器を中心とした事業への転換を行ってきた。また日本電気のコア事業とのシナジーと収益性・成長性との観点からの関係会社の位置づけの見直し,IT,ネットワーク,電子デバイスの各分野におけるソリューションの提供を中核事業と位置づけた経営資源の集中と中核事業領域以外での事業統合・売却が推進されてきたが,2002年5月より事業ドメインを大きくIT・ネットワーク統合ソリューションと半導体ソリューションの2つに分け,経営資源の集中をはかっている[153]。2004年2月に日本電気は有機EL（エレクトロ・ルミネッセンス）事業から撤退し,コンピューターネットワークと半導体分野への事業集中を鮮明にすることが決定されている[154]。またグループ企業であり半導体事業を手掛けるNECエレクトロニクス社では2004年2月に,旧式の汎用品を生産する子会社のNEC関西の彦根工場を閉鎖し中国,マレーシアに生産を移管すること,NEC山形の高畠工場の台湾企業への売却,生産の委託,残る国内5の組立工場については小型薄型の高機能製品への特化をはかり,先端製品の開発・生産への経営資源の集中・配分をすすめることを決定している[155]。

さらに松下電器のグループでも,製造拠点の統廃合によってグローバルに最適な生産体制を構築することが課題とされている。例えば2001年3月期の『有価証券報告書総覧』にもみられるように,例えば国内ではそれまで3カ所に分散していたテレビの生産拠点の宇都宮工場への一本化のほか,海外でも北米のカーエアコン用コンプレッサー工場の製造機能の中国へのシフト・集約など,グループ全体での国内外の製造拠点の統廃合が対処すべき課題とされてい

る⁽¹⁵⁶⁾。また2001年度からの 3 カ年経営計画である「創生21計画」では，構造改革として，事業部門の改革，国内家電営業・流通体制の改革，雇用構造改革が取り組まれてきた。とくに「選択と集中」に関していえば，光ディスク，移動体通信，ディスプレイデバイス，半導体の 4 事業を重点事業と定めたそれまでの段階からデジタル放送システム，モバイルコミュニケーション，蓄積デバイス，半導体，ディスプレイデバイスの 5 つの事業を成長事業と位置づけた段階を経て，2003年にはグループ各社間での会社分割や事業統合により事業の重複を排除した大幅なグループ再編が行われている。それによって，14の事業ドメインを明確に設定し事業ドメインごとに「選択と集中」によって成長戦略の加速をはかる新たな体制がスタートしている。それに対応して事業の種類別区分も「AVCネットワーク」，「アプライアンス」，「デバイス」，「日本ビクター」，「その他」の 5 セグメントとされた⁽¹⁵⁷⁾。

自動車産業について――さらに自動車産業では，日産，マツダ，三菱自動車などにみられるように，多額の有利子負債を抱えその削減が大きな課題となるなかで，過剰生産能力の整理・削減と人員削減が徹底して取り組まれるとともに，生産能力を集約化した特定の工場へ特定車種の生産を集中・専門化させるというかたちで生産体制の再編が行われてきた。そのことは，化学産業や電機産業とは異なり，単一製品部門という自動車産業の特質によるものである。

そのようなリストラクチュアリング的合理化のひとつの典型的事例は日産にみることができるが，そこでは，1999年10月に発表された「日産リバイバル・プラン」に基づいて徹底した合理化が推進された。それまでにも例えば1995年の座間工場の閉鎖，国内の生産工場の集約化が行われているが，「リバイバル・プラン」ではつぎのような内容をもって再建がはかられた。すなわち，ノンコア事業および関連会社の株式の売却，ことに宇宙航空事業部の施設・設備の売却，村山工場，愛知機械工業の港工場，日産車体の京都工場の国内の 3 つの車両組立工場の閉鎖， 2 つのユニット工場での生産中止とそれにともなう他工場への集約による工場稼働率の引き上げ，グループの総人員数の大幅な削減，下請系列関係の見直し・再編による購買コストの削減，国内販売網の再編， 2 兆1,000億円にものぼっていた有利子負債の大幅削減などが取り組まれ，

大きな成果をあげてきた。例えば「リバイバル・プラン」の実施前には平均51％であった工場の稼働率は，このプランが1年前倒しで完了した2001年度末には75％に向上し，国内7工場で24のプラットフォームを使用していたものが4工場で15のプラットフォームでの生産となっているほか，20％の購買コスト削減の目標も達成されている。新たな3カ年の事業計画である「日産180」では，1) 2004年度末までにグローバルでの販売台数の100万台の増加，2) 8％の連結売上高営業利益率の実現，3) 自動車事業の連結実質有利子負債の解消が目標とされたが，2002年度末には2)と3)が実現されるなかで[158]，合理化の推進もリストラクチュアリングを全面に押し出した展開とはその性格が大きく変わってきているといえる。そうしたなかで，2004年2月には，国内生産に関して，車台が共通する車種の生産をひとつの工場に集約することによって生産性の向上をはかることが決定されており，追浜工場は小型車，栃木工場は後輪駆動方式の高性能車，九州工場は前輪駆動方式の中型車の生産拠点としての位置づけが鮮明にされることになった[159]。

　日産と同様にマツダや三菱自動車も多額の有利子負債を抱えリストラクチュアリング的合理化が重要な課題となってきたが，マツダでは，2001年9月の宇品第2工場の閉鎖（その後2004年5月に再開されている），2000年11月の本社府中工場の商用車第2ラインの閉鎖，2004年4月の本社第1工場の閉鎖，人員削減（1998年3月末の23,873人から2004年3月末には18,077人に削減されている），子会社の株式の売却[160]などがみられる。

　三菱自動車でも，国内生産体制再構築の一環として東京自動車製作所丸子工場の売却や名古屋製作所の乗用車生産設備の一部の売却のほか，2001年4月から実施の「ターンアラウンド計画」のもとでコア事業への選択と集中，トラック・バス事業の分社化，人員削減などが行われてきた[161]。2004年になってダイムラー・クライスラーの追加支援による再建をはかることが決定されたが[162]，同年4月のダイムラーによる追加支援の打ち切り決定[163]を受けて，5月には新たな再建策が決定された。すなわち，三菱グループなどによる総額4,500億円の資本増強策を柱とする事業再生計画では，主力生産拠点の岡崎工場の生産を2006年度末までに中止し，同工場を閉鎖するとともに子会社のパジェロ製造に移管し，豪州のエンジン工場を2005年度に閉鎖するほか，車両工場

の生産能力を半減すること，また本社機能の京都工場への移転，間接人員についても約3割にあたる7,600人を削減し，世界で49,000人いる人員を2006年度末に38,200人に削減することが決定された。こうした合理化によって2006年度までの固定費削減効果を850億円とし，変動費についても1,540億円の削減をはかるとされた(164)。しかし，2005年1月には，三菱重工業の傘下での再建をめざす新計画が発表されており，財務面では，三菱重工業，三菱商事，東京三菱銀行の三菱主要3社による2,700億円の増資引き受け，2,400億円の新規借入，北米と豪州の工場での資産の減損処理，事業面では日産への軽自動車のOEM供給の拡大，フランスのプジョー・シトロエングループへのSUV（多目的スポーツ車）のOEM供給，国内販売店の900店から800店への削減などがその主要な内容とされている(165)。

　またアメリカの自動車企業のGMやフォードにみられるように部品製造部門の分離が行われているケースもみられるが，ただこの問題に関しては，第6章でもみたように，日本的な下請制度の利用による欧米自動車企業に対する日本企業の優位が存在するがゆえに，アメリカではそのような部品部門の分離の動きがみられるようになっているのではないか，そうした意味でもそれは特殊的事情をもっているのかどうかが問われねばならないであろう。とくに職能分野の分離については，統合が優位性を生む要因の検討とともに，そのような分離の動きを規定している要因とそれが行われている実際の領域をふまえて「全般的一般性」と「個別的特殊性」を明らかにし，そこにみられる法則性を抽出することが重要となる。

　流通業について——最後に流通業をみると，そこでは，多額の有利子負債を抱える企業や経営破綻した企業を中心に不採算店舗の閉鎖や人員削減，中核事業への集中化，中核事業との関連の薄い事業資産の売却などがすすめられている。

　スーパーマーケット業では，2002年1月の時点でカード事業を除き1兆7,500億円もの連結有利子負債を抱えていたダイエーは，同年初頭の再建計画において，主力3行の5,200億円もの金融支援をもとに約60店舗の閉鎖，ホテルや外食などの事業の売却・清算や約150の子会社のうち50社以上の整理，さ

らに本体だけで1,400人，グループ正社員では6,000人の削減を目標として打ち出している[166]。同社の営業店舗数の推移をみると，1989年2月末には185店であったものが1998年2月末には378店にまで増加しているが，この時期から不採算店舗の閉鎖も増加しており，関連子会社をも含めると98年度から2002年度末までに130もの店舗の閉鎖が行われている。同社グループの合理化では，店舗の閉鎖だけでなく，小売業とその周辺事業へのグループの経営資源の集約のために不採算事業の整理・事業売却，モノレール事業の中止，コンビニエンスストア物流事業の営業譲渡，福岡事業の譲渡，子会社が運営する総合家電販売事業からの撤退などが行われている。人員削減についてみても，1992年2月末には18,712人であった従業員数は2004年2月末には10,190人にまで削減されている[167]。ダイエーはそれまで大手銀行による2度の金融支援を受けて再建をすすめてきたが，2004年後半に入り，民間主導の再建を目指しながらも，産業再生機構を活用した再建が銀行側から求められるなかで，産業再生機構からの支援を前提とした再建案が策定された。そこでは，総額4,050億円の債権放棄を含む5,970億円の金融支援の要請，普通株の99.6％の減資，10対1の株式併合の実施，産業再生機構とスポンサー企業（丸紅とアドバンテッジパートナーズに最終的に決定されている）による増資の引き受けと両者によるそれぞれ3分の1の議決権の保有，首都圏と近畿圏の都心部に絞った小型の食品スーパーの展開など食品スーパーを中心とした再建，53店の店舗の閉鎖，関連企業61社の売却・清算などがその主要な内容とされている[168]。

　また「バブル経済」期を中心に巨大店舗を積極的に出店し，デフレがすすむなかで過剰債務が経営を圧迫し，単体で1兆3,881億円，グループでは1兆7,428億円もの負債を抱え経営破綻したマイカルは，2001年1月に50店の赤字店舗の閉鎖と2,700人の人員削減を柱とする「新中期3カ年計画」を発表しており，2002年1月と7月にはそれぞれ19店の閉鎖，4店の追加閉鎖を発表している。しかし，破綻時の直営店が144店であったことを考えると，同じく経営破綻した百貨店のそごうやスーパーの長崎屋が約半数の店舗を閉鎖したのとは対照的に，当初の計画では存続させる店舗の割合が多いとされている[169]。2001年2月期には店舗の閉鎖とともに，「コア事業である物販事業に経営資源を集約するため，組織やグループ会社の整理・再編を進め」，短期に収益改善

の困難な不採算事業の整理再編をすすめること，子会社株式の売却，デベロッパー部門の一部分離などが課題とされている[170]。

さらにアメリカのウオルマートの傘下に入り再建をはかっている西友をみても，1998年2月期の『有価証券報告書総覧』にみられるように，1)「不採算店舗の閉鎖」，2)「関係会社の整理統合」，3)「不採算事業の整理，未稼働資産等の売却」の3つの柱からなるリストラクチャリングの推進が課題とされてきた。とくに2)については多角化事業を中心とする徹底したリストラクチャリングの推進，関係会社の大幅な集約が，また3)に関しては小売事業に直接関係のない事業分野からの撤退または縮小が課題とされている。具体的には映像放送事業からの撤退やインターコンチネンタルホテルズアンドリゾーツの他社への譲渡などが行われているが，1998年度だけをみてもグループ会社が89社から69社に減らされている。不採算店舗の閉鎖では，1991年度から99年度末（2000年2月末）までに56店舗が閉鎖されているが[171]，同社は2002年3月に3年以内をめどに全店の2割弱にあたる不採算の30店強を閉鎖する方針を打ち出したほか，4,000億円以上の不良債権を抱え財務体質が悪化している系列ノンバンクについても整理するなど本業への集中の動きをすすめてきた[172]。西友はまた2006年2月期末までの3年間で正社員の4割にあたる約2,500人を削減する方針も打ち出しているが[173]，2004年1月には，地域子会社の北海道西友と九州西友を含めた正社員約6,000人の25％にあたる1,500人の希望退職者を募ることを発表している[174]。

また百貨店業を本業とする西部百貨店でも，1997年および98年にそれぞれ1店舗の閉鎖が行われているが，百貨店各社がその後も不採算店の閉鎖や業態転換に取り組んできたのに対して1999年から2001年までの3年間には系列不動産会社の処理の問題から店舗閉鎖が行われなかった。2002年初頭には2，3年間で地方の不採算店など5店舗以上を閉鎖する方針が打ち出されており，2002年末に2つの不採算店舗（高知店，宇都宮店）が閉鎖されている[175]。2003年8月にはさらに不採算の4店舗が閉鎖されているほか[176]，2004年5月にはつかしん西部が閉鎖されている[177]。また2003年1月の再建計画に基づいてグループの14社の清算・売却を行うとされている[178]。また松坂屋でも，2000年度に行われたスーパーマケット業の2つの不採算店舗の閉鎖や2001年5月の百貨店業

の四日市店の閉鎖など，不採算店舗の閉鎖が取り組まれてきたが，本業である百貨店事業への経営資源の集中をはかり，収益性，効率性の高い店づくりをめざすとされている[179]。2004年3月と5月にそれぞれくずは店と大阪店の不採算の2店舗が閉鎖されており，名古屋店など高収益の店舗への経営資源の集中をはかるとされているが，380人の希望退職者の募集を行うなど人員削減も取り組まれている[180]。

さらに店舗の閉鎖の状況を業態別にみると，日経流通新聞社の第35回小売業調査では，2期比較可能な430社が2001年度に閉鎖した直営店の数は1,549店となっており，前年比で3.2％減少したとはいえ，なお高い水準にあった。業種別で閉店が最も多かったのは専門店であり，前年比11.3％増の1,184店にのぼっている。2001年度の直営店とフランチャイズ店を合わせた閉店店舗数では上位10社中6社がコンビニエンスストアであり，最も多いローソンでは前年比31％増の550店にものぼっている[181]。2002年度を調べた第36回調査では，直営店とフランチャイズ店を合わせた店舗の閉鎖は3,241店にのぼり，前年度に比べ12.2％増加している。コンビニエンスストアの閉店数は1,216店，専門店のそれは前年比18.5％増の1,665店にのぼっている。2001-03年度を通じて小売業各社がリストラ策の筆頭に挙げるのが「不採算店舗の閉鎖」であり，2003年度に計画するリストラ策として店舗閉鎖を挙げた企業数は全体の51％におよんでおり，業態別では，スーパー，コンビニエンスストア，専門店の比率が高いとされている[182]。

流通業では，1980年代以降の製造業の生産力の増大による商品量の著しい増大と90年代に入ってからの深刻な不況の長期化による競争激化，薄利多売のもとでの過当競争のなかで，また業態自体の多様化（量販専門店やコンビニエンスストアの広がりなど）のもとで中小小売店のみならず大型小売店の倒産という事態がおこってきている点に今日的特徴のひとつがみられる。

このように，リストラクチュアリング的合理化の展開は産業によって，また企業によっても差異がみられるが，この時期の経営行動，合理化のありよう，あり方をいわば勝組産業と負組産業とでもいうべき産業の間で，あるいは同一産業内の勝組企業と負組企業の間で，さらに国際間で比較することも重要であ

る。

　例えば勝組産業のなかでも勝組企業では，各コンツェルン＝企業グループでの蓄積条件がどのようになっているか，すなわち連結決算で示されるコンツェルン＝企業グループ全体での最適・最善の経営展開の条件づくりが問題となっている。そこでは，設備近代化を中心とする「積極的合理化」を行いながらコンツェルン内の世界的分業生産体制下での最適な生産力構成，つまり最も有利な条件をもつ各国の各工場へ特定の市場地域向けの特定製品あるいは特定の工程の生産を集中し，専門化をはかることによって最も有利なコスト条件＝競争条件をつくりあげていくこと，またそのさい労働力構成をどのようにしていくかが重要な課題とされている。それゆえ，リストラクチュアリング的合理化の必要性もそれだけ低いといえるが，こうした勝組企業では，すでに生産拠点の海外移転も比較的順調にすすんでおり，コンツェルン＝企業グループ内での世界的生産分業体制下での有利な資本蓄積条件をすでに築いてきている。これらの企業では，国外での直接金融による資金調達への展開も含めたかたちで長期借り入れ構造からの脱却がすすんでおり，そのような経営基盤のゆえに，国家との一定の距離をおいた経営行動を展開している傾向がみられる。

　これに対して，負組企業では，多くの場合，上述の５点から構成されるリストラクチュアリング的合理化をとおしてその産業のなかでの自社の寡占的地位を維持し，高めることを目標としている。また負組産業では，徹底したリストラクチュアリング的合理化による産業再編成をとおしてその産業の需給の調整を行い，国際競争力の向上をどのように実現するか，資本蓄積条件をいかにして改善していくかが最大の課題となっている。しかし，そうした産業やそこでの負組企業では，資金調達を長期借り入れに依存することによって形成されたこれまでの経営体質のもとで，しかも国家への強い依存のもとで過剰生産能力の徹底した整理と事業構造の組み替えという真の意味で事業の再構築（リストラクチュアリング）が十分になされないまま今日に至っているという面がみられる。そのような長期借り入れ依存構造の結果としての多額の債務の累積によって収益構造を悪化させ，そうした要因にも規定されてリストラクチュアリング的合理化が一層緊急かつ重要な課題となってきているという面もみられる。しかし，そのことはまた，これらの産業部門の多くの企業に対する金融機関の

多額の不良債権化の原因にもなっており，今日の不況が深刻化し，長期化するひとつの大きな要因を形成してきたといえる。

　今日，そのような負組企業や負組産業でも合併や提携，合弁などのさまざまな企業結合の形態を利用しながらリストラクチュアリング的合理化がすすめられようとしている一方で，依然として国家との関係，国家への依存的体質を温存しながら，あるいは強めながらそうした目標を追求しているという傾向もみられる。日本でいえば，例えば建設業，銀行業，やや程度に差がみられるが鉄鋼業，化学産業のような従来国家と密接なかかわりをもち，国家への依存の強い産業では，産業再生機構による救済や銀行への公的資金の注入などにみられるように，国家はこれらの産業の根本的な再編成を主導するよりはむしろ公共投資や特定銀行への支援でもって支え続けており，独占的大企業を中心に国家の支援・依存によって再建をはかろうとしている傾向がみられる。しかし，そのことは，加工組立産業をはじめとする他の産業のコスト高の要因ともなり，そこでの高コスト構造・条件をつくることにもなる。とはいえ，この間の日本の現状をみれば明らかなように，国家と密接なかかわりをもつ上述の産業では，多くの場合，今日まさに国家による再建・援助が必要であること，またそうしたかかわりを基礎にしたリストラクチュアリング的合理化の本格的推進によってこそ負組産業や負組企業が存続しうるという事情もある以上，しかもフルセット型産業構造のかたちでの企業集団の内実にも規定されて，勝組産業のなかの勝組企業も事実上そのような高コスト構造を一定容認せざるをえない状況にもある。このような構造的特質はいわば「棲み分け資本主義」的性格とでもいうべき日本のひとつの資本主義的な性格を規定しているといえる。この点を国民経済的にみれば，資本の社会的再生産といういわば現代資本主義のもつ特性を産業間の強いむすびつき，相互の依存関係のなかで保持しつづけようとせざるをえない日本的特質を示すものである。

　このように，合理化の問題をみる上でなによりも重要な点は，各産業によって，また同一産業内でも企業によって資本蓄積の条件は均一ではなく異なっており，合理化の内容や展開のされ方も異なってこざるをえないという点にある。これまで，このような産業，企業のレベルでの蓄積条件の差異をふまえた考察があまりされてきたとはいえず，それらの蓄積条件を同一のものとみて，

換言すれば，平板化してとらえてきたという研究上の限界がみられる。その意味でも，この点を考慮に入れた歴史的過程の実証的分析が必要であるように思われる。各国における現在の企業，産業，資本主義経済を根本的に規定している諸要因の解明に近づくためには，このような視点から，その歴史的過程，特質をふまえた考察を行うことが必要かつ重要である。

2　IT合理化とその主要問題

つぎにIT合理化についてみることにするが，近年の情報技術の発展という大きな変化は企業経営の課題，ありように大きな影響をおよぼしている。情報技術の発展が企業経営に大きな影響をおよぼす可能性はまさに情報通信技術の面にあり，その発展は企業経営の効率化をはかる上で大きな可能性を生み出しており，個別企業のレベルのみならず企業間関係においても変革の大きな契機のひとつとなっている。このことは，経営のグローバル化の進展ともかかわって，一国内のみならずグローバル化した世界的なレベルでの企業間関係の構築・拡大をもたらす契機にもなっている。

そこで，IT合理化の問題を情報技術の発展と企業内・企業間のビジネスプロセスの統合化という点についてみることにしよう。情報技術の利用は企業の生産システムや経営システムの変革の契機になっており，ことに「情報化が企業や生産システムにもたらした，あるいはもたらしつつある変化は，生産システムにとっての時間と空間の観念を変えた点にある」とされている。それは「情報の伝達速度がリアルタイムに，すなわち情報の発生とその伝達・処理のリードタイムが無限小になることにより，情報システムに取り込まれた情報に関する限り，時間的，空間的な差異は消滅することを意味する」。「このことは研究開発，製品開発部門内および他部門との連動性と結合の自由度を高め，技術開発や生産効率向上に資する」[183]という点にもみられるように，情報通信技術の面における発展が企業経営システム，生産システムにもたらす影響には大きなものがあるといえる。それは例えば「生産設備のME化と情報ネットワーク化の進展は生産システムの空間的範囲を従来の工場という枠を超えたものに変えつつあり，異なる地点にある設備や工場を，あたかも同一工場に存在するもののように，特定の生産計画のために統合的に利用することが可能になる」

という面にみることができる。またそこでは,「原材料・部品の最適の調達先を系列の枠を超えて世界のなかから選択するという『世界最適調達』に加えて,その時々の生産計画に最も適合的な製造設備とオペレーターがグローバルな範囲で選択され,サプライ・チェーンにおける在庫と物流を最適化した上で,オンライン・ネットワークを介して統合的な製造を行うという『世界最適製造』[184]」の効率的な遂行の可能性が高まることなどにも企業経営システム,生産システムの変革をもたらす重要な契機がみられる。それゆえ,情報技術の発展との関連でもたらされる企業経営の変化,そのシステムの変革の問題については,情報通信技術が生産システムや企業経営システムのなかにいかに組み込まれ,システム全体がどのように変革され,どのようなメカニズムによって機能を発揮するのか,こうした点を具体的にみていくことが重要な問題となってくるであろう。

　このように,今日のいわゆる「IT合理化」は,それまでの技術と労働組織・管理の領域を中心とする合理化のレベルにとどまらず,また生産,販売,購買,開発などの企業の基本的職能領域・活動の合理化・効率化だけでなく,ビジネス・プロセス全体の有機的なシステム化による効率化というかたちで推進され,企業全体におよぶ合理化へと発展してきている。例えばサプライ・チェーン・マネジメントなどにみられるように,各職能活動の連携,統合の深化による効率性の追求が一企業内に限らずそれを超えた企業間のレベルで推進しうるようになっていることに重要な今日的特徴のひとつがみられる。

　近年の動きをみると,「企業外部の知的・創造的労働の成果を最大限に有効利用するための手段として,資本提携や業務提携戦略(合従連衡＝戦略的提携の展開)が行われ」ているが,「それは,グローバル競争と迅速な技術革新に対応するために,不可欠となっている」[185]と指摘されるように,今日の情報技術の発展と経営のグローバル化が市場における競争の課題と領域を本質的に変化させ始めている。すなわち,「情報技術の発展は,経営活動における時間と距離の制約を飛躍的に縮小し,経営スピードの向上に大きく寄与する」だけでなく,「また同時に,組織のネットワーク化を容易にし多様な経営資源の連結可能性を拡大していくことになる」。また「グローバル企業は,世界を視野に入れた最適な競争環境にある立地を選択せざるをえない」だけでなく,「それ

と同時に，進出地域間の相互連結をはかることによって，相乗効果を追求することが重要な課題となってきている」。「このような競争条件や競争環境の変化は，当然，経営，組織，取引関係などにも大きな影響を及ぼしている」[186]。近年，ことに，「専門化やリスク分散のために，アウトソーシングや分社化など企業内関係の分離による企業間関係への組み替えを含め，他の企業との企業間関係を新たに形成しなけれなならなくなってきて」おり，「このような条件のもとで生まれてくる企業間関係とは，コア・コンピタンスの連結による企業間ネットワークである」[187]。日本におけるバブル経済の崩壊と情報化・グローバル化を大きな契機として市場の均質性が大きく崩れたことにみられるように，市場の質的な変化がおこっているが，そうした変化に対応するためには，「たんなる統合ではなく，まずはじめに自律・分散を実現しなければならない」のであり，「そのうえで，必要に応じて協力・協調関係を適時に形成し，また素早く解消していくというプロセス創出機能を備えることが必要になる」[188]という指摘もなされている。このような状況のもとで，今日，1990年代以降のIT段階に特徴的なオープンな情報ネットワーク・システムによる情報の自律分散的統合を基礎にした経営の展開が確かに重要な意義をもつようになってきており，「情報ネットワーク経営」や「オープン・ネットワーク経営」[189]などと呼ばれたりしている。

　しかし，そのような自律・分散はあくまで統合に対する補完的性格をもつものであるといえる。それはすなわち管理的調整の問題でもある。情報技術を利用したこうした経営の展開，合理化の推進は，企業の特定の職能領域・活動領域を超えて，各領域間の有機的な連携をはかりながら企業全体あるいはビジネスプロセスの観点から最適化をはかろうとするものである。しかもそれが企業間の関係をも含めたレベルで展開されるということは，資本主義生産における「生産と消費の矛盾」への対応の今日的レベルでの現れである。情報技術を駆使したそのような合理化，経営展開は，経営環境への主体的・能動的適応という点でも一層戦略的な意義をもつようになってきているといえる。

　ただこうした問題に関しては，情報技術が生み出す技術的な可能性と企業経営における実際の展開とが必ずしもすべての場合において一致しているとは限らず，多くの個々の事例の考察を行うなかで，実態のより正確な把握を行って

いくことが必要かつ重要である。情報技術によるネットワーク上での情報の自律分散的統合といっても，それはあくまで技術的レベルでの問題であり，情報の伝達やコントロールの仕方についてのみいえるにすぎず，現実的には，部門間や事業会社間の「距離と時間の制約」を克服しえた展開となっているのか。この点を，同一企業内の各構成部門間，一企業グループ＝コンツェルン内の事業会社間，独立した企業間のそれぞれのレベルについて考察することが重要である。また産業部門間の比較，同一産業のなかの企業間の比較，特定の産業内の特定の事業領域・部門の比較，企業の職能領域・部門の比較などをとおして，さらに国際間の比較をも行うなかで，そうした変化のなかにみられる「全般的一般性」（一般的傾向性）の部分と「個別的特殊性」の部分とを明らかにし，そこでの差異を規定する諸要因を析出し，実態の正確な認識と問題の本質把握に近づくことが必要である。ことに独立した企業間の場合には，それらの企業間に提携関係が存在したとしても，企業間の利害関係のありようが情報技術の利用の技術的可能性を制約するという関係も生じてこざるをえないであろう。この点は，とくに提携関係に基づく企業間の協力関係が職能領域の補完や事業領域の補完というかたちで成立している場合とそのような補完ではなく競争関係にある重なる領域の場合とでは大きく異なってこざるをえないであろう。さらにこの点とも関連するが，情報技術の利用によってコスト削減が実際にどのように，またどの程度実現されているのか。この点についても，1）管理職位，2）職能領域，3）企業内の構成部門，4）一企業グループ内の事業会社間，5）企業間のそれぞれの場合について具体的事例を集積し，分析すること，しかもそのような考察を産業部門間の比較をとおして行うことが重要となってくるであろう。

以上の考察において，第2次大戦後の各時期の合理化の歴史的過程を取り上げ，そこでの主要問題と特徴，各時期の合理化問題の考察にさいして検討すべき論点と課題を明らかにするとともに，企業・産業・経済が発展し，再編されていく歴史的過程において合理化がいかなる役割を果たしてきたか，そのさい，主要資本主義国において，また産業においてどのような一般的傾向性（「全般的一般性」）がみられるか，各国にはどのような独自的な諸特徴（「個別的

特殊性」）がみられるかについて明らかにしてきた。戦後の歴史的過程において形成され，蓄積されてきたものの特徴，また生産力構造，市場構造（商品市場・労働市場・金融市場），産業構造に規定された各国の資本主義の性格・特質のもとでの現発展段階に固有の特徴的規定性とはなにかということをふまえて，現在の企業，産業，資本主義経済を根本的に規定している諸要因の解明をはかることが重要である。現代合理化問題の研究課題はまさにこうした点の解明にあるといえる。

したがって，このような研究方法に基づいて，戦後の各時期の主要資本主義国における合理化の過程をとおしての企業，産業，経済の発展・再編の歴史的過程を具体的に考察することによってそのような発展・再編のメカニズムとともに企業経営の発展の内実を明らかにし，グローバル展開をとげている主要各国の巨大企業と資本主義経済の基本的特徴を解明していくことが重要な課題となってくる。こうした経営のグローバル化をめぐる問題については，次章において考察することにしよう。

（1）第1次大戦後の合理化運動の典型例はドイツにみられるが，この点については，拙書『ヴァイマル期ドイツ合理化運動の展開』森山書店，2001年を参照。
（2）戸木田嘉久『現代の合理化と労働運動』労働旬報社，1965年，164ページ。
（3）Vgl. K. H. Pavel, *Formen und Methoden der Rationalisierung in Westdeutschland,* Berlin, 1957, S.12-3，ハンス・タールマン「資本支出なしの合理化による西ドイツ労働者階級の搾取の強化」，豊田四郎編『西ドイツにおける帝国主義の復活』新興出版社，1957年，248-51ページ，前川恭一『ドイツ独占企業の発展過程』ミネルヴァ書店，1970年，246-7ページ。
（4）ハンス・タールマン，前掲論文，248ページ。旧西ドイツの生産性向上運動については，例えば工藤 章氏は，その組織と運動，運動の中心となった欧米視察団の問題を中心に考察されている。工藤 章『20世紀ドイツ資本主義 国際定位と大企業体制』東京大学出版会，1999年，第Ⅲ部第2章参照。
（5）大場鐘作「生産性運動」，野田信夫監修，日本生産性本部編『生産性事典』日本生産性本部，1975年，49-51ページ。
（6）前川恭一『現代企業研究の基礎』森山書店，1993年，195ページ。
（7）堀江正規『資本主義的合理化』大月書店，1977年，207-8ページ参照。
（8）戸木田，前掲書，165ページ。
（9）例えば西ドイツでは，1952年1月7日に「投資助成法」が制定されているが，この法律は，石炭・鉄鋼業およびエネルギー産業の諸部門のために全工業企業の資本を

第7章　現代合理化の歴史的展開とその特徴　*327*

　　強制的に集め再配分するというものであり，その後の2年以内に石炭，鉄鋼，電力，
　　国営企業を除く132,700の工業企業から10億DM以上が「投資助成基金」として徴収
　　され，石炭・鉄鋼業，エネルギー産業に重点的に投下されている（Vgl. J.
　　Chmelnezkaja, *Der westdeutsche Monopolkapitalisumus,* Berlin, 1959, S.126-7, Das
　　Investitionshilfe-Gesetz, *Stahl und Eisen,* 72. Jg, Heft 3, 1952.1.31)。また日本でも，
　　1952年に「企業合理化促進法」が成立し，それによって，企業に対する技術向上の
　　ための補助金の交付や研究用機械設備の特別償却とともに，固定資産税の減免，一
　　連の租税特別措置がはかられている。
(10) Vgl. K. H. Pavel, *a. a. O.,* S.12-3.
(11) Vgl. *Ebenda,* S.15-6.
(12) 例えば，前川恭一・山崎敏夫『ドイツ合理化運動の研究』森山書店，1995年，5ペ
　　ージ参照。
(13) E. Potthoff, Rationalisierung und Arbeitnehmerschaft, L. Brandt, G. Frenz (Hrsg),
　　Industrielle Rationalisierung, Dortmund, 1953, S.35.
(14) 戸木田，前掲書，140-1ページ。
(15) 堀江，前掲書，175ページ。
(16) 前川，前掲『現代企業研究の基礎』，195ページ参照。
(17) K. H. Pavel, *a. a. O.,* S.8, Kreißel, "Alle sollen besser leben！", *REFA-Nachrichten,* 6.Jg,
　　Heft 3, 1953.3, ハンス・タールマン，前掲論文，256ページ。
(18) 戸木田，前掲書，144ページ。
(19) Vgl. K. H. Pavel, *a. a. O.,* S.7.
(20) 例えば J. Radkau, "Wirtschaftswunder" ohne technologische Innovation ?. Techinsche
　　Modernität in der 50er Jahren, A. Schildt, A. Sywottek (Hrsg), *Modernisierung im
　　Wiederaufbau. Die westdeutsche Gesellschaft der 50er Jahre,* Bonn, 1993, G. Ambrosius,
　　Wirtschaftlicher Strukturwandel und Technikentwicklung, A. Schildt, A. Sywottek
　　(Hrsg), *a. a. O.,* などを参照。この時期の生産性向上運動における技術の領域の合理
　　化の重要性・位置についてみてみると，オートメーション，機械化および技術変化
　　は生産性向上のための諸機関によって重視された最も重要な重点のひとつであった。
　　N. W. Bufton, *Britain's Productivity Problem, 1948-1990,* Macmillan, 2004, p. 15.
(21) Vgl. R. Vahrenkamp, Die "goldnen Zwanziger"――wirklich die große Zeit der
　　Rationalisierung?, *REFA-Nachrichten,* 34. Jg, Heft 5, 1981.5, S. 246.
(22) Vgl. C. Kleinschmidt, *Der Produktiv Blick,* Berlin, 2002, 2.2, J. Bähr, *Industrie im
　　geteilten Berlin (1945-1990). Die Elektrotechnische Industrie und der Maschinenbau im
　　Ost-West-Vergleich : Branchenentwicklung, Technologien und Handlungsstrukturen,*
　　München, 2001, S, 488.
(23) Vgl. Rationalisierung als politische und volkswirtschaftliche Aufgabe zur Schaffung
　　wirtschaftlicher Großräume, *Stahl und Eisen,* 86.Jg, Heft 3, 1966.2.10, S.181.
(24) 拙書『ナチス期ドイツ合理化運動の展開』森山書店，2001年，第4章参照。化学産

業の有機化学は1920年代にはドイツがなお技術的優位を維持することができた領域であるが，この時期以降に大規模な消費財市場の拡大を基礎にしていちはやく大量生産・大量消費社会の確立がみられ第 2 次大戦後にもそのような発展が最も急速かつ強力にすすんだアメリカは，石油を基礎にした生産の領域だけでなく，人造繊維およびプラスティック工業の多くの諸部門においても同様に先行しており，ドイツの企業は，アメリカではすでにその多くが利用可能であった新しい製品，製法および新しい技術を開発せざるをえなかったとされている。H. G. Schröter, The German Question, the Unification of Europe, and the European Market Strategies of Germany's Chemical and Electrical Industries, 1900–1992, *Business History Review*, Vol.67, No.3, 1993, Autumn, pp,391–2.

(25) Vgl. C. Kleinschmidt, *a. a. O.*, 2.2, J.Bähr, *a. a. O.*, S.490–1.
(26) Vgl. C. Kleinschmidt, *a. a. O.*, S.71–83.
(27) 大場，前掲論文，53ページ。また *Ebenda*, 2.1をも参照。
(28) 例えばこの時期の合理化の展開を西ドイツについて簡単にみておくと，労働者階級の闘争（時間短縮闘争をはじめとする）が一定の前進をかちとるなかで，またそれに対してアメリカの合理化方策が浸透するなかで，労働時間の延長という方法が1956年以降しだいに制限され，これに代わって労働強度の増大の方法が種々の諸形態をとって現れることになり，ますます重要性をもつに至った。その主要なものとして，「時間賃金から出来高賃金への移行，出来高賃金における標準時間および個数単価の切下げ，分析的職務評価および『収益参加制度』（『利潤参加制度』あるいは『賞与制度』）の適用，その重要性の増大，ことにその算定基準および算定方法の複雑化，搾取強化のための工学および心理学（たとえば『経営心理学』）の応用など」をあげることができる（前川，前掲『ドイツ独占企業の発展過程』248-9ページ）。これらの合理化諸方策は目にみえないかたちで労働強度を引き上げるための方策として重要な役割を果たしたといえる。このように，この時期の西ドイツの合理化は，1) 労働強度の組織的な引き上げ，2) 経営における労働組織の改善，3) 労働者が資本主義的合理化に対してなんら抵抗しないようにするのに寄与するような経営状態（「社会的労働環境」などのような）の創出，4) 材料の投入，製造および生産の統一化の領域における技術的改善が最も重要な手段をなしたが（Vgl. K. H. Pavel, *a. a. O.*, S.11），そのなかで，資本支出なしの合理化は，労働の強化をはかるためだけでなく，投資を最大限に活用するためにも必要とされたのであった（ハンス・タールマン，前掲論文，252ページ）。西ドイツの生産性向上運動は，独占資本が復活した1952年までの第一期には投資をともなわない労働強化が主として追求されたのに対して，その後の第二期には新しい機械の導入がはかられ，それを利用して労働強化が追求されたとされるように（戸木田，前掲書，142-4ページ），第 2 次大戦後，とくに1954年以降に行われた合理化では，労働強度の増大は，大規模な固定資本の更新，新しい生産技術の導入と結合し，その「効率」を高めるための技術的・組織的諸措置の総合として展開されていることが特徴的である。上林貞治郎・前川恭一・

林 昭『西ドイツの独占資本』大月書店，1967年，266ページ。
(29) Vgl. V. Wittke, *Wie entstand industrielle Massenproduktion？*, Berlin, 1996, S.85-8. 電気冷蔵庫の普及率は，西ドイツでは1953年にはまだわずか2％にすぎなかったが，アメリカではすでに89％に達しており，58年には97％にのぼっている。Gebrauchsgüter——Träger der Expansion, *Der Volkswirt,* 13.Jg, Beilage zu Nr.14 vom 4.April 1959, Deutsche Wirtschaft im Querschnitt, 46.Folge, Dynamische Elektroindustrie, 1959.4. 4, S.33.
(30) 因みに西ドイツ電機産業における娯楽用電子機器と家庭電気器具の生産は1950-60年の時期に平均を上回る拡大をとげ，電機産業全体に占めるそれらの割合は17.3％から30.7％に上昇している。Vgl. V. Wittke, *a. a. O.,* S. 100, S.102.
(31) Vgl. *Ebenda,* S.132.
(32) Vgl. *Ebenda,* S.92.
(33) Vgl. K. Schulz-Hanßen, *Die Stellung der Elektroindustrie im Industrialisierungsprozeß,* Berlin, 1970, S.121.
(34) Vgl. V. Wittke, *a. a. O.,* S.94.
(35) United Nations, *Statistical Yearbook,* 1962, p.263, 1972, p.315.
(36) *Statistisches Jahrbuch für die Bundesrepublik Deutschland,* 1955, S.174-6, 1973, S.221.
(37) Vgl. J. Radkau, *a. a. O.,* S.144-5.
(38) Vgl. J. Reindl, *Wachstum und Wettbewerb in den Wirtschaftswunderjahren,* Paderborn, 2001, S.23.
(39) Vgl. M. Wildt, Privater Konsum in Westdeutschland in der 50er Jahren, A. Schildt, A. Sywottek (Hrsg), *a. a. O.,* S.280-2. 1959年2月の*Der Volkswirt*誌によれば，当時イギリスではテレビの普及率は60％にのぼっていたのに対して，西ドイツと西ベルリンの1,600万世帯の家庭のうちテレビを保有していたのは約20％にすぎなかったが (Vgl. Wandel am Rundfunk- und Fernsehmarkt, *Der Volkswirt,* 13.Jg, Nr.6, 1959.2.7, S.237)，西ドイツのテレビの生産台数は1958年から60年までの間に1,487,000台から2,164,000台へと増大しており，わずか2年間で45.5％もの増大を示している (United Nations, *Statistical Yearbook,* 1962, p.263)。また冷蔵庫をみても，西ドイツと西ベルリンの家庭用冷蔵庫部門の生産額は，1948年から57年までの間に2,900万DMから4億700万DMに，すなわち14倍に増大しており，例えば中型の家庭用冷蔵庫の価格は50年に比べ23％低下したとされているが (Vgl. H-H. Schrader, Die wirtschaftliche Situation der Kälteindustrie, *Der Volkswirt,* 12.Jg, Beilage zu Nr.37 vom 13. September 1958, Kälte im Wirtschaft und Technik, 1958.9.13, S.3-4)，この時期にはまだあまり大きな価格の低下はみられず，本格的な価格の低下は60年代にすすむことになる。
(40) Vgl. M. Wildt, *a. a. O.,* S.287-9.
(41) J. Mooser, *Arbeiterleben in Deutschland 1900-1970. Klassenlagen, Kultur und Politik,* Frankfurt am Main, 1984, S.73.
(42) Vgl. G. Plumpe, *Die I.G. Farbenindustrie AG,* Berlin, 1990, S.339.

(43) 工藤 章『現代ドイツ化学企業史』ミネルヴァ書房，1999年，254ページ。
(44) 因みに第2次大戦前の1920年代以降の賃金の推移をみておくと，ドイツ（工業の週給総額）では1925年と比較すると29年には37.6%上昇しているが，38年には16.4%の上昇にとどまっている（*Statistisches Jahrbuch für die Bundesrepublik Deutschland,* 1973, S.469）。フランス（男性工場労働者の日給）では25-26年と比較すると29-30年には21.3%，37-38年には79%の上昇を示している（*Annuaire Statistique de la France,* 1927, p.180, 1930, p.135, 1939, p.98）。フランスではとくに金属工業労働者の賃金の上昇が大きく，例えばパリ地方の製鉄工業・機械工業では1924年に比べ29年には57.6%，38年には222.7%もの上昇を示している（*Ibid.,* 1951, p.254）。また日本（男性職工の平均賃金）では1924年と比較して29年には34.7%上昇しているが（『第四十九回 帝国統計年鑑』昭和5年，242ページ），29年と38年の工場労働者の平均賃金を比較すると1.9%の低下を示している（『第五十八回 大日本帝國統計』昭和14年，245ページ）。これに対して，イギリス（第4四半期の平均週給）では1924年と比較すると29年には2.5%の減少，38年には5%の増加となっている。*Statistical Abstract for the United Kingdom,* 1924-1938, p.155.
(45) Vgl. G. Ambrosius, *a. a. O.,* S.120.
(46) 出水宏一『戦後ドイツ経済史』東洋経済新報社，1978年，165ページおよび183-5ページ。
(47) 増田壽男「現代日本経済と産業構造の転換　第一，戦後日本資本主義の構造的特質」，産業構造研究会編『現代日本産業の構造と動態』新日本出版社，2000年，33ページ，42ページおよび44-5ページ。
(48) 同論文，40ページ。
(49) 同論文，26ページ。
(50) Vgl. O. A. Goulden,Der Zukünfige Weltmarkt für Elektrotechnik, *Elektrotechnische Zeitschrift,* Ausgabe B, 103.Jg, Heft 18, 1982.10, S.1053.
(51) Vgl. Budgets ausgewählter privater Haushalte. Ergebnis der laufenden Wirtschaftsrechnung, *Wirtschaft und Statistik,* 28.Jg, Heft 6, 1976. 6, S.340-3.
(52) この点は例えばカラーテレビによる白黒テレビの代替や洗濯機における全自動式への移行などにみることができる。例えば西ドイツでは，全自動式の洗濯機の販売は1960年代には価格の大幅な引き下げによって増大し（J. Reindl, *a. a. O.,* S.246），65年には約125万台生産された洗濯機のうち約70万台が平均1,000DMから1,200DMの全自動式洗濯機であったが（*Ebenda,* S.251），全自動式洗濯機は70年代に初めて標準的な装備品となったとされている（Vgl. B. Orland, *Wäsche waschen : Technik- und Sozialgeschichte der häuslichen Wäschepflege,* Hamburg, 1991, S.268-9, S.273）。家庭用の全自動式洗濯機（乾燥した状態の洗濯物での容量6Kgまでのもの）の生産台数は1980年には1,660,000台，85年には1,827,000台となっている。1980年の同規模の家庭用洗濯機の生産台数は1,803,000台であり，全自動式洗濯機の割合は92.1%にのぼっており（*Statistisches Jahrbuch für die Bundesrepublik Deutschland,* 1981, S.187, 1983,

S.193, 1986, S.194），70年代に家庭用全自動式の洗濯機の普及が大きくすすんだことがわかる。またテレビでは，西ドイツの場合，1967年にはカラーテレビ時代が始まるとされているが，カラーテレビにすばやのりかえていくという消費者の用意は，価格の低下にもかかわらず，電機産業によって期待されたほどにはみられず，68年のテレビの生産台数に占めるカラーテレビの割合はまだ10％にすぎなかった（J.Reindl, *a. a. O.*, S.254）。1970年代をみると，西ドイツのテレビの生産台数は1970年の2,936,000台から75年には3,356,000台，80年には4,425,000台へと増大しているが，70年代の10年間には1.5倍への増大にとどまっているのに対して，そのうちカラーテレビの生産台数は872,000台から2,232,000台，さらに4,157,000台に著しく増大しており，70年代の10年間に4.8倍に増大しており，テレビの生産台数に占めるカラーテレビの割合は70年には29.7％にすぎなかったものが75年には66.5％，80年には93.9％に大きく上昇している（*Statistisches Jahrbuch für die Bundesrepublik Deutschland,* 1972, S.224, 1977, S.183, 1981, S. 187）。こうした点を考えても，電機産業，とくに家庭用電気器具部門においては，70年代にも潜在需要の余地が比較的多く残されていたといえる。

(53) Vgl. O. A. Goulden, *a. a. O.*, S.1053.
(54) 例えば西ドイツは電子部品技術では1960年代をとおして世界のトップに立ち遅れており，IC技術への移行にさいしてアメリカに対する立ち遅れが大きくなっただけでなく，日本のマイクロエレクトロニクス産業の急激な躍進にもドイツの製造業者はついていくことができなかった。最大の電機企業であるジーメンスをみても，60年代にはマイクロエレクトロニクスの領域における基礎研究が重視されておらず，AEGでもこの領域における独自の展開の重要性が認識されてはいなかったとされている。1960年代末にみられたアメリカに対する西ドイツの半導体産業の立ち遅れは5年から10年であったと評価されている。西ドイツ電機産業の代表的な2社であるジーメンスとAEGが日米の製造業者にはるかに立ち遅れていたことは総合電機企業というこれらのコンツェルンの構造にも関係していたとされている。J. ベールは，アメリカやイギリスとは異なり，西ドイツでは，新しい専門企業が市場のリーダーにのぼりつめることはなく，1968年の同国の半導体市場は約66％が真空管の製造業者によって支配されており，そのようにみると，電子部品技術における西ドイツ電機産業の比較的に弱い地位はいうまでもなく新規企業の出現を妨げる障壁から生じたものであったとした上で，同国の電機産業の高い集中度，資本市場の規制および60年代以降西ドイツの産業全体でみられた企業の設立の停滞がそれに含まれるとしている（Vgl. J. Bähr, *a. a. O.*, S.414-9）。すでに60年代末までにみられた電子部門における西ドイツのこのような立ち遅れはその後も十分に解消されることはできずに80年代を迎えることになる。

また日米独3国の電機産業の市場の推移をみると，1960年を100としたときの84年の指数は，電機産業全体では607となっており，電子を除く電機産業の領域では418となっているのに対して，電子製品では1,007にのぼっている。またこれら3国の電

機産業の市場に占める電子製品の割合を1960年と84年について比較すると32%から54%に大きく上昇しており，アメリカでは33%から58%に，日本では28%から47%に，西ドイツでは28%から46%に上昇している。Vgl.J, Knorn, Mikroelektronik im Weltmarkt, *Elektrotechnische Zeitschrift,* Ausgabe B, 107.Jg, Heft 21, 1986.11, S. 978.
(55) 矢野恒太記念会編『世界国勢図絵 1999/2000年版』国勢社，1999年，297ページ。
(56) 『日本経済新聞』2002年11月26日付。
(57) 『日経金融新聞』2002年10月16日付。
(58) 同紙，2003年8月22日付。
(59) 株式会社UFJホールディングス『有価証券報告書総覧』平成14年(3)，28ページ，平成15年(3)，9ページ。
(60) 株式会社りそなホールディングス『有価証券報告書総覧』平成14年(9)，23ページ。
(61) 『日本経済新聞』2003年10月30日付。
(62) 株式会社みずほホールディングス『有価証券報告書総覧』平成14年(9)，27ページ，平成15年(3)，37ページ。
(63) 株式会社三菱東京フィナンシャル・グループ『有価証券報告書総覧』平成14年(9)，21ページ，平成15年(3)，50ページ，平成14年(3)，24ページ。
(64) 株式会社三井住友銀行『有価証券報告書総覧』平成14年(3)，16ページ，49ページ，平成14年(9)，7ページ
(65) 『日本経済新聞』2002年11月26日付。
(66) 同紙，2003年5月30日付。
(67) 同紙，2003年9月22日付，『京都新聞』2003年8月22日付。三井トラストは経費率を2007年3月期にはさらに28.1%まで引き下げる計画であるとしている。『日本経済新聞』2003年9月22日付。
(68) 同紙，2003年8月22日付。
(69) 株式会社りそなホールディングス『有価証券報告書総覧』平成14年(9)，23ページ。
(70) 株式会社りそなホールディングス『有価証券報告書総覧』平成16年(3)，12ページ，35ページ，『日本経済新聞』2003年10月30日付，2003年11月15日付。
(71) 同紙，2003年5月31日付のほか，2003年11月15日付をも参照。
(72) 株式会社三井住友銀行『有価証券報告書総覧』平成14年(3)，49ページ。
(73) 『日本経済新聞』2003年3月2日付。
(74) 株式会社りそなホールディングス『有価証券報告書総覧』平成14年(9)，5ページ，23ページ。
(75) 株式会社UFJホールディングス『有価証券報告書総覧』平成15年(3)，9ページ，平成14年(3)，28ページ。
(76) 『日本経済新聞』2003年8月2日付。
(77) 同紙，2004年8月13日付，2005年2月18日付，『日経金融新聞』2004年9月21日付。
(78) 例えば『日本経済新聞』2003年1月17日付参照。国土交通省は，建設会社への産業再生法の適用にあたり，不採算部門からの撤退や合併を不可欠の条件としており，

建設業の供給過剰構造の解消に同法を活用することが意図されている。同紙，2002年10月22日付。
(79) 株式会社熊谷組『有価証券報告書総覧』平成12年(9)，7ページ，平成13年(3)，14ページ，平成13年(9)，9ページ，平成14年(9)，9ページ。
(80) 飛島建設株式会社『有価証券報告書総覧』平成16年(3)，10ページ，12ページ，『日本経済新聞』2003年11月25日付，2004年11月15日付夕刊。
(81) 大成建設株式会社『有価証券報告書総覧』平成10年(3)，22ページ，平成11年(3)，19ページ，平成12年(3)，14ページ，平成12年(9)，7ページ，平成13年(3)，14ページ，平成14年(3)，14ページ，平成14年(9)，8ページなどを参照。
(82) 鹿島建設株式会社『有価証券報告書総覧』平成9年(3)，24ページ，平成10年(3)，27ページ，平成11年(3)，27ページ。
(83) 『日経産業新聞』2001年10月5日付および2001年10月9日付。
(84) 『日本経済新聞』2002年10月22日付。
(85) 株式会社熊谷組『有価証券報告書総覧』平成12年(9)，7-8ページ，平成15年(3)，9ページ，平成15年(9)，9ページ。
(86) 鹿島建設株式会社『有価証券報告書総覧』平成6年(3)，18ページ，平成11年(3)，21ページ，28ページ，平成15年(3)，9ページ，平成16年(3)，17ページ。
(87) 『日本経済新聞』2002年4月29日付。
(88) 同紙，2003年1月17日付。
(89) 同紙，2002年4月9日付，2001年11月26日付夕刊。
(90) 日本鋼管株式会社『有価証券報告書総覧』平成12年(9)，12ページ。
(91) 川崎製鉄株式会社『有価証券報告書総覧』平成13年(9)，7ページ，平成14年(3)，11ページ。
(92) 新日本製鐵株式会社『有価証券報告書総覧』平成6年(3)，21ページ，平成11年(3)，25ページ，27ページ，平成15年(3)，29ページ。
(93) 例えば神戸製鋼株式会社『有価証券報告書総覧』平成9年(3)，21-2ページ，平成11年(3)，21ページ，平成12年(3)，18ページ，平成13年(3)，18ページ，平成15年(3)，24ページ。
(94) 住友金属工業株式会社『有価証券報告書総覧』平成12年(3)，15ページ，18ページ，平成12年(9)，5ページ，平成13年(3)，15ページ，平成14年(9)，9ページ，11ページ，平成15年(3)，14ページ，20ページ，平成16年(3)，19ページ。
(95) 新日本製鐵株式会社『有価証券報告書総覧』平成8年(3)，22ページ，平成9年(3)，21ページ，平成12年(9)，8ページ，平成13年(3)，22ページ，28ページ，平成14年(3)，28ページ。
(96) 同社の「品種セクター」は薄板，厚板，形鋼・スパイラル，鋼管，電磁鋼板，ステンレス，棒線，鉄粉の8つが採用されている。川崎製鉄株式会社『有価証券報告書総覧』平成14年(9)，9ページ，日本鋼管株式会社『有価証券報告書総覧』平成14年(9)，9ページ。

(97) JFEホールディングス株式会社『有価証券報告書総覧』平成15年(3)，16ページ．
(98) 神戸製鋼株式会社『有価証券報告書総覧』平成15年(3)，24ページ．
(99) 『日本経済新聞』2002年11月15日付，2002年11月18日付，2002年2月28日付のほか，新日本製鐵株式会社『有価証券報告書総覧』平成12年(3)，20ページ，平成12年(9)，8ページ，平成13年(3)，22ページなどを参照．2003年10月には新日鉄と住友金属との間でステンレス事業が統合され，新日鉄住金ステンレスが設立されている．同社報告書，平成16年(3)，23ページ
(100) 『日本経済新聞』2003年1月28日付．例えば新日本製鉄では，上述の2001年3月末の八幡製鉄所における中小径シームレス鋼管生産設備の休止のほか，1995年度に同製鉄所の分塊設備・ブルーム連続鋳造設備，第3スパイラル造管設備，第1冷延設備および堺製鉄所の転炉設備の廃止（廃却）が行われている（新日本製鐵株式会社『有価証券報告書総覧』平成8年(3)，30ページ，平成13年(3)，31ページ）．また川崎製鉄では，例えば1994年度上半期に知多製造所の1号スパイラルミル鋼管製造設備が廃止されているほか（川崎製鉄株式会社『有価証券報告書総覧』平成6年(9)，9ページ），95年度上半期にも千葉製鉄所の第1製鋼工場の転炉と連続鋳造設備，80"レバースミル，水島製鉄所の1号電気亜鉛めっき設備が休止されている．川崎製鉄株式会社『有価証券報告書総覧』平成7年(9)，9ページ．
(101) 住友金属工業株式会社『有価証券報告書総覧』平成14年(9)，9-10ページ，平成15年(3)，19ページ．
(102) 『日本経済新聞』2002年4月9日付．
(103) JFEホールディングス株式会社『有価証券報告書総覧』平成15年(3)，26ページ．
(104) 『日本経済新聞』2002年11月4日付．
(105) 同紙，2003年1月28日付．
(106) 新日本製鐵株式会社『有価証券報告書総覧』平成8年(3)，23ページ，30ページ．
(107) 日本鋼管株式会社『有価証券報告書総覧』平成13年(3)，18ページ．
(108) 例えば神戸製鋼株式会社『有価証券報告書総覧』平成7年(3)，20ページ，平成8年(3)，20ページ，平成9年(3)，21ページ，平成13年(9)，9ページ．
(109) 住友金属工業株式会社『有価証券報告書総覧』平成12年(3)，18ページ，平成13年(3)，18ページ．
(110) 日立造船株式会社『有価証券報告書総覧』平成11年(3)，18ページ，平成12年(3)，13ページ，平成13年(3)，13ページ，平成14年(3)，13ページ，平成14年(9)，7ページ，平成15年(3)，13ページ．
(111) 『日本経済新聞』2001年12月15日付，『日経産業新聞』2001年12月17日付．
(112) 同紙，2001年9月19日付，『日本経済新聞』2001年9月19日付．
(113) 三井造船株式会社『有価証券報告書総覧』平成11年(3)，21ページ，平成12年(3)，13ページ，平成12年(9)，8ページ，平成15年(3)，14ページ．
(114) 三井化学株式会社『有価証券報告書総覧』平成12年(3)，11ページ．
(115) 『日本経済新聞』2003年6月18日付，『日経産業新聞』2003年6月19日付．

(116) 『日本経済新聞』2002年12月15日付。
(117) 三井化学株式会社『有価証券報告書総覧』平成16年(3)，14ページ。
(118) 例えば旭化成株式会社『有価証券報告書総覧』平成10年(3)，26ページ，平成12年(3)，12ページ，平成12年(9)，5ページ，平成14年(9)，7ページ，平成15年(3)，18ページ，平成16年(3)，15ページのほか，『日経産業新聞』2002年12月30日付，2002年8月29日付参照。例えばアクリル繊維事業では，国内生産はすでに2003年3月で終えているが，国内外で最後に残っていた生産拠点であるインドネシアの子会社での生産が2004年11月に終了し，会社の清算が開始されており，同事業からの完全撤退がはかられている。聞き取りによる。
(119) 旭化成株式会社『有価証券報告書総覧』平成16年(3)，11-2ページ。
(120) 鐘紡株式会社『有価証券報告書総覧』平成16年(3)，11ページ，『日本経済新聞』2003年8月9日付，『京都新聞』2003年8月9日付。
(121) 『日本経済新聞』2004年1月30日付。
(122) 鐘紡株式会社『有価証券報告書総覧』平成11年(3)，19ページ，27ページ，平成12年(3)，15ページ，21ページ，平成13年(3)，15ページ，平成13年(9)，11ページ，平成14年(3)，23ページ。
(123) 『日本経済新聞』2003年10月24日付。
(124) 同紙，2004年1月31日付。
(125) 同紙，2004年2月17日付。
(126) 同紙，2004年3月11日付。
(127) 鐘紡株式会社『有価証券報告書総覧』平成16年(3)，14ページ，『日本経済新聞』2004年6月1日付，2005年3月17日付，『日経産業新聞』2005年3月17日付，『京都新聞』2004年6月1日付参照。
(128) 『日本経済新聞』2002年11月5日付，『日経産業新聞』2001年11月6日付。
(129) 呉羽化学工業株式会社『有価証券報告書総覧』平成16年(3)，8ページ，平成15年(3)，10ページ，17ページ，平成12年(3)，14ページ。
(130) 積水化学工業株式会社『有価証券報告書総覧』平成15年(3)，13ページ，19ページ，平成12年(9)，4ページ，7ページ，平成13年(3)，12ページ，平成13年(9)，7ページ，平成14年(3)，12ページ，平成15年(9)，4ページ，平成16年(3)，12ページ，『日本経済新聞』2002年1月3日付。
(131) 『日経産業新聞』2001年8月22日。
(132) 宇部興産株式会社『有価証券報告書総覧』平成11年(3)，24ページ，平成14年(3)，14ページ，17ページ，平成15年(3)，17ページ，平成16年(3)，18ページ。
(133) 『日経産業新聞』2001年8月21日付。
(134) 三菱化学株式会社『有価証券報告書総覧』平成6年(9)，13ページ，平成12年(3)，25ページ，平成12年(9)，11ページ，平成13年(3)，25ページ，29ページ，平成14年(3)，27ページ。
(135) 『日経金融新聞』2001年8月7日付。

(136) 日本化成株式会社『有価証券報告書総覧』平成12年(3)，8ページ，平成15年(3)，12ページのほか，『日経産業新聞』2001年8月28日付参照。
(137) 武田薬品工業株式会社『有価証券報告書総覧』平成15年(3)，24ページ，平成10年(3)，20ページ，平成11年(3)，21ページ，平成13年(3)，14ページ，平成14年(9)，8ページ，『日本経済新聞』2002年7月31日付。
(138) 同紙，2003年10月20日付。
(139) 三井化学株式会社『有価証券報告書総覧』平成10年(3)，15ページ，平成15年(3)，9ページ。
(140) 旭化成株式会社『有価証券報告書総覧』平成10年(3)，16ページ，平成15年(3)，10ページ。
(141) 宇部興産株式会社『有価証券報告書総覧』平成10年(3)，15ページ，平成16年(3)，2ページ。
(142) 三菱化学株式会社『有価証券報告書総覧』平成10年(3)，17ページ，平成16年(3)，2ページ。
(143) 武田薬品工業株式会社『有価証券報告書総覧』平成10年(3)，12ページ，平成16年(3)，2ページ。
(144) 富士通株式会社『有価証券報告書総覧』平成10年(9)，6ページ，平成11年(3)，18-9ページ，平成11年(9)，5ページ，平成12年(9)，7ページ，平成14年(3)，12ページ。
(145) 『日本経済新聞』2002年10月2日付。
(146) 同紙，2003年2月9日付。
(147) 富士通株式会社『有価証券報告書総覧』平成15年(3)，14ページ。
(148) 『日本経済新聞』2003年4月2日付，2002年7月25日付，『京都新聞』2003年3月20日付。
(149) 株式会社東芝『有価証券報告書総覧』平成6年(3)，29ページ，平成9年(3)，28ページ，平成12年(3)，20ページ，平成13年(3)，21ページ，平成15年(3)，16ページ。
(150) 『日本経済新聞』2001年8月28日付。例えば生産拠点の統廃合では，2004年4月に，日本，中国，フィリピンに分散しているノート型パソコンの生産を中国に集約することが決定された。同紙，2004年4月9日付。
(151) ソニー株式会社『有価証券報告書総覧』平成13年(3)，20ページ，平成14年(3)，20-1ページ，31ページ，平成15年(3)，31-3ページ，平成16年(3)，19ページ。
(152) 『日本経済新聞』2003年10月20日付および10月29日付。東芝と松下でも2004年にブラウン管の国内生産から撤退している。聞き取りによる。
(153) 日本電気株式会社『有価証券報告書総覧』平成12年(3)，20ページ，平成13年(3)，21ページ，平成14年(3)，23ページ，平成15年(3)，19ページ，平成16年(3)，22ページ。
(154) 『日本経済新聞』2004年2月27日付，夕刊。
(155) 同紙，2003年2月4日付。

第 7 章　現代合理化の歴史的展開とその特徴　*337*

(156) 松下電器産業株式会社『有価証券報告書総覧』平成13年(3)，19ページ。
(157) 松下電器産業株式会社『有価証券報告書総覧』平成 8 年(3)，22ページ，平成 9 年(3)，22ページ，平成11年(3)，24ページ，平成12年(3)，19ページ，平成13年(9)，11-2ページ，平成14年(9)，12ページ，平成15年(3)，18ページ，平成16年(3)，18ページ。
(158) 日産自動車株式会社『有価証券報告書総覧』平成 7 年(3)，22ページ，平成12年(3)，14-5ページ，平成13年(3)，14ページ，17ページ，平成13年(9)，7 ページ，平成14年(3)，12-3ページ，平成14年(9)，6 ページ，平成15年(3)，12ページ。
(159) 『日本経済新聞』2004年 2 月 4 日付。
(160) マツダ株式会社『有価証券報告書総覧』平成14年(3)，15ページ，20ページ，平成10年(3)，16ページ，平成16年(3)，2 ページ，平成12年(9)，7 ページ。本社府中工場の商用車第 2 ラインと宇品第 2 工場の閉鎖によって国内生産能力は105万台から78万台にまで縮小され，稼働率は72％から99.6％にまで回復している。FOURIN編『2002 日本自動車産業』FOURIN，2002年，256ページ。
(161) 三菱自動車工業株式会社『有価証券報告書総覧』平成11年(3)，37ページ，平成12年(3)，34ページ，平成13年(3)，33ページ，平成13年(9)，3 ページ，平成14年(9)，6 ページ，9 ページ，平成15年(3)，21ページ。
(162) 『日本経済新聞』2004年 4 月 3 日付。
(163) 同紙，2004年 4 月23日付夕刊，2004年 4 月24日付。
(164) 三菱自動車工業株式会社『有価証券報告書総覧』平成16年(3)，22-7ページ，『日本経済新聞』2004年 5 月22日付，『京都新聞』2004年 5 月22日付，『朝日新聞』2004年 5 月22日付参照。
(165) 『日本経済新聞』2005年 1 月29日付。
(166) 同紙，2002年 2 月26日付，2002年 2 月23日付，2002年 1 月19日付。
(167) 株式会社ダイエー『有価証券報告書総覧』平成元年(2)，18ページ，平成10年(2)，17ページ，平成11年(2)，27ページ，平成12年(2)，26ページ，平成13年(2)，15ページ，平成14年(2)，12ページ，14ページ，平成14年(8)，5 ページ，9 ページ，平成15年(2)，12ページ，18ページ，平成15年(8)，4 ページ，平成16年(2)，3 ページ，12ページ。
(168) 『日本経済新聞』2004年12月29日付，2005年 2 月 5 日付，2005年 3 月 8 日付，『日経流通新聞』2005年 1 月 1 日付，『日経金融新聞』2004年12月29日付などを参照。
(169) 『日本経済新聞』2001年 9 月15日付，2001年 8 月 3 日付，『日経流通新聞』2002年 9 月12日付。
(170) 株式会社マイカル『有価証券報告書総覧』平成13年(2)，11ページ，17ページ。
(171) 株式会社西友『有価証券報告書総覧』平成4年(2)，29ページ，平成 5 年(2)，27ページ，平成 6 年(2)，28ページ，平成 7 年(2)，27ページ，平成 8 年(2)，27ページ，平成 9 年(2)，30ページ，平成10年(2)，19ページ，28ページ，平成11年(2)，15ページ，17ページ，25ページ，平成12年(2)，25ページ。

(172) 『日本経済新聞』2002年3月16日付，『日経流通新聞』2002年3月16日付。
(173) 『日本経済新聞』2003年4月18日付。
(174) 同紙，2004年1月16日付。
(175) 『日経流通新聞』2002年2月19日付，2003年2月11日付，『日本経済新聞』2002年1月24日付，2003年4月4日付（地方経済面「四国」）。
(176) 同紙，2003年1月17日付，『京都新聞』2004年1月16日付夕刊参照。
(177) 『日本経済新聞』2004年5月24日付（大阪夕刊）。
(178) 同紙，2003年1月16日付。
(179) 株式会社松坂屋『有価証券報告書総覧』平成13年(2)，9ページ，平成13年(8)，4ページ，平成14年(2)，12ページ。
(180) 株式会社松坂屋『有価証券報告書総覧』平成16年(2)，13ページ，『日本経済新聞』2003年10月22日付。
(181) 『日経流通新聞』2002年6月27日付。例えばローソンでは2002年度には閉鎖された611の全店舗のうち直営店は211店舗にのぼっている。株式会社ローソン『有価証券報告書総覧』平成15年(2)，9ページ。
(182) 『日経流通新聞』2003年6月26日付。
(183) 宗像正幸・坂本 清・貫 隆夫「生産，生産システムをめぐる現代的情況と生産システム論」，宗像正幸・坂本 清・貫 隆夫編著『現代生産システム論』ミネルヴァ書房，2000年，8-9ページ。
(184) 貫 隆夫「生産システムの将来展望——8つの主要トレンド——」，同書，248-9ページ。
(185) 林 正樹「情報ネットワーク経営論——現代経営革新へのアプローチ——」，林 正樹・井上照幸・小阪隆秀編著『情報ネットワーク経営』ミネルヴァ書房，2001年，16ページ。
(186) 小阪隆秀「情報ネットワーク化と企業間関係の変革——日本型企業間関係の構成原理と競争優位源泉の変化——」，同書，199-201ページ。
(187) 同論文，205ページ。
(188) 同論文，227ページ。
(189) 林・井上・小阪編著，前掲書のほか，國領二郎『オープン・ネットワーク経営』日本経済新聞社，1995年などを参照。

第8章　経営のグローバル化の基本的特徴と意義
　　　——日本の製造業を中心として——

　今日，1990年代以降の資本主義経済の変容という大きな状況変化のもとで企業経営における変化，新しい展開がさまざまみられるが，例えば前章でみたリストラクチュアリング的合理化やIT合理化などの本格的展開とともに経営のグローバル化の進展にそのひとつのあらわれをみることができる。ことに旧ソ連東欧社会主義圏の崩壊，中国やベトナムのようなアジアの社会主義国の市場経済化の進展などによる資本主義陣営にとっての市場機会の拡大，発展途上国・新興国の進出・台頭，市場の世界的一体化にともなう市場競争の激化，情報技術の急速な発展などのもとで，企業をとりまく経営環境も大きく変化しており，「メガ・コンペティション」ともいわれるように競争条件・競争構造の変化が指摘されている。しかし，とくに1990年代に入って本格的な進展をみる経済のグローバリゼーションの進展のもとで，経営のグローバル化と呼ばれる現象がかつての「多国籍企業」と呼ばれた時代や80年代のように経済の国際化と呼ばれた段階の企業経営の国外展開と比べどのような質的差異がみられるのか，いかなる質的に新しい性格をもつものとなっているのか。またそうした経営展開のありようは企業の蓄積構造にどのような影響，変化をもたらすものであるのか，さらにそれにともない競争構造にいかなる質的に新しい変化がみられるのか。こうした問題については，これまで必ずしも十分に明らかにされてきたとはいえない。しかし，経営のグローバル化の具体的内容とそのような経営展開にともなう蓄積構造，競争構造の変容の解明なくしては，グローバル展開をとげている今日の巨大企業の経営の構造や基本的特徴を十分に明らかにすることができないだけでなく，グローバルな巨大企業の国際経済，世界経済に占める位置，それらにおよぼす影響という点からみても，今日の資本主義経済

の構造，特徴，問題点などを十分に明らかにすることはできないであろう。

そこで，本章では，日本の製造業を中心に経営のグローバル化と呼ばれている現象の基本的特徴と意義の解明を試みる。まず経営のグローバル化の基本的指標を明らかにした上で，代表的な産業の考察をとおして経営のグローバル化と呼ばれる現象の実態把握をとおしてその特徴を明らかにしていく。それをふまえて，そうした現象によって巨大企業の蓄積構造にいかなる変容がみられるのか，また競争構造にどのような変化がみられるかという点を解明していく。

第1節　経営のグローバル化の基本的指標

そこで，まず経営のグローバル化の基本的指標がなにに求められるべきかという問題についてみておくことにしよう。主要資本主義国の企業の生産・流通・購買・開発活動がグローバルに展開されるだけでなく一企業あるいは企業グループにおいて世界的なレベルで最適生産・購買・開発が確保されるような分業生産体制の構築がすすんできた点に企業経営の今日的な変化をみることができる。今日の経営のグローバル展開においては，たんに為替変動リスクへの対応や貿易摩擦あるいは相手国政府の輸入規制などへの対応としての生産の国外移転が問題なのではなく，まさに巨大企業の生産力構成のあり方が問題となっている。

経営のグローバル化と呼ばれる現象の基本的特徴，それを多国籍企業と呼ばれた段階や80年代の経済の国際化といわれた段階の国外展開と比べた場合の質的相違を示す基本的指標はつぎの点にあるといえる。すなわち，グローバルな競争のなかで，たんに巨大企業の生産，販売，開発の拠点の世界的展開，そうした拠点の数やそれらがおかれる国の数の増加ということではなくむしろ，開発や購買をも含めた世界最適生産力構成を，高度に多角化した巨大企業における特定の市場地域向けの特定製品，その生産のための部品の種類あるいは工程にてらして確立していくこと（最終製品については製品別の生産分業，部品については相互補完を含めた生産分業体制の確立を基礎にしながら国外の企業からの輸入も含めた地域単位の調達・現地調達を中心としたかたちでの最適展開）にある。そうした経営展開がしかも北米，欧州（EU），アジアなどにおける地域完結の

かたちをとりながらすすんでいるという点にある。しかもそのような主要地域での「地域完結型」の展開がすすむなかで，経営権においても，とくに電機・電子産業の場合に最も顕著にみられるように，従来の製品別事業部の枠内を基本とするかたちやマトリックス組織のようなかたちでの経営権の委譲から地域完結的なかたちでの委譲がすすんでいるという点，さらに各主要地域における経営展開のグローバルな統合的調整がはかられている点も特徴的な変化を示すものとなっている。またそのような世界最適生産力構成による経営展開は必然的に国外の販売拠点・販売網の拡充を必要にし，販売体制の整備も一層すすめられることにもなる。

　そこで，つぎにそのような世界最適生産力構成による経営のグローバル展開の実態を，そのあらわれの最も典型的な産業である自動車産業と電機・電子産業について，日本企業の代表的な事例を中心にみていくことにする。これら2つの産業を取り上げるのは，第2章でもみたように，情報通信機械を含む電気機械産業や輸送機械産業は最も海外生産比率が高い産業に属し，そこでは生産拠点の国外移転，それにともなう現地調達や開発の現地化が最もすすんでいることによる。以下では，経営のグローバル化の進展が初期的段階にあった1990年代初頭と21世紀初頭の経営展開の実態を比較しながらみていくことにする。

第2節　経営のグローバル化の実態とその特徴

1　自動車産業における経営のグローバル化とその特徴

　まず自動車産業について考察をすすめることににするが，ここでは，その代表的な事例としてトヨタ自動車を取り上げて，1990年代初頭の実態とともに，90年代に入って以降の変化をあとづけながら今日の企業経営の国際展開の実態をみることによって，また比較のために他社の実態を補足的にみることによって経営のグローバル化と呼ばれている現象の基本的特徴を明らかにしていくことにしよう。ここでトヨタ自動車の事例を中心に考察するのは，同社が日本の最も代表的な自動車企業であるだけでなく，車種的にみてもフルライン化が最もすすんでおり，世界最適生産力構成による経営展開の最も典型的なすがたを示していると考えられることによる。

(1) 1990年代初頭の企業内分業関係による生産力構成とその特徴
　①車両生産における分業関係

　1990年代初頭の同社の国外展開の状況をみておくと，1992年4月の時点では海外25カ国に34の生産会社があり，そのうち生産を行っていたものは29社であった[1]。以下，主要生産拠点における車両生産，部品の生産および調達，開発の状況についてみていくことにするが，最初に車両生産における各地域の生産拠点の間での分業関係[2]ついてみることにしよう。

　まず**北米**では，1992年初めにはアメリカのTMM（Toyota Motor Manufacturing, U.S.A. Inc.—86年設立，88年生産開始），NUMMI（New United Motor Manufacturing, Inc.—84年にGMとの合弁で設立・生産開始）とカナダのTMMC（Toyota Motor Manufacturing, Canada Inc.—86年設立，88年生産開始）に車両生産拠点があった。この地域ではカムリはTMMによって，カローラはNUMMIとTMMCによって，GMで販売のプリズムとハイラックスはNUMMIによって生産されており，TMMで生産されたカムリは台湾，日本へ輸出されたのに対して，TMMCで生産のカローラの多くはアメリカへ輸出された。TMMCで生産のカローラの輸出については，90年1月からの年産5万台のフル生産への移行にともない生産台数の6〜7割が輸出されていた。1991年にはすでにアメリカ市場でのカローラの販売台数に占めるTMMCとNUMMIによる北米現地生産車の割合は70％超にのぼっている。TMMで新たに生産された新型カムリワゴンが1992年から欧州向けに輸出されており，トヨタの米国生産車の対欧輸出第1号となっているが，日本にも一部逆輸入が行われている。

　また**中南米**ではコロンビア，エクアドル，ウルグアイ，ブラジル，ベネズエラ，トリニダード・トバコ，ペルーに生産拠点があり，スタウトはエクアドルで，カローラはウルグアイ，ベネズエラ，トリニダード・ドバコで，ハイラックスはウルグアイとトリニダードド・ドバコ，コロンビアで，ランドクルーザーはブラジル，ベネズエラ，コロンビアで，ダイナはトリニーダ・ドバコで生産されていた。このうちコロンビアについては，1988年5月から四輪駆動車の輸入が禁止されたため，現地法人をもつルノーとの提携により中南米地域での足場固めをめざしたものである。なおペルーでは1991年3月に従来の自動車政策が変更され，完成車の輸入関税が50％から15％へと大幅に引き下げられたた

め完成車輸出の方が販売価格が安くなり，工場の操業を全面休止している。

さらに**欧州**をみると，1992年初頭の時点ではポルトガル，イギリスの生産拠点（1989年設立）のほか，地理的には欧州に分類されているトルコの拠点（1990年設立），ドイツのフォルクスワーゲン車との提携による同社の工場での共同生産（89年1月からハイラックスを生産）というかたちでの生産拠点があったが，イギリスとトルコでの生産開始はそれぞれ92年12月と94年のことであり，90年初頭の欧州の生産拠点は実質的にはポルトガルのみであった。トヨタが27％出資していたポルトガルの拠点でダイナ，ハイエース，ハイラックス，ランドクルーザー，コースターを生産していたが，EC市場統合を控え，商用車需要が高まってきたことへの対応として，同社は商用車分野での欧州における戦略拠点と位置づけられ，生産能力の増強，輸出先の拡大などがはかられた。

つぎに**アジア**をみると，台湾，マレーシア，タイ，インドネシア，フィリピン，インド，バングラデシュの7カ国に8拠点を有し，車両生産を行っていた。車種別の生産分業関係をみると，カローラはタイ（TMT＝Toyota Motor Thailand Co., Ltd.），インドネシア，フィリピンで，コロナは台湾，タイ（TMT），インドネシアで，クラウンはタイ（TMT），インドネシア，フィリピンで，スターレットはインドネシア，タイ（TMT）で生産されていた。TUVは台湾，インドネシアで，ハイラックスはタイ（TMT），マレーシアで，ダイナはタイ（タイヒノ），インドネシア，マレーシア，インド，バングラデシュで，ハイエースはマレーシアで，ライトエースはフィリピンで，ランドクルーザーはマレーシア，バングラデシュで，コースターはマレーシアで生産されていた。このように，アジア地域での車両生産では車種によっては複数の国での生産の重複が目立っている。なかでも台湾の國瑞汽車が1991年よりフィリピン向けにTUVを輸出しアジアにおける国際分業体制を一段と拡大しているが，そうした動きがすすむのは90年代以降のことである。また1988年のフィリピンのCDP（自動車開発計画），CVDP（商用車開発計画）にみられるように，現地国の自動車政策の転換が進出の大きな動機となっているケースもみられる。

また**オセアニア**では，オーストラリアとニュージーランドに生産拠点があったが，カローラは両国で，カムリはオーストラリアで，コロナ，ハイエース，

ハイラックスはニュージーランドで生産されていた。

最後に**アフリカ**をみると，ケニア，ジンバブエ，南アフリカに生産拠点があったが，ランドクルーザーとダイナはこれら3国で，カローラ，ハイエース，ハイラックス，大型トラックはケニアと南アフリカで，クレシーダはジンバブエと南アフリカで，スタウトとTUVは南アフリカで生産されていた。

以上の各地域における車種別生産分業関係をふまえ，主要地域ごとの車種別生産拠点（1992年4月時点）を示せばつぎのようになる。

《北米》
1) カムリ────・アメリカ（TMM）
2) カローラ────・アメリカ（NUMMI），カナダ
3) プリズム────・アメリカ（NUMMI）
4) ハイラックス────・アメリカ（NUMMI）

《南米》
1) カローラ────・ウルグアイ，ベネズエラ，トリニダード・ドバコ
2) スタウト────・エクアドル
3) ランドクルーザー────・ブラジル，ベネズエラ，コロンビア
4) ハイラックス────・ウルグアイ，トリニダード・ドバコ，コロンビア
5) ダイナ────・トリニダード・ドバコ

《欧州》
1) ランドクルーザー────・ポルトガル
2) ハイラックス────・ポルトガル，ドイツ（フォルクスワーゲンとの提携）
3) ハイエース────・ポルトガル
4) ダイナ────・ポルトガル
5) コースター────・ポルトガル

《アジア》
1) カローラ────・タイ（TMT），インドネシア，フィリピン
2) コロナ────・台湾，タイ（TMT），インドネシア
3) クラウン────・タイ（TMT），フィリピン，インドネシア
4) スターレット────・タイ（TMT），インドネシア
5) ランドクルーザー────・マレーシア，バングラデシュ
6) TUV────・台湾，インドネシア
7) ハイラックス────・タイ（TMT），マレーシア

8) ハイエース——・マレーシア
9) ライトエース——・フィリピン
10) ダイナ——・タイ（タイヒノ），インドネシア，マレーシア，インド，バングラデシュ
11) コースター——・マレーシア
　　《オセアニア》
1) カムリ——・オーストラリア
2) カローラ——・オーストラリア，ニュージーランド
3) コロナ——・ニュージーランド
4) ハイラックス——・ニュージーランド
5) ハイエース——・ニュージーランド
　　《アフリカ》
1) カローラ——・ケニア，南アフリカ
2) クレシーダ——・ジンバブエ，南アフリカ
3) スタウト——・南アフリカ
4) ランドクルーザー——・ケニア，ジンバブエ，南アフリカ
5) TUV——・南アフリカ
6) ハイラックス——・ケニア，南アフリカ
7) ハイエース——・ケニア，南アフリカ
8) ダイナ——・ケニア，南アフリカ，ジンバブエ
9) 大型トラック——・ケニア，南アフリカ

②海外生産拠点における部品の生産と調達

　これまでの車両生産における分業関係をふまえて，つぎに部品の生産と調達の状況についてみることにしよう。

　まず**米州**をみるとアメリカのTMMでは，1990年代初頭にはカムリ用２リッターエンジン，エンジン・アクスル部品，ボディプレス部品，樹脂部品を内製していたが，2.5リッターV6エンジンのほか，エンジン電装品，マニホールドなどのエンジン関連部品，トランスミッション，足廻り部品が日本から輸入された。エンジン・足廻り部品など品質性，均一性がより求められる重要部品は内製のほか，日本からの輸入やトヨタ系列・独立系の日系現地メーカーを中心とした調達により確保するかたちとなっていた。これに対して，車体・装備品

など汎用的で設計上の拘束が少なくなる部品は日系，米系メーカー双方からの外注に依存していた。現地調達率は1988年5の稼働時には60％であったが，90年代初頭には約70％に上昇している。またNUMMIではボディプレス部品を内製していたが，エンジン，エンジン関連部品，トランスミッション，アクスルなどは日本からの輸入となっていた。現地調達率は1984年12月の稼働時には50％であったものが92年頃には75〜80％に達しているが，現地採用部品はGMの各事業部からの調達が目立っていたとされている。カナダのTMMCでもボディプレス部品が内製されていた。またコロンビアの生産拠点ではアクスル，エアコン，タイヤなどの部品は現地調達されていた。また部品生産拠点として，アメリカにTABC，カナダにCAPTAIN（Canadian Autoparts Toyota Inc.）があり，前者ではハイラックスのリアデッキ，触媒，NUMMIとTMMC向けのフュエールタンクが，後者ではアルミホイールが生産されていた。

　また**欧州**をみると，ポルトガルの生産拠点ではマフラーを生産していたほか，1989年にはタイのSTM（Siam Toyota Manufacturing Co.,Ltd.）からのハイラックス用の2,400ccディーゼルエンジンの輸入を開始している。

　さらに**アジア**をみると，東南アジア地域では各国の生産拠点間の部品の供給，相互補完がすすめられており，同地域の各国の自動車産業を育成するためにすでにASEAN4カ国の現地拠点で主要部品を分業，集中生産し，相互に補完し合う体制が進展しつつあった。すなわち，タイのTABT（Toyota Autobody Thailand Co.,Ltd.）によってキャブ，リヤデッキ，ボディパネル，フューエルタンク，金型などが生産され，TMTに供給されるだけでなく，第3国への金型供給も活発化しており，1987年には台湾へ，88年にはマレーシアへ，90年には日本への供給が開始されるなど，ASEANとその周辺地域における金型の輸出拠点として位置づけられていた。一方，1989年に操業を開始したタイのSTMではハイラックス用のディーゼルエンジン，ガソリンエンジンが生産され，TMT向けに供給されるだけでなく，ポルトガルの生産拠点にもディーゼルエンジンが輸出されていたが，91年から供給先の拡大をはかるとともに，アジア・豪州地域での分業体制を構築するため，マレーシアとニュージーランドに同エンジンを輸出している。インドネシアのTAM（P.T.Toyota-Astra Motor）ではエンジンユニット，商用車のキャブ，デッキ，フレーム，シート，

エキゾーストパイプ，フュールタンクが生産されていたが，同拠点は東南アジア地域での部品の国際分業拠点としての役割も果たしていた。同社はまた1988年より台湾の國瑞汽車向けにプレス部品の金型，治具の供給を開始しているほか，91年からは日本とフィリピンに5Kエンジンを輸出している。マレーシアではASEAN地域で進めている自動車部品相互補完体制の強化策として部品生産拠点のT＆K Autoparts Sdn.Bhd.が1990年に設立され，92年にステアリングギアおよび関連部品の生産を開始したが，同社からタイ，フィリピン，インドネシアへの輸出が本格的に開始されるのは93年のことである。またフィリピンではトランスミッションの集中生産体制が構築されていったが，同国の部品生産拠点が生産を開始する92年以降に本格化していくことになる。さらに台湾の車両生産拠点である國瑞汽車では1986年に現地資本との合弁で設立した部品企業の豊永から各種プレス部品を調達したほか，インドネシアのTAMからプレス金型，治具を輸入しており，ASEANの部品相互補完体制の枠が台湾にまで拡大し始めている[3]。

　日本の自動車企業の東アジア，東南アジアへの進出をみると，1960～70年代の第1段階では労働集約的な生産工程の移転がすすみ，80年代の第2段階では「技術移転の進行にも対応した部品生産のアジアへの移転がみられた」とされているが[4]，後述するように，その後の経過をみると，1990年代初めにはこうした部品相互補完体制の構築はなお進展の途上であった。自動車産業の場合には，タイ，マレーシア，フィリピン，インドネシアの4カ国の間で相互認定した自動車部品については自動車メーカーに対して輸入関税が大幅に低減され，国産化品とみなされる制度である部品相互補完協定（BBC）が1988年10月に発効したことも重要な意味をもった。「日本のメーカーにとってのBBCスキーム活用のメリットは，ネットワークの形成による量産体制の確立と関税減免によるコスト・ダウンをはかれること」にあるが[5]，トヨタがこのBBCプログラムをスタートさせるのは90年のことである[6]。

　オセアニア地域ではオーストラリアの生産拠点でエンジンユニット，アルミ鋳物，ボディパネルが生産され[7]，ニュージーランドの車両生産拠点ではタイのSTMからディーゼルエンジンを輸入し，小型商用車ダイナに搭載された[8]。

③開発の現地化と海外開発拠点

さらに開発の現地化と海外の開発拠点についてみると，アメリカの研究開発拠点としては，1977年に設立されたToyota Technical Center USAがあり，車両試験，認証，製品開発，設計，情報収集などを担当しており，92年の時点では250人の人員を有し，そのうち150人はアメリカ人であった。またデザインの研究・開発を担当する拠点としてCalty Design Research Inc.があった。欧州では統括会社のTMME（N.V.Toyota Motor Europe Marketing & Engineering S.A.）の傘下に研究開発機能を担当するテクニカルセンターおよびデザインセンターが90年におかれており，車両・部品のデザイン，認証および技術開発・研究を行っていた[9]。しかし，1991年12月のトヨタの新国際協調プログラムにおいて現地市場に適合する車両の開発，海外事業体固有の車両開発の推進のための研究開発機能の現地化の推進が方針として打ち出されている点にみられるように[10]，また後にもみるように，1990年代に入って主要地域での研究開発拠点の拡充や開発体制の強化が本格的に推し進められており，開発の現地化が本格的にすすむのは90年代以降のことである。

(2) 21世紀初頭の企業内分業関係による生産力構成とその特徴

①車両生産における分業関係

このような1990年代初頭のトヨタ自動車の企業内分業関係による生産力構成の実態をふまえて，90年代以降の約10年間における経営のグローバル化の本格的展開のなかで企業内分業関係による生産力構成にどのような変化がみられたかという点についてみていくことにしよう。

まず北米地域についてみると，新しい車両生産拠点としてTMMI（Toyota Motor Manufacturing Indiana, Inc.）が設立されており90年代末に生産を開始しているほか，メキシコの拠点が2004年に生産を開始している。既存の生産拠点ではTMMK（Toyota Motor Manufacturing Kentucky,Inc. ―96年にTMMから名称変更）において94年に第2工場が稼働したほか，カナダのTMMCでは，1997年にカローラの日本からの対米輸出が中止され，完成した第2工場への移管が行われている。生産車種別の分業関係（2004年末時点）をみると，カムリ，アバロン，ソラーラはTMMKで，ダントラ，セコイア，シエナはTMMIで，タ

コマはNUMMIとメキシコで，マトリックス，RX330はTMMCで，カローラはNUMMIとTMMCで，ヴォルツはNUMMIで生産されている。ことにカローラについては，1997年に日本からのアメリカ向けの輸出を取りやめ，全量アメリカでの現地生産への転換をはかるとともに，米国専用モデルを投入しているほか，ピックアップトラックについても，93年には現地生産車の販売率は62％であったものが全量現地化に転換されている。また輸出の状況（2004年）をみると，TMMKで生産のカムリ，アバロンはカナダ，メキシコ，中近東へ，TMMIのダントラ，セコイア，シエナはカナダへ，NUMMIのタコマはカナダへ，カナダのTMMCで生産のカローラ，マトリックスはアメリカ，メキシコへ，RX330はアメリカへ輸出されている。

　また**中南米**をみると，ブラジル，ベネズエラの生産拠点，1992年3月に生産を開始したコロンビアの拠点のほか，97年3月に生産を開始したアルゼンチンの拠点がある。2004年末の時点ではカローラはブラジルとベネズエラで，ハイラックスはアルゼンチンとコロンビアで，ダイナとテリオス（ダイハツブランド）はベネズエラで，ランドクルーザーはコロンビアとベネズエラで生産されており，コロンビアではランドクルーザープラドも生産されている。すでに1990年に南米地域での生産，販売体制の拡充に対応して同地域における部品と車両の相互補完を推進し現地化の進展に応じて域内体制の強化をはかるすることが方針として打ち出されているが，90年代以降にそうした展開が本格的にすすんだ。なかでもブラジルは中南米最大の自動車市場であったが，1995年4月からの完成車の輸入に対する関税の引き上げもあり，日本からの輸出は大幅に減少していたため，カローラを現地生産に移管することによって同国市場での販売の拡大が推進された。そうした展開は，同国ではフォルクスワーゲンなどの欧州メーカーや米国のビッグスリーが現地生産化で先行しており日本企業がブラジル市場で巻き返しをめざす上で現地生産が急務の課題となっていたことによるものでもある。また輸出の状況（2004年）をみると，アルゼンチンで生産のハイラックスはブラジル，メキシコなどへ，コロンビアで生産のハイラックス，ランドクルーザー，ランドクルーザープラドはエクアドル，ベネズエラへ，ベネズエラで生産のランドクルーザー，カローラはコロンビア，エクアドルに輸出されている。なかでも2002年5月にブラジルで生産が開始された新型

カローラは中南米市場の戦略車と位置づけられており，2003年からはアルゼンチンをはじめ中南米諸国20カ国以上へ輸出する計画となっている。中南米地域ではメルコスル（南米南部共同市場）を利用した輸出が中心を占めており，同地域内での車種別の生産分業関係が形成されている。また2004年にスタートのIMVプロジェクトではアジア，アフリカ，中南米の海外生産拠点を軸に生産・供給体制の再構築がめざされており，アルゼンチンは南米地域の中心的生産拠点と位置づけられ，2005年にはアジア地域からも主要部品の供給を受け，南米市場向けのピックアップトラックと多目的車の生産・供給拠点として展開していく計画とされてきたが，同年2月にはIMVシリーズのハイラックスの生産が開始されている。

つぎに**欧州**をみると，1990年代に入って日本の自動車企業は欧州市場への進出の強化に向けて現地生産の拡大をすすめてきたが，ポルトガル，92年に生産開始のイギリスのTMUK（Toyota Motor Manufacturing (UK) Ltd.）のほか，98年に設立され2001年に生産を開始したフランスのTMMF（Toyota Motor Manufacturing France S.A.S.），トルコに車両生産拠点が存在している。2004年末の時点ではアベンシスはイギリスで，カローラはイギリスとトルコで，ヤリスはフランスで，ダイナ，ハイエース，オプティモはポルトガルで生産されている。また輸出をみると，イギリスの拠点からの輸出先は1993年にはほぼ欧州全域に拡大され，96年には同拠点は日米に次ぐ輸出拠点として位置づけられており，すでに90年代半ばには欧州，アフリカ，中近東地域をカバーする重要な生産拠点としての位置づけが高まってきている。2004年にはこの拠点で生産のカローラは欧州へ，アベンシスについては欧州，中近東，アフリカ，中南米，日本にも輸出されている。TMUKを設立して現地生産を展開した当初の動機は，1980年代後半になり貿易摩擦の問題やECの市場統合に向けた動きが具体化されてきたのに備えて欧州での現地生産拠点の確保が必要となったことにあったが，同拠点は今日では，欧州での車種別最適生産力構成の一翼として重要な役割を果たすようになっている。またフランスのTMMFは，「市場のあるところで生産する」という基本的な考えに基づいてトヨタが欧州メーカーとして発展するための重要な拠点と位置づけられ，それまで遅れていた欧州戦略を加速するとともに，北米に匹敵する欧州での生産・販売拡大により世界戦略を加

速するものであり，同拠点からはヤリスが欧州各国とメキシコに輸出されている。さらにポルトガルで生産されるダイナ，オプティモも小規模ではあるが欧州に輸出されている。またトルコでは1994年に生産を開始した生産拠点が2000年にTMMT（Toyota Motor Manufacturing Turkey Inc.）に再編され，欧州向け輸出において重要な位置づけがされている。同拠点で生産のカローラは2002年に輸出が開始され，欧州，中近東に輸出されているが，それは，稼働率向上をはかるために2001年9月に対欧輸出の戦略基地として同拠点を活用していくことを決定したのをうけての展開である。欧州向けのカローラセダンは全量日本から輸出されていたが，トルコ製に切り替えられている。さらに2005年2月にはプジョー・シトロエンとのチェコの合弁会社において欧州市場向けの小型乗用車であるトヨタアイゴ，プジョー107，シトロエンC1の3車種の生産が開始されている[11]。

　さらにアジアについて**東アジア（中国を除く）**地域をみると，日本の自動車各社は1990年代前半の急激な円高を背景とした海外での生産活動の取り組みのなかで，同地域重視の姿勢を一層強めてきたが[12]，その後もこの地域を重要な市場と位置づけた展開がすすめられてきた。丸山惠也氏は，1990年代の日本自動車企業の戦略目標がアジアにおける生産ネットワークの形成とそれを活用した現地国市場の拡大への対応，そこを拠点にしたアジア地域向け製品の生産を組織していくことにあったとされている[13]。ASEAN地域での商品展開は1990年代半ばまでは総じて商用車重視であったものがそれ以降の時期にはアジア専用の乗用車の投入に重点が移っていく傾向にあるが，「それは，90年代の経済成長による所得上昇から，平均的な家庭でも手の届くアジア専用の小型乗用車を開発し，モータリゼーションが開始しているタイから順次投入し，自動車の量産化につなげるもの」であった[14]。

　この地域では，タイ，インドネシア，フィリピン，マレーシア，ベトナム，台湾に生産拠点があるが，1990年代以降に設置された車両生産拠点としてはベトナムのTMV（Toyota Motor Vietnam Co.,Ltd.）が96年に生産を開始している。また既存の生産拠点でも，インドネシアのカラワン工場の稼働（1998年に一部稼働，2000年に本格稼働），フィリピンの第2工場（サンタロサ工場）の操業開始（1997年），台湾の第2工場の稼働（1995年）などがみられる。1990年代初頭に

東南アジア地域における生産効率向上のため，国別に生産車種を振り分ける方針が打ち出されているが，それは車種を特定して生産量を確保することで量産効果を上げるとともに，重複投資を回避する方向に転換していこうとするものであった。車種別の生産状況（2004年末時点）をみると，カムリとカローラはタイ，フィリピン，マレーシア，ベトナム，台湾で生産されているが，カムリはインドネシア（PT. Toyota Motor Manufacturing Indonesia＝TMMINM）でも生産されている。TUVはフィリピン，マレーシア，ベトナム，台湾で，ランドクルーザーはベトナムで，ハイエースはマレーシア，ベトナムで，ハイラックスはタイとマレーシアで，ダイナはインドネシアで生産されているほか，ソルーナヴィオスとハイラックスVIGOがタイで，ビィオスがマレーシア，ベトナム，台湾で生産されている。ウィッシュはタイと台湾で，ハイエースセミボンは台湾で，キジャンイノーバはインドネシアで生産されている。なかでもハイラックスについてはTMTの稼働率向上対策の一環として1998年に日本から豪州向け車種の生産移管を受けたものであった。さらにインドネシアにはグループ企業のダイハツの生産会社であるPT Astra Daihatsu Motorでアバンザが生産されている。また輸出の状況（2004年）をみると，国際分業体制の主力基地のひとつに位置づけられているタイで生産のソルーナヴィオスはブルネイ，シンガポール，フィリピン，インドネシアへ，カローラはインドネシア，シンガポールへ，ハイラックスはフィリピン，ラオス，カンボジア，シンガポール，オーストラリアへ輸出されているほか，インドネシアで生産のキジャンはブルネイ，パプアニューギニア，南太平洋へ輸出されている。また2004年5月にはインドネシアで生産のダイハツとの共同開発の小型車（アバンザ）のタイへの輸出が開始されている。21世紀に入るとアジアはグローバル供給基地として位置づけられているが，アジア各国にある生産拠点を部品の相互融通から完成車の相互融通へと切り替え，アジアの各国の生産拠点でタイプの異なる完成車を生産して相互に輸出し，車種ラインアップを充実させるとともに，域内でのリスクも分散させるかたちをとっている。また2004年からのIMVプロジェクトでは，主要部品や完成車を複数の生産拠点間で相互に供給することによってピックアップトラックと多目的車の最適生産体制の構築がめざされ，アジアの各国の生産拠点からエンジンなど主要部品をタイの工場に供給する一方，タ

イで生産の完成車をアジア域内だけでなく世界の80以上の国や地域へ輸出するというかたちで展開されることになる。すでに同年8月のタイでの世界戦略車IMVシリーズのピックアップトラック（ハイラックスVIGO）の生産につづきインドネシアでも9月にミニバンのキジャン イノーバの生産が，またフィリピンでも2005年2月にイノーバの生産が，同年3月にはマレーシアでハイラックスの生産が開始されている。

　またアジアのなかでも市場の大きな成長が期待され，近年一層重要な位置を占めてきている**中国**をみると，1994年に中国政府が自動車産業を基幹産業に育成することを目的とした新自動車政策を発表したのを受けて将来に向けた自社の乗用車生産への布石として，まず部品生産拠点が設立された。その後，車両生産拠点としては，1998年設立で2000年に生産開始の四川豊田汽車，第一汽車との合弁で2000年に設立され2002年に生産を開始している天津一汽豊田汽車のほか，2003年に生産開始の長春一汽豊越汽車がある。また2004年9月には広州汽車との合併で広州豊田汽車が設立されているが，生産開始は2006年の予定とされている。このように，1990年代後半に入ってトヨタは中国を重要市場と位置づけ，乗用車の現地生産のための拠点づくりを活発にすすめてきている。これらの各拠点での車種別分業関係（2004年末時点）をみると，ヴィオスとカローラが天津一汽豊田汽車で，小型バスのコースターとランドクルーザープラドが四川豊田汽車で，ランドクルーザーが長春一汽豊越汽車で生産されている。天津豊田汽車で生産されるヴィオスはアジア向けにデザイン・開発されたコンパクトセダンである。また2005年3月には天津一汽豊田汽車においてクラウンの生産が開始されている。さらに，一汽集団傘下の一汽華利（天津）汽車で2003年10月からテリオスの生産が行われている。2004年時点では中国で生産される車両については完成車のすべてが現地需要分にあてられており，輸出はみられない。

　さらに**アジアのその他の地域**では，インド，パキスタン，バングラデシュに車両生産拠点がある。これらの拠点での車種別の生産分業（2004年末時点）をみると，クオリスはインドで，カローラはインドとパキスタンで，ハイラックスはパキスタンで，ランドクルーザーはバングラデシュで生産されている。またインドでは2005年2月にIMVシリーズのイノーバの生産が開始されている。

またオセアニア地域をみると，1991年のオーストラリア政府による自動車輸入税率の緩和と輸出奨励制度の強化を骨子とする「ニュー・モーター・プラン」を利用して，同国の生産拠点をグローバルな輸出拠点に育成することが決定され，現地生産の増強という政策が打ち出された。1994年には2工場に分かれていた車両組立工場を統合して効率化，合理化をはかるために，完成車の新工場が稼働している。ニュージーランドの輸入関税の撤廃を背景として1998年に同国での生産からの撤退が行われる一方，オーストラリアでは自動車輸入関税が2000年から2004年まで15％に据え置くことが決定されたのを受け，生産能力が拡大されてきている。オーストラリアではアバロンとカムリが生産されているが，同拠点からの輸出の状況（2004年）をみると，アバロンはニュージーランドへの輸出のみにとどまっているが，カムリはニュージーランドのほか中近東，南アフリカなどへ輸出されている。1996年の中東へのカムリの輸出開始によりオーストラリアの生産拠点はアジア・中近東地域における本格的な輸出基地としての機能を果たしていくことになったが，中近東への輸出による工場の稼働率の向上も重要なポイントであった。

最後に**アフリカ**地域をみると，南アフリカとケニアに生産拠点があり，車両の現地組立が行われている。カローラ，TUV，大型トラックは南アフリカで，ハイラックス，ハイエース，ダイナは南アフリカとケニアの両国で，ランドクルーザーはケニアで生産されている。また輸出の状況（2004年）をみると，南アフリカの拠点で生産のカローラ，ハイラックス，TUVはジンバブエ，マラウイ，モザンビーク，ザンビア，ナイジェリアなどへ輸出されている。またIMVプロジェクトは南アフリカでも展開されることになっており，同国をピックアップトラックと多目的車の欧州・アフリカ市場向けの供給拠点とし，アジアからも主要部品の供給を受け，生産・輸出の拡大をはかるとされているが，2005年3月に生産を開始している[15]。

以上の各地域における車種別生産分業関係をふまえ，世界の地域別の主要車種別生産拠点（2004年末時点）およびその主要輸出先（2004年）を示せばつぎのようになるが[16]，各地域において生産される車種とその輸出先をみた場合，自動車（乗用車）が一般的に高価な耐久消費財であるという製品の特性もあり，所得水準やモータリゼーションの進展の度合い，嗜好の差異などに規定されて

国や地域による市場（需要）の相違がみられ，主要地域ごとにほぼ完結的なかたちでの展開となっているといえる。

《北米》
1) カムリ──・アメリカ（TMMK）→カナダ，メキシコ，中近東へ輸出
2) ヴォルツ──・アメリカ（NUMMI）
3) ソラーラ──・アメリカ（TMMK）
4) アバロン──・アメリカ（TMMK）→カナダ，メキシコ，中近東へ輸出
5) シエナ──・アメリカ（TMMI）→カナダへ輸出
6) カローラ──・アメリカ（NUMMI）
            ・カナダ→アメリカ，メキシコへ輸出
7) RX-330──・カナダ→アメリカへ輸出
8) マトリックス──・カナダ→アメリカへ輸出
9) ダントラ──・アメリカ（TMMI）→カナダへ輸出
10) セコイア──・アメリカ（TMMI）→カナダへ輸出
11) タコマ──・アメリカ（NUMMI）→カナダへ輸出
           ・メキシコ

《中南米》
1) カローラ──・ブラジル→アルゼンチンなどへ輸出
            ・ベネズエラ→コロンビア，エクアドルへ輸出
2) ハイラックス──・アルゼンチン→ブラジル，メキシコなどへ輸出
                ・コロンビア→エクアドル，ベネズエラへ輸出
3) ランドクルーザー──・コロンビア→エクアドル，ベネズエラへ輸出
                    ・ベネズエラ→コロンビア，エクアドルへ輸出
4) ランドクルーザープラド──・コロンビア→エクアドル，ベネズエラへ輸出
5) ダイナ──・ベネズエラ
6) テリオス（ダイハツブランド）──・ベネズエラ

《欧州》
1) カローラ──・イギリス→欧州へ輸出
            ・トルコ→欧州，中近東へ輸出
2) アベンシス──・イギリス→欧州，中近東，中南米，アフリカ，日本へ輸出
3) ヤリス──・フランス→欧州，メキシコへ輸出
4) ダイナ──・ポルトガル→欧州へ輸出
5) ハイエース──・ポルトガル

6) オプティモ——・ポルトガル→欧州へ輸出
7) トヨタアイゴ，プジョー107，シトロエンC1——・チェコ（2005年2月生産開始）

《アジア》
1) カムリ——・タイ，インドネシア（TMMINM），フィリピン，マレーシア，ベトナム，台湾
2) カローラ——・タイ→インドネシア，シンガポールへ輸出
　　　　　　　・フィリピン，マレーシア，ベトナム，台湾，インド，パキスタン，中国（天津一汽豊田汽車）
3) ソルーナヴィオス——・タイ→ブルネイ，シンガポール，フィリピン，インドネシアへ輸出
4) ビィオス——・台湾，中国（天津一汽豊田汽車），マレーシア，ベトナム，
5) ウイッシュ——・タイ，台湾
6) クオリス——・インド
7) ハイラックス——・タイ→フィリピン，ラオス，カンボジア，シンガポール，オーストラリアへ輸出
　　　　　　　・マレーシア，パキスタン
8) ハイラックスVIGO——・タイ
9) ハイエースセミボン——・台湾
10) ハイエース——・マレーシア，ベトナム，台湾
11) ダイナ——・インドネシア（TMMINM），台湾
12) ランドクルーザー——・ベトナム，バングラデシュ，中国（長春一汽豊越汽車）
13) ランドクルーザープラド——・中国（四川豊田汽車）
14) キジャン——・インドネシア（TMMINM）→ブルネイ，パプアニューギニア，南太平洋へ輸出
15) TUV——・フィリピン，マレーシア，ベトナム，台湾
16) コースター——・中国（四川豊田汽車）
17) クラウン——・中国（天津一汽豊田汽車）（2005年3月生産開始）
18) イノーバ——・インドネシア（キジャンイノーバ）（TMMINM），フィリピン（2005年2月生産開始），インド（2005年2月生産開始）
19) アバンザ——・インドネシア（PT.Astra Daihatsu Motor）→タイへ輸出
20) テリオス——・中国（一汽華利(天津)汽車）

《オセアニア》
1) カムリ——・オーストラリア→ニュージーランド，中近東，南アフリカなどへ輸出
2) アバロン——・オーストラリア→ニュージーランドへ輸出
《アフリカ》
1) カローラ——・南アフリカ→ジンバブエ，マラウイ，モザンビーク，ザンビア，ナイジェリアなどへ輸出
2) ハイラックス——・南アフリカ→ジンバブエ，マラウイ，モザンビーク，ザンビア，ナイジェリアなどへ輸出
　　　　　　　　・ケニア
3) ハイエース——・南アフリカ
　　　　　　　　・ケニア
4) ダイナ——・南アフリカ，ケニア
5) ランドクルーザー——・ケニア
6) TUV——・南アフリカ→ジンバブエ，マラウイ，モザンビーク，ザンビア，ナイジェリアなどへ輸出
7) 大型トラック——・南アフリカ

②海外生産拠点における部品の生産と調達

このような車両生産における生産力構成をふまえて，つぎに主要生産拠点における部品の生産と調達についてみることにしよう。トヨタでは，1990年代に入って以降，生産の現地化の拡大にともない現地調達，世界最適調達の方向ですすんできたが，グローバル化の進展にともない，海外拠点は車両生産だけではなく，エンジン，ミッションといった主要部品とともに，素材や汎用部品の生産もすすめることによって完全現地化を推進していく方針が打ち出されている[17]。

まず北米をみると，アメリカではTMMK，TMMI，NUMMIの車両生産拠点でも一部の部品については内製が行われており，TMMKではボディ部品，樹脂部品，エンジン，エンジン部品，アクスル，ステアリング部品などが，TMMIとNUMMIでも樹脂部品，ボディプレス部品が製造されている。さらに部品生産拠点としてTMMWV(Toyota Motor Manufacturing West Virginia, Inc.)，Bodine (Bodine Aluminum, Inc.)，TABC，TMMAL (Toyota Motor

Manufacturing Alabama, Inc.)があり，TMMWVではエンジン，トランスミッションが，Bodineではアルミ鋳造部品が，TABCではプレス部品，触媒コンバーター，荷台が生産されている。エンジン生産では，TMMWVに北米で3番目の新エンジン工場が建設され，1998年末に北米生産のカローラのエンジンの生産を開始しているが，同エンジンについては全量現地生産とされている。また2003年5月には米国アラバマのTMMALが操業を開始しており，それは輸出コストや為替レートの変動の影響を抑えるためトヨタが推進する現地生産の一環であり，米製のダントラのエンジンは田原工場からの輸入で賄っていたものをすべて新工場からの供給に切り替えるというものであった。現地調達率は，TMMKでは1990年代末には約80％に達しており，TMMIでも約70％となっており，NUMMIでも生産開始当初の1984年の50％から2002年頃には80％以上にまで上昇している。またトヨタの各生産拠点への部品の輸出状況（2004年）をみると，TMMKで生産のAZエンジン，MZエンジンが日本，カナダへ，カムリとアバロン用のCKD部品がオーストラリアへ，TMMWVで生産のZZエンジンが日本，カナダへ，TABCで生産の触媒とコンバータが日本，カナダへ，Bodineで生産のデフキャリアカバーとシリンダーヘッドが日本へ輸出されるなど，北米，日本，オーストラリアの生産拠点への部品供給が展開されている。またカナダのTMMCではエンジン，ボディプレス部品が内製されているほか，部品生産拠点のCAPTINでアルミホールが生産されている。TMMCの現地調達率は1988年の生産開始時には43％であったが，90年代半ばには，エンジン工場の稼動によって，NAFTAで設定する域内の関税免除基準の最終目標である62.5％をクリアしている。その後もオートマティックトランスミッションなどのユニット部品の現地化の進展により現地調達率はさらに上昇している。また2004年9月には新しい生産拠点であるメキシコ工場においてタコマ用のトラックデッキの生産が開始されており，同拠点で生産のタコマ用のほか，アメリカのNUMMIで生産のタコマ用としても供給されている。

　さらに**南中米**地域をみると，ブラジルではエンジンの組付が行われているが，1998年の第2工場の操業開始や2002年の生産能力増強などもあり現地調達率は約70％に上昇している。また2000年9月には中南米の生産体制の強化，部品の調達率の引き上げなどによる現地の生産事業の強化の方針が発表されてお

り，ブラジル，アルゼンチン，ベネズエラの3拠点では部品供給の面などで連携強化をはかること，ブラジルではプレス工場の新設などにより国産化率を当時の6割から8割に高めること，ベネズエラでは部品の現地調達の推進などによりコスト競争力を高めることが方針として打ち出されている。2004年にはブラジルとベネズエラの車両生産拠点ではイギリスのTMUKからZZエンジン部品が，TMUKと台湾の國瑞汽車，南アフリカの拠点からカローラ用CKD部品が輸入されている。

また欧州をみると，イギリスの車両生産拠点であるTMUKではアベンシス，カローラのエンジンのほかフランスで生産のヤリス用SZエンジンを生産しているが，2000年にアルミ鋳造工場が完成し，エンジンブロックやシリンダーヘッドなども内製している。内製しているエンジン以外の部品はイギリスおよび欧州大陸の日系を含めた部品メーカーなどから調達されているが，現地調達率は2002年頃には80％強となっており，高い水準となっている。2001年には同拠点は「エンジン生産センター」に位置づけられており，2004年にはZZエンジン部品が日本，トルコ，ベネズエラ，ブラジル，南アフリカへ輸出されているほか，フランスのTMMFにSZエンジンが，ブラジル，ベネズエラ，南アフリカにカローラ用CKD部品が輸出されている。またTMMFでは2002年にTMUKからエンジンの組立業務が移管され，エンジンの組み立てのみであるが生産も行っている。エンジン以外の主要部品は主に欧州内の部品企業からの調達が行われている。TMMFの稼働にともないそれまでTMUK独自で行ってきた部品の調達機能がベルギーの統括会社TMEM（N.V.Toyota Motor Europe Manufacturing）に移管され，TMEMがTMUKとTMMFの分をまとめて集中発注する購買体制となっている。そうした変更は，為替リスクの軽減をめざした取引のユーロ化の推進，部品の開発，設計，生産のすべての段階から部品メーカーと一体となった原価低減の推進のためである。また2001年秋には欧州拠点でのイギリスを含む現地調達はすでに8割に達しているが，平均35％程度にとどまっていた大陸（ユーロ圏）からの調達率を50％にまで引き上げることによって為替フリーの体質の構築がはかられている。欧州ではさらにポーランドに部品生産拠点としてTMMP（Toyota Motor Manufacturing Poland SP.zo.o.）が2002年にトランスミッションの生産を開始しており，イギリス，フランスの生

産拠点に輸出している。そうした展開は欧州での車両生産の拡大に合わせ部品供給体制の整備が必要となったことによる。ポーランドでは新しい生産拠点であるTMIP（Toyota Motor Industries Poland Sp.zo.o.）において2005年3月にディーゼルエンジンの生産が開始されており，イギリスのTMUKで生産されるアベンシスに搭載される。またトルコのTMMTは1994年のカローラの生産開始以降イギリスのTMUKから供給を受けていたが，2002年にTMUKから移管されたカローラのエンジンの生産（組み立て）を開始しており，ZZエンジン部品をTMUKから輸入している[18]。

　つぎにアジアについて**東南アジア**地域をみると，この地域の最も重要な特徴のひとつは部品の相互補完体制の確立がすすめられてきた点にある。1995年後半にはASEAN地域における現地調達率は商用車系の主力車種では70％を超えていたが，これは現地での購入部品，内製部品の単純合計をベースにした数値であり，部品メーカーなどが樹脂，鋼板などの原材料を域外から調達したものも換算すると50％強にとどまっていた。そこで1995年11月にはプラスティック素材の現地化や鋼板の同地域での調達などによりこの地域における主力生産車の現地調達率を80％以上に引き上げることが方針として打ち出されている[19]。1996年に発足したAIOC（ASEAN産業協力）スキームによる関税上の優遇措置がASEAN地域での部品相互補完体制の構築，それを基礎にした域内調達を促進させた。それは，BBCの場合と同様に，グループ部品メーカーも相互補完網に組み込むことによって部品各社の重複投資を回避し同地域内での集中生産による量産体制を確立する上での重要な方法であるとともに[20]，同地域での現地調達率の引き上げのための施策でもあった。この時期には現地調達率を引き上げるために，エンジン，トランスミッションなどの主要コンポーネンツの製造拠点の設置がすすめられた。また2002年には東南アジアを中心とする自動車組立工場への部品物流のハブ（拠点）となるシンガポールの部品物流センターが稼働しており，輸送コストの削減と部品物流の効率化をはかっている。

　国別にみると，**タイ**ではTMTでボディ部品，樹脂部品などが生産されているほか，部品生産拠点であるSTMにおいてエンジン（組付，機械加工，鋳物粗形材），プロペラシャフトが，TABTにおいてプレス部品が生産されている。タイは国際

分業体制の主力基地のひとつに位置づけられており，2004年にはTMTで生産のボディパネルが日本へ，カローラ，カムリ用CKD部品などがASEAN，台湾，インド，オーストラリアなどへ，STMで生産のエンジンが日本，ASEAN，台湾，インド，南アフリカ，オーストラリアへ，シリンダーブロックが日本へ，エンジン部品がASEAN，台湾，インド，南アフリカ，オーストラリアへ輸出されている。

インドネシアでは，TMMINMでエンジン（組付，機械加工，鋳造），TUV用CKD部品が生産されており，2004年には7Kエンジンが日本，ASEAN，インド，南アフリカ，オーストラリアなどへ，TUV用CKD部品がASEAN，台湾，インド，南アフリカ，オーストラリアなどへ輸出されている。

フィリピンをみても，TMP（Toyota Motor Phillippines Co.）でエンジン，CKD部品が，部品生産拠点であるTAP（Toyota Autoparts Phillippines Inc.，1990年設立，92年生産開始）でトランスミッション，等速ジョイントが生産されているが，TAPはASEAN地域の自動車部品の生産分業と相互補完が推進されるなかでトランスミッションの生産会社として設立されたものである。2004年にはTMPで生産のカローラ，カムリ用CKD部品がASEAN，台湾，インド，オーストラリアなどへ，またTAPで生産のトランスミッション，等速ジョイントはASEAN，台湾，インド，南アフリカなどへ輸出されたが，トランスミッションは日本にも輸出されている。

マレーシアでは，車両生産拠点のASSB（Assembly Services Sdn.Bhd.）でエンジンやCKD部品が生産され，2004年にはカローラ，カムリ，ハイラックス用CKD部品などがASEAN，台湾，インド，オーストラリアなどへ輸出されている。

これら4国とは異なり**ベトナム**では部品の内製はしておらず，自国内の自動車産業保護の目的で完成車の輸入関税を210％～148％と高率とする一方，CKDの場合には50～10％に抑えられてきたこともあり，ASEAN地域を中心にCKD部品などの調達が活発に行われている。

こうしたASEANを中心とする部品の相互補完体制に深いかかわりをもつ**台湾**でも，エンジンのほか，部品製造工場で車体プレス部品が生産されており，アジアを中心に部品の輸出が幅広く展開されている。2004年にはTUV，カローラ，カムリ用CKD部品がASEAN，インド，南アフリカ，オーストラリア，ブラジルなどへ，ジャッキが日本へ輸出されている[21]。

このように，1990年代以降，東南アジア地域において自動車部品の「企業内国際分業」がより高いレベルで展開されるようになっている。そうした分業体制を形成・加速しようとする動機は，「対象国の賃金や為替レート水準から生

まれているのではなく，小規模生産・重複投資から抜けだし，量産効果を享受して，価格競争力ある自動車を完成させようという考え方」に基づくものであり[22]，同地域の事情に合わせた最適生産力構成をいかに形成するかという問題であるといえる。上述のIMVプロジェクトではアジア各国の企業からタイだけでなくアルゼンチン，南アフリカにも主要部品の供給を行うとされており，部品の相互補完体制の枠組みがよりグローバルなレベルに拡大されている。

また**中国**では，部品生産拠点として，エンジン（組付，鋳鉄，アルミ粗形材）を生産する天津豊田汽車発動機（1996年合弁で設立，98年生産開始），駆動系部品の等速ジョイントを生産する天津豊津汽車伝導部件（96年合弁で設立，98年生産開始），鍛造部品を生産する天津豊田汽車鍛造部件（97年合弁で設立，98年生産開始），ステアリング，プロペラシャフトを生産する天津津豊汽車底盤部件（97年合弁で設立・生産開始）が存在している。さらにプレス部品を生産する天津豊田冲圧部件（2002年生産開始），樹脂部品を生産する天津豊田樹脂部件（2002年生産開始）があるが，これら2社は天津豊田汽車への部品の供給体制を拡充するために設立されたものである。また2004年12月には一汽豊田（長春）発動機でのエンジンの生産が開始されており，自動車用大物プレス金型を生産する豊田一汽(天津)模具でも操業が開始されているほか，2005年1月には広州汽車との共同で設立した広汽豊田汽車発動機でのエンジンとその部品の生産が開始されている。これらの拠点で生産の部品の多くは現地の車両生産拠点への供給となっているが，天津豊田汽車鍛造部件で生産の鋳造部品については，それまで日本の衣浦工場から輸出していた鍛造粗形材の現地化したものである。また部品の輸出状況（2004年）をみると，天津豊田汽車発動機で生産のシリンダーブロック，カムシャフト，天津豊津汽車伝導部件で生産の等速ジョイント，天津豊田汽車鍛造部件で生産のインボードジョイントが日本へ，天津豊田汽車鍛造部件で生産の等速ジョイント鍛造粗形材がフィリピンへ輸出されている。中国の車両生産における現地調達率は2002年秋には欧米並の80％を実現している。このように，中国の場合，ローカルコンテントのような規制，関税問題だけでなく，現地の市場（需要）に規定された生産量の小ささをコスト的にカバーするための現地調達化の動きがみられる点が特徴的である。

アジアのその他の地域をみると，インドでは，2002年4月に生産を開始した

TKAP（Toyota Kirloskar Auto Parts Private Ltd.）でアクセル，プロペラシャフト，マニュアルトランスミッションが生産されているが，パキスタンでは部品の内製はみられない。インドの拠点ではインドネシア，マレーシア，フィリピン，タイ，台湾の各国の拠点からの部品の輸入がすすんでいる。

さらに**オセアニア**地域では，オーストラリアの車両生産拠点でエンジン（組付，機械加工，鋳造）が生産されている。また**アフリカ**では，南アフリカの車両生産拠点TSAM（Toyota South Africa Motors（Pty.）Ltd.）でエンジンなどを生産しており，2004年にはアルミホイールが欧州へ，触媒コンバータが日本，フランスへ，カローラ用CKD部品がブラジル，ベネズエラへ輸出されている(23)。

なお以上の考察をふまえて企業内国際分業関係にある主要部品の生産拠点とその供給先（2004年）を示せばつぎのようになる。

1) エンジン
　AZエンジン，MZエンジン——・アメリカ（TMMK）→<u>日本，カナダへ輸出</u>
　ZZエンジン——・アメリカ（TMMWV）→<u>日本，カナダへ輸出</u>
　SZエンジン——・イギリス（TMUK）→<u>フランスへ輸出</u>
　7Kエンジン——・インドネシア（TMMINM）→<u>日本，ASEAN，インド，南アフリカ，オーストラリア，台湾などへ輸出</u>
　L型エンジン——・タイ（STM）→<u>日本，ASEAN，台湾，インド，南アフリカ，オーストラリアへ輸出</u>

2) エンジン部品
　ZZエンジン部品——・イギリス（TMUK）→<u>日本，トルコ，ベネズエラ，ブラジル，南アフリカへ輸出</u>
　エンジン部品——・タイ（STM）→<u>ASEAN，台湾，インド，南アフリカ，オーストラリアへ輸出</u>
　シリンダーヘッド——・アメリカ（Bodine）→<u>日本へ輸出</u>
　シリンダーブロック——・タイ（STM）→<u>日本へ輸出</u>
　　　　　　　　　　　・中国（天津豊田汽車発動機）→<u>日本へ輸出</u>
　カムシャフト——・中国（天津豊田汽車発動機）→<u>日本へ輸出</u>

3) トランスミッション——・フィリピン（TAP）→<u>日本，ASEAN，台湾，イン</u>

　　　　　　　　　　　　　　　　　　ド，南アフリカなどへ輸出
　　　　　　　　　　　・ポーランド（TMMP）→イギリス，フランスへ輸出
　4）等速ジョイント──・中国（天津豊津汽車伝動部件）→日本へ輸出
　　　　　　　　　　　・フィリピン（TAP）→ASEAN，台湾，インド，南アフ
　　　　　　　　　　　　リカなどへ輸出
　5）インボードジョイント──・中国（天津豊田汽車鍛造部件）→日本へ輸出
　6）等速ジョイント鍛造粗形材──・中国（天津豊田汽車鍛造部件）→フィリピン
　　　　　　　　　　　　　　　　　　　　　　　　　　　　　　　　　　へ輸出
　7）触媒・触媒関連部品
　　　触媒──・アメリカ（TABC）→日本，カナダへ輸出
　　　触媒コンバータ──・南アフリカ（TSAM）→日本，フランスへ輸出
　8）コンバータ──・アメリカ（TABC）→日本，カナダへ輸出
　9）ボディパネル──・タイ（TMT）→日本へ輸出
10）アルミホイール──・アフリカ（TSAM）→欧州へ輸出
11）デフキャリアカバー──・アメリカ（Bodine）→日本へ輸出
12）アバロンCKD部品──・アメリカ（TMMK）→オーストラリアへ輸出
13）カムリ用CKD部品──・アメリカ（TMMK）→オーストラリアへ輸出
　　　　　　　　　　　・台湾（國瑞汽車）→ASEAN，インド，南アフリカ，
　　　　　　　　　　　　オーストラリア，ブラジルなど
　　　　　　　　　　　　へ輸出
　　　　　　　　　　　・マレーシア（ASSB）→ASEAN，台湾，インド，オ
　　　　　　　　　　　　ーストラリアなどへ輸出
　　　　　　　　　　　・タイ（TMT）→ASEAN，台湾，インド，オースト
　　　　　　　　　　　　ラリアなどへ輸出
　　　　　　　　　　　・フィリピン（TMP）→ASEAN，台湾，インド，オ
　　　　　　　　　　　　ーストラリアなどへ輸出
14）TUV用CKD部品──・インドネシア（TMMINM）→ASEAN，台湾，イン
　　　　　　　　　　　　ド，南アフリカ，オー
　　　　　　　　　　　　ストラリアなどへ輸出
　　　　　　　　　　　・台湾（國瑞汽車）→ASEAN，インド，南アフリカ，
　　　　　　　　　　　　オーストラリア，ブラジルなどへ
　　　　　　　　　　　　輸出
15）ハイラックス用CKD部品──・マレーシア（ASSB）→ASEAN，台湾，イン
　　　　　　　　　　　　　　　　　　　　　　　　　　ド，オーストラリアな

第 8 章　経営のグローバル化の基本的特徴と意義　365

　　　　　　　　　　　　　　　　　　　　　どへ輸出
16) カローラ用CKD部品——・台湾（國瑞汽車）→<u>ASEAN，インド，南アフリ</u>
　　　　　　　　　　　　　　　　　　　　　<u>カ，オーストラリア，ブラジ</u>
　　　　　　　　　　　　　　　　　　　　　<u>ルなどへ輸出</u>
　　　　　　　　　　　・マレーシア（ASSB）→<u>ASEAN，台湾，インド，</u>
　　　　　　　　　　　　　　　　　　　　　<u>オーストラリアなどへ輸出</u>
　　　　　　　　　　　・フィリピン（TMP）→<u>ASEAN，台湾，インド，</u>
　　　　　　　　　　　　　　　　　　　　　<u>オーストラリアなどへ輸出</u>
　　　　　　　　　　　・タイ（TMT）→<u>ASEAN，台湾，インド，オース</u>
　　　　　　　　　　　　　　　　　　　<u>トラリアなどへ輸出</u>
　　　　　　　　　　　・イギリス（TMUK）→<u>ブラジル，ベネズエラ，南</u>
　　　　　　　　　　　　　　　　　　　　　<u>アフリカへ輸出</u>
　　　　　　　　　　　・南アフリカ（TSAM）→<u>ブラジル，ベネズエラへ</u>
　　　　　　　　　　　　　　　　　　　　　<u>輸出</u>
17) ジャッキ——・台湾（國瑞汽車）→<u>日本へ輸出</u>
18) トラックデッキ（タコマ用）——・メキシコ→<u>アメリカへ輸出</u>

　このように，世界の各生産拠点での部品の生産と調達においては，主要地域内での部品の相互補完体制や現地調達を基礎にしながら世界最適調達が推進されてきているといえる。しかし，世界最適生産力構成による経営展開を部品生産・調達という面についてみると，自動車産業の場合には，輸送機械産業としての特性にも規定されて，部品の種類も点数も多く，しかも完成製品としての自動車の性能に影響をおよぼすところが大きいことや輸送費もかさむという点などから，日系部品企業の進出をひとつの基礎としながら現地部品企業の指導・育成をはかるかたちで進出国での現地調達や進出先地域エリア内での調達を基本にした「最適調達」が推進されているという面がみられる[24]。またいわゆるジャスト・イン・タイム生産方式の現地工場への導入という日本的なあり方によって全世界的なレベルでの部品の最適調達が必ずしも現実的に適合的であるとはいえない面もあり，そうした現地国・進出先地域エリアでの最適調達が一層重要な意味をもつようになっているという面もみられ，「世界最適調達」といっても現地国での調達と進出先の地域エリア内での調達を基本とした「最適調達」がより適合的とならざるをえないという面もみられる。

③開発の現地化と海外開発拠点の拡充

またこうした現地生産，現地調達の進展とともに，開発活動においても現地化，海外研究開発拠点の拡大・拡充がすすめられてきた。自動車産業における開発の現地化は，自動車が消費者の嗜好によるニーズの差異が大きい製品であるために世界の各地の市場のニーズに合わせた製品の開発が重要となることによるところが大きい。トヨタの2003年3月期の『有価証券報告書総覧』でも，海外においては各地域の顧客のニーズを的確に捉えたクルマづくりのために，90年代以降に新しく設置された拠点を含めた米国，欧州の開発拠点によるグローバルな開発体制を構築していると指摘されている[25]。そうした事情からも，1990年代に入って欧州にも開発拠点が設置され，日米欧3極の開発体制の整備，開発の現地化がすすめられてきた。そうした動きは2000年代になるとアジアにまで広がってきている。

北米では，研究開発体制の強化で米国部品メーカーからの調達を拡大するとともに，商品開発の現地化がすすめられたが，現地部品メーカーからの調達拡大のカギとなるのが現地製部品の評価であり，このため評価設備を完備した研究開発体制の充実がすすめられた。1990年代後半にはToyota Technical Center, U.S.A.の開発機能を強化するため，エンジニアの増員・拡充がすすめられたが，それは生産・調達の現地化にともない，開発部門も現地化が求められていたことによるものであり，デザイン・インの機能を高めるとともに種類が増えてくる現地生産モデルに対応するものでもあった。同拠点はアメリカの部品・材料の試験，評価から，排出ガスの検定や技術的調査まで車両の研究・開発を行っており，とくに北アメリカ向けの製品のデザイン研究開発の分野でますます重要な役割を担うようになってきている。さらにテクニカルセンターにはミシガン州にも大規模な技術開発（R&D）センターが新たにつくられている。またデザイン研究・開発を担当するCalty Design Reserch Inc.では先行デザインの研究・開発，室内デザイン・カラーデザインの研究・開発が行われており，日米のデザイナーによる新デザインの共同調査・開発にあたっているが，これまでに6車種のデザインの開発を行っている。

また欧州では，開発拠点としてベルギーのTMMEのテクニカルセンター，デザインセンターがあったが，現在ではヨーロッパでの事業のサポート，ヨー

ロッパの環境面における車両・材料の評価，トヨタ車の認証，技術の調査・研究にあたっている。また2000年にはフランスにデザインセンターであるToyota Europe Design Development S.A.R.L. が開設されており，そこでは外観・内装，カラーデザインの開発研究，モデル製作，デザイン調査が行われており，欧州向けモデルについてのデザイン拠点となっている[26]。

このように，デザインについては，各地域の嗜好性・ニーズに合わせた開発が重要となってくることから，進出先の主要地域での開発体制の確立，開発の現地化がすすんでいる。ただ基礎研究のほか車両の基本設計やエンジンなど自動車という製品の基本的性能にかかわるコア部分の開発・設計については，例えばエンジンの場合，複数の車種の間での共用化が可能であるだけでなく，たとえ進出先の現地専用車であっても市場ニーズへの対応という面でも独自のエンジンである必要性や意味は必ずしも大きくはなく，本国への集中による集積効果の確保が大きな意味をもつことから本国を中心とした一極開発体制となっている部分もみられるなど[27]，市場や技術の特性に規定された開発・設計の現地化のありようの差異もみられる。

こうして，1990年代以降，日・米・欧の3極開発体制が築かれてきたが，さらにアジアをみても，設計・開発の現地化がすすめられている。中国にはトヨタ自動車技術センターがあるほか，2003年9月にはタイに，6月にはオーストラリアに研究開発拠点となる会社が設置されており，前者はデザインの研究開発とその評価，アジア太平洋地域の技術情報の提供に，また後者はデザインの研究開発に従事する計画とされた。オーストラリアの拠点は2005年3月に事業を開始しており，タイの拠点は同年4月に事業を開始している[28]。これら2社の研究開発拠点の設置は，自動車市場が成長している豪州・アジア地域で市場に対応した商品を供給するのが狙いとされ，市場の将来性と地理的利点をもつタイと自動車開発実績のあるオーストラリアの双方のメリットを生かすために2カ国にまたがる体制にするというものである[29]。また台湾には國瑞汽車の2工場にそれぞれ研究開発施設があったが，2002年には中壢工場の敷地内に設計センターが新設され，その稼働によって，同社は既存の排気実験室，観音工場内の騒音実験室，直線加速コース，耐久試験コースなどを合わせ，アジア地区最大の開発能力を有することになった。2001年に海外拠点として初めて生産さ

れた新型カローラや2002年に生産が開始されたカムリについては，ボディと内装の設計が國瑞汽車で担当されている[30]。

　④主要地域における統括会社とグローバル経営の統合的調整

さらにまたこうした生産拠点の拡大，現地調達の拡大，開発の現地化の進展に対応するために主要地域に統括会社が設置されるなど，グローバル経営の統合的調整の体制の整備がすすんでいる。一般的に，グローバルな事業拡大にともない，また各国のニーズを把握し地域ごとに一つの市場として捉え迅速に対応していくために，世界の主要市場に地域統括会社が設立されるようになっているが，本社の役割としては，グローバルな視野からの意思決定や調整を行うことにおかれる場合が多い[31]。こうしたグローバルなレベルでの統合的調整の機能に関しては，地域統括会社への各地域レベルの意思決定機能に関する大幅な権限の委譲（分権）とともに，世界最適生産力構成という観点での各地域への生産拠点や開発拠点の配置・配分，主要地域間での財務，生産，開発，調達，人事，販売などの全体的・調整的機能は本国本社への権限集中というかたちで行われるという面に基本的特徴がみられる。

北米では，この地域の統括会社として1996年にTMMNA（Toyota Motor Manufacturing North America）が設立され，北米各地に分散していた各生産拠点の購買や法務・渉外，経理・財務部門が同社に移管・集約されるとともに，各事業体およびトヨタサプライヤー支援センター（TSSC）の品質保証や生産技術についても，管理がこの統括会社に一元化されている。欧州でもTMMEが販売拠点と生産以外の事業統括会社としての側面をもつものであったこともあり，98年にはTMUKとTMMFの部品調達機能をもつ生産統括会社としてベルギーにTMEMが設立され，現地統括会社2社が開発から生産，サービスまでのオペレーションを司る体制が確立された。同社は英仏の工場を支援するとともに，生産技術や品質保証，生産管理，物流管理などの業務も行っていたが，2002年には現地での製造・販売一体となった諸活動の推進を目的としてTME（Toyota Motor Europe S.A./N.V.）が設立されている。またアジアでも，ASEAN地域を含めたアジア内の完成車および部品の相互補完を調節する目的で1990年に設立されたTMMS（Toyota Motor Management Services Shingapore）

が日本のトヨタ本社からの東南アジアの販売支援機能の移管により2001年にTMAP（Toyota Motor Asia Pacific）へと変更され，ASEANだけでなくオーストラリア，インドなどその周辺各国を含めた地域の事業統括会社的な役割を担うまでに至っている[32]。

2 電機・電子産業における経営のグローバル化とその特徴

以上の考察において自動車産業における経営のグローバル展開についてみてきたが，つぎに，電機・電子産業について考察するをすすめることにしよう。この産業部門の日本企業の海外進出の一般的な傾向をみれば，当初は，輸入代替工業化策を実施し始めたアジア諸国の現地市場の確保を目的として電球，乾電池などの民生用電気機器・部品を中心に現地生産が開始され，1970年代初めには現地市場向けだけでなく第三国市場，とりわけアメリカ市場への進出をめざした海外生産が本格化した。その後，70年代末以降になるとそれ以前には販売拠点の設置が主であった欧米への生産拠点の設置が増加した。80年代後半以降，とくに90年代に入ると，85年のプラザ合意と93年の円高誘導による急激な円高，欧米からの対日貿易摩擦，平成不況と呼ばれる長期の景気停滞，NIEsをはじめとするアジア諸国の競争力上昇による競争の激化などのもとで，アジア，とりわけASEANや中国などを中心に生産拠点の設置がすすんできた[33]。以下では，1990年代初頭と21世紀初頭の企業内分業関係による生産力構成の実態をみることにするが，ここでは，松下電器産業の事例を中心にみていくことにする。ここで同社を取り上げるのは，アプライアンス部門でも日本企業のなかで最も経営のグローバル展開がすすんでいる企業のひとつであることによる。

（1）1990年代初頭の企業内分業関係による生産力構成とその特徴

まず1990年代初頭の状況をみることにするが，松下電器の1991年3月期の『有価証券報告書総覧』でも，「海外における研究開発，生産拠点の拡充など将来に向けての基盤づくりに注力した」とされるように，海外での生産，研究開発の体制整備が重要な課題とされている[34]。以下，海外生産の状況を主要地域別に，また製品別にみることにしよう。

①完成製品と部品の企業内生産分業

北米地域について——北米では，生産を行う現地企業としては，アメリカに13社，カナダに1社，メキシコに1社があった。テレビはアメリカのバハカリフォルニア松下電業，アメリカ松下電器，アメリカ松下テレビ，カナダ，メキシコ松下電器で，掃除機はアメリカの Matsushita Floor Care Co. で，電子レンジはアメリカ松下電器とアメリカ松下クッキング機器で生産されていた。コンピューターはアメリカ松下コンピューターで，アルカリマンガン電池はアメリカの松下ウルトラテックバッテリーで，ラジオ，ラジカセ，ステレオ，電子商品メカニズムはメキシコで，自動車電話，カーオーディオなどはアメリカ松下通信工業で生産されていた。

また部品をみると，電子部品では電解コンデンサ，スピーカー，自動車電話部品，ハイミックがアメリカ松下電子部品で，テレビ用電子チューナー，U／Dコンバータなどがバハカリフォルニア松下電子部品で，偏向ヨークがアメリカ九州松下電器で，コンプレッサーではアメリカ松下コンプレッサーでエアコン用が，アメリカ松下冷機で冷蔵庫用が生産されていた。

北米地域では15社のうち11社が1985年以降にアメリカで設立されており，80年代後半以降に同国への生産移転がすすんでいるが，とくに販売量の多いテレビでは進出先の3カ国の複数の拠点で生産されたのに対して，それ以外の製品や部品では生産拠点ごとに製品別の分業がはかられている。

中南米地域について——中南米では，ブラジルに4社，アルゼンチン，ペルー，ベネズエラ，プエルトリコ，コスタリカ，エルサルバドル，グァテマラに各1社の生産拠点があった。完成製品の生産では，ラジカセ，ステレオはブラジルのスプリンジャーナショナルアマゾニア，ブラジルナショナル，アルゼンチン，ペルー，ベネズエラ，コスタリカ，エルサルバドル，グァテマラで生産されていた。ラジオはスプリンジャーナショナルアマゾニア，ペルー，コスタリカ，エルサルバドル，グァテマラで，テレビはペルー（白黒テレビ，カラーテレビ）のほか，アルゼンチン，ブラジルナショナル，スプリンジャーナショナルアマゾニア，ベネズエラ（いずれもカラーテレビ）で生産されていた。電子レンジはスプリンジャーナショナルアマゾニアで，洗濯機，冷蔵庫はペルー

で，回転機とアイロンはペルー，エルサルバドルで，テレコはスプリンジャーナショナルアマゾニアとブラジルナショナルで，エアコン，特機商品はブラジルナショナルで，乾電池はコスタ・リカ，ブラジルナショナルで，カーステレオはベネズエラで，蛍光灯スタンドはプエルトリコで生産されていた。中南米地域では，テレビ，ラジオ，ラジカセ，ステレオといった需要の大きい製品については複数の拠点で生産されているが，特定の拠点での集中生産が行われる製品も多くみられる。

　部品生産では，ブラジルのスプリンジャナショナル部品でマイクロモーター，CRTソケット，プリント基板などが，ブラジルナショナル電子部品でトランス，コンデンサ，チューナーといった電子部品のほかスイッチ，コイルなどが，ベネズエラとブラジルナショナル電子部品でスピーカーが，プエルトリコとベネズエラでスピーカーボックスが生産されていた。

　欧州地域について——また欧州をみると，イギリスに7社，ドイツに8社，ベルギー，フランス，スペインに各1社の生産拠点があった。完成製品の生産分業関係をみると，情報通信機器はイギリスのKME情報システム，ドイツのLoewe Opta G.m.b.H.（1991年資本参加）で，テレビはイギリス松下電業，Loewe Optaで，電子レンジはイギリス松下電業で，ファクシミリはイギリスの松下グラフィックコミュニケーションシステムで，掃除機はスペインで，ビデオはスペイン，フランス，ドイツのMBビデオ（家庭用VTR）で生産されていた。また電子タイプライター，プリンター，その他の情報機器はイギリス九州松下電器で，普通紙複写機はドイツのヨーロッパ松下事務機器で，自動車電話はイギリス松下通信工業で生産されていた。Hi-Fi製品はスペインで，CDプレーヤーはドイツのMBビデオで，カーオーディオはドイツ松下通信で，カーエレクトロニクスはLoewe Optaで生産されていたほか，乾電池，白熱電球はベルギーの拠点で生産されていた。

　また部品の生産では，電子レンジ用高圧トランスなどの部品はイギリス松下電子部品で，VTR用駆動メカニズムはドイツの松下ビデオ製造で，ビデオ，テレビ用チューナーなどの部品はドイツ松下電子部品で，Hi-Fiチューナーはフランスで，産業用電子部品では事務機器用・FA用モーターがイギリス松下

モーターで，OA機器用のモーターはドイツのヨーロッパ松下モーターで，電解コンデンサなどの部品がドイツのジーメンス松下部品で生産されていた。

　この地域でも18社の生産拠点うち12社が1985年以降に設立あるいは資本参加されており，アメリカの場合と同様に，80年代後半以降に生産移転がすすんでおり，各国の生産拠点で製品別にほぼ分業するかたちで生産が行われている。

　アジア地域について――さらにアジアでは，1990年代初頭には生産拠点としてはマレーシアに12社，シンガポールに6社，インドに4社，台湾に3社，タイとフィリピン，インドネシアにそれぞれ2社，イラン，中国，香港に各1社があった。完成製品をみると，アプライアンス関係ではテレビは台湾松下電器，ナショナルタイ，マレーシア松下電器，マレーシア松下テレビ，フィリピンのプレシジョンエレクトロニクス，インドネシアのナショナル・ゴーベルで生産されていた。冷蔵庫はタイのA.P.ナショナル，マレーシア松下電器，プレシジョンエレクトロニクス，ナショナル・ゴーベルで，エアコンは台湾松下電器，A.P.ナショナル，マレーシア松下エアコン（セパレートタイプのルームエアコン）とマレーシア松下電業（ウインドタイプのルームエアコン，除湿機），ナショナル・ゴーベルで生産されていた。ラジオは台湾松下電器（カーラジオも），ナショナルタイ（カーラジオ），シンガポール松下無線機器，マレーシア松下オーディオビデオ，プレシジョンエレクトロニクス，ナショナル・ゴーベルで，ラジカセはナショナルタイ，シンガポール松下無線機器，マレーシア松下オーディオビデオで生産されていた。ステレオは台湾松下電器，シンガポール松下無線機器，プレシジョンエレクトロニクス，ナショナル・ゴーベルで，録音機器はシンガポール松下無線機器（テレコ），マレーシア松下オーディオビデオ（テープレコーダー），ナショナル・ゴーベルで生産されていた。洗濯機はマレーシア松下電器，プレシジョンエレクトロニクス，ナショナル・ゴーベルで，VTRは台湾松下電器，松下オーディオビデオで，扇風機はナショナルタイ，マレーシア松下電器，プレシジョンエレクトロニクスで，炊飯器はタイのA.P.ナショナル，マレーシア松下電器，プレシジョンエレクトロニクス，インド松下電化機器，イランで生産されていた。また乾燥機はプレシジョンエレクトロニクスで，アイロン，電気シャワー，ガステーブルはマレーシア松下電器で，

ミートグラインダー，ジューサーはイランで，FDD，CCTVカメラ，ECM（マイクロフォン）の完成品・半完成品はフィリピン松下通信工業で，天井扇，換気扇は香港で生産されていた。乾電池・電池製品はナショナルタイ，マレーシア松下電器，プレシジョンエレクトロニクス，インドネシアの松下ゴーベル電池，インドのラカンパルナショナルとインドナショナルで，トーチライトはインドナショナルで，電槽はナショナルタイで生産された。さらにパソコンは台湾の松際電能公司で，ファクシミリはシンガポールの松下グラフィックコミュニケーションシステムで，FA用専用機・パナサート・金型がシンガポール松下テクノロジーで生産された。

また部品の生産では，アプライアンス部品については，冷蔵雇用コンプレッサーリレーと鋳物がシンガポール松下冷機で，エアコン用のコンプレッサー，モーターなどの部品がマレーシア松下コンプレッサー＆モータで，エアコン用精密鋳物部品がマレーシア松下冷機で，各種モーターがマレーシア松下モータで，精密モーターがシンガポール松下モータで生産されていた。各種電子部品はシンガポール松下電子部品，マレーシア松下電子部品で，カラーテレビ用ブラウン管が中国で，複写機部品が香港で生産された。また偏向コイル，フライバックトランスがマレーシア松下精密工業で，コンデンサ，抵抗器がマレーシア松下電子部材で，フィルムキャパシタがマレーシア松下精密キャパシタで，乾電池用炭層棒などが台湾の台松工業，インド松下カーボンで生産されていた。

アジア地域における生産会社をみた場合，その数は1990年代初頭にすでに34社にのぼっており，北米や欧州に比べ圧倒的に多く，そのうち14社が85年以降に設立されたものであり，自動車産業の場合とは異なり，80年代末までにアジアへの生産移転，生産拡大がすすんでいたといえる。アジア地域では，各国にある複数の拠点で生産される製品が多い点が特徴的であるが，部品については拠点間でほぼ分業するかたちでの生産となっている[35]。

1980年代後半の円高以降のアジアへの進出，生産移転の進展については，欧米への進出が貿易摩擦問題や急激な円高への対応としての性格をもっていたのに対して，欧米諸国だけでなく日本も主要な輸出先のひとつとして組み込まれるかたちでアジア地域の生産拠点が輸出拠点として重要な位置を占めるように

なったこと，また松下電器の場合にみられるように，部品供給拠点としてアジアが非常に重視されるようになっている点[36]に重要な特徴がみられる。

その他の地域について――またその他の地域についてみると，オーストラリアに生産拠点として1社存在しており，カラーテレビ，スピーカーボックスなどが生産されていた。またアフリカにはタンザニアとコートジボアールに生産拠点があったが，ラジオとラジカセは両国で，テレビ，エアコン，Hi-Fi製品はコトジボアールで，乾電池はタンザニアで生産されていた[37]。

以上において1990年代初頭の企業内分業関係による生産力構成をみてきたが，それをふまえて海外の製品群別の生産拠点を示せば図8-1のようになる。

②開発の現地化と海外開発拠点

つぎに海外における開発の現地化，研究開発拠点についてみると，生産技術に関する先行要素技術，エレクトロメカを中心とする製品機構技術などの研究開発は日本の生産技術本部が担当し，国内外の生産活動全般に対する支援活動を行っていたが，1991年にアメリカのパナソニック・テクノロジーズの傘下にひとつの研究所が新設され，独自の5つの研究所を有する体制となっている。また台湾に台北技術研究所，ドイツに松下ヨーロッパテクノロジーセンターが設けられ，現地の人材を活用してニーズをふまえた研究開発活動が積極的に推進されている[38]。アメリカの研究会社では，研究投資額を含め政策の最終決定は松下電器本社におかれていたが，独自性を発揮させ，海外での研究活動の効率化をはかるため，研究員の勤務体系や開発計画案の作成など全面的に現地主導で運営されており，各社の自主性が尊重されるかたちとなっていた。またドイツでは次世代テレビ専門の研究所であるパナソニック・ヨーロピアン・R&Dセンターが1991年に開設され，技術企画・調査，研究開発，デザインの3部門をもち，現地の工業会などへの参加や技術動向調査を担当した。さらに各分野・個別のテーマにそった研究施設がアメリカ，イギリス，シンガポール，マレーシアにあったがその多くは1990年前後に設立されたものであった[39]。ただ1990年代初頭までのところでは，開発の現地化の進展状況を基本設計か生産設

計かという点でみれば，現地での研究開発は生産に付随した設計や商品化に近い開発といったレベルにとどまっていたとされている[40]。

③地域統括会社の設置と4極地域統括体制

またこのような生産と開発におけるグローバル展開への対応として主要地域における統括会社の設置がすすんだ。電機産業では，現地の生産工場がそれぞれの生産品目ごとに日本の親会社の当該製品担当工場や事業部によって生産技術移転，製品開発，部品供給など全面的に支援されてきたそれまでの体制では現地の生産体制と販売体制の調整に時間がかかる場合も生じてきた。例えばアメリカ市場全体でみれば，現地の販売拠点への製品供給や現地市場密着型の製品開発が不可欠となってきた。そのために製品別の日本の親会社の工場や事業部とのつながりを超えて，各地域の市場に適合した経営戦略の策定や生産工場の運営が必要となるとともに，生産と販売，サービスの各部門との調整，資金調達や現地での貿易摩擦問題への対応などの面で，それぞれの市場において事業活動を統括する地域統括本部機能が強化されるようになってきた。1988年にアメリカ松下電器に地域統括本部機能が移され，南北の米大陸市場を管理する体制に転換されており，同社が米州地域統括会社としての役割を担うようになっている[41]。欧州でも製造・販売会社の活動の指揮，経営戦略の企画・調査などにあたる欧州地域統括会社であるパナソニック・ヨーロッパが1988年にイギリスに設置されている[42]。またアジアでも製造子会社や販売会社の事業活動の統括，指揮，同地域の市場動向の調査・分析，地域の販売・生産・事業計画の立案，必要な資金調達などの仕事を受けもつ地域統括会社であるアジア松下電器が1989年にシンガポールに設立されている[43]。同様の動きは東芝やソニーでもみられ[44]，電機産業では80年代末には日・米・欧・アジアの4極地域統括体制が確立しており，自動車産業に比べるとその展開ははやくにすすんでいる。

(2) 21世紀初頭の企業内分業関係による生産力構成とその特徴
①完成製品と部品の企業内生産分業

これまでの考察をふまえて，つぎに21世紀初頭の企業内分業関係による生産力構成についてみることにしよう。1990年代以降の海外生産の拡大における重

図 8-1　1990 年代初頭の

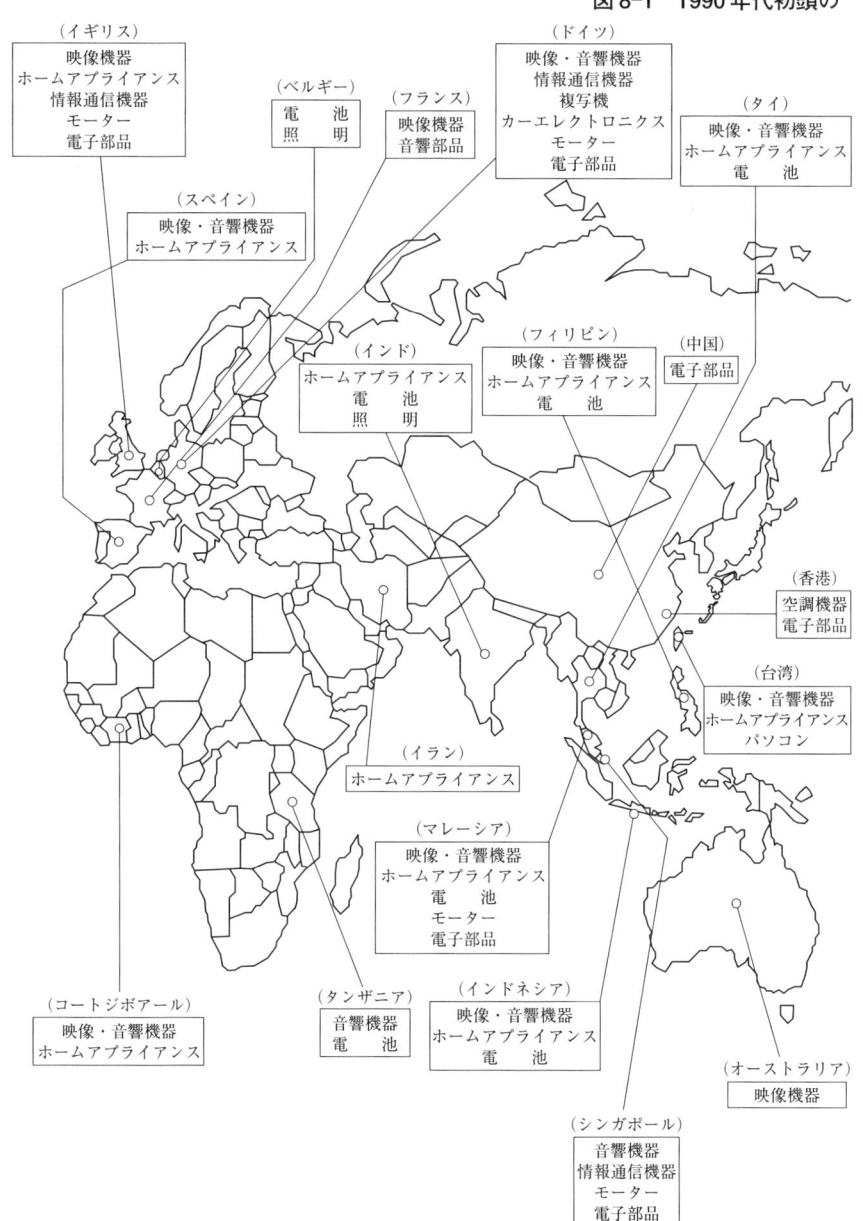

(イギリス)
映像機器
ホームアプライアンス
情報通信機器
モーター
電子部品

(ベルギー)
電池
照明

(フランス)
映像機器
音響部品

(ドイツ)
映像・音響機器
情報通信機器
複写機
カーエレクトロニクス
モーター
電子部品

(タイ)
映像・音響機器
ホームアプライアンス
電池

(スペイン)
映像・音響機器
ホームアプライアンス

(インド)
ホームアプライアンス
電池
照明

(フィリピン)
映像・音響機器
ホームアプライアンス
電池

(中国)
電子部品

(香港)
空調機器
電子部品

(台湾)
映像・音響機器
ホームアプライアンス
パソコン

(イラン)
ホームアプライアンス

(マレーシア)
映像・音響機器
ホームアプライアンス
電池
モーター
電子部品

(コートジボアール)
映像・音響機器
ホームアプライアンス

(タンザニア)
音響機器
電池

(インドネシア)
映像・音響機器
ホームアプライアンス
電池

(オーストラリア)
映像機器

(シンガポール)
音響機器
情報通信機器
モーター
電子部品

松下電器の製品群別海外生産拠点

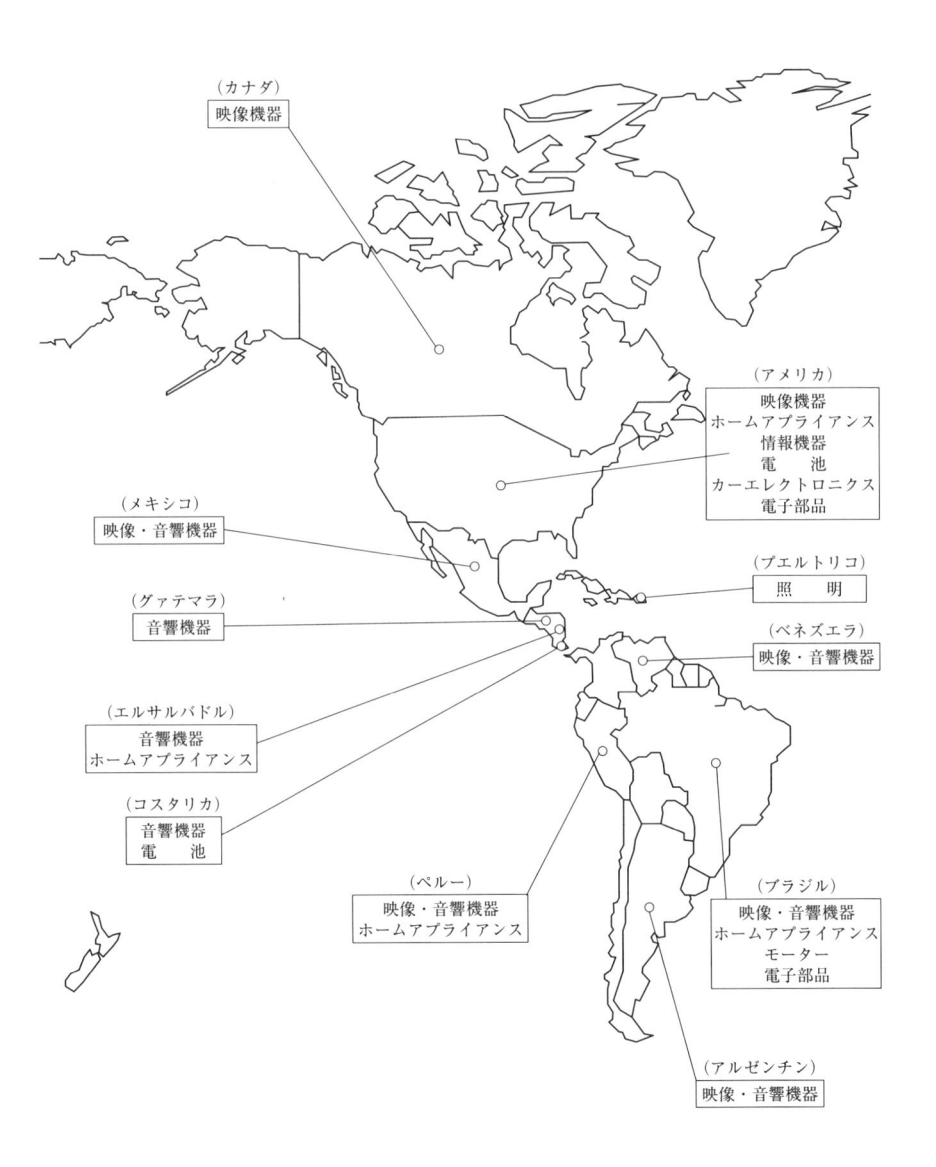

(カナダ)
映像機器

(アメリカ)
映像機器
ホームアプライアンス
情報機器
電池
カーエレクトロニクス
電子部品

(メキシコ)
映像・音響機器

(プエルトリコ)
照明

(グァテマラ)
音響機器

(ベネズエラ)
映像・音響機器

(エルサルバドル)
音響機器
ホームアプライアンス

(コスタリカ)
音響機器
電池

(ペルー)
映像・音響機器
ホームアプライアンス

(ブラジル)
映像・音響機器
ホームアプライアンス
モーター
電子部品

(アルゼンチン)
映像・音響機器

要な特徴のひとつは，エレクトロニクス分野に比べると規模，時期ともに後れていたアプライアンス分野でもグローバル化が重要な課題となってきたことにみられる。アプライアンス分野では世界各国によって製品の利用の仕方やニーズが異なるために輸出戦略が必ずしも適合的ではない面もあり，はやくから国外生産がみられたが，1980年代に電子レンジというグローバル商品が現れたとはいえ，海外生産はその国の需要をまかなう目的で始められたためにその規模は小さく，グローバル拠点ではなかった。アプライアンスがその国の文化や生活習慣に密接に結びつくものであったために標準化がむずかしく，各国の安全規格が非関税障壁として作用したことなどから，国際流動性が低く，多くの国に製品を供給するグローバル拠点は少なく，グローバル化を阻んできた。しかし，80年代より規格の統一や市場の開放がすすみ，グローバル競争の段階に入るなかで[45]，グローバル展開が本格的に推進されるようになってきた。

　一般的に，電機産業における海外現地生産の主たる目的は，1980年代の市場確保から，90年代にはASEANや中国などの低賃金労働力のフル活用へと移行し，最近では「製品開発・設計機能の一部をもNIEs諸国に移転した『世界最適生産(経営)』」へとすすんでおり[46]，90年代以降，主要地域ごとの特定の市場向けの製品別最適生産力の構築が本格的に推し進められてきた。松下電器ではグループ経営としての展開が強化されており，経営のグローバル化にともなう生産力構成の変化をみる場合，グループ全体での世界最適生産力構成というかたちですすんできたという点が重要であり，グループ企業を含めた海外生産拠点における生産分業関係を地域別にみていくことにする。こうした経営のグローバル展開における生産分業については，近年さらに変化してきている部分もみられるが，ここでは，経営のグローバル展開が本格的にすすんだ1990年代以降の約10年間の変化を確認するために2002年時点での生産分業関係をみることにする。

　北米地域について——まず北米をみると，松下電器本体とそのグループ企業が設立あるいは出資している拠点としては，2002年時点ではアメリカとメキシコに23の生産会社が存在していたが，うち16社は1990年以降に設立されたものであり，アメリカへの生産移転が本格的にすすんだといえる。

完成製品の生産分業関係をみると，テレビはアメリカのバハカリフォルニア松下テレビ（現パナソニックAVCネットワークスバハカリフォルニア），アメリカ松下ディスプレイデバイス（現在はMT映像ディスプレイアメリカ）で生産された。前者はアメリカ，カナダ，中南米，日本などに販売されたが，アメリカ向けが80％と圧倒的に多く，後者の生産拠点からは北米に供給された。さらにメキシコ松下電器でもカラーテレビが生産された。またアメリカ松下寿電子工業ではビデオ一体型テレビが生産され，北米などに供給された。掃除機はアメリカ松下電化機器とメキシコ松下電化機器で生産されており，後者の拠点からは北米に供給された。ステレオとミニコンポはメキシコ松下電器で生産されており，北米などへ供給された。蓄電池・電池類では蓄電池はメキシコ松下電池で生産されていたが，現在は同社は存在しない。また松下ウルトラテックバッテリーでアルカリマンガン電池が，バハカリフォルニア松下電池で電池類が生産された。北米でのその他の製品はすべてアメリカの子会社で生産された。DVDとCD／CD-Rはアメリカ松下メディアマニュファクチュアリングと松下ユニバーサルメディアサービスで生産されており，後者の生産拠点はアメリカ向けに供給していたが，両社は現在は存在しない。光ディスクはアメリカ松下ディスクマニュファクチュアリング（現在はパナソニックディスクマニュファクチュアリングアメリカ）で，カーオーディオとビジネス電話はアメリカ松下通信工業（現在はパナソニックASアメリカ）で生産されていた。また電話機はバハカリフォルニア九州松下電器で生産されたほか，アメリカ九州松下電器でもコードレス電話が生産されていたが，現在は両社はパナソニックコミュニケーションズアメリカとなっている。そのほか，航空機用AVは松下アビオニクスシステムズで，パナサート・BHU（コンベア）はアメリカ松下テクノロジー（現在はパナソニックテクノロジーズ）で，カースピーカーはアメリカ松下電子部品で，STB，モニタはバハカリフォルニア松下テレビで生産された。

　また部品の生産では，各種モーターおよび部品はアメリカ松下モータで，機器用コンデンサ，放射線バッジはアメリカ松下産業機器で，テレビ用ブラウン管はアメリカ松下ディスプレイデバイスで生産された。偏向ヨーク，フライバックトランスはアメリカ九州松下電器，バハカリフォルニア九州松下電器で，自動車電話部品，アルミ電解コンデンサ，アルミ電極箔はアメリカ松下電子部

品で生産されていたが，アメリカ松下産業機器は現在では存在しない。またメキシコ松下通信工業（現在はパナソニックASメキシコ）でカーオーディオユニット，CDメカニズムが生産され，アメリカ松下通信工業に供給されたほか，バハカリフォルニア松下電子部品でスピーカー，電子チューナー，コンバータ，携帯電話用部品などが生産され，アメリカ，メキシコに供給された。さらにタマウリパス松下電子部品で抵抗器，角速度センサ，自動車用電気・電子機器が生産され，アメリカ，カナダ，メキシコに供給された。このように，北米地域では，それぞれの製品について各生産拠点の間で分業するかたちで生産が行われている。

中南米地域について——中南米では，生産拠点としてブラジルに3社，ペルー，コスタリカ，プエルトリコ（現在は存在しない）にそれぞれ1社があったが，1990年以降に設立された生産拠点はブラジルの1社のみであり，北米の場合とは大きく異なっている。完成製品では，テレビのほか，電子レンジ，VTR，ムービー，ミニコンポ，DVD，コードレス電話・同バッテリーはブラジルのパナソニックアマゾニアで生産され，南米などに供給された。電池類はコスタリカ，ペルー，ブラジル松下電池工業で生産された。蛍光灯，スタンドのほかスピーカーボックス，オーディオラックなどの備品・部品はプエルトリコで生産された。またスピーカーやトランスのほか，電解コンデンサ，抵抗器，スイッチ，コイルといった部品はブラジル松下電子部品で生産され，南米地域に供給された。この地域では，電池類以外の製品や部品は特定の生産拠点で重点的に生産されるかたちとなっている。

欧州地域について——また欧州の生産拠点をみると，2002年の時点ではイギリスに5社，ドイツに7社，チェコとスロバキアにそれぞれ2社，スペイン，ベルギー，アイルランド（現在は存在しない），ポーランドにそれぞれ1社があり，合計で20社あった。このうち，1990年以降に設立・操業開始あるいは資本参加されたものは10社であり，半数が90年代以降のものとなっており，この時期にこの地域への進出，生産移転がすすんだことがわかる。

　これらの生産拠点の間での完成製品の分業関係を2002年の時点でみると，テ

第8章　経営のグローバル化の基本的特徴と意義　*381*

レビは，イギリス松下電業，ドイツのLoewe Opta，チェコの中欧松下テレビ（現在はパナソニックAVCネットワークスチェコ）で生産されていたが，Loewe Optaは現在では松下電器の生産拠点ではなくなっている。パソコンはイギリス松下電業とイギリス九州松下電器（現在はパナソニックコミュニケーションズイギリス）で，VTRはドイツ松下オーディオ・ビデオ（現在はパナソニックAVCネットワークスドイツ），スペイン，スロバキアの松下オーディオビデオ（現在はパナソニックAVCネットワークススロバキア）で生産された。掃除機はスペインで，プリンタ，ファクシミリはイギリス九州松下電器で，DVD／CDプレーヤー，ミニコンポはドイツ松下オーディオ・ビデオで，オーディオ機器はスペインで生産されたほか，ドイツ松下通信工業（現在はパナソニックASドイツ），チェコ松下通信工業（現在はパナソニックMC・ACチェコ）ではカーオーディオが生産された。またコードレス電話機はイギリス九州松下電器で，携帯電話はチェコ松下通信工業で，カーエレクトロニクス機器はLoewe Optaで，CCTVカメラはドイツ松下通信工業で，CD-R，DVDディスクはアイルランドの拠点で，STBはイギリス松下電業で生産されていたほか，カードリーダーはイギリス松下産業機器で生産されていたが，同社は現在は存在しない。また電池類はベルギー，ポーランドの拠点で生産された。欧州のこれらの生産拠点のなかでも，スペインではその後も掃除機の生産が行われていたが，安価な中国や東欧の製品との競争が激化し，収益が悪化するなかで，2004年12月末にスペインでの掃除機生産を停止し，スペイン松下電器を清算し，欧州向け製品の生産は中国の掃除機工場に集約することになった。

　また部品についてみると，テレビ用ブラウン管はドイツ松下ディスプレイデバイス（現在はMT映像ディスプレイドイツ）で，カーオーディオ向けスピーカー，抵抗器，コンデンサ，インダクタ，キーボードはイギリス松下電子部品で，トランスはイギリス松下産業機器，ドイツ松下電子部品で生産された。各種プリント基板はスロバキア松下オーディオビデオで，チューナー，コイル，基地局用PLLモジュールはドイツ松下電子部品で，VTR用メカニズムはドイツの松下ビデオ製造とドイツ松下オーディオ・ビデオで生産された。またイギリス松下応用機器で電子レンジ用マグネトロンが，ドイツ松下電子部品が出資するエプコス社（旧ジーメンス松下電子部品）でコンデンサ，SAWフィルタが

生産されていたが，エプスコ社は現在は生産拠点としては存在しない。さらにドイツ松下電子部品の子会社のスロバキア松下電子部品ではコイル，トランスが生産された。

このように，欧州でも，需要の大きいテレビ，VTR，カーオーディオ機器については複数の拠点で生産されたが，その他の製品および部品については特定の生産拠点での集中生産体制がとられている。

さらにこれらの生産拠点の仕向地をみると，イギリス松下電業，イギリス九州松下電器で生産の製品はEUなどに，ドイツのLoewe Opta，松下オーディオ・ビデオ，スペイン，チェコの中欧松下テレビで生産の製品は欧州などに供給された。またドイツの松下ビデオ製造で生産のVTR用メカニズムはドイツ松下オーディオ・ビデオに，ドイツ松下ディスプレイデバイスで生産のテレビ用ブラウン管はイギリス松下電業などに，ドイツ松下通信工業のカーオーディオは同国の自動車企業であるフォルクスワーゲン，アウディなどに供給された。

アジア（中国を除く）地域について──さらに中国を除くアジア地域をみると，2002年に時点ではタイに12社，マレーシアに15社，インドネシアに10社，シンガポールに8社，インドに7社，フィリピンに4社，台湾に3社，ベトナムに1社，イランに1社があり，合計で61社であったが，90年以降に設立の生産拠点は33となっており[47]，この地域での海外生産が一層本格的にすすんだことがわかる。ことに1990年代後半からは，90年代前半とは大きく異なり日本の通貨である円の再安値傾向の定着，主要アジア通貨の高騰，アジアの現地の賃金水準の上昇に対応して，シンガポールなどからマレーシアやインドネシア，そしてフィリピンへと生産活動の再シフトが顕著になった[48]。

まず完成製品の生産分業関係を2002年の時点でみると，テレビは台湾松下電器，ベトナムの拠点，タイ松下AVC（現在はパナソニックAVCネットワークスタイ），マレーシア松下電器，マレーシア松下テレビネットワークシステム（モニターも生産），フィリピン松下電器，インドネシアのナショナル・ゴーベル，インド松下テレビ・オーディオ（現在はパナソニックAVCネットワークスインド）で生産されていたが，現在ではマレーシア松下テレビネットワークシステムは

第8章　経営のグローバル化の基本的特徴と意義　383

存在しない。またCCTVカメラはフィリピン松下通信工業（現在はパナソニックMCフィリピン）で，VTRは台湾松下電器，マレーシア松下オーディオビデオ（現在はパナソニックAVCネットワークスクアラルンプールマレーシア），インドネシア松下寿電子工業（VCRも生産）で生産された。エアコンは台湾松下電器，マレーシア松下空調（ウインド型ルームエアコン，除湿機）とマレーシア松下エアコン（セパレート型ルームエアコン），フィリピン松下電器，ナショナル・ゴーベル，インド松下エアコンで生産されていたが，マレーシア松下エアコンは現在は存在しない。冷蔵庫は台湾松下電器，タイ松下冷機・冷蔵庫，マレーシア松下電器，フィリピン松下電器，ナショナル・ゴーベルで，洗濯機はタイ松下電化機器，マレーシア松下電器，フィリピン松下電器，ナショナル・ゴーベル，インド松下洗濯機で生産された。掃除機はマレーシア松下電器，イランで，扇風機はマレーシア松下電器，フィリピン松下電器，ナショナル・ゴーベル，タイ松下精工で，換気扇はマレーシア松下電器とタイ松下精工で生産されており，タイ松下精工では送風機も生産された。炊飯器はタイの松下電化機器，マレーシア松下電器，インド松下電化機器，イラン生産されたほか，ジューサー，ミートグラインダーがイランで，ジャーポットがタイ松下電化機器で，アイロン，電気シャワー，ガステーブルがマレーシア松下電器で，オーブントースター，乾燥機がフィリピン松下電器で生産された。音響機器では，ミニコンポはベトナム，シンガポール松下オーディオ（現在はパナソニックAVCネットワークスシンガポール），ラジカセはマレーシア松下オーディオビデオ，シンガポール松下オーディオ，ナショナル・ゴーベル，インド松下テレビ・オーディオで，DVDプレーヤーは台湾松下電器，シンガポール松下オーディオで生産された。オーディオ機器は台湾松下電器，タイ松下AVC，マレーシア松下オーディオビデオ，フィリピン松下電器，ナショナル・ゴーベルで，ラジオはフィリピン松下電器，ナショナル・ゴーベルで，電子楽器（キーボード）はマレーシア松下オーディオビデオで，カーオーディオ，CDチェンジーはタイ松下通信工業（現在はパナソニックASタイ）で生産された。情報通信機器では，パソコンは台湾松下コンピュータ（現在はパナソニックAVCネットワークス台湾）で，ファクシミリはマレーシア九州松下電器（現在はパナソニックコミュニケーションズマレーシア）とフィリピン松下事務機器（現在はパナソニックコ

ミュニケーションズイメージリングフィリピン）で，複写機，レーザースキャニングユニットはフィリピン松下事務機器で生産された。携帯電話およびビジネス電話はフィリピン松下通信工業で生産された。乾電池はマレーシア松下電器，フィリピン松下電器，タイ松下電池で生産されほか，インドネシア松下ゴーベル電池，バタム松下電池（ニッカド電池，太陽電池），インドネシアパナソニック電池，インドナショナル，インド松下ラカンパル電池でも電池類が生産されており，タイ松下電池ではカーバッテリー，懐中電灯も生産されていた。蛍光灯はシンガポール松下半導体，インドネシア松下照明で，ライト類ではフィリピン松下電器，インドネシア松下ゴーベル電池，インドナショナルでフラッシュライトが，インド松下ラカンパル電池でトーチライトが生産されていた。各種生産設備機器はシンガポール松下テクノロジーで，ポンプはナショナル・ゴーベルで，ブレンダーはインド松下電化機器で生産されたほか，タイパナソニック溶機器で溶接機が生産されていたが，同社は現在は存在しない。

また部品の生産では，モーターはシンガポール松下モータ，シンガポール松下冷機，マレーシア松下コンプレッサー・モータ，マレーシア松下モータで生産されたが，HDD，HDD用モーターはシンガポール松下寿電子工業で生産された。HDD関連ではインドネシア松下寿電子ペリフェラルズでHDD，HDD用磁気ヘッドアッセンブリが生産された。コンデンサは台湾松下電器，マレーシア松下精密キャパシタ，マレーシア松下電子部品，マレーシア松下電子部材，インドネシア松下ゴーベル電子部品，タイ松下産業機器（家庭用コンデンサ）で，抵抗器はシンガポール松下電子部品，マレーシア松下電子部品，マレーシア松下電子部材，インドネシアのバタム松下電子部品で生産された。トランスはシンガポール松下電子部品，マレーシア松下テレビネットワークシステム，マレーシア九州松下電器，インドネシア松下ゴーベル電子部品，タイ九州松下電器（現在はパナソニックコミュニケーションズタイ），インドネシアのバタム松下電子部品で生産された。電池用部品は台湾の台松工業，インド松下カーボン（乾電池用炭素棒）で生産された。IC，マイコンはシンガポール松下半導体，インドネシア松下半導体で，トランジスタはシンガポール松下半導体，東洋電波の子会社である東洋電波マレーシアで生産され，東洋電波マレーシアではそのほかダイオードなどの電子部品も生産された。半導体はインドネシア松下半導

体で，パソコン用キーボードはシンガポール松下電子部品で，パソコン用マザーボードは台湾松下コンピュータで，液晶モニターとプリント配線板は台湾松下電器で生産されたが，プリント配線板はタイ松下電子部品でも生産された。チューナーはマレーシア松下電子部品，タイ松下電子部品で，スピーカーは台湾松下電器，インドネシア松下ゴーベル電子部品，バタム松下電子部品，シンガポール松下電子部品，タイ松下電子部品（車載用スピーカー）で生産された。またコンプレッサーはシンガポール松下冷機，マレーシア松下コンプレッサー・モータ，マレーシア松下冷機（冷凍冷蔵庫用コンプレッサー）で，リレー，鋳物はシンガポール松下冷機で生産された。テレビ用ブラウン管はマレーシア松下ディスプレイデバイス（現在はMT映像ディスプレイマレーシア）で，CD-R／RWドライブ，DVD用光ピックアップはフィリピン九州松下電器（現在はパナソニックコミュニケーションズフィリピン）で，CD／MD用ピックアップはシンガポール松下オーディオで，樹脂形成部品，メタルプレス部品はタイ松下テクノロジーで生産された。液晶パネルはシンガポールのアドバンスト・フラット・パネル・ディスプレイで生産されていたが，現在同社は存在しない。リモコンは台湾松下電器，タイ松下電子部品，インドネシアのバタム松下電子部品で，スイッチはタイ松下電子部品で，偏向ヨーク，電話用子機，磁気ヘッドはマレーシア九州松下電器で生産されたが，偏向ヨークはタイ九州松下電器でも生産された。コイルはインドネシアの松下・ゴーベル電子部品，バタム松下電子部品，シンガポール松下電子部品で，セラミック部品，コンバージェンスマグネット，ACアダプタ，SAWフィルタはシンガポール松下電子部品で，金型はシンガポール松下テクノロジーで生産された。また冷蔵庫，ショーケース，パッケージエアコン用の熱交換器・同応用製品がタイ松下冷機で，エアコン用コンプレッサーの精密鋳物部品がマレーシア松下ファンドリーで，パワーサプライ，磁気サウンダーがバタム松下電子部品で生産された。

　さらにアジアの生産拠点の供給先をみると，完成製品では，ベトナムの拠点で生産の製品は国内市場向けが中心となっていたほか，タイ松下AVCで生産の製品，インド松下エアコンで生産のエアコン，インド松下洗濯機で生産の洗濯機は国内市場向けに供給された。フィリピン松下電器，タイ松下冷機は東南アジア向け，フィリピン松下事務機器は東南アジア，日本への供給となってい

たが，フィリピン松下通信工業からは東南アジアのほか日本，アメリカ（CCTVカメラ）へも供給された。台湾松下電器でもアメリカ，日本などへ，シンガポール松下オーディオでも東南アジアのほか日本，アメリカに，台湾松下コンピューターでも台湾国内のほか日本，アメリカへ輸出された。タイ松下電化機器で生産の製品は東南アジア向け（洗濯機では9割，炊飯器では4割，ジャーポットでは3割）とそれ以外への輸出に分かれており，タイ松下冷機・冷蔵庫で生産の製品も東南アジア向けが7割を占めていた。マレーシア松下電器では国内への供給が6割であり，残り4割が輸出された。マレーシア松下オーディオビデオからは世界の広い地域に供給されており，欧州，北米，アジア，日本，中南米，ロシアなどへ輸出された。マレーシア松下テレビネットワークスでは中国・香港向けが30％，アジア・オセアニア向けが20％，中近東・アフリカ向けが25％，日本向けが15％，旧社会主義圏のCIS（独立国家共同体）向けが10％となっていた。インドネシア松下照明では国内向けの供給は2割にすぎず，東南アジア，アメリカ，欧州，中近東への輸出が8割を占めており，タイ松下電池で生産の製品もアジア各国のほか中近東，アフリカへ供給された。また部品生産拠点では，台湾の台松工業で生産の電池用部品は松下グループの電池生産拠点全般に，タイ松下テクノロジーで生産の部品はナショナルタイグループに供給されたほか，マレーシア松下ディスプレイデバイスで生産のテレビ用ブラウン管はマレーシア松下テレビネットワークシステムなどに供給された。シンガポール松下テクノロジーで生産の製品も松下電器グループなどへ供給されたが，仕向地は東南アジアのほか中国，欧州となっていた。シンガポール松下電子部品でも東南アジアと日本への供給となっており，シンガポール松下冷機ではその供給先は東南アジアのほか中国，欧州，オセアニア，日本，アフリカと広範囲におよんでいた。インドネシア松下半導体では東南アジアを中心に電子部品が供給されたが，同国の松下ゴーベル電子部品で生産の部品は日本などへ供給されており，日本への部品の輸出基地としての役割を担っている[49]。

アジア地域における最適生産力構成の構築についてみる上で重要な点は，1990年代以降そのための条件がこの地域の生産ネットワークの形成というかたちで築かれてきたということである。電機・電子産業では，1988年版の『通商

第8章　経営のグローバル化の基本的特徴と意義　387

白書』が指摘するように，その当時までのところ，工程間分業，製品差別化分業とも，日本とアジア諸国の技術水準の違いを反映して，アジア諸国では低付加価値製品，日本では高付加価値製品というかたちでの「棲み分け」的な産業内分業が行われていたが(50)，90年代に入りそうした状況は変化してきた。1980年代，とくにプラザ合意以後の急激な円高傾向のもとでME技術が導入されていっただけでなく，この産業の生産工程とその技術的特性にも規定されて，組立工程に関わる技術が多くの製品で普及品から高級品へのシフトを妨げるほどのものではなく，設立初期には普及品の生産を行っていた生産拠点が後に高級品の生産に移行することは技術的観点からは比較的容易であったこともあり，90年代半ばにはアジア諸国でも普及品を中心に一部高級品の生産への移行がすすんだ。部品についても技術的に高度な中核的部品以外のものについては，途上国で生産を行うのはさほど困難ではなく(51)，海外生産の拡大がすすんだ。「高付加価値製品は国内で，労働集約的で低付加価値製品は海外生産に移転していくといった基本的な傾向を維持しつつ，進出拠点は，生産品目に応じて第三国への，そして，日本への輸出基地となっている(52)」という点にもみられるように，1990年代以降，アジアという地域のなかで特定市場地域向けの製品別・部品別の世界最適生産力構成による経営展開がすすんだ。「日本とアジアの間の製品差別化分業とASEAN域内での工程間分業が重なり合いながら企業内国際分業が進展し」，日本を核としたアジア域内の生産体制＝生産ネットワークが形成され，深化してきたのであり(53)，それは最適生産力構成の確立という動きの一環としてすすんできた。そうしたなかで，ことにASEANでは，同地域の経済成長にともない，低コストを武器にした欧米への迂回輸出と日本への逆輸入のための製造拠点・輸出拠点としてだけでなく現地市場の拡大を狙った投資も増大するなど(54)，地域完結的な展開がすすんできている。

　中国について——また近年生産拠点の拡大，生産増大が著しい中国では，2002年時点では生産拠点として44の企業があり，そのうち1社は香港にあったが，1987年設立で89年操業開始の北京松下彩色顕像管有限公司以外の43社が1990年以降に設立されたものであり，中国への生産移転，生産拡大がすすむのは90年代に入ってからのことである。

これらの各拠点での生産分業関係をまず完成製品についてみると，映像・音響機器では，テレビおよび各種映像設備は山東松下映像産業（現在は山東松下電子信息）で，VTR, VCD, ホームシアター製品，液晶プロジェクタは中国華録・松下電子信息で，ディスプレイは上海松下等離子顕示器（プラズマディスプレイおよび関連部品），厦門建松電器で生産された。DVD機器は中国華録・松下電子信息で，ラジオ，ステレオコンポ，ヘッドホンステレオ，オーディオ機器は厦門松下音響（現在は厦門松下電子信息），蘇州松下通信工業（現在は蘇州松下系統科技）（業務用機器の生産）で，カーオーディオは大連松下通信工業（現在は大連松下汽車電子系統），厦門建松電器で，LL装置，CCTVカメラ，マイクロホンは蘇州松下通信で生産された。また電子レンジは上海松下微波炉で，エアコンは広州松下空調器で，冷蔵庫は無錫松下冷機で，洗濯機および乾燥機は杭州松下家用電器で，掃除機は杭州松下電化・住設（現在は杭州松下住宅電器設備）で生産された。炊飯器，精米器は杭州松下厨房電器で，アイロンは広州松下万宝電熨斗（現在は松下・万宝(広州)電熨斗）で，ガステーブル，ガス湯沸器は杭州松下燃気具（現在は杭州松下住宅電器設備(出口加工区)）で，扇風機，換気扇，天井扇，ボックス扇，空気洗浄器，レンジフードは順徳松下精工（現在は広東松下環境系統）で生産された。通信機器では，携帯電話，ページャーは北京松下通信設備で，コードレス電話機，ファクシミリは珠海九州松下電器（現在は珠海松下通信系統設備）で生産された。蓄電池は瀋陽松下蓄電池，珠海松下電池で，電池は上海松下電池（マンガン乾電池），無錫松下電池（ニカド電池，ニッケル水素電池）で，蛍光灯は北京松下彩色顕像管で，蛍光管は北京松下照明光源で生産された。産業用機器では溶接機，溶接ロボットが唐山松下産業機器で生産された。溶接機器はグループ企業の三社電機製作所が出資する順徳三社電機でも生産されていたが，現在は同社は存在しない。

また部品の生産では，テレビ・パソコン用CRTは北京松下彩色顕像管で，DVD-RやCD-Rなどのマルチドライブ，ゲームキューブ用ドライブ，光ピックアップ，DVDメカユニットは中国華録・松下電子信息で生産された。モーターは順徳松下精工，厦門建松電器，杭州松下馬達（家庭用小型モータ），珠海松下馬達で，トランスは厦門建松電器，香港松下電子部品で，コンプレッサーは松下・万宝(広州)圧縮機（エアコン用），無錫松下冷機圧縮機で生産された。

コンデンサは北京松下精密電容,天津松下電子部品,新会松下産業機器(各種機器・電力用コンデンサの生産)で,抵抗器は天津松下電子部品,青島松下電子部品有限公司,青島松下電子部品(保税区)有限公司で生産されたほか,IC,マイコン,トランジスタといった電子部品は上海松下半導体で,バリキャップ,ダイオード,ディスクリートは蘇州松下半導体で生産された。チューナー,スピーカー,デモジュレーター,RFモジュレータ,RFコンバータ,VCO,レシーバは北京松下電子部品で,スイッチは青島松下電子部品,青島松下電子部品(保税区)で,リモコンは北京松下電子部品,青島松下電子部品で,タッチパネルは青島松下電子部品で生産された。ファンコイル,エアハンドリング,熱交換器ユニットなどは北京長城松下精工空調設備(現在は北京松下精工)で,電子レンジ用マグネトロンは上海松下電子応用機器で,電源,マグネットロール,ACアダプタは香港松下電子部品で,乾電池用炭素棒および加工材料は安陽松下炭素で生産された。また蘇州東洋電波電子で水晶振動子,SAWデバイス,TCXO,松下産業機器が出資する唐山神鋼溶接材料でCO_2ソリッドワイヤ,フラックスコアードワイヤなどの溶接材料が生産されていたが,両社は現在は存在しない。

　さらにこれらの拠点からの供給先をみると,中国華録・松下電子信息で生産のVTR,杭州松下家用電器の洗濯機,乾燥機,杭州松下燃気具のガステーブル,ガス湯沸器,杭州松下厨房電器の炊飯器,精米器のほか,北京松下彩色顕像管,新会松下産業機器,蘇州松下通信工業の製品・部品,蘇州松下半導体,香港松下電子部品の各種部品,上海松下電子応用機器の電子レンジ用マグネトロン,杭州松下馬達のモーターは中国向けとなっているが,自動車産業の場合とは異なり輸出されている製品も多い。広州松下空調機器のエアコンはそのほとんど(90%)が国内市場向けであり輸出は少ないが,中国華録・松下電子信息ではVTRはすべて国内市場向けであったのに対して,DVDプレーヤーは圧倒的多く(80%)が北米に輸出されている。DVD用部品も輸出が多く(70%)を占めており,北京松下電子部品で生産の部品,瀋陽松下蓄電池の蓄電池もその多く(それぞれ80%,70%)が輸出にあてられた。山東松下映像産業のテレビ・各種映像設備,上海松下微波炉の電子レンジ,珠海松下電池の蓄電池,順徳松下精工の天井扇,換気扇,レンジフード,北京長城松下精工空調設備,青

島松下電子部品で生産の部品は中国以外の国にも輸出されたが，珠海松下電池では50％が輸出にあてられた。大連松下通信工業で生産の製品は中国向け（30％）のほか，北米（50％），欧州（34％），日本（9％），東南アジアなどに，厦門松下音響の音響機器も中国以外に欧州（40％），アメリカ（20％），アジアに輸出されたほか，上海松下電池の乾電池も世界に輸出された。上海松下半導体で生産の電子部品は中国のほか日本，東南アジアに，無錫松下冷機の冷蔵庫は中国・香港のほかシンガポール，タイに，珠海松下馬達で生産のモーターも中国のほか東南アジアに供給された。また安陽松下炭素で生産の電池用部品は松下グループの電池生産拠点全般に供給されたが，松下・万宝(広州)圧縮機で生産のエアコン用コンプレッサーはエアコンを製造する広州松下空調器にも供給されたほか，無錫松下冷機圧縮機で生産のコンプレッサーも半分近くが冷蔵庫の生産拠点である無錫松下冷機に供給された。これに対して，杭州松下電化・住設で生産の掃除機は日本向けとなっており，広州松下万宝電熨斗のアイロン，順徳松下精工の扇風機は中国での販売のほか日本へ輸出された[55]。

このように，中国ではそれぞれ独自の専門性をもつ拠点に特定の製品の生産がわりあてられるかたちで生産拠点間での製品別の分業がすすんでいる。松下電器では，「現地化」，「集約化」，「協業化」をキーワードに中国の製造拠点の強化が取り組まれており，「現地化」では研究・開発・設計から製造・販売・サービスまで現地で完結する体制の構築が，「集約化」ではいくつかの拠点へのものづくりに関する機能の集約による効率化が推進されている[56]。

その他の地域について——その他の地域についてみると，2002年の時点では生産拠点としてはオーストラリアに1社のみがあるが，そこでは，カラーテレビ，オーディオ機器が生産された。またアフリカにはタンザニアとコートジボアールに生産拠点があり，前者では乾電池，ランプ・ライト類が，後者ではルームエアコン，テレビ，ラジオ，ラジカセが生産されていたが，現在はコートジボアールには生産拠点は存在しない[57]。

以上において21世紀初頭の企業内分業関係による生産力構成についてみてきたが，1990年代の10年間をとおして特定の市場地域向けの特定製品についての

世界的レベルでの最適生産力構成を構築するかたちでの生産分業が本格的にすすんできたといえる。以上の考察をふまえて2002年時点の海外の製品群別の生産拠点を示せば図8-2のようになる。ことに近年の動向をみると，松下電器では，2001年1月に策定された中期経営計画「創生21計画」での事業再編計画に基づいて，生産拠点の統廃合や生産品目の集約化が取り組まれており，アジア地域でも既存の大規模生産拠点を活用しながらも事業の統合の推進，特定製品についてより有利な条件をもつ生産拠点への集約，生産移管が行われており，欧州でも同様の動きがみられる[58]。例えばエアコン用と冷蔵庫用のコンプレッサーのアメリカでの生産は競争力を失ったために2002年3月までに撤退し，アジアに集結されているほか，電子レンジの生産でもアメリカから撤退し，中国の工場がそれを引き継ぐなど，生産拠点の統廃合がすすんでいる[59]。同社のグローバル戦略において最重要地域とされている中国では世界戦略における拠点として2005年を目標に海外生産量の約40％を移管する計画とされている[60]。そうした動きは，ここでみてきたような特定の市場地域向けの特定製品について最もコスト条件が有利となりうる最適生産力構成をいかにして確立するかという問題のあらわれであるといえる。同社の2003年度の『アニュアルレポート』でも「生産面では，製造コストを軸に消費地への近さや社会，政治，環境面のリスク回避などを勘案しながら，グローバルな最適地生産体制の構築を進めており」，主にアジア・中国・東欧で重点的に生産拠点展開をしていくとされている[61]。また2003年4月から9月末までの中間連結会計期間より，グループ内の重複事業の排除をすすめ，戦略単位として事業ドメインを明確にした事業の推進に対応するため，それまでの4事業セグメントから「AVCネットワーク」，「アプライアンス」，「デバイス」，「日本ビクター」，産業機器等を取り扱う「その他」の5セグメントに変更されている[62]。こうした変化もあり，上述の2002年頃の時点の企業内分業関係による生産力構成はその後の展開のなかで変化している部分もみられるが，この点に関して，2004年1月時点の海外の製品群別の生産拠点を示せば図8-3のようになる。

　これまでの考察をふまえて，電機・電子産業における世界最適生産力構成による経営のグローバル展開を自動車産業との比較でみると，電機・電子産業では，とくに家電製品分野において顕著にみられるように所得水準や消費者の嗜

図8-2 2002年時点の松下電器

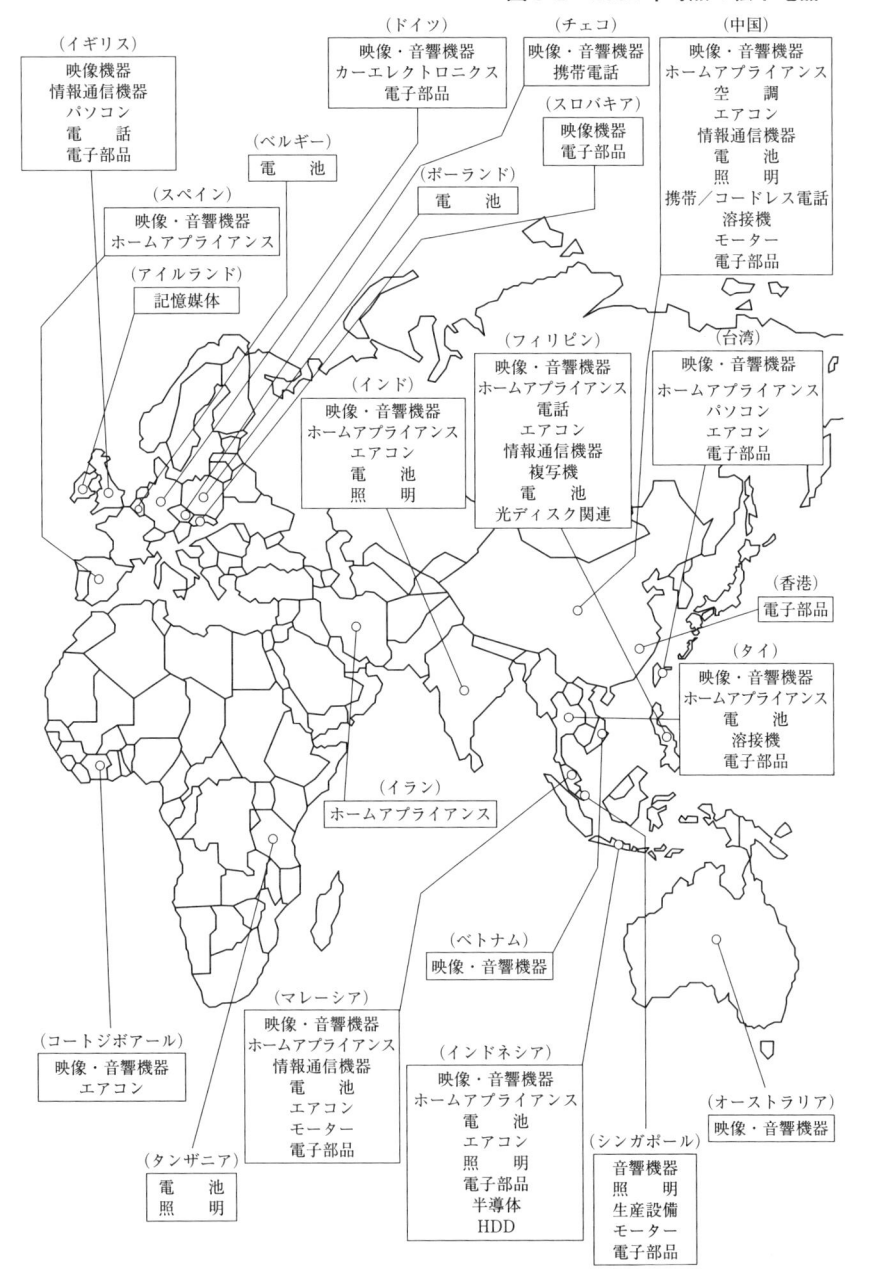

（イギリス）
映像機器
情報通信機器
パソコン
電話
電子部品

（スペイン）
映像・音響機器
ホームアプライアンス

（アイルランド）
記憶媒体

（ドイツ）
映像・音響機器
カーエレクトロニクス
電子部品

（ベルギー）
電池

（ポーランド）
電池

（チェコ）
映像・音響機器
携帯電話

（スロバキア）
映像機器
電子部品

（中国）
映像・音響機器
ホームアプライアンス
空調
エアコン
情報通信機器
電池
照明
携帯／コードレス電話
溶接機
モーター
電子部品

（インド）
映像・音響機器
ホームアプライアンス
エアコン
電池
照明

（フィリピン）
映像・音響機器
ホームアプライアンス
電話
エアコン
情報通信機器
複写機
電池
光ディスク関連

（台湾）
映像・音響機器
ホームアプライアンス
パソコン
エアコン
電子部品

（香港）
電子部品

（タイ）
映像・音響機器
ホームアプライアンス
電池
溶接機
電子部品

（イラン）
ホームアプライアンス

（ベトナム）
映像・音響機器

（コートジボアール）
映像・音響機器
エアコン

（タンザニア）
電池
照明

（マレーシア）
映像・音響機器
ホームアプライアンス
情報通信機器
電池
エアコン
モーター
電子部品

（インドネシア）
映像・音響機器
ホームアプライアンス
電池
エアコン
照明
電子部品
半導体
HDD

（シンガポール）
音響機器
照明
生産設備
モーター
電子部品

（オーストラリア）
映像・音響機器

（グループ）の製品群別海外生産拠点

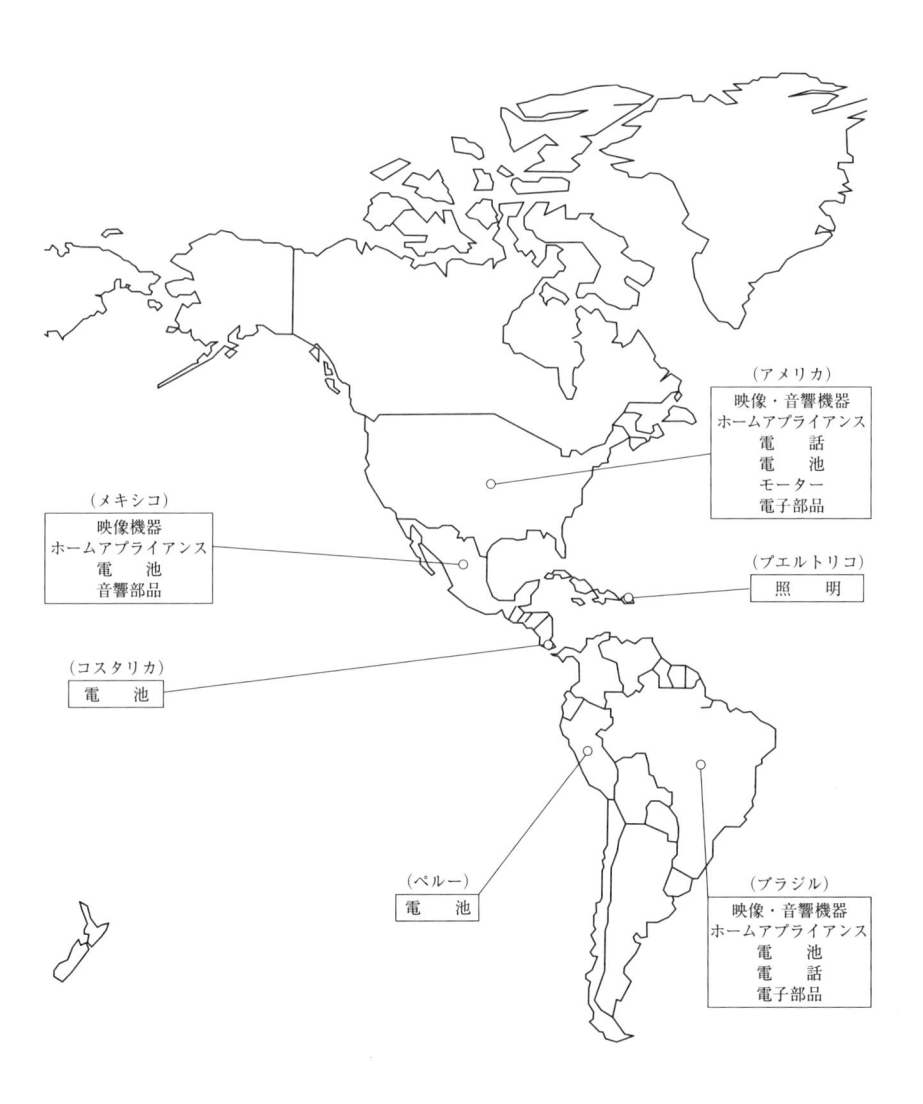

（アメリカ）
映像・音響機器
ホームアプライアンス
電　　話
電　　池
モーター
電子部品

（メキシコ）
映像機器
ホームアプライアンス
電　　池
音響部品

（プエルトリコ）
照　明

（コスタリカ）
電　池

（ペルー）
電　池

（ブラジル）
映像・音響機器
ホームアプライアンス
電　　池
電　　話
電子部品

図8-3　2004年1月時点の松下電器

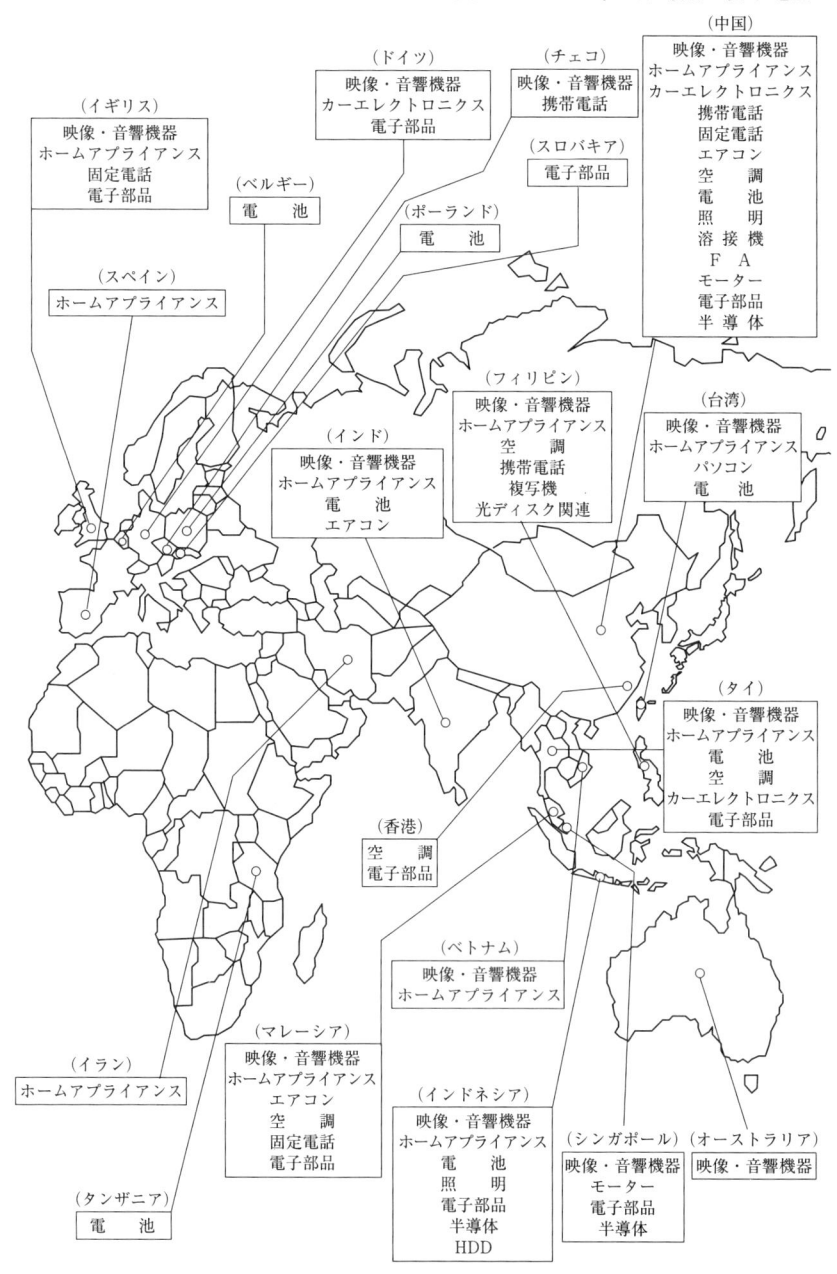

(イギリス)
映像・音響機器
ホームアプライアンス
固定電話
電子部品

(スペイン)
ホームアプライアンス

(ベルギー)
電池

(ドイツ)
映像・音響機器
カーエレクトロニクス
電子部品

(ポーランド)
電池

(チェコ)
映像・音響機器
携帯電話

(スロバキア)
電子部品

(中国)
映像・音響機器
ホームアプライアンス
カーエレクトロニクス
携帯電話
固定電話
エアコン
空　調
電　池
照　明
溶接機
ＦＡ
モーター
電子部品
半導体

(インド)
映像・音響機器
ホームアプライアンス
電　池
エアコン

(フィリピン)
映像・音響機器
ホームアプライアンス
空　調
携帯電話
複写機
光ディスク関連

(台湾)
映像・音響機器
ホームアプライアンス
パソコン
電　池

(タイ)
映像・音響機器
ホームアプライアンス
電　池
空　調
カーエレクトロニクス
電子部品

(香港)
空　調
電子部品

(ベトナム)
映像・音響機器
ホームアプライアンス

(イラン)
ホームアプライアンス

(マレーシア)
映像・音響機器
ホームアプライアンス
エアコン
空　調
固定電話
電子部品

(インドネシア)
映像・音響機器
ホームアプライアンス
電　池
照　明
電子部品
半導体
HDD

(シンガポール)
映像・音響機器
モーター
電子部品
半導体

(オーストラリア)
映像・音響機器

(タンザニア)
電　池

（グループ）の製品群別海外生産拠点

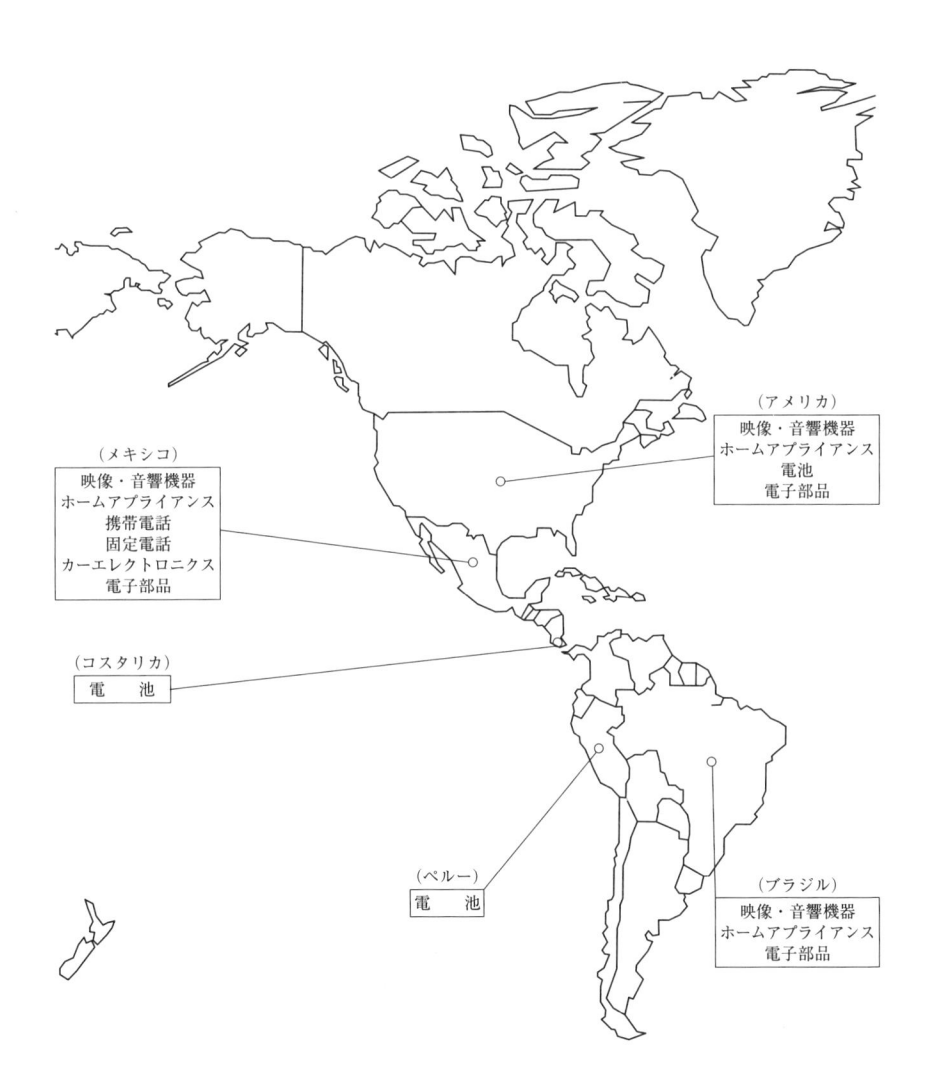

（アメリカ）
映像・音響機器
ホームアプライアンス
電池
電子部品

（メキシコ）
映像・音響機器
ホームアプライアンス
携帯電話
固定電話
カーエレクトロニクス
電子部品

（コスタリカ）
電　池

（ペルー）
電　池

（ブラジル）
映像・音響機器
ホームアプライアンス
電子部品

（出所）：聞き取りによる。

好，製品の使用条件などにも規定されて国や地域による市場条件・需要の相違が比較的大きく，そのため国や地域の市場特性をふまえての展開が行われざるをえないという面がみられる。多様な製品分野をかかえるこの産業では，製品や生産単位が大きくしかも単一製品系列部門である自動車産業のような部門とは異なり，多岐の製品のなかでの最適生産拠点の選択の余地が大きく，デジタル家電のような高付加価値製品では日本本国で生産する「MADE "IN" JAPAN」を維持しながらも，低付加価値製品や大量生産型製品は世界の最適生産拠点で生産する「MADE "BY" JAPAN」というかたちでのいわば棲み分け的展開が自動車産業以上にすすんでいる点にひとつの特徴をみることができる。しかし，例えばパソコン分野では専業企業の間での職能活動のネットワーク的連携に基づく協力関係によって支えられたネットワーク企業にみられるように，企業を超えたレベルでのまさに全世界的な最適生産力の分散化が大きな意味をもつとともに，そうした展開が進展しており，各製品分野のもつ技術，市場，製品の特性によって世界最適生産力構成によるグローバル展開にも差異がみられる。

　　②開発の現地化と海外開発拠点の拡充
　また海外における開発の現地化，研究開発拠点についてみると，1990年代以降経営のグローバル展開が地域完結的なかたちですすむなかで，研究開発拠点の増設・拡充，開発の現地化がすすんできた。新たな製品を開発・企画する場合，消費者ニーズなどの情報の入手の問題から消費地に近いところに開発拠点がある方が有利であり，生産手段は最適地におき，開発や販売は各国・地域の嗜好に合わせるという戦略がますます重要となってきているといえる[63]。
　アメリカでは，既存のパナソニック・テクノロジーズが情報・通信・映像技術等に関する研究開発に従事しており，同社は8つの研究所・開発センターと傘下の2つの研究会社を有している。欧州でも，ドイツにパナソニックヨーロッパ研究所が設立され，デジタルAVおよび移動体通信の研究開発を行っており，3つの研究所があるが，そのうちひとつはチェコにあり，ソフトウエアの開発を行っている。イギリスでもコンピューター用ソフトの開発を行うパナソニックオフィスワークステーションズ，研究開発，知的財産活動を担当する

欧州パナソニックR&Dセンターがあり，前者には2つの，後者には3つの研究所・開発センターがおかれている。またアジアでは，既存の台湾技術研究所がパナソニック台湾研究所として自然言語処理およびコンピューティング技術の研究開発を行っているほか，シンガポールにも研究のための会社であるパナソニックシンガポール研究所が設立され，映像音声信号処理の研究および各種自動検査装置の開発に従事している。さらに中国でも2001年に移動体通信などを対象とした本格的な研究開発拠点（松下電器研究開発(中国)有限公司）が北京に設立されており，そこには8つの研究所・開発センターがあり，次世代携帯電話の研究やデジタルテレビ関連ソフトの開発，中国語の音声認識技術の研究などが行われている。また2002年には蘇州に家電製品の研究開発拠点（松下電器研究開発(蘇州)有限公司）が設立され，そこには，空調機器と照明光源の2つの開発センターがおかれ，日本から現地市場向けの製品開発の移管が行われている[64]。1996年にはシンガポールの研究開発センターとドイツにある欧州研究開発センターが法人化されるとともに，これらにアメリカ，イギリス，台湾を加えた5研究所が本社直轄とされ，日本の中央研究所と同格に位置づけられるようになっている[65]。

③主要地域における統括会社とグローバル経営の統合的調整

さらに主要地域の統括会社によるグローバル経営の統合的調整の問題についてみると，シンガポールの統括会社はアジア大洋州地域統括会社としての機能を担うようになっている[66]。また中国における生産拠点の設置，生産拡大にともない同国にも地域統括会社である中国松下電器がおかれ，シンガポールの統括会社とともにアジアにおける2大地域の統括体制が築かれている。アジアのこれらの統括会社とともにイギリスの欧州地域統括会社，アメリカの米州地域統括会社などを中心に，従来は国内の営業部門経由であった国内外工場間の取引や現地需要に応じた生産体制の確立などの権限が委譲され，機能の現地化がはかられており，生産地域に合った事業体制を構築することによってグローバルに市場の獲得が推進されてきている[67]。また2003年にはそれまでグループ会社や事業部の主導で設立・運営してきた海外子会社が地域統括会社の傘下に移されており，地域別の海外戦略を本社主導ですすめることを狙いとして松下本

社が地域統括会社を通じて海外子会社に100％出資する仕組みに改められている[68]。各地域の地域統括会社は持株会社となり,「当該地域内のグループ会社へ直接出資し,その回収管理を徹底する責任を負う」ことになった。また2003年度より事業ドメイン別体制にあわせて連結経営管理の仕組みが改革され,各海外事業会社はそれぞれの事業ドメイン会社のグローバル連結経営のなかに組み込まれるようになっている。「海外事業は,各国の事業ドメイン会社の『事業軸』でのグローバル戦略と,地域統括会社の『地域軸』での総合的な成長戦略とのマトリックスにより経営される」ことになっている[69]。1990年代以降の経営のグローバル展開の本格的推進のなかで海外事業の最終責任を製品事業部がもつかたちでの以前の管理のあり方[70]が大きく変化してきていることがひとつの重要な特徴といえる。

第3節　経営のグローバル化の進展と蓄積構造・競争構造の変容

　以上の考察から明らかなように,経営のグローバル化と呼ばれる現象の基本的特徴は一企業＝企業グループ内の購買や開発をも含めた世界最適生産力構成によるグローバルな範囲と規模での経営展開にみることができるが,そうした変化は巨大企業の蓄積構造の変容をもたらすと同時に競争構造においても大きな変化をもたらしている。それゆえ,つぎにこの点について考察をすすめ,経営のグローバル化の意義について明らかにしていくことにしよう。

　まず世界最適生産力構成による経営のグローバル展開が巨大企業の蓄積構造にいかなる変化・影響をもたらしているかについてみると,そのような動きは,今日の巨大企業の利潤追求メカニズムがその企業の属する国のレベルを超えてまさに全世界的＝グローバルなレベルでの生産力の最適構成による利潤極大化の実現というかたちへと変化してきていることを示すものである。グローバルなレベルでの国際競争の激化という市場条件の変化への対応として特定の市場地域向けの特定製品の最適生産力として選択された地域における開発,生産拠点の移転,現地調達など一貫体制の構築や地域完結型分業の展開が推進されている。しかもそのさい,例えば戦略的提携を基礎にした企業間のネットワーク的展開やアウトソーシングなどにみられるように内部化（自社資源の利用）

を基礎にしながらも非内部化（外部資源の利用）をも組み合わせることが大きな意味をもつようになっている。そうしたなかで，そのような外部資源の結合・利用をも含めたかたちでの世界最適生産力構成による経営展開とそれに基づく利潤追求が徹底してはかられている点が今日の経営のグローバル化と呼ばれる現象の本質的特徴を示しているといえる。そこでは，グローバル企業にとっては，生産・購買・開発がどこで行われるかということそれ自体が単純に問題なのではなく，獲得される利潤が国際連結会計あるいは配当というかたちで本国の企業・企業グループの手中に収められる限りにおいて本国での生産である必要は必ずしもなく，その企業あるいは企業グループの手による生産というかたちでの世界最適展開こそが問題となっている。例えば日本の場合でいえば，「MADE "IN" JAPAN」（日本での生産）である必要は必ずしもなく，利潤極大化を実現しうる「MADE "BY" JAPAN」（日系企業による生産）というかたちでの世界最適展開こそが問題となっている。そのような意味で，今日の経営のグローバル展開は「多国籍企業」といわれた時代の経営展開や80年代の経済の国際的展開とは明らかに質的に異なる性格をもつ段階へと入ってきている。生産拠点や販売拠点，開発拠点などの国外展開というかたちでの進出先の国の数や拠点数がたんに増加するという量的問題ではなく，まさに世界最適生産力構成による経営展開での徹底したコスト引き下げの追求とそれに基づく利潤追求メカニズムへの変容という質的に新しい性格こそが今日の経営のグローバル化と呼ばれる現象の真の意味でのメルクマールをなすといえる。すなわち，それは，巨大企業の国内生産・国内販売・輸出を基軸とする国内型蓄積構造とその補完策としての国際化から世界最適生産力構成による経営のグローバル展開とそれを基礎にしたグローバル蓄積構造への変容を示すものであるといえる。

　またこうした経営のグローバル化が競争構造にどのような変化をもたらすことになったかという問題についてみると，そうした変化は，一企業あるいは企業グループ内での世界最適生産力構成による経営展開とそれを基礎にした蓄積構造を前提とした地球規模でのグローバル競争構造へとそれまでの競争条件・競争構造が変容してきている点にみることができる。このようなグローバル競争構造への変容とは，たんに巨大企業の間の競争が全世界的な広がりをもって

繰り広げられているということだけではなく，世界最適生産力構成でのコストの徹底した引き下げによる最適化を基礎にした利潤追求を推進するグローバル企業間の熾烈な競争へと変化してきていることを意味するものである。そのような競争構造のもとで，今日，巨大企業はそれに対応するかたちで世界最適生産力構成による経営展開とそれを基礎にした利潤極大化をめざして経営のグローバル展開を余儀なくされるという状況にあるといえる。こうした状況はことに加工組立産業において最も顕著にみられるが，そのような変化のなかでいわゆる「勝ち組企業」と「負け組企業」との差がより明確にあらわれてきているだけでなく，例えば自動車企業による特定の鉄鋼企業への集中大量発注の動きなどにもみられるように，加工組立産業の経営のグローバル展開とそれにともなう競争構造の変化が素材産業部門の競争構造，競争関係にも大きな影響をおよぼすものとなっているという点が今日的特徴を示しているといえる。いわゆる「メガ・コンペティション」と呼ばれるグローバル競争の内実はこのような競争構造の変容に示されており，この点こそが経済のグローバリゼーション，経営のグローバル化と呼ばれる今日的状況を示す特徴的な変化となっている。

　ただ経営のグローバル化の進展は，経済のグローバリゼーションの動きとともに，EU，NAFTAなどにみられる地域経済圏の形成，地域保護主義などいわゆるローカリゼーションへの対応として生産拠点の移転，現地調達などがすすんでいるという側面もみられる。そうした地域経済圏の形成のもとで，域外企業にとっては，世界最適生産力構成による経営展開は，域内企業に比べ不利な競争条件での進出，経営展開を余儀なくされることへのひとつの対応のあらわれでもある[71]。ことにアジアにおいて例えばEU，NAFTAに匹敵する自由貿易地域経済圏をもたないという状況が日本企業にとって世界最適生産力構成による経営展開での対応を欧米の企業に比べても一層必要かつ重要なものにしているという面がみられる。すなわち，日本にとっては，アジア地域のなかでそのような自由貿易地域経済圏の形成による有利な輸出条件を十分に確立することができてはいないだけでなく，他方欧米への輸出のための条件はEU，NAFTAなどの形成によって厳しくなっているとともに，アジア地域への欧米企業の進出に対しても自らにより有利な条件を築くことができていない状況にある。それだけに，日本企業にとっては，そうした状況への対応として，それ

第 8 章　経営のグローバル化の基本的特徴と意義　*401*

らの経済ブロック単位内での自己完結＝地域完結型経営の利点を生かしたかたちでの世界最適生産力構成による経営展開，それを基礎にした世界戦略＝利潤追求の推進が一層重要な意味をもつようになっているといえる。

（ 1 ）トヨタ自動車株式会社『自動車産業の概況 1992』1992 年，58-9 ページ。
（ 2 ）ここでの考察については，同書，58-9 ページ，トヨタ自動車株式会社『アニュアルレポート 2004』，2004 年，119 ページ，アイアールシー『トヨタ自動車グループの実態 '92 年版』アイアールシー，1992 年，283 ページ，297 ページ，317 ページ，326 ページ，328 ページ，335 ページ，337 ページ，342 ページ，354 ページ，日刊自動車新聞社・日本自動車会議所編『自動車年鑑』，1992 年版，日刊自動車新聞社，1992 年，84-5 ページ，118-9 ページ，日産自動車株式会社『自動車産業ハンドブック』，1991 年版，紀伊國屋書店，1991 年，126-7 ページ，FOURIN 編『1992 日本自動車産業』FOURIN，1992 年，62-3 ページ，78 ページ，『日刊自動車新聞』1991 年 3 月 27 日付などを参照。
（ 3 ）ここでの米州，欧州，アジアに関する考察については，トヨタ自動車株式会社，前掲『自動車産業の概況 1992』，58-9 ページ，アイアールシー，前掲書，295 ページ，297 ページ，302-3 ページ，311-3 ページ，321 ページ，326 ページ，339 ページ，341-2 ページ，346 ページ，350 ページ，354 ページ，FOURIN 編，前掲書，78-9 ページ，『日刊自動車新聞』1989 年 9 月 8 日付，1993 年 2 月 25 日付などを参照。
（ 4 ）丸山恵也『東アジア経済圏と日本企業』新日本出版社，1997 年，39 ページ。
（ 5 ）同書，99-101 ページ。
（ 6 ）また他社の状況を日産についてみても，同社は 1993 年にタイと台湾で生産を開始したアジア専用車 AD リゾートで BBC プログラムの本格化に乗り出しており，品目，取引額ともに急増したとされている。『日刊自動車新聞』1994 年 4 月 14 日付。
（ 7 ）トヨタ自動車株式会社，前掲『自動車産業の概況 1992』，58-9 ページ。
（ 8 ）アイアールシー，前掲書，365 ページ。
（ 9 ）トヨタ自動車株式会社，前掲『自動車産業の概況 1992』，59 ページ，アイアールシー，前掲書，327 ページ，『自動車年鑑』1992 年版，120-1 ページ。
（10）FOURIN 編，前掲書，72 ページ。
（11）ここでの北米，中南米，欧州に関する考察については，トヨタ自動車株式会社，前掲『アニュアルレポート 2004』，28 ページ，118-9 ページほか，同『トヨタの概況 2005　データで見る世界の中のトヨタ』，2005 年，15-7 ページ，20-1 ページ，同『トヨタの概況 2004　データで見る世界の中のトヨタ』，2004 年，19 ページ，トヨタ自動車株式会社ホームページ（http://www.toyota.co.jp/jp/news/05/Feb/nt05_0201.html，http://www.toyota.co.jp/jp/news/05/Mar/nt05-010.html，http://www.toyota.co.jp/jp/news/05/Mar/nt05-011.html），日刊自動車新聞社・日本自動車会議所共編『自動車年鑑ハンドブック』2003〜04 年版，日刊自動車新聞社，2003 年，210 ページ，アイア

ールシー『トヨタ自動車グループの実態 2002年版』アイアールシー，2002年，208-14ページ，238ページ，256ページ，262ページ，265ページ，276-7ページ，FOURIN編『2002 日本の自動車産業』FOURIN，2002年，113ページ，『日刊自動車新聞』1990年6月6日付，1994年2月28日付，1995年4月10日付，1995年12月2日付，1996年8月8日付，1996年12月31日付，1997年1月1日付，2001年2月1日付，2001年2月6日付，2002年2月21日付，2002年10月28日付のほか聞き取りによる。
(12) 同紙，1994年8月11日付。
(13) 丸山，前掲書，39ページ，丸山惠也「アジア経済圏の形成と国際分業――東アジアと日本企業――」，丸山惠也・佐護 譽・小林英夫編著『アジア経済圏と国際分業の進展』（叢書 現代経営学⑰），ミネルヴァ書房，1999年，8-9ページ。
(14) 岩坂和幸「日本企業のグローバル化――日本企業のグローバル化と『アジア経済圏』――」，藤本光夫・大西勝明編著『グローバル企業の経営戦略』ミネルヴァ書房，1999年，206ページ。
(15) ここでの考察については，トヨタ自動車株式会社，前掲『アニュアルレポート2004』，28-9ページ，119-21ページほか，同，前掲『トヨタの概況2005』，18-21ページ，トヨタ自動車株式会社ホームページ（http://www.toyota.co.jp/jp/news/04/Aug/nt04_0806.html，http://www.toyota.co.jp/jp/news/04/Sep/nt04_047.html，http://www.toyota.co.jp/jp/news/04/May/nt04_0502.html，http://www.toyota.co.jp/jp/news/04/Sep/nt04_0902.html，http://www.toyota.co.jp/jp/news/05/Feb/nt05-008.html，http://www.toyota,co.jp/jp/news/05/Mar/nt05-014html），アイアールシー，前掲『トヨタ自動車グループの実態 2002年版』，284-5ページ，296ページ，300ページ，308-9ページ，314ページ，331ページ，『日刊自動車新聞』1991年1月4日付，1995年3月13日付，1996年4月8日付，1997年4月16日付，2000年4月22日付，2002年10月31日付，『日刊工業新聞』2005年4月26日付のほか聞き取りによる。アジアでの完成車の相互融通による生産車種の集約については，例えばホンダでも，2003年の同社の資料で指摘されているように，「全世界最適の視点に基づく生産機種の配置や，市場の変化にフレキシブルに対応できる完成車・部品の供給ネットワークの構築など，新しいグローバル生産体制の具現化」が推進されている（本田技研工業株式会社『会社案内』，2003年，13ページ）。AFTA（ASEAN自由貿易地域）による域内関税の引き下げがすすむASEANではタイで生産のアコードがインドネシアへ，またインドネシアで生産のストリームがタイへ輸出されるなど，同社は機種の集約による効率の高い相互補完体制の構築を急いでいる。同書，31ページ。
(16) なお比較のために日産自動車についてみると，同社の海外の車両生産拠点としては，米州にはアメリカ，メキシコとブラジルに，欧州にはイギリスとスペインに，アジアにはタイ，フィリピン，マレーシア，インドネシア，パキスタン，台湾，中国，イランに，アフリカには南アフリカ，ケニア，エジプトに各拠点があるが，これらの生産拠点での主要車種の生産分業関係（2004年7月末現在）を主要地域別にみると以下に示すとおりである（日産自動車株式会社『ファクトファイル 2003-2004』，

2004年，6-16ページおよび聞き取りによる)。またこれらの生産拠点からの主要輸出地域をみると，アメリカの拠点からは北米圏（カナダ，メキシコ，プエルトリコ，ガム，サイパン，アメリカンサモアなど）を中心に輸出されているが，メキシコからは北米（セントラのみ），中南米を中心に輸出されており，ブラジルからはアルゼンチンにフロンティアピックアップとエクステラが輸出されている（聞き取りによる)。中南米諸国で販売の日産車の約60%がメキシコの拠点から供給されている。欧州の拠点ではイギリスからの輸出については完成車の約75%が欧州大陸向けであるが（アイアールシー『日産自動車グループの実態2004年版』アイアールシー，2004年，181ページ，189ページ)，欧州（マイクラ，アルメーラ，プリメーラ）のほかメキシコ（アルメーラ)，中南米（プリメーラ)，オセアニア（タヒチ，ニューカレドニアへマイクラ，アルメーラ)，中近東（レバノンへマイクラ，プリメーラ)，アフリカ（モロッコ，ボツワナ，レントへプリメーラ）に輸出されている。スペインからは欧州各国（テラノ，アルメーラ，キャブスター）のほか中南米（テラノ)，オセアニア（タヒチ，ニューカレドニアへテラノ，アルメーラ)，アフリカの諸国（テラノ，キャブスター，トラック）に輸出されている。またアジアの拠点についてみると，タイからはインドへサニー，セフィーロが，マレーシアからはブルネイ，バングラデシュ，パプアニューギニア，フィジーへバネットが，台湾からはフィリピンへセレナ，マーチ（現地車名ベリータ）が輸出されているが，国内市場向けの生産拠点となっているものが多い。また南アフリカの拠点からはアフリカ地域向けに輸出が行われている（聞き取りによる)。しかし，日産でもタイの生産拠点を拡充し，同国の拠点を東南アジア地域向けを軸とした輸出拠点として整備していく計画が打ち出されている。『日経産業新聞』2004年7月5日付。

《米州》
1) マキシマ────・アメリカ（スマーナ工場）
2) フロンティア────・アメリカ（スマーナ工場)，ブラジル
3) エクステラ────・アメリカ（スマーナ工場)，ブラジル
4) アルティマ────・アメリカ（スマーナ工場)，（キャントン工場）
5) クエスト────・アメリカ（キャントン工場）
6) アルマーダ────・アメリカ（キャントン工場）
7) パスファインダー────・アメリカ（スマーナ工場────2004年9月生産開始）
8) インフィニティQX56────・アメリカ（キャントン工場）
9) セントラ────・メキシコ
10) ツル────・メキシコ
11) プラティーナ────・メキシコ
12) ピックアップ────・メキシコ
13) タイタン────・アメリカ（キャントン工場）
14) ルノー車［クリオ］────・メキシコ，ブラジル
　　　　　　［セニック］────・ブラジル

　　　　　　　［マスター］——・ブラジル
　　　　　《欧州》
　1）プリメーラ——・イギリス
　2）アルメーラ——・イギリス，スペイン（アルメーラティーノ）
　3）マイクラ——・イギリス
　4）テラノ——・スペイン
　5）プリマスター——・スペイン
　6）キャブスター——・スペイン
　7）トラック——・スペイン
　　　　　《アジア》
　1）サニー——・中国（東風汽車），タイ（Siam Motors & Nissan Co.,Ltd＝SMN），パキスタン
　2）ブルーバード——・中国（東風汽車）
　3）テラノ——・インドネシア
　4）セフィーロ——・タイ（SMN），台湾，フィリピン（Nissan Motor Philippines, Inc.＝NMP），マレーシア
　5）セントラ——・台湾，フィリピン（NMP），マレーシア
　6）マーチ——・台湾
　7）セレナ——・台湾，マレーシア
　8）マキシマ——・イラン
　9）フロンティア——・タイ（Siam Nissan Automobile Co., Ltd），フィリピン（Universal Motors Corporation＝UMC）
　10）アーバン——・フィリピン（UMC）
　11）バネット——・マレーシア
　12）キャブスター——・台湾，
　13）ウイングロード——・タイ（SMN）
　14）ピックアップ——・中国（鄭州汽車），イラン
　15）パラディン——・中国（鄭州汽車），イラン
　16）パトロール——・フィリピン（UMC）
　17）X–TRAIL——・台湾，マレーシア，インドネシア，フィリピン（NMP）
　18）商用車（大型，中型，小型トラック，バスなど）——・中国（東風汽車）
　19）ティアナ——・中国（東風汽車，2004年9月生産開始）
　　　　　《アフリカ》
　1）アルメーラ——・南アフリカ
　2）アーバン——・ケニア
　3）ピックアップ——・南アフリカ，エジプト
(17) 『日刊自動車新聞』2002年7月1日付。
(18) ここでの北米，中南米，欧州に関する考察については，トヨタ自動車株式会社，前

第 8 章　経営のグローバル化の基本的特徴と意義　*405*

掲『アニュアルレポート 2004』，118-9ページ，同，前掲『トヨタの概況 2005』，15-7ページ，19ページ，トヨタ自動車株式会社ホームページ（http://www.toyota.co.jp/jp/news/ 05/Feb/nt05_0201.html, http://www.toyota.co.jp/jp/news/05/Mar/nt05-0311.html），アイアールシー，前掲『トヨタ自動車グループの実態 2002年版』，209-13ページ，223-7ページ，232-3ページ，238-9ページ，245ページ，250ページ，256-8ページ，262ページ，264-5ページ，277-8ページ，280ページ，『自動車年鑑』，1999年版，104ページ，『日刊自動車新聞』1996年5月10日付，2000年9月5日付，2001年2月7日付，2001年11月14日付などのほか聞き取りによる。
(19)　『日刊自動車新聞』1995年11月21日付。
(20)　丸山，前掲書，59ページのほか，穴沢　眞「日本自動車産業の東南アジア展開」，島田克美・藤井光男・小林英夫編著『東アジアの産業発展と国際分業』ミネルヴァ書房，1997年，143ページ，『日刊自動車新聞』1999年5月10日付参照。
(21)　トヨタ自動車株式会社，前掲『アニュアルレポート 2004』，120ページ，同，前掲『トヨタの概況 2005』，19ページ，21ページ，アイアールシー，前掲『トヨタ自動車グループの実態 2002年版』，300-1ページ，305ページ，323ページ，『日刊自動車新聞』1990年5月30日付，1993年5月13日付などを参照。
(22)　加茂紀子子「国際分業の進展と自動車産業――日本自動車企業のアジア戦略を中心に――」，丸山・佐護・小林編著，前掲書，210ページ，同「ASEANにおける自動車の『国際部品補完体制』」『情報科学研究』（日本大学），第7号，1997年12月，79ページ。ASEANにおけるこうした部品の相互補完体制については，さらに平木秀作・市村隆哉・片山　博・石井和光・加茂紀子子『国際協力による自動車部品相互補完システム』渓水社，2003年，平木秀作『自動車の現地生産と部品調達』渓水社，1996年，FOURIN編『1999 アジア自動車産業』FOURIN，1999年なども参照。
(23)　トヨタ自動車株式会社，前掲『アニュアルレポート 2004』，119ページ，121ページほか，同，前掲『トヨタの概況 2005』，18-21ページ，トヨタ自動車株式会社ホームページ（http://www.toyota.co.jp/jp/news/04/Dec/nt04_1207.html, http://www.toyota.co.jp/jp/news/04/Dec/nt04_1208.html および http://www.toyota.co.jp/jp/news/05/Jan/nt05_0102.html），アイアールシー，前掲『トヨタ自動車グループの実態 2002年版』，291-2ページ，『日刊自動車新聞』2002年10月16日付参照。
(24)　例えばトヨタのASEAN生産ネットワークは，「トヨタ日本本社――シンガポール統括会社――タイTMT――タイ子会社－日系部品メーカー（系列日系部品メーカー）――地場企業（ローカルサプライヤー）という重層的，垂直的ネットワークを形成し，さらにそのネットワークをインドネシア，フィリピン，マレーシアのASEAN各国の工場群が補完」する体制となっているが（丸山惠也「東アジア自動車産業の国際分業」，藤井光男編著『東アジアにおける国際分業と技術移転――自動車・電機・繊維産業を中心として――』ミネルヴァ書房，2001年，55ページ），こうした分業体制は現地および進出先地域エリアでの「最適調達」というかたちでの「部品調達における最適生産力構成」のあらわれであるといえる。因みにタイのTMTの2000年末

現在の部品の調達先をみると，仕入先企業の総数に占める日系企業と現地企業の割合はそれぞれ55％，27％となっており，取引総額に占める割合ではそれぞれ79％，8％となっており，日系企業と現地企業の占める位置が高い。また取引総額に占める現地企業の割合については，技術支援を受けている企業では7％を占めていたのに対して，技術支援を受けていない純ローカルの企業ではわずか1％を占めるにすぎない。平木・市村・片山・石井・加茂，前掲書，237ページ。

このようなグローバル調達とローカルな購買との関連の問題については，下川浩一氏は，「部品の中でもコモディティ化した規格品のグローバル調達や共同購買は意味があるが，ここにおいてもブランド・アイデンティティを守るためのローカルな購買との調整という問題」があり，「グローバル・ソーシングは，それぞれの異なる地域で異なるシステムが存在するローカルな調達をきちんとやっていてこそその統合化の形で成果が上がる」とされている。下川浩一『グローバル自動車産業経営史』有斐閣，2004年，458-9ページ。

(25) トヨタ自動車株式会社『有価証券報告書総覧』平成15年(3)，18ページ。
(26) トヨタ自動車株式会社，前掲『トヨタの概況2005』，10-3ページ，日刊自動車新聞社・日本自動車会議所共編『自動車年鑑ハンドブック』2002～03年版，日刊自動車新聞社，2002年，228ページ，『日刊自動車新聞』1991年6月18日付，1996年1月6日付，1991年3月16日付参照。
(27) 例えばベースシャーシーなどの開発についても，日本に集中させて集積効果を発揮させる体制がとられているとされている（今田 治「日本企業の欧米展開と情報ネットワーク――自動車企業を事例として――」，林 正樹・井上照幸・小阪隆秀編著『情報ネットワーク経営』ミネルヴァ書房，2001年，158ページ）。またエンジンについてみると，例えば中国の天津豊田汽車発動機で生産の8A-FEエンジンはトヨタA型エンジンをベースに中国国産の1.3リッターエンジンとして開発されたものであったが，開発は日本で行われている（生産システム研究会『自動車メーカー及び関連部品メーカーを中心とする中国企業の生産システムに関する実態調査報告』，2003年，48ページ）。ただ企業によって差異がみられる部分もあり，例えばホンダでは2003年に基礎研究専門の新会社であるホンダ・リサーチ・インスティチュートが日米独に設立され，各地域で社外の専門家を採用し，人工知能や材料バイオなどの研究がすすめられている。本田技研工業株式会社，前掲書，12ページ。
(28) トヨタ自動車株式会社，前掲『トヨタの概況2005』，10-1ページ，トヨタ自動車株式会社ホームページ（http://www.toyota.co.jp/jp/news/05/May/nt05-0505html）参照。
(29) 『日刊自動車新聞』2003年6月13日付。
(30) アイアールシー，前掲『トヨタ自動車グループの実態2002年版』，295-6ページ。
(31) 鈴木由紀子「グローバル企業の組織と管理――相互依存の進展と3極体制組織の構築――」，藤本・大西編著，前掲書，77ページ。
(32) アイアールシー，前掲『トヨタ自動車グループの実態2002年版』，209ページ，255ページ，273ページ，299ページ，『日刊自動車新聞』1998年10月14日付参照。なお北米

に関しては、「開発業務と生産業務の連携を強化し、開発から生産に至るまでのオペレーションの効率化を進めることによって、市場環境の変化により柔軟に対応できる体制作りを目的」として、研究開発会社であるToyota Technical Center, USAと製造統括会社のTMMANを統合し、新会社（Toyota Motor Engineering & Manufacturing North America, Inc.）を2006年前半に設立することが2004年12月に決定されている。トヨタ自動車株式会社ホームページ（http://www.toyota.co.jp/jp/news/04/Dec/nt04_1206.html）。

(33) 秋野昌二「日本企業のアジア展開と情報ネットワーク化」、林・井上・小阪編著、前掲書、133-4ページ、136-7ページ。
(34) 松下電器産業株式会社『有価証券報告書総覧』平成3年(3)、18ページ。
(35) 北米、中南米、欧州、アジアに関する以上の考察は、アイアールシー『松下電器グループの実態 '92年版』アイアールシー、1991年、90-104ページ、石井昌司『日本企業の海外事業展開』中央経済社、1992年、154-8ページ、東洋経済新報社『海外進出企業総覧』（週刊東洋経済臨時増刊）などを参照。
(36) 石井、前掲書、197ページ、201-3ページ参照。
(37) アイアールシー、前掲『松下電器グループの実態 '92年版』、99ページ、石井、前掲書、156ページ、158ページ。
(38) 松下電器産業株式会社『有価証券報告書総覧』平成2年(3)、16ページ、平成3年(3)、17ページ。
(39) アイアールシー、前掲『松下電器グループの実態 '92年版』、59-60ページ、『日経産業新聞』1991年7月17日付。
(40) 武石 彰・横田麻里「グローバル事業の新しい動向と課題」、牧野 昇監修、三菱総合研究所経営開発部編著『日本企業のグローバル戦略──［海外事業］転換期の課題とシナリオ──』ダイヤモンド社、1992年、169ページ。
(41) 横田麻里・小柳津英和・若林広二「民生用エレクトロニクス・メーカーにみる日本企業の課題」、同書、86-8ページのほか、アイアールシー、前掲『松下電器グループの実態 '92年版』、92ページ参照。
(42) 同書、96ページ、『日経産業新聞』1988年10月4日付。
(43) アイアールシー、前掲『松下電器グループの実態 '92年版』、101ページ、『日本経済新聞』1989年2月7日付。
(44) 同紙、1989年5月10日付。
(45) 大貝威芳「アプライアンス企業のグローバル化」(1)、『経営学論集』（龍谷大学）、第42巻第3号、2002年11月、8ページ、同論文(2)、第42巻第4号、2003年3月、7ページ、12-3ページ参照。
(46) 那須野公人「電機産業の国際化と生産システム」、藤井光男・丸山惠也編著『日本の主要産業と東アジア──国際分業の経営史的検証──』八千代出版、2001年、157ページ。
(47) 北米、中南米、欧州に関する以上の考察とアジアの拠点については、アイアールシ

ー『松下電器グループの実態 2003年版』，アイアールシー，2003年，33-74ページ，松下電器産業株式会社『有価証券報告書総覧』平成15年(3)，10-4ページ，東洋経済新報社『海外進出企業総覧』(週刊東洋経済臨時増刊)，企業別編，国別編，『日本経済新聞』2004年5月22日付のほか，聞き取りによる。

(48) 藤井光男「大競争時代の到来と日本企業のリストラクチャー戦略――グローバリゼーションとハイテク合理化の進行――」，井上昭一・藤井光男編著『現代経営史――日本・欧米――』(叢書 現代経営学②)，ミネルヴァ書房，1999年，118ページ。

(49) アジアに関する以上の考察については，アイアールシー，前掲『松下電器グループの実態 2003年版』，46-62ページ，松下電器産業株式会社『有価証券報告書総覧』平成15年(3)，11-3ページ，東洋経済新報社『海外進出企業総覧』(週刊東洋経済臨時増刊)，企業別編，国別編のほか，聞き取りによる。

(50) 通商産業省編『昭和63年版 通商白書』大蔵省印刷局，1988年，223ページ。

(51) 通商産業省編『平成8年版 通商白書』大蔵省印刷局，1996年，189-90ページ。

(52) 大西勝明「東アジアにおける日本電子工業の国際分業」，藤井光男編著，前掲書，64ページ。

(53) 成田幸範「1990年代日本企業のアジア展開」，藤井・丸山編著，前掲書，196ページ。またアジアからの日本への最終生産物，製品の輸入，逆輸入の増大に対応して日本からの進出拠点向けの機械類などの資本財や部品などの中間財の輸出が増大しているという傾向もみられ(大西，前掲論文，64ページ，伊丹敬之『経営と国境』白桃書房，2004年，24-5ページなどを参照)，アジア地域での生産ネットワークの深化はこうした点でも日本を核として展開されているという面もみられる。

(54) 成田，前掲論文，191ページ。

(55) アイアールシー，前掲『松下電器グループの実態 2003年版』，33-46ページ，松下電器産業株式会社『有価証券報告書総覧』平成15年(3)，13-4ページ，東洋経済新報社『海外進出企業総覧』(週刊東洋経済臨時増刊)，企業別編，国別編のほか，聞き取りによる。

(56) 松下電器産業株式会社『アニュアルレポート 2003』，2003年，19ページ。

(57) アイアールシー，前掲『松下電器グループの実態 2003年版』，61ページ，74ページ，松下電器産業株式会社『有価証券報告書総覧』平成15年(3)，11ページ，13ページのほか，聞き取りによる。

(58) アイアールシー，前掲『松下電器グループの実態 2003年版』，32ページ。

(59) 松下電器産業株式会社『有価証券報告書総覧』平成13年(3)，19ページ，大貝，前掲論文(2)，6ページ，

(60) アイアールシー，前掲『松下電器グループの実態 2003年版』，32ページ。

(61) 松下電器産業株式会社，前掲『アニュアルレポート 2003』，19ページ。

(62) 松下電器産業株式会社『有価証券報告書総覧』平成15年度(9)，3ページ。

(63) 山澤成康「FTAと日本企業の競争力」，浦田秀次郎・日経経済研究センター編著『日本のFTA戦略――「新たな開国」が競争力を生む――』日本経済新聞社，2002年，

135ページ。
(64) 松下電器産業株式会社,前掲『アニュアルレポート 2003』,35ページ,77ページ,『有価証券報告書総覧』平成 9 年(3),21ページ,平成10年(3),22ページ,アイアールシー,前掲『松下電器グループの実態 2003年版』,138-40ページ,『日経産業新聞』2002年 4 月 8 日付,『日本経済新聞』2001年 2 月 8 日付などを参照。同社の中国の研究開発体制の中核となるこれら 2 つの開発拠点のほか,個別の事業領域,研究領域をテーマとする開発拠点が天津,上海,大連にも設置されている(同紙,2004年 2 月12日付)。松下電器では例えば薄型テレビなど中国向けデジタル家電に組み込むソフトウエアの開発の現地化をすすめる方向であり,各種製品を中国仕様にするソフトの開発工程が日本から2004年設立のソフト開発子会社であるパナソニックソフトウエア開発大連に移管するとされている。同紙,2005年 2 月 7 日付夕刊。
(65) 溝口勲夫『革新 松下電器——グローバル & グループ経営で拓く新世紀——』日刊工業新聞社,1998年,38ページ。
(66) 『日経産業新聞』2001年 1 月11日付。
(67) アイアールシー,前掲『松下電器グループの実態 2003年版』,32ページ。
(68) 『日経産業新聞』2002年12月10日付。
(69) 松下電器産業株式会社『アニュアルレポート 2004』,2004年,12ページ。
(70) 石井,前掲書,64ページ,161ページ,163ページ参照。
(71) この点にも関連して,藤本光夫氏は,「EU,NAFTAがブロック的広域経済圏を形成してくると,日本の多国籍企業はそれら域内においての多国籍性＝複数国にまたがって事業を展開することで得てきた優位性を次第に失い,代わって統一的で同質的な巨大市場からの利益を享受するための対応を急いでいる」が,アジアにおける経済統合,リージョナル化（地域ごとの複数国家を包摂する経済共同体の形成）よりも北アメリカ,ヨーロッパなど進出先でのマルチリージョナル化（多地域的展開）を先行させるという逆転現象を生み出しつつあると指摘されている。藤本光夫「マルチリージョナル企業の生成 21世紀世界経済の主役（リーディング・スター）」,藤本光夫編著『マルチリージョナル企業の経営学』八千代出版,2000年,1 ページ,12ページ。

第9章　企業結合の今日的展開とその特徴
――企業提携を中心として――

　前章では経営のグローバル化の展開について日本の製造業を中心に取り上げ，その基本的特徴と意義を明らかにしてきたが，1990年代以降の資本主義の大きな変化のもとで，またグローバル化の進展のもとで，企業結合においても今日的な展開，特徴がみられる。19世紀末から20世紀初頭にかけての独占形成期から今日までの歴史的過程において企業結合は企業，産業，資本主義経済の発展・再編において大きな役割を果たしてきた。そこでは，企業連合（カルテル，シンジケート），企業合同（トラスト＝合併），企業集団（コンツェルン）の形成，合弁，提携など多様な形態がみられたが，そうした企業結合のありようをめぐっては，ことに1990年代以降，特徴的な現れ方がみられる。すなわち，1990年代に入ってかつてない大規模なクロスボーダー的M＆Aが展開されており，それはグローバルなレベルでの企業の競争関係において大きな変化をもたらすものとなっているが，その一方で，日本において最も典型的にみられるように持株会社という企業結合形態による再編（とくに経営統合や事業統合）や，提携による企業間関係における変化がみられるようになっている。

　本章では，とくに1990年代以降にこうした特徴的な現れ方をみることになった企業結合について，M＆Aとの関連をふまえて企業提携を中心に取り上げ，その今日的問題の解明を試みる。すなわち，この時期の企業結合の主要問題とその基本的特徴，そうした現象の規定要因とはなにか。企業，産業，経済の発展・再編の，また現代企業の資本蓄積問題の今日的到達点としての企業提携のもつ特徴と意義はなにか。さらに20世紀型企業構造との関連でみた場合に今日の企業提携はいかなる位置づけがなされるべきものであるのか。こうした点を明らかにするなかで，1990年代以降の資本主義の新段階における企業結合の基

本的特徴と意義の解明を試みる。この点は現代資本主義の現発展段階における企業の発展・再編のメカニズムの解明という問題ともかかわる重要性をもっているといえる。

まず第1節でM&Aの今日的問題とともに，M&Aと企業提携との関連についてみた上で，第2節以下では企業提携の今日的問題について考察する。すなわち，第2節において1990年代以降の資本主義の変化との関連で今日の提携にみられる企業結合の問題領域，規定要因について，第3節では企業提携分析の視角について考察する。また第4節では企業提携問題の産業別比較を行い，さらに第5節においてそうした現象の今日的意義の解明を試みることにする。

第1節　M&Aの今日的展開と企業提携

旧ソ連東欧社会主義圏の崩壊と同地域の市場経済化や，中国，ベトナムなどアジアの社会主義国の市場経済化の進展などによる資本主義陣営にとっての市場機会の拡大と競争の地球規模化のもとで，1990年代半ばから末にかけてM&Aブームとも呼ばれるかつてない規模の世界的な企業の吸収・合併の大きな動きがみられ，国境を越えたクロスボーダー的な合併・結合が顕著になってきた。この時期の企業集中の特徴は，EUの成立とその後の通貨統合とによる欧州市場のかつてない完全統合への動きにともなう同市場における競争の激化への対応として企業の合併・買収が急激に広がったこと，アジア地域においても市場経済化の進展に対応してアメリカ多国籍企業による市場支配が拡大し，日本企業の買収・統合がすすみ，欧州地域やアジア地域での国境を越えた合併に刺激されて各国国内での合併も急激に広がりをみせるようになったこと，また世界的な不況と市場競争の激化を反映して合併や買収をテコにしてリストラクチュアリング・合理化が推進されたことなどにみられる[1]。また1990年代に入ってからのアメリカにおける長期的な株式市場の上昇を基礎に，株式交換型合併によって現金ではとても調達できないような巨額のM&Aが可能になったことも大規模な企業集中を促進する重要な要因として作用したといえる[2]。

1990年代に入ってからの今日の合併はグローバルな支配の達成をめざすものであり，それまでのいわば国家規模での支配的な企業の創出とは異なってい

る(3)。この時期の「国境を越える合併」は，大競争下での過剰供給構造と価格競争の激化のなかで，国際寡占体のシェア競争の激化を防ぐべく，巨大企業同士の協調によってライバル間の合併を推進して「規模の経済」を達成しつつ，生き残り可能な一握りの寡占体のクラブ入りをめざすものである。「1990年代後半になって本格化し始めた国際合併は，国際寡占のグローバル企業化の段階の産物」(4)であるとともに，現代世界資本主義における寡占体制の新段階の実体的表現であるとされている(5)。UNCTADの報告によれば，1990年代の10年間には国際生産における増大の大部分がグリンフィールド投資よりはむしろクロスボーダーM＆Aによるものであり(6)，1997年にそのようなM＆Aが急増している。大規模なそれは銀行，保険，化学，医薬品，情報通信の部門に集中しており，そのような集中によってリストラクチュアリングが推進された点や，自由化，規制緩和がM＆Aの著しい増加のひとつの主要因になっているという点にも特徴がみられる(7)。こうしたM＆Aの急増はこの時期の直接投資の著しい増大をもたらした大きな要因のひとつとなったが(8)，例えばJ.H.ダニングは，クロスボーダーM＆Aは多国籍企業による戦略的資産追及型の直接投資の活発化を意味するものであるとしている(9)。

そのような企業結合の大規模な展開については，吸収・合併による世界的な企業の再編にともない大企業の一層の巨大化，市場支配力の強化がすすみ，グローバル競争のもとで，従来の国内市場における「寡占」競争が世界市場における「ビッグ3ないし5」といった「世界的寡占」体制に転化しつつあること，またそこでは，協調しながら競争するという重層的な展開が大量化している点に今日的特徴がみられる(10)。「企業提携による協調」というかたちでの競争の抑制，そのような協調をふまえた競争の新たな展開，さまざまな領域での相互補完的関係の構築による競争力の強化が企業の重要な戦略的対応課題となってきている。歴史的にみると，第1次から第4次までの企業集中運動にみられるように，巨大企業の独占的再編においてトラスト＝企業合同（合併）という形態での企業集中が大きな役割を果たしてきたが，企業提携は，今日，必ずしも資本投下をともなわない再編手段として，またリストラクチュアリングや合理化のための手段，市場支配の手段としても一層大きな役割を果たすようになってきている。企業提携は，競争関係にある企業同士や企業集団・企業グル

ープを超えて，同一産業内のみならず産業を超えて，また国際提携と呼ばれるように国境を越えて，さらに高度に多角化した今日の巨大企業の特定の事業領域・分野あるいは特定の職能的領域においてなど合併や持株会社方式などと比べてもより広い範囲にわたって展開されており，これらの企業結合形態と比べてもかつてない大きな役割を果たすようになっているといえる。またその目的をみても，「80年代前半までの技術導入や，生産委託を目的とした実務型提携や，貿易摩擦，特許紛争の回避を目的とした政治的提携を超えて，コスト分担や，標準化を目的とした相互補完型の提携が増加して[11]」いる。そうした相互補完については，地域の補完性，技術・能力の補完性，製品レンジの補完性などにみることができる[12]。直接投資の場合には経営資源が資本と一体となって移転したのに対して，提携の場合には経営資源の一部だけが資本とは切り離されたかたちでも移転しうるが，90年代以降の国際提携では対等な企業間での経営資源の相互補完的利用が多くなっている[13]。企業にとっての提携という選択肢は，「独自に行う代わりに，他の企業と連帯して活動を行なうための手段」であり，「配置の手段」[14]として一層重要な役割を果たすようになっている。

　このように，グローバル展開をとげている今日の巨大企業の発展・再編における代表的なあらわれ，特徴のひとつを企業提携の今日的展開にみることができる。今日なぜ合併や持株会社よりもむしろ提携が企業結合という現象として大きな広がりをみせているのか，企業，産業，経済の発展・再編の，また現代企業の資本蓄積問題の今日的到達点としての企業提携のもつ基本的特徴と意義とはなにか。例えば戦略的提携は一般的に1980年代，とくにその後半以降にみられるようになった現象であるとされているが[15]，90年代以降の世界と各国の資本主義の変化のなかで企業提携はどのような意味で特徴的な現象であるのか。一般的に，そうしたこの間の世界および各国の資本主義経済の変化のひとつは，いわゆるIT革命と呼ばれる情報技術の急速な発展と経済のグローバリゼーションの進展による影響，変化にみることができるとされているが，そうした諸変化だけではなく今日の資本主義の新段階を規定する内在的な変化とはなにか。そうした変化のもとで戦略的提携などにみられる企業提携という現象が，多くの場合に資本投下をともなわないかたちでも展開される企業結合の形態として一定の意味をもって，またかつてない広がりをもって展開されてい

る，あるいは展開されざるをえない社会経済的背景，規定要因の解明が重要な問題となってくる。さらにまたそうして展開される今日の企業提携は産業によってどのような特徴的な現れ方をみているのか，そのことを規定する要因は一体なにかという点も重要な問題となってくるであろう。

第2節　1990年代以降の資本主義の変化と企業提携の今日的展開

　まず現代の企業結合の基本的問題として，今日の提携にみられる企業結合の規定要因，問題領域についてみていくことにしよう。

　歴史的にみれば提携と呼ばれる現象がみられたのは近年のことではなく，以前から資本提携や業務提携などさまざまな提携がみられたが，1980年代，とくにその後半以降に戦略的提携にみられるように新しい動き，特徴がみられるようになってくる。例えば松行彬子氏は，「1975年ころから，激しい企業環境の変化を背景に，国際的な企業間関係を中心として，従来の提携から戦略的提携に向けての質的な変化が潜在的に始まったが，1980年代後半には，そのことがはっきりと顕在化するようになった[16]」として，「企業の経営戦略は，1980年代後半を境に，単なる"競争の戦略"から"競争と協力の戦略"へと，そのパラダイムを大きく転換している[17]」とされている。内田康郎氏も，戦略提携という概念は「グローバル競争において内部化戦略を主体とした競争に限界が顕在化する80年代以降に定着したものであり，従来型の提携とは性格的に異なった意味合いを持っている」[18]とされている。また竹田志郎氏は，提携は1980年代以降になってかなりの戦略性をもって展開されるようになっているとして，1）経営資源・経営機能の相互補完的活用が一般的となっている点，2）提携の業務内容もパートナー間の双方的な流れになっている点，3）パートナー間の関係が短期的で流動的な動きを示している点にその戦略的特質がみられるとされている。そこでは，競合企業間の提携が中心となっており，パートナー間の純粋な取引関係となっている場合が多い[19]。同氏は，戦略提携は1980年代以降に変質し，一部の産業や部門で国際標準の構築が市場支配において非常に重要な意味をもつようになってくるなかで国際標準の追求が近年になって提携にとくに付与された内容となっている点を除くと，その形態，内容については現時

点に至っても大きく変わるものではないとされている[20]。また1970年代中頃以降，とくに80年代に入って国際提携が変質し，激増しているとして，その社会経済的要因についてつぎのように指摘されている。すなわち，技術革新の加速化と平準化という技術側面の変化が研究開発やマーチャンダイジングの費用の増大や製品寿命・製品準備時間の短縮をもたらし，またアメリカによる世界経済への一方的支配の終焉と貿易規制・障害の増加による国際競争の激化という市場の側面の変化が顧客選考のグローバル化（地球的同質化）を一層進展させ，可変的で複雑な製品ミックスを要求することになった。その結果，多国籍企業にとっては，非価格競争を貫く自らの差別化戦略とともに，価格競争に対応する徹底したコスト引き下げ戦略が求められるようになったとされている。そこでは，そのための負担をできる限り低減し，適切な製品ミックスを基本とする経営資源の最高の組合せ・配分を実現していく上で，多国籍企業は，すでに形成された世界的な調達・生産・販売ネットワークを前提として，提携による外部資源の活用というかたちでの補完策を組み込む必要に迫られるとともに，そうした方策が戦略的にも大きな意味をもつようになってきたとされている[21]。

　しかし，ことに1990年代以降の世界および各国の資本主義経済の変化，企業をとりまく経営環境の急激な変化のもとで，それへのより迅速かつ柔軟な適応をはかる上で資本投下をともなわないかたちでの企業結合や，企業合同（合併）とは異なる形態での企業間の結合が一層重要な意味をもつようになっている。そうしたなかで，提携が一層多様なかたちで展開されており，重要な役割を果たすようになってきている。1990年代以降にはまた，抜本的な経営の見直し，新しい経営の展開がみられるようになっているが，そうした動きにおいても提携という企業結合の形態を利用したかたちでの展開が一層広がりをもってすすんできているという点も特徴的である。一般的には1990年代以降に世界市場での競争関係が一層激しくなってきたことがその背景にあるされているが，この点に関して竹田志郎氏はつぎのように指摘されている。すなわち，世界の多国籍企業にとって，そのような競争の激しさは1）同次元で競合する企業の増加，2）途上国や社会主義国の資本主義世界市場への参入にともなう競争の地域的拡大，3）競争の分野的拡大，4）そのような拡大や多角化による参入と撤退から生じる競争行動の高速化，5）環境経営にかかわる研究開発費，その

他の費用の増加，6) 政府規制の撤廃・緩和への対応というかたちで現れ，3)と4) の面が経営戦略での「速度」を直接求める原因となっているとされている[22]。このような経営環境の変化は企業提携の戦略的意義を一層高める結果となっており，1990年代以降，「速度」という面での対応としても，M&Aや経営資源の内部育成によって市場開拓や技術開発をすすめ競争優位を確立するといった方法に替わって戦略的提携が一層重要視されるようになってきた[23]。

それゆえ，1990年代以降の提携が質的に新しい特徴，性格をもつものであるのか，その場合にはそうした変化をもたらした規定要因は一体なにか，そうした経営現象のもつ「歴史的特殊性」と意義の解明が重要な問題となってくる。1990年代以降の企業提携のもつ意義の変化については，例えば奥村皓一氏は，国境を超えた企業間の戦略的提携は80年代から目立ち始めたが90年代に入って一層その重要性を増し，国際的な寡占化とグローバル競争の激化，技術革新競争の結果生まれた新興企業の台頭，企業のリストラクチュアリングの必要性，とりわけ市場構造の変化への対応の必要性，経済摩擦の緊張激化と地域統合化の同時進行のもとで，一層緊密なグローバル戦略の手段となり始めたとされている。そうした提携は「準大手がメジャーズに対抗しようとする企業同盟よりも，最大手企業同士が国境を超えてパートナーシップを形成する段階」であり，グローバル経営における「21世紀戦略」の一環として，米欧・日米・欧州域内の企業間に広がり始めたとされている[24]。1990年代に入ってからの戦略的提携はまさに，「激変する国際経営環境における，生き残りをかけた多国籍企業同士の激烈な競争提携」として展開されているという点において急速に重要性を増してきたといえる[25]。ことに国際提携では，この時期のその増大は外資に対する規制緩和という世界的な潮流のなかで起こっており，先進国での事業展開のための先進国の企業同士の結びつきとなっている場合が多い[26]。とくに電気通信，金融，半導体生産，航空，化学などの分野で1990年代に入ってみられた巨大企業同士の提携では，80年代以降にみられた日米貿易摩擦の克服策の一環として生じた提携とは質的に異なり，「主として米，欧トップ企業間の寡占競争の克服と新たなグローバル産業秩序の形成を目指して」展開されてきたという面がみられ[27]，競争と協調の戦略の一環として，日米欧の巨大企業の間の協調をグローバルなレベルで組み込んだ競争の展開となっている。

そうした変化として，一般的に「メガコンペティション」などと呼ばれるようにグローバルなレベルでの企業間の競争の激化ということが指摘され，なかでも市場の同質化や技術水準の平準化による競争の激化という問題があるとされる場合も多い。しかし，例えば市場の同質化の傾向といっても同時にまた市場ニーズの多様化の一層の進展，国や地域による差異もみられるわけで，今日の競争構造の変容を十分に明らかにしているとはいえない。一般的にいえば，変化の激しい経営環境に柔軟かつ迅速に対応し，グローバルな市場において激しい競争に打ち勝つためには，一社ですべての経営資源を備えることによって競争に立ち向かうよりはむしろ，他社が得意とする分野・領域の経営資源を有効に組み合わせることによって製品やサービスを提供することが競争力を構築する上でより適合的，有効となりうる場合も多くみられるとされている。例えば日本企業の国際提携についてみても，1980年代には日米摩擦や為替リスクの回避をねらった提携が主体であったのに対して，90年代に入って市場のグローバル化や技術革新の急速な進行のもとで，「ヒト，モノ，カネ，技術」を一社で賄うことができない大競争時代になり，産業界に国際提携の組み替えを迫る事態となっているという面もみられる[28]。1990年代以降になって，企業の外部的な環境の変化は，すべての経営資源を自前で確保し事業を展開していくことが柔軟な経営活動の展開を困難にするとともに，リスクを自社ですべて負担せざるをえないという内部化のデメリットを回避しなくてはならない方向ですすんできたといえる[29]。またことに非常に広範な事業領域に多角化している現代の巨大企業にとっては，広い事業分野・領域のすべてにおいて他社に対して優位な経営資源を確保することはますます困難になる傾向にある。そうしたなかで，高度に多角化した事業構造のなかの一部の事業分野において，あるいは開発，購買，生産，販売，物流，サービスなどビジネスプロセスの一部の機能について他社の経営資源を組み合わせるかたちで経営展開をはかる動きが広がっている。そのさいのひとつの重要な手段として，他企業のもつ膨大な経営資源のうち必要な部分のみを手に入れることができ経営資源の分散とそれによるコア・コンピタンスの喪失をもたらしにくいという利点をもつ提携[30]という企業結合形態の利用が重要な意味をもつようになっている。

ただその場合でも，資本主義的(法則的)な一般的規定性のもとで，また世界

資本主義と各国資本主義の現発展段階に固有の特徴的規定性をふまえた考察を行うことが重要であり，そうした分析によって現代資本主義経済社会のなかで企業経営問題，さまざまな経営現象のもつ企業経営上の意義だけでなく社会経済的意義を明らかにしていくことが重要である。このことはすなわち，資本主義発展の現段階をどうふまえて企業経営問題をいかにみるか，換言すれば，現段階の資本蓄積条件のありようをどうみるかという問題でもある。歴史的にみると，資本蓄積条件の変化は本来，生産力と市場という経済発展の2つの軸における変化による資本主義の構造的変化に規定されてきたといえるが，たんにIT革命やグローバリゼーションといったレベルの条件だけではなく，それらの影響をもふまえた，あるいはそれらの変化をも反映した資本主義の現発展段階に固有の特徴的規定性とはなにか。この点の理解こそが，今日の企業経営問題の発生とそれへの対応としての現実の企業経営のありようを規定している客観的な諸関係を明らかにするカギとなろう。この点は1990年代以降の資本主義の変化をどうとらえるかという問題と関係している。

今日自前での経営展開が困難になる部分が広がり，「内部化による統合」とは異なる「非統合」というかたちでの外部の経営資源による補完を組み込まざるをえないという事態を根本的に規定している資本主義の構造変化とはなにか。そうした経営展開を重要なものにしている経営環境の変化について，市場の同質化，技術水準の平準化，製品ライフサイクルの短縮，開発費の巨大化などだけでなく，本質的には資本主義の現発展段階に固有の特徴的規定性のもとでそうした現象が一定の意味をもって展開されている，あるいは展開されざるをえない規定関係を明らかにすることが重要となってくる。この点は，1980年代および90年代の資本主義の位置づけなしに個々の経営問題・現象を考察することの限界性を示すものでもある。

こうした点に関連していえば，1990年代以降の特徴的な変化としては，旧ソ連東欧社会主義圏の崩壊，アジアの社会主義国の市場開放の進展にともなう資本主義陣営にとっての市場機会の拡大による世界のボーダレス化，供給源としての途上国・新興国の参入の増大，それらの諸国の位置の高まりという問題がある。竹田志郎氏は，市場のグローバル化の進展過程で生じた大きな変質が旧社会主義圏への資本主義企業の本格参入や経済の地域的統合化による市場のブ

ロック化とともに欧州，日本，NIES諸国の多国籍企業の成長を背景とする国際競争の激化による非価格競争から価格競争へのシフトにあり，可変的で複雑な製品ミックスを要求する顧客選好のグローバル化のもとで，「多国籍企業間の競争はグローバルな市場セグメントに見合うマーケティングミックスを基にする価格競争が主軸となってきたことを意味する」とされている[31]。1990年代以降世界のボーダレス化による市場の拡大に対応してグローバルな世界的市場の獲得をめざして各国の巨大企業はグローバル展開をはかっているが，グローバルなレベルでの競争が一層激化しており，例えばEUなどにみられるように域内市場化のなかでの競争の激化のもとで域内ナンバー1から3といった独占的地位の確立をめぐる熾烈な競争が展開されている。また域内市場においては，有利な条件をもつ域内企業との競争という面からも域外企業にとっては同地域への生産展開を余儀なくされるという状況にある。そのような状況のもとで，巨大多国籍企業であっても，全世界的な市場への利潤機会をめざして行動するさい，すべてを自前で展開するのは一層困難になってくるとともに，必ずしも有効であるとは限らなくなってくるなかで，企業提携がそれまでの時期と比べても一層重要な意味をもつようになってきている。

　しかし，1990年代以降の資本主義の変化については，世界市場のグローバル化・ボーダレス化と主要先進資本主義国以外でも途上国や新興国をも含めて各国の経済発展，産業発展がすすむなかでそれまでの日米欧3極構造からグローバルなレベルでの競争へと変化してきた状況にある。また貿易その他の規制や産業政策，とくに重点産業育成政策などにみられるように各国の国家戦略，保護主義的対応によって外資による圧倒的支配が困難になってきているという面がみられる。さらにITの技術的性格にも規定されてそうした情報通信技術の利用においてそれまでの技術（とくに生産技術のように）と比べても「暗黙知」的要素・部分が介在してくるところが小さいということもあり技術水準の平準化がおこりやすいという状況にある。しかも各国の経済発展，産業発展の差による市場条件の差異や，企業が市場のターゲットとする国が自由主義的政策をとっているか保護主義的政策をとっているかということによって企業が対応すべき製品ミックスが異なってこざるをえず，そこでは，複雑な製品ミックスでの対応をフレキシブルに展開せざるをえないという状況にある。そのような変

化のもとで，今日の世界と各国の資本主義における競争関係・競争構造をみても，アメリカや日本，ヨーロッパの先進資本主義国であってもあらゆる産業，ビジネスプロセスにおいて一人勝ち的な支配・優位，あるいは支配領域の圧倒的な拡大が困難となってきている。その結果，各国において強い産業と弱い産業や強みをもつビジネスプロセスの領域とそうでない領域などが複雑に入りまじった現れ方となってきている。こうして，各国およびそこにおける企業の競争力・競争優位についても産業部門間，事業分野・製品分野間やビジネスプロセス間において差異がみられるようになっており，そのような差異に規定された競争関係の複雑性・多様性のなかに，世界資本主義と各国資本主義の現発展段階に固有の特徴的規定性をみることができる。そのような「複雑性」としてあらわれている点にこそ1990年代以降のグローバル段階の資本主義の質的変化がみられる。

　そのような状況のもとで，日米欧の先進資本主義国の巨大企業であっても，その産業部門，事業分野・製品分野あるいはビジネスプロセスのすべてのところで競争力・競争優位を自前で賄っていくことが一層困難になってきている。そうした状況の変化へのひとつの対応として企業提携が一層重要な意義をもつようになってくるとともに，1980年代にみられたのとは異なる多様性・複雑性をもって展開されざるをえなくなっている。今日の企業提携のそうした多様性・複雑性は，例えば，国際提携による協調企業間での地域的な市場面での棲み分け・市場の配分（分割），利益のあがりやすい地域や分野（事業分野・製品分野）への直接投資を重視しながらも利益のあがりにくい，あるいは市場規模の小さい地域・分野への進出には提携（合弁を含む）をおりまぜた展開をはかっているという傾向，利益の上がりやすい市場の大きな地域についても直接投資が有効な領域（価値連鎖からみて）には自前展開をはかりながらもそうでないところでは提携を組み込むという動き，開発など一領域のなかでも自前展開と提携をおりまぜるという動きなどにそのあらわれの一端をみることができる。このように，今日の企業提携にみられるこうした多様性・複雑性，戦略的意義の一層の高まりは，本質的には，1990年代以降の世界資本主義の関係性の変化に規定されたものであるとともに，当初から提携を組み込んだかたちでの戦略展開となっている場合も多くみられるようになってきており，今日の企業

提携が80年代のそれと比べても質的に新しい性格をもつ現象となっていることを示すものであるといえる。

　そのような多様性をみせている企業提携が今日一層大きな意味をもって展開されていることを1990年代以降の競争構造の変化との関連でみれば，製造業でみた場合，この時期には，経営のグローバル展開が開発や購買をも含めた世界最適生産力構成を，高度に多角化した巨大企業における特定の市場地域向けの特定製品，その生産のための部品の種類あるいは工程にてらして確立していくというかたちですすんできたという点（第8章参照）が重要である。しかもそのさい戦略的提携を基礎にした企業間のネットワーク的展開やアウトソーシングなどにみられるように，内部化（自社資源の利用）を基礎にしながらも非内部化（外部資源の利用）をも組み合わせるかたちでの世界最適生産力構成による経営展開とそれに基づく利潤追求の推進が徹底してはかられている。また例えば自動車産業における世界最適生産力構成の構築というかたちでのグローバル展開の影響のもとで鉄鋼業においてもそれに対応するかたちで提携が国内のみならず国外の企業との間でも活発に展開されていることにみられるように，そのような経営のグローバル展開は，提携という企業結合形態がより広い産業において展開されるひとつの重要な要因にもなっている。経済のグローバリゼーションのもとでの世界最適生産力構成の構築において提携網がどの産業でいかなるかたちで行われているのか，こうした問題を一国のみならず世界的なレベルでの企業結合とのかかわりのなかでみていくことが重要となろう。

　さらにIT革命のもとでの情報技術を基礎にした経営展開の進展も今日提携が大きな意味をもって展開されている重要なひとつの要因をなしている。第7章でもみたように，情報技術の利用によって「距離と時間の制約」が大幅に縮小されたことで組織のネットワーク化が容易となり，経営資源の連結可能性が拡大されている。それを基礎にして，今日，生産，販売，購買，開発などの企業の基本的職能領域・活動の合理化・効率化だけでなくビジネス・プロセス全体の有機的なシステム化による効率化というかたちでも推進され，企業全体におよぶ効率化・最適化の追求というかたちでの経営展開が推進されている。そのような経営展開は経営環境への主体的・能動的適応という点でも一層戦略的な意義をもつようになってきているが，情報通信技術の革新が世界最適生産・

購買・開発・物流の実現のための技術的基礎を与えるとともに，そうした展開を提携やアウトソーシングなど企業の外部資源を活用したかたちで推進していくことを一層容易にしているという面もみられる。「IT革命により，時間・場所を超えたコントロールやコミュニケーションが可能になり，従来では考えられなかったネットワークの構築が可能となった」のであり，「自社の各部門，他社との連携を従来よりもダイナミックに構築することが可能になった」[32]。そのため，今日の提携においては，「企業内だけでなく企業間でもネットワーク・システムが構築され，メンバーは同じ情報をリアル・タイムで共有でき」，「その結果，開発，製造，物流の連携が可能になり，開発から販売までのリード・タイムが短縮されている」[33]という点が大きな意味をもっている。

また1990年代以降今日までの時期の経営現象の重要な特徴として，「リストラクチュアリング的合理化」がそれまで以上に強力に推し進められ，そのような合理化が全産業的な広がりをもって展開されてきているという点があるが（第7章参照），そのような合理化の推進，経営展開にあたり合併，提携，持株会社，合弁など多様な企業結合形態が利用されているという点が特徴的である。個別企業を超えたレベルでリストラクチュアリング的合理化，事業や経営の統合・再編成のための手段としてそのような多様な企業結合形態による統合が行われる場合が多くみられる。そのありようは産業によっても，また同一産業内の企業によっても異なっている場合が多く，例えば多額の有利子負債や不良債権を抱えた負け組企業が対象となる場合には，そのような巨大企業を合併してしまうと吸収した側の企業にとっても財務体質の弱体化を招くリスクが大きく，合併という手段よりはむしろ提携，とくに資本提携によって傘下におさめるかたちでの企業結合形態の方がより適合的であることも多い。また1990年代以降の動きをみると，「莫大な新規対外投資を節約できるクロスボーダーM＆Aが，世界市場への参入を一挙に行って優位を確立し，国際規模でリストラを行う手っ取り早い手法として採用されて[34]」おり，欧米の企業を中心に強力に推進されてきた。これに対して，日本の企業をみると，多くの場合，「失われた10年」といわれる長引く景気低迷のもとでそのような企業結合による再編成への徹底した取り組みが十分になされてきたとはいえず，それだけに大規模な資本の結合をともなうM＆Aではなくよりゆるやかな結合形態である提携

を利用したかたちでの対応，再編がより大きな意味をもつことにもなっているという面がみられる。

第3節　企業提携分析の視角

以上の考察をふまえて，つぎに今日の企業提携を分析する上での視角についてみることにするが，提携という現象が多様なかたちで展開されていることにも規定されて，それを考察するさいの視角をどのように設定するかが重要な問題となってくる。

まず提携によって協力・協調する内容・目的による類型化の視角である。この点は今日的な社会経済的諸条件に規定された提携の現れ方をみているということの解明とも関係するが，その主要なものをみれば例えばつぎのようないくつかの点をあげることができる。すなわち，第1に生産量の拡大や市場シェアの拡大による市場支配・競争力強化，第2に調達の共同化，第3に開発の共同化による巨額の研究開発コスト・リスクの分散，第4に技術の世界標準・業界標準の獲得を目的とした提携，第5に技術，特許をめぐる提携，第6に過剰生産能力問題への対応，第7にノウハウの供与・提案型事業をめぐる協定，第8に信用補完などによる再建目的の提携，第9に新規参入目的の提携，第10に生産提携，第11に販売提携，第12に経営統合や事業統合を目的とした提携などがある[35]。ただこうした提携の目的・内容という問題に関しては，もちろん複数の目的をめざした提携も多く，また提携に加わった企業の双方の目的が必ずしも一致しているというわけではない。それぞれの企業のおかれた条件，その企業の属する産業のなかでの位置，競争力を構築する上での強み・弱みなどの差異などをふまえてみていくことが必要となってくる場合も多い。

第2に提携が展開される舞台となるそれぞれの産業のもつ特性，その産業のおかれている条件（資本蓄積条件）に規定された提携の現れ方，それのもつ意義，役割の差異を明らかにするという視角である。この点については，例えば生産される製品や事業領域，事業の特性に規定された産業別の差異の解明という点がある。そこでは，製造業の場合には生産される製品の差異に規定された提携の現れ方の相違が問題となる。例えば加工組立産業と素材産業との間でみ

られる諸特徴，差異，同じ加工組立産業のなかでも基本的に単一製品系列の自動車産業と多様な製品分野をかかえる電機産業との間，電機・電子産業のなかでも製品のライフサイクルの短さや価格の低落傾向にも相違がみられる家電部門と電子部門との間にみられる諸特徴，差異の解明，同一産業のなかでも製品分野による規定性，差異の解明も重要である。また製造業以外の金融，流通，サービスなどの諸部門では，製造業のような財の製造を行うというのとは異なる業務の性格に規定された提携の現れ方，そうした企業結合の今日的な展開，その意義を解明することが重要となる。ことに金融部門では金融ビッグバンのもとでの再編や外資の進出，商社の場合には近年の経営環境の大きな変化やその業務の性格などに規定された提携の特徴的な現れ方，そのことのもつ意義の解明が重要な問題となってくるであろう。また勝ち組産業，負け組産業とでもいうべき産業の間など各産業の資本蓄積条件の差異に規定された提携の現れ方にみられる相違を解明するという視点も重要である。ただその場合，同一の産業であっても国によって差異がみられるわけで，そうした各国の勝ち組産業と負け組産業のもつ競争力，資本蓄積条件の差異という問題をふまえてみていくことも必要かつ重要である。例えば日本の場合でいえば，従来国家によって保護されていた産業が1990年代に国際競争力という点からみても「負け組化」する傾向のなかで外資の参入・進出，外資との「従属的な」提携がみられるようになっているほか，産業再編の進展のなかで勝ち組企業の競争力・支配力が提携によって強化されてきているという面がみられるとともに，負け組企業の経営再建目的の提携もみられる。これに対して，勝ち組産業では一般に国際競争力も高いという状況のもとで国際提携においても，例えば将来の世界市場における競争力，地位の構築，一層の向上をはかるための世界標準となりうる先端技術の領域における開発面での提携もみられるなど，企業提携は現在と将来のより有利な事業展開のための条件づくりという面が強い場合も多い。

　第3に企業間の提携の現れ方，そのあり方における国・地域による差異という問題に関して，そのような相違とそれを規定する関係を解明するという視点も重要である。例えば先進資本主義国と発展途上国との間でどのような差異がみられるか，またNAFTA，EUといった自由貿易協定を基礎にした地域経済圏の諸国と日本のようにアジアにおいてそれらに匹敵する地域経済圏をもたな

い国とでは，そうした条件の相違に規定されて企業提携の展開においてどのような特徴，差異がみられるのかという点の解明も重要となってくるであろう。

第4に対等な関係の提携か従属的な関係の提携かという点からの視角である。戦略的提携という場合，一般的には対等な関係での企業間の提携が多いとされているが，現実には，企業間の力関係によって提携のありよう，あり方に差異がみられる場合も少なくない。そこでは，例えば資本参加による従属的関係の形成や，国際間でみられる提携が対等な関係のものであるのか従属的な関係のものであるのかという点，勝ち組企業と負け組企業との関係，そこにみられる差異の問題などがあろう。この点に関しては，例えば自動車産業のような日本が潜在的に比較的高い国際競争力をもつ産業においても三菱自動車やマツダ，日産のように1990年代に「負け組化」した企業で外資との従属的な提携とならざるをえなかったという面がみられる。そのなかでも日産のように負け組企業からの脱却をいちはやくすすめてきた企業とマツダや最近の動きのなかでやや異なってきているが三菱のように外資系企業の傘下にとどまり，それに依存してきた企業との間でも提携のあり方，企業間の関係性のあり方が変わってくるという面も重要である。

第5に日本の場合の企業集団のようなグループを超えて企業間の合併や提携がみられるようになっていることも今日的特徴のひとつであるが，そのような企業集団，コンツェルンの枠を超えたかたちでの提携と同一企業集団（グループ）内の企業間の提携との比較をとおして，そうした新しい特徴的な現象のもつ意義を明らかにするという視角も重要である。

第6に例えば資本提携か業務提携かというような提携の形態上の差異による類型化が考えられる。ただその場合でも，資本提携を前提にして業務提携へとすすむ場合や業務提携を結んでいる企業間で資本出資などにより資本提携をあらたに結ぶという場合もみられ，両者がまったく独立的に存在するのではない場合も多く，その内容，性格との関連をふまえてみていくことが重要である。

第7に提携という企業結合をたんに「現象」としてだけでなく，資本蓄積の問題としてみること，したがって，それぞれの提携の事例が資本蓄積においてどのような意義をもち，また蓄積様式の産業間の差異や企業による相違といかなる関連性をもっているかという点をふまえて，資本蓄積機構の一環として今

日の提携問題を考察することも重要となってくる。そこでは，今日の企業提携にみられる資本蓄積の新たな構造，特徴の解明が重要となってくるであろう。

第4節　企業提携問題の産業別比較とその特徴

以上の考察をふまえて，つぎに今日の企業提携問題を産業別にみるなかで各産業にみられる主要特徴とその規定要因についてみていくことにしよう。

自動車産業について――まず自動車産業をみると，1990年代に入って，とくにその後半以降，合併，資本提携・業務提携が国際間でも活発に行われ，国境を越えた再編がすすんできた。市場のグローバル化の進展のもとで供給体制の整備が重要な課題のひとつとなるなかで，また例えば燃料電池車のような次世代技術の開発のように将来の事業展開の基盤づくりが重要な意味をもつようになるなかで，企業提携にも特徴的な現れ方がみられる。

すなわち，1990年代以降，勝ち組と負け組との2極分化が鮮明になってくるなかで，ルノーと日産，ダイムラーと三菱自動車，フォードとマツダの場合のように，負け組企業の経営再建とともに，勝ち組企業が負け組企業を傘下におさめることで提携相手の企業のもつ優位な事業分野や地域への進出の基盤の強化をはかることを目的とした提携関係が国際間のレベルで展開されているという点である。そこでは，資本提携，出資によって外資による負け組企業の財務基盤を強化し，外資の経営力による再建をはかろうとしてきた。しかしまた負け組企業の救済色の濃いそのような提携は，これらの企業のもつ世界の生産拠点を利用した生産補完やそれによる供給能力の拡大，技術基盤の強化，共同開発，車台・基幹部品の標準化や相互供給，購買の共同化，販売網の相互利用などをテコにグローバル展開をはかる外資の世界戦略の一環として展開されている。

またトヨタとGMというまさに勝ち組企業同士による次世代技術をめぐる提携にみられるように，技術の世界標準・業界標準の獲得をめぐる提携がすすんでいる。それは，燃料電池車やハイブリッド車などの環境技術の開発が次世代の自動車市場での有利な展開を先取りする上での重要な条件となりうるという

状況のもとで，開発の共同化や研究成果の共有化などによる巨額化する研究開発費の低減，開発リスクの分散という目的だけでなく，技術の世界標準・業界標準の獲得によって世界シェアで「勝ち組」になることで自らの新しい環境技術の普及の有利な前提をつくりだそうとするものでもある。こうした新しい技術においては技術力もさることながら世界の標準を握るための「規模の力」も不可欠であるという特殊的な条件もある[36]。それだけに，日米の勝ち組企業同士のこうした提携では，将来にむけての市場，そして知的財産権としての資源をめぐる競争において，協調関係を築くことによって他の企業あるいは連合に対する決定的優位を確立することに戦略的重点がおかれている。またハイブリッド技術では，トヨタと日産の提携（2002年）やトヨタとフォードの提携（2004年）などにみられるように，燃料電池の開発ではトヨタはGMと協力関係を築きながらもハイブリッドという他の技術ではGMの最大の競争相手でもあるフォードと協調するなど，今日の提携の「戦略性」がここにも示されているといえる。ただハイブリッド車の場合には市販化がすでに始まっていることもあり技術の一方的な供与関係もみられるのに対して，燃料電池の場合に技術の相互供与，補完が問題となっており，技術開発の発展段階に規定された提携の現れ方の差異もみられる。

　電機・電子産業について──また多様な製品群をかかえる電機・電子産業では，特定の市場地域向けの製品別の世界最適生産力構成の構築は自動車産業の場合以上に複雑な問題とならざるをえないといえるが，多岐の製品分野のなかからの生産拠点の世界的選択の余地が大きいという面もみられ，それだけに，製品分野によって企業提携の現れ方や提携先企業の国・地域に相違がみられる場合も多い。

　まず市場の成熟化がすすんでいる家電分野では，とくに冷蔵庫や洗濯機などの白物家電と呼ばれる分野でも近年日本企業の国際提携が増加してきている。白物家電は音響・映像といったAV機器に比べて国際商品に育ちにくいこともあり，国際提携は少なかったのに対して，成長するアジア市場の開拓で利害が一致するケースが多くなっている。海外市場の開拓をねらった東芝とスウェーデンのエレクトロラックスとの提携（1999年）や三洋電機とアメリカのメイダ

クとの提携（2000年）などにみられるように，日本企業と欧米企業との提携も増加してきている。こうした提携の背景には日本の家電企業各社の「高級品シフト」があり，市場規模そのものが小さい高級機種にあえて取り組むのは，普及品では中国や韓国などの家電企業に太刀打ちできないとの危機感があることによるものである[37]。また例えば日立とシャープとの提携（1999年）や三洋とシャープとの提携（2001年）などにみられるように，家電という成熟した市場では生き残りをはかる上で国内の同業他社との提携が重要となるとともに不可避となってきているという面もみられる。

　開発費が一層増大する傾向にあり，市場における競争構造が大きく変化した半導体分野でも提携が大規模に展開されてきた。1990年代前半までは北米と日本が世界の半導体の２大市場をなしていたのに対して，90年代半ばから欧州やアジアの市場も急進し，世界市場は北米，欧州，アジア，日本の４極構造となってくるとともに，生産量でもアジアの伸びが著しく，国際的な多極化がすすんだ構造へと変化してきた[38]。そうしたなかで，日本の半導体は1980年代には世界のDRAMのシェアにおいて8割を占めていたが，韓国企業などの台頭のもとで，80年代後半にはまだ５割を占めていたものが98年以降３割を下回るようになってきた[39]。また半導体の高収益分野もシステムLSIなどに移り，メモリーについては市場変動のなかで赤字期間が黒字期間をはるかに上回る消耗分野に変質したとされるように大きな変化がおこった[40]。そうした変化への対応として提携や事業統合など企業結合が展開されてきた。ただ近年にはソニー，ソニー・コンピューターエンテイトメント，東芝，IBMの４社間の次世代半導体の製造技術の共同開発をめぐる提携（2002年）にみられるように，成長性の期待される新分野であるデジタル家電を視野に入れた半導体の主導権確保をめざした提携もすすんできている[41]。

　電機・電子産業の企業提携のいまひとつの特徴は，将来の柱と位置づけられるような中核的事業でも提携や事業統合などの協調・連携が推進されていること，そのなかでも日本企業でいえば日立や東芝のような総合電機企業においてそのような連携が急速にすすめられているということにある。それには，高度に多角化した多岐にわたる事業分野のなかでの「選択と集中」によって将来の柱と決めた分野でも資金，技術，人材などの面で他社との協力・連携をはから

なければ国際競争に生き残ることができないという判断がある(42)。例えば液晶分野での日本メーカーのシェアが2000年には45.2%であったものが2002年には24.6%まで低下したことにみられるように，1990年代後半まで世界市場を席巻した日本の液晶産業の競争力が著しく低下し，韓国や台湾が主導権を握るようになってくるなかで，90年代後半から21世紀初頭にかけて設備投資競争で敗れた日本企業のもつ武器である社内に蓄積された技術を生かした展開が重要となってきた(43)。そのような状況のもとで，得意技術を結集させることによって巨額の資金を要する開発競争をリードし，競争優位を確立することがますます重要課題となってきている。

電機・電子産業ではまた，技術面の世界的なレベルでの規格統一，世界標準，業界標準の獲得が重要となる新しい分野において提携が活発に展開されてきた点にも特徴をみることができる。そこでは，市場を制覇する上でコストや品質など製品の生産部分やブランドといった市場的要素がキーとなるよりはむしろ標準を制した企業が市場を制するという関係が成立する分野でのデファクト・スタンダードの確立を主たる目的とした提携であることが多い。そうした提携には技術の公開によって新技術の採用で協力するものや新技術の共同開発によって研究開発費の低減，開発リスクの分散をはかるものもみられるが，自らの技術を世界標準に育てることによって市場支配力を構築することがめざされている。

鉄鋼業について——また鉄鋼業をみると，2001年には鉄鉱石で世界3大グループ（CVRD（リオドセ），リオ・ティント，BHP）への集約化の傾向がすすむなど原料部門で世界的な再編がすすみ(44)，鉄鉱石大手企業の価格交渉力が強まる傾向にある一方で，韓国，中国などの追い上げによって市場競争が一層激しくなってきている。また鉄鋼製品の最大の需用者のひとつである自動車産業の再編が国際的なレベルですすみ，そこでの経営のグローバル展開が世界最適生産力構成の構築というかたちですすむなかで，自動車鋼板の集中的な大量発注の傾向や，自動車鋼板に求められる品質の問題などもあり，それに対応しうる世界的な最適供給体制の構築が重要な課題となっている。欧州では大型の合併がすすみ，1990年代以降の再編によって80年代には22社あった高炉メーカーが4

大グループへと集約されているが(45)，そればかりでなく，外部資源の活用，それによる補完を組み込んだグローバルなレベルでの最適生産力の構築が大きな意味をもつようになっており，そのための手段として提携が活発に展開されている。

ことに自動車鋼板の場合の品質の問題は例えば日本と欧州との間でみられるように国際的な技術提携による生産レベルでの協力・協調体制が形成される重要な要因のひとつをなしている。この分野での高技術商品に関するライセンスの相互供与や共同開発などを軸とする新日鉄とアルセロールとの提携のように，顧客である自動車企業のグローバル生産にともなう技術補完を目的とした提携がすすんでいるという点が特徴的である(46)。自動車産業の大手企業のグローバル調達に技術，地域の双方で対応できるかが鉄鋼各社の生き残りの重要な条件となってきている。新日鉄クラスの企業でも一社で顧客の要望に応じることが困難になってくるなかで，提携によって技術的にもまた地域的にも補完関係を築くことが重要となっている。欧州に生産拠点をもたない新日鉄にとっては，そうした提携によって同地域でも日本製と同じ品質の自動車鋼板を供給し，同地域向けの鋼材の安定供給体制を備えようとするものである(47)。鋼材は輸送コストがかかり，遠距離への輸出が難しいために日欧の企業が市場を棲み分けしてきたそれまでの状況とは大きく異なり，技術補完による協力関係を基礎にした供給体制の整備が推進されている(48)。これに対して，アジアの鉄鋼企業との提携では，中国や台湾の企業の場合には急成長している上海宝山鋼鉄や中国鋼鉄のような企業であっても自動車向けなどの高級鋼材の生産のためには日欧の企業との技術協力が欠かせない(49)という技術面での要因があり，欧州企業との提携とは相違がみられる。

このように，自動車企業による納入先の選別，大量発注の傾向がすすむなかで，またグローバル化の進展により世界市場の一体化がすすむなかで，国内での棲み分けが困難になってきている状況にある。鉄鋼企業はそれまで以上に徹底したコスト低減に迫られており，競争を抑えながら生産コストの引き下げを実現しうるよりよい条件づくりが重要な課題となってきている。さらに近年かなり状況が変わってきてはいるが，供給過剰，競争の抑制も鉄鋼業での提携の重要な問題のひとつとなってきた。アジアでの外国企業，とくに韓国企業との

競争が激しくなるなかで，新日鉄と韓国のポスコとの提携も「過当競争の芽を摘む」という狙いがあり，日本国内の大手企業の提携も同様のねらいをもつ[50]。2003年7月の新日鉄と宝山との提携では2005年5月をめどに自動車鋼板の合弁事業での生産が予定されているが，合弁会社が日本市場への輸出を行わないという棲み分け的条件のもとで協調関係が形成されていること[51]にも，提携による市場での棲み分け，競争の抑制の動きをみることができる。

また提携は設備過剰への対応としても重要な意味をもった。例えば新日鉄と住友金属と神戸製鋼の提携でも過剰設備問題にいかに効率的な対応をはかるかが最も重要な問題のひとつとなった。この提携では，鉄鋼製品の母材となる半製品の相互補完による企業を越えた設備の集約をはかり，そうした相互補完によって企業全体の設備バランスを損なうことなく設備を廃棄し，過剰生産能力の削減を効率的に行おうとするものであった[52]。例えば住友金属では薄板量産品を鹿島製鉄所に集中し，同製鉄所で吸収できない熱延鋼板の供給を新日鉄と神戸製鋼に委託するという点にみられるように[53]，住友金属の和歌山製鉄所の薄板生産設備の廃棄は提携に基づく新日鉄，神戸製鋼からの代替供給があって初めて可能になるという面がある。これに対して，欧州の鉄鋼業では1990年代以降巨大企業同士の合併や統合によってリストラクチュアリングが推進されるなかで老朽化した設備の廃棄がすすめられてきた[54]。しかしまた提携によってEU内の各地域に存在する巨大な鉄鋼ミルによるスケールメリットの確保や設備の統合による生産と販売の両面でのコスト削減がめざされるなど[55]，今日の提携は，合併や統合による再編により集約された巨大企業グループの間での協調によってそうした合併効果を補完するものでもある。

さらに鉄鋼業における提携をとくに産業特性との関連でいえば，バイオテクノロジーやエレクトロニクスのように技術革新が競争優位の核心的要因となっている産業では研究開発の誘因もきわめて大きく，そこでの提携も研究開発を中心に活発に行われる場合が多いが，製品差別化の余地が乏しい鉄鋼などの素材産業では，市場全体が成熟していることもあり，コスト削減と規模の経済性の確保のための業務提携が多くみられるといった傾向にある[56]。

化学産業について——さらに化学産業をみると，多岐にわたる製品分野を抱

えることから特定の製品分野あるいは製品について提携や事業統合など企業結合による連携，再編がすすんでいる点が特徴的である。一般的に，日本の化学産業では，内需対応型で成長してきたこともあり，提携関係の利用による提携ネットワーク外の競争相手に対する競争優位の構築や，外部資源の活用による自社の内部資源の高度化の追求といったような戦略性を帯びた提携関係は少なかった。しかし，事業構造を素材型から医薬，新素材などの高付加価値分野であるファイン分野へとシフトするにつれて，日本の化学企業もグローバル競争を明確に視野に入れた提携や，コア事業での提携など，それまでとはかなり異なった戦略性を帯びた提携関係が増えてきている[57]。

世界市場での生き残りには規模の拡大が不可欠となってきており，生産規模の拡大を追求する提携が行われてきたという面がみられる。1990年代以降外資は大規模なM＆Aによって巨大化しており，日本国内とアジアの市場での外資との競争の激化のもとで，例えば差別化のはかりにくい合成樹脂事業では生産量を拡大し規模のメリットを生かすことが必要となっており[58]，事業統合による生産規模の拡大，供給体制の整備が重要な課題となってきた。

また提携は生産過剰，過剰生産能力への対応としても大きな意味をもっているという点がある。日本の石油化学企業は世界一の品質と豊富なグレード（品種）数などを武器にしてきたが，自動車企業をはじめとするユーザーの要求が「安さ」と「世界規模での安定供給体制」に移るなかで，ニーズを満たすには国内での生産体制の一段の効率化が必要となっている[59]。石油化学品は製品によって販路や価格設定などが異なることもあり製品ごとに事業統合がすすんできたが[60]，競争力の強化にはたんなる事業統合だけでなく，生産設備の再編に取り組むことが不可欠となっている[61]。例えば2002年7月に合意された旭化成と三菱化学と出光石油化学のポリスチレン事業の統合案でも，これらの企業は一段の設備縮小の必要性を感じながらも単独でのコスト削減が難しいことから，事業統合によって千葉，三重，水島にある設備のうち一部を休止するとされた[62]。過剰設備の解消には，「同じコンビナート内で小規模で老朽化した設備を止め，共同で大きな設備に作り替えるなど企業の枠を超えた提携が求められる[63]」とされている。合併によってそれに加わった企業全体のレベルでの過剰設備の整理を行うことで最善の生産条件を築くというかたちをとらない以

上，提携という企業を超えた枠のなかで過剰設備の縮小・休止をいかに効率的に行うかが重要となっている。

　さらに統合による生産の一体的運営をはかることもひとつの重要な柱となっている提携がみられるのも特徴的である。例えば2004年2月の出光グループ2社（出光興産，出光石油化学）と三井化学との千葉地区の石油化学事業での提携では，各工場で余剰となっている原料や製品，電力，蒸気などの相互融通による一体運営によって生産から購買，物流までの幅広い分野でのコストの引き下げをはかるとされている。川上，川下の関係にある石油精製と石油化学がグループを超えて本格的に連携するのは初めてのことであるが，それは2006年度の石油製品の関税撤廃が議論されるなど，国際競争の激化が避けられない状況にあるなかでの対応であり，過剰設備を抱える日本の石油化学産業が存続するためのひとつの方向を示したものといえる[64]。

　また化学産業では，例えば三菱化学のように多額の有利子負債を抱える企業にとっては，有利子負債の削減や営業利益の増大のためには医薬や石油化学などの事業で提携・再編をさらにすすめることができるかがポイントとなるところが大きく[65]，財務基盤との関係で提携が重要な意味をもつ場合もみられる。

　製薬業について——また製薬業をみると，日本での薬価引き下げなどによる国内売上げの頭打ち，外資系企業の研究開発能力の拡充，日本市場での外資の攻勢，市場シェアの拡大，医薬品承認基準の国際化，ゲノム創薬の分野での一層巨額化する研究開発費の負担とリスクの増大のもとで，また欧米の製薬大企業同士の合併や統合による再編，それらの企業の一層の巨大化のもとで，製薬企業の協調・連携が一層重要となってきている。

　この10年間の動きをみても，多くの製薬企業は積極的な海外展開と不採算事業の売却など経営効率化をはかり，それによって得られた利益を研究開発に重点的に投資してきたが[66]，欧米企業にあっては大型合併による企業規模の巨大化が研究開発資金の調達において重要な役割を果たしてきた。その結果，世界の最大手企業が売上高，開発資金・研究開発能力でも群を抜いており，日本企業にとっては，分野の絞り込みや外資との提携がますます重要な意味をもつようになってきている。生き残りに必要な最低ラインともいわれる1,000億円の

研究開発費に届くのは日本最大手の武田薬品のほか，2005年4月の山之内製薬と藤沢製薬の合併によるアステラス製薬もそうしたラインを超えるとされているが，そのような巨額の研究開発費を確保しうる日本企業はあまりに少ない。世界の売上高上位10社のほとんどが過去約10年以内に合併・買収を経験しているという点[67]からみても，日本企業は大きく立ち遅れているといえる。

　製薬企業の提携をみた場合，大学や公的な研究機関等外部の受託機関との共同研究が積極的にすすめられている点，創薬という製品開発の部分ではバイオ・ベンチャーやバイオインフォマティクスとの提携が戦略的に重要性をもっている点が特徴的である。医薬品の開発における成功確率は極めて低く，とりわけ医薬品候補物質の探索部分におけるリスクが高いとすれば，合併や統合による開発投資によってリスクを内部に抱え込んでしまうよりもこのリスクヘッジをアウトソースすることが製薬企業にとって有効でありうる[68]。ゲノム創薬の開発に典型的にみられるように，こうしたリスクヘッジと開発費の軽減・分散化をはかる上で提携が他の産業部門と比べても一層重要な意味をもつものとなっている。またゲノム創薬以外の分野での提携は，より大きな開発費とリスクがともなうゲノム創薬分野での研究開発条件の整備としての意味も大きい。

　製薬業では他の産業と比べ戦略的提携の数が多いが，それには探索，前臨床試験，臨床試験，審査，追跡調査という5つの開発段階の各々に要する期間が極めて長いなど新製品開発プロセスの複雑性によるところが大きいこと，また新薬開発をめぐる競争の激化という要因がある[69]。戦略的提携にみられる特徴としては，例えば国内企業同士の提携，探索段階からの提携，新しい方向性を探索するための提携，兼業メーカーの提携，開発が急務な薬効での提携が増加している点にみられる[70]。製薬業では，ヒトゲノムの領域における研究，新薬，とくにゲノム創薬の開発のもつ戦略的意義，それにかかる巨額の研究開発費とそのリスクの大きさのゆえに企業結合形態として合併が決定的に大きな意味をもっており，提携という形態での企業結合のもつ意義は，基本的には，合併という形態の補完的役割を大きく超えるものとはなりにくいという面がみられる。しかし，独自の医療システム，とくに承認制度と薬価制度によってもたらされた日本市場の特徴が厚生労働省の政策の変化によって独自な性格を失いつつあり，急速な国際化を余儀なくされるなかで，日本の製薬企業は，国内市

場での生き残りのためにも，リスクの高い革新的新薬の開発への研究開発費用の配分を高めざるをえなくなっている[71]。しかも，アメリカ市場は世界に先行する市場として製薬業全体のグローバル化を一層推進しており[72]，外国企業の参入により日本市場での競争も激化する傾向にある。さらに基礎研究ではすでに欧米の企業に特許をおさえられている部分が多いことから，バイオベンチャーとの提携によってそのシーズを利用し，自社の応用研究をもって新薬開発をすすめながら，徐々に次世代の基礎研究の充実をはかっていくという方向での展開[73]が重要な意味をもつようになってきている。また研究開発力が高く，重要な特許をもつ欧米の企業との開発の領域での提携の場合には日本の企業は従属的な関係とならざるをえないという面もみられる。

造船業について——さらに造船業では調達や設計の共同化，重複部門の集約・統廃合が主要目的となっている提携が多い。例えば石川島播磨と川崎重工業と三井造船との造船事業での提携でも，受注，設計，資材調達など幅広い業務に関して包括提携が締結されている。そこでは，規模のメリットを生かした鋼板などの共同購買による資材調達コストの削減，研究開発の共同化とともに，造船所の統廃合，重複事業の整理，人員削減などのリストラクチュアリングが問題とされている。当初は川崎重工業と三井造船との造船事業の事業統合のかたちであったが韓国企業の攻勢のもとで2社による提携ではコスト削減などに限界があることから石川島播磨を加えた三社連合での生き残りをめざすものである[74]。造船業で調達の共同化が大きな意味をもつのは生産コストに占める資材調達費の割合（造船コスト全体の6〜7割を占めるとされている[75]）が他の産業と比べても大きいことによるものである。また設計・開発面についても，開発費の負担や開発リスクという問題よりもむしろ韓国企業など外国企業との競争圧力への対応としてのコスト削減策という性格が強く，自動車，電機，製薬などの産業の場合とは異なっている。日本国内では，NKKと日立造船によるユニバーサル造船の設立が最も大きな動きであるが，防衛庁向けの艦艇事業での日立造船と三井造船との事業統合や石川島播磨と住友重機械工業との事業統合など1990年代中頃から提携・再編がすすんでいる[76]。

商社について——また非製造業をみると,商社でも経営統合や事業統合などによる再編がすすんでいるが,それは,国際再編による取引先企業の巨大化や電子商取引の普及などにより製造企業と小売業者などが直接取引する「中抜き」の脅威に商社各社がさらされていること[77]への対応でもある。例えば鉄鋼業の合併や提携による再編がすすむなかでその影響を受けるかたちで商社の鉄鋼製品部門の統合や再編がすすんでいる。伊藤忠と丸紅の提携(2001年)では,内外営業拠点・物流拠点の集約化やオペレーションの効率化などにより鉄鋼企業やユーザーに対するサービス機能の向上をはかるとされている[78]。また三菱商事と日商岩井の鉄鋼製品分野での統合では,国内のみならずグローバル規模での重複拠点の統廃合や間接部門の合理化,規模拡大によるメリットの追求,事業基盤の多様化をはかることが目的とされている[79]。鉄鋼製品部門以外でも事業統合がすすんでおり,建設資材や一般炭などを対象とした三井物産と住友商事の提携(2001年)[80]や情報産業部門を対象とした日商岩井とニチメンの提携などにもみることができる。しかし,そうした部分提携の限界から日商岩井とニチメンは2003年に経営統合へとすすんでいる[81]。

また商社では近年の厳しい経営環境のもとで,小売業,サービス業への戦略シフトがすすんできており,新たな事業機会の開拓のための提携や,ことに総合商社がもつコンサルティング機能のノウハウを生かした事業機会の創出を目的とした提携などが推進されている。小売関連事業への本格的参入のための提携ではスーパーやコンビニエンスストア事業への参入などが中心となっている。例えば住友商事と西友との提携(2000年)では,住友商事が西友の発行済み株式の一部を取得し,戦略分野と位置づけている消費者直結のビジネス分野において食品スーパー事業を一層強化するとともに,共同調達や物流面でのタイアップをすすめ,総合商社としての取引・物流基盤の拡充をはかっている[82]。また三井物産とイトーヨカ堂との提携(2001年)では,イトーヨカ堂グループが消費動向に合わせた商品政策を三井物産側に提案し,両社による共同での商品企画,グローバルな素材・商品の調達,効率的な物流・在庫管理のモデルの構築をはかるというものである[83]。これらの提携をみたとき,西友の場合とは異なり,イトーヨカ堂は財務体質が強固であるため資本参加の必要はなく,業務提携のみのかたちの連携がはかられている。

金融部門について——最後に金融部門をみると，近年の金融ビッグバンと呼ばれる規制緩和の大きな流れのなかで，銀行－証券－保険という異業種への新規参入のためのアプローチとして提携が積極的に利用されている。これらの業種間の業務の性格の相違やそれに規定された業務上のノウハウ，経営資源における制約という問題への対応として，あるいは業務展開のための基盤の確保を目的として提携という企業結合形態が利用されている。

規制緩和のもとでの事業機会の拡大への対応としての提携では，例えば三井住友銀行と大和証券との提携などにみられるように1990年代末から今世紀初頭にかけての時期に大手銀行と証券会社との間でベンチャー企業への投融資や投資信託の販売など成長分野での連携の強化の動きがすすんでいる[84]。また2000年夏の規制緩和によって生保と損保の販売提携が可能となったことから2001年4月以降に生損保の業態の垣根を超えた提携が活発化してきた[85]。そこでは，商品の開発を軸にした提携もすすんでおり，三井住友銀行，三井生命，住友生命，三井住友海上火災の間で，生命保険商品・損害保険商品・金融融合商品の共同研究・開発，資産管理事業の再編成などにおいて全面提携が行われている[86]。2000年の第一生命保険と安田火災海上保険との提携では強い生命商品と損保商品を組み合わせる「生損保融合戦略」がめざされているが，そのような動きは，日本の保険業が大手生保と損保が連携して総合的な保険サービスの提供を競う局面を迎えたことを示すものでもある。そうした生損保融合は銀行と生損保を含めた総力戦を各金融グループに促す時代の始まりを意味するものでもある。こうした生損保の再編によって総合保険会社をめざすか，あるいは生保，損保のどちらかに事業を特化して経営資源の集中をはかるかの選択が迫られる状況となってきているが[87]，自前で生損保の両分野をカバーするには負担が大きく，垣根を超えた提携による協力・連携が重要な意味をもってきている[88]。

また金融部門における提携のいまひとつの特徴として，金融というグローバリゼーションが最もすすんだ分野では日本は一般に「負け組」的な性格が強いという状況のもとで，外資が参入するにあたり日本企業との提携を基礎にした展開をはかっているという面とともに，日本企業の世界的展開にさいして外資との提携による協力関係の構築が重要な意味をもっているという面もみられ

る。例えばアメリカのシティグループは日本での銀行業務には支店を設けることによって，また証券業務には日興証券への資本参加によって参入してきたが，保険業務へは三井・住友海上との提携によって参入をはかっている。外資による日本の保険市場への参入は破綻した生命保険会社の買収が主流であったが，破綻会社の顧客の信頼回復がなかなかすすまないという難点もあり，シティは顧客の信頼度の高い三井・住友グループとの提携というかたちをとっている[89]。

第5節　企業提携の今日的意義

　これまでの考察において，企業提携の主要問題とその特徴を明らかにしてきたが，つぎに，それがいかなる今日的意義をもつものであるかについて考察することにしよう。企業結合形態として合併や持株会社方式よりはむしろ提携が今日問題となっており，多くみられるのは，それが必ずしも資本投下をともなわないかたちでの経営環境の変化への柔軟な対応の余地をもつものであることとともに，特定の事業分野や職能領域など部分的な領域の問題への対応が可能であること，しかも多様な企業間の協力関係を結ぶことができることによるものでもある。1990年代以降の時期になって，高度に多角化した事業構造を抱える巨大企業においても製品分野間あるいは事業分野間での資本蓄積条件や好不調の差異がはっきりとしてくるなかで，企業結合を利用しての対応・再編のあり方はその企業なり事業分野・製品分野のおかれている条件によって大きく異なっているといえる。それは例えば，開発，生産，調達などひとつないし複数のビジネスプロセスの領域での協力関係の構築へとすすむケースや，そうした部分的なレベルでの対応に限界がある場合にそれをこえて特定の事業領域での統合にまですすむケースなどにみられる。こうした企業提携のもつ今日的意義に関して重要な問題のひとつとなってくるのは，提携という企業結合の今日的展開をたんに「現象」としてだけではなく資本蓄積の問題としてみた場合にいかなる意義をもつものであるかという点である。

1 今日の企業提携と資本蓄積問題

　企業提携を資本蓄積の問題としてみた場合のひとつの重要な点は，1990年代以降の世界的な競争条件の変化のもとで勝ち組企業と負け組企業との間で，また勝ち組産業と負け組産業との間で2極分化が鮮明になってくるなかで，提携のもつ意義もこれらの企業間や産業間で異なってきているということである。一般的に，財務基盤の強固な企業の提携の場合には資本提携の必要性は低く，業務提携のみが結ばれる場合が多い。これに対して，提携関係にある一方の企業が多額の有利子負債を抱えていたり収益性の悪い負け組企業である場合には，資本参加による資本提携のかたちでの協力関係が築かれ，それを基礎にして業務提携に取り組む場合が多い。負け組企業の場合には，多額の有利子負債をかかえる企業（例えば三菱自動車，かつての日産など）に典型的にみられるように財務基盤の弱さゆえに資本の不足を補うために資本提携というかたちでの協力関係を結んでいる場合が多いが，それだけでなく，そうした資本関係も基礎となって経営陣の受け入れによって経営の再建をはかるという面が強い。そのような資本提携をベースに開発，購買の共同化，生産設備の相互補完や製品供給による補完をも含めた相互補完がすすめられる場合が多い。これに対して，勝ち組企業の側からみれば，負け組企業や資本提携を結んだ相手企業への出資によって提携先企業を傘下におさめることをとおして，相手企業の生産施設，販売網・拠点，技術力などの経営資源を活用しながら，提携先企業が主に展開している，あるいは得意とする事業分野・製品分野，地域への進出・展開のための足がかりを築くという面が強い。こうした点は，例えばダイムラー・クライスラーと三菱自動車との提携では三菱のトラック部門やアジア地域での拠点がダイムラー側の進出基盤として重要な意義をもったという点にもみられる。

　勝ち組企業同士では相互補完的な提携が多くみられるが，勝ち組企業による負け組企業やより資本力も業績も低い企業への資本提携のかたちでの場合には，勝ち組企業による負け組企業の「救済」という面と同時に，提携相手の企業のもつ優位な事業分野や地域への進出の基盤の強化をはかることで勝ち組企業がグローバルな経営基盤の拡充・強化をはかるという戦略の一環としての提携関係の場合も多い。今日の企業提携ではそれに参加する企業については本来

第9章　企業結合の今日的展開とその特徴　441

「対等」の関係にある場合が多いが，現実にはすべての提携がそうした状態にあるわけではなく[90]，勝ち組企業と負け組企業との提携の場合には，実質的には前者への後者の従属的関係のもとに協調関係が形成されている場合もみられる。巨大企業の資本蓄積の問題として，こうした勝ち組企業と負け組企業との間の関係性の問題をいかにみるかということも重要である。しかし，そのような提携においても，それぞれの事例によってその展開，成果，したがって資本蓄積におけるその意義は大きく異なってこざるをえないという面もみられる。

　なかでもそうした提携が最も成功をおさめたのがルノーと日産の場合であるが，2001年秋頃には日産の再建・経営強化がすすむなかで，両社の提携も，ルノーによる日産の救済という関係のものから，開発，生産，購買のグローバル戦略の一元化のもとで事実上の経営統合的効果によるグループとしての国際競争力の強化を本格的に追及するための提携関係へと一層変化してきている[91]。そこでは，ルノー側にとっては，エンジンの共同開発，部品・資材の共同購買など業務上の提携がもたらす合理化効果による蓄積基盤の強化という意義とともに，資本参加した日産の急速な経営再建を実現することで同社からの配当収入というかたちでの利子生み資本の収益も業績の強化に大きく寄与するかたちで資本蓄積基盤を大きく改善・強化してきたという面がみられる。両社の提携の場合には，例えばエンジンの開発でも両社の事業分野に重複が少なく補完関係にあることが量販車用エンジンの共同開発まで共通化をすすめることができる大きな理由であり[92]，特定の機種に限らず量販車用エンジン全体にわたりグループ一体で開発する体制をとるなど，グループの一体化が一層すすんできている。これに対して，ダイムラーと三菱自動車の提携では，三菱が小型車分野で生き残りをめざすなかで，中・大型車はダイムラー，軽自動車を含む小型車は三菱が中心となってグループ各社の提携効果を高め，共同開発や部品の共通化を通じた再建がすすめられてきたが[93]，両社では生産する車のタイプがかなり異なることもあり，開発，生産の分野でも統合効果があまり表れてこなかったとされている[94]。さらに2004年4月に決定された三菱自動車の経営再建に対するダイムラー側の財務支援の打ち切りにみられるように[95]，日産とルノーのような開発，生産，購買のグローバル戦略の一元化のもとでの事実上の経営統合的効果によるグループとしての国際競争力の強化というかたちでの展開，成

果の発揮には至ってはおらず，また三菱自動車の再建がすすまなかったことがダイムラー側にとっては日産の場合のようには配当収入を保証しえないという結果にもなっている。

このように，日産のような負け組企業からの脱却を実現してきている企業と三菱やマツダのように外資系企業の傘下にとどまり，それに大きく依存してきた企業とでは，資本参加を受け経営再建に取り組む側の企業のみならず，出資した側の企業にとっても提携のあり方，その意義には相違がみられる。

今日的状況をふまえてみれば，世界の市場分割がある程度終了した段階で，費用対効果という面でいえば，勝ち組企業同士の場合も含めて，提携によって市場競争における協調をとおして市場での棲み分けをはかることで特定の事業領域や部門などにおいて競争を部分的に抑えながら，開発，調達，生産，流通，物流といった主要な職能領域での共同化をはかることによって収益を確保していくことが重要な意味をもつようになっている。

製造業では，1990年代以降，世界的な市場のボーダレス化・一体化がすすむなかで市場シェアも容易には大きく伸ばすことが一層困難になってきているといえる。さらに環境対策のコストの増大や一層激しくなる競争のもとでの広告などのコストの増大，技術開発費の負担によるコストの増大のなかで，また製品のライフサイクルの短縮化や技術革新のテンポのはやまりなども加わり，利益があがりにくい状況になってきているといえる。また長期におよぶ世界的なデフレ下で巨大企業にとっても開発費の回収や市場面での変化（資本主義の経済的一体化，市場の同質化，製品ライフサイクルの短縮化など）に必ずしも十分に対応しきれない状況にある。そうした状況のもとで，各産業の巨大企業は，企業結合による独占価格の形成・維持とともに，世界最適生産力構成を提携による外部資源の利用をも含めてグローバルなレベルで構築することでの徹底したコストの引き下げによって，また大きな資本投下をともなわず，経営環境の変化により柔軟に適応しやすい「提携」という企業結合形態の多様な利用による補完というかたちで対応をはかっている。産業，事業分野・製品分野，ビジネスプロセスによって企業の競争力・競争優位が大きく異なってこざるをえないという競争構造にある今日の世界と各国の資本主義の複雑性・多様性への対応をそのような企業結合の今日的展開によってはかりながら資本蓄積を推し進め

ようとしている点に今日的特徴が示されている。

2 20世紀型企業構造と企業提携の位置

つぎに，企業提携の今日的意義に関して，「垂直統合型」という20世紀に支配的な企業構造との関連で今日の企業提携がどのように位置づけられるかという問題についてみておくことにしよう。この点に関しては，企業の戦略的手段としてみた場合に提携がどのような位置を占めるものであるのかという問題と，提携という戦略オプションの選択，その意義の高まりが巨大企業の企業構造との関連でみていかなる位置にあるかという問題とが重要である。

こうした問題のうち，まず前者に関していえば，今日の提携をM&Aや直接投資の補完としてではなく，それらと並列的な戦略手段となっているとみる見解も多い[96]。この点は多国籍企業論におけるいわゆる「内部化理論」において提携を直接投資による内部化に次ぐ次善の策と位置づけてきたのに対して[97]，その意義を問題にしたものである。戦略の問題としてみれば，上述の如き1990年代以降の資本主義の変容のもとで提携が「次善の策」を超えるものとしての性格，意義をもちあわせているものも多くなってきている。また企業構造との関連での今日の提携の位置に関していえば，戦略的提携にみられるような今日の企業提携は，本来，あくまで内部化に基づく垂直統合を基礎にして成立するものであり，提携をいかに戦略的に経営行動のなかに組み込んだとしても，それ自体が単独で成り立つものでも，有効性を発揮しうるものではないといえる。その意味では，経営がもつ戦略性という特性からみると提携は部分最適化の域をでるものではなく，企業が成長し，生き残るための必要条件のひとつではあっても十分条件たりえないという面をもつといえる。「競争」と「協調」は本来反定立（アンチテーゼ）であり[98]，あくまで主側面である「競争」の上に「協調」という側面を必要かつ有効な限りにおいて部分的に組み込むにすぎないのであって，提携の形成は経営資源の獲得をはじめ競争上不可欠な基本的条件，基幹的要素そのものを十分に生み出しうるものではない。基本的には，そうした条件は内部化による統合＝内部組織化を基礎にして構築されざるをえないのであって，その意味でも，「多くの国際取引が複雑に組み合わされる企業の戦略レベルでは，単独進出と提携が併用され，相互に補完的となりうる[99]」

としても，今日みられる提携もあくまで「統合」（内部化）を基礎にしたものであり，「統合」に対する補完的性格をもつものといえる。

　また今日の提携は「協調しながら競争する」というかたちでの競争構造をつくりだすものであるといえるが，それに参加したグループ間の競争とともにグループ内でも競争をひきおこす[100]。提携と提携の間の競争という従来なかった競争戦略のために，それに参加する企業の間の協調が必要となるとともに，提携内部では，それに参加する企業の間での競争が展開されるという新しい競争関係を生み出すという面がみられる[101]。それだけに，提携に参加したグループ内の競争への対応として，自社で独自になにをどう賄い，どの部分を外部資源結合型でいかに対応していくかが重要な問題となってくるのであり，内部化による統合が基礎になってこそ提携による補完が大きな意味をもつとともに，それを一層有効なものにしうるといえる。この点に関連して，竹田志郎氏は，戦略提携は完全所有主義による既存の全世界的事業所網を前提として初めて可能になるものであり，「多国籍企業の『強さ』はグローバルにみた主要市場での販売・サービス・生産等の拠点構築とその運営を前提として発揮される」のであって，新設や買収と比べ提携がたんに有利だから選択できるというものではないとされている[102]。また同氏は，多国籍企業は完全所有子会社による世界的な事業ネットワークの完成をふまえて初めて商品輸出，技術輸出，企業進出という方法の計画的活用が可能となったとされている。そうした自前のネットワークの完成までは企業提携は「企業主体の発展過程によって規制された代替・補完的な性質をもつもの」にとどまっていたのに対して，「十分に選択・併用されうる戦略的性格をもつ性質に変わった」とされている[103]。ただ第2節で考察した1990年代以降の資本主義の変容にみられるように，熾烈に「競争」しながらも部分的に「協調」することによってそうした補完的機能を追求せざるをえないところまでグローバルに広がった現代の資本主義とそこでの競争構造の変化にこそ今日的な問題性が示されているといえる。

（1）林 昭「現代企業における企業集中運動」，林 昭編著『現代の大企業』中央経済社，2003年，79ページおよび81-3ページ。
（2）上田 慧「生産のグローバル化とM&A」『経済』，No.80，2002年5月，17ページ，同「第5次企業合併運動とクロスボーダーM&A」『同志社商学』（同志社大学），第51巻

第1号，1999年6月，480ページ。
(3) P.Martin, "Going on mergers : Today's takeovers say more about the weaknesses of companies than their strengths", *Financial Times,* 1998.12.22.
(4) 奥村皓一「グローバル市場競争下の『国境を越えるM＆A＆A（買収・合併・提携）』（上）」『関東学院大学経済経営研究所年報』，第21集，1999年3月，13ページ，15ページ。
(5) 奥村皓一「グローバル市場競争下の『国境を越えるM＆A＆A（買収・合併・提携）』（下）」『関東学院大学経済経営研究所年報』，第22集，2000年3月，213ページ。
(6) UNCTAD, *World Investment Report 2000 : Cross-boder Mergers and Acquisitions and Development,* United Nations, Geneva, 2000, p.10.
(7) UNCTAD, *World Investment Report 1998 : Trend and Determinants,* United Nations, Geneva, 1998, pp.10-1, pp.19-23.
(8) UNCTAD, *World Investment Report 2000,* p.7.
(9) J. H. Dunning, *Alliance Capitalism and Global Business,* London, New York, 1997, p.47.
(10) 上田，前掲「生産のグローバル化とM＆A」，17ページ，同，前掲「第5次企業合併運動とクロスボーダーM＆A」，465ページおよび『経済』，No.80，2002年5月，47ページ参照。
(11) 各務洋子「国際企業間戦略の理論」，菅谷 実・高橋浩夫・岡本秀之編著『情報通信の国際提携戦略』中央経済社，1999年，14ページ。
(12) 浅川和宏『グローバル経営入門』日本経済新聞社，2003年，230ページ。
(13) 長谷川信次『多国籍企業の内部化理論と戦略提携』同文舘，1998年，33ページ，35ページ。
(14) M. E. Poter, M. B. Fuller, Coalitions and Global Strategy, M. E. Poter(ed)，*Competition in Global Industries,* Harvard Business School Press, 1986, p.321〔土岐 坤・中辻萬治・小野寺武夫訳『グローバル企業の競争戦略』ダイヤモンド社，1989年，297-8ページ〕．
(15) この点に関して，例えば山下達哉氏は，1980年代後半以降，従来とは異なった特性をもつ戦略提携が先進国の企業間で構築されているとした上で，それは，「直接投資による完全所有子会社の内部ネットワークと，戦略提携を含む各種の提携による外部ネットワークを結合したグローバル・ネットワークの構築が，大きな戦略課題となってきたことを意味する」と指摘されている（山下達哉「国際戦略提携の理論化への手がかりを求めて」『富士論叢』（富士短期大学），第40巻第2号，1995年11月，79ページ）。同様の指摘は多くの研究においてもみられる。なお戦略的提携に関する研究は国外でも非常に多くみられるが，代表的なものとして，J. H. Dunning, *op. cit.* のほか，例えばM. Y. Yoshino, U. S. Rangan, *Strategic Alliance. An Entrepreneurial Approach to Globalization,* Harvard Business School Press, 1995, Y. L. Doz, G. Hamel, *Alliance Advantage. The Art of Creating Value through Partnering,* Harvard Business School Press, 1998, D. O. Faulkner, *International Strategic Alliance,* McGrow-Hill, 1995,

B. Gomes-Casseres, *The Alliance Revolution, The New Shape of Business Rivalry*, Harvard University Press, 1996, J. H. Dunning, G. Boyd(ed), *Alliance Capitalism and Corporate Management. Entrepreneurial Cooperation in Knowledge based Economy*, Cheltenham, 2003などを参照。

(16) 松行彬子『国際戦略的提携』中央経済社, 2000年, 205ページ。
(17) 同書, 2ページ。
(18) 内田康郎「国際的な企業間提携にみる戦略的性格の形成と成長」『横浜国際開発研究』(横浜国際大学), 第2巻第1号, 1997年7月, 107ページ。
(19) 竹田志郎・内田康郎・梶浦雅己『国際標準と戦略提携 新しい経営パラダイムを求めて』中央経済社, 2001年, 34ページ, 竹田志郎『多国籍企業と戦略提携』文眞堂, 1998年, 58-9ページ, 同『国際提携戦略』同文舘, 1992年, 85-6ページ, 同「国際戦略提携」, 竹田志郎・島田克美編著『国際経営論――日本企業のグローバル化と経営戦略――』ミネルヴァ書房, 1992年, 157-9ページなどを参照。
(20) 竹田・内田・梶浦, 前掲書, 34-5ページ, 竹田志郎「多国籍企業の基本的経営戦略としての戦略提携――情報化の進展と関連して――」『経営情報学会誌』, 第6巻第1号, 1997年6月, 21ページ。竹田氏によれば, 同氏が調べた1990～2000年時に生じた日本企業の標準化に結びつく259件の国際提携をみると, それは90年代後半に集中的に発生しており, 急増傾向がみられ, とくに1999年と2000年の2年だけで全体の約半数に達しているとされている。竹田・内田・梶浦, 前掲書, 43ページ。
(21) 竹田, 前掲『国際提携戦略』, 54-63ページ, 101-3ページ参照。
(22) 竹田・内田・梶浦, 前掲書, 20-3ページ, 竹田, 前掲『多国籍企業と戦略提携』, 50-1ページ, 竹田, 前掲「多国籍企業の基本的経営戦略としての戦略提携」, 20-1ページ。
(23) 牛丸元「戦略的提携と企業行動」『経営論集』(北海学園大学), 第1巻第2号, 2003年9月, 29ページ。一般的に1980年代, とくにその後半以降に増大し「戦略的提携」へと質的な変化がみられたとされる企業提携については, 90年代以降に提携のもつ戦略性の高さやその戦略性・戦略色が強まってきたとする見方も多い。例えば竹内慶司「企業間提携のタイポロジー――垂直統合型戦略提携の構築に向けて――」『市邨学園短期大学開学30周年記念論集』, 1996年2月, 575-6ページなど参照。
(24) 奥村皓一「現代グローバル競争の構造変化と日・米・欧企業間の戦略的提携」『関東学院大学経済経営研究所年報』, 第16集, 1994年3月, 102ページ, 111ページ, 113ページ, 同「日・米・欧グローバル企業間の戦略的提携」『世界経済評論』, 第38巻第12号, 1994年12月, 9ページ。
(25) 首藤信彦「国際戦略提携を超えて」, 江夏健一編著『国際戦略提携』晃洋書房, 1995年, 18ページ。
(26) 長谷川, 前掲書, 61ページ。
(27) 奥村皓一「世界企業の大提携時代が始まった 規制でがんじがらめの日本企業は孤立する？」『世界週報』, 1996年11月26日号, 53-5ページ。

第 9 章　企業結合の今日的展開とその特徴　*447*

(28)　『日本経済新聞』1999年7月7日付。
(29)　内田，前掲論文，95ページ，
(30)　佐久間信夫「提携の戦略」，佐久間信夫・芦澤成光編著『経営戦略論』創成社，2004年，125ページ，長谷川信次「国際企業提携の理論的考察」，江夏編著，前掲書，46ページ。
(31)　竹田，前掲『多国籍企業と戦略提携』，53ページ，199ページ。
(32)　吉田史朗「企業の提携・アウトソーシング戦略」『電子材料』，第40巻第9号，2001年9月，35ページ。
(33)　中田善啓「情報通信技術の革新と戦略的提携」『季刊マーケティングジャーナル』，第55号(第14巻第3号)，1995年1月，18ページ。
(34)　『経済』，No.80，2002年5月，47ページ。
(35)　企業提携における新しい特徴的な現れをみると，例えば技術協力や特許，開発をめぐる提携では，近年の戦略的提携の場合そのほとんどがクロス・ライセシングであり，技術交換・技術と市場の交換・技術と製品の交換など経営資源の交換を意図しているという面がみられ（松行，前掲書，35ページ），「ロイヤリティ確保が主たる目的ではなく，直接投資活動を併行して進めたり，双方の技術（経営資源）を提供する共同開発から出発した生産・販売活動を行うかたちが多くなっている」（竹田，前掲『多国籍企業と戦略提携』，57ページ）。そこでは，「単なるロイヤリティの授受を中心とした固定的な提携関係から，技術提携を契機にさらにそれぞれの開発優位性を強化していくことに力点をおいたより対等で弾力的な提携関係への展開」（中原秀登「企業の開発提携戦略」『経済研究』（千葉大学），第11巻第3号，1996年12月，311ページ）となってきている。調達提携では，従来は自社生産より有利な価格での調達の可能性にその動機があったが，近年の戦略的提携では，品揃えという目的も加わり，自社の得意分野への特化のために特定製品ラインの生産委託による補完をはかる提携も多くみられるようになっている。さらに生産提携では従来はコスト節減，資本の節約やリスク回避を主たる目的として同一業種内の標準化製品の生産を中心に行われる場合が多かったが，相互の技術の提供による製品の開発や製品ラインの補完・拡張，コスト削減やリスクの分担・分散，技術と販売網の結合による新規市場への参入，市場地位の確保・向上などの相互補完的な性格の提携となっている場合が多い。また販売提携では，従来は自社販売網がないことから提携先を販売会社として利用し，全面的に提携相手に依存する場合が多かったが，現在では対等の立場で既存市場（事業）での販売網を相互利用する場合や，すでに自社販売網を有していてもそれを前提にさらに新規市場（事業）の拡大をめざして提携先を利用することによって市場拡大，事業拡大，製品ラインの補完・強化といったかたちで有利な戦略展開をはかるために地域別，業種別，製品ライン別に提携する場合が多い。竹田，前掲『多国籍企業と戦略提携』，57-8ページ，松行，前掲書，29-31ページ。
(36)　『日本経済新聞』1999年4月20日付，『日経産業新聞』1999年4月20日付。

(37) 『日本経済新聞』2001年7月11日付。
(38) 安田洋史「戦略的提携の実際と具体的留意点～半導体事業を例として～」『Business Reserch』第902号，1998年8月，61ページ。
(39) 『日本経済新聞』2003年10月1日付。
(40) 同紙，2002年3月26日付。
(41) ソニー株式会社『有価証券報告書総覧』平成14年(9)，16ページ，平成15年(3)，38ページ，『日本経済新聞』2002年4月5日付。
(42) 『日経産業新聞』2001年10月18日付。
(43) 『日本経済新聞』2003年1月29日付。
(44) 同紙，2002年11月22日付，『日経産業新聞』2001年3月21日付，2000年11月17日付。
(45) 大場陽次「歴史的再編すすむ世界の鉄鋼業」『経済』，No.80，2002年5月，73-6ページ，『日本経済新聞』2001年1月26日付参照。
(46) 新日本製鐵株式会社『有価証券報告書総覧』平成14年(3)，22ページ，平成15年(3)，22ページ，『日経産業新聞』2004年3月10日付。
(47) 『日本経済新聞』2001年1月24日付，2001年1月20日付，2001年2月21日付。
(48) 同紙，2003年12月23日付，2003年3月18日付。
(49) 同紙，2001年4月14日付。
(50) 『日経産業新聞』2004年3月10日付。
(51) 新日本製鐵株式会社『有価証券報告書総覧』平成15年(9)，7ページ，『日本経済新聞』2003年7月23日付，『日経産業新聞』2003年7月23日付。
(52) 『日本経済新聞』2001年12月19日付。
(53) 住友金属工業株式会社『有価証券報告書総覧』平成14年(9)，10ページ，平成15年(3)，19ページ。
(54) 『日経産業新聞』1998年12月2日付。
(55) 同紙，1997年7月30日付。
(56) 衣笠洋輔・金 宇烈「有力企業の提携と企業間競争関係へのインパクト——DVD規格統一に関する事例研究——」『国際経営論集』(神奈川大学)，第22号，2001年11月，140ページ，菅原秀幸「国際戦略提携と政府政策——半導体産業を事例として」，江夏編著，前掲書，100ページ。
(57) 高井透「半導体産業と化学産業における提携ネットワークの発展パターン」，江夏編著，前掲書，234-5ページ。
(58) 『日本経済新聞』2001年1月19日付。
(59) 同紙，2001年8月22日付，『日経産業新聞』2001年3月1日付。
(60) 『日本経済新聞』2001年1月19日付。
(61) 『日経産業新聞』2001年3月1日付。
(62) 旭化成株式会社『有価証券報告書総覧』平成15年(3)，11ページ，『日本経済新聞』2002年7月4日付。
(63) 『日経産業新聞』2001年3月29日付。

(64) 同紙，2004年2月4日付，2004年2月13日付。
(65) 『日経金融新聞』2002年11月15日付。
(66) 佐々木圭吾「知識社会における綜合経営の構想——医薬品企業を例に——」『Business Insight』，第12巻第1号(No.45)，2004年4月，9ページ。
(67) 『日本経済新聞』2003年11月19日付，2004年2月25日付。日本国内ではまた三共と第一製薬が2005年10月に持株会社を設立して経営統合することが決定されているが，そこでも巨額化する研究開発費の確保とそれを基礎にした開発力の強化が主たる目的のひとつとされている。同紙，2005年2月19日付，2005年2月26日付。
(68) 南 智惠子「医薬品業界における市場創造と提携課題」『Business Insight』，第12巻第1号(No.45)，2004年4月，43-4ページ。
(69) 冨田健司「水平企業間の戦略的提携——製薬産業の新製品開発に注目して——」『経済研究』(静岡大学)，第7巻第3・4号，2003年3月，172-4ページ。
(70) 冨田健司「新薬開発における製薬企業の戦略的提携」『経済研究』，第8巻第1号，2003年8月，43ページ。
(71) 中川 洋「迫られる構造改革 縮小する戦略オプション」『医療と社会』，Vol.10，No.1，2000年5月，68-9ページ。
(72) 石倉洋子「情報技術によって大変身をとげるアメリカ製薬業界」『医療と社会』，Vol.10，No.2，2000年7月，48ページ。
(73) 「製薬企業とバイオベンチャーの戦略提携の現状と日本企業の直面している課題」『月刊 研究開発マネジメント』，2001年1月号，34ページ。
(74) 川崎重工業株式会社『有価証券報告書総覧』平成12年(9)，6ページ，平成13年(3)，13ページ，平成13年(9)，8ページ，『日本経済新聞』2000年5月24日付。
(75) 『日経産業新聞』1999年9月24日付。
(76) 同紙，1995年6月19日付。
(77) 『日本経済新聞』2001年5月29日付。
(78) 伊藤忠商事株式会社『有価証券報告書総覧』平成12年(9)，8ページ，株式会社丸紅『有価証券報告書総覧』平成13年(3)，23ページ，平成14年(3)，23ページ。
(79) 日商岩井株式会社『有価証券報告書総覧』平成15年(3)，18ページ。
(80) 三井物産株式会社『有価証券報告書総覧』平成14年(3)，15ページ，住友商事株式会社『有価証券報告書総覧』平成13年(9)，7ページ，平成14年(3)，13ページ，『日本経済新聞』2001年5月29日付。
(81) 日商岩井株式会社『有価証券報告書総覧』平成15年(3)，16ページ，ニチメン株式会社『有価証券報告書総覧』平成15年(3)，15-6ページ，『日本経済新聞』2002年12月11日付。
(82) 住友商事株式会社『有価証券報告書総覧』平成14年(3)，13ページ，平成12年(9)，6ページ，『日経流通新聞』2000年4月13日付。
(83) 同紙，2001年4月26日付，『日本経済新聞』2001年4月24日付。
(84) 同紙，2000年12月31日付。2005年2月には三井住友銀行と大和証券は経営統合に向

けた本格的な交渉を開始することを決定している。同紙，2005年2月10日付夕刊。
(85) 同紙，2001年9月25日付。
(86) 三井住友銀行株式会社『有価証券報告書総覧』平成14年(3)，17ページ。
(87) 『日本経済新聞』2000年8月30日付，2000年8月26日付，損害保険ジャパン株式会社『有価証券報告書総覧』平成15年(3)，41ページ，安田火災海上保険株式会社『有価証券報告書総覧』平成13年(3)，8ページ，17-8ページ，平成14年(3)，8ページ。
(88) 『日本経済新聞』2000年10月23日付。
(89) 同紙，2001年9月20日付夕刊。
(90) 例えば山下達哉「産業のライフサイクルと戦略的アライアンス」『フジ・ビジネスレビュー』(富士短期大学)，第6号，1993年9月，33ページなどを参照。
(91) 『日本経済新聞』2001年10月31日付，2001年11月3日付，『日経産業新聞』2001年10月31日付参照。日産とルノーとの提携の内容については，日産自動車株式会社『有価証券報告書総覧』平成11年(3)，20ページ，平成12年(3)，14ページ，18ページ，平成13年(3)，11-2ページ，平成14年(3)，14ページなどを参照。
(92) 『日本経済新聞』2003年8月1日付。
(93) 同紙，2003年7月8日付。
(94) 同紙，2004年2月20日付。
(95) 同紙，2004年4月23日付夕刊，2004年4月24日付。
(96) 例えば長谷川，前掲書，永池克明「エレクトロニクス産業における戦略的提携の研究」『経済学研究』(九州大学)，第70巻第1号，2003年6月，中原，前掲論文などを参照。例えば永池克明氏は，「M&Aが内部化であれば，提携は『内・外部要因結合』戦略として従来のようなM&Aの補助的手段としてでなく並列に置くべきである」とした上で，「その特徴は，機動性，戦略的柔軟性，シナジー性である」とされている。同論文，27ページ。
(97) 例えばA. M. Rugman, *Inside the Multinationals,* London 1981〔江夏健一・中島潤・有沢孝義・藤沢武史訳『多国籍企業と内部化理論』ミネルヴァ書房，1983年〕, A New Theory of the Multinational Enterpreise : Internationalization Versus Internalization, *The Columbia Jounal of World Business,* 1980, Springなど参照。
(98) 江夏健一「総括——ノン・アライアンス・サクセスを求めて」，江夏編著，前掲書，291ページ，293ページ。
(99) 長谷川，前掲書，236ページ。
(100) 東伸之・大川将「エレクトロニクス業界における戦略提携」『財界観測』(野村総合研究所)，第58巻第12号，1993年12月，IV参照。
(101) 山下，前掲「産業のライフサイクルと戦略的アライアンス」，33ページ。
(102) 竹田，前掲『多国籍企業と戦略提携』，95ページ，204ページ，竹田，前掲「多国籍企業の基本的戦略としての戦略提携」，23ページ。
(103) 竹田，前掲『国際戦略提携』，113-4ページ，

第10章　企業経営の変革をめぐる諸問題の検討

　今日，20世紀の企業経営のシステム，モデルやあり方が大きく問われるなかでさまざまな企業経営の変革，新しい展開がみられるようになってきている。このような問題・現象をめぐっては，今日新しい世紀を迎えた時代の転換点であることもあり，「21世紀的」な先端的現象，ビジネスモデルなどというような問題のされ方も多くみられるほか，特定の産業なり領域でみられる新しい現象をその産業，領域の特性や位置づけなしに単純に一般化・普遍化する傾向などもみられる。かかる研究上の問題点をふまえて，本章では，今日の企業経営の変革をめぐる問題の検討を行う。そこでは，21世紀という新しい時代の企業・企業経営，そのあり方という点ともかかわってそれらがとくに市場との関連でいかなる意味をもつものであるのか，20世紀に支配的となった企業構造，企業経営，そのあり方との関連をふまえて，新しい経営現象のもつ問題性，性格，意義について検討していくことにする。

第1節　「大量生産適合型」の企業経営システムとそれをめぐる問題

　第4章から第6章までの考察においてみたように，20世紀型の企業経営システムの最も重要な特徴のひとつは「大量生産適応型」の企業経営システムであるという点にみられる。この点に関して重要なことは，鉄鋼業のような装置・生産財産業における大量生産システムではなく，自動車産業のような加工組立産業における大量生産システム（＝生産・管理システム）の形成のもつ意義についてである。生産の流れ・プロセスからみて「分散型」の生産過程の特性をもつ装置・生産財産業で大量生産がすすんだとしてもそのことが生産の流れか

らみて後ろに位置する産業に対する大きな需要創出・拡大効果をもちえない。これに対して,「収斂型」の生産過程の特性をもつ加工組立産業の大量生産の場合には,生産の流れからみて前に位置する多くの関連作業に対して大きな需要創出・拡大効果をもたらすことになる。しかも「収斂型」の生産構造をもつ加工組立産業のなかでも,その生産量そのものをみても明らかなように,工作機械などのような生産財ではなく自動車のような消費財が大量生産される規模ははるかに大きく,またその産業のすそ野の広さゆえに関連する多くの産業諸部門への需要創出によってこれらの産業における大量生産を促し,それをとおして,広く国民経済全般に大量生産の経済効果をもたらすことになる。またそれとともに関連産業における大量生産による生産コストの大幅な引き下げによって自動車産業などの部門の生産コストの一層の引き下げが可能となり,最終製品の大量生産の進展とともに,「大量生産」に見合う市場基盤の創出・形成に大きく寄与してきたのであった。こうして,「収斂型」の生産過程の特性をもつ消費財,とくに耐久消費財部門を核として20世紀の大量生産適応型の企業経営システムがこのような現代的な大量生産「体制」の確立をもたらしたのであり,第2次大戦後の経済発展の基礎を築いたことの意義はきわめて大きいものがあるといえる。フォード・システムにその先駆をみるように,それを支える生産力基盤をアメリカ型の企業経営システムが確立したのであった。

　しかし,1970年代初頭以降の資本主義の構造変化による条件(蓄積条件)の変化によって,1)市場の変動への適応力(=フレキシビリティ)の確保・強化と2)「範囲の経済」によって「規模の経済」の実現を補完することによる大量生産効果の実現の方式へと転換がはかられることになる。企業経営システムの日本モデルがそれである。ただここで重要なことは,そこでも大量生産の本質がなんら変わるのではなく,したがって,大量生産適応型という20世紀型の企業経営システムの性格そのものが大きく変わるのでなく,「大量生産」とその経済効果の実現の仕方が変わったということである。

　21世紀の企業経営システムのあり方,その問題を考えるさいには,大量生産型の企業経営システムからの転換,あるいは脱皮ということが問題とされる場合,とくにこのような大量生産のあり方の変化と大量生産体制のもたらす経済的効果の問題を考慮に入れて検討することが重要であるように思われる。しか

もそのさい，20世紀の大量生産・大量消費型社会を支えた企業経営システムが自動車や電機といった加工組立産業，とりわけ耐久消費財の製造業を中心に展開されたものであるという産業特性上の問題を考慮に入れておくことが重要となろう。それゆえ，21世紀の企業経営システムのあり方をめぐって「大量生産型」からの離脱・転換ということが問題とされる場合にも，20世紀の企業経営システムのひとつの中心的舞台となった自動車産業が典型的な量産型産業であること，そこでの大量生産のもつ経済的意義の大きさとともに，加工組立産業においてこそフレキシブル生産とそれによる大量生産の「規模の経済」の実現のより大きな可能性が構造的にそなわっているという産業特性の問題（第6章参照）を十分に考慮に入れてみていく必要があるといえる。この点の考慮は，21世紀に「理念型」となる企業経営システムが形成・展開される舞台となる領域・部門がどのような産業であるのかというここともかかわって，重要な意味をもつといえるであろう。またこの点をめぐっては，製造業部門のみならず，第2章で考察した第3次産業の問題，その位置をもふまえて考えることも必要かつ重要である。

第2節 「垂直統合型」から「ネットワーク型」の企業構造への転換をめぐる問題

　20世紀という時代の代表的かつ支配的な企業のタイプのいまひとつの基本的特徴は，内部化による職能統合した垂直統合企業＝複数事業単位企業にあり，階層制管理機構によって需給の調整に企業自ら主体的に取り組むことというかたちの企業構造にあった。この点に関していえば，21世紀を迎えた今日，例えば，企業組織構造それ自体の変革が取り組まれたり，企業間のネットワーク化＝連携によって各構成単位の経済効率・経営効率を高め，全体としては「規模の経済」を追求していくような企業間関係を基礎にした企業類型が出現するなど，企業経営において大きな変化がみられる。

　ここで，そうした動きにみられる問題を取り上げる前にまず「ネットワーク」という用語の諸次元を整理しておくことにする。企業経営の問題領域において「ネットワーク」という用語が使用される場合，大きく企業内部の組織構

造のレベルで使われる場合と，企業間の関係を示すものとして使われる場合とに分けることができる。さらに後者については，大きく，1）下請制にみられる縦の関係や対等・平等な横の関係の企業間ネットワーク，2）IT産業でみられるネットワーク企業と呼ばれる専業企業の間での各職能活動領域におけるネットワーク的連携に基づく協力関係によって支えられた企業類型，3）情報技術(IT)による情報ネットワーク的連携に基づく経営の3つに分かれる。2)のネットワーク企業とは，「自社の経営資源を最も得意とする事業分野に集中し，その事業分野を，特定製品か特定分野に限定し，事業活動も研究開発，設計，製造，物流，販売・マーケティングなどいずれかの活動に限定するかもしくは重点を置いている専業企業群」のことである。これらの企業の密接な協力関係は，「かれらが開発するIT技術の規格を公開することによって可能となった」ものである[1]。また3)は，情報技術によるネットワーク上での情報の自律分散的統合を基礎にした経営の展開を意味しており，「情報ネットワーク経営」[2]や「オープン・ネットワーク経営」[3]などと呼ばれたりする。

1　ネットワーク企業，アウトソーシング，戦略的提携など「非統合」の動きとその意義

そこで，まず近年のネットワーク企業，アウトソーシング[4]，戦略的提携など「非統合」の動きについてみると，内部化による統合をベースにしながらも「非統合」を広範囲に組み込んだ展開が大量的現象となっている点，また当初からそうした「非統合」を組み込んだかたちでの戦略展開がはかられている場合も多い点が今日的特徴のひとつとなっている。それらは，その性格からいえば，「垂直統合型」と特徴づけられる20世紀型企業とは異なるという面がみられる。この点をめぐっては，20世紀型企業の重要なひとつのメルクマールである「統合企業」に対するアンチテーゼかどうか，その性格をいかにみるべきかという点が重要な論点となってくるであろう。

この点に関しては，1）職能活動のレベルでの「非統合」と事業分野のレベルでの「非統合」との区別が必要であること，2）職能活動のレベルでの「非統合」の場合でも，a）統合企業における非統合化＝外部化の類型と，b）当初から自社の経営資源を最も得意とする事業分野に集中し，その事業分野を特

定の職能的活動分野に限定あるいは重点を置く専業企業の類型とに分かれる。

　このうち，2)のa)の場合には，その多くはあくまで統合企業という構造を前提にした企業活動の一部の外部化であり，それをアウトソーシング，戦略的提携など，資本投下をともなわず，それゆえ環境変化により柔軟に対応しうる形態が選ばれているのであって，「統合」に対するアンチテーゼ的性格というよりはむしろ「補完的」役割・意味をもつものと考えられる。例えば「連結の経済」と呼ばれる「ネットワーク化による経済性」と「規模の経済」との関連をみても，これまでの垂直統合による「規模の経済」の実現を「ネットワーク化による経済性」の利用によって補完することでより効率的に経済性・収益性を追求するという性格のものではないかと考えられる。また第9章で企業提携についてみたように，そのような非統合を組み込む場合でも，基本的には統合構造を基礎にしてこそ意味をもつものであるといえる。20世紀の「垂直統合」型でみられた垂直的統合は「内部化」によるものであったが，むしろ「内部化」による統合以外の方法が今日問題となってきているという面がみられる。多くの場合，機能面での実質的な統合ははかりながらも，それを「内部化」という資本投下をともなう，それゆえ環境変化への対応という面では一定の「硬直性」を生まざるをえない方法ではなく，他社の経営資源の実質的な機能結合によって外部資源の有効利用をはかるといういわば「外部資源志向型」の方法が大きな意味をもってきている。

　例えば岡本博公氏は，大企業のシステムを現場活動単位レベル，事業単位レベル，企業レベルの3層からなる重層的な3層構造としてとらえ，21世紀型生産システムをフレキシブル生産システムであるとし，それを支える事業システムが生産・販売・購買（生・販・購）統合型の事業システムであり，これが21世紀型事業システムであると考えられると指摘されている。その上で，戦略提携やバーチャル化，ネットワーク化などの展開は，それぞれの産業特性（技術特性・市場特性）のもとで，緊密な生・販・購の連繋がそれらによって促進されうるのかどうかに関わるものとして考えることができるのではないかという提起をされている[5]。今日の垂直統合型からネットワーク型の企業構造への変革・転換，ネットワーク化や提携などによる非統合の動きをいかにみるかという問題をめぐっては，この点は重要であると考えられる。

またそのような「内部化」による垂直統合型からの転換という変化をみる上で重要な点は，ひとつには，それがすべての巨大企業で同じようにみられるということになるとは限らないし，また従来の「内部化」による垂直統合型からの転換がみられる場合でも，企業内に抱え込んだ職能活動（研究開発から生産，販売に至るビジネス・プロセス）の一部を切り離す場合や多角化した事業構造のなかの特定の製品部門・事業領域を切り離す場合（「選択と集中」）など，実際には「非内部化」のいくつかの類型がみられるわけで，垂直統合構造をなおひとつの基本構造として新たな再編を試みるケースも多くみられるということである。いまひとつには，「垂直統合型」から「ネットワーク型」の企業構造・経営への転換という問題をめぐっては，そうした変化が大量生産からの転換・脱皮という性格の問題とどのような関連性をもっているのかという点であり，その場合の産業なり業種といわれるものの舞台がいかなるところのものであるのかという点を考慮に入れて考える必要があるということである。もちろん情報技術の発展がネットワーク的連携をより容易に，かつ効率的にする技術的条件を提供することによってネットワーク型の企業構造・経営への転換を促進するという関係もみられるが，どのような特性（例えば市場・競争条件や技術特性，製品特性）をもつ産業類型において垂直統合型からネットワーク型への企業構造の転換・変革がより効率的・適合的であり，したがって，そこではいかなる意味をもちうるのか。こうした点を職能活動のレベルでの「非内部化」と事業領域レベルでの「非内部化」のそれぞれのケースについて検討し，「内部化」によらない統合という形態的に異なる方法が採られるさいの規定要因を十分に明らかにし，その意義を究明していくことが重要となってくると思われる。

　例えば加工組立産業に典型的にみられる多品種多仕様大量生産を示す別の表現でもある「現在の『多品種少量生産』は『少量生産』とは言っても，生産総量としては大量生産でないと固定費をカバーできない高コスト構造となっており，総量の縮小にも対応できるシステムの構築が重要な課題となっている」。それだけに，「損益分岐点を引き下げる努力とともに，損益分岐点の分母となる生産能力そのものの柔軟性を図っていく必要があり，このような生産能力の伸縮性をめざして社外生産拠点をネットワークするヴァーチャル・コーポレー

ションやアウトソーシングの活用が進む」可能性が高いとも考えられる[6]。しかし，例えば自動車産業にみられるように，そこでの生産があくまでも典型的な量産型産業にみられるものであるがゆえの問題がここにも示されているわけで，「垂直統合型」から「ネットワーク型」の企業構造への転換という問題を考えるさいには，産業特性とのかかわりを考慮に入れておくことは重要な意味をもつといえる。

したがって，統合化と分散化のバランスをいかにとるかという問題は産業の特性や，個々の企業がいかなる競争優位をもっているかという企業の特性によって異なってくるところが大きいのではないかと考えられる。

2 ネットワーク企業の出現をめぐる問題

(1) IT産業におけるネットワーク企業とその意義

つぎに，「垂直統合型」から「ネットワーク型」の企業構造への変革・転換をめぐる問題に関して，上述のネットワーク企業の出現をめぐる問題をみることにしよう。こうした企業類型はIT産業において典型的にみられ，それは20世紀に支配的となった「内部化による統合」というかたちでの「垂直統合型企業」とは異なる企業構造をもつ。こうした新しい現象の評価をめぐって，つぎの2つの論点について検討することが重要である。

> 論点1＝これらの動きの顕著な代表的事例であるIT産業の産業特性と企業類型変革の「一般化」・「普遍化」の問題
> 論点2＝こうした新しい企業類型の出現の中心的舞台であるIT産業の「先端性」・「中核性」と企業類型変革の「一般化」・「普遍化」の問題

まず論点1に関しては，IT産業，とくにパソコン産業の産業特性とそこでのネットワーク企業の出現・普及との関連の問題が重要となる。この点では，1) アーキテクチャーの特徴による製品特性，2) 技術特性，3) 市場特性の3点が考慮に入れられなければならない。まず1)のアーキテクチャーの特徴による製品特性については，IT産業，ことにパソコン産業では「モジュラー」型で「オープン」型のアーキテクチャー特性（インターフェイスの標準化）をもつ点

であるが，パソコン産業の製品が製品差別化のはかりにくい製品特性，すなわち単純組立コンポーネント生産としての性格をもっているという点である。また2)の技術特性については，巨額の資本投下が必要にもかかわらず，技術革新・進歩のテンポがはやく，固定費の回収のリスクが大きいという点がある。さらに3)の市場特性に関しては，そのような技術特性にも規定されて，製品ライフサイクルの短さ，価格のはげしい低落傾向がみられるという市場競争の激しさという点がある。以上のような産業特性のゆえに，パソコン産業のようなIT産業では，ネットワーク企業でみられるような非統合＝分散化によって，製品や基幹部品の開発・製造にあたって必要とされる技術開発費や設備投資費用の分散，垂直統合型企業に比べた場合の事業資金（投下資本）の節約とより効率的な利用が可能となり，さらに技術開発のスピードを高めることが可能となる。しかし，ネットワーク企業がこのような優位性をもちうるのも，上述のような産業特性ゆえのことではないだろうか。それゆえ，このようなIT産業の製品特性・技術特性・市場特性の3つの面での産業特性を考慮に入れて，これらの産業の舞台でのネットワーク企業出現の意義，その「一般化」・「普遍化」の問題を検討する必要があろう[7]。

　そうした「一般化」・「普遍化」という問題は上記の論点2との関連で検討することが必要かつ重要である。すなわち，IT産業，ことにパソコン産業において出現をみているネットワーク企業が20世紀末から21世紀にかけての新しい時代にみられる現象であり，しかもそれがいわゆるIT産業という先端的産業にみられる現象であっても，そのような変化がみられるそうした産業が21世紀に経済構造なり産業構造のなかで中核的位置を占めるかどうかによっても，その先端的現象のもつ意義を「一般化」・「普遍化」することができるかどうかが決まってくるであろう。この点に関して重要なことは，すでにみたように，垂直統合型でかつ大量生産適合型の企業類型が20世紀型企業たりえたのは，それが多くの産業に広く普及し「支配的」となっただけでなく，自動車のような耐久消費財部門の大量生産による関連する多くの産業部門への需要創出効果を基礎に広く国民経済全般に大量生産体制を確立することができたからである。IT産業，ことにパソコン産業が真の意味で21世紀型企業の類型たりうるかどうかは，こうした産業がそのような国民経済的レベルでみた場合の「中核性」

という性格をもちうるかどうかにもかかっているといえる。新しい現象のもつ意味を評価するさいのメルクマールとして「出現→併存→支配的」という基準に照らしてみた場合に，その現象自体が特定の産業なり部門をこえて広く一般的に「支配的」となったとき，あるいはそうした現象が出現し，支配的となった産業部門が特定の産業に限定されている場合にはその産業が国民経済的にみて「中核的」位置を占めるようになったときに，新しい現象のもつ意味が「一般化」・「普遍化」しうることになろう。

(2) ネットワーク企業の出現と生産力の性格の問題

以上において，IT産業を中心的な舞台とするネットワーク企業の出現とその企業類型変革をめぐる問題に関して，いくつかの論点を提示して検討を加えてきたが，夏目啓二氏は，そのような企業類型の出現の問題をIT産業における生産力の性格の問題と関連づけてつぎのように指摘されている。すなわち，ネットワーク企業の出現は，「グローバル化したITの社会的生産力がもはや一私企業である大規模な垂直統合企業の枠組みに収まらない段階に達したことを意味する」。「いまや，多数の専業企業の密接な協力関係によってのみグルーバル化したITの社会的生産力を維持することができる時代を迎えた[8]」とされている。

もとよりIBMによるパソコンのアーキテクチャーの「オープン化」戦略についていえば，例えば2003年の同社の世界の市場シェア（出荷台数でみたもの）がわずか5.8％にすぎないこと[9]を考えても，同社がもともともっていた競争優位に対して決定的な打撃を与える結果となった。しかし，こうした結果は，パソコンという製品がもともとアーキテクチャーをオープン化しなくても模倣の比較的容易な製品特性をもっているという特殊的性格に規定されているのではないかとも考えられる。またパソコンといった事業・製品分野におけるその開発・発展の段階からみれば，市場化の初期的段階，またそのための開発費や設備投資費用などの投下資本の回収の可能性を十分にもちあわせにくい初期的段階にあってのIBMの戦略的決定が「オープン化」戦略であったともいえる。このような製品特性・技術特性ゆえの理由もあり，そうした決定は当時のことであったがゆえに合理的と考えられたのではないかとも考えられる。しかし，こ

うした「オープン化」の決定が，自動車産業にはみられないような開発期間・製品寿命の短さ，価格の激しい低落傾向，市場競争の激しさという市場特性を生み出すことにもなった。その結果，垂直統合＝内部化型の企業構造の効率性を低下させ，ネットワーク企業のような専業企業の連携による効率性追求の優位性の可能性が生み出されることになったという面がみられる。例えば，IBMが当初アーキテクチャーをクローズ化して，内部化によって競争優位を確立することははたして不可能であったのか。電機・電子総合企業のレベルでの資本力・技術力をもってしてもパソコン事業での統合化戦略は可能ではないのか。しかも「選択と集中」により同事業への重点化，専業化をはかったとしても統合化＝内部化は不可能であるのか，有効ではないのか。IT産業のもつ構造的な性格・特徴をいかに把握するかといった点が問題となるように思われる。

　しかし，夏目氏の指摘は，今日の情報技術が情報と通信と放送の３つの領域の技術が融合されたものであり，そうした広範囲に関連性をもつと同時にそのそれぞれが技術的にも高度の革新性を有し[10]，こうした生産力の性格それ自体がIT産業においてネットワーク化の動きをひとつの顕著な傾向としている重要な規定要因となっていること，しかもそれがグローバル化したレベルで展開される必然性を示しており，IT産業のもつ構造的な性格・特徴から新しい現象の把握を試みたものであるといえる。もちろんIT産業以外の多くの産業でも今日アウトソーシングや戦略的提携などの動きがみられるが，同氏の指摘は，これらの産業でのそうした動きとIT産業でのそれとの相違をみる上でも重要な手掛かりになりうるという点で重要な問題を提起しているといえよう。

3　現代企業の「統合」・「非統合」と管理的調整をめぐる問題

　以上のような「垂直統合型」の企業構造の変革をめぐるいまひとつの重要な問題として取り上げておくべき点は，現代企業の「統合」・「非統合」と管理的調整をめぐる問題についてである。まずIT産業でみられるネットワーク企業の出現に関していえば，グローバル・ネットワーク企業がIT産業に特有の現象ではなく，自動車産業や電機産業など資本集約的，技術集約的な産業に普遍的な現象であるとすれば，すなわち，21世紀に20世紀型企業とは異なるこうした「非統合」のネットワーク企業の類型が支配的になるとすれば，チャンドラ

ーの命題に対する新たな命題を提示することができるとする夏目氏の指摘に関してである。この点について，同氏は，チャンドラーによる「Invisible HandからVisible Handへの転換の命題，すなわち，市場と組織に関する命題がいま，またグローバルな段階で問われている[11]」という問題提起をされている。

　この点に関して重要な点は，こうしたネットワーク企業が専業的な非統合企業であり，そこでは一見市場と価格のメカニズムによって経営資源が配分されているようにみえても，ビジネスプロセス全体としてみれば，各企業が連携するなかで管理的調整にみられるような資源配分の調整機構がはたらいていると考えられるということである。そのような全体的な主体的調整＝管理的調整の機能がはたらくがゆえに，非統合企業のネットワーク的連携が「統合型」の企業よりも効率性を生みうるのではないか，ということである。個々の企業における経営者・管理者による主体的な調整（管理的調整）を基に，実質的には，職能別に分業化されたビジネスプロセス間，またそれらのプロセス全体での調整が機能しているとみるべきであろう。そこでのネットワーク的連携は，需給の調整，またスループットの調整をはかる上で重要な企業間の情報連関が基礎となってこそ有効性・効率性を発揮できているとみるべきであるといえよう。

　また管理的調整の問題に関するチャンドラー・テーゼをめぐるより重要な論点として取り上げておくべきものにR.N.ラングロワの研究がある。彼の議論は，歴史的にみてどのような調整メカニズムが優位性をもつようになってきたかという観点から今日的状況を明らかにしようとするものである。そこでは，垂直的な非統合と専門化が1990年代の最も重要な組織の発展であり，情報技術の発展にともないモジュール化，インターフェースの標準化が進展し，アウトソーシング戦略の優位性が高まるとともにそうした動きが進展することによって「見えうる手」と呼ばれる企業による管理的調整から市場メカニズムによる需給の調整へと変化しつつあり，その意味で"Vanisihing hand"（「消えゆく手」）＝市場取引の復権がおこってきているとされている。彼の議論はネットワーク企業そのものの場合を問題にしているわけではなく，自動車産業のような部門をも含めて，インターフェースの標準化を基礎にモジュール化がすすむことによって，環境の不確実性の緩和をはかるためのマネジメントおよび統合の必要性をモジュール性が引き下げることになるとされる。モジュール生産の

ネットワークの供給側の決定的な利点は，それが環境の不確実性のショックの緩和の追加的なメカニズムを与えることにあるとされる。そこでは，垂直統合型企業でみられる内部的なケイパビリティではなくモジュール化，モジュール・システムによる生産ネットワークでの外部的なケイパビリティのもつ意義が重視されている。そうした外部的なケイパビリティは，取引業者の数だけでなく市場における参加者にとって利用できる累積された技能，経験および技術をもとりまく「市場の範囲」のひとつの重要な側面であるとされている。彼のいう"Vanisihing hand"は情報技術に示される調整技術における諸変化によってだけではなく，人口や所得，取引の技術的・政治的な障害の高さのような外因的要因による市場の範囲・規模，密度における諸変化によっても，また市場のグローバル化によっても推し進められる。市場の密度が増大する一方，技術の変化が生産の効率的な最低規模を引き下げ始めたことにより，また調整技術における改善が環境不確実性のショックの緩和のコストを低下させることによりそうした緩和の緊急性が低下し，1990年以降，効果的な調整メカニズムが垂直統合型の管理的調整よりも市場重視の柔軟な調整メカニズムへと変化したとされている[12]。彼はこのような議論を「消えゆく手の仮説」(The vanishing-hand hypothesis) として図10-1のように図式化している。

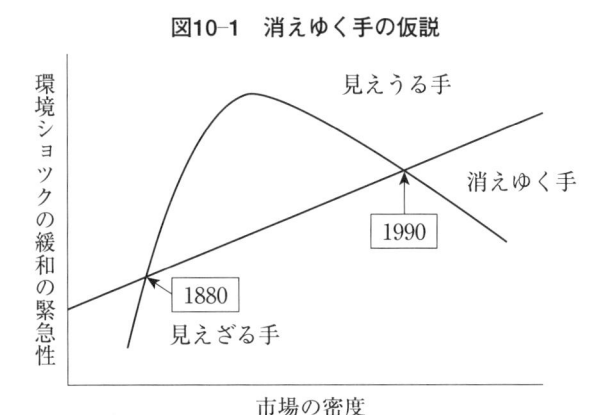

図10-1　消えゆく手の仮説

(出所)：R. N. Langlois, The Vanishing Hand：The Changing Dynamics of Industrial Capitalism, *Industrial and Corporate Change*, Vol. 12, No. 2, 2003, p. 379.

こうしたラングロワの議論に関しては，ひとつには環境不確実性のショックの緩和の緊急性が低下してきたという点をめぐって，いまひとつにはモジュラー化の進展によるアウトソーシング戦略の優位性の高まり，そうした非統合＝分散化の進展によって調整メカニズムが本質的に転換されることになるのかという点にかかわって検討しておく必要がある。

まず環境不確実性のショックの緩和の緊急性が低下してきたとされる点に関していえば，アウトソーシングのようなかたちをも含めて今日の非統合＝分散化の動きを根本的に規定しているのは本質的には1990年代以降の資本主義の変化である。それは例えば第9章でみたような市場条件と競争構造・競争関係の変化による今日の資本主義の複雑性・多様性に示される関係性の変化に規定された環境不確実性の増大にある。情報技術による調整技術の発展によって環境不確実性のショックの緩和の緊急性が低下するという作用がみられたとしても，そうした環境ショックの緩和の必要性・緊急性が決定的に低下することにはならず，供給主体である企業側の管理的調整の必要性と意義は一層高まっているといえる。資本主義制度下での，しかも今日の大企業が非常に高度に多角化した事業構造を抱え，多品種・多仕様化が進展しているなかでの，また複雑な製品ミックスでの対応をフレキシブルに展開せざるをえない状況のもとでの「調整」の中心的問題は，いわゆる資本主義的な「生産と消費の矛盾」に示される根本的問題の一層多様かつ複雑な現れをみている今日的段階に対してそれをいかに緩和するかたちで大量のスループットの円滑かつフレキシブルな実現をはかるかにある。この点にこそ現代企業の管理的調整をめぐる問題の本質があるのであり，環境不確実性のショックの緩和の緊急性をめぐる問題は，資本主義の現発展段階に固有の特徴的規定性をいかにみるかという点なしには十分に明らかにしえない問題である。

またモジュール化の進展によるアウトソーシング戦略の優位性の高まりとそうした非統合の進展によって「マネジメントによる見えうる手」による調整から市場重視の「消えゆく手」による調整への転換という点に関しては，つぎのようにいえるであろう。今日みられるアウトソーシング，ネットワーク化などの本質・意味は，たんなる市場取引形態にとどまる「外注化」や取引関係上の問題ではなく，ビジネスプロセス全体のなかでの連携をいかにはかるかたちで

スループットの調整に取り組むかという対応関係性の問題である。今日的にいえば,「内部化による統合」以外の方法の部分をも含めてそうした管理的な調整の枠のなかに連携関係を形成しているという点にあるということである。それゆえ,取引形態にみられる「統合」・「非統合」の次元と「調整」という次元の問題との関係をいかにみるかが重要な問題となってくる。また,多くのケースにおいて見えうる手は実際に,調整の外部的なメカニズムを可能にしまた豊富な情報の移転の必要性を低下させる技術標準のなかに社会化されてきたというラングロワの指摘[13]にもみられるように,彼の議論で問題とされている「調整」においては,本質的には,インターフェースの標準化を基礎にモジュール化が進展することで企業間の調整のために必要な情報の量が劇的に減少し,垂直統合企業でみられたような組織内部での調整の必要が低下するという意味での「調整」という点もむしろ重視されている[14]。その意味では,ラングロワの議論での問題設定は,本来,資本主義制度のもとでの歴史的発展における需給調整メカニズムの変化というダイナミズムのなかでのチャンドラー的議論の問題次元と必ずしも全面的に一致しているというわけではないという面もみられるといわざるをえない。上述の環境ショックの緩和の緊急性の低下という彼の提起する問題も「調整」をめぐるこうした内容上の相違を反映したものであるといえる。またラングロワの議論において"Vanishing hand"への転換の決定的に重要な契機とされるインターフェースの標準化に基づくモジュール化の進展,モジュール・システムによる生産ネットワークの形成が1990年代以降にみられるひとつの顕著な傾向であるとしても,それは決してあらゆる産業で支配的となっているわけでも,また特定の産業を前提とした場合でも圧倒的多数の企業において支配的となっているというわけでも必ずしもない。したがって,彼の議論が真に資本主義制度のもとでの調整メカニズムを問題としうるものであるという前提にたって考えたとしても,彼のいう"Vanishing hand"が企業による管理的調整("Visible hand")との併存のレベルを超えて支配的な調整メカニズムとなっているわけではなく,その意味でも,彼のテーゼの「普遍化」・「一般化」にはなお大きな距離があるといわざるをえない。

　以上の考察をふまえて,ここでの現代企業の「統合」・「非統合」と管理的調整をめぐる問題に関して重要となってくることは,職能活動・ビジネスプロセ

スの「統合」という次元の問題と，需給調整がいかにはかられるかたちで資源配分が行われるかという「調整」という次元の問題との関連とその変化についてである。歴史的にみれば，19世紀的段階では職能統合を行っていない単一事業単位企業が支配的であり，そこでは，販売部門という市場との接点となる部門を自前でもたないがゆえに，また全般的な傾向としてみれば生産力水準が市場の吸収力を慢性的に上回るという状況が傾向として定着するには至っていないこともあり，需給の調整メカニズムをもっぱら価格機構に基づく市場メカニズムにゆだねるかたちとなっていた。これに対して，19世紀末から20世紀段階には生産と流通の統合＝内部化により管理的調整というかたちでの需給調整メカニズムが主体的役割を果たすようになってきた。21世紀的ともいえる今日的特徴は，戦略的提携，アウトソーシング，ネットワーク化などにより職能領域・ビジネスプロセスの一部において外部化＝非統合というかたちをとりながらもその部分をも含めてビジネスプロセス全体を管理的調整の枠のなかにおさめるかたちで調整がはかられているという点にある。換言すれば，20世紀的段階では統合＝内部化と管理的調整がセットで，すなわち統合が基礎になってはじめて管理的調整が可能となり，有効に機能したのに対して，今日的には，多くの場合，統合を基本的構造としながらもそうした統合＝内部化を基礎にしなくても提携やネットワーク化などによる連携を基礎にして，その職能領域・ビジネスプロセスの部分をも管理的調整のなかに組み込む展開となってきている点が重要な特徴をなすといえる。

　もちろん資本主義という制度を前提にしている以上，最終的には価格機構を中心とする市場のメカニズムによって調整がはかられざるをえないが，20世紀に支配的であった垂直統合型企業におけるマネジメントによる管理的調整だけではなく，いわば「ネットワーク化された管理的調整」というかたちで主体的に需給の調整がはかられるようにもなってきているという点が今日的特徴を示すものである。アウトソーシング，ネットワーク化などにより非統合の部分が拡大しているとしても，そのこと自体でたんなる市場による調整への復帰というかたちになるのではなく，あくまで「ネットワーク化された管理的調整」の機能がはたらいているとみるべきであり，そうした意味で，管理的調整の手段が拡大してきているといえるであろう。非統合＝非内部化でのネットワーク化

の優位が確保されえたとしても，調整機能の発揮，その面での有効性を実現しえなければ，そうした非統合＝非内部化が優位性を保証するとは限らないだけでなく，多くの場合，そうはなりえないのであって，管理的調整が機能する限りにおいて非統合＝分散化による外部資源の結合，それによる柔軟性の追求が意味をなすという関係にあるものといえる。

第3節　「大量生産適合型」・「垂直統合型」の企業管理システムとその新しい展開をめぐる問題

　さらに20世紀の「大量生産適合型」で「垂直統合型」の企業経営システムに関して，その管理システム（管理機構）の面をみると，この時代の最も代表的な企業管理システム，管理組織構造は事業部制組織であったといえる。それは，多角化による企業成長＝市場適応と創造，さらにそれをテコにした経済発展を支えるための要件としての企業管理システム＝組織構造のあり方を示すものであるといえる。

　20世紀をみた場合，傾向としては，1920年代～70・80年代は多角化の時代であり，70年代前半頃までは単一製品系列企業から複数製品系列企業への発展がみられた時期である。しかしまた，1970年代後半およびとくに80年代以降には，主要資本主義国の巨大企業はいずれも，多かれ少なかれ，リストラクチュアリングと呼ばれる企業の再編成＝再構築に取り組み，またそのなかで，ハイテク分野への，あるいはソフト化，サービス化に向けての事業の多角化を強力に推進してきた[15]。そこでの主要傾向をみれば，「構造変化への積極的な適応や科学技術進歩（およびその産業化）を促進するような多角化の遂行が問題[16]」となってきた。もとより，今日の企業では，「経済的，技術的および社会的な諸変化のダイナミックな動きに対する積極的な適応，またそれによる長期的な，より確実な利益の保証」が目標とされている。「そのような急速な諸変化に対して，大企業そのものが一層多角的な産業コンツェルン組織の形をとるようになってきており」，そのような変化への組織面での対応策として一層の分権化が推し進められてきた。また「持続的な戦略的利益の獲得は，その時々の市場がいかに正確に確定されうるかに大きく依存して」おり，「それに

加えて，今日では，多くの市場が細分化された市場分野に，また『市場のすき間』に非常に奥深く分かれて」おり，「このような数多くの小さな市場分野での活動は，必然的に，多かれ少なかれ，分権的な組織を必要とする」。しかも部分市場との密接な接触も，相対的に自立した二次企業の形成も「市場の渦巻き」に対する高い柔軟性を保証することが課題とされている(17)。事業部制組織という形態は，戦略的意思決定の集権化と事業部レベルでの現業的な意思決定の分権化を可能にする組織構造であるといえるが(18)，それがもつそのような特徴が経営環境の変化に適合的であったという面も強い。

　また1990年代以降にみられるいまひとつの主要特徴は，経営のグローバル化，情報化が本格的な進展をみているという点にあるが，現代のグローバル企業の多くは，すでに高度な多角化をとげた段階からさらに本格的なグローバル化の方向へとすすんできた。それゆえ，例えば地域と製品という2つの部門化基準に基づくマトリックス組織などの形成もみられたが，それらの多くは，事業部制のような管理機構＝企業管理システムの形成をベースにして，グローバル化に対する組織面での対応がはかられるケースが多い。同様に，戦略的事業単位（SBU）などの場合でも事業部制を基礎にして発展したものであり，また分社化やカンパニー制などは分権化の原理に基づいて事業部制組織を異なる形態によってさらに発展させたものでもある。

　以上のような意味において，歴史的にみると，事業部制組織が20世紀の多角化統合化された企業に最も適した企業管理システムのひとつをなしたといえるが，この時代の企業発展と経済発展において多角化が果たした役割・意義＝資本主義の条件（＝蓄積条件）の変化への適応策としての役割・意義の大きさゆえに，多角化による経済成果を支える機構面での条件をなすこのような企業管理システムの意義が認められる。

　この点との関連でいえば，21世紀に例えば企業経営のネットワーク化，情報化が一層進展し，企業経営のあり方が変化していく場合に企業組織においてどのような変化がみられるかが注目される。自社のコア・コンピタンスへの集中を徹底してはかる戦略（「選択と集中」）によって多角化のレベルが大きく後退し，事業構造そのものが根本的に変わるような場合には管理組織構造のあり方そのものが大きく変化する可能性が高いといえる。しかし，事業の再構築にと

もない事業部の統廃合がある程度行われたとしてもなお一定の複数の事業領域を抱えるという事業構造自体が根本的に変化しないような場合には，経営環境→戦略→管理機構＝組織構造（企業管理システム）という適応ラインでみたとき，基本的には，分社化やカンパニー制などをはじめ組織の形態的な相違はあっても，事業部制組織のような分権化された企業管理システムにみられる編成原理それ自体はなお一定の意味をもちうるとも考えられる[19]。むしろ重要となってくるのは，管理機構の形態そのものの問題だけでなく，機構変革がおこる場合に編成原理それ自体にどのような変化がみられるのかということである。例えば事業構造の変革や経営環境の変化，情報技術の発展，また経営のグローバル化の進展によってもたらされる機構変革の契機が従来の組織の編成原理にどのような修正を求めることになるのか，あるいは編成原理の変化のいかなる可能性を内包するものであるのか。こうした点をも含めて，そのような構造変化を規定する要因とそれへの企業管理システムの適応の因果関係を抽出することによって管理機構の変革の意味を明らかにすることが重要であるように思われる。ことに経営のグローバル化の進展にともなう管理上の問題への対応としての組織の変革や，市場の変化へのフレキシブルな対応をはかるための組織の変革，新しい組織構造などをめぐっては，例えばフロント・バック組織やハイブリッド組織[20]などがあるとされているが，そうした組織形態の場合でもその編成原理はどのようなものであるのか。それらは経営のグローバル展開にともなう「集権」と「分権」のありようにみられる管理上の諸問題への対応においていかなる意味をもつのか。こうした点の考察をとおして管理機構の変革の今日的意義を明らかにしていくことが重要となってくるであろう。

またそれとの関連で組織のフラット化の問題をみても，近年，階層型組織のフラット化の動きがすすんできているといわれているが，その場合でも，事業部制組織にみられるような経営資源の配分の効率化（戦略的意思決定機能と現業活動との分離・分業化の徹底）にかかわる組織構造全体のレベルでの問題と，階層組織・構造そのものの性格にかかわるレベルでの問題とは一応区別されるべき問題であろう。階層組織のフラット化で指揮命令系統のフラット化，中間管理層の中抜きなどが問題とされる場合でも，製品系列ごとに現業活動を担当する各事業部内における組織のフラット化がすすんだとしても，そのことによっ

て例えば事業部制組織にみられるような全般管理システムとしての組織構造そのものが解体あるいは消滅するとか，根本的に変革されるという性格の問題ではなく，あくまで現業部門内のレベルの問題にかかわってくるものといえる。全社的な企業組織構造のレベルの問題と個々の諸部門（現業部門）のレベルの組織構造の問題とを明確に区別してみていくこと，また組織のフラット化をもたらす要因が全社的な企業組織構造にいかなる影響をおよぼすことになるのかといった点に注意してみていくことが重要となろう。また最近よく取り上げられている階層型組織からネットワーク型組織への移行をめぐる問題の場合でも，個別企業レベル単体での組織構造が問題となる場合と，アウトソーシングやヴァーチャル化の進展など企業間関係の再編・新たな構築にともない企業構造自体が変化するなかで企業間関係を含めたレベルでのネットワーク型組織への移行がみられる場合との区別が重要である。またそのような新しい組織がより適合的となる場合の条件性の問題を産業，企業，企業内の各部門の特性などをふまえて具体的に把握していくことも重要となってくるように思われる。

　組織のフラット化の問題をめぐっては，1990年代の不況下で多くの企業は組織改革を行い，経営効率を高め，競争力の回復をはかろうとするなかで，その主要な取り組みのひとつの方向が管理組織の階層を短くする「フラット化」であった。この点については人事労務管理制度の変化や人員削減の問題との関連でもみていくことが重要となるが[21]，基本的には指揮命令系統におけるフラット化（中間管理層の中抜き・自立組織の形成）が中心的問題となるとされる場合が多い。こうした問題に関して，例えば高橋俊介氏は，「今の時代に本当に変革が求められているのは，階層の数よりも，組織の自立性の問題」であり，「自立組織になれば必要な階層組織の数は結果として減ることになるが，むしろ数が減るというより階層が柔軟化するといった方がより本質的だろう。つまり，ピラミッド組織からフラット組織へではなく，ピラミッド組織から自立組織への変革が求められている」と指摘されている[22]。

　また情報技術による情報共有に基づく組織のフラット化をめぐる問題に関しては，企業全体のレベルではどうか，また企業の各職能部門などの特定の部門のレベルではどうか，資本主義企業としての性格や資本主義的競争という規定性によっていかなる制約を受けるかという問題や，情報技術の利用の効率性は

一定の明確な指揮命令系統（支配・従属的関係）を前提としてこそ十分に発揮されるのではないかという問題などが問われる必要がある。組織の自立化，自立組織という場合，そのことの意味はなにか，権限＝指揮・命令系統の面での自立性・自律性をいうのか。こうした点を理論上の概念としてではなく，現実的過程の実態に裏付けられた実在論的レベルで捉えていくことが必要かつ重要である。例えば情報の自律分散的統合によって情報共有化することをとおして，職位に関係なく参加が可能となるという側面がみられ，そのことは労働者の組織への統合と彼らの人間的発達の促進をもたらす可能性をもつともいえる。ただそこでは，情報技術によって職位にかかわりなく情報共有しうるという「技術的可能性」が生まれるという変化のもとで，現実の指揮・命令系統のもつ意義や制約関係が実際にはそのような参加の実現とそこでの人間的発達の実現にどのように関係してくるのか，制約するのかといった関係を具体的にみていく必要がある。理論上の問題にとどまることなく，実際の企業の現実・実態を捉えていくことが重要である。また「現在の財の生産と流通を調整し監視すること」という管理的調整[23]にかかわる機能においてミドル・マネジメントが果たす役割に関していえば，よりフラット化した管理組織やネットワーク型組織ではそうした機能がどのように，まただれによって代行・担当され，そのことにより組織の効率性がいかに高まるのか，それはいかなる条件のもとで有効性を発揮しうるのか。またそのことによって意思決定のあり方がどのように変化するのか。こうした問題についても，実際の具体的事例に基づいてみていくことが必要となろう。企業内管理組織構造としてのあり方，本質にかかわるこれらの新しいタイプの組織をめぐる基本的問題のひとつは，管理的調整をはかる上でそのようなミドルの機能をどう，またいかにより効率的に代行・担当するかという問題でもある。さらに情報技術による情報の自律分散的統合システムが経営組織上とくに有効性をもつ産業，企業，企業内の諸部門とあまりそうでないそれとの比較をとおして，情報技術によるこうした点での企業経営の変化の実態と意義を明らかにしていくことも重要となろう。

　そのような情報技術による情報の自律分散的統合を基礎にした企業内の管理組織構造の変化の問題については，そのような情報の自律分散的統合を基礎にして技術的には各職位の間の情報の共有化が可能となることによって従来の階

層型の管理組織構造の変革がもたらされるという動きが指摘される場合が多い。そこではよりフラットなかたちの管理組織が形成されるとする傾向や，そのような現れとも関連するが，「小組織がいくつもゆるやかに連結されたネットワーク型の組織」が形成されるとする傾向などがみられるという指摘がなされている。例えばそうした「ネットワーク組織は全体として1つの大きな組織体を形成し，総合力を発揮しようとしている」とされている。そのようなゆるやかに結合された組織は，戦略的には，1)「各組織構成ユニットの自律性が高まる」こと，2) 自律的子会社の場合などにみられるように，「組織体の直面する全体環境からくる不確実性全体を局所化（ローカル化）することができる」という点，3)「戦略上の実験ができ，ノウハウが蓄積される」ことの3点の意味をもつと指摘されている[24]。

こうした新しい組織の動きとしての階層型組織からネットワーク型組織への移行をめぐる問題については，さまざまな議論がなされているが，例えば島田達巳氏は，「果たして業種や企業内各部門を問わないで，おしなべて一義的に階層型組織からネットワーク型組織へ移行するものであろうか」とした上でつぎのように指摘されている。すなわち，「階層型組織とネットワーク型組織は全く性質の異なる組織ではなく，一つの連続体のバリエーションとして捉えられ，一方の極へ行けば行くほど，階層型の性質が強くなり，一方の極へ行くほど，ネットワーク型の性質が強くなるとみなされる。このように考えると，組織は形態，業種，部門によって種々のバリエーションを採ると考えたほうがよい」[25]とされている。21世紀の企業組織構造のあり方をめぐっては，両者の組織構造の関連性，どのような特性をもつ産業なり企業において階層型よりはネットワーク型の組織が決定的に有効性をもちうるのか，組織の適合関係・条件という点をも考慮に入れてみていくことが重要であると思われる。

第4節 「市場と資源をめぐる競争」における新展開とその意義

以上の第1節から第3節までの考察において市場と企業構造・企業経営システムの変革をめぐる問題についてみてきたが，つぎに市場と資源をめぐる国際競争の問題についてみることにしよう。ことに1990年代以降，「市場と資源を

めぐる競争」という面での経営の新しい展開がますます重要な意味をもつようになってきており，したがって，そのような競争の新展開とその意義，とくに資本蓄積におけるその意義の解明が重要な課題となる。

　アメリカを枢軸とする第2次大戦後の世界資本主義体制の歴史的過程の今日的到達点にかかわる問題として，金融グローバリゼーションと情報グローバリゼーションにおけるアメリカの優位と潜在的な支配力の強さという問題がある。また原料資源のみならずとくにヒトゲノム，バイオ，IT分野などに顕著にみられるように技術開発に基づく特許，知的財産権としての経営資源のアメリカへの集中の傾向とそれを基礎にした市場支配網・支配力の構築・拡大という問題がある。原料資源に関しては，例えば鉄鉱石大手企業の世界的再編によって2001年には3大グループへの集約化の傾向がすすみ[26]，鉄鉱石という重要な原料資源をこれらの企業に独占的に握られた状況のもとで，鉄鋼企業にとっては，原料コストのコントロールの余地がそれだけ小さくなるとともに，完成品・半製品分野での市場をめぐる競争が激化するなかで加工・処理工程の合理化・効率化が重要なカギとなっている。こうした原料資源の問題が市場をめぐる競争と結びついて，競争関係にある企業間においても協調せざるをえない状況も生み出されている。しかし，こうした原料資源の問題がもたらす競争以上に今日はるかに重要な問題となっているのは特許など知的財産権という資源の獲得とそれを基礎にした市場支配力の強化をめぐる競争の問題である。21世紀という新しい時代に向けて推進されている戦略のひとつの重点として，まさに資本蓄積基盤の強化のためのこうした「市場と資源をめぐる競争」の問題がある。

　この点に関していえば，アメリカは新しい事業領域の開拓・展開によって1990年代に成長性の高い領域を生み出し，利益のあがりにくい従来の製造業分野とは別の高付加価値型事業領域へと産業構造の転換をいちはやく実現してきたといえる。すなわち，1990年代以降の経済的・市場的・技術的変化のもとでアメリカは，政府による新事業創造に対する育成，支援の強化もあり，IT関連，バイオ，ゲノムの領域における展開とともに，金融派生商品の開発・市場化といった金融の新しい展開など少なくとも次の10年の成長性を見込むことのできる新しい領域・分野への投資・展開・育成をはかってきた。一般に「イノ

ベーション」と呼ばれている「事業創造による革新」がそれであるが，高付加価値の分野で，従来の製造業分野とは異なり比較的短い時間で高い企業収益と労働分配（賃金支払）が可能となるような事業領域・分野への新展開をいちはやくとげたのがアメリカであったといえる。そのさい国家の政策の果たす役割もきわめて大きく，米国主導による知的所有権強化への国際的潮流の意味は，「技術体系のパラダイム・シフトにともなう『ソフトウェア技術』の独占的使用権をグローバルに確保していくための国家的技術戦略としても理解しておく必要がある[27]」。

　経済の転換期には国家としては国富を確実に得られるような新しい時代の産業テーマを見い出しそれを育成することが重要となり，今日的には政府の役割のひとつの大きな柱はそこにあるといえる。この点を国際比較でいえば，そうした面での政府のイニシアティヴの弱さと限界もあり，日本はバブル経済において現出した資金を新しい産業の成長や技術開発，とくに特許などの知的財産権の創出のために投資するかたちでの展開をアメリカのようにはすすめることができなかったといえる。その結果，日本は金融，サービスの部門や1990年代以降急速な成長をとげたIT分野において，またゲノム，バイオなど先端分野における技術開発と市場支配力・支配網の拡大においてもアメリカのような優位，競争力を確立することができてはいない[28]。1990年代以降になって技術開発などによる特許料収入といった知的財産権のもつ戦略的意義・重要性が一層高まるとともに，また金融自由化の世界的動きと金融グローバリゼーションのもとでの金融部門の戦略的重要性が高まるなかで，格差はますます大きなものになってきている。日本はいわば製造業中心の資本主義であるとともに，外国，とくにアメリカへの依存度の高い輸出依存型の経済という構造的特質をもつが，そうした点は今日一層大きな問題となってきている。1990年代に入って以降の世界資本主義の変化，競争構造の変化や「失われた10年」といわれる日本資本主義の構造的問題もあり，日本の製造業中心のそれまでの戦後型体制を維持することが一層困難になってきているという面がみられる。しかもNAFTAの形成におけるアメリカのイニシアティブにみられるような指導力・主導性をアジアで発揮することができていないということによる限界・制約のもとで，内需主導とアジアでの国際分業型の貿易を基礎にした自立的な構造基

盤を形成することができておらず，アメリカへの輸出依存の従属的構造から脱却あるいはそうした構造を変革することができないでいる。たんにバブル経済の崩壊による影響だけでなく，こうしたアメリカを枢軸とする世界資本主義のなかでの日本のおかれた状況・位置も今日の日本の経済低迷・混迷を規定するひとつの要因となっているともいえる。

　こうしたアメリカを中心とする市場と資源をめぐる競争の戦略のもとで，またそうした関係を基軸とする世界資本主義の変化もとで日本資本主義の位置，脆弱性が規定されているともいえる。知的財産権という資源の獲得，その利用における優位が製品の開発と市場化における競争優位を築き，市場支配力・市場支配網の拡大の基礎になるだけでなく，ライセンス料などの特許料収入も含めたコスト優位の確立と特許の供与を基礎にした従属的な提携を競争相手に強いることによって市場支配力を一層強固なものにすることができるという面がある。先端的事業領域における近年の国際提携などにみられるように，資本蓄積の問題としての市場と資源をめぐる競争の問題を「競争と協調」というこうした枠のなかでみることも必要かつ重要である。

　すなわち，アメリカが大きな優位と競争力をもつ分野を中心に，市場と資源をめぐるこうした競争関係のもとで，アメリカ企業にとっては，進出が困難であるかまだ十分ではない国や地域に対して国外の競争関係にある企業を足がかりとして展開するための基盤を確保する上で提携などによる協調が大きな意味をもっている。これに対して，他の国の企業にとっては，アメリカとの従属的な協調関係によって，アメリカが優位をもつ分野での立ち遅れへの対応をはからざるをえないという面がみられ，そうしたなかで，アメリカ企業の進出によって，またアメリカ資本のそのような世界戦略に取り込まれながら，アメリカの巨頭堡的役割を果たしているという面もみられる。こうした「市場と資源をめぐる競争」という点にアメリカを枢軸とする戦後の資本主義体制の新たな再編，今日的到達点のひとつをみることができる。そのような意味で，各国の企業はこうした先端分野ではアメリカに対する「従属的」・「半従属的」関係におかれざるをえないという面がみられるが，例えば日本の場合についてみても，そのことは，先端的分野における市場と資源をめぐる競争におけるバブル経済崩壊後の日本資本主義の敗北性の帰結であり，そのあかしでもあるといえる。

今日まさに日本にとっては，こうした点での戦略的対応が企業にとっても，また国家にとっても重要な問題となってきている[29]。今日，日本にとっては，例えば，電子的コミュニケーション端末がいたるところに存在しインターネットなどをはじめとする情報ネットワークへのアクセスがいつでもどこでもできるといういわゆる「ユビキタス社会」への動きに向けて，従来から日本が優位をもつ家電分野にデジタル技術を結合させるデジタル家電と呼ばれる領域において日本独自のオペレーティングソフトである「トロン」を基礎に技術の新結合をはかり，いちはやく「デファクト・スタンダード」（技術の「世界標準・業界標準」）の確立をはかることが重要な意味をもってきているといえる。そこでは，こうした成長性の高い分野での知的資源の獲得とそれを基礎にした世界的な市場支配を実現するべく企業が新展開を推進するとともに，政府にとってもそれを支援・促進する政策を展開することが重要となってくる。そうした方向は「市場と資源をめぐる競争」における21世紀的戦略の日本的対応のあり方のひとつを示すものともなりうるといえる[30]。

このように，1990年代以降，知的財産権にみられる知的経営資源とそれを基礎にした世界的な市場支配の構築・拡大・強化が競争における戦略的重点となりうるような分野がとくに大きな成長をとげてきたのであり，そうした展開が一層重要な意味をもつようになってきたといえる。市場と資源をめぐるこうした競争の問題を今日的な資本蓄積という観点との関連で，しかも国家の戦略（イノベーション戦略）とのかかわりのなかでみていくことが必要かつ重要であるといえる。1990年代以降の各国およびそこにおける企業の競争力・競争優位の産業部門間，事業分野間，ビジネスプロセス間の差異に規定された競争関係の複雑性・多様性としてのあらわれである世界と各国の資本主義の「複雑性」という質的変化のもとで，アメリカを先頭にしてそうした「市場と資源をめぐる競争」の新展開が繰り広げられている。それは，従来のモノ，サービスあるいは資本をベースにしたのとは異なる知的財産権を基礎にしたかたちで特定分野における経済的利益を保証しうるような圧倒的支配力の確立をはかるという新しい資本蓄積機構への転換を示すものといえる。

（1）例えば夏目啓二『アメリカの企業社会』八千代出版，2004年，10ページ，145ページ

のほか，同『アメリカIT多国籍企業の経営戦略』ミネルヴァ書房，1999年を参照。
（2）例えば林 正樹・井上照幸・小阪隆秀編著『情報ネットワーク経営』ミネルヴァ書房，2001年を参照。
（3）この点に関しては，情報通信技術の発展によって，経営資源をできる限り自社内に囲い込む従来の「囲い込み」型の経営から自社の経営資源と他社のそれとを相互に有効に活用する「オープンな」ネットワーク型の経営へと変革していくという点の指摘がなされているが，この点については，國領二郎『オープン・ネットワーク経営』日本経済新聞社，1995年を参照。
（4）近年のアウトソーシング戦略については，例えば島田達巳編『アウトソーシング戦略』日科技連出版社，1995年を参照。
（5）岡本博公「生産システム・事業システム・企業システムの展開」，日本経営学会編『21世紀の企業経営』〔経営学論集 第69集〕，千倉書房，1999年参照。
（6）貫 隆夫「生産システムの将来展望」，宗像正幸・坂本 清・貫 隆夫編著『現代生産システム論』ミネルヴァ書房，2000年，243-4ページ。
（7）こうしたネットワーク企業とも関連性をもつが電子・情報機器の分野で代表的にみられる「EMS企業」についてもほぼ同様のことがいえる。EMS企業とは，自社のブランドをもたず複数の製造企業からパソコンや携帯電話などの電子機器の製造を請け負う企業のことであり，1990年代に入り情報・通信機器の分野を中心に急成長している。完成品の製造企業は経営資源を企画・開発などに集中して成長市場への新製品の投入を速めると同時に，在庫負担や設備投資にかかわるリスクを回避する手段として，生産の外注化を進めており，その受け皿となったのがEMS企業である。EMS企業は複数の顧客をもち一括受注することで市場変動に強く，コスト競争力のある生産者としてその意義を高めている（例えば竹内順子「アジアにおけるEMS企業の成長」『アジアマンスリー』（日本総研環太平洋研究センター），2001年3月，1ページ，竹田志郎「グローバル化と企業競争力の構築——新経営パラダイムの形成に関連して——」，日本経営学会編『グローバリゼーションと現代企業経営』（経営学論集 第74集），千倉書房，2004年，50-1ページ参照，坂巻裕三「新ビジネスモデルEMS」『電子材料』第40巻第9号，2001年9月，24ページ，坪 正孝「EMS産業最初の10年間を振り返る」『電子材料』第40巻第9号，2001年9月，18-20ページ）。そのような企業の類型が存立しうる条件を規定している要因としては，つぎの点を指摘することができるであろう。第1にアーキテクチャーからみたIT産業の製品特性が一般的にモジュラー型でオープン型であることによってインターフェースの標準化がはかられていることから製造だけを外注・請け負うという関係が容易に成立しうるという点である。第2に巨額の開発投資を要するにもかかわらず技術革新のテンポがはやく，しかも製品のライフサイクルが短く，価格の低落も大きくかつはやく，変動が激しいという技術特性・市場特性にも規定されて，完成品の製造企業であっても製造を行わずにもっぱら開発などに集中することが大きな意味をもつようにもなってくるなかで，そのことによって製品の製造を外部委託する必然性が生ま

れるという点がある。第3にいわゆるスマイルカーブでいう付加価値の低いとされる製造をみた場合，各職能領域を統合した企業ではEMS企業のように世界的な規模で他社の生産量を集積することができないが，グローバル化の進展という状況のもとでEMS企業は複数の企業からの標準化された製品の製造の一括受託によって稼働率の向上，規模の経済の実現や部品などの購入費用の節減が可能となるということである。これらの点からも付加価値が最も低いとされる製造においてそのような企業のタイプが存立しうることになる。その意味でも，電子・情報機器の分野におけるEMS企業はグローバル化した今日の段階における世界最適生産力構成を構築する上でも重要な役割を果たしているといえる。このように，EMS企業の出現・拡大も情報・通信機器を中心とするIT関連産業のもつこうした特性によるところが大きいといえる。なおEMSについては原田 保編『EMSビジネス革命　グローバル製造企業への戦略シナリオ』日科技連，2001年なども参照。

(8) 夏目，前掲『アメリカの企業社会』，11-2ページ。
(9) 『日経産業新聞』2004年7月26日付。
(10) 夏目，前掲『アメリカの企業社会』，4ページ参照。
(11) 夏目啓二「IT時代のグローバル・ネットワーク企業」『社会科学研究年報』（龍谷大学）第32号，2002年3月，91ページ。
(12) R. N. Langlois, The Vanishing Hand：The Changing Dynamics of Industrial Capitalism, *Industrial and Corporate Change,* Vol.12, No.2, 2003, Chandler in a Larger Frame：Markets, Transaction Costs, and Organizational Form in History, *Enterprise & Society,* Vol.5, No.3, 2004. 9などを参照。またN. R. ラムルー，D. M. G. ラフ，P.テミンは，形式的には独立した企業のネットワークの間の長期的な関係による調整を市場取引による経済的な調整メカニズムや階層的組織によるそれを超えた第3の主要なタイプの調整メカニズムとみなしている。それは技術変化の方向性についての多くの不確実性が存在する場合にとくに価値があり，またそのような長期的関係にある両当事者は，信頼関係が可能にする情報および資源の共有から利益を得ることができるとされている（N. R. Lamoreaux, D. M. G. Raff, P. Temin, Beyond Markets and Hierarchies：Toward a New Synthesis of American Business History, *American History Review,* 108, April 2003, p.409, p.430)。ラングロワの議論およびラムルーらの議論に対する批判については，例えばC. F. Sabel, J. Zeitlin, Neither Modularity nor Relational Contracting：Inter-Firm Collaboration in the New Economy, *Enterprise & Society,* Vol.5, No.3, 2004. 9があるが，そこでは，チャンドラー後のニュー・エコノミーの対称的な誤まった解釈（ラングロワの議論では形式化がなされすぎており，ラムルーらの議論では形式化が十分になされていないとされている）がみられること，歴史主義（historicism）と決定論的なコンテクスチャリズム（contextualism）の問題が批判されている（*Ibid.*, p.389, pp.393-400参照）。なおラングロワ，ラムルー／ラフ／テミン，セーブル／ザイトリンによるチャンドラー批判に対するチャンドラーの反批判として，A. D. Chandler, Jr, Response to the Symposium：Framing Business

History, *Enterprise & Society*, Vol.6, No.1, 2005. 3がある。またわが国ではラングロワの "Vanishing hand" の議論については，例えば渡部直樹「制度の進化の観点からみた企業再生——現代の企業の進化とスーパーモジュラー分析——」『日本経営学会第78回大会報告要旨集』，2004年のほか，影山僖一「消え行く企業境界と企業間組織——反チャンドラー革命と企業系列論争——」『千葉商大論叢』（千葉商科大学），第42巻第3号，2004年12月でも紹介されている。

(13) R. N. Langlois, The Vanishing Hand, p.376.

(14) 彼の一連の研究でもこのような意味での調整が問題とされてきたといえる。この点は，例えば生産についての知識は一般的にその効率的な利用のために管理や命令によるようなある種の調整を必要とするという指摘（R. N. Langlois, Chandler in a Larger Frame, p.359, R.N.Langlois, N.J.Foss, Capabilities and Governance : The Rebirth of Production in the Theory of Economic Organization, *KYKLOS*, Vol.52, 1999-Fasc.2, p.207）や，ある人間あるいは組織の生産に関する知識を他の人間あるいは組織のそれと結びつける方法についての知識が不完全であるという可能性が調整という問題をもたらすという指摘（*Ibid.*, p.203）にもみることができる。また外部のサプライヤーに対する調整や関連する生産段階の間に高度な相互依存性が存在するような場合の段階間の調整などが問題とされており（R. N. Langlois, P. L. Robertson, Firms, Markets and Economic Change. *A Dynamic Theory of Business Institutions*, London, New York, 1995, p.35, p.37〔谷口和弘訳『企業制度の理論　ケイパビリティ・取引費用・組織境界』NTT出版，2004年，62ページ，66ページ〕），主体間に能力や知識の差異が存在する不確実性の世界ではインセンティブの問題よりはむしろ調整の問題が企業制度の中心的な役割となりうるという指摘（*Ibid.*, p.3〔同上訳書，6ページ〕）などにも示されている。

　　またラングロワの議論では「調整」のひとつの重要な軸となる「ケイパビリティ」という問題が重視されているが，この点についてはチャンドラーの1992年の論文（A. D. Chandler, Jr, Organizational Capabilities and the Economic History of the Industrial Enterprise, *Jounal of Economic Perspectives,* Vol.6, No.3, Summer 1992）が与えた影響が大きいといえる。この論文においてチャンドラーは，近代産業企業の生成および成長を説明する上でのひとつのキー概念である「組織能力」（organizational capability）の概念・内容の明確化をはかっている。すなわち，"*The Visible Hand*" で提示された管理的調整の問題との関連でみると，垂直的統合によって生産と流通の過程全体にわたる管理的調整のための条件を築いたとしても，階層制管理機構とトップの経営者，ミドル，ローワーの管理者によって実際にどのようにそうした調整がはかられるのかという点を知識，技能，熟練，経験などをも含む「組織能力」という概念によって説明，理論化しようとしたものとみることができる。この点に関連していえば，ラングロワの「調整」をめぐる議論ではチャンドラーが問題とした次元，すなわち市場における需要をベースとする販売を起点として生産，購買，開発などの諸過程が管理的調整されるというかたちでの需給調整メカニズムの変化

という資本主義の歴史的発展のダイナミズムという問題次元と全面的に一致したかたちでの議論とは必ずしもなってはいないということもあり，ラングロワが問題とするケイパビリティとチャンドラーが問題にしようとしたそれの本来の意味づけとは異なっているという面がみられるのではないかと考えられる。しかし，もともと現在のケイパビリティをめぐる議論自体も多様であり，その点をふまえるとケイパビリティという概念をめぐっての一層の精査が必要であるといえるであろう。

(15) 前川恭一『現代企業研究の基礎』森山書店，1993年，133-4ページ。
(16) 同書，136ページ。
(17) 同書，206-7ページ。
(18) R.Whittington, M. Mayer, Beyond or Behind the M-Form？ The Structures of European Business, T. Howard, D. O' Neal, M. Ghertman(ed), *Strategy, Structure and Style,* Chichester, 1997, p.243参照.
(19) 例えば上野恭裕氏の研究によれば，同氏の調査（2000年9月）で回答のあった日本の上場企業176社のうち，事業部制組織を採用している企業の割合は29%，階層構造をもった事業部制組織の割合は15.9%となっており，両社を合わせると44.9%となり，日本における最も一般的な組織構造となるとされている。さらに職能別組織と事業部制組織の混合形態が22.2%を占めている。また事業部門制を採用している企業のうち製品別に事業部門を分割しているものが68.3%となっており，一般的なものとなっている。上野恭裕「日本企業の多角化経営と組織構造」『組織科学』，第37巻第3号，2004年3月，23ページ，27ページ参照。
(20) J. R. ガルブレイスによれば，フロント・バック組織は一種の二重構造であり，事業のバリュー・チェーンを分離して，顧客を中心に組織された地域別ないし国別の組織であるか，あるいは市場区分に焦点をおいた「フロント部分」と，通常は製品あるいは製品ラインを中心に組織され，あらゆる顧客部門に供給し，それによってグローバルな規模を達成する「バック部分」との2種類の部門に分けられ，そのそれぞれの部門の下に両部分で異なる職能部門が配置されたかたちの組織構造であるとされている（J. R. Galbraith, *Designing the Global Corporation,* Jossey-Bass, 2000, Chapter 12〔斉藤彰吾監訳『グローバル企業の組織設計』春秋社，2002年，第12章〕のほか，*Designing Organizations,* Jossey-Bass, 1995, Chapter 8〔梅津祐良訳『組織設計のマネジメント』生産性出版，2002年，第8章〕，The Value-Adding Corporation：Matching Structure with Strategy, J. R. Galbraith, E. E. Lawler Ⅲ, *Organaizing for the Future：The New Logic for Managing Complex Organization,* Jossey-Bass, 1993〔寺本義也監訳『21世紀企業の組織デザイン：マルチメディア時代に対応する』産業能率大学出版部，1996年〕をも参照)。こうした組織の性格については，例えば小橋 勉氏は，「川上と川下で組織編成のあり方を変えている組織がフロント−バック組織」であり，「職能部門の位置に応じて部門化の方法を変えている点で事業部制組織とは異なり，また二重の命令系統を有していない点でグローバルマトリックスとも異なる」ものであり，「両組織構造の中間的な構造として位置づけることができる」とされて

いる（小橋勉「フロントーバック組織：グローバル企業の新たな組織構造」『日本経営学会誌』，第11号，2004年4月，29ページ，36ページ）。またハイブリッド組織については，現業単位への意思決定の分権化と本社スタッフへの経営機能の集権化をおりまぜたかたちの組織であり，本質的には，現業単位は顧客を扱うさいには小さな会社のように活動するが，コスト問題や戦略的な問題を扱うさいにはその企業全体の支配を受けるというものである。こうした組織は，現業単位が顧客に対してより責任のあるものになることを可能にすると同時に，本社スタッフが規模の経済の最大化をはかることおよび企業のアイデンティティへの現業単位の統合を可能にするものであるとされている。このハイブリッド組織では，規模の経済と顧客ニーズへの柔軟な対応の双方に戦略的重点がおかれ，必要に応じて権限が企業（全社）と事業単位との間で前後に流れるかたちとなっており，また仕事の組織化に関しては製品の展開の主要なブロック（すなわち設計，開発，製造，販売）のなかで仕事が組織され，行われるかたちとなっている点に特徴がみられるとされている。例えばS. S. Lentz, Hybrid Organization Structures：A Path to Cost Savings and Customer Responsiveness, *Human Resource Management,* Vol.35, No.4, 1996, winter参照。

(21) 奥林康司「フラット型組織の現代的意義」，奥林康司・平野光俊編著『フラット型組織の人事制度』中央経済社，2003年，2ページ以下および井上秀次郎「現代企業と情報化の進展」，丸山恵也編著『批判経営学』新日本出版社，2005年などを参照。組織のフラット化という動向は1990年代半ば頃から大企業を中心にすすめられてきたが，その主たるねらいは，意思決定の迅速化とともに，「管理職を中心としたホワイトカラーの大幅削減によるコスト削減や業務の効率化」，「『年功賃金』制の縮小・解体を促進し『能力主義』賃金により差別的な個人査定を容易にする賃金制度への移行，とりわけ賃金コストの大幅削減」にあるとされている。同論文，307ページ。

(22) 高橋俊介『組織改革』東洋経済新報社，2001年，23-4ページ。

(23) A. D. Chandler, Jr, *The Visible Hands,* Harvard University Press, 1977, p.450〔鳥羽欣一郎・小林袈裟治訳『経営者の時代』（下），東洋経済新報社，1979年，768ページ〕。

(24) 石井淳蔵・奥村昭博・加護野忠男・野中郁次郎『経営戦略論』〔新版〕，有斐閣，1996年，146-7ページ。

(25) 島田達巳『情報技術と経営組織』日科技連，1991年，233ページ。

(26) 『日経産業新聞』2001年3月21日付，2000年11月17日付，『日本経済新聞』2000年11月22日付。

(27) 林侹史「競争のグローバル化と技術戦略の重要性——技術体系のパラダイム・シフトと技術戦略——」，野口祐・林侹史・夏目啓二編著『競争と協調の技術戦略』（叢書 現代経営学⑩），ミネルヴァ書房，1999年，35ページ。

(28) IT分野では「ハイテクの中枢神経」を握るアメリカ企業が超高利益を実現しているのに対して，日本勢は従属的パートナーとして利益の少ない周縁市場に押しやられている傾向にあるといえる。例えばソニーや日立製作所とのシスコシステムズとの提携では，シスコは「利益率の低い市場での開拓はパートナーを矢面に立たせ，自

第10章　企業経営の変革をめぐる諸問題の検討　*481*

らは高収益を確保できる基幹ソフトの供給役に徹する戦略」であったとされているように（『日本経済新聞』1999年4月11日付），提携のような協調関係においても日本側が「従属的な」位置におしやられざるをえないという面もみられる。

(29) アメリカのこうした国家戦略としての展開は近年の燃料電池の開発をめぐってもみられる。そこでは，燃料電池開発のインフラ整備をすすめるという国家戦略のもとで市場と資源をめぐる競争におけるより優位な展開の実現が追求されている。2003年にブッシュ大統領は2020年までに水素エネルギー社会の実現を掲げ，当初の5年間で17億ドルの連邦予算の投入を打ち出しており，その多くが水素の生産，貯蔵，供給といったインフラ開発にあてられる見通しとなっているほか（『日本経済新聞』2003年10月22日付），燃料電池関連の実証実験に参加する企業・研究機関への補助金の支給を行うというプログラムなど，巨大企業の市場と資源をめぐる競争における国家の戦略，役割の重要性が一層高まってきている状況にあるといえる。燃料電池は100年ぶりの技術転換ともいわれ，「その開発競争の行方は自動車産業の勢力図を大きく塗り替える可能性を持つ」（同紙，2003年6月14日付）だけに，技術開発政策と産業政策とが融合されたかたちでの国家戦略のもつ意義が大きくなってきている。

(30) こうした方向での対応は，「マイクロソフトのWindowsやインテルのMPUが標準であり，マイクロソフトやインテルは定期的にバージョンアップを繰り返すことでPC需要を喚起し，ハードメーカーはマイクロソフトやインテルが指示するロードマップに沿った製品展開をすることが迫られ」，「その結果，OSとMPU分野での独占体制が確立する一方，ハードの領域では激しい競争が続くという，非対称的な状態」（藤田実「ITと情報のグローバル化」『経済』，No.80，2002年5月号，21-2ページ）に追いやられるといったIT分野のパソコンの領域でみられたのとは異なる自立的展開を日本企業が推し進めることを可能にするものでもあり，デジタル家電の分野での外国の企業に対する大きな競争優位を確立する上でもきわめて大きな戦略的意義をもつものであるといえる。

結章　研究の総括と残された課題

　以上の考察において,「社会科学としての経営学」という観点から企業経営の諸問題・現象を考察し,把握することの意味を問い直し,経営学研究の根本問題について考察を行ってきた。そこでは,経営学の基本的課題が企業の行動メカニズム(行動と構造)の面から経済現象の本質的解明をはかることにあり,資本主義経済の動態のなかで,換言すれば,各国資本主義の構造分析のうえに立って企業の経営問題・現象を考察し,現代経済社会のしくみや構造,そのあり方などを解明することにあるという認識のもとに,経営学研究の課題・対象・方法を検討するとともに,企業経営の主要問題について考察を行ってきた。本書では,企業経営の問題・現象をたんに個別企業の観点からだけでなくつねに産業,国民経済の変化とのかかわりのなかで考察し,企業とその経営行動を中核とする経済過程の分析をとおして企業経営の客観的・科学的な認識＝本質把握を試みてきた。そのさい,「批判的経営学」と呼ばれてきた研究の流れを受け継ぎつつも,客観認識科学としてそれを今日的に発展させるかたちで展開してきた。ここでは,これまでの研究を総括的に要約し,そのうえで残された問題と研究の展望にふれて結びとしたい。

　序章で明らかにされた本書の研究のあり方と課題の設定をふまえて,第1部では,「科学的経営学」の研究における基本的問題とはなにか,経営現象や経営学研究の多様な広がりをふまえた対象規定の問題,そこでの問題領域を分析する上での研究方法について考察した。

　まず第1章では,社会科学としての経営学の課題が現代の複雑な経済社会,とりわけ資本主義経済社会の解明のために行為主体としての企業の構造と経営行動の本質の解明,企業経営を中核とする経済過程の分析による現代資本主義

の構造，特質などの解明をはかることにあるという点にかかわって経営学研究の社会科学的意義について明らかにしてきた。そこではまた，経営現象の「歴史的特殊性」の解明の重要性，主要各国の資本主義発展との関連で資本蓄積条件および企業経営の現象面からみた歴史的な時期区分と各時期にみられる一般的傾向性（「全般的一般性」）を明らかにした。さらにいわゆるIT革命のもたらす影響，経済のグローバリゼーションの性格規定とそれをふまえた経営のグローバル化とのその関連性について取り上げ，第2章以下での分析のための予備的考察を行った。

　つづく第2章では，本書でいう「科学的経営学」の研究にとってその対象領域をどう設定すべきか，新しい企業経営の諸問題・現象の出現にともなう問題領域の広がりや経営学研究の多様な広がりのなかで，また政策科学的研究の広がりや社会学，心理学などの隣接科学との関連などの問題ともかかわって，経営学のさまざまな研究領域・分野の位置づけ，各領域における主要問題，論点の解明をとおして，経営学研究の対象規定を行った。そこでは，企業経営の本質的側面が経済現象である以上，企業の基本的活動にかかわる問題領域，すなわち生産，販売，購買，開発などの基本的職能活動や，技術，管理，組織構造，企業構造，企業集中，企業労働，経営戦略など経営現象の中核部分の考察が経営学研究の中心部分をなすとした。また今日重要な問題となっている例えば企業倫理，環境保全型経営，NPOなどの企業の社会性・公共性にかかわる問題領域については，認識科学的研究よりはむしろ問題解決策の探求という政策科学的研究にこそ大きな意義が認められるが，問題解決にあたってはやはり法的規制がより直接的な方法であり，その意味で経営学的研究が寄与すべき，また寄与しうる問題をいかにみるかが重要であることを指摘した。さらにそれらがいかに重要な社会的問題であっても，それ自体の研究で経営学研究の中核的部分を担いうるものではなく，企業経営にかかわる上述のような中核部分の研究をふまえて，それとの関連のなかで考察することが重要であるとした。また心理学，社会学といった隣接科学の摂取の問題をめぐっても，それらが経営学研究になしうる貢献を問題領域の性格との関連で明確にしておくことの必要性・重要性を指摘した。さらにまた近年のMBA教育の問題ともかかわって，資本主義の歴史的発展段階に固有の特徴的規定性（条件），その企業の属する産

業のおかれている条件，当該産業に占める各企業の位置をふまえて個別企業レベルの具体的な意思決定・経営行動の事例研究を行うというかたちでの「科学的経営学」の認識科学的研究は，経営現象の本質把握，法則的把握をとおして企業成長のリアルな現実を解明していくことによって実践応用科学としての経営学の役割・意義をも担いうるものであることを指摘した。

　さらに第3章では，第2章において位置づけが行われた経営学研究のさまざまな問題領域を分析する上での「科学的経営学」の研究方法とはいかにあるべきか，企業経営の側面から「現代資本主義経済社会」の解明を行うという「科学的経営学」の研究をすすめていく上での方法論的基礎の確立を試みた。そこでは，とくに経済現象，経済過程としての企業経営問題・現象を考察するさいの研究方法について検討を行っており，「批判的経営学」のなかでもとくに，「企業経営の問題・現象をつねに産業と国民経済の変化との関連のなかで把握する」という企業経済学説の研究方法の発展・再構築を試みた。ことに経営現象の認識科学的研究の方法の再構築に焦点をあて，資本主義経済と企業経営との関連，産業と企業経営，資本主義経済との関連をふまえた新しい分析方法を探究するともに，経営問題の比較分析の方法として，歴史的な時期別比較，産業別比較および国際比較の方法を検討し，分析の視点を明らかにした。また新しい経営現象の考察のさいの分析視角とその把握の方法について，新しい現象の評価のさいのメルクマールを明らかにするとともに，歴史的分析をふまえた今日的問題の解明のための視角を明らかにした。さらに事例研究・産業研究を行うさいの留意点として，考察すべき事例・産業の選定にさいしての問題や考察結果の一般化・普遍化をめぐる問題について検討を行った。

　以上のような第1部での基礎的考察をふまえて，第2部では，企業経営の主要問題について考察を行い，企業経営のこれまでの支配的な傾向・特徴とはなにか，この点を歴史的な時期別の比較，産業別比較，国際比較の視点をふまえて考察し，解明を行った。

　まず第4章では，独占形成期から今日（現在）に至るまでの経営問題・現象の歴史的過程を概観し，第1章で示された歴史的時期区分に基づいて各時期の一般的傾向性（「全般的一般性」）と主要特徴を明らかにした。そこでは，技術の発展・変化をもふまえて，各時期の資本主義の条件の変化のもとでどのような企

業経営の解決すべき問題が発生し，それへの対応として実際にどのような企業経営の変化がみられたかについて考察した。それをふまえて20世紀に支配的となった企業の基本的な特徴づけを行い，それが「大量生産適合型」と「垂直統合型」という2つのメルクマールによって特徴づけられることを明らかにした。

つづく第5章および第6章では20世紀に支配的となった企業経営システムのモデルとしてアメリカと日本のそれを取り上げて考察を行った。まず第5章では，独占形成期から70年代初頭までの時期にとくに主導的役割を果たした企業経営システムのアメリカ・モデルを取り上げ，その特徴と意義を明らかにした。「大量生産適合型」の企業経営システムとして，テイラー・システム，フォード・システムを取り上げ，その構造と機能，限界について考察するとともに，「垂直統合型」の企業経営システムにかかわる管理機構の問題として集権的職能部門別組織，分権的事業部制組織を取り上げ，それらの特徴，意義について明らかにした。今日の大企業はその多くが高度に多角化をしており，複数の事業領域をかかえる事業構造となっていることから，事業部制組織が現代の企業の基本的な管理機構（企業管理システム）であることを指摘した。またそのようなアメリカ的企業経営システムの移転をめぐる問題として，そのドイツへの移転・導入の歴史的過程をあとづけ，それが本格的には導入されえなかった第2次大戦前と本格的展開がすすんだ戦後の比較をとおして，そのような差異が主として市場の条件にみられる生産関係的側面の要因に規定されたものであることを明らかにした。

それをふまえて，第6章では，1970年代の資本主義の構造変化の時期に高い経済的パーフォーマンスを実現し注目を集めるに至った企業経営システムの日本モデルを取り上げ，その特徴と意義を明らかにした。まずそれまでのアメリカ型の大量生産システムが限界に直面せざるをえないようになった条件の変化についてみた。すなわち，1970年代の資本主義の構造変化のもとで需要の創出・拡大のための多品種生産への展開がすすんだが，本来，当初から品種数の増加と同じテンポで需要が拡大していくことを期待しうるような条件には必ずしもないということもあり，1品種当たりの生産規模の相対的な低下がおこりうるような場合には「専用化」の論理による生産編成を基礎とするアメリカ型

大量生産システムでは規模の経済の実現が困難になってきた。そうしたなかで多品種の大量生産を経済的に成り立たせること，また市場の変化に対するフレキシビリティをそのなかに組み込むことという2つの課題に対応しえたのが日本型企業経営システムであったことを明らかにした。この日本型システムは1) 生販統合システム，2) 多品種多仕様大量生産を市場の変化に対してフレキシブルに展開しうる日本的な生産システムから構成されているとした。なかでも後者については，その主要な構成要素として混流生産，ME技術，「ジャスト・インタイム」生産方式，日本的な下請分業生産構造，労働力利用における日本的なあり方を取り上げ，上述の2つの課題がいかにして実現されうるか，その構造的メカニズムを明らかにした。そのような企業経営システムは多品種生産のもとでの「範囲の経済」とフレキシビリティによってコストの引き下げとともに，品種間の生産能力と需要のアンバランスの問題を緩和し，操業度を引き上げることで資本主義生産における「生産と消費の矛盾」へのより高いレベルでの対応を可能にするものであった。またこうした優位性のゆえに一般的に日本企業ほどには多品種化がすすまなかったとされる欧米企業にとっても「ジャパナイゼーション」といわれたように1980年代にはそのような日本的なシステムの導入が大きな課題とならざるをえなかったのである。

　また第7章では，第2次大戦後の歴史的過程について合理化問題を軸に考察を行った。そこでは，戦後の合理化の展開とその特徴を歴史的時期区分に基づいてみていくことによって，合理化をとおして企業，産業，経済が発展し，再編されていく歴史的過程とメカニズムを分析し，合理化の企業経営上の意義だけでなく社会経済的意義の解明を行った。1940年代後半から50年代には主要先進資本主義国において合理化がアメリカの主導のもとに生産性向上運動として国際的に展開され，それが戦後の企業と経済の再建にいかなる役割を果たしたかについて明らかにした。つづく1960年代には戦後の「労資の同権化」に基づく市場基盤の変化のもとで設備近代化を柱とする積極的合理化が強力に推進され，自動車のような耐久消費財部門を核とした大量生産体制が確立していった。しかし1970年代には資本主義の構造変化がおこるなかで減量合理化と呼ばれる整理・再編過程がすすんだ。ただそこでもこの時期以降に構造不況業種となる鉄鋼，化学，造船といった産業部門と自動車，電機のような加工組立産業

との間には市場の条件の相違にも規定されて差異がみられた。この時期にはさらにME合理化の始まりをみることになった。また1980年代については，加工組立産業を中心にME合理化が本格的に推進されることになったが，日本ではそのような技術革新のみに，あるいはそれに重点的に依拠したかたちとは異なる生産の有機的・総合的なシステム化がはかられ，そのことがこの時期の競争力・競争優位の源泉となるかたちで展開されたことを明らかにした。さらに1990年代以降の時期については，日本におけるリストラクチュアリング的合理化の産業間の比較をとおしてそのような合理化とそれによる産業再編の遅れが「失われた10年」と呼ばれる構造的な不況の長期化のひとつの大きな要因となっており，そうした遅れはこれまで国家との関係の強い，国家への依存の強い産業で顕著にみられることを指摘した。そのことはまた産業の連関という面でみても，また国民経済的にみても今日の日本資本主義の構造的脆弱性を規定する大きな一要因にもなってきたことを明らかにした。またこの時期のいまひとつの重要な問題としてIT合理化について企業間関係の変化という点をもふまえて考察し，その特徴と意義の解明を行った。

　さらに第8章では，1990年代以降の企業経営における大きな変化，新しい展開のひとつである経営のグローバル化と呼ばれる現象について，日本の製造業，なかでも自動車産業と電機・電子産業を取り上げて考察を行った。そこでは，経営のグローバル展開の実態を分析し，そうした現象の基本的特徴は，生産拠点や販売拠点，開発拠点などの国外展開というかたちでの進出先の国の数や拠点数がたんに増加するという量的問題ではなく，一企業＝企業グループ内の購買や開発をも含めた世界最適生産力構成による経営展開という点にあり，そうした徹底したコスト引き下げの追求とそれに基づく利潤追求メカニズムへと変化するなかで蓄積構造が変容してきたことを明らかにした。すなわち，それは，巨大企業の国内生産・国内販売・輸出を基軸とする国内型蓄積構造とその補完策としての国際化から世界最適生産力構成による経営のグローバル展開とそれを基礎にしたグローバル蓄積構造への変容を示すものである。それにともないそのような世界最適生産力構成による経営展開とそれを基礎にした蓄積構造を前提とした巨大企業同士の地球規模でのグローバル競争構造へとそれまでの競争条件・競争構造が変容してきていることが指摘された。そのような意

味において，今日の経営のグローバル化と呼ばれる現象がかつての「多国籍企業」と呼ばれた時代や1980年代のように経済の「国際化」と呼ばれた段階の企業経営の国外展開と比べても質的に新しい性格をもつものであることを明らかにした。

それをふまえて，第9章では，1990年代以降の資本主義の大きな変化のもとで，またグローバル化の進展のもとでの重要な企業経営の現象・問題のひとつである企業結合について考察を行った。この時期以降に大量的現象となってきている「協調しながら競争する」という展開をめぐって，M&Aとの関連をふまえて企業提携を中心に取り上げ，その今日的問題の解明を試みた。今日の企業提携にみられる多様性・複雑性は，1990年代以降の世界市場のグローバル化・ボーダレス化と途上国や新興国をも含めた各国の経済発展，産業発展にともない日米欧3極構造からグローバルなレベルでの競争へと変化するなかで，各国およびそこにおける企業の競争力・競争優位の産業部門間，事業分野間，ビジネスプロセス間の差異に規定された競争関係の複雑性・多様性としてのあらわれである世界と各国の資本主義の「複雑性」という質的変化に規定されたものであることを明らかにするとともに，この時期の企業結合の主要問題の解明を行った。また企業提携分析の視角について検討するとともに，企業提携問題の産業別比較を行うなかで主要産業にみられる特徴とその規定要因について考察した。さらにそれをふまえて，現代企業の資本蓄積問題の今日的到達点としての企業提携の意義の解明を行った。また20世紀型企業の特質との関連でみた場合の企業提携の位置をめぐって，戦略的手段としてみた場合には内部化に次ぐ「次善の策」を超えるものとしての性格，意義をもちあわせている場合も多くなっているが，企業構造という点との関連でみると，あくまで内部化による統合が基礎になってこそ提携による補完が大きな意味をもつとともに，それを一層有効なものにしうるという関係にあることを指摘した。こうした考察をとおして，1990年代以降の資本主義の新段階における企業結合の基本的特徴と意義を解明してきた。

第2部の最終章である第10章では，第9章までの考察結果をふまえて，20世紀の企業経営のモデルやあり方が大きく問われるなかで新しい経営の展開がみられるようになってきているいくつかの重要な変化について考察を行った。と

くに21世紀という新しい時代の企業・企業経営，そのあり方という点でそれらがいかなる意味をもつものであるのか，そのような新しい経営現象のもつ問題性，意義について検討を行い，論点整理を試みた。そこでは，20世紀的な「大量生産適合型」企業経営システムと「垂直統合型」企業経営システムという2つの面から検討を行った。なかでも後者をめぐっては，戦略的提携，アウトソーシング，企業経営のネットワーク化など「非統合」の動きについて統合に対する「補完的」性格をもつものであることを指摘した。また産業特性との関連でIT産業でみられるネットワーク企業の今日的位置を明らかにするとともに，そうした企業類型の「一般化」・「普遍化」をめぐる論点の提示を行い，その評価をめぐって検討を行った。さらにそのような「非統合」の動きとの関連で問題となる「管理的調整」をめぐる問題について検討し，今日みられる「非統合」の動きにおいても，多くの場合，職能領域間あるいはビジネスプロセス間の管理的調整が機能しており，そうした調整機能がはたらく限りにおいて内部化によらない「非統合」が大きな意味をもつとともに有効性を発揮しうるものであることを明らかにした。また今日非常に重要な意味をもってきている企業経営の新しい展開として「市場と資源をめぐる競争」における新展開とその意義について考察を行い，いわゆる知的財産権をベースにした新しい競争関係，競争優位の確立が非常に大きな戦略的意義をもつようになってきていることを指摘した。

　このように，本書での考察は，経営学研究のあり方を問い直し，企業の経営行動および企業経営を中核とする資本主義的経済過程の本質把握をめざす客観認識科学として「批判的経営学」を今日的に展開したものである。そうした作業はある程度目標を達成しえたと考えられるが，なお残された課題も多い。それゆえ，つぎに残された課題と研究の展望について述べておくことにしよう。

　まず本書での中心的な課題とされた企業とその経営行動の経済過程の分析にかかわっていえば，第1に，第7章での考察に関して，第2次大戦後の各時期の主要資本主義国における合理化過程をとおしての企業，産業，経済の発展・再編の歴史的過程を具体的に考察・比較することによってそのような発展・再編のメカニズムとともに企業経営の発展の各国にみられる特徴・差異，内実を明らかにし，グローバル展開をとげている今日の主要各国の巨大企業と資本主

義経済の基本的特徴を解明していく上での基礎的研究を深めることである。この点は，各国の資本主義がどのように発展してきたかによって規定されるその性格の把握と発展段階の位置づけをふまえて，また各国の資本主義発展の特質に規定された現段階の資本蓄積条件の差異や産業間にみられるその差異をもふまえて考察し，今日的問題の解明を歴史的分析と結びつけて，しかも国際比較のなかで行うという視角の重要性に基づくものである。第7章での考察は，主要各国の比較視点をふまえながらも各国に基本的に共通する一般的傾向性の解明に力点がおかれており，国際比較分析によってそれを補完していくことが重要となる。

　第2に経営のグローバル化の問題とかかわって，第8章では日本の製造業について，自動車産業と電機・電子産業を中心に考察したが，製造業以外の産業，とくに金融部門やサービス産業の考察，また製造業についても本書で取り上げた2つの加工組立型産業だけでなく，鉄鋼業や化学産業など異なる産業類型に属する産業部門の考察，それらとの総合的な比較をとおしてのより全体的な本質把握が重要な課題として残されている。ことに製造業部門では，世界的レベルでの，しかも各巨大企業＝コンツェルン内での購買や開発をも含めた世界最適生産力構成による分業体制がどのように変化してきているかという問題については，1990年代以降の生産・購買・開発拠点の世界的変遷の歴史的な動きを製品別に，また工程別にみるとともに，国際比較，産業間の比較をとおしてみていくなかで，そのような世界最適生産力構成による経営展開の実態を解明していくことが重要な課題となってくる。さらにそのようなグローバルな経営展開の実態の解明とともに，それにともなう生産力の発展，技術，管理と組織，労働，企業構造，企業間関係，経営戦略，企業集中などの問題が考察されなければならない。ことにそのような国際分業の再編にともなう労働の変化の問題については，たんなる各国別比較ではなく，各国に本社を置く巨大企業の世界的な生産分業体制下における労働の変化とともに，国内の労働の変化をみるという視点が必要であり，こうした視点からの分析によって，企業労働の今日的な展開の本質的把握に迫ることが重要な課題となる。また経営のグローバル化の進展にともなういまひとつの問題として，経営のグローバル展開による産業，国民経済への影響を解明するという問題がある。企業のグローバルな展

開に規定されるかたちで企業・産業の中心部分も大きく変容してきており，そのことは中小企業や産業におよぼす影響が大きいだけでなく国民経済の発展，ありようにおよぼす影響も大きい。したがって，企業経営の問題・現象をたんに個別企業のレベルの問題としてだけでなく，産業，国民経済へのその影響の実態把握をとおして「現代資本主義経済社会」の解明をはかることが一層必要かつ重要となってくる。

　第3に今日みられる企業経営の変革をめぐる問題に関してであるが，第10章での考察ではこうしたいくつかの問題領域についての論点整理，新しい現象の問題性，性格の解明にとどまっている。近年の企業経営の変革が実際にどのようにすすんできているか，本書で扱うことのできなかった現象・問題をも含めて，産業間，国際間，企業間の比較の視点からの詳細な実態分析とそれをふまえた各現象の性格，内実の解明，本質把握が重要な課題となってくるであろう。ことに情報技術の急速な発展による企業経営の変化，革新についても，そのような視点からの詳細な実態分析を行うなかで現在現れている現象の特徴，意義を明らかにし，その本質把握に迫ることが重要である。また近年のいわゆるダウンサイジング（規模縮小）や一部の大企業でみられるとされるアンバンドリング（解体）といった問題をめぐっても，その実態の正確な把握が必要である。それとともに，情報技術の発展がもたらす技術的条件の変化による要因のみならず，そうした企業経営の新しい動きを必然化させる，あるいはそれを一定の意味をもつものにする今日的な資本主義の変化との関連でその性格・意義を明らかにしていくことが重要な課題となる。こうした点に関連していえば，21世紀が「大企業の時代」の終焉であるとするような見解も一部でみられるが[1]，今日の資本主義の歴史的位置をふまえて本質的な議論がなされなければならないであろう。また現在において部分的な現れ方しかしていないような新しい現象をいかにみるか，特定の産業なり領域でみられる新しい現象をその産業・領域の特性や位置づけをふまえていかにみるか。変革の時代・世紀であるなどという時代認識や，新しい現象の評価にさいして「21世紀的」な先端的現象，ビジネスモデルなどというような問題のされ方が多いなかで，新しい経営現象の本質を捉える視点の確立，そうした視角からの詳細な実態分析をふまえた研究が求められていよう。この点は，企業経営の本質把握をめざす「科学

的経営学」研究にとっての今後の重要な課題をなす。

　第4に，第3の点とも関連する問題として，1990年代以降の大きな動向のひとつとなっている生産システムの変革をめぐる問題についてであるが，次世代の生産システムのあり方が問われることが多いという問題ともかかわって，つぎのような点が検討されるべき問題となろう。ひとつには，1980年代に「ジャパナイゼーション」といわれたように世界的に注目を集め，その高い経済的パフォーマンスが評価された日本型生産システムの今日的な意義・評価をめぐる問題がある。第6章では企業経営システムの日本モデルが加工組立産業におけるそれであり，生販統合システムと日本的な大量生産システムから構成されるものとして，それが資本主義生産における今日的問題に対していかなる意義をもつものであるか，その構造的メカニズムを問題にしてきた。しかし1990年代以降にその評価が一転するなかでその競争優位性をめぐっていかに評価するかという問題は明確には扱われてはおらず，またこれまでの経営学研究においても十分に解明されてきたとはいえない[2]。第6章での考察をふまえていえば，筆者は，基本的には，日本的な企業経営システム，生産システムにはなお大きな競争力要因となる部分が少なからず残されているのではないかと考えているが，この点をめぐる本格的な議論が必要である。しかしまた，そのことは1990年代以降の資本主義の変化をいかにみるか，競争構造の変化と競争力・競争優位の源泉にどのような変化がみられるのかという点の理解ともかかわる問題でもあり，90年代以降にみられるモジュール生産システムの出現とその意義，評価をめぐってもこの点に関連する問題であるといえる。例えば坂本　清氏は，1990年代以降の地球規模での市場競争主義を原則とするグローバリゼーションの新潮流のもとでのオープンな強者必勝のグローバル競争のなかで，またME技術を超えるITデジタル技術の進歩によって変動化する市場条件に敏速に対応できる生産システムの展開を可能にするなかで，従来の日本型システムの存立条件とは相容れない技術的・社会的条件が生み出され，日本型フォーディズムの崩壊を意味する生産システムの進化としてのモジュール生産システムの展開がみられたと指摘されている。同氏はそのような生産システムを分散統合型の生産システムとしてとらえ，そのなかにセル生産システムをも含めているが[3]，こうした新しい生産システムをめぐっても，1990年代以降の資本主

義の変化とそのもとでの生産システムの適合条件・要因の変化，産業特性とのかかわりの問題をふまえて生産システムの新しいあり方が今日問題となっていることの意味を明らかにすることが重要となってくるであろう。またそれとともに生産システムの新展開の国際間，産業間および同一産業内の企業間の比較をふまえた実態分析[4]，新しい変化の特徴・意義の解明をとおして本質把握にせまることが重要な課題となってくるであろう。

　第5に「経営戦略論」および「組織論」の新しい領域・主要領域（ナレッジ・マネジメント，組織のデザイン，組織文化，組織間関係など）の問題をいかに取り入れ，「科学的経営学」のパラダイムのなかで研究を発展させるかということがある。経営戦略論を固有の領域としてみた場合，あくまで「経営戦略」に関する理論化＝理論的研究とともに，経営戦略と経営行動との因果関係の分析がひとつの中心的な柱をなすのであって，経営現象として特定の企業の経営戦略を考察する場合の取り上げ方とは大きく異なってくる。また個別企業の経営戦略を取り上げて考察する場合には，国際比較，産業別比較，同一産業の企業間の比較などをとおしてその今日的特徴と意義の解明をはかることが重要な課題となってくる。しかし，そのような経営戦略の実証的研究では経営戦略研究（分析）なり国際経営戦略研究（分析）にはなりえても「経営戦略論」そのものにはにはなりえないのであって，「批判的経営学」の研究においてはこの点に大きな弱点がみられる。理論面での研究とそれをふまえた企業経営の本質把握というかたちでそうした克服をいかにはかっていくかが重要な課題となる。組織論の領域における研究についてもほぼ同様のことがいえる。これらは今後取り組むべき重要な課題といえるであろう。

　第6に，本書では企業経営を中核とする経済過程分析に考察の重点をおいていることもあり，企業の社会的責任，企業倫理，コーポレート・ガバナンス，環境保全型経営のあり方，NPOなど企業の社会性・公共性にかかわる対象領域の諸問題については，経営学研究における対象領域としての位置づけを行ったにすぎず，それらの固有の問題領域に立ち入った本格的な考察はなされていない。これらの領域は今日重要な問題となっており，その本格的な研究の取り組みは今後の重要な課題として残されている。ただ「企業と社会」をめぐるこれらの諸問題については，規範論的に研究を展開しても，現実の企業行動を有

効に規制し，社会的に調和した経営行動に近づけることが可能か，その意味では，法規制が最も有効なひとつの解決策を与えうるわけで，経営学としてどのように，またどこまで有効な貢献をなしうるのか，こうした点をふまえた課題設定が必要かつ重要となろう。また例えばアメリカ的経営学の立場に立つ研究においてもこうした問題領域が大きく取り上げられ，分析がすすめられている状況のなかで，今日のようなかたちでそれらが問題とならざるをえない客観的な経済過程の変化，すなわち資本主義の現発展段階に固有の特徴的規定性がなにであるかということをふまえて考察することが重要となる[5]。たんに個別的問題・現象の表層部分のみの解明や規範論的なレベルでのあり方の提起にとどまらない問題の本質把握とそれを前提としたあり方の究明をすすめていくことが重要である。ことに企業およびその経営行動に対する社会的規制の問題をめぐっても，法規制の根拠となるところの経営現象の客観的・科学的認識という点では重要な課題があるといえる。その場合でも，資本主義の現発展段階に固有の特徴的規定性がなにであり，そのことに規定された経営展開の内実とそこにおける問題性を解明すること，それをふまえた社会的規制のあり方，意義を明らかにしていくことが重要である。このような「企業と社会」をめぐる問題を分析する上での有効な方法をいかに築いていくかということもきわめて重要な課題として残っている。

　以上残された研究の課題についていくつかの主要なものを指摘してきたが，「科学的経営学」として「批判的経営学」研究の再構築をはかるという作業はまだ緒についたばかりである。本書をひとつの足場にして，さらにつぎの新しい第一歩を踏みだしたいと考えている。

（1）例えば谷口明丈氏は，「現在起こっていることは，20世紀型の巨大企業に代わって新しい企業，21世紀型の企業が生まれつつあるということであろう。20世紀巨大企業が全国市場の形成と産業革命の進展という市場と技術の変革への制度的対応として生まれたとするならば，21世紀型の企業は，世界市場の形成と情報革命という市場と技術の変革への制度的対応として生まれつつあるとアナロジーできる」とした上で，1980年代に起こり，90年代後半には空前の高まりをみせ，現在も進行中の合併運動は20世紀型の巨大企業とは異なった新しい企業を生み出すことになるであろうと指摘されている。また「21世紀型の新しい企業は，膨大な数の事業単位のシステムを階層制管理機構で管理的調整するような事業システムとは異なったシステムを

もつことになるであろう。コーポレート・ガバナンスの構造は，経営者支配的なものとは異なったものになるであろう。ミドル・マネジメントを中核とする会社主義は存続しえないであろう。企業間の関係は，協調的な寡占体制ではありえなくなるだろう」とした上で，「巨大企業の世紀に代わる新しい世紀が始まりつつある」とされている（谷口明丈『巨大企業の世紀』有斐閣，2002年，352-3ページ）。しかし，こうした問題を考察するさいには，歴史的発展段階における資本主義の今日的位置をいかにみるかという問題をぬきには成り立たないのであって，今日まだ部分的な現れのレベルにすぎない現象の発生の規定関係をどのように把握し，いかに評価するかということをも含めて，今日の資本主義の変化の本質をいかに把握し，歴史的位置をどうおさえるかという点をふまえた本質的な議論をとおして科学的認識に到達することが重要となってくるであろう。

（2）例えば下川浩一氏は，1990年代の欧米自動車企業の国際競争力の回復について，「欧米自動車メーカーは，生産システムにおいてトヨタ生産方式をそれなりに学習しつつはあるが，その改革の重点は開発システムとサプライヤー・システムにおき，ITデジタル技術の活用とその戦略構築能力の高さに物をいわせてこの2つの分野での改革に成功を収め，これが北米市場の好調や欧州市場の統合・拡大といった有利な環境に結びついて日本との競争力の再逆転にいったんは成功したとみることもできよう」（下川浩一『グローバル自動車産業経営史』有斐閣，2004年，215ページ）と指摘されている。すなわち，この時期の欧米企業の競争力の回復は，「何よりも日本の自動車メーカーに欠落していた欧米自動車メーカーの戦略構築能力に負うところが大であり，またIT革命やその成果をその戦略展開に結びつけた先見性や経験知の世界を形式知に転換するシステム・アプローチが大きく物をいっている」（同書，234ページ）とされている。また「欧米自動車メーカーは，それぞれの判断による戦略再構築の中にあって，日本的生産システムをそれぞれのやり方で受容ないし適応行動をとったことにより，グローバル時代にふさわしい戦略をそれなりに整えた」（同書，235ページ）とされている。こうしてみると，日本的生産システムのもつ優位性，競争力要因は1990年代以降もなお残されていたとも考えられる。しかし，こうした問題をめぐってはなお本格的な研究が必要であるといえる。

（3）坂本 清「生産システムの進化とモジュール型生産システムの形成」『経営研究』（大阪市立大学），第55巻第2号，2004年7月，98-9ページ，108-14ページ参照。ただモジュール生産システムの導入・展開の必要性，意義という問題をめぐっては，日本の場合には，第6章でみた下請分業生産構造の頂点に立つ巨大企業がそうした分業構造のメリットを享受しうるかたちになっていることもあり，そのような新しい生産システムの展開による利点が生まれる条件は欧米の場合と比べ必ずしも同一のものであるとは限らないのではないかという点をも含めてみていくことも重要であるように思われる。

（4）例えば日本の主要産業における生産システムの革新についての最新の研究として坂本 清編著『日本企業の生産システム革新』ミネルヴァ書房，2004年がある。

（5）例えば企業セクター，国家セクターとは異なる新しいセクターとしてのNPOの問題についてみても，財政赤字の累積による国家・地方の財政的危機のもとで経済的・社会的諸問題への対応をはかる上で多くの諸困難・限界をかかえ新自由主義的にならざるをえない今日の資本主義経済社会において一定の意味をもつものとしてあらわれてきている，あるいは問題となってきているという点があり，NPOが今日のようなかたちで問題とならざるをえない客観的な経済過程の変化をふまえて考察することが重要となる。

索　引

あ行

アーキテクチャー ……………101, 457, 476
IMVプロジェクト …………350, 352, 354
IT革命 ………………………27, 29, 31, 32
IT合理化 ………………294, 295, 322, 323
IT産業……31, 65, 101, 104, 167, 454, 457, 458, 476
ITの統合技術的性格 ………………………31
アウトソーシング ……422, 454, 461, 463, 465
アジア …343, 346, 351, 360, 367, 369, 372, 382, 386, 387, 408
ASEAN ……347, 351, 360, 361, 369, 378, 387, 405
AFTA（ASEAN自由貿易地域）……402
アフリカ …………344, 354, 363, 374, 390
アメリカ ……25, 26, 33, 71, 80, 104, 116, 117, 118, 119, 120, 121, 122, 123, 124, 125, 128, 133, 134, 135, 136, 137, 144, 146, 148, 150, 163, 172, 194, 202, 205, 208, 215, 265, 276, 278, 281, 285, 293, 295, 328, 412, 472, 473, 474, 475, 481
アメリカ型企業経営システム …183, 195
アメリカ的経営学 ………2, 9, 10, 22, 73
アメリカ的大量生産方式 ………161, 236
EMS企業 …………………………476, 477
IGファルベン ……128, 136, 137, 139, 220, 222
EU ………………26, 33, 34, 400, 409, 425

イギリス …33, 86, 104, 133, 172, 278, 281, 283, 284, 285, 330
1次下請企業 …………………248, 249, 250
イデオロギー ………………………………6, 7
イノベーション …………………………473
イノベーション戦略 ……………………475
インターフェースの標準化 ……461, 464, 476
インダストリアル・エンジニアリング…144, 275
インフレーション ………………159, 199
AIOC（ASEAN産業協力）…………360
NPO ………………8, 58, 82, 84, 484, 497
M＆A …28, 162, 163, 164, 169, 412, 413, 433
M＆A＆D ………………28, 163, 168, 295
ME技術 …29, 63, 103, 143, 160, 161, 241, 242, 243, 255, 291, 292, 293, 387
ME合理化 ………………………267, 287
オイルショック ………………159, 160, 287
欧州 ……343, 346, 350, 359, 367, 368, 371, 380
OES ……………………………239, 258, 259
オートメーション …………142, 242, 274
オープンな情報ネットワーク・システム
　………………………………30, 32, 324
オセアニア ……………343, 347, 354, 363
オペル ……………………207, 208, 212, 213
オペレーションズ・リサーチ …144, 145

か行

海外開発拠点 …………348, 366, 374, 396
海外現地法人 ………38, 39, 40, 41, 42, 43
海外生産比率 ………………39, 40, 341
改善活動 ……………………253, 254
階層型組織 ……………………471
階層制管理機構 …27, 115, 122, 171, 453
階層的下請構造 ………………247, 262
開発の現地化 …348, 366, 374, 396
化学産業…40, 63, 100, 111, 136, 159, 160, 307, 433
科学的管理法 ……………121, 133, 144
科学的経営学 …3, 5, 9, 10, 14, 22, 23, 24, 37, 71, 72, 74, 89, 90, 106, 483
課業管理 …………………121, 184
加工組立産業 ……25, 63, 98, 99, 100, 101, 135, 141, 160, 186, 238, 240, 247, 251, 255, 290, 291, 293, 400
過剰生産能力 ……27, 128, 267, 287, 288, 291, 303, 314, 320, 433
過剰生産能力の整理 ………118, 129, 304
合併 ……122, 148, 154, 162, 169, 295, 297, 411, 413, 427, 434
家電産業 ……………………100, 101
株式交換型合併 ……………169, 412
カルテル ………27, 117, 119, 217, 411
為替変動リスク ………………43, 340
環境保全型経営 ……8, 56, 77, 82, 484
管理 …………………20, 21, 82, 93
管理技術 ………………144, 145, 146
管理的調整 …54, 122, 123, 171, 260, 324, 461, 463, 465, 466, 470, 490
消えゆく手 ………………461, 462, 463
機械産業 ……100, 134, 135, 197, 203, 204, 228

企業 ……3, 4, 20, 21, 22, 37, 91, 265, 266
企業間関係 ……………53, 166, 411, 469
企業グループ ……63, 165, 340, 398, 399
企業経営……1, 2, 3, 4, 5, 7, 10, 20, 23, 24, 25, 27, 29, 43, 49, 74, 81, 89, 90, 92, 93, 94, 96, 97, 266
企業経営システム ……………5, 30, 183
企業経営システムのアメリカモデル
　………………………………183
企業経営システムの日本モデル ……235
企業経済学説 ……………4, 89, 90, 485
企業結合 ……28, 65, 169, 411, 414, 433
企業構造 ……………5, 82, 93, 453, 456
企業合同 ……118, 119, 129, 130, 149, 411, 413
企業集団 ……………………66, 321
企業集中 …27, 65, 82, 117, 128, 129, 130, 131, 132, 147, 150, 159, 162, 164, 169, 219, 267, 268, 291, 412
企業提携 ……28, 170, 411, 413, 417, 420, 421, 422, 424, 425, 427, 439, 440, 444, 489
企業内国際分業 ………158, 361, 363, 387
企業の社会的責任 ………………8, 494
企業倫理 ……………8, 55, 82, 484
技術提携 …………………431, 447
技術特性 ……………65, 98, 101, 458
機種別職場作業組織 ……………186, 187
規制緩和 ……………169, 413, 417, 438
規模の経済 …171, 190, 191, 236, 241, 255, 294, 452, 453
QCサークル活動……………253, 254
行政支援型産業 …………63, 102, 103
行政指導型産業 …………63, 102, 103
競争構造 …398, 400, 421, 422, 444, 489
競争と協調の戦略 ………………417

業務提携 ……………………426, 427, 440
銀行業 ………………………63, 102, 297
近代企業 ……………122, 123, 216, 217
近代的労働管理システム …120, 133, 197
金融グローバリゼーション ……32, 472, 473
金融部門 ……………………………33, 438
グローバリゼーション……………………44
グローバル企業 ………………43, 44, 64
グローバル競争構造 ……………400, 488
グローバル蓄積構造 ……………399, 488
クロスボーダーM&A ……………413, 423
クロスボーダー的企業集中 ……………164
軍需市場 ……………………211, 214, 216
経営学 …………………3, 9, 19, 20, 50, 81
経営学研究 …1, 2, 3, 4, 7, 8, 9, 19, 20, 22, 37, 46, 51, 60, 82, 89
経営資源 ……414, 415, 416, 418, 422, 438, 440, 443, 455
経営資源の集中 ……………168, 296, 304
経営心理学………………………………80
経営戦略 ……………21, 51, 82, 93, 494
経営統合 …………65, 169, 295, 411, 437
経営のグローバル化 …28, 34, 38, 42, 52, 64, 165, 339, 340, 341, 348, 369, 398
計画と執行の分離 …………121, 184, 201
計画部制度 ……………………………184
経済 ……………5, 7, 265, 287, 326, 411
経済のグローバリゼーション ……27, 31, 32, 33, 34
経済の軍事化 ……………………209, 215
ゲノム創薬 ………………………434, 435
建設業 ………………………63, 102, 300
現代経済社会 …2, 3, 10, 19, 20, 22, 23, 24, 37, 90
現代資本主義 ……………………………5, 21

現代資本主義経済社会 ……21, 22, 81, 89, 90, 91, 419
減量経営 ……………159, 160, 267, 287
減量合理化 ……………………160, 287, 291
工場結合体 ……………………………134, 135
構造不況業種 ……………159, 291, 295
工程間分業………………………………387
工程部門間の同期化 ……………………189
行動科学の組織論………………………71
合同製鋼 ……………………128, 131, 220
高度成長期 ……27, 154, 155, 266, 287
合弁 …………………………295, 421, 423
後方統合 ……………………………122, 217
合理化…215, 219, 265, 266, 267, 270, 271, 272, 274, 294, 321, 324, 328, 413
合理化運動 ……………………133, 198, 268
コーポレート・ガバナンス ………8, 57
国際競争力 ……………63, 237, 238, 425
国際提携 …………414, 416, 417, 418, 421
国際比較…………………………………97
国際比較視点 ……………………………5
国内型蓄積構造 ……………………399, 488
国民経済……2, 3, 4, 21, 28, 47, 60, 61, 90, 91, 92, 96, 106, 107, 136, 215, 216, 278, 452, 485
国家 …26, 63, 98, 102, 103, 110, 111, 148, 271, 286, 291, 320, 321, 488
個別駆動方式 ……27, 126, 127, 139, 140
コングロマリット合併 …………………150
コングロマリット的結合 ……………148
コンツェルン ……………………63, 64, 411
コンビネーション ……119, 128, 130, 219
コンベア作業 ……………………203, 207
混流生産 ……………………241, 242, 244

さ行

サービス産業 ………46, 47, 60, 61, 66
作業の時間的強制進行性 ………187, 189
作業の標準化 ……121, 184, 190, 196, 197
サプライ・チェーン・マネジメント
　………………………………30, 323
差別的出来高給 ……………184, 185, 201
産業 ……2, 3, 4, 5, 21, 74, 90, 91, 96, 106,
　107, 265, 286, 485
産業再生機構 ……………309, 317, 321
産業再編成 …128, 159, 267, 268, 291, 320
産業電化 ……………124, 125, 126, 139
産業特性 …………98, 101, 239, 251, 457
産業と国家との関係 …102, 103, 104, 291
産業の合理化 ………………………129, 132
産業別比較 ………………………97, 98
産業別比較視点 …………………………5
3次下請企業 ……………………249
GM ……………………218, 316, 427
ジーメンス ……………………218
ジーメンス&ハルスケ ……………218
ジーメンス・シュッケルト ………228
JIT ……………………224, 225, 249
JIT生産方式 ………243, 244, 245, 246
時間研究 …………184, 190, 196, 201
事業統合 ……65, 169, 295, 411, 433, 437
事業部 ………………………193, 194, 221
事業部制 ……………154, 156, 193, 467
事業部制組織 ……27, 138, 150, 152, 153,
　154, 193, 194, 195, 223, 467, 479, 486
市場 …24, 25, 26, 32, 50, 65, 94, 104, 106,
　116, 159, 191, 204, 205, 209, 211, 223,
　236, 239, 241, 255, 265, 266, 284, 286,
　287, 289, 355, 418, 419, 420, 486
市場特性 ……………………98, 101, 458
市場と資源をめぐる競争 …471, 472, 474,
　475, 481
市場メカニズム ……………115, 123, 461
下請企業 ……………249, 250, 251, 260
下請制 ……………100, 247, 249, 250, 251
下請分業生産構造 …………246, 251, 496
実践応用科学 ……………………71, 73, 74
自動化 ……………………………29, 143
自動車産業 …63, 100, 101, 102, 134, 135,
　160, 206, 212, 222, 231, 240, 251, 257,
　259, 289, 314, 341, 365, 396, 427, 451,
　453
資本主義 …2, 4, 5, 7, 9, 10, 24, 25, 37, 72,
　74, 89, 92, 93, 94, 95, 97, 106, 411, 419,
　421, 463
資本主義経済 …3, 5, 7, 21, 23, 24, 37, 86,
　92, 96, 265,
資本主義経済社会 ……………20, 37, 49
資本蓄積 ……………38, 439, 442, 472, 475
資本蓄積条件 ……5, 26, 73, 92, 94, 95, 98,
　101, 102, 103, 104, 106, 274, 286, 289,
　297, 320, 419, 424, 439
資本提携 ……………423, 426, 427, 440
社会科学 ……………………………19, 20
社会科学としての経営学 ……………3, 19
社会学 ……………………78, 80, 81
社会的分業 ……………27, 217, 246, 247
ジャスト・イン・タイム生産方式 …189,
　243, 365
ジャパナイゼーション ……161, 235, 256
重化学工業化 ……………………159
集権的職能部門別組織 ……………124, 138
自由労働組合 ……………………198, 199
蒸気機関 ……………………124, 125, 126
消極的合理化 ……129, 131, 137, 267, 287,
　291

商社 …………………………………437
少人化 ………………………………253
情報化 ………………………22, 30, 38, 44
情報技術 ……29, 30, 38, 44, 46, 53, 54, 55, 166, 295, 322, 323, 324, 422, 460, 470
情報グローバリゼーション ……32, 472
情報通信技術 …30, 44, 54, 322, 420, 422
職能的職長制度 ………………184, 185
職能部門別組織 …191, 192, 193, 194, 221
職能別組織 ……………152, 154, 156, 192
職場小集団活動 ……………………253
事例研究 …………………………74, 107
人員削減 ……296, 298, 300, 301, 302, 305, 311, 312, 314
人員配置の「柔軟化」………………252
シンジケート ……………119, 217, 411
新自由主義的政策 ………………28, 269
心理学 ………………………78, 79, 80, 81
垂直的統合…122, 123, 128, 171, 217, 246, 247
垂直統合型企業 ……………………457
垂直統合企業 ……………27, 171, 453
スタグフレーション ……………26, 159
スタンダード・オイル …………118, 123
政策科学 …49, 56, 57, 59, 75, 76, 77, 484
政策科学的研究 ………………75, 76, 77
生産システム ………30, 54, 99, 190, 238
生産性向上運動 …71, 146, 270, 273, 274, 276, 328
生産提携 ……………………424, 447
生産と消費の矛盾 ……54, 255, 256, 324, 463, 487
生産と流通の統合 ……………122, 191
生産ネットワーク ……351, 386, 405, 408
生産の集積 ………………64, 117, 149
生産の標準化 ……………………186

生産の平準化 ……………………244
生産方式 ……………………………189
生産力 ……24, 25, 26, 43, 50, 94, 104, 106, 116, 159, 191, 266, 287, 419
生販統合システム …99, 100, 238, 239, 240, 259
製品差別化分業 ……………………387
製品特性 ……………65, 98, 101, 457
製品別事業部制組織 ………151, 194
製品別生産の集中・専門化 ……129, 130, 131, 137, 168, 219, 296
製薬業 …………………………434, 435
世界最適生産力構成 ……43, 52, 64, 165, 340, 341, 365, 368, 378, 387, 396, 398, 399, 400, 422, 428, 442, 488
世界最適調達 ……………………357, 366
ゼネラル・スタッフ ………193, 194, 222
セル生産方式 ……………………102
専業化 ………………27, 115, 116, 191
戦争経済 ……………………………215
選択と集中 …104, 111, 168, 268, 296, 300, 302, 307, 311, 314, 456
1873年の過剰生産恐慌 ……116, 120, 195
全般管理システム ……191, 192, 193, 216
全般的管理 ………………………193, 194
前方統合 …………………………122, 217
「専用化」の論理による生産編成 …190, 209, 236, 241, 256
戦略 ………………150, 152, 153, 155, 156
戦略的意思決定……………………51
戦略的提携 …28, 169, 170, 180, 399, 414, 415, 417, 422, 426, 435, 443, 447, 454, 465
造船業 ……102, 110, 111, 159, 306, 436
装置産業 ……………………98, 99, 101
組織 ……………………20, 21, 71, 93

組織構造 ……………………152, 153, 156
組織のフラット化 ……54, 468, 469, 480

た行

第1次企業集中運動 ……………116, 120
耐久消費財 …28, 276, 277, 278, 280, 291, 355
耐久消費財部門 ……………………452
耐久消費財部門の大量生産 …………171
第3次企業集中運動 …27, 147, 149, 150, 163
第3次産業 ………46, 47, 60, 61, 62, 66
第2次企業集中運動 ……………27, 128
ダイムラー・ベンツ ………212, 213, 229
第4次企業集中運動 ………28, 161, 295
大量生産 …28, 29, 135, 136, 139, 141, 142, 145, 150, 186, 210, 214, 215, 216, 242, 255, 278, 452
大量生産体制 …26, 28, 70, 134, 136, 142, 171, 202, 215, 216, 278
大量生産適合型企業 ……………171, 235
大量生産方式………………………27
多角化 ……27, 63, 136, 137, 138, 149, 150, 151, 152, 154, 155, 162, 192, 217, 220
多国籍企業 ………………157, 158, 409
多能工 ………………………………252
多能工化 ……………………253, 254
多品種少量生産 ………………236, 456
多品種多仕様大量生産 …25, 28, 99, 161, 238, 242, 456
単一事業単位企業 …………………115
段取り時間の短縮 …………………245
地域完結型分業 ……………………398
地域経済圏 ……………27, 34, 400, 425
地域統括会社 ………368, 375, 397, 398
地域別事業部制組織 ………………151

チーム作業 …………………………252
蓄積構造 ……………………398, 399, 488
蓄積条件 ……………………………5, 321
知的財産権 ………428, 472, 473, 474, 475
チャンドラー（A. D. Chandler, Jr）
………118, 123, 138, 157, 191, 218, 461
中国 ……………………353, 362, 387
中南米 …………342, 349, 358, 370, 380
調達提携 ……………………………447
直接投資 ………34, 413, 414, 421, 443
賃金 ………………24, 284, 285, 329
TWI ………………………………145, 146
提携 ……295, 304, 414, 416, 423, 429, 432, 433, 435, 436, 438, 441, 442, 443
テイラー・システム …27, 120, 121, 133, 134, 184, 185, 186, 187, 188, 189, 195, 196, 197, 198, 199, 200
デザイン・イン ………………248, 366
鉄鋼業 ……40, 63, 100, 102, 104, 110, 111, 159, 160, 240, 252, 302, 430, 432
デファクト・スタンダード ……66, 430, 475
デュポン …………136, 137, 138, 193, 218
電気機械産業 ……………………40, 42
電機産業 ……63, 100, 101, 102, 134, 135, 136, 160, 197, 203, 204, 222, 230, 259, 277, 289, 311, 378
電機・電子産業 …36, 369, 386, 391, 428, 430
電動機 ………………124, 125, 126, 139
電動式個別駆動 ……………………127
電動式集合駆動 ……………………126
ドイツ …26, 104, 116, 119, 120, 125, 128, 133, 136, 137, 172, 195, 197, 198, 200, 202, 205, 208, 212, 215, 216, 330
ドイツ経済合理化協議会 ………270, 272

索　引　505

ドイツ経済性本部 …………………134, 270
投下資本利益率 ……………………193, 222
統計的品質管理 …………………………144
統合 ………………………457, 464, 465
東南アジア …………………………360, 361
独占 ……………………63, 64, 65, 66, 116
独占形成期 ………………………………27, 122
トップ・マネジメント ……123, 138, 193, 194, 221
トヨタ ……………257, 341, 357, 405, 427
トラスト ……27, 117, 118, 119, 128, 129, 130, 191, 219, 411, 413
ドルショック ………………………159, 287

な行

内部請負制度 ………………………121, 184, 195
内部化 ………………………171, 443, 456, 465
内部化理論 ………………………………180, 443
流れ作業 …………………188, 203, 207, 208
流れ作業組織 ……………135, 186, 187, 189
流れ生産 …………………………………141
流れ生産方式 ……………………………211
NAFTA …………26, 33, 34, 400, 409, 425
2次下請企業 ………………248, 249, 250
西ドイツ ……85, 110, 111, 144, 146, 149, 151, 152, 164, 271, 276, 278, 280, 281, 283, 284, 285, 287, 293, 328, 330, 331
西ヨーロッパ ……………………………147
日産 ……257, 314, 402, 426, 427, 440, 441
日本 …33, 38, 104, 133, 148, 154, 164, 278, 281, 283, 284, 285, 287, 292, 293, 297, 330, 401, 409, 473, 474, 479
日本型企業経営システム …236, 237, 238, 240
日本型生産システム …240, 241, 242, 246
日本的経営 ………………………235, 237

日本の製造業 ………………39, 40, 339
認識科学 ……5, 6, 7, 48, 49, 50, 51, 55, 56, 57, 59, 90, 484
ネットワーク型組織 ………………469, 471
ネットワーク企業 ……28, 167, 396, 454, 457, 458, 459

は行

バイエル …………………………………154
ハイブリッド組織 …………………468, 480
パソコン産業 ………………………65, 457
バブル経済 ………………………269, 296
範囲の経済 ………255, 256, 294, 452, 487
万能職場作業組織 ………………………186
販売提携 ……………………………424, 447
「汎用化」の論理による生産編成 …209, 241, 255, 256
BBC（部品相互補完協定） ……347, 360
非統合 ……419, 454, 463, 464, 465, 490
非内部化 ……………………422, 456, 466
批判的経営学 …1, 2, 3, 4, 5, 6, 7, 8, 9, 22, 23, 89, 90, 483
ヒューマン・リレーションズ …144, 146, 275
品種別職場作業組織 ………135, 186, 187
フォード …………………………190, 207
フォード・システム ……27, 70, 134, 135, 141, 161, 186, 187, 188, 189, 190, 202, 204, 205, 209, 210, 212, 215, 222, 228, 243, 275, 452
フォード的大量生産 ……………236, 256
福祉国家体制 ………………26, 28, 269
複数事業単位企業 ………………171, 453
部品製造工程と組立工程との同期化……243
部品相互補完体制 ………………347, 360

部門管理システム ……………………184
フランス ……137, 278, 281, 283, 284, 285, 293, 330
フルセット型産業構造 ……66, 104, 296
フレキシビリティ …69, 99, 171, 190, 204, 209, 214, 237, 240, 241, 243, 245, 250, 251, 252, 253, 254, 255, 452, 487
フレキシブル生産 …25, 28, 29, 160, 255, 453
フレキシブルな経営システム ………237
プロフィット・センター ………154, 193
フロント・バック組織 …………468, 479
米州 ………………………………………345
ヘキスト ……………………………………154
貿易摩擦 ……………………43, 340, 417
北米 ……342, 348, 357, 366, 368, 370, 378
本社管理機構 ……………………123, 124

ま行

マーケティング ………144, 145, 146, 275
マーシャル・プラン ………270, 271, 273
松下電器……370, 375, 378, 391, 392, 394, 409
マトリックス組織 ………194, 195, 341, 467
マネジメント・サイクル ……………194
見えうる手 ……………………………461, 462
ミドル・マネジメント ……………53, 54
MADE "IN" JAPAN …………396, 399
MADE "BY" JAPAN …………396, 399
モジュール化 ……………461, 462, 464
モジュール生産システム ……………493
持株会社 …………………268, 295, 423
持株会社方式 ……………………………297

や行

USスティール ……………………118, 123

有利子負債 …300, 302, 306, 307, 314, 316, 423, 440
輸送機械産業 ……………………40, 203
ヨーロッパ ……………………148, 163, 277
ヨーロッパ生産性本部 ………………270

ら行

ライン・スタッフ管理組織 …………185
ラングロワ（R. N. Langlois）…461, 463, 464
利益責任単位 ……………………………193
リストラクチュアリング …28, 162, 163, 164, 168, 169, 170, 295, 315, 320, 412, 413, 432, 436
リストラクチュアリング的合理化 …28, 168, 294, 295, 296, 297, 299, 300, 307, 314, 315, 319, 320, 321, 423, 488
流通業 ……………………………47, 61, 316
歴史的特殊性 …………………………24, 93
歴史的比較………………………………97
歴史的比較視点 …………………………5
REFA ………………………………134, 200
レファ協会 ………………………134, 200
レファ・システム ……134, 200, 201, 202
労資関係 …………………………………199
労資協調 …………………………199, 272
労資の同権化…25, 71, 141, 199, 223, 265, 284
労働組合 …………………………198, 273
労働手段の個別駆動方式 ……………139
労働力利用における日本的特徴 ……252
労働力利用の「汎用化」 ………………254
ローカリゼーション……………………34

著者略歴

山崎 敏夫（やまざき としお）

1962年　大阪府に生まれる
1985年　同志社大学商学部卒業
1990年　同志社大学大学院商学研究科後期博士課程単位取得
1989年　高知大学人文学部に勤務，助手，専任講師，助教授をへて
1994年　立命館大学経営学部助教授
現　在　立命館大学経営学部教授　博士（経営学）

主要著書
『ドイツ企業管理史研究』，森山書店，1997年
『ヴァイマル期ドイツ合理化運動の展開』，森山書店，2001年
『ナチス期ドイツ合理化運動の展開』，森山書店，2001年
『ドイツ合理化運動の研究』（共著），森山書店，1995年

著者との協定により検印を省略します

現代経営学の再構築――企業経営の本質把握――

2005年 6月30日　初版第1刷発行
2006年12月15日　初版第3刷発行

著　者　Ⓒ山崎 敏夫（やまざき としお）
発行者　菅田 直文
発行所　有限会社 森山書店　〒101-0054　東京都千代田区神田錦町1-10林ビル
TEL 03-3293-7061　FAX 03-3293-7063　振替口座 00180-9-32919

落丁・乱丁本はお取りかえします　　印刷／製本・シナノ

本書の内容の一部あるいは全部を無断で複写複製することは，著作権および出版社の権利の侵害となりますので，その場合は予め小社あて許諾を求めてください。

ISBN 4—8394—2014—9